Ernst Dossmann

50 Jahre
fest im Sattel

Auf den Spuren des Grafen Engelbert III. von der Mark, 1330–1391

Historischer Roman

MÖNNIG-VERLAG · ISERLOHN

© Mönnig-Verlag, Iserlohn, 2009

Alle Rechte an Bild und Text, auch die des auszugsweisen Nachdrucks, der fotografischen Wiedergabe und der Vervielfältigung bleiben dem Verlag vorbehalten.

Zeichnung auf der Umschlagseite vorn: Rolf Fuhrmann, Wilhelmshaven

Gestaltung, Textbearbeitung und Produktion: Mönnig-Verlag, Iserlohn

ISBN 978-3-933519-44-3

Was heißt eigentlich „märkisch"?

Angesichts der vielfach so bezeichneten märkischen Institutionen, Firmennamen, Verbänden und Vereinigungen, Gymnasien und Geldinstituten ist diese Frage in einem Lande, das die Flüsse Lippe, Ruhr, Lenne, Ennepe und Volme durchfließen, durchaus verständlich. Sie wird oft nicht nur von kritischen Bewohnern der Mark Brandenburg, der Steiermark und anderer ehemaliger Grenzmarken des Heiligen Römischen Reiches gestellt, sondern auch von Westfalen. Das dem lateinischen Wort margo verwandte althochdeutsche marca bedeutete ursprünglich soviel wie Waldwildnis innerhalb eines größeren, weitgehend noch unerschlossenen Gebietes, das künftig zum Roden oder Siedeln freigegeben war.

Im Süden der späteren Provinz Westfalen schuf Graf Adolf I. von der Mark, ein Spross des Altenaer Grafengeschlechtes aus einer Nebenlinie der Grafen von Berg, zu Beginn des 13. Jahrhunderts die nach seinem Wohnsitz Mark beim westfälischen Hamm so benannte Grafschaft. Sie umfasste unter seinen Nachfolgern das Gebiet der heutigen Städte Hamm, Hagen, Herne, Bochum und die 1976 geschaffenen Kreise Ennepe-Ruhr, Unna, Soest, den Märkischen Kreis sowie darüber hinaus Randgebiete der Kreise Recklinghausen und Gelsenkirchen und der Stadt Dortmund.

Schon zu Beginn des 14. Jahrhunderts hatten die Grafen von der Mark zu den einflussreichsten Landesherren zwischen Rhein und Weser aufsteigen können. Sie waren zugleich Vögte des Bistums Essen und der Abtei Werden/Ruhr geworden. Auch erwarben sie Jagd- und Lehnsrechte im Fredeburger Land und der Herrschaft Bilstein. Einige unter ihnen fungierten nach Ernennung durch die Kölner Erzbischöfe als Marschall von Westfalen, darunter als erster Graf Engelbert III. von der Mark, der von seinem siebzehnten Lebensjahr an die Geschicke seiner Grafschaft bis zu seinem Tode bestimmte.

Seinem Andenken ist dies Buch gewidmet. Zunächst äußerst braver und begabter Schüler der berühmten Lütticher Domschule, trat er früh als erfolgreicher Reiter im Nordwesten des Deutschen Reiches bei der Ritterschaft in Erscheinung. Als blutjunger Graf wusste er sich erfolgreich den Begehrlichkeiten seiner Verwandten und Nachbarn zu widersetzen. Dank treuer Berater und verlässlicher Drosten wurde er schnell ein beliebter Landesherr. Seine ohne Genehmigung des Papstes ins Gelobte Land und zum Sinai angetretene Wallfahrt führte zur Bestrafung mit dem Kirchenbann und, um diesen aufzuheben, zum Einsatz gegen die „Ungläubigen" im Baltikum, wo er sich als Anführer von Ordensrittern im Kampfe auszeichnen konnte. Danach begann durch ihn eine mustergültige Regierung seiner Grafschaft. Seine wiederholt von Wankelmut geprägte Bündnispolitik und seine zahlreichen unberechenbaren kriegerischen

Aktionen brachten ihm schließlich den Beinamen „der Streitbare" ein. Sein Leben beschloss er als wenig einsichtsvoller, ja unbelehrbarer Einzelkämpfer.

Mit diesem Buch möchte ich den Leserinnen und Lesern nach zahlreich erschienen Sachbüchern und wissenschaftlichen Arbeiten in Form des Romans einen Einblick in die spätmittelalterliche Zeit verschaffen. Ausblicke in die Weltgeschichte und Einblicke in das Leben von Reitern und Rittern, in die bedeutenden Schöpfungen mittelalterlicher Baumeister, den bemerkenswerten Gewerbefleiß der märkischen Bevölkerung, den kühnen Unternehmergeist ihrer Fernhandelskaufleute und des Hansebundes, aber auch die Sorgen und Nöte der Menschen sollen einen umfassenden Eindruck vom mittelalterlichen Leben hinterlassen.

Die für das Studium der Geschichte unverzichtbare Darstellung genealogischer Zusammenhänge und Daten hat nicht selten das Interesse mancher wissbegieriger Menschen abgeschreckt. Dies war ein Grund für mich, das bewegte Leben des märkischen Grafen Engelbert im Rahmen eines Romans zu schildern. Keinesfalls möchte ich dabei jedoch auf historische Fakten und beweisbare Entwicklungen in jener Zeit verzichten. Fußnoten auf den entsprechenden Seiten weisen den Leser auf weiterführende Quellen und Zusammenhänge hin.

Bei der Bildauswahl und Beschaffung von Dokumenten waren mir Frau Dr. Christiane Todrowski und bei der Vermittlung von Fachliteratur und der Ergründung historischer Quellen Frau Diplom-Bibliothekarin Karin Müller vom Kulturamt des Märkischen Kreises in Altena behilflich. Für Übersetzungen aus überlieferten Texten und die Übertragung lateinisch abgefasster Urkunden danke ich Herrn Studiendirektor Magnus Poplutz, Iserlohn. Für die Durchsicht des von meiner langjährigen Sekretärin, Frau Hannelore Sanden, wiedergegebenen Textes danke ich Herrn Oberstudiendirektor Wilfried Diener, Iserlohn, der mir auch mit seinen drucktechnischen Fachkenntnissen zur Seite stand.

Mehr als drei Jahrzehnte habe ich im Ehrenamt als Kreisheimatpfleger des Märkischen Kreises und als Heimatgebietsleiter für das märkische Sauerland wirken dürfen. Dabei konnte ich der steten Unterstützung der Herren Landräte, Kreis- und Oberkreisdirektoren sowie vieler Freunde aus dem Westfälischen Heimatbund sicher sein. Allen zuvor Genannten an dieser Stelle zu danken, ist mein Wunsch. Besonders verbunden fühle ich mich dem Mönnig-Verlag in Iserlohn, in dessen Händen wieder einmal die fachkundige Gestaltung und der Vertrieb dieses Buches liegen.

Die Leserinnen und Leser, die den Grafen Engelbert III. von der Mark schon als kaum zehnjährigen Reiter kennenlernen, können ihn fünf Jahrzehnte hindurch auf vielen Ritten, fast durch die ganze zu seinen Lebzeiten bekannte Welt begleiten bis in die Familiengruft der märkischen Grafen zur Fröndenberger Stiftskirche, wo auch Engelbert III. seine letzte Ruhestätte fand. Allen Leserinnen und Lesern wünsche ich eine spannende und zugleich lehrreiche Lektüre, die sie unversehens zu Kennern der märkischen Geschichte werden lässt.

Ernst Dossmann

Inhaltsverzeichnis

Die Burg Altena vom oberen Burghof aus gesehen

I. Auf Burg Schwarzenberg

Mit Pfeil und Bogen

„He du Kleiner, das geht schief! Komm sofort da herunter, sonst liegst du waghalsige Blage gleich im Bach!"[1] Ludger, der älteste Sohn des Burgvogts, war wohl der Vernünftigste unter den Dorfjungen. Besorgt rief er dem Kleinsten unter ihnen zu: „Du bist viel zu hoch geklettert. Lass nur ja das wilde Wippen sein.[2] – Wenn du nicht hören willst, musst du es eben fühlen!"[3]

„Engele", wie sie den Kleinen zumeist riefen, ging es nie toll genug zu. Als auch die drei anderen Bürschchen es mit der Angst zu tun bekamen, versuchten sie, ihn gemeinsam mit geballter Stimmgewalt zum Einhalten seiner gefahrvollen Schaukelkunststücke zu veranlassen. Aber der ließ sich von seinem Tun nicht abbringen.

Gerade hatte sich sein schlanker Weidenstamm besorgniserregend nach hinten gebeugt, um dann im Gegenschwung wieder kraftvoll nach vorn zu schnellen, da ließ der kleine Artist den bisher fest umklammerten silbrigweiß glänzenden, unten fast kahlen Stamm los und sprang in weitem Bogen über das kniehohe Stauwasser der angeschwollenen Lenne[4] hinweg in den saftgrünen Wiesenrand. Zunächst war er voller Freude über den waghalsigen Sprung, doch wenige Sekunden später lachte er nicht mehr über die Mahnungen seiner Gefährten. Kleinlaut bat er sie, ihn aus dem morastigen Schlick herauszuziehen, in dem er nun nach seiner so sanft aussehenden Landung steckte.

Natürlich halfen sie ihm sofort, aber einen seiner schönen Lederschuhe[5] gab der Uferschlamm der Lenne nicht frei. Scheinbar unbekümmert, spießte Engele den geretteten Schuh auf eine Weidenrute, um dann allerdings etwas missmutig weiterzustapfen, nun ebenso barfuß wie die anderen Jungen. Unentwegt dachte der zwölfjährige Ludger an die eindringlichen Warnungen seines Vaters daheim, als er von Ludger gehört hatte, dass sein Sohn mit Engelbert zum Len-

---

1-4 sowie 6-9: Selbstverständlich verständigten sich die Dorfjungen damals nicht in hochdeutscher, sondern in niederdeutscher Sprache, genauer gesagt, in märkisch-sauerländischem Platt, wie in den Fußnoten angegeben. Des besseren allgemeinen Verständnisses wegen werden im Text direkte Redewendungen übersetzt im Hochdeutschen wiedergegeben. Die in niederdeutschem Platt in den Fußnoten ergänzten Aussprüche entsprechen dem heute üblichen Platt in märkisch-sauerländischer Mundart, wie es noch im mittleren Lennetal gesprochen wird.

1 „Hey du Purk! Dat gäiht schäif! Küemm fottens runner, süss liess dou dreyse Blage gleik inne Biëke drin!"

2 „Dio büss viëll te houge klemmet! Laot blous dat wille Wippen sien."

3 „Wänn de nit häören wess, maus't iëben feihlen!"

4 Lenne = südlicher und zugleich wasserreichster und längster Nebenfluss der Ruhr. Sie entspringt wie die Ruhr selbst bei Winterberg am Kahlen Asten, 830 m hoch und mündet nach 138 Kilometern bei Hohensyburg in die Ruhr.

5 Lederschuhe = plattdeutsch: Läiderschäukes.

nebogen wollte: „Pass auf den kleinen Jungen auf! Wenn dem etwas zustoßen sollte, kannst du gleich die Beine auf den Nacken nehmen und auswandern!"[6] Er hakte sich bei Engelbert unter, um ihn zu stützen. „Bist du über'n Hund gekommen, kommst du auch über'n Schwanz"[7], waren Ludgers tröstende Worte. „Hauptsache ist, dass nichts Böses passiert ist!"[8]

＊

Eigentlich hatte Engelbert, denn so hieß Engele richtig, gar nicht mitkommen wollen, als er den unverwechselbaren Pfiff des Burgvogtältesten vernommen hatte. Doch Ludgers Signal versprach neue Erkundungen der für ihn neuen, weitgehend noch unbekannten Umgebung. Am Morgen hatte er die arg verrostete Klinge eines Küchenmessers gefunden, als die alte Küche ausgeräumt wurde, um abgebrochen zu werden. Eine neue „Kuëcke" sollte endlich gebaut werden. Sie sollte „fertig und eingerichtet"[9] sein, wenn Graf Adolf II. im Juli des Jahres 1340 aus Lüttich zurückkommen würde.

Kaum hatte Engelbert seinen Schatz geborgen, stand er schon hinter Gandolf, dem Burgschmied. „Kannst du die Schneide wieder blank machen?", war sein zaghaft vorgebrachtes Anliegen, und Gandolf versprach, es zu versuchen. Mit drehbarem Schleifstein, Hämmern, Feilen, Sonnenblumenöl und flackerndem Schmiedefeuer ging er dem „Hümmelken"[10], wie Gandolf Engelberts Messer nannte, zu Leibe. Dazu fertigte er aus Lindenholz geschickt einen neuen Griff. Schon war ein einsatzfähiges Schneidwerkzeug entstanden. Die Klinge war leidlich vom Rost befreit, wirklich blank blitzte sie noch nicht. „Das gibt sich nach eifrigem Gebrauch", tröstete Gandolf seinen jungen Auftraggeber, „aber sie schneidet verdammt gut!" Deshalb beschloss er, die Klinge, sicher und vor Missbrauch geschützt, in einer eigens von ihm gefertigten Ledertasche unterzubringen. Alte Lederriemen lagen ja genug herum und exakt zu nieten, hatte er gelernt. Engelbert staunte nicht schlecht, als Gandolf ihn kaum eine Stunde später in die Schmiede rief. Engelberts Messer sah fast wie neu aus, und die praktische Scheidentasche ließ sich geschickt an seinem Ledergürtel befestigen.

„Du bist ein richtiger Kunstschmied!" Gandolf empfand das als dankbares Lob des jungen Kriegers. „Nun fehlt dir noch ein gespannter Bogen mit den nötigen Pfeilen", gab er dem Knaben zurück. „Den kannst du dir ja nun mit deinem Messer selber schnitzen! Weidenruten und auch Schilfkolben für geeignete Pfeile findest du genug unten am Lennebogen!"

Dieser Hinweis hatte genügt, seine neuen Freunde aufzufordern, ihm jene Bäume zu zeigen, die das von ihm ersehnte Bogenholz liefern sollten. Die Jun-

---

6 „Pass op dat Jüngesken op! Dat werdd villichte maol dîn Höer un Mester. Wänn diäm wat Boiset taustött, dann kass glîks de Bäine op én Nacken niämmen un ûtwannern.
7 „Büs diu üövern Rüen küämmen, kümms diu ouck üöwern Stiärt."
8 „Houptsake es, dat di nix Arges passäeiert es!"
9 „ferrich un insattproat".
10 Plattdeutsch für kleines Schälmesser.

gen verließen spornstreichs den Bergrücken des Schwarzenbergs, der nach drei Seiten steil zur etwa zweihundertfünfzig Schritt entfernten Talsohle der Lenne abfiel. Sie streunten, nach geeigneten Weiden Ausschau haltend, durch das lichte Unterholz der Talaue. Hier reckten sich ungezählte Weiden mit den Füßen im Wasser gen Himmel. Schon bald hatten die Jungen geeignete Äste für mindestens drei Fuß lange Flitzebögen gefunden. Engelberts Messer bestand seine Bewährungsprobe glänzend. Nicht ohne Besitzerstolz präsentierten die fünf Jungen kurz vor dem Läuten der Abendglocke ihre schnurgerade gewachsenen Rohlinge für den Bau erstklassiger Flitzebögen in der Burgschmiede.

„Gandolf, jetzt musst du uns helfen, die Stöcke zu biegen und mit stramm und fest sitzenden Sehnen zu versehen", war ihr wichtigstes Anliegen. „Das muss Zeit haben bis morgen", antwortete er, „aber gleich fünf Stück? – Das dauert bestimmt den ganzen Vormittag!" – Er zuckte mit den Schultern. – Sollte das eine Zu- oder eine Absage sein? – Die Jungen machten lange Gesichter, bis auf Engelbert. Der hatte nämlich, wie er meinte, eine zündende Idee.
„Ja!", rief er Gandolf zu. „Genau fünf Stück, und den letzten Bogen, den du fertig machen kannst, den machst du für mich!" Soviel Uneigennützigkeit hatten die anderen von Engelbert keinesfalls erwartet. Er aber wusste genau, warum er den letzten Bogen haben wollte. Mochten die anderen ihre Bögen erst einmal ausprobieren. Vielleicht würden sie beim Schießen, weil zu stramm gespannt, sogar brechen. Aus der Erfahrung anderer konnte man nur lernen, und schließlich würde dann auch Gandolf den Bogen heraus haben, um für ihn ein Meisterstück anzufertigen. Er hatte Zeit, darauf zu warten. Seine Freunde bedauerten ihn fast. Drei zusätzliche Tage vergingen, dann war auch Engelberts Bogen fertig. Die stramm gespannte, sorgsam gedrehte Tiersehne ermöglichte es dem Bogenschützen, mit dieser Waffe doppelt so weit zu schießen, wie es seine Kameraden mit ihren Bögen konnten. Statt einer Tiersehne wie bei seinem letzten Produkt hatte Gandolf die erste Baureihe ja nur mit dünn geschnittenen Lederstreifen ausgerüstet.

Von der Maas ins Sauerland

Wo Engelbert das Licht der Welt erblickt hatte, konnte er nicht verraten; er wusste es selbst nicht.[11] War es Lüttich, wo sein Vater, der gestrenge Graf Adolf II. von der Mark, immer noch so viel zu tun hatte, oder war er innerhalb der schützenden Burgmauern von Altena oder Wetter geboren? Ihn schien es nicht

---

11   Auch sein Geburtsjahr ist bis heute umstritten geblieben. Nach den Schilderungen des Gert van der Schuren stand Engelbert III. von der Mark beim Tode seines Vaters im Jahre 1347 in seinem 17. Lebensjahr. Das sagt auch die Klevische Chronik bei Seibertz II., S. 246 aus. Der Chronist Levold von Northof gibt dagegen den Geburtstag des Grafensohnes mit „um den Sonntag Reminiscere desselben Jahres" an – und das wäre um den 20. Februar 1334 gewesen. Mehr spricht jedoch für das Geburtsjahr 1330, weshalb im Folgenden hiervon ausgegangen wird.

sonderlich zu interessieren. Hauptsache war für ihn: Er war da und wusste sich überall zu behaupten.

Die Bischofsstadt Lüttich, wo seine Eltern zuvor lange gelebt hatten, war ihm fremd geblieben. Das Reiten aber hatte ihm schon dort viel Freude gemacht. Ein „echtes Naturtalent" hatte ihn sein Reitlehrer genannt. Engelbert säße auf dem Pferderücken wie ein Hunne. Zunächst eher schwächlich, fast ein wenig kleinwüchsig, hatte ihn das tägliche Reittraining erstaunlich schnell gekräftigt.

Er scheute sich schon als Sechsjähriger nicht, stehend auf dem Pferderücken zu reiten, um schließlich bei vollem Galopp des Pferdes um dessen Bauch herumzuklettern und danach wieder eine korrekte Reithaltung anzunehmen. Da war es kaum verwunderlich, dass er sich auf das Leben hoch über der Lenne auf der Burg Schwarzenberg freute. Hier würde er nach Herzenslust reiten können, Fische fangen dürfen, die sauerländischen Wälder durchstreifen und die abwechslungsreiche Landschaft des märkischen Süderlandes kennenlernen!

„Das Leben dort wird Eurem Jungen gut tun", hatte Levold von Northof[12] zu Engelberts Vater gesagt. „Selbst ich hätte nicht übel Lust, dort zu leben", hatte er hinzugefügt. „Die Luft ist dort würzig und die Menschen sind schlicht, aber ehrlich. Sie kümmern sich nicht um große Politik und die Interessen ihrer Machthaber, sondern sie arbeiten lebenslang für das, was wesentlich ist für das Wohlbefinden von Mensch und Tier. Sie nehmen, was sie tun müssen, immer sehr ernst. Auf leere Versprechungen fallen sie nicht so schnell herein wie die Bewohner anderer Gegenden oder großer Städte.

Aber, lieber Graf, die Geschäfte Eures Onkels, des Herrn Fürstbischof, lassen nicht zu, ihn schon jetzt zu verlassen und Ihr selbst", meinte er zum Chef des Herrscherhauses Mark gewandt, „möchtet ja wohl auch nicht auf meine Dienste verzichten."

Die Burg auf dem Schwarzenberg war vor drei Jahrzehnten vom tüchtigen Landdrosten Rutger von Altena[13] zu einem verteidigungsbereiten Bollwerk der Grafschaft Mark ausgebaut worden. Sie sollte das Eindringen von Feinden aus dem oberen Lennetal in das wertvolle Süderland der Mark mit seinen gewerbereichen Tälern verhindern.

Der Schwarzenberg bildet den höchsten Punkt eines nach Nordwesten in das Lennetal vorspringenden Tonschiefer-Höhenrückens. Trotz seiner kegelstumpfartigen Form war er gut von Plettenberg und benachbarten märkischen Siedlungen aus erreichbar, falls deren Bürger zur Verteidigung der Mark auf-

---

12 Westfälischer Ritterspross am Hofe des Fürstbischofs Adolf von Lüttich (1313–1344).
13 Ab 1301 erfolgt der festungsartige Ausbau der „Schwarzenburg" an der Lenne.

gerufen worden wären. Zur Landesverteidigung hatten die Grafen einsatzbereite Burgmannen berufen. An ihrer Spitze stand ein Burgvogt. Ihm hatten im Ernstfalle alle männlichen Bewohner aus der Umgebung Landfolge zu leisten.

Außer der vorherrschenden Aufgabe, Grenzschutz zu leisten, diente die Burg als Wohnstätte der gräflichen Familie. Zwar war es für sie kein Dauerwohnsitz, doch wussten die Grafen von der Mark ihre Angehörigen gerade auf ihren Burgen Altena, Wetter, Hörde und Schwarzenberg an einem sicheren Ort, wenn kriegerische Auseinandersetzungen drohten. Umzüge von einer Burg zur anderen waren für die Grafenfamilie nichts Außergewöhnliches. Bei Plettenberg hatten die Grafen von der Mark gegen Ende des 13. und zu Beginn des 14. Jahrhunderts mehrere Güter und Hofstellen angekauft. Sie betrieben Mühlen und übten die Rechtspflege aus. Plettenberg war Sitz eines Gerichtes. Durch Eintreiben von Mieten, Pachten und den „Zehnten" wussten die märkischen Grafen im Süderland ihren Einfluss ständig zu festigen.

Die Burg auf dem Schwarzenberg

Auf dem Schwarzenberg bot sich beste Gelegenheit zur Jagd in den ausgedehnten Markenwaldungen. Wie einen Pfahl im Fleische empfanden die Bewohner der Schwarzenburg allerdings das Recht der Arnsberger Grafen, ihr dort seit Jahrhunderten bestehendes „Arnsberger Burghaus" nach Gutdünken nutzen zu können.[14]

Welcher hoheitsbewusste Jagdherr ist schon bereit, einen solchen Anspruch in seinem Revier auf Dauer zu dulden und ungebetene Jagdgäste darin wildern zu lassen? Seit jeher hatten die Märker darauf geachtet, die Südgrenze ihres Territoriums durch den Ausbau Rades[15] zu einer Stadtburg an der Hönne zu machen und auf ihre Arnsberger Nachbarn stets ein waches Auge zu haben. Im Lennetal fiel auch der Burg auf dem Schwarzenberg diese wichtige Aufgabe zu. Nicht nur ihrer Lage wegen, sondern auch aufgrund ihrer weitläufigen Ausdehnung war diese „Schwarzenburg" dazu hervorragend geeignet.

Aus den waldumstandenen Schieferfelsen des Leyen ragte der sicher darauf gegründete Bergfried, ein quadratischer Bruchsteinturm von zweiunddreißig Fuß[16] Seitenmaß, fünfundsechzig Fuß hoch in den Himmel. Eine geschlossene Burgmauer mit vielen Schießscharten wurde talwärts von zahlreichen Strebepfeilervorlagen gestützt. Sie hatte zunächst nur das hochgelegene Burgareal mit

---

14 Die Arnsberger Grafen waren Vorbesitzer des Landes an Lenne und Ruhr gewesen. Erste Befestigungen der Schwarzenburg stammen wahrscheinlich aus der Zeit des Grafen Friedrich (1092–1124) von Altena.

15 Nach Erneuerung der durch Brand zerstörten Ortschaft Rade, vormals Rode, ab 1353 mit Neuenrade bezeichnet, das 1355 vom Grafen Engelbert III. Stadtrecht erhielt.

16 1 Fuß entsprach damals 30,48 cm.

den wichtigsten Gebäuden umgeben. Nach Südosten und Südwesten schloss sich diese Burgmauer in beachtlicher Höhe beiderseits an den quadratischen Hauptturm, den Bergfried, an. Später umschloss die stattliche Burgmauererweiterung auch tieferliegende Gebäude und vorgelagerte Gärten.

In einigem Abstand von der eigentlichen Burg lagen die Stallungen und Wirtschaftsgebäude mit Wohnungen für Bedienstete, die auf der Burg ihre Arbeit zu verrichten hatten.

In Steinwurfweite von diesen Gebäuden entfernt, lag außerhalb des mauerumgürteten Burgbereichs auch das alte „Arnsberger Burghaus", jener Trakt, in dem jetzt die märkische Grafenfamilie wohnte. Daran schloss sich nach Norden die Schmiede sowie nach Osten das stattliche „Drostenhaus"[17] an. Seit Gerhard von Plettenberg vom Grafen Adolf II. zum Drosten ernannt worden war, wohnte und wirkte in diesem Gebäude allerdings der Burgvogt. Der Drost Gert von Plettenberg hatte es vorgezogen, seinen angestammten Wohnsitz im Ort zu behalten. Die meiste Zeit war er in der weitläufigen Grafschaft unterwegs, um als Vertreter des Grafen überall nach dem Rechten zu sehen. Dem Drostenhaus nach Süden hin vorgelagert, stand ein Turm mit „rundem Aufstieg".[17] Über seine Treppenanlage gelangte man zu den Obergeschossen des Drostenhauses.

Auch die „Schreiberey"[18] und das Grafenhaus schlossen unmittelbar an das Drostenhaus an. Daneben erhob sich der untere runde Wartturm mit schiefergedeckter Kegelspitze. Unmittelbar neben ihm diente das „kleine Pförtlein" Besuchern und Bediensteten, die über den Fußweg von den Wirtschaftsgebäuden kamen, als Zugang zur Vorburg. Sie erreichten zunächst eine Platzanlage, den „Vordersten Platz".[17] An dessen oberem Ende erhob sich ein weiterer Wartturm, ebenfalls mit kegelförmigem Dach. Er sollte den „Vordersten Platz" an der Nordseite schützen. Hier lag auch die „breite Pforte" am Ende des Fahrweges von Plettenberg zur Burg.

Der einzige Zugang zum inneren Burghof war vortrefflich gesichert. Dreimal musste man starke Mauern von der Hauptpforte her bis zur „inneren Pforte" durchschreiten, bevor man in den höhergelegenen inneren Burghof treten konnte. Von hier aus gelangte man zu den Eingängen der einzelnen Häuser, die den Hof rings umstanden, darunter das mehrgeschossige Rüsthaus. Daran schlossen sich nach Nordwesten das Spinn-, Back- und das Brauhaus an. Weitere Gebäude waren das „Brunnenhaus", das teils auf der Burgmauer angelegte Blockhaus und im Südosten die zuvor erwähnte geschlossene Hausgruppe vom Grafen- und Drostenhaus. Diese wiesen eine äußere Fassade von zusammen fast einhundertvierzig Fuß Länge auf.

---

17 Bezeichnungen sind alten Plänen aus dem 30-jährigen Kriege entnommen.
18 Schreiberey = Schreibstube oder Büro.

Engelbert hatte zunächst die winzige Turmstube auf der westlichen Mauerkrone zu seinem Lieblingsplatz gewählt. Sie war nur vom Burghof erreichbar mittels einer hölzernen Wendeltreppe. Darüber lag ein mit Satteldach versehenes Fachwerkgehäuse. Von hier konnte man weit ins obere Lennetal schauen, hatte aber zugleich auch einen umfassenden Ausblick auf das Treiben im inneren Burghof. Engelbert schaute von hier aus gern zu, wie die Pferde beschlagen wurden. Er hatte auch guten Einblick in die längsseitig offene Burgschmiede. Er konnte ebenfalls von hier wahrnehmen, wer den turmgeschmückten inneren Treppenaufgang zum Drostenhaus benutzte oder Eingang ins Grafenhaus begehrte.

Die einzige Außentür des Grafenhauses wurde fast nie benutzt. Sie lag an der Talseite dieses Gebäudes zwei Geschosse hoch über dem steil zur Lenne abfallenden Terrain. Sie war nur für Notfälle gedacht und daher meistens fest verschlossen. Eine zum möglichen Abstieg vorgesehene, vierfach klappbare Holzleiter hatte Engelbert schon früh entdeckt. Vor lauter Spinnweben aus vielen Jahren war sie erst zu erkennen gewesen, als Engelbert die beiden rostigen Riegel dieser niedrigen, eisenbeschlagenen Ausfalltür mit all seiner Kraft beiseite geschoben hatte. Laut knarrend ließ sich die Tür ein wenig öffnen. Dabei gab sie den Blick durch die Baumwipfel frei auf die unerwartete Tiefe des darunterliegenden Terrains. Sein Atem stockte, als er diese schwere Luke schnell wieder ins Schloss fallen ließ. Er verriegelte sie so, wie er sie vorgefunden hatte.

Wirklich wohltuend empfand Engelbert den Lustgarten auf dem Burggelände. Er lag südlich der aneinandergebauten Gebäude von Drosten- und Grafenhaus. Erreichen konnte man ihn nur von einem Pförtlein aus, das zwischen der „Schreiberey" und dem südlichen Wartturm lag. Um diese Gartenzone auf dem hängigen Gelände gut erreichen zu können, war eine rampenartig und damit bequeme Treppe angelegt worden. Sie führte an den schönen Baumgruppen des Lustgartens vorbei bis zum Kräutergarten.

Wenn Engelbert von der Mutter oder ihrer Haushaltshilfe, der drallen Anna, aufgefordert worden war, etwas aus diesem Kräutergärtlein zu holen, hatte er einen recht weiten Weg zurückzulegen bis zum äußersten Westteil der mauerumschlossenen Gartenanlage. Hier gab es keine Schatten spendenden Bäume, dafür aber eine Vielzahl von Pflanzen, die sich weniger durch bunte Blüten als durch geheimnisvolle Düfte auszeichneten. Mindestens zwei Dutzend verschiedener Pflanzen wuchsen dort, darunter Anis und Basilikum, Beifuß und Bohnenkraut, Estragon und Dill, Fenchel und Gewürznelken, Kerbel und Knoblauch, Koriander und Kresse, Kümmel und Liebstöckel, Melisse, Schnittlauch und Zwiebeln verschiedener Art. Am Fuße der Burgmauer und im Schatten von Kiefern gediehen sogar essbare Pilze. Engelbert schmeckten vor allem die in der Küche köstlich hergerichteten Butterpilze und Pfifferlinge.

Sein Vater hatte für diesen Teil des Burggartens eine eigenartige Bezeichnung: „Es ist dein ‚HORTUS SANITATIS'", pflegte er gern zu seiner Frau zu sagen, wenn sie von ihrem Kräutergärtlein sprach. Engelbert hatte er einmal verraten, diese lateinische Bezeichnung bedeute soviel wie „Hort der Gesundheit"[19]. Ganz vermochte dies Engelbert aber nicht zu glauben, denn dort gab es ja nicht einmal „Äppel", und von denen hatte doch die Mutter wiederholt behauptet, sie seien das Gesündeste, was man in einem schönen Garten finden könne.

Den Bergfried zu besteigen, hatte man Engelbert wiederholt streng verboten. Dort oben hatten sich die Knechte eine Art „Ausflugslokal" geschaffen, um hier ungestört beliebte Getränke zu genießen. So mancher von ihnen war danach schon, berauscht von Schnäpsen und Bier, die morsche Treppe hinabgestolpert.

Den tumben Ronald hatte Engelbert bereits wenige Tage nach dem Einzug der Grafenfamilie in ihre „Schwarzenburg" mausetot auf dem Türdörpel[20] liegen sehen. „Das hat er nun davon, der unverbesserliche Säufer!", war der bissige Kommentar der Gräfin gewesen, als sie den toten Fuhrknecht auf dem Friedhof an der Lambertus-Kirche begraben hatten. Selbst der Pastor hatte kein gutes Wort für den Verunglückten übrig gehabt. Seitdem mied Engelbert die Nähe der groben Gesellen, die auf dem Bergfried hausten, aber nun einmal zum unverzichtbaren Burginventar zu gehören schienen. Nur ungern fand er sich vorerst damit ab, den gewiss reizvollen Rundblick von diesem „dicken Turm" nicht genießen zu können. Aufgeschoben hieß ja nicht aufgehoben!

Alles in allem war der Schwarzenberg für Engelbert ein nicht zu übertreffender Spielplatz. Die alte Burg war aus gutem Grund verlockender als die Viehställe, Scheunen und Remisen im tiefergelegenen Wirtschaftshof. Mal fand Engelbert beim Umherstreifen ein abgefallenes Hufeisen, mal eine verrostete Türangel. Sogar eine „Giftbüchse" mit übelriechender Paste für kranke Gäule hatte er einmal gefunden. Er war gut beraten, die Augen ständig offenzuhalten, wenn er bisher Unbekanntes entdecken oder Abenteuer erleben wollte.

Einmal war große Not im Grafenhaus. Die herbeigerufene Hebamme war gerade nicht aufzufinden gewesen, als die Mutter sie am nötigsten gebraucht hätte. Zum Glück war dann doch alles gut gegangen. Die resolute Wirtschafterin Anna hatte das Notwendige im Griff gehabt, und die Gräfin selbst war ja auch nicht unerfahren im Kinderkriegen.

Die kleine Elisabeth, die als siebtes Kind gesund das Licht der Welt erblickt hatte, erwies sich sehr bald als äußerst stimmgewaltiges Geschwisterchen. Es mochte schon zutreffen, dass ihr Vater ihretwegen die Burg noch am Tage ihrer Taufe verlassen hatte. Seither weilte er schon ein gutes halbes Jahr bei seinem

---

19 Richtig wäre gewesen „Garten der Gesundheit" von lat. hortus = Garten.
20 Türdörpel = aus einem großen Steinblock gearbeitete Türschwelle.

Onkel in Lüttich. „Schon wieder gärt es dort – und diesmal heftig", hatte Graf Adolf zum Burgvogt beim Abschied gesagt. „Es könnte wohl sein, dass wir Verstärkung brauchen. In diesem Fall weißt du ja, was zu tun ist." Der Vogt hatte still genickt.

Eine unheimliche Stille hatte geherrscht, als Engelberts Vater mit einem Dutzend Berittener die obere Burgpforte am „Vordersten Platz" verlassen hatte. Mit drei zusätzlichen Packpferden erreichte er schnell die befestigte Fahrstraße zum Viertälerort Plettenberg.

Die aufständische Stadt Huy war damals sein Ziel gewesen. „Ich kann Oheim Adolfs Bitte um Hilfe nicht abschlagen", hatte er zu seiner weinenden Frau gesagt. „Schließlich hat er uns vor ein paar Jahren mit seinen Lütticher Truppen tapfer beigestanden, als wir die aufsässigen Burgleute von Volmarstein und ihre Kölner Verstärkung belagerten. Erst durch die Hilfe unseres Oheims konnten wir die Burg schließlich erobern und dieses, wie Adolf sagt, ‚elende Rabennest jenseits der Ruhr' mit Bravour ausräuchern."[21]

Ja, Engelberts Vater galt als ausgezeichneter Anführer, vielleicht sogar Feldherr. Als Familienoberhaupt war er aber viel zu selten bei ihnen. Kaum war er wieder auf der Burg eingetroffen, begann ein fortwährendes Kommen und Gehen von vielen streitbar aussehenden Männern. Bekannte Ritter mit ihren Gehilfen, Pack- und Reitknechten aus Geldern und Kleve konnte Engelbert darunter bestaunen, auch Gesandtschaften aus Köln, Münster, Osnabrück und aus den Niederlanden. Sogar kostbar gekleidete Patrizier aus den Städten seiner Grafschaft wie auch von benachbarten Städten hatte er kommen sehen. Sie wechselten sich häufig ab, mehr oder weniger erfreut auf der Burg begrüßt. Zumeist war dann irgendwo „etwas im Stock", wie es Vater Adolf auszudrücken pflegte, und damit meinte er selten etwas Erfreuliches.

Jagdfreuden

Es gab aber auch ergötzliche und spannende Erlebnisse auf der Burg, die Engelbert nicht vergessen konnte. Dazu zählten zu allererst die großen Jagdgesellschaften, zu denen sein Vater regelmäßig im Herbst einlud. Bunte Fahnen wehten dann auf den meisten Türmen der Burg, und Musikanten sorgten mit verschiedenen Arten von Blas-, Saiten- und Schlaginstrumenten für Neugier und Stimmung.

Einige Spielleute kamen mit Flöten und Schalmeien. Manche brachten Posaunen oder Hörner mit. Andere spielten auf mit ihren Harfen und Leiern. Es gab

---

21 Im Jahre 1324 war die ehemals kölnische Burg Volmarstein an Mark gefallen.

auch solche, die ihre oft abenteuerlich aussehenden Instrumente mit Schlagen, Schütteln und Schrappen zu Gehör brachten. Ihre Musik ähnelte manchmal fremdländischer Schüttelmusik, besonders wenn die Spielleute die an einer Tragstange mit halbmondförmigen Metallaufsätzen befestigten Glöckchen und Schellen mit hin und her tanzenden Rossschweifen in stampfende Bewegung setzten. Diese Musiker sorgten schon am Vorabend der Jagd für erwartungsvolle Spannung im Burghof auf das, was der nächste Tag an Abwechslung bringen würde.

Im Rüsthaus wurden für Gäste und erprobte Treiber Speere und Saufedern[22] ausgegeben. Man konnte ja nie wissen, wie heftig sich ein in die Enge getriebener Keiler oder eine um ihre Frischlinge besorgte Bache wehren würde. Weibliche Tiere, die Bachen, konnten bedrängte Jagdteilnehmer schnell mit ihren „Haken"[23] verletzen. Erst recht waren die Keiler gefürchtet, deren „Gewaff"[24] sie lebensbedrohlich für die Jagdteilnehmer einzusetzen imstande waren. Da hatten sich die Saufedern schon häufig als lebensrettende Abwehrwaffen bewährt!

Bunte Leinenlappen mit rot-weiß geschachten Balken oder märkischen Wappen lagen, an langen Leinen befestigt, bereit, um in aller Frühe an bestimmten Stellen des Waldreviers aufgehängt zu werden. Schließlich sollte den Jägern lohnende Jagdbeute nicht „durch die Lappen gehen".

An solchen Tagen sahen die Knechte gepflegter aus als sonst, und in den Stallungen unterhalb der Burg war kaum noch Platz für eigene Pferde, weil „Gaströsser" nun mal Vorrang hatten und besonders pfleglich behandelt werden sollten.

Zur Vorbereitung der Jagd hallten Gandolfs Hammerschläge immer wieder aus der Schmiede in den inneren Burghof. Lauthals klagte er: „So viele Hufeisen brauchen wir für unsere Pferde im ganzen Jahr nicht wie bei den Hatzjagden unseres gnädigen Herrn. Ich glaube, die Gäste kommen in der Mehrzahl nur zu uns, um ihre Vierbeiner auf unsere Kosten neu beschlagen zu lassen!" Wenn aber am Morgen die Jagdhörner erschallten und die ungeduldig wartende Hundeschar ihr vielstimmiges Gebell ertönen ließ, begann eines der aufregendsten Abenteuer, das die jungen Grafensöhne erleben konnten. Mitreiten durften sie ja noch nicht, aber zur Mittagszeit war auf aussichtsreicher Berghöhe oder in einem malerischen Waldwinkel ihre Stunde gekommen.

Dort teilten sie an Jagdgenossen und Treiber die dampfende Suppe aus und brachen die mitgebrachten Sauerbrote, um sie den erschöpften Jagdteilnehmern

---

22 Saufedern sind blattförmige, zweischneidige Klingen mit einem etwa 2 m langen Eichenholzschaft zum Abfangen des Schwarzwildes.
23 Haken = Ober- und Unterkiefer der Bachen.
24 Gewaff = Gewehre, also Hauer der Keiler (gemäß heute noch üblicher Jägersprache).

als mundgerechte Portionen zu servieren. Schweinswürste, gebratene Rippchen, Krautschüsseln, Obst und Gartenfrüchte waren schon vor dem Eintreffen der Jagdgesellschaft kunstvoll auf mitgebrachten Eichenbohlen aufgeschichtet und mit Laub und Beerenzweigen geschmückt worden. Ein reichhaltiges Buffet hatten die Knechte mitsamt einiger vierbeiniger Tischböcke aus der Zimmerei rechtzeitig angefahren.

Die Jungen staunten nicht schlecht, wie schnell die leckeren Speisen in den hungrigen Mäulern der Jäger und Treiber verschwanden. Wasser und Milch durften von den Jungen allen Gästen angeboten und gereicht werden, Bier und Schnaps jedoch nicht. Diese Getränke auszuschenken, hatte der Graf älteren Mägden und weiterem ausgesuchten Hausgesinde übertragen. Streng hatten sie darauf zu achten, dass niemand davon zuviel zu sich nahm, denn die Jagd war am Mittag ja noch längst nicht vorbei. Die Männer sollten klaren Kopf behalten, um auch für die oft mühselige Nachsuche einsatzbereit zu sein. Sie war fast immer nötig, um waidwundes Wild aufzufinden und zu erlösen.

Wenn schließlich das vielstimmige Hornsignal „Jagd vorbei" ertönte, trabten die Berittenen rasch und nicht selten erschöpft den Stallungen unterhalb der Burg zu. Treiber und Unberittene folgten in kleineren, meist eifrig diskutierenden Gruppen. Sie hatten es ebenfalls eilig, denn nun sollte nämlich das eigentliche Fest der Jagdgesellschaft mit dem beliebten Schüsseltreiben seinem Höhepunkt entgegengehen.

Graf Adolf hatte angeordnet, dass dieser Teil der Jagdveranstaltung auf dem „Vordersten Platz" stattfinden solle, nicht mehr – wie früher üblich – im inneren Burghof. Er musste wohl gute Gründe dazu gehabt haben, zumal der Schallpegel der Feiernden während der Nacht häufig ins Unermessliche gestiegen war, ohne dass deren Bierdurst dabei geringer geworden wäre.

Vor dem Essen wurde unter mächtigen Eichen und Buchen im Lustgarten die Strecke[25] ausgelegt: Beteiligte Jäger und neugierige Burgbewohner bestaunten ehrfürchtig, was am Jagdtage erlegt worden war: prächtige Hirsche, Rehe und vor allem zahlreiche Schwarzkittel, dazu Hasen und Kaninchen, Füchse, Dachse und, sorgsam in Reih' und Glied ausgerichtet, mancherlei Federvieh, wie Fasane, Wachteln, Reb- und Feldhühner, seltener auch mal ein Birkhuhn oder ein Auerhahn.

Das gestreckte Wild war vom Grafen selbst und seinen Leibjägern jagdgerecht mit Brüchen[26] geschmückt worden. Jetzt wurde es von den Hornisten verblasen.[27] Nur bis zu jenem Augenblick, als Vater Adolf die andachtsvoll zu-

---

25 Strecke ist die Jagdbeute, die zur Besichtigung und zum „Verblasen" auf die Erde, den „Streckenplatz" gelegt wird.
26 In der Jägersprache versteht man unter „Bruch" einen abgebrochenen grünen Zweig, der einem Abschiedsgruß des Jägers an das erlegte Tier gleichkommt.
27 Das Verblasen der Strecke wird nach Waidmannsbrauch mit bestimmten Hornsignalen für die jeweilig erlegte Wildart durchgeführt.

hörenden Jagdteilnehmer im Lustgarten mit einem kräftigen „Waidmannsheil" gegrüßt und von ihnen ein vielstimmiges „Waidmannsdank" vernommen hatte, durften seine Kinder dabei sein. Sie gehörten zeitig ins Bett. Für sie war dann die „Große Jagd" vorbei. Der Tag war ja auch aufregend genug gewesen.

✻

Natürlich gab es am Schwarzenberg und in der Talaue der wasserreichen Lenne noch weitere, zwar sehr kleine und dabei recht „stille Jagden". Engelbert hatte auch solche erlebt. Wenn er aber an Schäfer Hendrik dachte, fragte er sich, ob er sich dabei richtig verhalten hatte.

Als er eines Morgens bei Siesel die beachtliche Schafherde auf der fetten Uferwiese bemerkt hatte, wollte er so schnell wie möglich zu ihrem Hirten, dem alten Hendrik, eilen. Vielleicht würde er ihm wieder eine seiner wundersamen Geschichten erzählen. Doch klägliche Laute ließen ihn im Laufen innehalten. Aus dem hohen Ufergras vernahm er Klagetöne, wie er sie von ganz kleinen Kindern kannte. Auch Hendrik musste dieses Winseln vernommen haben. Mit Riesensprüngen war er früher noch als Engelbert an jenem Ort, von dem diese Klagegeräusche ausgingen. Anscheinend hatte Hendrik schon eine Vorahnung gehabt. Den Grafensohn hatte er zunächst überhaupt nicht beachtet. Neugierig, aber zugleich etwas erschrocken schaute der zu, wie der im Grase kniende Schäfer ein Kaninchen aus einer Art Drahtgehäuse zog und ihm mit der Handkante einen gehörigen Schlag hinter die Ohren versetzte. Dann wurde es still. Aus dem weiten Regenumhang zog Hendrik einen Sack. Er beabsichtigte, darin die erlegte Beute unerkannt abzutransportieren. Engelbert war erschüttert. Durfte Hendrik so etwas?

Der alte Schäfer klärte den Jungen auf, ehe dieser ihm seine brennenden Fragen hatte stellen können: „Jetzt kannst du mich dem Burgvogt oder deinem Vater melden! Dann kommt eben ein neuer Schäfer, der eure Schafe hüten wird. Meinst du etwa, es mache mir Spaß, tagtäglich nur Fisch essen zu müssen oder die ewig nach Leim schmeckende Suppe mit Brotkrusten, die andere übrig gelassen haben? Ein so eintöniger Speisezettel ist nicht nach meinem Geschmack!" –

„Woher hast du denn diese Falle?", wollte Engelbert wissen. „Das bleibt mein Geheimnis, denn wenn ich dir verraten würde, von wem sie ist, wäre auch Gandolf ein toter Mann!" „Wieso Gandolf?", forschte Engelbert nach. „Der ist doch unser Schmied!" „Ja, noch ist er es, aber gewiss nicht mehr lange, wenn du dieses Geheimnis verrätst."

„Das will ich ja gar nicht!", entgegnete Engelbert trotzig. „Ich möchte nur auch einen solchen Drahtkäfig haben, wie du ihn da hast. Dann können wir ja unsere Beute so teilen, dass Gandolf auch von mir einen Anteil bekommt!"

Eine derartige Wendung in der Beurteilung seines geheimen Jagdfrevels hatte Hendrik nicht erwartet. „Wenn du Wort hältst, bekommst du meine Zwille!" Schon streckte der Schäfer dem Jungen die aus der Manteltasche genommene Schleuder als willkommenes Angebot vor. Der nahm sie an: „Danke Hendrik! Wir bleiben ewig Freunde!"

Kaum, waren diese Worte ausgesprochen, sprang er schon freudig erregt durch das hohe Wiesengras zurück zur Burg. Jetzt würde auch er ein Jäger sein, dachte er bei sich, und lebenslang sollte er damit Recht behalten.

Feiertage

„Man muss die Feste feiern, wie sie fallen", hatte der Plettenberger Pastor zur Gräfin gesagt, als er auf die Erstkommunion ihres Ältesten zu sprechen kam. „Ich denke, Engelbert sollte am Weißen Sonntag erstmals an der Eucharistiefeier in unserer Lamberti-Kirche teilnehmen, vorausgesetzt allerdings, er ist bis dahin ausreichend über die christliche Heilslehre und die Konsekration unterrichtet. Dazu müsste Engelbert jedoch häufiger als bisher an der sonntäglichen Messe teilnehmen."

„Unser Hauslehrer und theologischer Berater, der angehende Vikar Franz, hat gewiss die Unterweisung unserer beiden Ältesten in vorzüglicher Weise vorgenommen." –

„Daran habe ich eben große Zweifel", fiel Pastor Altmann der Gräfin ins Wort. „Erstens wird der Franz bei seinen notwendigen Vorbereitungen für das von ihm angestrebte kirchliche Amt viel zu sehr mit Schreibarbeiten durch den gräflichen Rentmeister belastet und zweitens lässt Franz sich viel zu selten beim Gottesdienst in unserer Kirche sehen. Ich fürchte sogar, er wird seine bevorstehende theologische Prüfung nicht bestehen! Es ist ja auch jammerschade, dass die Burg Schwarzenberg keine eigene Kapelle hat. Ihr wisst, verehrte Gräfin, gewiss auch, dass die Bewohner Eurer vorgelagerten Burgstellen Bomgarden, Sysal und Wiebecke den Gottesdienst in unserer Kirche nicht ein einziges Mal besucht haben, seit ich vor Jahresfrist das Pfarramt übernommen habe."

Gräfin Margarete war bestrebt, weiteren Vorhaltungen aus dem Wege zu gehen. Resolut und entschlossen, diese Unterredung baldmöglichst zu beenden, erklärte sie: „Also gut, meine Familie erscheint am kommenden Sonntag zur heiligen Messe, und zwar vollzählig!" – Der eifrige Seelsorger aus Plettenberg schien mit seinem Besuch im Grafenhaus zufrieden zu sein. Seiner achtungsvollen Verbeugung folgte sein Gruß „Gelobt sei Jesus Christus", worauf die Gräfin unverzüglich antwortete: „In Ewigkeit, Amen!" –

Jetzt war es an Margarete von der Mark, aktiv zu werden. Die Stallknechte mussten den arg verstaubten „großen Gesellschaftswagen" aus der Remise schieben, ihn gründlich säubern und sogar mit neuen Polsterbezügen und goldglänzenden Messingbeschlägen ausstatten. Vierspännig stand er am nächsten Sonntag schon früh um acht Uhr zur Abfahrt nach Plettenberg bereit. Bis auf die beiden jüngsten Mädchen Mechthild und Elisabeth hatte die Gräfin ihre Mannschaft abfahrbereit versammelt. Mit ihren fünf ältesten Kindern und der guten Anna saß sie im blitzblanken Reisewagen des Grafen. Auf dem Bock hatte neben dem alten Kutscher Rudolf der angehende Theologe Franz Platz genommen, beide in feierlich wirkenden schwarzen Gewändern.

Die drei ältesten Buben trugen helle, fast weiß wirkende Wollwämse, über deren Brustpartie ein dreizeiliges rot-weißes Schachband eingestickt war. Sie hatten Blumensträuße in den Händen. Damit winkten sie anderen Gottesdienstbesuchern, die von ihnen überholt wurden, fröhlich zu. Die freuten sich über den schönen Anblick einer glücklichen Familie. Anna hatte arge Mühe, die kleine Margarete und den kaum größeren Eberhard auf ihren Sitzen festzuhalten, denn der Fahrweg war, bis sie Bracht erreicht hatten, alles andere als gut befestigt.

Danach ging die Fahrt flotter vonstatten. Die Pferde hatten bei vorzüglicher Leinenführung des erfahrenen Kutschers offensichtlich Freude daran, in vorbildlichem Trab vor dem Südportal der vieltürmigen Lamberti-Kirche vorzufahren. Der lebhafte Beifall der bereits dort wartenden Gemeindemitglieder galt den Pferden, ihrem Kutscher und ganz besonders der Gräfin mit ihrem Gefolge.

Hoheitsvoll schritt Margarete von der Mark mit ihrer Begleitung durch die geöffnete Südpforte auf die vorderste Kirchenbank im Mittelschiff zu. Sie nahm mit ihren Kindern nach kurzer Andacht im Stehen unmittelbar vor der Kanzel und dem schönen Plettenberger Altar Platz.

Pastor Altmann staunte nicht schlecht, als ihm der Küster kurz vor seinem Auftritt im Chor der Kirche vom tatsächlichen Erscheinen der gräflichen Familie und ihres Hauslehrers Franz berichtet hatte. Sein Besuch auf dem Schwarzenberg hatte sich tatsächlich gelohnt!

Gebete, Gesang und die Predigt des Pfarrers bei andächtiger Stille beeindruckten die Mitglieder der Reisegesellschaft vom Schwarzenberg sehr. Alle genossen auch die freundlichen Blicke und Gesten der Plettenberger. So beschlossen sie, den sonntäglichen Kirchenbesuch wieder zur Regel werden zu lassen. Selbst der beinahe zum Kanzlisten gewordene Hauslehrer Franz war beeindruckt. Er wirkte während der Rückreise auffallend lockerer als am frühen Morgen. Pfarrer Altmann hatte ihn nämlich gleich nach dem Segen beim Verlassen der Kirche abgefangen, bevor Franz den gräflichen Vierspänner erreichen konnte. „In zwei bis drei Monaten dürft Ihr statt meiner die Predigt halten. Überlegt Euch schon mal einen geeigneten Bibeltext, über den Ihr sprechen wollt!" So etwas hatte Franz in seinen kühnsten Träumen nicht zu hoffen gewagt. Gleich wollte er mit dem Bibelstudium beginnen; mochte Rentmeister Recke die Reinschriften für die Jahresrechnung selbst anfertigen. Dafür würde er schließlich auch bezahlt! –

Vor dem Burghof angelangt, hieß es gleich: „Wämse ausziehen! Es wäre doch allzu schade, wenn ihr sie beim Mittagessen bekleckern würdet!"

Engelbert hörte diese Aufforderung Annas mit Freude. So konnte er, ohne erst seine Kleidung wechseln zu müssen, gleich nach Genuss des sonntäglichen Brathühnchens in sein Waldrevier enteilen. Die Fletsche hatte er schon unter seiner Bluse verborgen. Jakob, der zweite Sohn des Burgvogts, wartete gewiss schon, wie am Vortage verabredet, an der Fußwegpforte beim unteren Warttum auf ihn.

Jungenstreiche

Was diese beiden Jungen an jenem Sonntagnachmittag angestellt hatten, war in der folgenden Woche allgemeiner Gesprächsstoff in Plettenberg und den benachbarten Siedlungen. Engelbert und Jakob waren mit einem Schlage berühmt geworden, allerdings nicht in dem Sinne, wie es ihre Mütter gern gesehen hätten. Gleich drei kreuzbrave Leute hatten sich über die neuen üblen Streiche der beiden beklagt und Schadenersatz gefordert.

Bauer Mehrhoff aus Pasel verlangte dreißig Hühnereier. Die hätten die Jungen mindestens aus dem vor seinem Scheunentor abgestellten Eierkorb entwendet, um sie, sorgsam zwischen die Zaunlatten der Hofeinfriedung geklemmt, mit ihren Schleudern nacheinander zielgerecht zu zerschmettern. Mehrhoff habe das selbst beobachtet. Er habe auch gehört, wie beide darüber gestritten hätten, wem mehr Treffer gelungen gewesen wären. „Siebzehn habe ich", habe Engelbert gerufen, „du nur dreizehn!" – „Nein, umgekehrt", hätte Jakob gerufen. „Ich habe siebzehn Eier getroffen! Du hast nämlich die von mir bereits ausgelaufenen mehrfach erneut beschossen, nur um mehr Treffer als ich zu haben!" Das alles könne Mehrhoff mit heiligem Eid beschwören!

Fischer Peters beklagte ein anderes Problem: Es ging um bereits gefangene, zwischen Obergrabengitter und Wehr bereitgehaltene Forellen und Äschen. Die Jungen hätten das Wehr des Obergrabens hochgezogen und Hunderte von Forellen, die hier auf eine Lieferung an die Herrschaft warteten, mit dem schwallartig abfließenden Wasser entkommen lassen. Wie solle er die bereits versprochene Fischlieferung beschaffen? Wer würde die Kosten zahlen, wenn er notgedrungen Ersatz bei seinem Kollegen Asmus in Eiringhausen kaufen müsse, um den von ihm fest zugesagten Liefertermin einhalten zu können? –

Die märkische Burg auf dem Schwarzenberg bei Plettenberg
Stahlstich von Mayer nach Zeichnung von Schuch, 1845

Burg Wetter an der Ruhr
Stahlstich von H. Winkler nach Zeichnung von C. Schlickum, Hagen

Die dritte Klage war am unangenehmsten. Der stets so freundliche Pächter des „Alten Hauses", Jost Wiebecke, trug sie dem Burgvogt verärgert vor. Er berichtete, wie er habe sehen können, dass die beiden Rangen sich durch das kniehohe Gras vom Stessel aus angeschlichen hätten, um Junghennen aus seinem Hühnerhof zu stehlen. Zunächst hätten sie den dichten Weidenflechtzaun mit einem gewaltsam erweiterten Durchschlupf versehen. Dann hätten sie jedes Mal, wenn eine der Hennen durch das Loch in die Freiheit des Baumhofes habe entweichen wollen, auf die hindurchschlüpfenden Tiere mit ihren Schleudern geschossen. Zum Beweis wies Peters auf den mitgebrachten Korb. In ihm lagen drei erlegte Tiere, die stellenweise blutverschmiert waren. Man könne die Einschusslöcher, die durch die Geschosse der Schleudern von den Übeltätern verursacht worden seien, sehr deutlich erkennen. Burgvogt und Rentmeister könnten sich leicht von dem Vorgang überzeugen. Teilweise wären die armen Viecher sogar drei- oder viermal von den abgeschossenen Flusskieseln getroffen worden.

Als er die beiden auf frischer Tat ertappt habe, hätten sie eiligst die Flucht ergriffen. Einer von ihnen sei dabei hingefallen. Nachdem er sich aufgerappelt habe, habe dieser drei getötete Junghennen im Grase liegenlassen und dabei wohl auch diese Schleuder verloren. Peters habe sie an sich genommen als Beweis der abscheulichen Handlung und um deren Hergang schildern zu können. Die Schleuder gehörte zweifelsfrei Engelbert. Der gab sofort alles zu, was man ihm und seinem Freunde Jakob zur Last gelegt hatte. Rentmeister Recke blieb nichts anderes übrig, als einige Denare aus seinem Beutel zu nehmen, um die aufgebrachten Kläger zum Schweigen zu veranlassen.

Von nun an wehte den erwischten Jungen ein anderer Wind entgegen! Mit der grenzenlosen Freiheit in Wald und Flur war es für sie vorbei! Hauslehrer Franz wurde eindringlich verpflichtet, ihnen Unterricht in nützlichen Dingen zu erteilen, und das täglich je vier Stunden vor- und nachmittags. Religion, Schreiben, Lesen und Rechnen waren ausschließlicher Unterrichtsstoff. Wöchentlich oblag es Franz, über die gezeigten Leistungen der beiden Freunde einen schriftlichen Bericht anzufertigen, zunächst zur Vorlage bei Rentmeister Recke, der diesen Bericht nach Durchsicht, erforderlichenfalls mit ergänzenden Vermerken, an die Gräfin weiterzuleiten hatte. Reiten und Spielen gab es vorerst nicht mehr. Die gräfliche Schreibstube wurde für die Jungen zur Schule. Aber es war Franz, der unter diesen Anordnungen bei weitem am meisten zu leiden hatte.

Pfarrer Altmann fiel es immer schwerer, Engelberts wachsenden Wissensdurst zu stillen. Manchmal war er geradezu froh, wenn dieser Junge im Kommunionsunterricht fehlte. Dann nämlich gelang es ihm, das vorgesehene Bibelpensum zu Ende zu bringen. Wehe aber, wenn Altmann auf Engelberts Fragen unbefriedigende Antworten gab oder gar keine zu geben vermochte! Er konnte sicher sein, die gleichen Fragen oder zumindest das gleiche Thema in der nächsten Unterweisungsstunde erneut präsentiert zu bekommen, und zwar von einem ungeduldigen Fragesteller, der sich inzwischen weit besser auf die möglichen Antworten vorbereitet hatte als der Pfarrer selbst. War es nun echte Wissbegierde bei Engelbert oder wollte er nur provozieren? Die Themen dazu schienen ihm nie auszugehen.

„Wann fand eigentlich die Hochzeit der heiligen Jungfrau Maria statt? Warum hat keiner der Evangelisten darüber geschrieben?" Er bohrte weiter: „Warum war Jesus so dumm, das Kreuz, an das er geschlagen werden sollte, selbst zu tragen? Ich hätte den Juden was gepfiffen!"

Über die Verpflegung von Menschen, wie sie in den verschiedenen Evangelien beschrieben ist, hatte sich Engelbert anscheinend viele Gedanken gemacht. „Wie war das genau bei der Speisung der Fünftausend?", begehrte er zu wissen. „Wie war es möglich, so viele Menschen mit nur fünf Broten und ein paar Fischen satt zu kriegen, wie es der Evangelist Lukas berichtete? Wenn ich mir vorstelle, ich wäre dabei gewesen, hätte ich doch höchstens ein paar Brotkrümel und allenfalls abgeleckte Gräten abgekriegt. Davon hätte ich aber nie satt werden können!

Nun mal ehrlich, Herr Pastor, wer hat diese Leute bei der Stadt Betsaida eigentlich gezählt? Lukas schreibt, es seien fünftausend gewesen, aber der war doch gar nicht dabei! Dennoch behauptet er in seinem Evangelium, das er erst weit nach dem Geschehen niedergeschrieben hat, es seien fünftausend gewesen! Vielleicht hat er von Markus und Matthäus abgeschrieben, aber warum übertreibt Lukas so schamlos, indem er von fünftausend Essern spricht? Markus und Matthäus berichten doch übereinstimmend nur von viertausend Menschen! Bei Matthäus und Markus waren es übrigens sieben Brote statt der von Lukas gemeldeten fünf! Ist da nicht etwas faul an der Berichterstattung in der Bibel?" –

Ja, Pastor Altmann war richtig glücklich, als die Kommunion Engelberts vorbei war. Mochte der Junge nun andere Leute mit seiner ständigen Fragerei verrückt machen!

Vater Adolfs Heimkehr

Am Vorabend des zehnten Geburtstages seines Ältesten kam Engelberts Vater überraschend heim. Seit langem hatte er sich Gedanken über das Werden und Wachsen seines ältesten Sohnes gemacht. Auch mit seinem Onkel, dem Fürstbischof von Lüttich, hatte er häufig über die bestmögliche Erziehung gesprochen, die man einem künftigen Grafen von der Mark müsse angedeihen lassen. „Da gibt es nur eines, mein lieber Adolf", hatte der Gottesmann geraten, „er muss nach Lüttich kommen, um den besten Lehrer zu haben, den ich kenne."

„Du meinst Levold", mutmaßte Adolf. „Ja, den meine ich! Gern würde ich mir selbst ein Bild davon machen, welch' Geistes Kind dein Filius ist. Auf Levolds Meinung will ich aber keinesfalls verzichten. Deshalb rate ich dringend, Engelbert hierher zu holen. Nur in eurer süderländischen Wildnis an Ruhr und Lenne aufwachsend, hat er allenfalls Aussicht, ein tollkühner Raubritter zu werden."

Adolf leuchteten die bischöflichen Argumente ein. Am liebsten hätte er sogar seine Freude über den Vorschlag des geschätzten Onkels kundgetan, aber er gab sich bewusst diplomatisch zurückhaltend. Oft schon hatte seine geliebte Frau Klage darüber geführt, dass Engelbert dort fast vaterlos aufwachse. Sie selbst wisse bald nicht mehr, wie man den ungestümen, alles wissen wollenden Jungen bändigen könne. Er schien ihr jetzt fast über den Kopf zu wachsen. Täglich gäbe es neue Streiche und ungezählte Fragen, die weder sie noch der Burgvogt und schon gar nicht Pastor Altmann zufriedenstellend beantworten könnten.

Als Adolf bei Eintritt der Dämmerung durch die obere Pforte seiner Burg auf dem Schwarzenberg ritt, wusste er genau, welches Geburtstagsgeschenk seinem Ältesten große Freude machen würde: die Armbrust. Er übergab sie ihm am nächsten Morgen mitsamt einem Köcher, der randvoll mit Pfeilen bestückt war. Engelbert strahlte und bedankte sich hocherfreut. Solch ein Geschenk hatte er nicht erwartet. Zwar war diese ihm vom Vater anvertraute Waffe etwas kleiner ausgefallen als die Armbrüste in der Rüstkammer des Rüsthauses der Schwarzenburg, doch hatte dies den beachtlichen Vorteil, dass Engelbert diese Waffe mit eigener Kraft zu spannen in der Lage war. Dieses Geschenk war aber nicht alles, was Vater Adolf aus Wallonien mitgebracht hatte.

„Hier liebe Margarete", hatte er zur Gräfin gesagt, „überreiche ich dir die schönste Gemme, die ich für dich erstehen konnte: Ein goldgefasster Edelstein mit vertieft eingeschnittenem Bild der legendären Margareta aus Antiochia. Diese Heilige zählt zu den vierzehn Nothelfern. Man weiß ja nie, ob und wann man einen von ihnen nötig hat!" Gräfin Margarete war freudig überrascht. Sie schien beim Anblick der feinen Steinschneidearbeit, die nur ein bedeutender Meister der Steinschneidekunst hatte fertigen können, vor Freude überwältigt. Sie betrachtete andächtig das goldumrandete Heiligenbild ihrer Namenspatronin. „Hast du denn so viel Geld gehabt, dieses einmalig schöne Schmuckstück zu bezahlen?", war ihre bange Frage. „Wir hatten doch bisher immer so große Geldnot!"

Jetzt war es am Grafen, die Herkunft dieser Gemme zu erklären. „Um die volle Wahrheit zu sagen, liebste Frau, dieses edle Stück hat mir Onkel Adolf als Geschenk für dich übergeben. Er betrachte es, so sagte er mir bei meinem Abschied aus Lüttich, als einen Teil jenes Lohnes, den er mir für meine Dienste beim Niederwerfen der Aufstände in seinem Bistum schulde." Der Bischof habe aber ausdrücklich darauf bestanden, dass er, sein Neffe Adolf, sie seiner immer so bescheidenen und ihre persönlichen Bedürfnisse stets zurückstellenden Frau Margarete überbringen sollte. Dieses Meisterstück der Gemmologie war ein aus einem dreifach gebänderten Achat gravierter Stein. Andächtig hatten die Kinder den Worten des Vaters gelauscht. Sie begriffen, was der fromme Großonkel auf dem Fürstenthron in Lüttich über ihre Mutter gesagt hatte. Ja, ihre Mutter war eine großartige Frau!

„Aber nun zu euch, ihr lieben Kinder!" Der Vater hob erneut zu einer kleinen Rede an: „Adolf, Dietrich und Eberhard habe ich strapazierfähige lange Lederhosen mit reich verzierten Gürteln und Schließen als Geschenk mitgebracht. Margarete, Mechthild und die kleine Elisabeth erhalten ausgefallene bunte Stoffe aus Brabant für besonders schöne Festkleider. Engelbert bekommt noch einen kompletten Samtanzug mit edlem Brüsseler Spitzenhemd, einen schicken Hut und einen weiten schwarzen Mantel, dazu auch Lederschuhe nach der neuesten Mode aus Antwerpen." Engelbert war sehr erstaunt, als er diese Nachricht hörte. „Warum er so viel erhält?", fuhr der Vater fort, „nun, heute hat er Geburtstag, wird damit zehn Jahre alt. Aber es gibt noch einen zweiten Grund für die ihm zugedachte Ausrüstung. Er wird euch in Kürze verlassen, denn am Martinstag beginnt seine Schulzeit in Lüttich. Sein Lehrer wird nach dem Vorschlag von Onkel Adolf der Mann sein, der mit umfassendem Wissen mein und Onkel Adolfs volles Vertrauen besitzt. Er heißt Levold von Northof, stammt aus ritterlichem Geblüt und wurde auf dem Nordhofe bei Bönen unweit unserer Hauptstadt Hamm geboren. Nach umfassenden Studien an der Universität von Avignon[28] führte ihn sein Weg an den Hof des Lütticher Fürstbischofs und mehrfach in die 1309 in Avignon befindliche päpstliche Residenz, um diplomatische Missionen zu erfüllen. Er ist Onkel Adolfs wichtigster Ratgeber. Unseren lieben Engelbert wird er in Geographie, Latein, Historia, Heraldica und in der französischen Sprache unterrichten. Diese Kenntnisse wird Engelbert benötigen, wenn er einmal an meiner Stelle stehen wird.

An diesem Abend erfuhren die Kinder des Grafen Adolf viel mehr aus dessen Leben, als sie bisher erfahren hatten. Erfreut berichtete er seinen Lieben, wie erfolgreich seine tapferen Männer die Aufständischen in den wallonischen Städten „zur Vernunft gebracht" hätten. Besonders hartnäckig hätten sich die Widersacher des Onkels in Lüttich selbst gezeigt, obwohl die Bürger dort im Jahre 1313 den erst fünfundzwanzigjährigen guten Onkel Adolf zum Bischof und Regenten gewählt hätten. Aber auch in den aufsteigenden Maasstädten Huy[29] und Dinant habe es immer wieder Unruhen gegeben, weil die aufsässigen Stadtbürger sich keine Steuern hätten aufzwingen lassen wollen. Diese Abgaben hätten sie für ihr eigenes Stadtsäckel haben wollen.

28 Die Universität war 1303 in Avignon gegründet worden.
29 Oie in flandrischer Sprache

Adolf berichtete, wie vieler Anstrengungen es bedurft hatte, auch die Grafen von Berg, Geldern und Jülich um Waffenhilfe zu bitten. Schließlich habe das wütende Aufbegehren der Bürger in den wallonischen Städten niedergeschlagen werden können. Jetzt herrsche gottlob wieder Frieden und Ordnung im Bistum des Onkels. Das danke er besonders einem erfolgreichen Mitstreiter, dem Grafen Wilhelm V. von Jülich. Ihm bleibe er zu großem Dank für seine Waffenhilfe verpflichtet. Kürzlich habe er ihn in seiner Burg besucht. Zu seiner Freude habe er sehen können, wie glücklich er dort mit seiner Familie lebe. Jammerschade sei nur, dass er keinen Stammhalter, sondern nur eine kleine Tochter habe. Sie sei zwar ein reizendes Kind, klug, freundlich zu jedermann, doch leider für ihre zwölf Jahre etwas zu mager.

Dann fuhr er fort: „Es wird auch höchste Zeit, dass ich meiner lieben Schwester Katharina in Essen wieder mal meine Aufwartung mache. Auch möchte ich bei nächster Gelegenheit einen Besuch auf der Schwanenburg in Kleve machen. Die Verwandten eurer lieben Mutter", flüsterte er den Kindern zu, „haben ja wirklich einen Anspruch darauf, dass ich ihnen erzähle, wie gut es ihr hier im tiefen friedlichen Süderland geht und wie brav ihr allesamt zu ihr seid."

„Dann berichte ihnen auch, wie glücklich ich jetzt bin, dass ich nun Engelbert keine französischen Vokabeln mehr abhören muss. Auch in Grammatik ist er ja ein hoffnungsloser Schüler." Engelbert wusste nicht, ob er lachen oder weinen sollte. Er verkniff sich ein paar Tränen und verzichtete auf jegliche Verteidigung gegenüber seiner Mutter. Lieber fragte er mutig den Vater: „Und wann geht's los?"

„Schon beim nächsten Vollmond!", antwortete der stolz. Sein Sohn Engelbert schien begriffen zu haben, was der Graf von ihm erwartete. „Wir verlassen die Burg schon beim Morgengrauen, reiten dann die Lenne entlang nach Altena, wo wir der Burgmannschaft einen überraschenden Besuch abstatten werden. Nach kurzem Frühstück geht es weiter zur Burg Wetter an der Ruhr. Wir umgehen dabei das Gebiet des Limburger Grafen, indem wir den Weg über die Stadt Iserlohn nehmen. Bei unserer Burg Villigst überschreiten wir die Ruhr. Dieser folgen wir von Schwerte bis Wetter. Dort möchte ich auch nur kurz rasten, damit wir noch vor dem Abendläuten der Klosterglocke in der Essener Reichsabtei sein können.

Ich habe richtig Sehnsucht, dort meine geliebte Schwester Katharina wiederzusehen. Mit ihr zu plaudern, ist immer ein Gewinn, denn sie ist eine äußerst kluge Frau. Sie kennt Gott und die Welt. Deshalb erzählt sie uns bestimmt gern, was es aus dem niederen und höheren Adel an Neuem zu berichten gibt."

„Und wann geht es nach Lüttich?", wollte der ungeduldige Engelbert wissen. „Zunächst reiten wir von Essen nach Jülich. Gewiss werden wir aber rechtzeitig zu Martini in Lüttich am Ziel sein, damit du deinen neuen Lehrer kennenlernst. Jetzt kümmere ich mich erst einmal um ein geeignetes Pferd für Engelbert. Hast du, Engelbert, dir vielleicht schon eins ausgesucht?" Diese letzten Sätze waren zuviel an Neuem für Engelbert. Er stürzte auf seinen Vater zu, umarmte ihn stürmisch und bekannte laut und für alle vernehmlich: „Was ist das für ein Glück, dass du mein Vater bist und nicht ein anderer!" – Gräfin Margarete griff zu ihrem spitzenumsäumten Taschentuch. Sie hatte Tränen in den Augen, aber keiner sollte sie sehen.

Burg und Stadt Altena an der Lenne
Ausschnitt aus einer lavierten Zeichnung des kurfürstlichen Hofmalers Abraham Begeyn aus Leyden, den der spätere König Friedrich I. im Jahre 1696 beauftragte, Prospekte von Städten und festen Plätzen seines Landes im Bilde festzuhalten.
Gesamtgröße der Zeichnung: 43 cm hoch und 258 cm breit

II. Auf dem Wege nach Lüttich

Reisevorbereitungen

Graf Adolf II. von der Mark liebte es, ohne großes Gefolge durch seine Lande zu reisen. Ihm genügte die Begleitung weniger Ratgeber und jener Gefolgsleute, die ihm besondere Kenntnisse vermitteln und Ratschläge geben konnten. Amtmänner einzelner Städte oder Landstriche gehörten dazu, wenn sie in der Lage waren, seine Wünsche durchzusetzen.

Jeder Reise Adolfs II. waren Vorstellungen eigener Art vorausgegangen. Alle Zielorte pflegte er so aneinanderzureihen und die anstehenden Entscheidungen so zu bündeln, dass auf einer Reise vielfältige Aufgaben innerhalb kürzester Zeit erledigt werden konnten. Seinen ältesten Sohn Engelbert dem künftigen Lehrer Levold von Northof in Lüttich zuzuführen, war ihm zwar eine äußerst wichtige, aber keinesfalls besonders dringliche Verpflichtung. Andere Landesangelegenheiten hatten Vorrang. Seinen gewählten Begleitern erschien es ohne Ausnahme als gewagtes Risiko, einen gerade erst zehnjährigen Jungen auf eine so weite beschwerliche und auch stellenweise gefährliche Wegstrecke mitzunehmen. Man musste doch mit mehr als zehn reinen Reisetagen im Sattel rechnen. Für längeres Rasten blieb keine Zeit. Für jeden erprobten Reiter standen die Pflege und Versorgung der Pferde an erster Stelle. Gelegenheit zu eigenen Vergnügungen, zu geistiger Erbauung oder zum Ausruhen von den Strapazen des Reitens hatten die Begleiter Adolfs II. nur selten gefunden.

Graf Adolf kannte aus seiner Jugend, wie anstrengend langes Reiten für einen gerade Zehnjährigen sein musste. Deshalb hatte er für Engelbert aus Lüttich bereits einen besonders ausstaffierten Sattel mit hohen und umfassenden Pauschen mitgebracht. Ein solcher Sattel war besonders für Reisen zu Pferde geeignet. Man konnte dann auf längeren Strecken auch einmal im Sattel einschlafen.

Für Engelbert war das Reiten bisher reine Freude gewesen. Mit seinem kleinwüchsigen Fuchs einen halben Tag Wiesen, Wälder und Felder zu durchstreifen, war er gewohnt. Ferne Reiseziele innerhalb knapp bemessener Zeit bei Wind und Regen zu erreichen, war eine neue Aufgabe für ihn. Nun hatte er sich ihr zum ersten Male zu stellen. Seinem Vater war dies schon bewusst. Deshalb hatte er seinen ältesten Freund, den Ritter Widukind von Bredelaer, am Vorabend der geplanten Reise gebeten, sich seines Sohnes anzunehmen und ihn auf der Reise durch seine weitläufige Grafschaft Mark, erst recht aber beim Durchqueren fremder Gebiete, nicht aus den Augen zu lassen.

Adolf dachte oft an seinen Urgroßvater, den Grafen Engelbert I. von der Mark. Der war anno 1277 einer Räuberbande in die Hände gefallen, die Lösegeld erpressen wollte. Noch bevor es gezahlt werden konnte, war der Entführte im Kerker von Schloss Bredeford verstorben. Großvater Eberhard II. hatte danach die Herausgabe der Leiche gewaltsam erstritten, um seinen verschleppten Vater im Kloster Cappenberg beisetzen zu können.

„Widukind, du hast mich so gut angeleitet, als mein Vater Engelbert Anno 1328 gestorben war, und als umsichtiger Reisemarschall begleitest du mich seit Jahren. Deshalb bist du der geeignetste, weil umsichtigste ‚Mentor‘ für meinen Engelbert, den ich mir denken kann", hatte er Widukind gesagt. „Und wenn wir einmal härter, als ihm lieb ist, antraben müssen, so bleibe immer in seiner Nähe! Ihr dürft auch ruhig mal eine halbe Stunde später am vereinbarten Ziel sein als ich. Das macht gar nichts! Versprich mir aber, Engelbert nie allein zurückzulassen!" Widukind hatte das seinem Herrn natürlich gern zugesichert.

Engelbert hatte dieses Gespräch verfolgt. Fest hatte er sich vorgenommen, dem schon betagten Widukind und erst recht seinem Vater zu beweisen, dass er nicht nur gut, sondern auch ausdauernd zu reiten verstand. Seine gute Fuchsstute Leila musste er allerdings auf Schwarzenberg zurücklassen. Statt ihrer hatte ihm der Vater einen strapazierfähigeren Hengst mit Namen Kuno für den langen Ritt nach Lüttich ausgesucht. Auch bei der Auswahl der Packpferde hatte er darauf geachtet, dass eines von ihnen als Reitpferd für Engelbert geeignet wäre, falls Kuno einmal ausfallen sollte.

*

Die Reitergruppe bestand außer dem Grafen und seinem Sohn aus fünf Berittenen.

Neben dem erwähnten Widukind von Bredelaer waren zwei weitere Ritter dabei: Jan van Strünkede, der schon so manchen Wegelagerern und räuberischen Gesellen das Fürchten gelehrt hatte, und der recht junge Rembert von Greven. Beide waren durchtrainierte und zugleich kampferprobte Männer, die das absolute Vertrauen ihres Herrn besaßen. Dabei war auch Rentmeister Recke, der allerdings nur bis zu den Stationen Altena und Wetter mitreiten sollte, um in beiden Burgen die Abrechnungen der Burgvögte entgegenzunehmen und genau zu kontrollieren.

Schreiber Degenhard war der jüngste und zarteste unter den Gefolgsleuten des Grafen. Sein Name schien wenig zu ihm zu passen, denn er wusste kaum, den Degen geschickt zu führen. Ihm hätte man nie zugetraut, hart auftreten zu können, wie es die Ritter taten. Degenhards von blonden Haarsträhnen umspieltes Gesicht ließ ihn eher als Edelknaben erscheinen.

„In seinem klugen Köpfchen steckt mehr Verstand und Urteilsvermögen als im Haupt manches hochgelehrten Magisters", pflegte Adolf zu antworten, wenn er von Fremden befragt wurde, ob „das Bürschchen" bei den Verhandlungen dabeibleiben solle. „Degenhard bleibt, und er schreibt!", war stets sein abschließendes Wort bei solchen Anfragen. Gelegentlich fügte er hinzu: „Andere mögen Schwert oder Degen gekonnt führen. Degenhard beherrscht andere Waffen. Es sind sein Verstand und die seltene Fähigkeit, was besprochen und vereinbart ist, in wenigen Sätzen niederzuschreiben, ohne dass dabei ein entscheidendes Wort fehlt oder eines unnütz ist!"

Der Lenne entlang

Diese sieben Berittenen trabten, begleitet von drei schwer beladenen Packpferden, an jenem Septembermorgen des Jahres 1340 dem im Nebel liegenden Tal der Lenne zu, um zunächst bei Altena die hoch über dem Fluss thronende märkische Burg zu erreichen.

Es war Engelberts erster Ritt im Gefolge seines Vaters, des Grafen Adolf II. Vor ihm lag eine für einen Zehnjährigen enorm lange Gesamtstrecke von rund zweihundertfünfundsiebzig Meilen, wenn man das bewährte römische Wegemaß „milia passuum" zugrunde legte. Die alten Römer, insbesondere ihre Kohorten, bemaßen ihre Marschstrecken nach Meilen zu je eintausend Doppelschritten[30].

Die erste Etappe zur Burg Altena hatten sie bis zum Frühstück zurückgelegt. Am Burgtor begegnete ihnen ein einsamer Reiter, den die meisten von Graf Adolfs Gefolgsleuten kannten. Es war der Altenaer Amtmann Raimund vom Voßberg. Ihm hatte eigentlich des Grafen Besuch gelten sollen. Die von Raimund gemeldeten Einkünfte aus der Nutzung des gräflichen Bergregals[31] waren immer spärlicher ausgefallen, seitdem er dieses Amt ausübte. Graf Adolf war misstrauisch geworden.

„Wohin so eilig des Wegs, Raimund?", wollte er vom offensichtlich Überraschten wissen.

„Habe Ärger mit den Eisenleuten, muss unbedingt deren Ausreden überprüfen. Angeblich sollen die Erzläger fast völlig ausgebeutet sein."

„Rentmeister Recke wird das gemeinsam mit dir überprüfen. Ich gebe dir ab jetzt drei Tage Zeit, die Zahlungen und Außenstände – auch die aus dem Kelleramt[32] – übersichtlich aufzuschreiben. Danach steht Recke wieder hier.

---

30 Auf heutige Verhältnisse umgerechnet entsprach dieses Maß genau 1.479 Metern. Die in späteren Zeiten gebräuchliche Längeneinheit der „Meile" schwankte von Land zu Land. Die „geographische Meile" entsprach dem 15stel eines Äquatorgrades, mithin 7.420 m, die „deutsche Meile" des metrischen Systems wurde gerechnet mit 7.500 m, die „preußische Meile" mit 7.532,5 m und die „sächsische Meile" mit sogar 9.062 m. Diese kam im 18. Jahrhundert der „Post-Meile" gleich.

31 Bergregal = Das allein dem Landesherrn zustehende Recht, Bodenschätze zu ergraben und mit verwertbaren Materialien Handel zu treiben, z. B. mit Eisenerz oder Steinkohle.

32 Das Kelleramt hatte für Lebensmittel der Bewohner der Burg Altena zu sorgen.

Die Stammburg der Grafen von Altena
Gemälde und Rekonstruktion von Wilhelm Quinke, Altena

Die Wasserburg Mark bei Hamm
Nach ihr nannten sich die Altenaer Grafen ab 1225 Grafen von der Mark
Gemälde von Wilhelm Quinke, Altena, nach einer Rekonstruktion von Flume

Wehe, wenn sein Urteil über dein Zahlenwerk schlecht ausfällt! Jetzt mach dich schnell auf den Weg, deinen Verpflichtungen nachzukommen!" Nach dieser Weisung gab Graf Adolf seinem Pferd die Sporen. Die vorgesehene Rast im Burghof unter der Linde konnte gleich beginnen.

Das nötige Reisegeld

Den kürzeren Reitweg entlang der Lenne durch limburgisches Gebiet weiter zu verfolgen, schien Graf Adolf nicht angebracht. Zu oft hatten die Limburger Grafen den Märkern Schwierigkeiten bereitet. Außerdem trug Adolf ja unter seinem Kettenhemd eine große Anzahl schwerer Kölner Denare und einige stattliche französische Turnhosen[33] mit sich. Beides waren schwere Silbermünzen. Schon unter Engelbert II. hatte die gräfliche Münze in Iserlohn aus dem erschmolzenen Metall dieser Turnhosen viele Iserlohner Denare, versehen mit dem märkischen Schachbalken innerhalb eines Schildes, geprägt. Auf dem Avers, der Vorderseite der Münzen, war der märkische Graf als Richter und Lehnsherr dargestellt. Die Symbole Schwert und Zweig sowie ein ihn bekrönender Rosenkranz drückten seine Grafenwürde aus. Andere Erzeugnisse dieser Münzstätte zeigten den märkischen von einer Kordel umschlungenen Wappenschild auf dem Revers[34]. Diese „Iserlohner Denare" wurden im Volksmund „Schilde" genannt. Sie waren ein äußerst beliebtes Zahlungsmittel geworden. Den Buchstaben „L" trugen sie als Zeichen, dass sie aus der Iserlohner Münze der Grafen von der Mark stammten.

Die sorgsam gesammelten französischen Münzen wollte Adolf seinem Iserlohner Münzmeister übergeben, um dafür gräfliche Denare im gleichen Gesamtgewicht einzutauschen. Seinen Gefährten hatte er von diesem Vorhaben absichtlich keine Kenntnis gegeben. Gleich vor der limburgischen Grenze im Grüner Tal bogen die sieben Märker nach Nordosten ab. Sie ritten auf das mauerumgürtete Iserlohn zu.

Graf Adolf ließ seine Begleiter an der uralten Pankratiuskirche absitzen. Er erteilte seinen Gefolgsleuten präzise Anweisungen: „Rembert und Jan, ihr stattet den Burgleuten auf dem Bilstein einen Besuch ab! Teilt ihnen mit, dass ich von ihnen den längst fälligen Lehnzins von siebenhundert Schilden erwarte! Fordert ihn ein und liefert ihn mir unverzüglich ab!" –

„Widukind und Recke, ihr überprüft derweil im Rathaus die Bücher! Den Bürgern von Iserlohn ist ja bereits bekannt, dass eine solche Inspektion jedes Mal fünfzig Schilde kostet. Die bringt ihr mir so bald wie möglich hierher!" –

33 Diese französischen Handelsmünzen wurden zuerst in Tours geprägt und hatten ein außergewöhnlich hohes Stückgewicht. In Deutschland und auch in Österreich waren sie wenig beliebt. Weil ungewöhnlich und fremdartig, hatten sie sich trotz ihres hohen Metallwertes in Deutschland kaum durchsetzen können.
34 Revers = Rückseite der Münze.

„Engelbert begleitet mich zur Münze. Sie liegt gleich neben dem runden Turm, wo vom unteren Kirchplatz eine Treppe zur höhergelegenen Stadt führt. Ich denke, wenn es Mittag läutet, sind wir wieder alle vollzählig hier." –

„Degenhard hat darauf zu achten, dass unsere Pferde unbehelligt bleiben. Seine Armbrust soll er schussbereit im Anschlag halten, falls sich Neugierige oder Raublüsterne nähern!"

Die Genannten hatten verstanden, was Graf Adolf ihnen befohlen hatte. Der Münzmeister verhielt sich zunächst sehr zögerlich. Die begehrten Schilde herauszugeben, war ihm zu riskant. Als Jüd Isaak hinter ihn getreten war und ihm riet: „Gib dem Herrn Grafen die Schilde! Wir sind ihm ja dankbar, dass er gerade uns auserwählt hat, aus den alten Stücken fremder Dynasten meeglichst viele scheene märkische Schilde zu machen. Wir alle winschen ihm gute Reise. Hoffentlich sehen wir ihn bald wieder glicklich und gesund hier bei uns."

Die beiden Herren Kühling von der Iserlohner Burgmannschaft waren ohne Murren bereit gewesen, die geforderte Summe herauszugeben. Sie hatten Jan van Strünkede schon früher als einen unangenehmen Bittsteller seines Herrn kennengelernt. Schneller als seine Gesprächspartner war er gewohnt, sein Schwert zu ziehen, wenn man sich seinen Wünschen widersetzte. Allein der Kanzlist der Stadt hatte umständlich zahlreiche Bedenken geäußert, so dass Widukind und der ungeduldige Rentmeister Recke ohne Verzug in das Amtszimmer des Bürgermeisters stürmten. Sie machten dem Erstaunten klar, dass jegliche Weigerung, das Geld herauszugeben, zu bösen Überraschungen für die Bürger der gräflichen Stadt führen müsse. Der verdutzte Bürgermeister hatte dann unverzüglich die geforderten fünfzig Denare zusammengesucht und sie wortlos an Recke ausgehändigt. –

Eilig verließen die sieben Reisenden die Stadt. Sie ritten durch das Baartal der Ruhr zu, um bei Villigst die Furt durch den Fluss zu nutzen. Damit wechselten sie auf die nördliche Seite des Flusses. Den Ort Schwerte rechter Hand liegen lassend, trabten sie entlang dem Höhenrücken des Ardeygebirges auf Herdecke zu. Diese Stadt an der Ruhr war dank der sie umgebenden Marktgenossenschaft bis 1324 dem Weisungsrecht der Äbtissin des Herdecker Kanonissinnenstifts unterstellt gewesen. Wer den Namen dieses Ortes hörte, dachte sofort an Herdeckes umfangreichen Kornmarkt an der Handelsstraße Köln–Dortmund. Graf Adolf dachte diesmal jedoch nicht an einen Besuch des Stiftes, dessen Äbtissin ihm wohlgesonnen war.

Sie hatte seinem Vater Engelbert II. bereits 1324 alle alten Stiftsrechte übertragen und fühlte sich seither unter dem Schutz der märkischen Grafen gut aufgehoben. Die drohende Gefahr, von der Reichsstadt Dortmund vereinnahmt zu werden, war damit glücklich gebannt. Graf Adolf hatte große Eile, seine Burg Wetter noch vor Dunkelheit zu erreichen. Er steigerte das Tempo der Reiter, bis sie schließlich den Amtssitz des Drosten in Wetter erreicht hatten. Im Burghof sattelten sie ab.

In der märkischen Burg Wetter

Erstaunt blickte der Graf um sich. Sein Sohn hatte beim zuletzt recht lang andauernden äußerst scharfen Trab mithalten können. Widukind von Bredelaer sparte deshalb nicht mit Lob für ihn, als er seinem Herrn zurief: „Da staunt Ihr wohl, Graf Adolf, wir sind am ganzen Tag keine zehn Pferdelängen zurückgefallen. Euer Sohn scheint auf einem Pferderücken geboren zu sein!"

Die Nachtruhe in einem bequemen Bett tat allen Neuankömmlingen gut. Engelbert hatte sich zwar erboten, sein Lager im Pferdestall aufzuschlagen, um bei seinem unermüdlich geforderten Kuno und den übrigen Vierbeinern Wache zu halten. Widukind aber lehnte dankend ab. „Wenn die Pferde versorgt sind und du gegessen und getrunken hast, schläfst du diesmal bei deinem Vater. Diesen Vorzug hast du dir heute redlich verdient!" Engelbert brauchte nicht in den Schlaf gesungen zu werden. Er streckte sich auf seinem Bett aus, schloss die Augen und war eingeschlafen, bevor sein Vater die Kammer betreten hatte.

Erst als die hellen Strahlen der Morgensonne durch die schmale Fensteröffnung goldene Reflexe warfen, erwachte Engelbert. Sein Vater war schon früher auf den Beinen, hatte bereits gemeinsam mit dem Drosten einen Rundgang auf dem Burggelände gemacht und die zur Verhandlung anstehenden Rechtsfälle besprochen. Wetter war nicht nur wichtiger Amtssitz des Drosten, sondern bereits von Adolfs Vater 1323 zum Gerichtsort eines großen märkischen Gerichtsbezirks bestimmt worden. Nach ausgiebigem Frühstück machte sich die märkische Reitergruppe auf den Weg an den Rhein.

Rentmeister Recke war mit dem Bericht des Drosten ebenso zufrieden wie sein Herr. Hier in Wetter herrschte Ordnung! Das sah man sofort. Der Zustand der Burg war einwandfrei, Scheune und das Kellergewölbe waren prall gefüllt mit allem, was eine wichtige Burg für Notfälle nötig hatte. Auch die Bücher waren übersichtlich und ordentlich geführt. Hier gab es keine Außenstände zu beklagen wie auf der Burg Altena. Deshalb sollte Recke am besten gleich am nächsten Morgen dorthin zurückreiten, um sich Raimund vom Voßberg vorzuknöpfen. „Der hat was zu verbergen!", mutmaßte der Graf. Er dachte an das prachtvolle Schwert, das er früher noch nie an Raimunds Gürtel gesehen hatte. Rentmeister Recke würde schon herausbringen, ob sich „der Voßberger" möglicherweise unerlaubte Vorteile verschafft und gräfliche Interessen verletzt haben könnte. Auch die Bücher des Kelleramtes[35] wollte Recke aufs Genaueste

---

35 Zum Kelleramt gehörten mehrere Dörfer und Höfe im mittleren Lennetal und auch Wiblingwerde, das über den Tälern von Lenne und Nahmer liegende höchste Kirchdorf der Grafschaft Mark.

durchsehen. Immerhin hatte das Altenaer Kelleramt für die Verpflegung der dortigen Burgmannschaft und die Bewirtung der Grafen und seiner Gäste zu sorgen. „Schick mir deine Erkenntnisse durch einen Boten. Sag Raimund aber nicht, was und wo du Übles entdeckt hast! Ich werde selbst alles Nötige danach in die Wege leiten!", hatte Graf Adolf dem in Wetter zurückbleibenden Rentmeister zugerufen.

✳

Schon waren sie wieder in munterem Trab. Zunächst ritten sie in Richtung Hattingen, einem ansehnlichen Ort, der gleich hinter der zerstörten Burg des berüchtigten Grafen Friedrich von Isenberg auftauchte. Dieser Adlige hatte sich als Hauptschuldiger für den Tod des Kölner Erzbischofs Engelbert I. von Berg verantworten müssen. Im Jahre 1226 war er nach umfangreichem Prozess für seine Freveltat grausam in Köln geviertelt worden. Seine Vorfahren stammten aus dem gleichen Altenaer Grafengeschlecht, aus dem Adolf II. als Graf von der Mark entsprossen war.

Friedrich von Isenbergs Vetter Adolf I. von Altena, der seit etlichen Jahren auf der wasserumschlossenen Burg Mark residiert und sich nach des Erzbischofs Tod als „Graf von der Mark" bezeichnet hatte, hatte es verstanden, einen großen Teil des zuvor Isenberger Herrschaftsgebietes an sich zu reißen. Er selbst hatte die weitläufige Burg seines Cousins auf dem Isenberg bei Hattingen zerstört. Den Kölner Erzbischöfen hatte dies jedoch nie gefallen. Sie hatten tatenlos zusehen müssen, wie die Macht dieses märkischen Grafen ständig zunahm: Hattingen, einst Stadt des Isenbergers, war zu einem Kronjuwel der märkischen Grafen geworden. Hier lag einer der wichtigsten Umschlagplätze für Korn, Wolle, Flachs, Leder und Klingen, ein aufstrebender Handelsort, an dem die Handwerksgilden großen Einfluss ausübten.

Adolf I., der Begründer der Grafschaft Mark, war der Ururgroßvater des jetzt herrschenden Grafen Adolf II. und damit dessen fünfter Nachfolger. Heute fand der derzeitige Landesherr keine Zeit zu einem Besuch im Hattinger Rathaus oder zu einer stillen Andacht in Hattingens Johanniskirche. Er vermied es sogar, durch Hattingen zu reiten. Gleich hinter Haus Kemnade strebte er auf Dahlhausen zu, um so seinen Weg um die große Ruhrschleife zu verkürzen. Nur noch drei Wegstunden würde es jetzt dauern, bis er das alte Reichsstift Essen erreichen würde.

Im reichsunmittelbaren Damenstift Essen

Große Eile schien er aber jetzt nicht mehr zu haben. Er verlangsamte sein übliches scharfes Tempo, um seinen Sohn an seine Seite zu rufen. „Gegen fünf Uhr werden wir bei meiner lieben Schwester Katharina sein, deiner ehrenwerten Tante, lieber Junge", begann er sein Gespräch: „Sie steht dem nun schon vor fünfhundert Jahren gegründeten adeligen Damenstift vor, das vom Kaiser in den Rang eines freien Reichsklosters erhoben wurde. Wie das Benediktinerkloster im südlich der Ruhr gelegenen Werden steht es unter dem besonderen Schutz von uns märkischen Grafen. Unsere Vorfahren sind nämlich als Nachfolger der Grafen von Berg seit anno 1161 mit den Vogteirechten für das Stift Essen und die Reichsabtei Werden betraut. Wir haben für Ruhe und Ordnung in diesen beiden Distrikten westlich unserer Grafschaft zu sorgen.

Als Äbtissin des Reichsstiftes Essen – ganz früher nannte man es Assindia – steht sie im Rang eines Reichsfürsten. Sie ist als weltliche Instanz nur dem Kaiser unterstellt. Ich schätze sie als eine ganz außergewöhnlich kluge und liebenswürdige Erscheinung. Viele bedeutende Herrscher aus unserem Heiligen Römischen Reich deutscher Nation hat sie zu Freunden. In ihrem jetzigen Amt folgte sie übrigens einer Verwandten, der Äbtissin Kunigunde Gräfin von Berg, die im Jahre 1336 nach achtjähriger Regentschaft in Essen verstorben war.

Du wirst staunen, wie souverän deine Tante Katharina in ihrem kleinen, aber sehr angesehenen und straff organisierten Herrschaftsbereich wirkt. Großartig finde ich hier die den Heiligen Cosmas und Damian schon 1051 geweihte Stiftskirche. Sie ist ein Meisterwerk der Baukunst. Das Mittelschiff erhielt nach einem verheerenden Brand statt seiner früheren Holzdecke dank neuartiger Gewölbetechnik eine kunstvoll gewölbte Deckenform. Diese Hallenkirche wurde schöner als zuvor wieder hergestellt. Im Inneren ähnelt sie sehr der Palastkapelle Karls des Großen in Aachen. Dieses Bauwerk mit einem Oktogon[36] in der Vierung[37] werden wir allerdings auf dieser Reise nicht ansehen. Auch den ursprünglich geplanten Besuch von Kleves Schwanenburg müssen wir auf später verschieben!

Ich erwarte übrigens, dass du vor der Äbtissin niederkniest und sie bittest, in ihrem Münster beten zu dürfen!" Schon waren sie nach diesen belehrenden Worten des Grafen im Essener Stiftsbereich eingetroffen.

Ihr Empfang hätte nicht herzlicher sein können! Äbtissin Katharina schloss ihren Bruder Adolf und dessen Sohn Engelbert in ihre Arme, als wären beide ihre Kinder. Sie scherzte und lachte, als gehörten sie zu ihrer engsten Familie. Natürlich gingen sie gemeinsam zur Messe. Ebenso selbstverständlich war es für die Äbtissin, ihre Verwandten und deren Begleiter auf das Beste bewirten zu lassen. „Die Quartiere", meinte Widukind zu Engelbert, „waren wahrhaft fürstlich. So gut habe ich im ganzen Leben noch nie geschlafen!"

---

36 Oktogon = Achteck, auch Zentralbau über achteckigem Grundriss.
37 Vierung = Raumteil eines Kirchenbaues, in dem sich Langhaus und Querbau durchdringen.

Besuch auf Burg Lynn

Engelbert hatte bisher keine Ahnung gehabt, welch liebenswürdige Blutsverwandte er in der Äbtissin besaß. Er hätte hier gern noch einige Tage verweilt, doch sein Vater mahnte zum Aufbruch. Heute sollte der Rhein bei Mündelheim überquert werden. Graf Adolf kannte den dortigen Fährmann schon lange, denn hier hatte er schon mehrfach die Rheinseite gewechselt. Er wollte auf jeden Fall am Abend noch in den schützenden Mauern der Burg Lynn sein. Dort hatte sein Schwager, der Klever Graf Johann, seit vier oder fünf Jahren mit dem planmäßigen Ausbau dieser größten Wasserburg am Niederrhein begonnen. Die Burg war den Grafen von Kleve nach der anno 1288 dem Kölner Erzbischof Siegfried von Westerburg bereiteten äußerst schmerzlichen Niederlage bei Worringen[38] zugefallen. Nach dem Tode des Grafen Dietrich VII. von Kleve hatte die Klever Grafenfamilie, aus der ja Engelberts Mutter, die Gräfin Margarete, stammte, ihrem Bruder Johann Burg Mülheim zugewiesen, um sie zu einer mächtigen Festung auszubauen. Johann nannte sich hier schlicht „Herr von Lynn". Als Kern seines Verteidigungswerkes nutzte er den alten romanischen Bergfried. Von dessen auskragender Turmgalerie unter dem mächtigen sechskantigen Zeltdach hatte man einen weiten Rundblick in das umgebende Land und auf den Rhein.

Die Bauarbeiten waren noch in vollem Gange, als die sechsköpfige Equipe aus der Grafschaft Mark eintraf. Burgherr Johann und seine Gemahlin Irmgard waren hocherfreut, ihren Schwager Adolf und dessen ältesten Sohn auf ihrem Wohnsitz willkommen heißen zu können. Nachdem die Pferde versorgt waren und die Reiter in fescher Kleidung zu Tisch erschienen waren, begann ein überaus fröhliches Schmausen und Trinken. So ungezwungen und voller Herzlichkeit waren die Märker hier noch nie empfangen worden!

Am nächsten Morgen durften die Reiter aus der Mark die Burg und das sie umgebende Gelände eingehend besichtigen. Sie staunten nicht schlecht, wie weitläufig das Festungsgelände der Burg Lynn war. Deutliche Meinungsverschiedenheiten ergaben sich nur im Hinblick auf das notwendige Schlagen oder Verbleiben der malerischen Baumgruppen im Schussfeld der Burg. Angreifern würden sie zweifellos gute Deckung bieten. Allerdings behielt die Burgherrin das letzte Wort: „Solange ich lebe, fallen die prächtigen Bäume nicht!" Da mochten ihr Gemahl und die Märker sagen, was sie wollten.

Zwei Tage später waren die sechs Berittenen aus der Mark schon früh auf den Beinen, galt es doch, den wahrscheinlich längsten Tagesritt dieser Reise mit

---

38 Nach der Schlacht von Worringen am 5. Juni 1288 verloren die Erzbischöfe von Köln ihren bisher recht starken Einfluss in Westfalen. Erzbischof Siegfried von Westerburg gab die Zusage, fortan auf das erzbischöfliche Einspruchsrecht bei Stadtgründungen und Burgenbauten zu verzichten. Seither residierten sie nicht mehr in Köln, sondern in Bonn.

dem Erreichen der Jülicher Residenz hinter sich zu bringen. Es ging vornehmlich über ebenes und gut einsehbares Gelände. Für ihre Pferde wäre dieser Ritt
eine Freude gewesen, hätten sie nicht volle acht Stunden hintereinander traben
müssen. Es gab nur kurze Rasten zum Tränken der Pferde und zur Stärkung
der Reiter.

Zu Gast in Jülich

Das zu durchreitende Gebiet war nur dünn besiedelt. Die größeren Ansied-
lungen, auf die sie trafen, waren Willich, Erkelenz und Linnich. Nach Durchqueren der fruchtbaren Jülicher Börde gelangten sie an den Fluss Rur. Schon
sahen sie den Hexenturm Jülichs aus dem Gewirr der städtischen Ansiedlung
emporragen. Zur Burg der Grafen von Jülich[39] waren es nur noch wenige Minuten. Plötzlich überraschte sie ein donnerndes „Haalt!", das ihnen galt.

Drei schwer bewaffnete Ritter bauten sich vor den Märkern auf: „Was treibt
euch hierher? Hier ist kein Platz für neckische Reiterspiele! Woher kommt ihr
und was ist euer Begehr?" Die auf die Märker herabprasselnden Fragen waren
kaum zu beantworten. Schon donnerte der forschen Jülicher Wache Graf Adolfs
tiefe Stimme entgegen: „Könnt ihr nicht Freund und Feind unterscheiden? Ist
das ein Empfang für den Grafen von der Mark, seinen Sohn Engelbert und ihre
Begleiter? Ich verlange, sofort vor meinen Freund, den Grafen Wilhelm V.,
geführt zu werden. Der wird euch sagen, wer wir sind!"

Wenige Augenblicke später schon galoppierte eine Eskorte von Reitern mit
schwarzem Löwen auf gelbem Feld in ihren Wappen von der Zitadelle her durch
die Hauptstraße auf die Ankömmlinge zu. „Graf Adolf, willkommen!", rief ihr
Anführer. Es war einer jener Waffenbrüder, die an der Seite Adolfs in Huy für
die Sache des Lütticher Fürstbischof gekämpft hatten. „Graf Wilhelm und seine
Gemahlin werden sich freuen, Euch wiederzusehen!" Diese Worte veranlassten
die abwehrbereite berittene Burgwache, sich still und ohne weiteres Aufsehen
zurückzuziehen.
Graf Wilhelm stand bereits vor der Burgpforte, seine Gäste zu begrüßen,
als die Märker unter dem freundlichen Geleit der Burgmannschaft vom Pferde
stiegen, um ihre müde gewordenen Tiere zu entlasten und ihren Gastgeber um
Aufnahme in seine Residenzstadt zu bitten.

„Jetzt macht euch erst einmal frisch! Die Mägde zeigen euch die Quartiere,
und unsere Knechte werden sich um eure Pferde kümmern. Meine liebe Frau

---

39 Die Stadt Jülich liegt am rechten Ufer der Rur an der alten Römerstraße Köln–Maastricht. Die ursprünglich keltische Siedlung war zur Römerzeit ein bedeutendes Kastell mit dem benachbarten Vicus Juliacum
geworden.

Johanna und ich erwarten euch alle um Punkt acht Uhr zum festlichen Empfang mit anschließendem Diner im Festsaal. Ihr erreicht ihn über diese überdachte Treppe." Dabei wies er auf den schiefergedeckten Treppenvorbau an der Giebelseite des Pallas.

Noch vor wenigen Minuten hatte es im Burghof geradezu gewimmelt von Menschen und Pferden. Kurz vor acht Uhr war er wie leergefegt. Nur die geladenen Gäste eilten aus ihren Quartieren über den Hof. In bester Kleidung stiegen sie die sechsundzwanzig Stufen zur Empfangshalle im Obergeschoss empor. Vor der Eingangstür wartete ein Quartett von anmutig aber fremdländisch in Blau gekleideten Herren mit breitkrempigen Hüten, an denen lange Fasanenfedern hin und her wippten. Sie hatten Blasinstrumente aus Horn bei sich, teilweise auch solche aus lederbezogenem Holz, wie sie Engelbert noch nie gesehen hatte. Es mochten vielleicht Zinkisten[40] sein, die mit ihren S-förmig gewundenen Blasinstrumenten den Festgästen einen willkommenen Hörgenuss bereiten wollten. Ihre Sprache verstand Engelbert jedoch nicht. Es musste, so dachte er, ein Kauderwelsch ganz besonderer Art sein. Als ein Fünfter ähnlich, aber doch weit kostbarer gekleideter Herr die Festsaaltreppe emporsteigen wollte, nahmen die Männer auf dem oberen Treppenpodest unverzüglich Haltung an. Sie grüßten durch Anlegen der rechten Hand an ihren Federhut. Dann verschwanden sie mit dem von ihnen Gegrüßten im Vorraum des Festsaals.

Dort waren fast alle Geladenen eingetroffen. Sie wurden vom Jülicher Markgrafen Wilhelm V., seiner Gemahlin und deren Tochter Richarda mit Handschlag und freundlichen Worten begrüßt. Ein langgezogenes Hornsignal kündete den Beginn der Tafelfreuden an. Alle begaben sich in den von vielen Kerzen erhellten Festsaal, voran die gräfliche Familie, die den Gästen die Plätze an der reich mit Blumen und Früchten geschmückten Tafel anwies.

„Graf Adolf", bat der Jülicher Hausherr, „setzt sich bitte heute Abend neben meine liebe Frau mir gleich gegenüber. An meiner Seite möchte ich meinen Kanzler Harold aus dem englischen Königreich platzieren. Es ist Sir Harold aus der Grafschaft Cambridgeshire. Neben seinem Amt als mein dortiger gräflicher Vertreter ist er auch Chancellor der University of Cambridge. Er weilt mit seinen Freunden hier, um mir vom Wichtigsten aus meiner dortigen Grafschaft zu berichten. Wir sind ganz alte Freunde, noch aus der Zeit, als ich Page meines leider im letzten Jahr verstorbenen, stets hoch verehrten Amtsvorgängers am Hof zu Cambridge war.

40 Der Zinken ist ein vom Mittelalter bis ins 18. Jahrhundert gebräuchliches, ursprünglich hornförmiges Blasinstrument mit Grifflöchern und abnehmbarem Kesselmundstück (Trompetenmundstück). Anfangs bestand der Zinken aus einem Rinderhorn oder aus mit Leder überzogenem Holz. Der Zinken wurde vom Mittelalter bis zum 16. Jahrhundert von „Stadtpfeifern" (Zinkenisten, Zinkisten) und Nachtwächtern verwendet.

Mich hat der gute alte Earl of Cambridge zeitlebens wie einen Sohn behandelt. Ihm und dem hier weilenden Chancellor verdanke ich es, dass ich seit dem Jahr 1340 nicht nur Jülicher Markgraf, sondern zugleich auch Earl of Cambridge geworden bin."

„I beg your pardon, lieber Graf Wilhelm", wehrte der erwähnte Chancellor bescheiden ab, „das ganze Volk von Cambridge weiß, was Ihr in den Hungerjahren für uns alle getan hat. Das Volk war es, das Euch an die Spitze unserer Grafschaft gewählt hat, bevor dann schließlich unser King kaum anderes tun konnte, als Euch, unseren großen Gönner aus Jülich, zum jetzigen Earl zu ernennen. Mehr als viertausend Sack Korn habt Ihr uns allein in den vier aufeinander folgenden Misserntejahren geschickt, und das, ohne ein einziges Pfund dafür zu fordern. Das nenne ich echte Menschenliebe!" –

Inzwischen hatte die Gesellschaft an der Tafel Platz genommen. Die Grafentochter Richarda saß zwischen Engelbert und Degenhard. Sie hatte sich vorgenommen, ihre Nachbarn mit Speisen und Getränken bestmöglich zu versorgen. Für ihr Alter, sie war gerade zwölf Jahre geworden, besaß sie eine beachtliche Reife. Sie war fast schon eine richtige Dame, und das verstand Degenhard, ihr vortrefflich nahezubringen. Erst sprach er sie an als „Ma chère Demoiselle", dann als „Schönste aller Jungfrauen". Ja, er verstieg sich sogar zu persönlichen Erklärungen, wenn er sie zärtlich mit „mon amour" oder gar mit „ma bienaimée" ansprach. Ihr schien dies sehr zu gefallen. Jedes Mal, wenn Degenhard derartige Komplimente von sich gab, erklang ihr glockenhelles Lachen. Dabei blitzten ihre blauen Augen auf. Rötlich-blonde Locken umrahmten ihr offenes Gesicht mit dem ungemein fröhlichen Ausdruck. Wiederholt schauten sich diese beiden jungen Menschen voller gegenseitiger Zuneigung an.

„Nun", dachte Engelbert, „die beiden hatten sich ja auch schon mehrfach gesehen. Noch im Mai war der junge Schreiber mit seinem Herrn einige Tage Gast am Jülicher Hof gewesen." Aber ganz war Engelbert nicht damit einverstanden, dass Degenhard der Grafentochter fortwährend so unbekümmert den Hof machte. „Kannst du nicht mal endlich mit deinem Gesülze aufhören?", knurrte er Degenhard hinter Richardas Rücken an. Der gab unverzüglich Antwort: „On revient toujours à ses Premières!"[41] Richarda hatte auch dies verstanden. Sein Kompliment schien ihr sogar ungemein zu gefallen. Erfreut wollte sie ihr gefülltes Glas an den Mund setzen, um dem galanten Degenhard zuzutrinken. Der aber legte den Zeigefinger an seinen Mund und flüsterte: „Zunächst ist dein Vater dran, das Glas zu erheben! Erst wenn alle Toasts der hohen Herren ausgetauscht sind, dürfen wir trinken!" Recht hatte er ja, der kluge Degenhard.

---

41 bedeutet soviel wie das deutsche Sprichwort „Alte Liebe rostet nicht".

Engelbert waren solche Regeln der Etikette noch zu neu, als dass er dazu etwas hätte sagen können. Außerdem war ihm das Getue dieser beiden nach ihm jüngsten Tafelgäste einfach zu dumm. Vor ihm und den anderen Gästen standen buntbemalte tellerartige Näpfe. Auch Silberlöffel und Messer mit silbernem Griff lagen für jeden bereit. Gabeln gab es nicht. Besonders große steckten aber in den auf einer Anrichte bereitgestellten Fleischstücken. Appetitanregend schauten sie aus den gefüllten Schalen heraus. Brennende Kerzen sorgten dafür, dass die Speisen warm gehalten wurden. Für jeden Gast gab es auch ein großes buntes Mundtuch. Es war in einen silbernen Serviettenring mit gräflichem Wappen eingerollt. Schüsseln mit dünn geschnittenen Weißbrotscheiben und Trinkgefäße aus bemaltem Steingut ergänzten das bereitgestellte Tafelgeschirr. Die großen humpenartigen unter ihnen waren wohl für Bier, die kleinen henkellosen Becher für Branntwein vorgesehen. Für Engelbert und Richarda standen hohe zylindrisch geformte Becher neben den Tellern bereit und dazu zwei blaugraue Henkelkrüge aus Siegburger Ton, die eigens für sie mit Saft und Wasser gefüllt waren. Degenhard hatte man eines der üblichen Trinkgefäße wie für die übrigen Gäste hingestellt. Er zählte mit seinen 21 Lenzen ja auch schon zu den Erwachsenen, obgleich ihn fast jeder weit jünger einschätzen musste. –

Ein Hornsignal des gräflichen Mundschenks ließ das Gespräch der Tischgenossen verstummen. Der Markgraf erhob sich: „Liebe Gäste aus nah und fern! Meine liebe Frau Johanna und ich begrüßen euch alle, die ihr unserer Einladung hierher gefolgt seid. Uns ist es eine große Freude, so nette und erlesene Gäste an unserer Tafel zu wissen. Erlaubt, dass ich einige durch meinen besonderen Willkommensgruß bekannt mache. Da ist zunächst mein liebwerter Freund aus dem Rechtsrheinischen, Graf Adolf von der Mark, mitsamt seinem Sohn Engelbert und seinem sympathischen Gefolge zu begrüßen." Graf Adolf von der Mark erhob sich und gab seinem Sohn Engelbert ein Zeichen, es ihm gleichzutun.

„Wir haben so manche Fehde gemeinsam ausgefochten, nach hartem Kampfe so manchen Humpen geleert und so viele schöne gemeinsame Jagderlebnisse hinter uns, dass ich ihn mit Fug und Recht als einen meiner liebsten Freunde bezeichnen darf. Heute habe ich die Freude, auch seinen ältesten Sohn Engelbert willkommen zu heißen. Er hat auf der strapaziösen Hinreise bewiesen, dass er nicht nur fest im Sattel sitzen kann, sondern die Reitkunst so vollendet beherrscht, dass er sich mit einem jeden von uns Alten messen kann. Dieses Kompliment darf ich getrost aussprechen, denn alle Märker, die an dieser Tafel sitzen, sind dafür bereitwillige Zeugen. Eigentlich ist es schade, dass seine liebe Mutter Margarete nicht bei uns ist. Wir schätzen sie als kluge, feinsinnig gebildete Frau. Kein Wunder, ist sie doch fast ein Nachbarskind vom Niederrhein; sie stammt aus der Schwanenburg der Grafen von Kleve. Meine liebe Johanna hätte sich gern mit ihr unterhalten. Man sagt ja, Hennen gackern am liebsten gemeinsam. Doch so etwas darf ich eigentlich nur meiner Johanna sagen. Sie entstammt nämlich der Grafenfamilie aus dem Hennegau, der im Westen an unsere Grafschaft grenzt.

Einen zweiten hochgeborenen Herrn, der unter uns weilt, darf ich aber keinesfalls bei meiner Begrüßung vergessen. Es ist mein lieber alter Freund Harold aus unserer englischen Grafschaft Cambridgeshire: Sir Harold, Earl of Brigstone, der als mein geschätzter Kanzler die Geschicke der uns anvertrauten Menschen im District von Cambridge hervorragend zu fördern versteht."

Der Genannte erhob sich. Dabei blinkte sein an einer Halskette hängende Chancellor-Amtsorden im Kerzenschein. „Er war schon fast zehn Jahre Chancellor der dortigen über 100 Jahre bestehenden Universität. Im nächsten Jahr wird sie ein neues College erhalten, das Corpus Christi College, für das wir Jülicher gern die Baukosten übernommen haben.[42] Die Gebäude stehen schon! Harold hat vier Freunde mitgebracht. Es sind junge Dozenten dieser University. Sie lieben die Musik. Drum wollten sie es sich nicht nehmen lassen, mit ihren uns etwas fremdartig anmutenden Blasinstrumenten ein paar Melodien aus ihrer englischen Heimat vorzutragen. Schon jetzt möchte ich ihnen für diese Bereitschaft danken. Ganz ohne Musik wären wir aber auch ohne sie nicht gewesen. Wer uns schon früher besucht hat, weiß, dass unsere Tochter zu unserer Freude Harfe spielt.

Wir hoffen, dass die nächsten Stunden im alten Jülicher Festsaal euch allen gefallen werden. Jeder, der an unserer Tafel sitzt, ist uns ein gern gesehener Gast – auch wenn ich ihn jetzt nicht ausdrücklich mit seinem Namen begrüßt habe. Mir wird vom vielen Reden nämlich schnell der Mund trocken. Es dürfte daher Christenpflicht sein, die Humpen zu füllen, damit wir alle gemeinsam einen kräftigen Schluck des guten Jülicher Bieres zu uns nehmen können."

Während der Rede des Markgrafen hatten die Mägde die Bierhumpen eifrig gefüllt. „Dann erhebt euch", fuhr der Hausherr in seiner Rede fort, „Wir trinken auf das, was wir lieben! Prost!" Bei den letzten Worten hatte er besonders freundlich seine Frau angesehen. Der erste Schluck sollte von ihm auf ihr Wohl getrunken sein!

Engelbert hatte eine so festliche Gesellschaft in einem so wundervoll hergerichteten Saale noch nicht erlebt. Er staunte über die kostbaren Leinendecken

---

42 Das Corpus Christi College wurde unmittelbar neben der ostwärts gelegenen St. Benedicts Church an der Kings Parade errichtet. Es nahm nach weiteren Stiftungen der Cambridger Bürger 1353 seinen Studienbetrieb auf. Im Jahre 1371 wurde es durch den Old Court bereichert, der eine der wertvollsten Bibliotheken Englands beherbergt. Neben der Trinity Hall von 1350 gehört das Corpus Christi College zu den bedeutendsten der älteren Colleges der Universitätsstadt Cambridge.

auf der langen Tafel, bewunderte die fein geknüpften farbigen Gobelins aus Brabant an den drei fensterlosen Wänden. Auch musste er immer wieder zu den zahlreichen Fenstern schauen, die zum Burghof hin lagen. Sie waren mit bunten Gläsern in breiter Bleifassung versehen. Jetzt leuchteten sie dank der dahinter stehenden Kerzen in der inzwischen eingetretenen Dunkelheit in vielen kräftigen Farben. Die farbigen Füllungen der Fensterscheiben schienen sich sogar zu bewegen, ein Eindruck, der von den flackernden Kerzen herrührte, die außen zwischen die schmalen Fensterleibungen gesetzt waren. Einige hatte der Abendwind bereits ausgelöscht. Engelbert glaubte zu träumen.

Da richtete sich gerade sein Vater auf und ließ seinen durchdringenden Bass erschallen: „Hochverehrte Gräfin Johanna, lieber Graf Wilhelm, bevor das jetzt schon so verführerisch duftende Essen aufgetragen wird, möchte auch ich ein paar Worte zu euch sprechen. Ihr habt unseren plötzlichen Einfall in eure schöne Grafschaft hoffentlich verschmerzt. Sonst hättet ihr uns, die „wir unangemeldet in eurer schönen Stadt erschienen sind, nicht so freundlich an diese festliche Tafel gebeten. Dass wir zudem die Bekanntschaft eurer englischen Freunde, besonders des angesehenen Kanzlers Harold mit seinen gelehrten Kollegen machen konnten, freut uns ungemein. Um euch für die Zukunft gnädig zu stimmen, möchte ich den Damen des Grafenhauses Jülich kleine, ja wirklich sehr kleine Gastgeschenke übergeben."

Sein Blick erfasste Degenhard, der sich daraufhin erhob, um seinem Herrn ein etwa faustgroßes Päckchen zu reichen, das in bunter Verpackung, umschlungen von goldfarbenen Bändern, steckte und im Laufe seiner Ansprache recht oft von einer Hand in die andere wechselte. Engelbert hatte nicht die blasseste Ahnung gehabt, was dieses Gebinde enthalten könnte. „Es ist nur ein winziges Gerät", fuhr Graf Adolf fort, „das aber Aufmerksamkeit erheischt, wenn eine besonders feine und vornehme Dame seine Stimme zum Klingen bringt. Wünsche der Damen werden von ihnen zumeist liebevoll vorgetragen, nicht lauthals und fordernd, wie wir Männer es tun. Die wohlklingende Stimme einer schönen Frau bewirkt ja, dass selbst der grimmigste Mann in einer zornigen Rede innehält, um ihrer Aufforderung ohne jeden Widerspruch zu folgen."

Bei den letzten Worten hatte er die golden schimmernden Fäden und die farbige Verpackung entfernt. Ein achteckiges Glasprisma kam zum Vorschein. Es schien mit weißen Wollfäden gefüllt zu sein. Aus diesem wollenen Bette zog Graf Adolf dann ein zierliches Silberglöcklein heraus und fasste dessen Silberstiel mit zwei Fingern, um die zarte Stimme des Glöckchens ertönen zu lassen. Lebhafter Beifall brandete auf, und Adolf übergab das Geschenk galant seiner Tischdame, der Gräfin Johanna. Die nahm es freudig an und ließ erneut ihre zarte Stimme klingen. Ein Dankeskuss der Gräfin auf die gebräunte Wange Graf Adolfs ließ den Beifall abebben.

„Aber das ist ja nicht alles, was ich mir für euch, liebe Grafenfamilie, ausgedacht habe." Erwartungsvoll schaute die reizende Grafentochter zum Redner. „Ja, liebe Richarda, hier ist noch eine kleine Aufmerksamkeit für dich, ja ganz allein für dich und dein entzückendes Stupsnäschen." Der Graf kam auf sie zu und übergab ihr ein Geschenk, ebenfalls eingepackt in bunter Hülle. „Darin sind feine ‚Faszäneetlis'[43] – wie die Schweizer sagen – oder ‚Mouchoirs'[43], denn so bezeichnete man sie in Brüssel, als ich sie dort erstand. Ich wollte dich, liebe Richarda, von jener lästigen Handarbeit erlösen, die so manches Burgfräulein lebenslang an den Stickrahmen fesselt. Diese Mouchoirs sind nämlich bereits mit feinster Brüsseler Spitze umsäumt." Richarda dankte mit einem graziösen Knicks.

„Jetzt kommst du, lieber Wilhelm, dran! Mein Vorhaben, dir ein geeignetes Gastgeschenk zu machen, war schwierig. Es kann dir aber nützlich werden. Zwar stehe ich heute mit leeren Händen da, denn was ich zu verschenken habe, ist noch nicht hier. Es befindet sich jedoch auf gutem Wege. In wenigen Wochen wartet ein Vierspänner bei Mündelheim auf dich. Er ist dann voll beladen mit Bohlen aus mehr als zweihundert Jahre alten Eichen, die aus unseren Waldungen bei Habighorst stammen. Kein anderer als der brave Ritter Jan van Strünkede[44] hat die zu schlagenden Bäume ausgesucht und in seinem Sägewerk bei Kastrop maßgerecht zuschneiden und sachgerecht aufbocken lassen, damit sie gut trocknen können."

Bei diesen Worten schaute er zu Strünkede hin, wohl in der Erwartung, dieser würde sich bei Nennung seines Namens, wie es üblich war, erheben. Aber der blickte unverwandt in seinen Bierhumpen, als gingen ihn die lobenden Worte seines Herrn absolut nichts an. Jetzt wurde Graf Adolf deutlicher: „Die Tafelrunde will gewiss gern wissen, wie dieser Jan aussieht. Schaut euch nur den Mann mit dem langen, fein gezwirbelten Schnurrbart dort hinten vor dem letzten Fenster an! Er ist nicht nur ein vortrefflicher Jäger und zuverlässiger Kampfgenosse. Seine Kenntnisse im forstlichen Bereich sind unübertreffbar! Deshalb wird er auch den Transport und die Übergabe der Hölzer überwachen."

Erst jetzt erhob sich Jan van Strünkede etwas umständlich. Sich zur Schau zu stellen, war noch nie seine Art gewesen. „Die euch zugedachten dicken Bretter sind bestimmt als guter Ersatz für die morschen Fußbodendielen in euren Gästeräumen, lieber Wilhelm", fuhr Graf Adolf fort. „Ein Zentner hand-

---

43 verschiedene Ausdrücke für Taschentücher
44 Die Burg Strünkede (heute im Kreis Recklinghausen) war ursprünglich klevischer Besitz. Als zwischen dem Grafen Engelbert II. von der Mark und dem Grafen von Kleve Streit hierüber ausgebrochen war, entschied am 29. Oktober 1317 ein Schiedsspruch zugunsten des Märkers. Seitdem gehörte Strünkede zur Grafschaft Mark.

geschmiedeter Nägel wird selbstverständlich mitgeliefert. Als ich zuletzt im Mai bei Euch zu Gast war, hörte ich nachts jeden Schritt im Nachbarraum, weil die alten Fußböden ächzten und quietschten. Ihr Jülicher seid – das ist bekannt – ja reich an Korn, gleich ob gemahlen, gebacken oder verflüssigt. Mit schönen Eichbäumen aber sind wir gesegneter als ihr.

In der Bibel steht: ‚Einen fröhlichen Geber hat Gott lieb‘[45] und ‚Einer trage des anderen Last‘. Was ich damit sagen will, bedeutet: Ich denke: Gott wird mich lieb haben, wenn ich dir, lieber Wilhelm, etwas schenke. Von Natur aus bin ich ja auch, wie du weißt, bisher immer ein fröhlicher Mensch gewesen! – Doch auch du, Graf Wilhelm, musst dich am Tragen mancher Lasten beteiligen. Bis zur Rheinfähre ist der Transport der Eichenbohlen meine Sache. Vom Beladen der Fähre an, mute ich dir jedoch die Last von Pack-, Fähr- und Fuhrlohn für den weiteren Transport zu. Ich meine, das wäre eine gerechte Teilung! –
Jetzt kannst du aber ruhig auftischen lassen! Wir Märker haben nämlich auch gewaltigen Hunger und ausgewachsenen Durst mitgebracht. Deshalb hebt alle mit mir eure Humpen – falls noch etwas drinnen ist. Ich trinke auf das Wohl des Hauses Jülich und das der Grafschaft Cambridgeshire!“ –

Lebhafter Beifall, innige Umarmung der Grafen und viele anerkennende Worte beendeten des Grafen gelungenen Auftritt. Jetzt wurden Schweinebraten und Gemüse verschiedener Art mit Pilzen aufgetragen. Jeder kam auf seine Kosten, und die freundlich gereichten Schnäpse taten das ihrige, die Gesellschaft in beste Stimmung zu versetzen.

Vor dem Auftragen der Nachspeise – es waren eingelegte Kürbisstücke – wurde noch einmal um absolute Ruhe gebeten, weil Richarda wohlklingend ihre Harfe ertönen ließ. Der ihr gezollte Beifall war ehrlich gemeint. Für eine Zwölfjährige hatte sie eine bemerkenswerte musikalische Leistung auf dem seit Jahrtausenden beliebten Saiteninstrument geboten. Vor fast schon achthundert Jahren vor der Zeitenwende hatte die Harfe bereits ihren Weg aus dem Orient nach Europa gefunden.

Auch die musikbegeisterten Herren aus Cambridge sorgten mit wiederholten Auftritten dafür, dass dieser Festakt in der Jülicher Burg für alle, die dabei gewesen waren, zu einem unvergesslichen Ereignis wurde.

Engelbert hatte an diesem Abend viele neue Erkenntnisse für sich gewonnen: Er war fest davon überzeugt, dass es sich nicht lohne, jungen Damen oder Mädchen den Hof zu machen. Einziger Erfolg solcher Bemühungen sei, sie würden in Gelächter ausbrechen und herumgackern wie die Hennen. Das hatte Markgraf Wilhelm wohl in seiner Begrüßungsansprache andeuten wollen.

Verwundert war er über die Fähigkeit seines Vaters, eine so tolle Rede halten zu können, die durch Witz und Ernsthaftigkeit zugleich alle Zuhörer sichtbar in den Bann geschlagen hatte. So hatte er den Vater noch nie gehört.

45   2. Korinther Kap. 9,7

Er erkannte noch eine andere eigene Verpflichtung als dringlich. Es lohne sich augenscheinlich, fremde Sprachen zu erlernen. Ihre Kenntnis war unverzichtbar für einen Mann, der sich vorgenommen hatte, wichtige Entscheidungen in Europa herbeizuführen. Markgraf Wilhelm hatte ja bewiesen, dass sein frühzeitiger Aufenthalt in England und die Beherrschung der englischen Sprache zu politischen Vorteilen für ihn und seine Bündnispolitik geführt hatten. Engelbert war bestrebt, zunächst die französische Sprache so fließend sprechen zu können, wie es sein Vater vermochte. Aber auch das Englische und die lateinische Sprache schienen für einen gebildeten Hofmann kaum verzichtbar.

*

Graf Adolf war gut beraten, seine Begleiter am nächsten Morgen richtig ausschlafen zu lassen, denn alle hatten tüchtig zugelangt bei Speis und Trank. Auch ihre Pferde genossen den Ruhetag auf den saftigen Rurweiden.

Engelbert war einer der frühesten Aufsteher in der Burg gewesen. Welches Glück hatte er gehabt, dass er am Vortage kurz nachdem die Turmuhr der Johanniskirche zehn geschlagen hatte, von Gräfin Johanna gefragt worden war, ob er nicht auch wie ihre Tochter Richarda nun am liebsten schlafen möchte. Schließlich sei der Tag ja turbulent genug gewesen. So war er rechtzeitig ins Bett gekommen.

Sein Tischgenosse Degenhard war bereits gegen halb zehn ohne jegliche Erklärung verschwunden. Als die Gräfin mit den beiden jüngsten Tischgästen den Burghof überquerte, hatte Engelbert eigenartiges Grunzen im Schatten der Bäume an der Burgmauer vernommen. Als Verursacher kam ein hin und her torkelnder junger Mann in Frage, der seine Selbstbeherrschung verloren zu haben schien. War das nicht Degenhard gewesen? Tatsächlich, er war es. Degenhard litt unter selbst verschuldeten Qualen und stöhnte so laut, dass er gut zu vernehmen war: „Verdammter Schnaps, muss wohl mehr als ein Glas zuviel gewesen sein!"

Gräfin Johanna hatte getan, als würde sie nichts gesehen oder gehört haben. Doch lauter als sonst hatte sie den Kindern, die sie begleiteten, erklärt: „Wer keinen Schnaps vertragen kann, der sollte auch nicht saufen! Kleine Sünden bestraft unser Herrgott zumeist sofort! Damit gibt er den Menschen Gelegenheit, über sich selbst nachzudenken. Ich hoffe, der junge Gockel wird sich's merken!" –

Engelbert verstand nicht, wen und was die Gräfin mit diesen Worten meinte. Kaum hatte er sein Bett gesehen, war er schon mit geschlossenen Augen hineingefallen. Er schlief ein in dem beruhigenden Gedanken, dass es auf der Erde zuweilen doch gerecht zugehe. Degenhard hatte jedenfalls die gebührende Strafe für die „Widerliche Anmache" Richardas bekommen!

„Hier herrscht überall mustergültige Ordnung. Wie der Herr so's Gescherr! Dieses alte Sprichwort bestätigt, was zu Deiner Grafschaft zu sagen ist!" Mit dieser als Lob gedachten Äußerung beendete Graf Adolf an der Seite seines Gastgebers den ausgiebigen Rundgang durch dessen Burg und die umgebenden Wirtschaftsbetriebe. Sie waren auch über das Überschwemmungsgelände westlich des Flusses gegangen. Die Rur schien hier ein ideales Flussbett zu haben. Selbst nach lang anhaltenden Niederschlägen war genügend Raum vorhanden, die reißenden Wassermassen zu bändigen, ohne dass sie Schäden anrichten konnten. –

„Aber du hast ein weit wertvolleres Kapital als ich", entgegnete der Markgraf nachdenklich, als sie wieder auf dem Burghof waren, „du hast gleich vier Söhne – ich keinen einzigen! Und wie verständig und aufmerksam, zugleich aber auch wie pflichteifrig und geschickt dein Sohn Engelbert ist! Das kann mich wirklich neidisch machen! Hoffentlich wird er nicht in Lüttich von den Pfaffen verdorben!"

„Da kannst du sicher sein, dass so etwas nicht kommen wird. Sein künftiger Lehrer ist mehr Wirtschaftsfachmann und Organisator als Kirchenknecht. Die Weihe zum Priester hat er sogar nach seinem Theologie-Studium geschickt zu verhindern gewusst. Jetzt ist er im Dienste des Fürstbischofs in erster Linie dessen unabkömmlicher Diplomat. Levold scheint aber auch ein echter Freund der Jugend geblieben zu sein. Ich habe absolut keinen Anlass zu befürchten, dass die beiden nicht gut miteinander auskommen werden." –
„Lass uns nun zum Mittagstisch gehen!", mahnte Graf Wilhelm. „Am heutigen Freitag gibt's Fisch, übrigens aus unserer recht fischreichen Rur."

Mutter Johanna hatte schon auf die Grafen gewartet. Jetzt konnte das Essen beginnen. Am Nachmittag bummelten die märkischen Gäste durch die Stadt, bewunderten die schönen, massiv gebauten Häuser, betrachteten die Auslagen der Händler und ließen sich den frisch gebackenen Pflaumenkuchen von Gräfin Johanna schmecken.

Nach der Abendvesper wurden alle noch einmal in den Festsaal gebeten. Richarda gab ein kleines Abschiedskonzert mit ihrer Harfe. Dabei vergriff sie sich nicht nur einmal. Engelbert hatte es gemerkt. „Sie schien etwas missmutig zu sein, jedenfalls war sie nicht so lustig wie gestern", meinte Engelbert.
„Kann schon sein", kam es vom Vater zurück, „Frauen haben häufiger Launen als wir Männer." Engelbert dachte kurz nach: „Unsere Mutter hat aber noch nie welche gehabt!"
„Sie ist ja auch die beste Frau, die es auf der Welt gibt", stellte der Graf abschießend fest. „Bereite dich auf frühen Abschied vor", riet er seinem Sohn. „Wir haben morgen gewiss mehr als fünfundfünfzig römische Meilen zu reiten bis

Lüttich." Mehr zu sich als zu Engelbert fügte er hinzu: „Ich bin sehr gespannt, was der Fürstbischof zu uns beiden sagen wird, wenn wir in seinem Palais unseren Antrittsbesuch machen werden!"

Sprachprobleme

„Wie lange müssen wir denn jetzt noch reiten, bis wir in Lüttich ankommen?", war Engelberts mehr neugierige als bange Frage gegen Sonnabendmittag, als die Märker gerade durch den Ort Battice geritten waren. Eschweiler und Aachen lagen längst hinter ihnen. Nieselregen und trübe Sicht waren an diesem Tage keine angenehmen Begleitumstände. Der Vater meinte: „Kannst ja mal vorreiten! Ich glaube am Ortsende einen Wegweiser zu erkennen." Engelbert trabte los.

„Steht nichts drauf von Lüttich," berichtete er den nun auch an der Weggabelung Ankommenden. – „Das gibt's doch gar nicht!", meinte Degenhard. „Der Weg zu so einer großen und wichtigen Stadt muss doch angezeigt werden!"

„Aber da stehen ganz andere Namen drauf", sprudelte Engelbert verstört hervor. „Die vier Orte, die auf den Armen des Holzkreuzes stehen sind: Verviers, Liège, Maastricht und Aix la Chapelle. Dabei kamen wir gar nicht vom letztgenannten Ort mit dem komischen Namen, sondern von Aachen!" –

„Das kann ich dir schnell erklären", erläuterte Graf Adolf. „Die alte Kaiserstadt Aachen hieß zur Zeit der damals hier lebenden römischen Besatzungstruppen Aix la Chapelle. Franzosen benutzen diesen Städtenamen noch heute, und da wir hier im Grenzgebiet verschiedener Sprachen sind, steht Aix la Chapelle auch auf einem wallonischen Wegekreuz. Liège ist übrigens die französische Bezeichnung für Lüttich. Wir sind also durchaus auf dem rechten Weg! Wenig weiter in der Grafschaft Limburg, wo vorwiegend flämisch gesprochen wird, nennt man Lüttich noch anders, nämlich Luik!" Als sie weiterritten, ging Engelbert durch den Kopf, dass die Kenntnis der wichtigsten Sprachen noch wichtiger sein könnte, als er bisher geglaubt hatte.

Gleich nachdem sie Flérau hinter sich gelassen hatten, müsste sich die alte Bischofsstadt Lüttich zeigen. Das Wetter schien nun plötzlich ein Einsehen mit den durchnässten Reitern zu haben. Der Himmel öffnete sich und zeigte zunächst zaghaft ein Stück Blau. Mit dem Ausruf „Dort hinten links sehe ich das Maastal schon zwischen den Hügeln!", erheiterte Engelbert aber seine Mitreiter mehr als ihm lieb war.

„Ich sehe das eingeschnittene Tal, wenn ich genau dorthin blicke, wo die Sonne in diesem Augenblick durch die Wolken bricht!"

„Nein", stellte sein Vater fest. „Lüttich liegt westlich von uns. Was du da als Maastal ausgemacht hast, ist das Tal der Vesdre, eines Nebenflusses der Maas.

Die Maas kommt von Nordosten angeflossen; im Gebiet der französisch sprechenden Bewohner heißt sie übrigens nicht Maas, sondern Meuse. In Lüttich mündet noch ein weiterer Fluss in die Maas. Er ist viel breiter als die Vesdre und heißt Ourthe."

Wenige Minuten später hielt die Reitergruppe erneut an. Vor ihnen, scheinbar ganz umschlossen von den Flüssen Maas und Ourthe, erstreckte sich die turmreiche Residenz der Bischofsstadt Lüttich. Mauerumgürtet und turmbewehrt lag sie wie eine Insel im Bogen von Maas und Ourthe. Durch drei steinerne Brücken war sie mit dem ebenfalls dicht bebauten Umland verbunden. Aus ihrer Mitte ragte der hohe Kirchturm der Lamberti-Kathedrale in den Himmel.

„Eine herrliche Stadt!", rief Engelbert aus. „Hier muss man wohl französisch sprechen!"

„Du wirst es bald lernen", tröstete ihn der weise Widukind von Bredelaer. Engelbert seufzte und wurde still.

Lüttich an der Maas zu Beginn des 19. Jahrhunderts
Stahlstich eines unbekannten Meisters

III. In der Bischofsstadt

Lüttich, eine bezaubernde Stadt

Als die Märker ihrem Ziele näher kamen, riss der Nebelvorhang auf. Wie auf einer flussumrundeten Bühne lag die vieltürmige Stadt vor ihnen. Engelbert hatte so etwas noch nie gesehen. Ein herrlicher Aussichtspunkt lud zum Verweilen ein. „Hier schaust du auf das alte LEODIENSIS", erklärte Graf Adolf seinem Sohn. Der blickte verwirrt auf: „Ich dachte, es wäre Lüttich oder, wie die Wallonen es nennen, Liège", entgegnete Engelbert verwundert.

„Das ist es ja heute auch, lieber Engelbert. Aber schon ein halbes Jahrhundert vor der Geburt unseres Herrn Jesus Christus hatte der römische Feldherr Cäsar Nordgallien erobert. Unter seinem Nachfolger Augustus entstand hier die römische Provinz Belgica, zwischen Seine und Rhein gelegen, mit der Stadt Leodiensis. Fünf Jahrhunderte später eroberten die Franken dieses Land, und noch einige Jahrhunderte später kam es zum deutschen Herzogtum Lothringen.[46] Bereits seit den Jahren 717/718 gab es in Lüttich einen Bischof. Von 980 an ist Lüttich ein Reichsfürstentum. Niemand anderer als mein Onkel Adolf von der Mark hat hier in unserem Bistum am meisten zu sagen."

„Hat er auch ein richtiges Schloss?", begehrte Engelbert zu wissen.

„Er wohnt in einer Residenz im maasumschlossenen Stadtkern, nicht besonders prachtvoll, aber mitten im Herzen der Stadt, ganz in der Nähe des Bischofsdoms.

Bereits im 8. Jahrhundert war hier der Wohnsitz des berühmten Ardennenheiligen Bischof Hubertus, der von Tongeren-Maastricht nach Lüttich übergesiedelt war. Einer seiner Nachfolger, der Bischof Notger, ergriff mit Billigung Kaiser Ottos I. bald auch die weltliche Macht. Er ließ den Urkern der Stadt, die bebaute Maasinsel, erstmals befestigen. Sein Fürstbistum erreichte eine gewaltige Ausdehnung und schloss sogar die Kaiserstadt Aachen mit ein. ‚Notgerum Christo, Notgero debes' hieß es seitdem von Lüttich. Übersetzt also bedeutete es: ‚Christus verdanken wir den Notger, alles übrige aber dem Notger ...' –

Lüttichs Domschule war schon früh berühmt. Der spätere Papst Stephan IX.[47] saß hier schon auf der Schulbank. Lüttich erhielt damals das ehrende Attribut ‚Athen des Nordens'. Die dem heiligen Lamberti geweihte, nach über vierzig Jahren Bauzeit im Jahre 1015 fertiggestellte Bischofskirche konnte sich mit den Münsterkirchen von Mainz und Straßburg durchaus messen. Im Lütticher Dom befindet sich übrigens ein Kunstwerk besonderer Art, das bronzene Taufbecken des Reiner de Huy. Er hat es in fünfjähriger Arbeit geschaffen. Seit dem Jahre 1110 tut es seinen Dienst für die jüngsten Christen. Du kannst die-

---

46 Seit 925 n. Chr. gehörte Lüttich zum Deutschen Reich. Erst 1831 wurde es Hauptstadt der gleichnamigen belgischen Provinz und blieb die drittgrößte Stadt des westeuropäischen Königreichs Belgien.
47 Papst Stephan IX. war von 939 bis 942 oberster Hirte der Christen.

ses großartige Werk demnächst betrachten. Auch du wirst es besonders seines Figurenschmuckes wegen bewundern! Es ist ein typisch wallonisches Erzeugnis, weil gerade hierzulande schon sehr früh geschickte Männer am Werke waren, die mit Erz und Kohlen umzugehen verstanden."

„Das alles hört sich ja bedeutsam an", bekannte Engelbert seinem Vater. „Du musst mir aber unbedingt auch sagen, warum der Lütticher Dom wie auch unsere Plettenberger Kirche dem heiligen Lambertus geweiht ist." –
„Das wird dir Onkel Adolf am besten erzählen können. Jetzt haben wir schon genug geplaudert. Wir wollen uns zunächst einmal die Stadt richtig ansehen."

Sie ritten von den Hügeln hinab auf die Maasbrücke zu. Zunächst ging es durch dicht besiedelte Randgebiete der Stadt westlich der Maas. Bald standen sie vor einem karreeartigen Gebäudekomplex an der Herrenstraße. Kaum hatten sie das Portal mit dem geschmiedeten Flügeltor im Schritt passiert, hieß es „Absitzen!"

Hilfreiche Wächter kümmerten sich um die Pferde. Sie riefen Graf Adolf, dem Anführer der Märker, ein herzliches „Salut" zu. Sie kannten den Neffen ihres Fürstbischofs seit Jahren und schätzten seine joviale Art. In der Hauptachse von Hofeingang und Residenz[48] spendete eine große Brunnenschale den erschöpften Reitern und ihren Rössern kühles Nass. Sie bildete den Mittelpunkt des Cour d'Honneur[49], der aufwändig mit Steinpflaster versehen, außer der mächtigen Mauer an der Herrengasse von drei zweigeschossigen Gebäuden umschlossen war. Die Residenz war 11-achsig[50] angelegt. Sie besaß in der Mitte eine breite Durchfahrt zum hinter der Residenz gelegenen Wirtschaftshof. Dieser war – wohl aus Rücksicht auf die Pferde – in seinem Mittelbau nur mit gewalztem Steinsandboden versehen. Die den Cour d'Honneur seitlich flankierenden Gebäude waren wesentlich kürzer. Sie waren jeweils nur mit sieben Fensterachsen ausgeführt worden. Im rechterhand des Hauptportals gelegenen Steinbau lagen erdgeschossig die Wohn- und Arbeitsräume leitender Mitarbeiter des Bischofs, im Obergeschoss jene Zimmerflucht, die Graf Adolf von der Mark während seines Aufenthalts im Fürstbistum zugewiesen war.

Das gegenüber gelegene Gebäude nahm im Erdgeschoss die fürstbischöfliche Kanzlei mit der Rentkammer auf. Im Obergeschoss lagen die Räume der für das Bistum tätigen Spitzenbeamten und kirchlichen Amtsträger. Die Gebäude

---

48 Dieser Palast wurde im 16. bis 18. Jahrhundert abgebrochen und durch einen prachtvollen Neubau ersetzt.
49 Ehrenhof
50 Mit Fensterachse bezeichnet man einen senkrechten Schnitt durch die Achse von mehrgeschossig übereinander angeordneten Fenstern. Eine 5-achsige Fassade z. B. eines Burghauses enthält somit bei zwei Geschossen 10 Fenster oder, bei mittigem Eingang 9 Fenster und das Eingangsportal. 11 Fensterachsen weisen nur wenige hochherrschaftliche Bauten auf.

um den Wirtschaftshof waren wesentlich einfacher, meist aus Fachwerk erstellt. Massiv aus Bruchsteinen gemauert war nur der bischöfliche Reitstall. Er war von den Flügelbauten am Cour d'Honneur direkt erreichbar. Man ging seitlich einfach an den Gebäuden vorbei über gut befestigte Wege.

Die in der Mitte der Residenz gelegene Durchfahrt eignete sich für Kutschen. Ihre Fahrgäste konnten geschützt gegen Niederschläge und Einsicht zu den beiderseitig liegenden Erd- und Obergeschossräumen gelangen. Der repräsentativste Obergeschossraum lag über der Durchfahrt und besaß an jeder Hofseite bis zum Boden geführte Fenster. Sie hatten Ziergitter vor ihren Brüstungen. Der Fürstbischof bewohnte die nach Westen an diese Prunkhalle anschließenden Räume. An der Ostseite lag unmittelbar gegenüber dem Treppenhaus eine Flucht besser ausgestatteter Räume für den Generalvikar und dessen Mitarbeiter.

Graf Adolf war gleich nach seiner Ankunft im Hof der Bischofsresidenz mit seinen Begleitern in die ihm zugewiesenen Gemächer geeilt. Er hatte die Residenzwache gebeten, dem Fürstbischof seine Bitte um baldige Audienz zu übermitteln. Das würde sich heute sehr schwer ermöglichen lassen, hatte er daraufhin vernommen. Bischof Adolf bereite mit großer Umsicht das Namensfest des Kirchenpatrons vor. Wie üblich würde er die heilige Messe zelebrieren, was vielerlei Vorbereitungen nötig mache. Der Bischof sei zurzeit deshalb außer Haus. Möglicherweise würde man ihn in der Domkirche finden können.

„Wir beide", riet daraufhin Graf Adolf seinem Sohn, „Werden dann so bald wie möglich zum Lamberti-Dom gehen. Vielleicht treffen wir ihn dort!" Die anderen sollten sich derweil um die Pferde kümmern und mit dem Stallmeister klären, wo Engelberts Pferd Unterkunft fände. Er würde wahrscheinlich im Hause des Levold von Northof wohnen. Ob für den „Kuno" dort auch eine brauchbare Stallung vorhanden wäre, müsse noch geklärt werden. –
Es waren nur wenige hundert Schritte bis zum Lamberti-Dom[51], dem größten der Lütticher Gotteshäuser. Auf dem Wege dorthin berichtete Graf Adolf seinem Sohn, wie bedeutsam der Heilige Lambertus noch heute für die gesamte Christenheit sei: Er sei der Stadtheilige von Lüttich und gelte als Schutzpatron von Zahnheilkundigen und Chirurgen. Auch könne man den Heiligen zur Linderung von Nierenschmerzen anrufen. Sein Fest sei der 18. September. In Lüttich werde dieser Tag schon seit Jahrhunderten feierlich begangen. Um rechtzeitig dabei zu sein, habe er die Reise hierher beschleunigt und auf einen Besuch bei den Verwandten in Kleve verzichtet.

---

51 Im Jahre 1794 haben ihn die Lütticher Revolutionäre zerstört.

Der Fürstbischof

Kaum hatte Graf Adolf von der Mark die schwere eisenbeschlagene Domtür geöffnet, um mit seinem Sohn in das düstere Mittelschiff des Lamberti-Domes einzutreten, vernahm er eine vertraute Stimme aus dem Chorraum. Sie gehörte seinem Onkel, dem jetzt 55-jährigen Bischof von Lüttich, der wie er den Namen Adolf trug. Gerade war er dabei, seinen kirchlichen Mitarbeitern Anweisungen für das nahende Lambertusfest zu erteilen. Des Bischofs klare, gut verständliche Stimme ertönte in niederdeutscher Sprache, nicht im sonst hier üblichen Französisch. Zu seiner Zeit machte der Anteil der in Lüttich Wohnenden, die als Flamen die niederdeutsche Mundart sprachen, mehr als ein Drittel der Bevölkerung aus.

Auch der überwiegende Teil der Geistlichkeit beherrschte das Deutsche in Wort und Schrift, während die in der Überzahl im Umkreis der Bischofsstadt Wohnenden als Schreibunkundige nur wallonisch, französisch oder auch zum kleineren Teil flämisch sprachen.

Die Amtsvorgänger des Fürstbischofs[52] hatten sich stets nur der deutschen Sprache bedient. Für in französischer Sprache gehaltene Predigten und die Erledigung von Amtsgeschäften standen ihnen viele geeignete Helfer, nämlich Domherren, Prälaten und bei wichtigen Anlässen auch der Generalvikar zur Verfügung.

Graf Adolf von der Mark war der erste auf dem Lütticher Bischofsthron, der sowohl französisch als auch die deutsche Sprache vollständig beherrschte. In gleicher Weise verfügte auch sein Neffe Adolf II. Graf von der Mark über solche Sprachkenntnisse. Eine zweite Parallele bedeutete die Tatsache, dass beide Adlige, der Fürstbischof Adolf von Lüttich wie der märkische Graf Adolf den Ordnungsnamen „der Zweite" führten.

Zurückhaltend hatten sich Vater und Sohn dem gewaltigen Flügelaltar und der dahinter versammelten Klerikergruppe genähert. Dabei überkam den jungen Engelbert verständliche Neugierde. Er wollte genau sehen können, wer da mit dieser wohltönenden Stimme seine Anordnungen gab. Doch schon war er vom Bischof entdeckt: „Was gibt's denn, Junge? Hast du mir etwas Wichtiges zu sagen, dass du uns hier zu stören wagst?", hörte man den Bischof fragen. Engelbert aber brauchte nicht zu antworten. Das tat Graf Adolf für ihn: „Pardon Exzellenz, wir wollten nur melden, dass auch wir morgen das Hochamt mitfeiern möchten. Das hier ist übrigens mein Sohn Engelbert!" –

---

52 Das waren Johann IV. Graf von Flandern, Guido Graf vom Hennegau, Adolf I. Graf von Waldeck und Dietmar Graf von Bar. Guido Graf v. Hennegau war nicht Bischof, sondern nur Ministrator in den Jahren 1292 bis 1296 gewesen. Er wurde später (1301–1317) Bischof von Utrecht.

Freude drückte sich im Antlitz des Bischofs aus: „Das ist ja ein echtes Gottesgeschenk für mich! Euer Kommen habe ich schon tagelang herbeigesehnt. Lasst mich noch einiges regeln für die Gestaltung des morgigen Festtags. Danach komme ich in euer Quartier!" Doch schon schien der Bischof eine andere Idee zu haben: „Halt, wartet noch ein wenig! Ich habe eine Aufgabe für Engelbert!" – Dann wandte er sich einem seiner Begleiter zu: „Magister André, Ihr habt ja gerade gehört, wie ich den Einzug in die Domkirche gewünscht habe. Hier gibt es eine kleine Ergänzung, deren Befolgung mir wichtig ist. Gebt dem Sohn des Grafen Adolf bitte ebenfalls eine der schönen Wachskerzen. Ich möchte, dass er zwischen den Euch feierlich folgenden Jungen diese brennende Kerze in den Händen hält, wenn Ihr bei der „Entrade" von der Hauptpforte her den Kirchenraum durchschreitet. Als Licht spendender Beleuchter mag Engelbert mit den beiden älteren, bereits ausgewählten Jungen auf den Stufen vor dem Hauptaltar während meiner Ansprache stehen bleiben!"

Das war eine Auszeichnung, die Engelbert nicht erwartet hatte. Mit seinem Vater zog er sich in die Taufkapelle zurück, um die weiteren Vorstellungen des Hochamts, die der Bischof zu entwickeln gedachte, nicht zu stören. „Hier, siehst du, Engelbert", führte sein Vater beim Betreten des Taufbereichs aus, „dort steht das einmalig schöne Taufbecken vom Meister Reiner von Huy, von dem ich dir auf der Reise erzählt habe." Engelbert schritt um die rundum mit Figurenwerk geschmückte Wandung des bereits vor fast zweieinhalb Jahrhunderten gegossenen Bronzebeckens herum. Er berührte andachtsvoll die zahlreichen kunstvoll dargestellten Figuren. Zentrales Thema für die im Hochrelief fast plastisch agierenden zwanzig Figuren war die Taufe Christi durch Johannes den Täufer. Engelbert staunte. „Hast du gesehen, wie natürlich hier die Bäume ausgeformt sind? Hier kann man genau an ihren Blättern sehen, dass es Eichbäume sind! Und erst einmal die Kleidung der Ritter! Tatsächlich dachte ich schon, der Krieger mit eisernem Panzerhemd und umgürteten Schwert wärest du, lieber Vater!" –

„Ja, Engelbert, dies ist ein einmaliges Kunstwerk! Es will uns allen sehr viel sagen. Erkennst du darauf Johannes den Täufer? – Hier siehst du ihn, wie er zu den Steuereinnehmern des Königs Herodes sagt: ‚Fordert nicht mehr, als euch verordnet ist!' Und auf die Frage der Soldaten: ‚Was sollen wir tun?' antwortet Johannes mit der Mahnung: ‚Tut niemand Gewalt noch Unrecht an, lasset euch genügen an euerm Solde!'[53]. Die Worte des Propheten wirken, wie man deutlich sehen kann, auf jeden der Angesprochenen unterschiedlich. Ihre Mimik und ihre Körperhaltung verraten es.[54]

53 Lukas Evangelium 3, 1–18.
54 Das Taufbecken des Reiner von Huy hat inzwischen Platz gefunden in der romanischen St. Bartholomäus-Kirche Lüttichs, einem der ältesten Gotteshäuser Lüttichs aus dem 12. Jh. mit mächtigem, festungsartigem Westwerk.

Auch wir Grafen, die Macht über eine ganze Grafschaft haben, sollten uns und unseren Gefährten immer vor Augen halten, dass die Temperenz, die Tugend der Mäßigung, also des stets rechten Maßhaltens, ein Gebot ist, dem wir allezeit folgen sollten!"

Nachdem sie den Dom verlassen hatten, wollte der Vater seinem Sohn noch ein anderes Bildwerk zeigen. „Wir gehen jetzt zum ‚Perron'", sagte er. Engelbert kannte diesen Ausdruck noch nicht. Bald standen sie vor diesem Mahnmal, das allen Bürgern und Besuchern Lüttichs klarmachen sollte, wer hier das Sagen hatte. Der „Perron" war eine auf dreistufigem Fundament stehende steinerne Säule mit einem Pinienzapfen, gekrönt durch ein Kreuz. Es sollte Sinnbild absoluter fürstbischöflicher Gewalt über die Hauptstadt Lüttich, seine Bewohner, ihre „guten Städte" und das umliegende Land sein. „Solche Perrons gibt es in vielen der ‚bonnes villes', der guten Städte dieses Landes", erklärte der Graf seinem Sohn. Während eines kurzen Rundganges durch Lüttichs ältestes Stadtgebiet hatte es bereits zu dämmern angefangen. Deshalb gingen sie eiligen Schrittes zum Flügelbau der fürstbischöflichen Residenz zurück, um dort ein einfaches Essen vorbereiten zu lassen. Wenn der Bischof sie wie angekündigt in ihrem Quartier besuchen würde, sollte auch für ihn der Tisch gedeckt sein. Der aufmerksame Serviteur[55] aus der großen Schar der Domesticité[56] begrüßte sie schon mit artiger Verbeugung und der angenehmen Nachricht: „Il est arrangé: Truites ardennaise (Ardenner Forellen) et Pigeonneaux ardennais (Ardenner Täubchen)."[57] Beides waren Delikatessen aus der Lütticher Küche, bei denen der Koch seine Kunst, erlesene Speisen gekonnt zuzubereiten, beweisen wollte.

Tatsächlich dauerte es nicht allzu lange, bis der Bischof erschien. Graf Adolf hatte bereits eine wunderschöne Wachskerze im Vorraum entzündet, als der Besuch läutete. Eine liebevolle Begrüßung und Umarmung der Verwandten folgte, aber es war noch ein weiterer Gast neben dem hohen Geistlichen gekommen. „Das ist Magister André", stellte ihn der Bischof vor. „Er ist wichtigster Assistent meines Beraters Levold von Northof und leitet die berühmte Lütticher Domschule. Levold ist gerade für zwei Wochen auf Reisen. Er besucht die Bischöfe der umliegenden Bistümer Utrecht, Verdun und Kammerich,[58] um ein gemeinsames Treffen vorzubereiten. Bei André ist Engelbert in guten Händen. Der wird ihm sein Zimmer in der Domschule zeigen, auch dafür sorgen, dass sein Pferd gut im Stallanbau auf dem Hof untergestellt wird, um vom Stallmeister versorgt zu werden. Er wird Engelbert einige Aufgaben stellen, die er erledigen soll, bis Levold von Northof sich seiner in besonderer Weise annehmen

55 serviteur = Diener
56 domesticité = Dienerschaft
57 Angerichtet sind Ardenner Forellen und Ardenner Täubchen – neben Rognon de Veau à la Liègeoise (Kalbsnieren Lütticher Art) – bis heute bekannte und geschätzte Leckerbissen der Aachener-Maastricht-Lütticher Küche.
58 Cambrai

kann. Magister André wird Engelbert eine große Schieferplatte mitsamt Griffeln, Schwamm und Leinenlappen übergeben. Darauf soll er eine Grundrisszeichnung der Domschule mit Hof, Brunnen, Wirtschaftsgebäude und den Zugängen von unterschiedlichen Orten als Orientierungsskizze anfertigen. Er soll sie mir am nächsten Mittwoch vorlegen. Ich lege nämlich großen Wert darauf, dass unsere Schüler sich immer gut zurechtfinden und auch anderen Menschen bei der Orientierung helfen können. Ich hoffe, ihr habt mich verstanden! Aber keinen einzigen Strich will ich sehen, als nur deine eigenen, Engelbert! Fragen kannst du, wen immer du willst. Ich denke, du fragst die Leute hier am besten in französischer Sprache. Etwas davon hast du ja schon gelernt: Bald wirst du parlieren können wie die Buben in Lüttichs Gassen!"

Das war die erste Befehlsausgabe für den Jungen aus dem märkischen Süderland, und der wagte keine Widerrede. Schon wandte sich der Bischof anderen Dingen zu: „Ach, da sehe ich ja eine wirklich schöne brennende Kerze. Sie muss von einem tüchtigen Wachszieher stammen, denn ihre umlaufende Verzierung mit dem dreifach geschachten Balken, dem Wappenbild der Grafen von der Mark, erinnert mich an unsere gemeinsamen Wurzeln."

„Ich dachte, diese Kerze sollte Engelbert morgen am Lambertustag tragen", warf Graf Adolf ein. „Ich habe sie sorgfältig aufbewahrt, denn sie ist ein Geschenk, das ich dir, lieber Onkel, verdanke. Du selbst hast sie an Mariä Lichtmess geweiht, als ich dich vor Jahren um Hilfe gegen den Kölner Erzbischof gebeten hatte. Seither wartet sie auf eine würdige Verwendung."

„Ja", pflichtete der Bischof bei, „morgen ist eine solche Gelegenheit. Ich erinnere mich. Leider lebt der begnadete Wachszieher, der die schönsten Kerzen herzustellen wusste, heute nicht mehr. Aber das Licht seiner Kerze erinnert mich an diesen braven Mann aus der Rue de St. Martin."

Nach dem Essen konnte Engelbert seinen Wunsch, mehr vom Heiligen Lambertus und der ihm geweihten Plettenberger Kirche zu hören, nicht mehr bändigen. „Mein Vater hat mir gesagt, du, lieber Großonkel, würdest mir am besten erzählen können, warum auch unsere Kirche in Plettenberg den Namen Lamberti-Kirche trägt."

„Nun, das weiß dein Vater doch genauso gut wie ich. Für mich war es geradezu eine Verpflichtung, meiner Heimatpfarrei zu einem neuen Gotteshaus zu verhelfen. Das tat ich, sobald es mir möglich war, nachdem ich hier in Lüttich das Bischofsamt hatte antreten dürfen. Alles andere über den Heiligen, in dessen Namen ich hier in Lüttich wirken darf, erfährst du morgen bei der Grande Messe!" Damit endete die erste Begegnung Engelberts in Lüttich.

*

Als Engelbert nach seiner ersten Nacht in Lüttich erwachte und aus dem Schlafzimmer in den Cour d'Honneur schaute, glaubte er fast, die Welt hätte sich verwandelt. Überall wehten Fahnen: aus den Fenstern der Bischofsresidenz, in den engen Straßen und Gassen und sogar vom höchsten Turm des Lamberti-Domes. Als auch die Glocken aller Kirchen erst zaghaft, dann machtvoll und volltönend ein für ihn kaum vorstellbares Lautgemälde angestimmt hatten, war ihm klar: Lüttich feierte den Namenstag seines Stadtpatrons. Jeder versuchte, so gut gekleidet wie nur möglich, einen Platz im Gotteshaus zu ergattern, denn heute würde der Fürstbischof die „Grande Messe" gestalten.

Als Engelbert im neuen schwarzen Samtanzug, die kostbare Bienenwachskerze seines Vaters in der Hand, vor der Sakristei erschien, wimmelte es dort schon vor Menschen, die den würdevollen Einzug der Geistlichkeit in die Lamberti-Kirche nicht verpassen wollten: junge und alte Menschen aus der Stadt und von weit her, schwarzgekleidete Scholaren mit ihren Lehrern, farbig geschmückte Würdenträger aus dem Vallois, Fahnenträger und Vertreter der Gilden und mit festlichem Ornat geschmückte Pfarrer, Äbte und Prälaten. Sie warteten wohl auf das Erscheinen des Fürstbischofs, der schon bald in einer vierspännigen, blumengeschmückten Kutsche vorfuhr. Ein bedeutungsvolles Raunen ging durch die Menge, als er ausstieg und, den kostbaren Bischofsstab in der Linken, die zu seinem Empfang Erschienenen mit freundlichen Worten begrüßte.

„Da bist du ja, Engelbert! Komm schnell und reihe dich bei uns ein!", rief ihm Magister André zu. „Jetzt ist die Zeit für unseren Einzug gekommen. Folge mir mit gleichermaßen gemessenen Schritten. Rechts und links von dir schreiten zwei unserer älteren Schüler. Hier, das ist Bénédict van Mechelen – er stammt aus unserer Lütticher Enklave in Brabant – und dort, der schon fast erwachsene junge Herr, ist Guillaume van Tongeren. Beide wirst du nach Schulbeginn in der Domschule näher kennenlernen. Zündet jetzt eure Kerzen an, denn die Prozession beginnt!"

Der Bischof hatte angeordnet, dass gleich hinter der Blaskapelle, die den Zug an der Tête anführen solle, noch vor dem Fahnenblock der Gilden, Städte und Pfarreien die von ihm als so „hoffnungsvolle Jugend" in das Gotteshaus einziehen möge. Magister André war auch dafür verantwortlich, dass die Scholaren und Kinder mit ihren geweihten Kerzen so im Kircheninneren postiert würden, dass der Glanz ihrer Lichter den Raum überall gleichmäßig erhelle. Als André mit seinem Gefolge die breiten Treppenstufen vor dem Hauptportal betreten hatte, brauste lebhafter Beifall von allen Seiten auf. Nun strebten sie zwischen den mit herbstlichem Laub und weißen Schleiern geschmückten Bankreihen auf den Altar zu. Der Kirchraum war bereits dicht mit Menschen gefüllt. Wer auf Bänken Platz gefunden hatte, erhob sich zur Begrüßung der Einziehenden.

André waltete vor den Altarstufen geschickt seines Amtes, einem lautlos und souverän wirkenden Platzanweiser gleich. Engelbert erhielt seinen Platz auf dem Altarpodest gleich neben der Kanzeltreppe, während seine Begleiter mitten auf halber Höhe der Stufenfolge zur Altarebene ihre vorbestimmten

Das Innere der Lütticher Kathedrale St. Paul
Ihre Vorgängerin, die 1794 zerstört wurde, war dem hl. Lambertus geweiht
Stahlstich eines unbekannten Künstlers aus dem frühen 19. Jahrhundert

Plätze einnahmen. Zwischen ihnen schritten dann die Fahnenträger hindurch. Sie nahmen wie abgezirkelt vor der halbkreisförmigen Apsiswand Aufstellung. Dann kam die Gruppe der kirchlichen Würdenträger die Altarstufen herauf, um ihre Plätze im reich verzierten Chorgestühl einzunehmen.

Erst danach schritt Bischof Adolf, begleitet vom Generalvikar und dem Bischof von Tongeren, die Stufen zum Altar hinauf. Er verbeugte sich vor der Altarmensa[59] und nahm dann in seinem kunstvoll gestalteten Bischofsstuhl Platz, neben ihm auf weniger prunkvollen Sitzen der Bischof des benachbarten Bistums Tongeren und der Lütticher Generalvikar.

Nicht alle am Einzug beteiligten Kirchenbesucher fanden in den Bänken eine Sitzgelegenheit. Das Kirchenschiff war gefüllt wie sonst nur an hohen Feiertagen. Viele Menschen mussten stehen.

Als die vor wenigen Jahren vom Bischof neu angeschaffte Orgel ihre gewaltige Stimme erschallen ließ, erhoben sich alle. Der Generalvikar begann den Gottesdienst mit lateinischem Text, erteilte zwischendurch aber auch französische und deutsche Anweisungen. Das Kirchenvolk gab wie gewohnt Antwort auf die von ihm begonnenen Sätze. Es folgte damit den bekannten liturgischen Gewohnheiten und sang die angekündigten Lieder, wie es dies an jedem Sonntag gewohnt war. Engelbert wurde ein wenig unruhig. Kam denn der Bischof überhaupt nicht mehr zu Wort? Ja, der blieb sogar noch auf seinem erhöhten Sessel sitzen, als der Bibeltext des Tages verlesen wurde.

Dann aber erhob sich der Fürstbischof. Sein golddurchwirktes Messgewand glänzte in allen Farben, als er, den Bischofsstab in beiden Händen haltend, vor dem Altar niederkniete, um danach die schmalen Stufen zur Kanzel an Engelbert vorbei emporzusteigen.

Ein bewunderndes Staunen ging durch die Kirchenbänke, als er seine kräftige Stimme erhob, um die Kirchenbesucher auf das Herzlichste zu begrüßen – auch seinen Amtsbruder aus Tongeren, der eigens zum Namensfest des heiligen Lambertus die Reise nach Lüttich unternommen hatte.

„Dieser Tag ist für uns in Lüttich ein ganz besonderer Tag, liebe Brüder und Schwestern in Christo", erklärte er seinen aufmerksamen Zuhörern. „In einer Lütticher Kirche nämlich ist am 17. September des Jahres 705 nach der Geburt unseres Herrn Jesus Christus, während er vor dem Altar betend niederkniete, unser geliebter Bruder Lambertus, von einem Speer hinterrücks durchbohrt, zu Tode gekommen. Heute feiern wir seinen Namenstag, nachdem unser geliebter Vater, Papst Stephan IX., ihn heilig gesprochen hat. Unser Heiliger Vater Stephan, der selbst hier in Lüttich seine geistliche Laufbahn als Schüler unserer Domschule begonnen hat, wusste genau, wie wertvoll dieser Bischof Lambertus als Mensch und als großartiger Kirchenmann gewesen ist.

---

59 Altarmensa = der Tisch, auf dem der bemalte oder geschnitzte Altar steht.

Damit auch ihr, liebe Brüder und Schwestern, aus dem Leben dieses Heiligen etwas erfahrt, möchte ich von seinem Wirken berichten. Lambertus, andere nannten ihn auch Lamprecht, weil er so zunächst von Verwandten und Freunden gerufen worden sein mag, stammte aus Maastricht. Er wurde dort als Sohn wohlhabender Eltern um 625 n. Chr. geboren und später von klugen Lehrern unterrichtet. Es waren der bekannte heilige Landoald und der heilige Bischof Theodard von Maastricht-Tongeren. Auch der von mir zuletzt Genannte wurde im Jahre 670 am Rhein getötet. Der äußerst kluge und fromme Lambert, den Theodard sehr geschätzt und gefördert hatte, wurde als beim Volk äußerst beliebter Geistlicher der Nachfolger des meuchlings ermordeten Bischofs Theodard. Seine bischöflichen Verpflichtungen erfüllte Lambertus vorbildlich – auch gegen den heftigen Widerstand des gottlosen Tyrannen Ebroin,[60] der den frommen Gottesmann für fünf Jahre in die Verbannung schickte.

In dieser Zeit, es waren die Jahre 676 bis 681, lebte Lambert als einfacher Mönch mit den Benediktinern des Kloster Stablo[61] zusammen, die ihn schließlich nach dem Tode des Tyrannen in Lamberts Bischofsstadt zurückführten, wo er sehr bald die Geschicke der Diözese wieder ordnend in die Hand nehmen konnte.

Bischof Lambert war ein Freund des bekannten heiligen Willibrord, der nach Gründung des Luxemburger Klosters Echternach seinen Bischofssitz in Utrecht nahm. Willibrord[62] war gebürtiger Angelsachse. Er hatte anno 690 den Kanal überquert, um zunächst den Friesen die Heilsbotschaft unseres Herrn zu überbringen. Die Bischöfe Willibrord und Lambertus unternahmen gemeinsame Missionsreisen nach Nordholland. Viele Ungläubige gönnten ihnen jedoch ihre Erfolge nicht. Darum war ihnen Lambertus ein Dorn im Auge, und deshalb sollte er sterben.

Wir alle verehren den heiligen Lambertus als einen Wohltäter, wie es nur wenige in unserem Lande gab. Viele von euch kennen ihn auf bildhaften Darstellungen als knienden Bischof, der von einer Lanze durchbohrt wird. Er wurde auf Bildern, Zeichnungen und Bildwerken aus Stein und Metall auch häufig im Chorhemd mit einer brennenden Kerze dargestellt. Ärzte und Bandagisten verehren den heiligen Lambert sehr. Für uns ist es aber das Wichtigste: Der heilige Lambertus ist unser Stadtpatron, und das soll er ewig bleiben, damit es unseren lieben Bürgern und euch allen gut gehen mag, die ihr hierher gekommen seid, um heute sein Fest zu feiern. Der Herr behüte und beschütze euch. Er lasse sein Angesicht über euch leuchten und sei euch gnädig, Amen."

60 Ebroin war Hausmeier der fränkischen Teilreiche Neusistrien und Burgund. Sein Plan einer einheitlichen Statthalterschaft scheiterte am Widerstand der Großen, die ihn 680 ermorden ließen, was den Arnulfingern zum Aufstieg verhalf.
61 Stablo = heute Stavelot (Ehemalige Reichsabtei (648–1794), zu deren Gebiet die Städte Eupen und Malmedy gehörten).
62 Willibrord, der „Apostel der Friesen", wirkte auch gemeinsam mit Bonifatius in Thüringen.

Die Christenschar, soweit sie im Lamberti-Dom Platz gefunden hatte, erhob sich, andächtig und dankbar. Danach sprach der Bischof von Tongeren noch freundliche Grußworte, und der Generalvikar beendete die feierliche Stunde mit dem sonntäglichen Segenswunsch, bevor der feierliche Auszug, zunächst der Fahnenabordnung und der offiziellen Gäste, begann.

Bischof Adolf II. hatte sich erhoben. Er ging jedoch nicht gleich zum Ausgang, sondern kam auf Engelbert zu, gab ihm die Hand und fragte: „Weißt du nun Bescheid über unseren heiligen Lambertus? Er ist unser gemeinsamer Freund und Beistand – ob bei uns in Lüttich oder bei euch in der Grafschaft Mark. Das Wichtigste ist, er bleibt es unser ganzes Leben lang!"

Dann erst wandte sich der Fürstbischof der Sakristei zu, um darin sein prächtiges Festgewand gegen ein schlichteres zu tauschen. Engelbert war überwältigt. Sein Großonkel war wirklich ein großer Mann – nicht nur, weil er Vater Graf Adolf fast um Haupteslänge überragte!

Auf sicherem Fundament

Engelbert hatte schon am nächsten Tage ein eigenes Studierzimmer in der Domschule beziehen können. Es lag im Dachgeschoss des 7-achsigen Schulgebäudes in der Herrenstraße, nicht weit von jenem Residenzflügel entfernt, in dem er mit seinem Vater die ersten Nächte verbracht hatte. Vom Hof der Schule aus konnte man sogar durch eine nur selten verschlossene schmiedeeiserne Pforte in das fürstbischöfliche Residenzgelände gelangen. Sein „Kuno" hatte im Hintergebäude der Schule Unterkunft gefunden. Er wurde vom Stallmeister der fürstbischöflich Residenz betreut. Wenn er Lust habe zu reiten, hatte ihm der freundliche Pferdepfleger Bernard versichert, brauche er ihm nur Bescheid zu geben. Kuno würde gemeinsam mit seinen Artgenossen aus fürstbischöflichem Besitz täglich ausreichend bewegt, Bernard sei auch verantwortlich für das Wohlbefinden der Gastpferde.

Engelberts Dachstube war komfortabler als die übrigen Kammern im Dachgeschoss der Domschule. Nur zwei von ihnen waren belegt. Die eine bewohnte der ihm vom Hochamt bereits bekannte zwölfjährige Bénédict van Mechelen, die andere der nach eigener Meinung längst dem Kindesalter entwachsene Guillaume van Tongeren. Beide hatten ebenfalls ihre Reitpferde bei Bernard in Pflege.

Als Guillaume von der Vergabe des vom Treppenhaus direkt zugänglichen Raumes an Engelbert erfuhr, fühlte er sich benachteiligt. Er legte sofort Beschwerde ein. Abgesehen vom jüngeren Alter des kleinen Märkers, stehe dem

Beschwerdeführer der größere und besser eingerichtete Raum zu, hatte er argumentiert. Aber sein vermeintlicher Anspruch wurde nicht beachtet. In der Tat hatte Engelberts Studierstube den Vorzug, einen vor die Straße vorspringenden Erkervorbau mit drei gekoppelten Fenstern zur Straße zu besitzen, die ihm erlaubten, unbemerkt zu beobachten, was sich auf der Straße ereignete.

Eifrig machte sich Engelbert daran, auf der Schieferplatte eine Art Lageplan mit Hilfe des ihm übergebenen Griffels einzuritzen. Bis sich das von ihm dargestellte Gebilde einigermaßen ansehnlich darstellen ließ, hatte er mindestens zehnmal zu Schwamm und Wischlappen greifen müssen, um verwischte oder schief dargestellte Signaturen zu vernichten. Dann schien Engelbert den Bogen herauszuhaben. In einem großen, mit Hilfe eines Lineals gelungen dargestellten Rechteck hatten die Domschule und auch das Hinterhaus mit Pferdestall und Scheune auf der Tafel ihren Platz gefunden. Die Außenmauern hatte Engelbert durch Doppelstriche, Innenwände durch einfache Signaturen dargestellt. Auch der Brunnen und vor allem die wuchtige Scheune, die breiter als der Pferdestall war, hatte Engelbert gut getroffen. Vor dem Haupteingang waren sogar die abgerundet geformten Treppenstufen eingezeichnet. Die Treppe war zwar etwas spärlich, doch die beiden ostwärts des Treppenflures liegenden Klassenräume mit jeweils acht Doppelbänken recht anschaulich dargestellt.

Die westlich der Treppe gelegene Wohnung des Leiters der Schule, des Herrn Levold, hatte er mit einem großen Andreaskreuz gekennzeichnet. Ihre Aufteilung hatte er ja noch nicht kennengelernt, weil der Wohnungsinhaber verreist war. Stattdessen hatte Engelbert alle Fenster und Türen, so gut es ihm möglich war, mit Querstrichen und die Ein- und Ausgänge mit breiten Pfeilen kenntlich gemacht. So konnte man gut erkennen, wo man in das Schulhaus, den Pferdestall und die Scheune hineinkommen und wieder herausfinden konnte. Das traf auch für die Öffnungen in der Trennmauer zur Residenz zu.

Diese Aufgabe des Bischofs war schneller, als von Engelbert gedacht, zu lösen gewesen. Noch hatte er sogar Zeit, die Rückseite der Schieferplatte zusätzlich zu schmücken, denn erst am Mittwoch hatte er sein Werk dem Bischof vorlegen sollen. Deshalb maß er mit Schritten die Hausfront der Schule an der Herrenstraße ab, schätzte die Höhe des Schulgebäudes grob ab und fertigte eine Fassadenskizze auf der Rückseite seiner Schieferplatte an.
Seine Zeichnung des Gebäudes mit seinen dreizehn Fenstern, seinem Eingang und den ihm vorgelagerten Stufen, auch dem über das Dachgesims auskragenden Zwerchgiebel, in dem Engelberts Erkervorbau mit seinen drei „Utluchten" lag, machte einen anschaulichen Eindruck. Dass sein Zimmer im auskragenden Dachgeschoss weit größer und die benachbarten Dachgauben viel zu klein gegenüber der Wirklichkeit ausgefallen waren, störte den jungen Zeichner nicht im Geringsten.

André hatte mehrfach zugesehen, mit welchem Eifer Engelbert bei der Sache war. Einzugreifen hatte er nicht gewagt, eingedenk der Warnung des Bischofs, dass Engelbert alles ohne fremde Hilfe hatte selbst zeichnen sollen. Erstaunt war er aber schon. So wartete er am Mittwochmorgen gemeinsam mit dem ihm vom Bischof zugewiesenen Zögling im Vorzimmer des bischöflichen Arbeitsraumes, vorgelassen zu werden. Das konnte unter Umständen sehr lange dauern, dachte er aus langjähriger Erfahrung. Diesmal öffnete sich die Tür sehr schnell. „Hereinspaziert, meine Herren!", rief der Bischof gutgelaunt. „Dann zeige, Engelbert, mal dein Kunstwerk her!"

Engelbert war sichtlich betrübt, als er die Schieferplatte vorwies. Sein Kummer war verständlich, denn die schöne Lageskizze auf der Hauptseite war zum Teil verschmiert und dadurch nicht mehr so schön anzusehen wie früher. „Ich sehe noch genug", tröstete ihn der Bischof. „Das hast du ja großartig gezeichnet! Sicher hat André dabei geholfen, sonst hätten die Türen und Fenster nicht so gekonnt eingezeichnet werden können." Sofort erhoben André und Engelbert gleichzeitig lebhaften Einspruch. „Das ist ganz allein Engelberts Werk, und zwar ohne jegliche Hilfe meinerseits!", sagte André mit Betonung der vier letzten Worte. „Wenn Ihr es sagt, will ich es auch glauben", entgegnete der Bischof erstaunt. „Dann willst du also einmal Baumeister werden! Anlagen dazu scheinst du wirklich zu haben!" Doch da schallte ihm lebhafter Widerspruch entgegen: „Nein, das will ich nicht, ich werde Graf von der Mark. Baumeister mögen andere werden. Ich kann sie ja mal beauftragen, wenn sie etwas können!" –

Mit solcher Klarheit hatte der Bischof noch keinen Zehnjährigen seinen Berufsweg erklären hören. Er freute sich über diese anscheinend unverrückbare Meinung und hielt es für angebracht, diesem forsch auftretenden Jungen eine wichtige Empfehlung für seinen ferneren Lebensweg mitzugeben: „Engelbert, mit diesen beiden Zeichnungen auf Schiefer hast du mir eine große Freude gemacht. Lass mir die Platte hier. Ich will sie auch deinem Vater zeigen. André wird dir eine neue, noch größere geben, denn du bekommst jetzt von mir eine neue, aber viel schwierigere Aufgabe.

Du solltest wissen, dass es im Leben eines jeden Menschen von größter Wichtigkeit ist, dass er einen festen Stand besitzt und seinen Standpunkt auch mit Nachdruck zu vertreten weiß. Man muss immer wissen, wo man steht und wie sicher der eigene Stand ist! Ein Mensch, der sich ins Moor verirrt, muss damit rechnen, dass er darin versinkt und umkommt. Wer sein Haus auf Sand gebaut hat, darf sich nicht beklagen, wenn es bald voller Risse ist und auseinanderzufallen droht.

Schon in der Bibel finden wir Hinweise, wie wichtig es ist, auf sicherem Grund zu stehen. Beim Bau eines Hauses soll man die besten Steine für die Ecken der Mauern verwenden, damit die Steine untereinander Verbund haben. Magister André wird dir und deinen Schulfreunden in Kürze vom Bau des Tempels Salomos berichten. Er ist in der Bibel im Ersten Buch der Könige beschrieben.[63] Da wirst du begreifen, wie wichtig es ist, das Fundament eines Tempels durch besonders mächtige Quader zu befestigen.

Eines darfst du niemals vergessen: Wo Gott nicht das Haus baut, da arbeiten alle umsonst daran, die es ausführen wollen. Wer an Gott glaubt, sich ihm voll und ganz anvertraut, der besitzt damit das beste Fundament, das er für sein Leben und seine Vorhaben haben kann!

Bedenke daher stets, wie wichtig ein gutes Fundament und dein eigener Standpunkt für dich im ferneren Leben sind!". Engelbert schien begriffen zu haben, was sein Großonkel ihm klarzumachen bestrebt war.

„Damit du dich hier in Lüttich gut zurechtfindest, stelle ich dir eine neue Aufgabe. Zeichne auf die nächste Schieferplatte den Grundriss unserer Stadt, soweit ihn Maas und Ourthe umschließen! Auch die Brücken, die über die Flüsse führen, den Hafen und die wichtigsten Bauten und Straßen auf unserer alten Stadtinsel kannst du einzeichnen. Wenn du damit fertig bist, komm bitte zu mir, damit ich dir mehr über unsere Stadt erzählen kann. Verirre dich nicht! Mach dir stets klar, wo dein Standpunkt ist."

Mit diesem Rat entließ er den künftigen Domschüler. Der hatte bereits eigene Pläne entwickelt. Wozu hatte er „Kuno" im Stall? Auf dessen Rücken sitzend, würde er mehr sehen und sehr schnell den nötigen Überblick über die Stadt und ihre Umgebung gewinnen. Vielleicht würde er auch Bernard bitten können, gemeinsam mit ihm zu reiten, denn der kannte sich gewiss überall in Lüttich aus.

Lernen fürs Leben

„Du bist sicher Engelbert", sagte ein Unbekannter zu dem kleinen Pferdefreund, der gerade aus dem Stall kam, als der Fremde sich im Hinterhof der Domschule aus dem Sattel schwang, um den Staub der Straße von Mantel und Stiefeln zu schütteln. Engelbert war erstaunt, von diesem Herrn mit seinem Namen angesprochen zu werden, und daher recht misstrauisch.

„Komm mal zu mir, ich möchte dir die Hand geben und sagen, wie sehr ich mich freue, dass du schon hier bist. Dein Vater hatte doch vor, noch einige Tage bei deinen klevischen Großeltern auf der Schwanenburg zu verbringen. Ich heiße Levold von Northof und bin sein Freund."

Erleichterung machte sich bei dem jungen Pferdefreund bemerkbar. „Fängt denn die Schule gleich morgen an?" Etwas Bangigkeit schien sich noch bei Engelbert gehalten zu haben. „Ich muss nämlich erst noch die Stadt erkunden und für den Herrn Bischof meinen Stadtplan auf der Schieferplatte fertigmachen!"

---

63 1. Buch Könige, 5,15–7,51

„Schulbeginn ist erst zu Martini, das sind bis zum 11. Novembris noch gute zwei Wochen. Erst wenn die Korn- und Weinernte eingefahren ist, beginnt bei uns der Unterricht. Du darfst aber jederzeit zu mir kommen, wenn ich dir irgendwie helfen kann oder wenn du etwas Besonderes wissen willst!"

„Dann seid Ihr der Mann, der gegenüber den Klassenräumen im Erdgeschoss der Domschule wohnt?" Jetzt erst schien er voll im Bilde zu sein. „Ich konnte ja nicht in Eure Räume und wusste auch nicht, wie sie aufgeteilt sind. Gern hätte ich es dem Bischof aufgezeichnet, denn ich musste für ihn einen Plan machen." „Na, dann besuche mich mal morgen früh oder besser: ich komme zu dir ins obere Erkerstübchen."

„Ja, gern, dann zeige ich Euch auch meinen Stadtplan. Er ist fast fertig! Ich muss nur noch die Brücken einzeichnen." Mit diesen Worten schlüpfte Engelbert durch den Stall hindurch und über den Hof ins Schulhaus. Er wollte doch seinem neuen Schulfreund Bénédict gleich melden, dass „ihr Levold" wieder zu Hause sei. Auch musste er seinen Stadtplan noch ergänzen, nachdem er mit Bernard in der Kirche St. Barthélemy war und dort erfahren hatte, dass hier früher eine erste christliche Kirche Lüttichs mit achteckigem Grundriss gestanden hatte.

Gegen Mittag klopfte Levold von Northof an die Tür von Engelberts „Bude". So hatte Engelbert sie genannt, seit er alles, was er besaß, in ihr untergebracht hatte. „Kommt nur herein, Herr Levold – oder wie darf ich Euch nennen", war Engelberts Aufforderung und Frage zugleich. „Schon gut, mein Junge, mir kommt es nicht auf die Form der Anrede an. Sag zu mir „Onkel Levold" und ich bin zufrieden. Ich war vorhin noch mit deinem Vater beim Bischof. Alle waren wir erstaunt über deine schöne Hauszeichnung und den Orientierungsplan. Das hast du wirklich famos gemacht! – Ah, da steht ja schon dein neuestes Werk, dein Stadtplan. Auch dieser ist dir sehr gut gelungen! Bringe ihn am besten gleich zum Bischof. Er wird sich sehr freuen. Wenn du wieder zurück bist, besuche mich in meinem Arbeitszimmer! Du weißt ja schon, wo es liegt!"

Engelbert nahm vorsichtiger als zuvor seine Schieferplatte in beide Hände und machte sich auf den Weg zu seiner ersten Privataudienz bei seiner Exzellenz. Er musste und wollte keinesfalls warten, bis André ihn an die Hand genommen hätte. Schließlich war er ja kein kleines Kind mehr!

*

Diesmal saß ein Mann in dunkler Livrée mit blanken Knöpfen im Vorzimmer des Bischofs. Er fragte: „Was ist dein Begehr?"

„Ich begehre nichts", antwortete Engelbert, „aber Levold hat mich aufgefordert, sofort zum Bischof zu gehen. Begehr hat also der Bischof – seine Exzellenz", fügte er nach einer Pause hinzu. „Ich soll ihm doch meinen Stadtplan von Lüttich zeigen!"

Der Sekretär war sich nicht im Klaren, ob er den Jungen anmelden oder zurückweisen müsse, aber schon ging die Tür zum bischöflichen Arbeitsraum auf. In ihrem Rahmen stand der Fürstbischof mit ausgestreckten Armen, um den jungen Burschen ohne Scheu zu begrüßen.

„Da bin ich wieder! Der Stadtplan ist fertig, Exzellenz." Diese Anrede zu wählen, war Engelbert zwar ungewohnt, doch sollte sie Beweis dafür sein, dass er sich zu benehmen verstünde. „Du brauchst mich nicht so zu nennen, ich bin doch dein Großonkel, sag nur ‚Onkel Adolf' zu mir, wie bisher!"

„Dann musst du aber erst die Tür zumachen, damit der Herr Sekretär das nicht hören kann", meinte der Knirps, seinen Fürstbischof belehrend. „Vater hat mir aufgetragen, in der Öffentlichkeit heiße es immer ‚Exzellenz', – auch für mich. Wenn die Tür aber offen ist, kann der Sekretär mich doch öffentlich hören!" Der Bischof lachte lauthals, und auch aus dem Vorzimmer hörte man ein fröhliches Gekicher. Der Sekretär hatte also gelauscht.

Dann studierte der Bischof gemeinsam mit dem Großneffen den Stadtplan auf der Schieferplatte mit den vielen eingetragenen Abkürzungen, die der Junge erklären musste. Alle Kirchen hatte er durch ein Kreuz kenntlich gemacht. Der Dom hatte ein besonders schönes erhalten, und die Bischofsresidenz nahm etwa ein Sechstel der Schieferfläche ein. Auch die Domschule war überproportional eingetragen. Daneben standen die Buchstaben LVNJD. „Was bedeutet denn diese Inschrift? Soll das ein neuer Name für Lüttich sein?"

„Nein, Onkel Adolf, das bedeutet: ‚Levold von Northof ist jetzt da.'" Der Bischof hatte seinen Spaß an der Unbekümmertheit des kleinen Sprosses aus seiner märkischen Heimat. „Aber den Hafen hast du vergessen", monierte er. „Nein, den hätte ich ja gerne eingezeichnet, aber er passte ja nicht mehr auf die Platte, Magister André hat mir eine zu kleine gegeben!"

„Und was sollen die Buchstaben S.B. neben diesem achteckigen Gebilde aussagen, wenn ich fragen darf?"

„Ja, das ist sehr schwierig gewesen. Das große Kreuz soll die Kirche St. Barthélemy sein. Deshalb steht da auch S.B., aber ich wusste nicht, wie ich das Oktogon in das Kreuz hineinzeichnen sollte. Beides ist ja wichtig! Früher lag das Oktogon einer schon ganz früh gebauten Kirche doch an der Stelle, wo jetzt die Kirche steht! Deshalb habe ich das Oktogon lieber allein auf dem Kirchplatz eingetragen. Man weiß ja, wie ich hörte, heute nicht mehr genau, wo es wirklich gelegen haben mag. Eigentlich müsste man dort mal nachgraben. Vielleicht findet man dort noch Gerippe von deinen Vorgängern, Onkel Adolf, weil Lüttich doch schon so lange einen Bischof hat."

„Jetzt gibst du, Engelbert, mir aber ein wahres Rätsel auf. Wenn ich deine Schieferplatten anschaue, frage ich mich, ob du nicht doch besser Architekt oder Archäologe, das heißt Ausgräber werden solltest!"

„Nein, so was möchte ich nicht werden. Ich habe dir doch schon neulich gesagt: ‚Ich werde Graf von der Mark!'"

„Ja, dann musst du aber noch sehr viel lernen. Da genügt die Domschule allein nicht!"

„Das weiß ich, aber ich gebe mir bestimmt viel Mühe. Nur Reiten und Fechten, Speere werfen und ganz fix das Schwert ziehen, das ist noch unheimlich wichtig für mich."

„Wir werden für all' das zu sorgen wissen, aber nun geh mal wieder zu deinem Vater! Berichte ihm, ich hätte deine Zeichnung als ganz besonders gelungen beurteilt."

Das ließ sich Engelbert nicht zweimal sagen. Wenige Minuten später löffelte er gemeinsam mit seinem Vater ein Mittagssüppchen in dessen Arbeitszimmer. Das Gespräch mit seinem Großonkel hatte ihn geradezu begeistert.

*

Eigentlich war es von ihm nicht erwartete Ferienzeit, die Engelbert bis zum offiziellen Schulbeginn vor sich hatte. Sein Vater war inzwischen wieder mit der treuen Schar seiner Gefährten in die Mark abgereist. Besuche bei den klevischen Verwandten, Verhandlungen über Geländeaustausch an der nördlichen Grafschaftsgrenze zur Sicherung der Lippe als allseits anerkannte Grenzlinie gegenüber dem Bistum Münster, freundschaftliche Besuche in den Städten Schermbeck, Dülmen und Werne sowie notwendige Vorbereitungen zur weiteren Sicherung der Grablege für die Familien der märkischen Grafen mit der Äbtissin des Stiftes Fröndenberg waren wichtige Angelegenheiten, die Graf Adolf II. zu regeln hatte. Engelbert konnte er ohne Bedenken in die Obhut seines Freundes Levold geben. Der war offensichtlich begeistert, einen so wissbegierigen und für alles nur Denkbare aufgeschlossenen Jungen bei sich zu haben.

Eine ganz besondere Schule

Die Domschule hatte inzwischen ihren Betrieb aufgenommen. Schnell hatte sich herausgestellt, dass Engelbert wesentlich weiter im zu vermittelnden Stoff war als viele seiner gleichaltrigen Kameraden. Magister André war des Lobes voll über Engelberts Fortschritte im Rechnen und Schreiben, auch in Historia und Heraldica.

Der neu eingestellte Lehrer für Französisch klagte zwar über Engelberts unmögliche Aussprache und seine schriftlichen Ausarbeitungen, doch hoffte man zuversichtlich, dies würde sich bald bessern, wenn Engelbert mehr Kontakt zu seinen französisch sprechenden Schulkameraden bekäme. Engelbert selbst blieb in dieser Hinsicht skeptisch, denn er spürte eine nicht weichen wollende Abneigung gegen seinen Hausgenossen Guillaume van Tongeren, einen wallonischen Adligen, dessen Eltern neben einem Schloss in Tongeren noch eine riesige Pferdezucht bei Bokrijk in der Nähe von Genk zu haben schienen – falls man Guillaumes arroganten Angebereien überhaupt Glauben schenken konnte. Immer wieder hatte Guillaume sich mit seinen angeblichen Reitkünsten Geltung verschaffen wollen. Würde man seine elegante Reitkleidung und die stets blank gewichsten Stiefel zum Beweis herangezogen haben, mochte es ja angehen, dass er im Reiten ein As hätte sein können. Kaum einer seiner Schulkameraden schien diesem Jungen aber zu trauen. Stallknecht Bernard hatte Guillaume mehrfach einen elenden Schwätzer genannt und zu Bénédict van Mechelen geäußert, Guillaume könne man nur als „singe laqué", also als einen lackierten Affen, bezeichnen. Bénédict war Guillaume gegenüber wesentlich deutlicher geworden mit seiner Anrede: „Du eingebildeter und arroganter Schnösel." Zunächst hatte sich Engelbert zurückgehalten mit einem Urteil. Irgendwann würde schon die Gelegenheit kommen, die von Guillaume behaupteten Fähigkeiten im Reiten zu prüfen.

Ausgesprochen unmöglich erschien es Engelbert selbst, Erfolge in der Kenntnis der lateinischen Sprache zu vermelden. Pauken war einfach nicht seine Sache! So flink er in der Lage schien, geschichtliche Fakten, geographische Begriffe und genealogische Zusammenhänge zu begreifen, auch diese – kaum gehört – geschickt als eigenes Wissen weiterzugeben, so mühsam errang er kleine Fortschritte in Latein und Kirchengeschichte. Beide Fächer unterrichtete Levold von Northof. Er gab sich größte Mühe, Engelbert mit kleinen Tricks und flotten Redensarten Geschmack an den von diesem ungeliebten Fächern zu vermitteln. „Diese Abneigung teilst du offensichtlich mit deinem Vater", hatte er unbedacht einmal geäußert.

Engelbert begriff das nicht. Hatte nicht sein Vater immer wieder zur rechten Zeit einen lateinischen Spruch oder ein Schlagwort parat? Das zeigte doch, wie gebildet er als Märkischer Graf sei! Levold hatte, vielleicht etwas vorschnell, nach Engelberts Einwand gesagt: „Si tacuisses, philosophus mansisses!"[64] Damit hatte er aber nicht Adolf II. von der Mark, sondern sich selbst gemeint. Blitzschnell hatte er einsehen müssen, dass er seinen Freund dessen Sohn gegenüber keinesfalls hätte bloßstellen dürfen. Levold nahm sich daraufhin vor, Engelbert künftig nicht zu einem echten Lateiner, sondern nur zu einem geschickten Anwender lateinischer Lebensweisheiten zu machen. Grafen waren bekanntlich nie gute Wissenschaftler!
Aber die bei Engelbert erkannten Nachteile minderten Levolds Zuneigung zu diesem unverfälschten Schüler in keiner Weise. Für ihn war es Entspannung und Freude zugleich, mit Engelbert auszureiten, denn dieser Junge stellte sich nicht nur beim Reiten richtig geschickt an. Trotz seiner Jugend verfügte er über die günstige Mischung von Ideenreichtum und gebotener Zurückhaltung,

<hr/>

64 „Wenn du geschwiegen hättest, wärest du Philosoph geblieben!" – Ein Wort des römischen Staatsmannes und Philosophen Boëthius aus dessen Büchern „Trost der Philosophie" (480–524 n. Chr.).

wenn Levold ihn zu Besuchen in angesehenen Häusern des Bistums mitgenommen hatte. Diplomatie schien Engelbert in die Wiege gelegt zu sein.

Levold musste oftmals lächeln, wenn sein gar nicht so gelehrter Schüler die Frage nach seinen schulischen Fortschritten mit einem ganzen lateinischen Satz beantwortete. Dieser hieß bei Engelbert: „Non scolae, sed vitae discimus"[65]. Jeder so belehrte Gesprächsteilnehmer hielt Engelbert daraufhin für einen ungewöhnlich gut gebildeten, auch in der lateinischen Sprache durchaus versierten jungen Mann, der zu schönen Hoffnungen berechtigte. Levold hatte sich angewöhnt, solche Erklärungen seines Zöglings schweigend hinzunehmen. Und er tat gut daran.

✳

Die Domschule erwies sich als äußerst strenge Erziehungsanstalt. Mit einem bis ins letzte geregelten Lernbetrieb hatte Engelbert nicht gerechnet. Vor- und nachmittags erfolgten täglich Unterweisungen im Lesen und Schreiben in deutscher und französischer Sprache. Großen Kummer machten ihm zunächst die französischen unregelmäßigen Verben. Da half nur stumpfsinniges Büffeln, wenn man sie korrekt anwenden wollte.

Tatsächlich beherrschte er nach einem guten Jahr das Französische fast so gut wie seine mit französischer Sprache aufgewachsenen Mitschüler – wenigstens im Mündlichen, denn seine schriftlichen Erzeugnisse wimmelten nach wie vor von Fehlern. Diese hatte er dann im Nachmittagsunterricht nicht nur nachzubessern, sondern mehrfach in der richtigen Schreibweise zu wiederholen, was ihm am wenigsten behagte. Wenn andere Schüler schon längst die Schulbank verlassen hatten, saß er noch so manches Mal unter der unerbittlichen Aufsicht von Magister André in der Schulstube.

✳

Nach Ostern kamen bisher unbekannte Fächer zu den ihm vertrauten hinzu. Zwei zusätzliche Lehrer übernahmen den Nachmittagsunterricht: der Stallmeister Gerold van Mehren in Reit- und Turnierfragen und ein gewisser Monsieur François da Gamba, ein unheimlich beweglicher, blitzschnell seine Haltung verändernder Herr, der gleich in zwei Fächern unterrichtete: im Ringen und im Kampf mit Waffen. Die Grundausbildung eines Kämpfers erfolgte im zweiten Schuljahr. Ringen gehörte zum ständigen Unterricht. Zunächst hatte Engelbert befürchtet, die kleineren und jüngeren der Schüler, zu denen er sich ja auch zählen musste, würden hierbei im Nachteil sein. Ein nicht für mög-

65 „Nicht für die Schule, sondern für das Leben lernen wir." Der Spruch stammt ursprünglich vom römischen Philosophen Seneca d. J. (ca. 04 v. Chr.–65 n. Chr.), war aber bedauernd gemeint, denn die Worte in seinen Epistulae waren ganz anders gesetzt. Seneca hatte geschrieben „Non vitae, sed scholae discimus", was hieß: „Nicht für das Leben, sondern für die Schule lernen wir." – Die meisten der heutigen Pädagogen, die den Spruch Senecas gern anwenden, ahnen nicht, dass sie Seneca falsch zitieren!

lich gehaltenes Ereignis belehrte ihn aber schnell, dass nicht etwa das Gewicht oder die Größe der miteinander Ringenden entscheidend für den Sieg in dieser Disziplin sein müssten.

Monsieur François hatte, bevor er mit dem Unterricht in der Domschule begann, die offensichtlich Stärksten unter den Schülern gefragt, wer von ihnen bereit sei, mit ihm einen kleinen Schaukampf zu machen. Etwas mitleidig den neuen Lehrer abschätzend, hatten sich gleich drei der ältesten Schüler nach gegenseitiger Absprache gemeldet und beschlossen, den dicken Charles als ersten in den Kampf zu schicken. Er wog mehr als das Doppelte von Monsieur François. Nicht umsonst wurde er von Schülern und Lehrern „Charlemagne" genannt, eine höchst fragwürdige Anerkennung, die Charles jedoch sichtlich zu genießen schien.

Monsieur François war einverstanden, sich im bekannten Zweikampf ohne Waffe mit ihm zu messen. Man beschloss, ihn auf einem Wiesenstück an der Maas auszutragen. Dort wurde die begrenzte Kampfstätte durch einen Kreis mit siebenundzwanzig Ellen Durchmesser markiert. Dreimal sollte drei Minuten lang gekämpft werden, jeweils mit einer Minute Pause dazwischen. Dabei musste es das Bestreben eines jeden Ringers sein, den Gegner möglichst schnell durch geeignete Griffe auf den Boden zu bringen und ihn dort mindestens zwei Sekunden lang festzuhalten. Ihr Kampfziel war, den Gegner durch einen „Schultersieg" mit beiden Schultern auf den Boden zu zwingen.

Vor der Aufstellung zum Ringkampf erlaubte Monsieur François seinem ihn um Haupteslänge überragenden Gegner, die Stilart des Ringens zu wählen. Das verstand Charlemagne aber nicht recht. „Wieso?", meinte er. „Ich kriege Euch, ganz gleich wie, doch sofort auf den Rücken!"
„Du willst also im Freistil ringen, nicht nach griechisch-römischer Art", stellte Monsieur François fest. Der Koloss nickte. „Dann kann es ja losgehen", war die Antwort des Lehrers.

Alle Schüler und auch Magister André hatten den Kampfplatz dicht umstellt. Kein einziger hatte dabei irgendeinen Laut von sich gegeben. Erwartungsvolle Stille herrschte. Alle waren gespannt, wie dieser Kampf enden würde. Dreimal drei Minuten – das war eine lange Zeit, die durchstanden sein wollte. Ein Pfiff von Magister André gab den Ring frei. Beide Kämpfer maßen sich in der Grundstellung mit kritischen Blicken. Dann griff Charlemagne in diagonaler Fußstellung an, rutschte aber am geschmeidigen Körper seines kleinwüchsigen Gegners ab. Der drängte ihn in die seitliche Rückenlage, ließ ihn zu Boden plumpsen und drückte die massigen Oberarme von Charlemagne auf den Rasen. In nicht einmal fünfundzwanzig Sekunden hatte Monsieur François den Angreifer besiegt. Anerkennender Beifall galt dem Sieger.

Nach einminütiger Pause ging es in die nächste Runde. Diesmal griff Monsieur François an, und zwar mit einem blitzschnellen Beinheber.[66] Im nächsten Augenblick lag der weitaus größere Gegner schon am Boden und mit dem nächsten Griff wehrlos auf dem Rücken. Das Ganze hatte nicht einmal zehn Sekunden gedauert.

Charlemagne war betroffen und beschämt zugleich. Sollte er aufgeben? Nein, jetzt würde er diesem Winzling beweisen, wie er zu kämpfen vermochte! Nach erneutem Pfiff von André stürzte Charles auf den unverwandt und kampfbereit stehen gebliebenen Monsieur François. Der zwang ihn jedoch mit einem gekonnten „Armschlüssel"[66] so schwungvoll nieder, dass er Charles mit einem anschließenden „Armdurchzug"[66] in hoffnungslose Rückenlage brachte. Wiederum war der Kampf in einer Viertelminute vorbei. Beide weiteren Wettkampfaspiranten erklärten ihren Verzicht auf ein Kräftemessen mit Monsieur François. Er schien unbesiegbar zu sein.

„Das werdet auch ihr bald genauso gut können wie ich!", behauptete Monsieur François. „Zweimal in der Woche bringe ich euch die Grundregeln des Ringens bei – zunächst im griechisch-römischen Stil. Hierbei gelten wie im althergebrachten klassischen Ringen nur Griffe bis zur Gürtellinie, also ohne jeglichen Beineinsatz. Danach kommt das Freistilringen, das Griffe auch an den Beinen und sogar Tritte mit den Beinen zulässt. So werdet ihr lernen zu kämpfen."

Wenige Wochen später waren alle Domschüler von ihrem neuen Lehrer begeistert. Er hatte ihnen ohne Ausnahme viel Freude am Ringen vermittelt und Kampfgeist beigebracht. Schließlich führte er sogar den Ringkampf „jeder gegen jeden" ein, eine etwas waghalsige Spielart des „Ringens für Kämpfer mit nur geringem Körpergewicht". Dabei gab es erstaunliche Kampfausgänge. Häufig genug siegten die flinken Kleinen über Gegner mit weit größerem Kampfgewicht. Diesen Beweis konnte François da Gamba jedem seiner Schüler und damit auch den Mut zum Zweikampf vermitteln.

Monsieur François war nicht nur Meister im Ringen, sondern auch im Zweikampf mit dem Schwert. Das zeigte sich klar, als er den Unterricht auf den Umgang mit Schwertern und Schilden erweiterte, ein für seine Zöglinge gefahrvolles Kämpfen, das sie, wenn nötig, aus lebensbedrohenden Situationen befreien sollte. Für diesen Kampfsport wurden jedoch nur Holzschwerter verwandt.

✳

Ganz anders gestaltete sich der Unterricht vom Stallmeister des Bischofs über die unterschiedlichen Waffen der Reiter, mit denen sie siegreich zu kämpfen lernen sollten. Gerold van Mehren war nicht nur ein passionierter Reiter,

---

66 Beinheber, Armschlüssel und Armdurchzug sind Körpergriffe beim Ringen im griechisch-römischen Stil.

sondern ein kampferprobter Ritter. Auf seinem Pferd sitzend, hatte er mit dem Speer schon manchen seiner Gegner ins Jenseits befördert, als es im Lütticher Aufstand um Sieg oder Niederlage des Fürstbischofs gegangen war. Im Gegensatz zu da Gamba war van Mehren ein stämmiger und hochgewachsener Mann. Für ihn waren Pferde Geschöpfe Gottes, deren Adel, Schönheit und Klugheit er in höchsten Tönen zu preisen verstand. Er hatte kein Verständnis dafür, dass es Menschen gab, die Pferde mit Grobheit und Dummheit zu behandeln wagten. Nur wer edle Pferde zu lieben und zu verehren bereit sei, sagte er einmal, würde es nach seiner Meinung wert sein, dass diese klugen und äußerst geschwind dahineilenden Kampfgefährten der Menschen ihr Leben für sie aufs Spiel setzten.

Pferde würden ihr Äußerstes geben, wenn zwischen ihnen und ihren Reitern absolutes Vertrauen herrsche. Deshalb empfahl van Mehren seinen Schülern, die ihnen anvertrauten Pferde auch in Ruhezeiten zu besuchen, ihnen wohlschmeckende Früchte wie Äpfel und Erbsenschoten zukommen zu lassen und möglichst an jedem Tag ihr Fell und ihr Schweif- und Mähnenhaar selbst zu pflegen. Stete Hufsäuberung sei ohnehin Voraussetzung dafür, dass sich keine der leicht übertragbaren Krankheiten am Hufbein, am keilförmigen Strahlpolster oder am Hufgelenk entwickeln könnten. Aseptische Hufgelenkentzündungen der Huflederhaut, hervorgerufen durch vermeidbare Druckstellen sowie der gefürchtete Hufkrebs seien bei täglicher Hufkontrolle und Säuberung durchaus vermeidbar.

Viel Geduld sei für die Eigentümer bei der Betreuung ihrer Pferde stets oberstes Gebot. Darum müsse man das ungeduldige Verhalten mancher Reiter, weniger jedoch die mangelnde Bereitschaft des Pferdes dafür verantwortlich machen, dass nicht völlig ausgeheilte Viruskatarrhe oder vom Reiter zu verantwortende Abnutzungserscheinungen des Bewegungsapparates der Pferde zu ihrem viel zu frühen Ableben geführt hätten.

Der junge Engelbert hörte den Ratschlägen des erfahrenen Stallmeisters nicht nur aufmerksam zu. Er beherzigte sie auch bei den täglichen Besuchen seines Kuno in den Lütticher Stallungen. Van Mehren war seit jeher ein treuer und ungemein geachteter Gefolgsmann des Bischofs gewesen. Er hatte großen Anteil am erfolgreichen Kampf des Bischofs während des über sieben Jahre andauernden Streites mit einflussreichen Lüttichern, die Bischof Adolf gezwungen hatten, seine Residenz und die Stadt Lüttich für lange Zeit zu verlassen. Erst am Sonntag Quasimodo[67] des Jahres 1332 war der Bischof, nachdem Friede geschlossen und alles Notwendige vertraglich geregelt war, durch das St. Walburgistor wieder in die Stadt Lüttich eingezogen. An seiner Seite ritt unter Glockengeläut aller Kirchen der Stadt einer seiner tapfersten Streiter: Gerold van

67 am 26. April 1332

Mehren. Die gesamte Lütticher Geistlichkeit war dem Bischof damals in ihren Prachtgewändern entgegengeeilt. Sie wollte ihm zeigen, dass künftig niemand anderes als er ihr Herr und Hirte sein solle.

Selbst der König von Böhmen[68] und der kommandierende Konnetabel von Frankreich[69], beides Verbündete des Lütticher Bischofs gegen den Herzog von Brabant, hatten den Heimgekehrten vom Stadttor bis in seine Lamberti-Kirche begleitet, um dort die feierliche Festmesse mitzuerleben. Danach hatten das gesamte Domkapitel und die Vertreter des Landadels gemeinsam beschlossen, ein gewaltiges Heeresaufgebot[70] gegen den Herzog von Brabant Johann III. aufzustellen. In den vergangenen Jahren hatte dieser sich allzu oft als Unruhestifter und als Geldgeber der Aufständischen gegen den Lütticher Fürstbischof erwiesen[71].

Wiederum war Gerold van Mehren einer der tatkräftigen Helfer des Bischofs gewesen, und das auch bei den schwierigen Verhandlungen. Sowohl im Kampf Mann gegen Mann als auch als Diplomat hatte er sich große Verdienste erworben. Kein Wunder, dass dieser stattliche Herr von Bischof Adolf zum Chef der fürstbischöflichen Reiterei und auch zum Stallmeister ernannt worden war. Nur eine stets einsatzbereite und schlagkräftige Reitertruppe mit einem geachteten Kommandeur an der Spitze war in der Lage, im weitläufigen Bistum Lüttich für Ruhe und Ordnung zu sorgen.

Als gebräuchlichste Kampftechnik der Reiter galt es damals, schnell in Wurfweite an den Gegner heranzureiten, den Speer kraftvoll nach ihm zu schleudern und danach blitzschnell das Pferd zu wenden, um sich möglichst rasch vom Knappen eine neue Lanze reichen zu lassen. Dabei musste der Reiter Bewegungsfreiheit im Sattel und in den Beinen haben. Engelbert vermisste seinen früher gewohnten leichten Sattel sehr, als er in Lüttich die wichtige Kampftechnik der Reiter kennenlernte. Deshalb wandte er sich Hilfe suchend an Herrn van Mehren mit der Frage, ob er seinen mit hohen Pauschen versehenen Sattel gegen einen einfacheren Sattel tauschen könne, zumal er insbesondere von seinem Schulkameraden Guillaume van Tongeren seines Sattels wegen schon oft gehänselt worden sei.

„Selbstverständlich", lautete van Mehrens Antwort, „du bekommst den für deine Ausbildung am besten geeigneten Sattel. Bernard soll sich bei mir melden.

---

68 König Johann von Böhmen (1313–1346)
69 Der Konnetabel ist der oberste Führer des Heeres unter dem Herrscher und für dessen gesamte Organisation und Verwaltung verantwortlich.
70 Zu einem offenen Kampf war es aber dann nie gekommen.
71 Dem Lütticher Bischof war es im Jahre 1335 auch gelungen, die vier Jahre währenden, viel Blut fordernden Kämpfe zwischen Rittern und Ritterbürtigen der Awans und der Waroux sowie vielen Mitgliedern ihrer Familien durch einen Friedensschluss zu beenden. Während dieser Auseinandersetzungen waren viele tapfere Männer, Ritter und Knappen, umgekommen, was zu gewaltigem Aderlass unter den Edelsten des Landes geführt hatte.

Ich selbst suche einen Sattel mit ihm für dich aus. Engelbert war hocherfreut, dass der von ihm hochgeschätzte Stallmeister ein Einsehen bei seinem Wunsch hatte. Guillaume würde staunen, wenn Engelbert ohne seinen spöttisch „Großvatersessel" genannten Sattel zum nächsten Training antreten würde.

Auf dem Pferderücken

Eine umfassende Unterweisung seiner Schüler war Gerold van Mehren wichtig, bevor er sie aufforderte, mit ihren Pferden zum Reitplatz zu kommen, wo er ihnen zunächst ohne Waffen die Grundlagen erfolgreichen Reitens erklären wollte. Die grünen Maaswiesen, die beiderseits des Flusses lagen, boten gute Gelegenheit, auf pferdefreundlichem Boden, Sitz und Haltung der Reiter und unterschiedlichste Gangarten der Tiere zu beurteilen.

Problematisch erschienen van Mehren nicht etwa jene Schüler, die bisher kaum oder noch gar nicht geritten waren, sondern vielmehr jene, die sich beim Reiten eine schlechte, weil vorwiegend schlaksige Haltung angewöhnt hatten. Im Reitstall des Fürstbischofs gab es immer genug Tiere, die sich als Schulpferde eigneten und täglich bewegt werden mussten. Deshalb konnten den Schülern sogar unterschiedliche Pferde in den Übungsstunden zugewiesen werden. Der vorteilhaftesten Länge der Steigbügel, dem idealen Sitz von Sattel und Zaumzeug sowie dem notwendigen Vertrauensverhältnis zwischen Reiter und Pferd galten die ersten praktischen Handgriffe der Reitschüler durch ihren Lehrmeister.

Geübte Reiter durften gleich zu Beginn der Reitstunde größere Strecken mit ihren Pferden zurücklegen. Den bisher wenig mit Pferden Vertrauten erklärte van Mehren anhand der Haltung der Aufgesessenen Vorzüge und Nachlässigkeiten der gerade Reitenden.
Besonderes Augenmerk richtete van Mehren auf den mit einem kostbaren Schimmel antrabenden Guillaume van Tongeren. Er schien wenig begeistert zu sein. „Du sitzt auf dem Rosse wie ein Müller auf einem Mehlsack! Von dir als Sohn eines der erfolgreichsten Pferdehändlers im Lande hätte ich eine vorbildlichere Haltung erwartet!" – Jetzt wussten die Schüler, aus welchem Stall ihr arroganter Mitschüler kam.

Engelbert erhielt vom Stallmeister eine ganz andere Aufgabe: „Absatteln!", lautete van Mehrens Kommando, als der kleine Märker seine Reitkünste beweisen sollte. Etwas missgelaunt befreite Engelbert seinen Kuno vom gerade erhaltenen neuen Sattel. Fragend schaute er van Mehren an.
„Jetzt aufsitzen und so schnell es dir möglich ist, die Silberpappelgruppe umreiten, um danach sofort hierher zurückzukehren! Wir zählen hier die Sekunden, die du dazu brauchst. Ich beginne zu zählen: eins, zwei, drei ..."

So etwas hatte Engelbert nicht erwartet. Er schwang sich auf Kunos Rücken, duckte sich hinter dessen Mähne und schoss zielgerecht auf den angegebenen Wendepunkt zu, um sicher und gewandt nach äußerst schnellem Ritt vor seinem Reitlehrer abzusitzen. Grüßend meldete er: „Da bin ich wieder!" –

„Gut gemacht!", war das knappe Lob van Mehrens. „Das waren insgesamt fünfzig Sekunden, die ich gezählt habe. – So müsst ihr alle demnächst zu reiten verstehen! Für heute genügt dieses vortreffliche und ein weniger gutes Beispiel, wie man mit Pferden umzugehen hat – und nun Abmarsch zu den Stallungen!"

Mit diesem Blitzritt ohne Sattel hatte Engelbert jeden, der dabei war, überzeugt, dass es unter ihnen keinen Reiter gab, der es Engelbert hätte gleichtun können.

*

Im letzten Jahrhundert waren Pferde eher Transportmittel als für einen Reiterkampf ausgebildete Kriegsmaschinen. Offene Feldschlachten mit Reiterheeren gab es, ihres ungewissen Ausgangs wegen, nur selten. In deutschen Landen hatte jahrhundertelang die Reiterschlacht auf dem Lechfeld[72] im Jahre 1255 Anlass dazu geliefert, die Bedeutung der Pferde für den Ausgang einer Schlacht zu überschätzen. Hier waren es ausnahmsweise zwei riesige Reiterheere gewesen, die aufeinandertrafen. Der deutsche König Otto I. erzielte mit einem aus fünf deutschen Gauen stammenden Reiterheer einen vernichtenden Sieg über die zahlenmäßig überlegene ungarische Streitmacht. Die Ungarn waren bisher gewohnt, mit ihren flinken Pferden überall erfolgreiche Beutezüge zu unternehmen. Im Anschluss an ihre erlittene Niederlage stellten die geschlagenen Ungarn ihre kriegerischen Handlungen ein. Sie wurden sesshaft und übernahmen nach und nach die ihnen bisher fremd gewesene abendländische Kultur. Der königliche Heerführer aus dem Sachsenlande hatte mit seinem bedeutenden Sieg die Voraussetzung zu seiner Kaiserkrönung geschaffen. Kämpfendes Fußvolk war bei der Schlacht auf dem Lechfeld nicht beteiligt gewesen.

Alle späteren Kriege wurden zumeist durch Belagerungen entschieden. Gekämpft wurde zu Fuß, da die Reiter den mit langen Spießen bewaffneten Fußtruppen unterlegen waren. Spätestens das Auftreten englischer Langbogenschützen und die Verbreitung der Armbrust hatten die Erkenntnis gebracht, dass Reiter gegen solche Waffen hoffnungslos verloren waren. Die Kampfart der Reiter war nur dort erfolgreich, wenn sie mit Speeren nach ihrem Gegner werfen konnten. Die Wucht, mit der ein Speer traf, und die Geschwindigkeit, die Reiter und Pferd entwickeln konnten, wenn ihr Speer das Ziel verfehlt hatte, waren somit entscheidend für ihr weiteres Schicksal.

---

72 Diese Schlacht fand jedoch nicht, wie oft fälschlich behauptet wird, auf der Schotterebene zwischen Lech und Wertach, sondern am 10. August westlich von Augsburg und am 11. u. 12. August auf dem Ostufer des Lech statt.

Reiterangriff der Tataren auf Liegnitz im Jahre 1241
Miniatur aus der Hedwigslegende vom Jahre 1353
Die mongolischen Reiter tragen das Haupt Herzog Heinrichs II. vor sich her

In deutschen Landen hatte auch die Reiterschlacht auf dem Lechfeld 1255 Anlass dazu gegeben,
die Bedeutung der Pferde für den Ausgang einer Schlacht zu überschätzen. Damals waren es
ausnahmsweise zwei riesige Reiterheere gewesen, die dort aufeinandertrafen.
Der deutsche König Otto I. erzielte mit seinem aus fünf deutschen Gauen stammenden Reiter-
heer einen vernichtenden Sieg über die zahlenmäßg überlegene ungarische Streitmacht.

Im Mittelalter trug ein Ritter zu seinem Schutz ein Kettenhemd, Helm und Schild und als Waffen Lanze, Schwert und Dolch. Unter dem Kettenhemd hatte man ein wattiertes Hemd, den sogenannten Gambeson. Dieser sollte die Wirkung eines feindlichen Schlages oder Stoßes, der die Panzerung nicht durchdrang, abmildern. Eine Panzerkapuze mit weit ausladendem Kragen, die später auch am Helm zu befestigen war, sowie Panzerhandschuhe und Strümpfe vervollständigten die Schutzvorkehrungen eines Ritters. Schließlich kamen auch großflächige metallene Brustpanzer und daraus entwickelte Harnische bei Rittern in Mode.

Die Lanze blieb sehr lange die wichtigste Primärwaffe des Ritters beim Reiterangriff. Wesentliche Voraussetzung für einen gezielten Abwurf der Lanze waren sichere Steigbügel. Wenn der Ritter im Sattel aufstand, konnte er mit der Lanze optimale Wirkung erzielen, vorausgesetzt sie traf das Ziel. Um die Wucht ihres Aufpralls zu verstärken, fehlte es nicht an zahlreichen Versuchen, gegen einen Feind mit immer größeren Lanzen anzurennen. Bei Ritterturnieren konnte diese Art der Stoßverstärkung noch erfolgreich sein. Wehe aber, wenn ein gepanzerter Reiter nach Verlust seiner Hauptangriffswaffe vom Pferd fiel oder mitsamt seiner schweren Rüstung absitzen und sich mit dem Schwert verteidigen musste!

Zu Pferde war es beschwerlich, das Schwert als einhändig geführte Hiebwaffe einzusetzen. Getragen wurde es durchweg auf der linken Seite in einer am Gürtel befestigten Scheide. Vom 13. Jahrhundert an wurde es üblich, ein zweites, besonders schweres Schwert mitzuführen, um es im Kampf zu Fuß mit zwei Händen erfolgreich zu nutzen. Ein mitgeführter Dolch diente oft als versteckte Reservewaffe, wenn der Reiter das Schwert verloren hatte, besonders im engen Kampf Mann gegen Mann.

All diese Varianten der Kampfführung erörterte Gerold van Mehren mit seinen Zöglingen, indem er die unterschiedlichen Waffen und ihre Einsatzmöglichkeit anhand vorgelegter Stücke erklärte. Immer wieder wies er darauf hin, dass entscheidend für das Überleben eines berittenen Kriegers das geschickte Lenken seines Schlachtrosses, die eigene Beweglichkeit im Sattel und eine gewisse Anzahl von Steigbügeltechniken seien. Deshalb hieß es für die heranwachsenden Reiter immer wieder: „Üben, üben und nochmals üben!"

*

Im dritten und vierten Schuljahr nahm die Ausbildung zum erfolgreichen Reiter immer größeren Raum ein. Speerwerfen sowohl aus dem Stand als auch vom kräftig antrabenden Pferd war bei den Schülern recht unterschiedlich entwickelt. Nicht jedem kraftvollen Werfer, der ohne Pferd mit dem Speerwurf größte Weiten erzielt hatte, gelang es, vom Pferderücken aus ebenso erfolgreich zu agieren. Mal fehlte es an der nötigen Kraft, mal an zielgerechter Wurftechnik. Häufig genug wurden die vorgegebenen Ziele verfehlt. „Darum ist eine Gefahrensituation gegeben, in die sich ein Reiter bringen kann. Wenn er ohne seine Primärwaffe dem Gegner den Rücken kehrt, um sich in Sicherheit zu bringen oder sich neu zu bewaffnen, hat er nur geringe Chancen", warnte van Mehren immer wieder. Engelberts erzielte Wurfweiten waren zwar nur durchschnittlich, aber seine Zielwürfe waren fast immer so präzis, dass sich seine Kameraden darüber wunderten. Überraschend war die enorme Wendigkeit, mit der er sich nach jedem Lanzenabwurf in kürzester Zeit dem Nahkampf zu entziehen wusste.

Stallmeister van Mehren hatte diesen Jungen schnell in sein Herz geschlossen. „An ihm werdet Ihr viel Freude haben", hatte er Vater Adolf gesagt, als dieser wissen wollte, wie sich sein Ältester in der Schule mache. „Latein und Kirchengeschichte interessieren ihn fast gar nicht", hatte van Mehren geantwortet. „Zu einem gottesfürchtigen Geistlichen taugt er nicht die Bohne, aber trotz seiner geringen Größe ist er ein sehr erfolgreicher Kämpfer – nicht nur mit der Waffe oder beim Kräftemessen im Ringen, auch wenn es um seine Ehre oder sein vermeintliches Recht beim Streit mit Worten geht. Fragt doch mal Herrn Levold, wie er ihn beurteilt! Auch er ist immer begeistert, wenn er Euren Sohn auf seine Reisen mitnimmt! Dabei hat sich Engelbert oft als erstaunlicher Meister in der Konversation gezeigt!"

Nach gedankenvoller Pause fügte van Mehren hinzu: „Einen Vorschlag hätte ich noch für Euren Engelbert: Verschafft ihm, lieber Graf, bitte ein besseres Pferd! Sein Kuno ist zwar zuverlässig, geduldig und in den Händen Eures Sohnes recht erfolgreich, wann immer es aufs Parieren ankommt. Aber für Turniere und Wettveranstaltungen fehlen diesem Pferd Erfahrung und Eignung. Was haltet Ihr davon, wenn ich Engelbert eines meiner aussichtsreichen Pferde überlasse? Ich möchte ihn so gern für das Geländereiten in Utrecht anmelden, das in einigen Wochen von Johann IV. von Arkel, dem dortigen Bischof, für junge Reiter bis zu fünfundzwanzig Jahren veranstaltet wird." „Wenn Ihr meint", antwortete Graf Adolf, „dann gebt ihm eine Chance! Über den Preis des neuen Pferdes sowie die Pflege- und Unterstellkosten werden wir uns schon einig werden."

Zunächst war Engelbert gar nicht erfreut, seinen treuen Kuno im Stall zurücklassen zu müssen, um künftig vorwiegend mit Arco zu trainieren. Das war ein stämmiger Apfelschimmel mit einem Stockmaß von vierzehn Hand[73]. Arco besaß damit eine erheblich größere Risthöhe als Engelberts bewährter Kuno. Im Vergleich mit den anderen Pferden im fürstbischöflichen Stall besaß Kuno eine durchaus befriedigende Streitrossgröße. Arco kam Engelbert daher

---

73 14 Hand entspricht einem Stockmaß von ca. 1,40 m.

zunächst „unheimlich groß" vor. Aber diese anfängliche Skepsis erwies sich als unbegründet. Schon nach wenigen Tagen hatten sich Reiter und Pferd aneinander gewöhnt. Arco war glücklich, einen leichten, aber enorm aufmerksamen Reiter zu tragen. Arcos robuster und stämmiger Körperbau ließ ihn bei kritischen Betrachtern eher phlegmatisch und zuwartend als lebensvoll und rege erscheinen. Dieser Eindruck änderte sich spontan, sobald Engelbert aufsaß. Der Hengst schien eine neue Chance zu wittern, um seine Geschicklichkeit und seine Ausdauer unter Beweis zu stellen.

Sieggewohnte Reiter

Interne Gelände- und Querfeldeinrennen unter den Domschülern fielen schnell zu Arcos Gunsten aus. Gerold van Mehren bat schließlich auch andere Bereiter, sich mit ihren Pferden bei anstrengenden Hindernisrennen mit dem Duo Engelbert und Arco zu messen. Als ein erfolgreicher Konkurrent und Ratgeber tat sich hierbei der Pferdepfleger Bernard hervor. Nicht etwa Neid oder besonderer Ehrgeiz waren der Grund dafür, dass Bernard mit großer Freude solche oft äußerst anstrengenden Ritte gemeinsam mit dem jungen Märker auf Arco unternahm. Auch Engelberts älterer Schulfreund Bénédict wurde aufgrund hervorragender Reitergebnisse für das in Utrecht stattfindende Querfeldeinrennen mit zweimaligem Überqueren eines Flusslaufes gemeldet. Landstallmeister van Mehren und Pfleger Bernard begleiteten die kleine Reiteréquipe nach Utrecht. Schon am Vortage des Rennens bezogen sie dort Quartier.

In Anwesenheit des Bischofs Johann IV. fand das Pferderennen über sieben Meilen bei herrlichem Herbstwetter statt. Über vierzig junge Reiter hatten die Aufgabe, die verhältnismäßig lange Strecke ohne Abwurf in kürzester Zeit zu bewältigen. Die Startlinie bei Vleuten war ungewöhnlich breit angelegt, damit sich die Reiter nicht allzu früh in die Quere kommen sollten. Der Start erfolgte nach einem Hornsignal, das auf einen Wink des Bischofs hin ertönte.

Die vorgeschriebene Reitstrecke war rechts wie links des Parcours mit rotweißen Fähnchen in den Wappenfarben des Bischof abgesteckt. Sehr eng wurde allerdings die sonst recht breit angelegte Reitschneise bei Harmelen, wo ostwärts der Ansiedlung der Oude Rijn, ein alter Rheinarm, gleich zweimal überwunden werden musste. Hier, bei Eintritt und Verlassen der recht kühlen Fluten des Oude Rijn teilte sich der bisher geschlossene Schwarm der Reiter. Einige versuchten, sich Vorteile durch Ausschwärmen innerhalb des Flusses in Richtung West oder Ost zu verschaffen. Sie bemerkten aber zu spät die außergewöhnlich eng ausgeflaggte Reitroute an der gegenüberliegenden Uferzone. Nur innerhalb dieser etwa einhundert Schritte messenden Strecke durften die

Reiter wieder an Land gehen. Im Wasser des Rijn führte dies zu gegenseitigen Behinderungen der Reiter. Sie hatten ausschließlich zwischen den rotweißen Fähnchen das verhältnismäßig hohe Ufer zu überwinden. Nach weiteren zwei Meilen war das andere Ufer erneut, und zwar diesmal in nördlicher Richtung zu erreichen.

Engelbert und Bénédict gehörten schon früh zur führenden Spitzengruppe der Reiter. Sie trieben ihre Pferde mit lauter Stimme und heftigen Gertenschlägen an. Im Endspurt hieß es, schneller zu bleiben als zwei weitere Wettbewerber, die ihnen dicht auf den Fersen waren. Als Engelbert sich nach wenigen Minuten in schnellstem Galopp umzusehen wagte, weil er keinen Reiter mehr vor sich sehen konnte, nahm er nur Bénédict kurz hinter sich wahr. Die anderen waren zurückgefallen. Doch plötzlich, weniger als einhundert Schritt vor der Ziellinie, ließ Arco spürbar im Tempo nach. Er schien fast straucheln zu müssen, raffte sich aber wieder auf. Schon war Bénédict vorbei. Engelbert hörte das lebhafte Bravorufen und Händeklatschen der Tribünengäste. Das galt aber nicht ihm, sondern Bénédict. Er hatte den ersten Preis errungen. Engelbert blieb nur der zweite Platz. Beim Absatteln entdeckte er, was den Lauf seines Arco gehemmt hatte. Ihm fehlte ein Hufeisen an der linken Hinterhand.

Tröstend empfand es Engelbert schon, dass ausgerechnet sein Freund gesiegt hatte. Ihm selbst blieb die Verpflichtung, vor dem nächsten Rennen besser auf die Hufe seines Pferdes zu achten. Vielleicht würde er dann, wie jetzt Bénédict, ein silbernes Tablett als Zeichen des Sieges entgegennehmen können. Doch auch der zweite Preis, ein Brabanter Wandbehang mit eingewebten Reitern, stimmte Engelbert versöhnlich. Er würde damit seine Stube im Schulhaus schmücken.

*

Man sagt, wer einmal Blut geleckt habe, der könne nicht davon ablassen, es immer wieder zu tun. Vergleichsweise könnte man von einmal erfolgreich gewesenen Reitern sprechen, die voller Passion auf jede Gelegenheit warten, sich erneut mit starken Konkurrenten messen zu können, um auf dem Rücken ihrer Pferde das Glück ihres Lebens zu suchen.

Diese Wunschvorstellung war allen eigen, die den Vorzug hatten, von einem so fähigen Reitlehrer angeleitet zu werden, wie es Gerold van Mehren war. Bénédict und Engelbert waren inzwischen unzertrennliche Freunde geworden. Sobald sie aber auf ihren Pferden saßen, packte sie ein nicht unterdrückbarer Ehrgeiz, besser zu reiten als jeder andere.

Eine Woche nach dem Utrechter Rennen fand ein weiteres Querfeldeinrennen in Namur statt. Es war jene Stadt, wo die von Westen kommende Sambre in die aus Süden fließende Maas einmündet. „Natürlich geht ihr dorthin", bekräftigte van Mehren die Bitte der bereits mit tiefer gewordener Stimme ihren Wunsch vortragenden Reiterkameraden. Aber diese Reitveranstaltung kannte keine altersmäßige Begrenzung der Teilnehmer. Sie war auch nur für solche Reiter offen, die zuvor das nicht geringe Startgeld hinterlegt hatten. „Wir treffen mal eine ernst gemeinte Verabredung", sagte van Mehren. „Wenn ihr unter den zehn Besten sein solltet, braucht ihr mir das von mir für euren Start verauslagte Startgeld nicht zurückzugeben. Diesmal werden wohl doppelt so viele Reiter an den Start gehen wie in Utrecht." Ein großartiges Angebot für eine recht schwierige Aufgabe! Begeistert bedankten sich beide Jungen bei ihrem Gönner.

Diesmal schien die Sonne am Wettkampftage nicht. Es herrschte trüber Nieselregen, der die Stimmung der Reiter sichtlich niederdrückte. Als aber das Startsignal für die mehr als achtzig teilnehmenden Reiter ertönte, hatten alle das unfreundliche Wetter vergessen. Jetzt hieß es nur zu reiten, und zwar so schnell wie möglich, um die diesmal zehn Meilen lange Strecke trotz der vielen in den Weg gestellten Hindernisse in kürzester Zeit hinter sich zu bringen. Selbst ein heftiger Regenschauer war nicht in der Lage, die beiden Lütticher Reiter in ihrem Eifer zu bremsen. Es war ein ungewohnt großes Aufkommen vieler erfahrener Bewerber, die hier um Sieg und Ehre kämpfen wollten.

Bénédict und Engelbert hatten, weil sie wieder von Anfang an zur Spitzengruppe gehörten, nicht bemerkt, dass etwa ein Dutzend Reiter, das bei einem nur schwer zu überspringenden Holzstapel gestürzt oder aus der Bahn geraten war, vorzeitig aufgegeben hatte. Wieder bestand die Aufgabe darin, einen Fluss, diesmal die Sambre, zweimal zu durchqueren. Weil manche Reiter davor große Scheu hatten, dezimierte sich das Teilnehmerfeld erneut. Für die beiden Jungreiter gab es allerdings nichts, was sie hätte aufhalten können. Pudelnass hielten sie sich bis zum Schluss an der Tête. Nur ein einziger Reiter war etwa zehn Pferdelängen vor ihnen über die Ziellinie geritten. Es war der Graf von Cuyk[74]. Die Siegzeremonie mit dem durchnässten Bläserkorps fiel recht kläglich aus. Ein britischer Earl stand diesmal an der Spitze des Festkomitees, was sich für den Ablauf der Siegerehrung nachteilig auswirkte, denn er zog es vor, nur englisch zu sprechen. Den beiden Lütticher Jungen war es allerdings nur wichtig, zu jenen Siegern zu zählen, die neben dem Grafen von Cuyk auf den Stufen des Siegerpodestes die Silberbecher in Empfang nehmen durften. Diesmal errang Bénédict den zweiten, Engelbert den dritten Preis.

Als Bischof Adolf von den reiterlichen Erfolgen der beiden Domschüler gehört hatte, ließ er sie zu sich kommen, um ihnen persönlich zu gratulieren. „Ihr habt die Ehre unserer Domschule gerettet. Dafür danke ich euch", hatte er gesagt und jedem zehn Goldgulden als Belohnung übergeben.

74 ausgesprochen Keuk. In seine Satteldecke waren viele Amseln eingewebt. Seit vielen Jahren galt er als erfolgreicher Reiter und wurde deshalb gern zu Turnieren eingeladen.

„Dann können wir unserem Stallmeister auch das verauslagte Startgeld zurückgeben", erklärte Engelbert, ohne allerdings zuvor mit seinem Freund gesprochen zu haben.

„Gut, dass ich das erfahre", meinte Fürstbischof Adolf, „das werde ich mit Herrn van Mehren selbst regeln. Auch für ihn halte ich eine kleine Anerkennung bereit." Überglücklich zogen die Beschenkten in ihr Quartier. Wann würde wohl das nächste Rennen sein? –

*

Bischof Adolf hatte danach ein langes Gespräch mit seinem Stallmeister. Sein Plan war, im nächsten Herbst eine groß angelegte Fuchsjagd für reitbegeisterte Bewohner seines Bistums auszurichten. Terminwahl, Besetzung des Festkomitees, Schiedsrichter, Bewirtung, Preisgelder und Ehrenpreise – all das verlangte eine gute Vorbereitung. Gerold van Mehren war der geeignete Mann, dies alles mit Routine und echter Begeisterung in die Wege zu leiten.

Jagdrennen
Stahlstich eines unbekannten Stechers aus England. Jagdrennen führen über zahlreiche feste
Hindernisse auf einer oft sehr langen, bis zu 6800 m festgelegten Strecke über Gräben, Wälle mit
Hecken und Mauern hinweg, die mindestens 1,30 m hoch übersprungen werden müssen.
Hierfür eignet sich besonders der Pferdetyp ,Steepler'.
Bekanntestes Jagdrennen ist das ,Grand National Steeplechase', das schwerste Hindernisrennen
der Welt, das seit 1839 bei Liverpool ausgetragen wird.

IV. Die Lütticher Domschüler

Beim Herzog von Brabant

Fürstbischof Adolf hatte am Vormittag eines kalten Märztages im Jahre 1341 Levold von Northof, Gerold van Mehren und seinen Neffen Adolf II. von der Mark für elf Uhr in sein Arbeitszimmer rufen lassen. Nur van Mehren und Adolf II. von der Mark waren erschienen.

„Wo ist Herr Levold?", wollte der Bischof Adolf vom ausgesandten Boten wissen. „Warum kommt er nicht?"

„Herr Levold weilt doch seit Wochen wieder im märkischen Süderland auf seinen Besitzungen in Dresel. Er kümmert sich dort um seine Fischweiher und den Ausbau seiner Häuser an der Lenne."

„Ja, das hatte ich vergessen, doch ich habe den Eindruck, als weiche er mir schon seit Monaten aus."

Jetzt traten die beiden anderen Gerufenen ein. „Hier, lest selbst! Der Herzog von Brabant schickte mir heute Morgen diesen Brief. Soll das ein Friedensangebot sein oder ist es, was ich eher vermute, eine erneute Unverschämtheit dieses streitsüchtigen Herrn, der sich frech mit dem Herzogtitel schmückt? Seit sein Bruder Karl IV. deutscher König ist, erlaubt sich der selbst ernannte Brabanter Herzog eine Dreistigkeit nach der anderen." Van Mehren nahm das Sendschreiben in die Hand und überflog es.

„Löwener Reitertag zu Quasimodo, also am 1. Sonntag nach Ostern noch in diesem Jahre. Und Ihr, Exzellenz, werdet vom Löwener Herzog Johann III.[75] dazu eingeladen?"

„Ja, fahre nur fort! Jetzt kommt das Unglaubliche!" Van Mehren traute seinen eigenen Augen nicht, als er laut weiterlas: „... dieweil wir beide bestrebt sein sollten, als Hüter des Friedens in unseren Ländern künftig freundschaftlichen Umgang miteinander zu pflegen, um damit unseren liebwerten Freunden und Verwandten ein gutes Beispiel vertrauenswürdigen Verstehens zu geben, bitte ich Euch, auch Euren hochgeschätzten Neffen, den Grafen Adolf von der Mark, und dessen Sohn Engelbert mitzubringen."

„Eine glatte Unverschämtheit!", warf Graf Adolf ein. „Dieser raffgierige Despot hat seit gut dreißig Jahren mehr als hundert Fehden begonnen. Er hat Eure Stadt Mechelen an sich gerissen und die Grafschaft Looz in zehnjährigem Ringen mal von Dietrich von Heinsberg, mal von Euch, werte Exzellenz, gefordert. Er hat mit jedem seiner Nachbarn Streit angefangen. Am Ende hat er sein Herrschaftsgebiet Schritt für Schritt vergrößern können, um die unbestrit-

---

75 Johann III. war bereits 1312 Chef des Löwener Grafenhauses. Er nannte sich seit 1332 Herzog von Brabant.

tene Vormachtstellung im gesamten Lande Brabant zu erreichen. Dabei weiß er genau, dass die Grafen von der Mark und von Berg noch nie auf seiner Seite gestanden haben!"

„Das ist es ja!", antwortete der Fürstbischof, „jetzt streckt er sogar seine Hand aus, um deinen Sohn Engelbert in den Griff zu bekommen. Er weist sogar ausdrücklich auf dessen Reiterfolge hin, um ihn zu seinem Löwener Reitertag zu locken. Ich kann dieser Einladung nicht Folge leisten, will es auch nicht. Am gleichen Tage – und das weiß dieser alte Fuchs aus Löwen bestimmt – findet eine Bischofskonferenz in Trier statt. Mein Kommen habe ich bereits zugesagt, ebenso die Bischöfe von Verdun, Utrecht und Cambrai. Sogar der Kölner Erzbischof Walram, ein ehemals Lütticher Graf, wird kommen. Wir wollen uns darüber klar werden, wie wir uns gegenüber dem neuen König Karl IV. verhalten sollten." Er sah den Grafen Adolf an, augenscheinlich um ihn nach Löwen zu entsenden.

„Auch ich, Eure Exzellenz, kann nicht mitkommen", erklärte dieser. „Meine arme Frau ist sehr krank, und äußerst dringlich wird, dass ich mich um die jüngeren Geschwister Engelberts kümmere. Ich bin gerade dabei, die ganze Familie nach Kleve zu bitten. Dort will sich Graf Dietrich um seine Tochter und unsere Kinder kümmern. Gerade erhielt ich von einem Boten Levolds die Nachricht, dass ich unverzüglich zum Schwarzenberg kommen möge."
„Dann wisst Ihr, lieber van Mehren, was zu tun ist. Ihr reitet mit Engelbert und anderen geeigneten Domschülern nach Löwen, zeigt, was Ihr könnt und achtet sehr genau darauf, was Herzog Johann mit Engelbert vorhat. Eine totale Absage können wir nicht riskieren. Das nähme uns nicht nur der Brabanter Herzog übel. Ich erwarte, dass Ihr mit guten Erfolgen zurückkehrt!"

Seit jenem Gespräch übte sich die „Reiterelite der Domschule" täglich im Lanzenreiten, um damit aus vollem Lauf bunte Kränze aufzuspießen. Auch Hindernisrennen mit immer schwieriger zu überspringenden Oxern, Steinmauern, Wasserflächen und Holzhaufen forderten den Reitern wie ihren Pferden Tag für Tag äußersten Einsatz ab. Leider ereignete sich ein unschöner Zwischenfall.

Guillaume van Tongeren, der feine Pinkel der Domschule, hatte dazu Anlass gegeben. Sein Pferd hatte ihn abgeworfen. Der Spott seiner Kameraden war nicht zu überhören gewesen. Guillaume verstieg sich daraufhin zu bösartigen Äußerungen, die nicht nur für sein Pferd, sondern für alle Pferde gelten sollten. „Blöde Mähren, was soll eigentlich das Herumgehopse auf euch? Ihr gehört zum Abdecker gebracht!" Engelbert hatte das gehört und fragte nach:
„Willst du damit sagen, dass Pferde dumm sind, sogar immer dämlich bleiben, oder hast du dich selbst als den Dümmsten unter den Reitern gefühlt? Dein

Hengst ist ein wundervoll geformtes Tier, schön und anmutig wie eine Gazelle. Du aber sitzt darauf wie ein unglückliches Etwas. Statt selbst reiten zu lernen, gibst du deinem Pferd die Schuld an deinen Misserfolgen. Schande über dich, dass du solch ein edles Tier, das Anmut, Schönheit, Kraft und Freiheitswillen verkörpert, beleidigst!"

„Ach, lass dein geschwollenes Reden, du kleiner Gernegroß! Pferde, die nicht taugen, gehören eben zum Abdecker, sonst sind sie zu nichts zu gebrauchen. Du hast ja keine Ahnung, wie blöd solche Zossen sein können. Pferde haben kein bisschen Verstand. Da redest du von Kraft und Freiheitsgefühlen. Pferde sind nichts weiter als Sachen, die man verkaufen oder wegwerfen sollte, wenn sie zu nichts mehr taugen! Mach dich aus dem Staub, du winziges Vorzeigereiterlein!"

Das ging Engelbert nun wirklich zu weit. Er packte seinen mehr als einen Kopf größeren Widersacher beim Schopf und trat ihn mit Wucht vor das Schienbein, dass er laut aufschrie. Doch dann griff Guillaume zum Messer, um Engelbert zu zeigen, wer der Überlegene von ihnen sei. Er kam aber nur in letzter Sekunde dazu, es aus der Scheide zu ziehen. Flink, wie es Monsieur François gelehrt hatte, stellte Engelbert Guillaume ein Bein, drückte den Stolpernden zu Boden und drehte ihn in Sekundenschnelle auf den Rücken. „Bravo, Schultersieg!" riefen die Umstehenden. „Gib ihm Saures, er hat's verdient!" Engelbert saß rittlings auf seinem Gegner und hielt Guillaumes Messer hoch, das er geschickt entwendet hatte, als Stallmeister van Mehren hinzutrat. Laut rief er: „Ende! Sofort aufstehen, ihr Raufbolde! Das wird ein Nachspiel haben. Solche Attacken dulde ich nicht. Wer sich prügelt, bleibt hier. Den können wir in Löwen keinesfalls gebrauchen!" Damit schien der Traum von einem möglichen Sieg in Löwen für beide Jungen ausgeträumt. Sie durften von nun an nicht an den Trainingsnachmittagen unter van Mehrens Leitung teilnehmen, sondern mussten einen Aufsatz schreiben mit dem Thema „Wie sollte sich ein Reiter seinem Pferd gegenüber verhalten?" –

*

„Wollt Ihr denn gar nicht wissen, wie diese Rauferei entstanden ist?", fragte eine Woche später Bénédict den Stallmeister. „Euer Verhalten war zwar konsequent, aber konsequent falsch! Wir alle hatten Euch bisher für klüger gehalten!" Ehe van Mehren antworten konnte, hatte sich Bénédict schon abgewandt. Van Mehren wusste nicht, ob er den Jungen zurechtweisen oder um weitere Auskunft bitten sollte. Der Stallmeister ging wortlos beiseite. In seinem Inneren kochte es. Hatte er vorschnell entschieden? Durfte man miteinander Streitende immer gleich behandeln? Tagelang war er, mit sich selbst unzufrieden, umhergelaufen, bis er die Aufsätze der Zurechtgewiesenen gelesen hatte.

Guillaume hatte geschrieben: „Ein Reiter hat sich immer so gut oder schlecht zu seinem Pferd zu verhalten, wie sich das Pferd gegenüber dem Reiter benimmt.

Pariert das Pferd nicht, muss es durch geeignete Strafen mit aller Deutlichkeit darauf hingewiesen werden, dass allein der Reiter bestimmt, was das Pferd zu tun oder zu lassen hat. Pferde sind ersetzbar, schließlich bieten viele Reiterhöfe und Händler genügend Auswahl an, damit jeder Reiter das für ihn Geeignete bekommt." Van Mehren ließ das Blatt sinken. Es lohnte sich für ihn nicht weiterzulesen. Auch die Gene eines Pferdehändlers schienen sich hartnäckig weiterzuvererben.

Engelberts Niederschrift klang ganz anders. Er hatte eine Art Lobgesang für das Pferd angestimmt, indem er behauptete: „Die Pferde sind gewiss manchmal klüger als die Menschen. Drüber hinaus sind sie treu, wenn sich der Reiter ihrer Treue würdig erweist. Ein Pferd ist ein göttliches Wesen. Es opfert sogar sein eigenes Sein, indem es dem Reiter zuliebe seinen eigenen Willen aufgibt und nur dessen Befehlen zu folgen bereit ist. Diese Opferbereitschaft muss ein guter Reiter, erst recht der Besitzer eines Pferdes, erkennen und immer zu honorieren wissen."

Beim nächsten Absatz musste van Mehren schmunzeln. „Pferde können sogar wundervolle Musik machen. Es sind die Melodien ihres Hufschlags, die Pferde wie Reiter vernehmen, wenn sie nach erfolgreichem Ritt zufrieden mit Gott und der Welt in ihren Stall heimkehren."

Gleich am nächsten Morgen verkündete van Mehren: „Ab heute nehmen alle Schüler wieder am Training für Löwen teil!" Bénédict und Engelbert warfen sich verständnisvolle Blicke zu. Der Stallmeister hatte seine Lektion begriffen!

Der Löwener Reitertag stellte den Domschülern drei verschiedene Aufgaben. Zunächst galt es, die gesamte Équipe wirkungsvoll vorzustellen. Das geschah beim zweifachen Umrunden des Reitplatzes in geschlossener Formation. Van Mehren hatte seinem Dutzend junger Reiter schmucke schwarze Reiterhüte mit Fasanenfedern besorgt. Seine Mannschaft nahm sie, als sie vor der Ehrentribüne angelangt war, auf sein Kommando vom Kopf, um den Schirmherrn des Reitertages, den Herzog von Brabant, zu grüßen. Der erste Beifall war den Jungen damit gesichert. Wieder ordnungsgemäß behütet, wendeten sie nach Umrunden des Turnierplatzes ihre Pferde und galoppierten so schnell es ging wieder am Herzog vorbei, indem sie nun fröhlich ihre Hüte schwenkten und den Zuschauern zuwinkten, um sich, blitzschnell hinter einer Baumkulisse verschwindend, unsichtbar zu machen. Etliche andere Reitergruppen folgten mit ihren Pferden, keine aber so munter und fröhlich wie die der Lütticher.

Nach dieser Vorstellung gab es den ersten Wettkampf, der sowohl Einzel- als auch Gruppenwertung der jeweils sechs besten Reiter einer jeden Gruppe einschloss. Die Aufgabe eines jeden Reiters bestand darin, möglichst viele bunte

Blumenkränze, die an den Bäumen seitlich des Parcours aufgehängt waren, mit der Lanze aufzuspießen und damit in knapp bemessener Zeit wieder am Start- und Zielplatz einzutreffen. Diesmal machte des Herzogs Reitertruppe den Anfang mit sechs Reitern, die insgesamt zwanzig Kränze innerhalb von drei Minuten erbeuteten. Van Mehrens Reitschüler waren als letzte an der Reihe, nachdem zuvor keine der neun anderen Gruppen mehr als zwanzig Kränze hatte erringen können. Zwar hatten einige Reiter bis zu fünf Kränze aufgespießt, doch wurden ihre Bemühungen nicht voll anerkannt, da sie die vorgeschriebene Zeit überschritten hatten. „Aus den Fehlern anderer lernen!" Dazu hatte van Mehren seine Jungen schon früher immer aufgefordert. Jetzt kamen sie an die Reihe. Der gemeinsame Start hatte zuvor schon manchen Zusammenstoß zur Folge gehabt. Deshalb hatte van Mehren angeordnet, dass alle Reiter von An- fang an auf genügend Abstand zu achten hätten. Die außen Startenden sollten lieber bogenförmig nach den Flanken zu antraben, als benachbarte Reiter zu behindern. Dieser Ratschlag erwies sich insofern als lohnend, weil die jeweils außen Reitenden einen besseren Überblick über die seitwärts der Bäume aufge- hängten Kränze bekamen. „Nie mehr als drei, höchstens aber vier Kränze auf- spießen", riet van Mehren, „sonst kommt ihr in Zeitverzug!" Das beherzigten alle seine zehn Teilnehmer. Der Erfolg hatte van Mehren Recht gegeben. Sieben der Lütticher Reiter brachten drei, einer vier, einer fünf und Engelbert gar sechs Kränze heim. Da nur die sechs erfolgreichsten Reiter gewertet wurden, ergab die stolze Bilanz für die Lütticher vierundzwanzig Kränze, was eindeutig deren Sieg bedeutete. Die Außenreiter Engelbert und Bénédict waren mit fünf und sechs Kränzen am erfolgreichsten gewesen.

Höhepunkt war am Sonntagnachmittag das Hindernisrennen, bei dem es nur Einzelwertungen gab. Jeweils drei Reiter aus den zuvor vorgestellten Gruppen wurden gemeinsam gestartet. Die ausgeflaggte Strecke maß zehn Meilen und enthielt zwanzig zu überwindende Hindernisse. An jedem Hindernis waren drei Gutachter postiert, die Abwürfe, verbotenes Umgehen von Hindernissen, Verweigerungen und Fehltritte in künstlich geschaffene Wassergräben zu be- obachten und zu bewerten hatten. Bei achtundvierzig Teilnehmern und Starts mit einem zeitlichen Abstand von jeweils fünf Minuten zog sich der Wettkampf über fünf Stunden hin, bis das Ergebnis feststand. Van Mehren konnte zufrie- den sein. Seine Mannschaft stellte mit dem ersten, dritten und siebenten Sieger die erfolgreichste des Tages. Erster war Engelbert von der Mark, Dritter war Bénédict van Mechelen und Siebenter Guillaume van Tongeren. Die Mann- schaft erhielt den ersten Mannschaftsrang, den ebenbürtigen zweiten Rang erstritt die Kavallerie des Herzogs. Sie stellte den zweiten, vierten und neunten Sieger. Einen dritten Rang erwarben die Reiter aus der nordbrabanter Haupt- stadt Hertogenbosch. Das waren sehr selbstbewusste Männer, die sich vorge- nommen hatten, dem Herzog von Brabant zu zeigen, dass er das Sagen nur über den belgischen Teil der Gesamtfläche Brabants, nämlich den flandrischen

Bereich um Löwen, hätte. Ihre besonders langen Lanzen waren mit flämischen Fähnchen geschmückt, als sie zur Siegerehrung aufgerufen wurden.

Es gab persönliche Ehrungen und Mannschaftspreise. Herzog Johann ließ es sich nicht nehmen, jeden der Einzelsieger persönlich zu beglückwünschen. Siegreiche Pferde erhielten fähnchengeschmückte Kokarden, auszuzeichnende Reiter wertvolle Sachpreise. Den Hauptpreis in Form einer wertvollen Bildwirkerei in der Größe eines Bettlakens durfte Engelbert in Empfang nehmen. Sie war in eine riesige Rolle eingepackt, die Engelbert erst nach seiner Heimkehr in Lüttich ausbreiten und bewundern konnte. Es handelte sich um eine großartige Darstellung des Sagenhelden Lohengrin aus dem Gralskreis. Die Tapisserie zeigte diesen Sohn des Parzival samt einem von einem Schwan gezogenen Schiff. Lohengrin war der Sage nach auf Geheiß des Königs Artus der bedrängten Herzogin Elsa von Brabant zu Hilfe geeilt. Er konnte sie schließlich sogar als seine geliebte Frau in seine Arme schließen. Doch dauerte die glückliche Ehe der beiden Liebenden nicht lange. Elsa hatte es nicht unterlassen können, die streng verbotene Frage nach der Herkunft ihres Gatten zu stellen. Auf Leinengrund stellte dieses Webkunstwerk die meisterhafte Arbeit einer Brüsseler oder Löwener Bildwirkerwerkstatt dar. Seit dem Ende des 13. Jahrhunderts gab es im französischen Angers sowie in den flandrischen Städten Arras, Tournai und Brüssel solche Bildteppiche. In bisher nie gekannter Farbigkeit stellten sie oft ganze Zyklen historischer oder sagenhafter Begebenheiten dar und schmückten die Mauern von Kirchen und Burgen, Schlössern und Festräumen.

Bei der Preisvergabe bat der Herzog den jungen Sieger, ihn noch am Abend in seinem Palais zu besuchen, wenn er wolle, auch mit seinem Vater oder einem anderen Vertrauten. Gern sagte Engelbert zu, denn er wusste sich dabei des Beistandes von Gerold van Mehren sicher. Schon dunkelte es, als sie die breiten Stufen des herzoglichen Palais betraten, um dem Herzog im Obergeschoss seiner Residenz ihre Reverenz zu erweisen. Sie hatten die Treppe noch nicht ganz hinter sich gelassen, da ging schon die schwere Eichentür zum Prunksalon auf. Johann III. Herzog von Lothringen, Brabant und Limburg, trat galant den Geladenen entgegen. „Euch, Graf Engelbert von der Mark, empfange ich mit besonderer Freude", begann der Herzog das Gespräch. „Wir, lieber van Mehren, kennen uns ja schon lange, nicht wahr, haben schon vor vielen Jahren unsere Kräfte messen können, als Ihr mich in Diensten des Grafen von Luxemburg daran hindern wolltet, die Stadt Mechelen in Besitz zu nehmen. Aber das war vergebliche Liebesmühe Eurerseits! Heute gibt es nur einen, der im Gebiet zwischen Maas und Schelde zu sagen hat, und das bin ich!" Damit war aus des Herzogs Sicht alles Notwendige gesagt. Van Mehren wusste, dass er zu schweigen hatte. Jegliche Erwiderung würde einen Zornesausbruch des Herzogs hervorrufen können. So schwieg er, war aber ein umso aufmerksamerer Zuhörer für das vom Herzog erbetene Gespräch mit dem jungen Märker.

„Wenn Eure Durchlaucht gestattet", begann Engelbert, „so möchte ich Euch hier nochmals meinen Dank aussprechen für den großartigen Verlauf der heutigen Reiterwettkämpfe. Ich bin zwar noch sehr jung, doch glaube ich nicht, dass es für eine solche Veranstaltung eine Steigerungsmöglichkeit gibt. Auch die Bildwerkerarbeit, die ich als Preis von Euch erhalten habe, macht mich glücklich und stolz."

„Stolz zu sein, hat nur der ein Recht, der Außergewöhnliches geleistet hat", antwortete der Herzog, „und Ihr habt Erstaunliches geleistet! Gleich zweimal siegreich im Kranzstechen wie im Hindernisrennen zu sein, das nenne ich brillant! Klappt's denn in der Schule auch in anderen Disziplinen so gut wie beim Reiten?"

„Ich bin recht zufrieden, Durchlaucht, wenn auch nicht überall. Wäre ich es restlos, würde ich wohl die falsche Schule besuchen! Aber darf auch ich Euch etwas fragen?"

„Nur zu, ich bin es gewohnt, jedem die ihm gebührende Antwort zu geben."

„Wie kommt es eigentlich, dass Ihr so viele Fehden geführt und so viele Menschen damit unglücklich gemacht habt? Ist es Besitzstreben oder wolltet Ihr Eure Macht gegenüber jedermann beweisen?"

„Das – ich muss schon sagen – hat mich noch keiner zu fragen gewagt! Ihr wollt Gründe für mein Handeln hören?" Der Herzog schien empört zu sein. Vielleicht war es die unerwartete Erregung, die ihn jetzt in französischer Sprache fortfahren ließ. „La raison du plus fort est toujours la meilleur. Toute la vie est un combat, et c'est moi, qui combatte avec plaisir! Chacun est intelligible l'artian de sa propre fortune!"[76] Der Herzog war augenscheinlich bemüht, dem Ton seiner Entgegnung nun die Schärfe zu nehmen. Er wechselte wieder ins Deutsche. „Aber ich wollte Euch, künftiger Graf von der Mark, ein außergewöhnliches Angebot machen: Tretet in meine Dienste als Instrukteur meiner jungen Kavallerietruppe! Ich weiß, Ihr könnt reiten, kämpfen und Euer Wort machen. Sagt mir einen Preis, und wir sind uns sofort einig. Sagen wir zweihundert Golddukaten im Monat oder zahlt Euch der Bischof von Lüttich mehr?" Dieses Angebot lockte Engelbert schon, doch gab es für ihn ein anderes Ziel, als fremden Herren für viel Geld zu dienen.

„Euer Angebot, hochverehrte Durchlaucht, ehrt mich sehr, aber ich sehe nicht die Notwendigkeit, es anzunehmen. Meine zukünftige Aufgabe ist es, die Grafschaft Mark zu einem Staatsgebilde zu machen, wie auch Ihr es in Brabant mit so großem Erfolg bestrebt seid. Dafür bewundere ich Euch."

„J'ai ri, me voilà desarmé, pardon – ich will sagen – Eure Antwort lässt mich lachen und ich bin entwaffnet. Dann macht es gut, liebe Freunde. Ich wünsche

76 Der Stärkere hat stets die besseren Gründe für sein Handeln.
     Das ganze Leben ist ein Kampf, und ich selbst kämpfe eben mit Vergnügen.
     Jeder ist verständlicherweise seines Glückes Schmied!

euch eine gute Heimreise!" Mit diesem Wunsch des Herzogs war die Audienz beendet. Stallmeister van Mehren kehrte mit seinem erfolgreichen Jungen nach diesem Gespräch beglückt heim. Er überlegte, was er dem Fürstbischof berichten solle. „Engelbert ist nicht nur ein exzellenter Reiter. Er erwies sich in Löwen ebenso erfolgreich als Diplomat!"

Das Prunkschwert

„Erst richtig ausschlafen, dann früh am Morgen zurück nach Lüttich!" Das war die Devise, die Stallmeister van Mehren zunächst ausgegeben hatte, nachdem seine Truppe im Quartier der Équipe eingetroffen war. „Jetzt hast du einen überheblichen, aufgeblasenen Despoten kennengelernt", verriet er seinem jugendlichen Begleiter, als sie das Herzogpalais hinter sich hatten. „Mein Kompliment für deine Gesprächsführung! Das hätte kein anderer so galant und doch so souverän geschafft, lieber Engelbert." Dann wandte er sich an seine Reitergruppe. „Jetzt esst und trinkt, was ihr mögt. Ich gebe euch frei, wenn alle Pferde versorgt sind. Wenn jedoch die Turmuhren zehnmal schlagen, ist das euer Signal zum Zubettgehen. Wir sollten uns diese Zeit gönnen, denn einhundert römische Meilen oder mehr bis Lüttich können wir ohnehin heute nicht mehr hinter uns bringen. Es genügt durchaus, wenn wir morgen Abend in Lüttich eintreffen. Bis dahin wissen unsere Mitbürger gewiss auch, dass wir als Sieger aus Löwen heimkehren. Dort haben sie also genügend Zeit, die Fahnen herauszuhängen.

Vielleicht lässt der Bischof sogar die Glocken von St. Lambertus läuten, doch da fällt mir ein, er ist ja in diesen Tagen in Trier. – Was haltet ihr davon, wenn wir noch zwei Tage dranhängen? Zunächst sehen wir uns Löwen, oder wie es hier heißt, Louvain, die Hauptstadt des Herzogs Johann III. von Brabant[77], etwas genauer an. Ihr habt bisher ja nur den Reitplatz und die Ställe gesehen. Diese Stadt ist voller Geheimnisse. Neben mehreren Abteien und Klöstern gibt es hier viele „Beguinages". Das sind selbstständige, von Mauern umschlossene Wohnbereiche jener selbstlos wirkenden Laienschwestern jeden Alters, die sich wohltätiges Wirken zur Lebensaufgabe gemacht haben. Diese Beginenhöfe besitzen fast ausnahmslos eigene Kirchen oder Kapellen und liegen inmitten der Stadt. Trotzdem sind sie jeweils eine Art eigenes Dorf mit ihren gepflasterten Gassen. Ihre Backsteinbauten sind oftmals sogar von Kanälen umschlossen. So etwas haben wir in Lüttich nicht! Aber dann soll es in die reichen flandrischen Regionen gehen! Die möchte ich euch gern einmal zeigen!"

So kam es, dass der Aufbruch am nächsten Morgen nicht nach Süden, sondern nach Westen erfolgte. Die siegreiche Reiterjugend Lüttichs freute sich auf eine fünftägige Reise durch Flandern. So lernten sie Städte wie Courtrai, Menin,

---

77 Johann III. regierte dort zunächst als 14-Jähriger von 1312 bis zum 5. Dez. 1355.

Ypern und Tournai kennen, alles Orte mit viel Handel, selbstbewussten Bürgern und Bauten, die von ihrem Reichtum Zeugnis ablegten.

Engelbert war vor allem von zwei imponierenden Bauwerken begeistert. Im westflandrischen Ypern war es die fast einhundert Doppelschritt lange Fassade der berühmten Tuchhalle mit ihrem gewaltigen Steildach und einem monumentalen Glockenturm. In Aalst bestaunten sie die reich gegliederte Fassade des viergeschossigen Rathauses. Ein imposantes Erscheinungsbild! Es besaß vier runde, oben spitz zulaufende Ecktürme an den Schmalseiten der Treppengiebel. Reich verzierte Fensterreihen und schwungvoll gestaltete Bögen, die von kräftigen Säulen mit Knospenkapitellen getragen wurden, gaben dem damals etwa einhundert Jahre alten Bauwerk etwas Burgartiges. Ja, es war wohl auch eine echte Bürgerburg! So etwas mochte Engelbert auch einmal sein eigen nennen!

*

Als sie am Freitagabend wieder glücklich in Lüttich angekommen waren, fehlte das von Engelbert erwartete Glockengeläut zur Begrüßung. Dennoch blieben alle Reiter begeistert von dem, was sie erlebt und gesehen hatten. Sie konnten nicht genug davon erzählen. Diese Fahrt blieb lebenslang ein unvergleichlicher Höhepunkt ihrer goldenen Jugend, der „jeunesse doré".

Gerold van Mehren und Engelbert fanden beim Betreten ihrer Quartiere eine offizielle Einladung des Fürstbischofs Adolf vor. Sie wurden gebeten, sich am kommenden Sonntag Miseri Domini gleich nach der Messe in der Residenz des Bischofs einzufinden. Mehr stand da nicht. War seine Exzellenz etwa verstimmt über die eigenmächtig von Gerold van Mehren verfügte Reisewoche seiner Truppe nach Westflandern? Wusste der Bischof vielleicht noch gar nichts vom großartigen Abschneiden seiner jungen Reiter in der Hauptstadt des ungeliebten Herzogs von Brabant?

Als die beiden Heimkehrer am Sonntag zum Gottesdienst gingen, fiel ihnen der Fahnenschmuck an allen bischöflichen Gebäuden auf. Andächtig hörten sie die Predigt des Bischofs. Erschrocken zuckten sie zusammen, als der Generalvikar im Zuge seiner Ankündigungen für die Lambertus-Gemeinde ihre Namen aufrief und verkündete: „Wir danken unseren tüchtigen Reitern von der Domschule, die unter der fürsorglichen Obhut des Stallmeisters Gerold van Mehren ausgebildet wurden, für ihren großartigen Reitersieg in Löwen". Erstaunt hörten sie weiter: „Die ganze Stadt Lüttich, ja das gesamte Bistum freut sich über ihre Siege, die dem ganzen Land gezeigt haben, welch tüchtige Reiter es in ihnen besitzt. Seine Exzellenz, der Bischof bittet alle Teilnehmer dieser Reise im Anschluss an diese Messe, Gäste in seiner Residenz zu sein." Jetzt hatten sich ihre Mienen schlagartig aufgehellt! Anstelle einer befürchteten Strafpredigt gab es im Prunksaal ein festliches Essen. Doch zuvor sprach der Fürstbischof in seinem Residenzsaal herzliche Worte der Anerkennung und des

Dankes an alle erschienenen Gäste und besonders die jugendlichen Reiter der Domschule:

„Ihr habt das Unmögliche möglich gemacht, indem ihr über die zweifellos hervorragenden Reiter des Herzogs gesiegt habt. In der Einzelwertung habt ihr ebenso wie in der Mannschaftsrangfolge beste Plätze belegt, obgleich ihr die Jüngsten im Wettkampf wart. Das verdanken wir der zielstrebigen Arbeit unseres geschätzten Stallmeisters Gerold van Mehren, dem ich heute als Anerkennung den goldenen Lambertusorden anhefte, aber auch jedem einzelnen Mitglied seiner Équipe. Bitte tretet ihr jungen Reiter jetzt vor! Als Zeichen der Anerkennung erhält jeder von euch ein Schwert. Ihr sollt es nur ziehen, wenn euch keine andere Wahl bleibt, um die Ehre unseres Glaubens, unseres Bistums und seiner Bewohner zu verteidigen. Einem unter euch braven Reitern gebührt jedoch ein besonderes Lob, weil er in allen geforderten Disziplinen den ersten Platz errungen hat. Dieses Prunkschwert erhält Engelbert von der Mark!" Mit diesen Worten übergab Bischof Adolf dem kleinsten aus der siegreichen Reiterschar ein Schwert, das weniger zum Kampfe als zur Zierde getragen werden sollte. Es bestand nicht etwa nur aus geschwärztem Eisen, sondern war allseitig mit Silber plattiert. Der Griff vor dem Silberknauf bestand aus Elfenbein, die Scheide aus goldumwirktem, schwarzem Leder. „Hier Engelbert, nimm dieses Schwert und führe es allezeit im Dienste der Schwachen in unserem Lande zur Ehre unseres Höchsten!"

Ein Sommer wie gemalt

Gleich am folgenden Tage des Jahres 1342 spürten die Schüler der Lütticher Domschule, dass der Glanz der Feiertage schnell verblasst war. Der Schulbetrieb stellte hohe Anforderungen, und zwar ebenso unerwartet wie unerbittlich. Ungeliebte Fächer wie Mathematik, deutsche und französische Rechtschreibung und erst recht Latein zwangen die Schüler, wenn sie nicht den Anschluss verlieren wollten, zu erheblichen häuslichen Vorbereitungen. Sie dauerten nicht selten bis tief in die Nacht hinein.

Engelbert hatte bereits die Hoffnung aufgegeben, in Latein eine einigermaßen ausreichende Benotung seiner Leistungen zu erfahren. Er lieferte aber dafür in Mathematik beste Ergebnisse. Auch seine Französischkenntnisse hatten sich so gebessert, dass Magister André sich immer häufiger veranlasst sah, Engelberts Leistungen im Mündlichen zu loben. Das Schriftliche wies leider immer noch eine beachtliche Fehlerquote auf. Monsieur André sprach ihn wiederholt auf sein „Stallburschen-Französisch" an. Damit meinte er die sich unbekümmert ansammelnden Kraftausdrücke in Engelberts französisch verfassten Aufsätzen und Nacherzählungen. „So etwas schreibt man nicht, und wenn schon, dann bitte fehlerfrei!", war sein Rat, den sich Engelbert mehrfach anhören musste.

Zunächst hatte Engelbert es sehr geärgert, dass ihm von Magister André ausgerechnet van Tongerens vornehme und akzentfreie Ausdrucksweise als beispielhaft vorgehalten worden war. Seit dem gemeinsamen Reitersieg in Löwen, an dem Guillaume trotz seiner ausgesprochen nachlässigen Reithaltung erstaunlich gute Plätze erkämpft hatte, war das Eis zwischen den drei im Schulgebäude wohnenden Jungen augenscheinlich gebrochen. Bénédict und Engelbert hatten Guillaume überschwänglich ob seiner guten Ergebnisse gelobt. Van Mehren war mit der Anerkennung etwas sparsamer gewesen. „Geht doch, Guillaume! Warum nicht gleich so, aber ich erwarte, du hältst dieses Niveau!" Das war des Reitlehrers Lob und Anspruch zugleich gewesen. Als „große Klasse" bewerteten Engelbert und Bénédict aber Guillaumes Schwimmkünste.

Der außergewöhnlich schöne, aber heiße Sommer hatte die Domschüler am späten Nachmittag immer wieder an das Maasufer gelockt, um sich Abkühlung in den Fluten zu verschaffen. Dabei hatten nicht nur alle Domschüler Guillaumes Tauch- und Schwimmkünste bewundern können. Monsieurs François ordnete sogar anstatt der üblichen Ringerausbildung Schwimmstunden an, um Nichtschwimmern die Scheu vor dem Wasser zu nehmen. An diesen Nachmittagen hatte sich Guillaume als freundlicher und wahrlich netter Helfer des Lehrers erwiesen, indem er jüngeren Schülern das Schwimmen beibrachte und Fortgeschrittene auf mögliche Verbesserungen ihres Schwimmstiles hinwies.

Bald war aus Guillaume, Bénédict und Engelbert ein freundschaftliches Trio geworden, das Monsieur François gern als Assistenten einsetzte, um noch ungeübte Schwimmer zu fördern, notfalls auch erste Hilfe zu leisten, oder wenn allzu Waghalsige von der Strömung erfasst und mitgerissen wurden, diese schleunigst zurückzuholen.

Als Guillaume die beiden „Spitzenreiter" gefragt hatte, ob sie Lust hätten, ihn an den knapp bemessenen Urlaubstagen um Pfingsten nach Bokrijk zu seinen Eltern zu begleiten, sagten beide begeistert zu. Dieser Besuch wurde für alle – auch für Guillaumes Eltern – ein beglückendes Zusammensein. Der Vater Guillaumes zeigte den Jungen nicht ohne Besitzerstolz seinen sich ständig ausdehnenden Stallbetrieb. Er ritt mit den jungen Gästen auf die verschiedenen Pferdekoppeln, wo, jeweils getrennt von einander, Gebrauchspferde für Bauern und Fuhrgeschäfte, Hengste und Stuten mitsamt ihrer Fohlen ausreichend Platz hatten, sich ungestört in der Natur zu tummeln. Pferde für den anspruchsvollen Reitbetrieb standen in einer eigenen, höchst komfortablen Unterkunft. Sie wurden von geschultem Personal gepflegt, vorzüglich mit Futter versorgt und täglich bewegt. Eine größere Pferdeanzahl hatten Bénédict und Engelbert noch nicht auf einem Hof gesehen.[78]

---

[78] Diese Pferdefarm in Bokrijk war kein Gestüt, wo man edle Pferde zu züchten verstand, sondern ein florierender Pferdehandelbetrieb. Das Züchten von Rassepferden war noch nicht in Mode gekommen.

Als Guillaume seinen Eltern und Geschwistern das ihm vom Fürstbischof verliehene Schwert präsentierte, spürten seine beiden Kameraden, wie glücklich nicht nur Guillaume, sondern auch seine Eltern waren.

„Mit dem Ende dieses vierten Schuljahres solltest du, lieber Sohn, ja eigentlich Abschied nehmen von Lüttich, um endlich in unseren Betrieb zu kommen. Wir brauchen dich dringend, denn die Geschäfte gehen zurzeit so gut wie noch nie. Ich hoffe, du hast auch genügend Kenntnisse im Rechnen erworben, denn das ist unerlässlich für unsereins. Nicht etwa das kluge Verhandeln ist die Hauptsache. Es ist ebenso wichtig, von Woche zu Woche die notwendigen Futtermengen zu errechnen, sie rechtzeitig – auch um mögliche Mangelzeiten und Missernten vorzubeugen – in Ställen und Scheunen zu haben, das nötige Personal anzustellen, es pünktlich zu entlohnen und die Transport- und Fuhrkosten stets richtig zu kalkulieren. Dazu sind ja gute Kenntnisse der Länder und ihrer Grenzen erforderlich! Man muss ständig die Landkarte im Kopf haben, um Zeiten und Transportkosten der verkauften Tiere mitsamt dem dazu benötigten Personal bei Preisvereinbarungen richtig einzuschätzen. Wer diese Voraussetzungen nicht mitbringt, kann Verhandlungen und Abmachungen mit den herrschenden Territorialherren, ihren Reitstallverantwortlichen und anspruchsvollen Auftraggebern nicht erfolgreich zu Ende bringen!"

Engelbert hatte diese Voraussetzungen zum Führen eines Ertrag bringenden Unternehmens auf dem Pferdemarkt bisher noch nicht bedacht. Insofern gab dieser Besuch eines Limburger Pferdehandelszentrums ihm wie auch seinem Freund Bénédict einen Einblick ins große Pferdegeschäft. Den sollte auch ein künftiger Landesherr besitzen. Dankbar für diese interessanten Tage auf den Weiden von Kempen, ritt das Trio in die Bischofsstadt Lüttich zurück.

*

Sie hatten in den Jahren ihres Schulbesuchs in der Lütticher Domschule schon manche Stadt in der Umgebung kennengelernt. So hatten sie Städte wie Tongeren, das antike ADUATUCA, mit den spärlichen Resten des einst römischen Hauptlagers besucht. Mehr als die aus Germanen- und Normannenstürmen verbliebenen Mauerreste hatte sie jedoch die mit einem wunderschönen Kreuzgang verbundene Basilika von „Onse-Lieve-Vrouw" begeistert. Diese Kirche war, vom 10. Jahrhundert an immer weiter wachsend, zu einem beherrschenden Wahrzeichen der aufstrebenden alten Stadt Tongeren geworden.

Selbst die berühmte, viel umkämpfte Festungsstadt Dinant mit ihrer aus dem 11. Jahrhundert stammenden Burg hatten sie an einem Wochenende durchstreift. Engelbert hatte aufgrund der dort äußerst geschickt angelegten Bastionen weitreichende strategische Überlegungen angestellt, wie man sie vielleicht noch besser befestigen könne, um sie dadurch völlig uneinnehmbar werden zu lassen.

Vor Lüttich begegneten die drei Freunde Engelberts Vater hoch zu Ross mit zwei Begleitern. Graf Adolf kam aus Kleve, wo er seine kranke Frau nun in liebevoller Pflege wusste. Ihr Vater, der schon betagte Graf Dietrich VIII. von Kleve und beste Ärzte aus der Stadt hatten die zunächst äußerst schwache und hinfällig wirkende Mutter Engelberts während ihrer Erkrankung auf das Beste mit Medizin versorgt und gepflegt. Ganz über den Berg sei sie leider noch nicht, bedauerte Graf Adolf, doch nun sei es seine Aufgabe, seinem Schwiegervater gegen Aufständische im Geldernland zu helfen. Er müsse im Verbund mit dem Fürstbischof eine geeignete Streitmacht aufstellen, um die ungerechtfertigten Ansprüche der dort aufbegehrenden Gegner zurückzuweisen.

„Was machen denn meine Geschwister?", war Engelberts bange Frage.

„Um deine Brüder kümmert sich Levold von Northof in seinem Dreseler Anwesen zwischen Altena und Werdohl in rührender Weise. Er hat sich dort ein kleines Paradies geschaffen, nachdem er die arg verfallenen Gebäude, die er dort aus dem Besitz der Kölner Stiftsdame Demodis aus Öttgenbach bei Asbach mit meiner Genehmigung im Jahre 1328 gekauft hatte, mit viel Geld bewohnbar machen konnte. Levold besitzt dort ein eigenes Reich in der abgeschiedenen Stille des Süderlandes, unmittelbar an der Lenne gelegen, mit zwei von ihm angelegten Fischteichen. Auch ließ er ein eigenes Fischerhaus errichten. Das uralte Steinhaus stattete er inzwischen mit neuen Fenstern, Türen und Fußböden aus. In diesem Gebäude ist viel Platz für die drei Jungen. Die Mädchen sind bei ihrer Mutter auf der Klever Schwanenburg. Margarete ist schon sehr verständig. Sie hilft überall, wo ihre Hilfe möglich ist. Die beiden jüngeren Mädchen sind allerdings noch sehr verspielt.

Ganz anders entwickelt sich dein Bruder Adolf. Es gibt kein Buch mehr beim Plettenberger Pfarrer, das er nicht voller Eifer gelesen hat. Levold ist begeistert über Adolfs Wissensdurst. Dietrich und Eberhard betätigen sich als begeisterte Fischzüchter.

Aber nun muss ich weiter! Mein Onkel, der Fürstbischof, erwartet mich. Wir, lieber Engelbert, werden uns morgen weiter unterhalten. Wahrscheinlich breche ich schon bald nach Jülich auf. Dorthin solltest du eigentlich mitkommen." Während der Vater mit seinen Begleitern zur Residenz weiterritt, musste Engelbert die Neuigkeiten erst einmal verdauen. Hauptsache war für ihn, dass es seiner Mutter besser ging. Aber Levolds Leben fern vom Lütticher Hof musste doch auch einen Grund haben! –

In den bischöflichen Stallungen berieten die drei Jungen noch bis in die Nacht, wohin ihre nächste Reise gehen sollte.

„Wenn Herr Levold da wäre, würde ich ihn nach dem Weg nach Cluny fragen. Er hat uns doch vor Monaten im Fach Kirchengeschichte erzählt, dass das vieltürmige Cluny nordwestlich von Mâcon die berühmteste Benediktiner-Abtei sei. Zu ihr gehöre das zurzeit größte Gotteshaus der Christenheit, das es in der ganzen weiten Welt gebe: eine fünfschiffige Basilika mit sieben Türmen und einem mehr als fünfhundert Fuß messenden Langhaus und sogar zwei Querschiffen. Meint ihr, wir könnten es schaffen, dieses Benediktinerkloster von Cluny in den Sommerferien zu besuchen?"

„Soweit ich weiß, sind es mindestens drei, wenn nicht vier Tagesritte dorthin", antwortete Engelbert, „aber wir würden doch nie unseren lieben Freund Bénédict van Mechelen allein reiten lassen, nicht wahr Guillaume?"

„Wer Bénédict heißt", meinte der, „muss auch einmal im berühmtesten Kloster der Benediktiner gewesen sein! Ich reite mit und stelle auch ein Packpferd für diese Reise!"

So schnell konnten sich drei Freunde einig werden. Die gemeinsame Reise galt als fest beschlossen. Sie sollte gleich zu Beginn Anfang der Sommerferien starten. Bis dahin war es noch ein ganzer Monat.

*

Nicht so schnell wie die Jungen konnten sich die Herren Grafen mit dem Fürstbischof einigen, als sie ihr Vorhaben für einen gemeinsamen Einmarsch in das Land Geldern erörterten. Der Bischof machte seine Bereitschaft, eine Streitmacht von einhundert Reitern beizusteuern, vom Einverständnis anderer Landesherren abhängig. Ohne Vorverhandlungen mit dem Herzog von Brabant würde er keinen Finger rühren. Auch die Zustimmung und eventuelle Hilfeleistung des Grafen von Jülich sei für ihn unabdingbare Voraussetzung zu seiner Beteiligung. Schließlich müsse für ihn auch etwas Ordentliches herausspringen. Da erwarte er fundierte Vorschläge. Vor allem müsse man an seine Lütticher Enklave Mechelen denken. Der Herzog von Brabant warte ja nur darauf, dass er seine Truppen nach Norden in Marsch setzen könne, um sein Gebiet dort erheblich zu erweitern. Dessen mehrfach erklärtes Ziel sei Mechelen!

Gleichklang der Herzen

So kam es, dass Vater und Sohn am Abend des 30. Juni in der Burg des Markgrafen von Jülich erschienen, wo man sich über ihren Besuch höchst erfreut zeigte. Der Ritt der beiden Märker war eine Wohltat für Vater und Sohn gewesen. Dass sie früh aufgebrochen waren, erwies sich als klug, denn gegen Mittag brannte die Sonne so heiß vom wolkenlosen Himmel, dass eine ausgiebige Mittagsrast für Pferde und Reiter unter Schatten spendenden Bäumen unbedingt nötig war. Zeitweise ritt Engelbert vor. Sein Vater staunte, was aus seinem Jungen in jenen drei Jahren geworden war, die Engelbert inzwischen in Lüttich verbracht hatte. Er war nicht nur verständiger geworden, sichtlich hatte er an körperlicher Kraft und auch an Körpergröße zugelegt, so dass man ihn als einen strahlenden Jüngling von edler Schönheit bezeichnen musste. Seine Jülicher Freunde würden staunen!

Wie oft hatte Engelbert davon geträumt, gemeinsam mit seinem Vater auf eigenem Schimmel ausreiten zu können! Jetzt saß er auf dem siegegewohnten Apfelschimmel Arco aus des Großonkels fürstlichem Reitstall. Nach Belieben wechselte Engelbert die Gangart seines Pferdes, als würde Arco die Wünsche des Reiters wortlos gespürt haben. Er trabte dahin, als könne nichts die ihm eigene Freude am Reiten übertreffen. Wenn Engelbert ein gutes Stück vorausgeritten war, hatte Vater Adolf das wunderbare Gefühl, als bildeten dieser Reiter und sein Pferd eine untrennbare Einheit. Beide schienen erfüllt von Anmut, Schönheit und Kraft, doch jederzeit bereit, ihre dankbar empfundene Freiheit mit allem nur denkbaren Einsatz zu verteidigen.

*

Das abendliche Mahl in der Jülicher Burg fiel bescheidener aus als vor Jahren. Die Herzlichkeit unter den an der Tafel Sitzenden jedoch war, weil frei von jedem Etikettzwang, voller Wärme und familiärer Zuneigung. Als sich die Grafen zu einem Gespräch zurückgezogen hatten, war Engelbert im wahrsten Wortsinn der „Hahn im Korb". Er entsann sich der Worte des Markgrafen, der früher von den Damen als „Hennen" gesprochen hatte, dies, weil seine Ehefrau ja aus dem Hennegau stamme. Damals wusste Engelbert noch nicht, wo dieser Hennegau lag. Inzwischen hatte er die Geographie des ganzen belgisch-niederländischen Raumes zwischen Nordsee und Rhein, Schelde und Bourgogne fest im Gedächtnis. Er wusste genau, wo der Hennegau lag, jene Grafschaft um Avênes, Dampierre und Beaumont, die schon im 9. Jahrhundert dicht besiedelt war und deren Grafen einst die Herzöge von Niederlothringen gestellt hatten. Die Franzosen nannten die Gegend Hainaut, abgeleitet vom früheren Hannonia. Gräfin Johanna, die Ehefrau des Jülicher Grafen war eine Tochter des letzten Grafen von Hennegau, und eben dieser Jülicher Graf Wilhelm I. reflektierte sehr stark auf den Erwerb weiterer Gebiete im Gelderland und der Grafschaft Falkenberg.

Das Gespräch mit den Damen erstreckte sich allerdings nicht auf mögliche Gebietserweiterungen, sondern versetzte Engelbert in die Lage, von seinen jüngsten reiterlichen Erfolgen zu berichten. Schließlich ging man noch zu später Stunde in den Pferdestall, um Arco zu bewundern, der Engelbert so bedeutsame Siege in den belgischen Landen beschert hatte.

„Siehst du", so fragte Engelbert die zu wahrer Schönheit erblühte Grafentochter Richarda, „Wie sich das Spiel seiner Muskeln unter seiner glatten seidigen Haut zeigt? Es erinnert mich an dein Saitenspiel vor drei Jahren, als du mit deiner Harfe nicht nur Degenhard, sondern auch mich in eine Traumwelt versetzt hast."
Die Stalllaterne warf nur schwaches Licht auf das zarte Gesicht Richardas, so dass Engelbert ihr Erröten nicht wahrnehmen konnte. „Wir sollten jetzt zu Bett

gehen!", waren die mahnenden Worte der resoluten Gräfin Johanna. „Es wird Zeit zu schlafen, denn morgen müsst ihr Männer gewiss früh aus den Federn."

Engelbert wagte einen zaghaften Widerspruchsversuch, als er bedauernd einwarf: „Ich dachte während des ganzen Rittes hierher daran, wie beglückend Richardas Harfentöne damals für mich waren. Darf sie nicht wenigstens ein kleines Stück spielen?"

„Vielleicht morgen, wenn dann noch Zeit dafür ist, aber jetzt marsch in eure Kammern!" Das war deutlich und weiteres Bitten zwecklos. Engelbert und Richarda gaben sich die Hand. Dabei drückten sie ihre Hände so fest und innig, als wollten sie sagen: Wir wissen schon, dass wir uns bald wiedersehen werden!

Als sich Engelbert seiner Kleider entledigt hatte und sich wohlig in dem ihm zugewiesenen Federbett räkelte, hörte er wie aus weiter Ferne zarte Harfentöne. Er öffnete das Fenster und horchte in die Nacht hinaus. Jetzt wusste er, woher die Musik kam. Sie ertönte leise, doch gut hörbar aus der Kemenate, die genau unter seiner Kammer lag. Er nahm eine der frischen Rosen, die man in sein Zimmer gestellt hatte, befestigte sie an einem Wollfaden, den er aus einer Decke gezupft hatte, und schwenkte die rosafarbene Blüte vor dem Fenster, aus dem die Musik kam, hin und her. Plötzlich endeten die sanften Töne der ihm unbekannten Melodie. Das halb geöffnete Fenster unter ihm wurde geschlossen, und eine Kerze, die bisher gedämpftes Licht gespendet hatte, erlosch. Traurig, aber dennoch beseligt, holte Engelbert den Faden ein. Die Rose fehlte. In aller Frühe wollte er im Burghof nachsehen, ob sie zu Boden gefallen war. Dann übermannte ihn der Schlaf. –

Am nächsten Morgen klopfte es schon früh an seine Kammertür. Als er erschrocken fragte: „Was ist?", hörte er die Stimme seines Vaters. „Aufstehen, Engelbert, wir reiten sofort weiter nach Kleve!" Als die beiden Frühaufsteher aus dem Stall traten, wo sie sich um das Wohl ihrer Pferde gekümmert hatten, baten Gräfin Johanna und ihre Tochter die Herren zum gemeinsamen Frühstück. Auch Markgraf Wilhelm war schon auf den Beinen. „Ihr wollt heute noch bis Kleve? Graf Dietrich wird sich freuen, die Botschaft zu hören. Sagt ihm: ,Drei Dutzend unserer englischen Langbogenschützen werden dich nach Gelderland begleiten. Sie können verteufelt gut treffen!'"

Schon war die Zeit des Abschieds gekommen. Die Märker mussten reiten. Als sich Engelbert auf seinen Hengst schwang, hörte er Richardas Abschiedsgruß: „Kommt bald gesund wieder!" – In ihrem blonden Haar trug sie eine Rose. Auch Gräfin Johanna hatte es bemerkt, als die Märker gerade durch das Burgtor ritten.

„Gefällt er dir?", fragte sie ihre Tochter so leise, dass ihr Wilhelm es nicht hören konnte.

„Ja, sehr", war die scheue Antwort Richardas.

„Mir auch", hörte Richarda aus dem Munde ihrer Mutter. „Dann wollen wir hoffen ...", waren die abschließenden Worte der Gräfin. Damit war alles gesagt.

Wiedersehen auf der Schwanenburg

War das eine Wiedersehensfreude, als Graf Adolf mit seinem Sohn an dem oberen Burghof der Schwanenburg bei Kleve angekommen war! Noch beim Absatteln mussten sie einen wahren Ansturm weiblicher Geschöpfe überstehen, von denen sie froh umringt wurden. Von dem hohen, mit einer einem Schwan als goldfarbener Wetterfahne geschmückten Wohnturm[79] aus mussten Gräfin Margarete und ihre drei Töchter die Ankommenden bereits gesichtet haben.

Dieser Donjon ermöglichte einen weiten Ausblick über die niederrheinische Tiefebene hinweg. Das hatte den Vorteil, sich rechtzeitig auf den Empfang von Freund und Feind einstellen zu können. Im äußeren Westen Deutschlands überragt „het Slot van Cleef" – wie die Leute damals sagten, den Kermisdal, einen Altarm des Rheines, und die Stadt Kleve. Gräfin Margarete und ihre Töchter hatten schon früher mit der Ankunft des Grafen gerechnet. Sein Zeitplan war aber durch den zunächst nicht geplanten Besuch bei der Jülicher Markgrafenfamilie durcheinander geraten.

Auch Engelberts Schwester Margarete war zu einer wunderschönen jungen Dame erblüht, seit Engelbert den Schwarzenberg mit seinem Vater verlassen hatte. Nur einmal hatte er in den letzten Jahren bei kurzen Besuchen in Kleve und auf dem Schwarzenberg seine Geschwister gesehen. Sie waren erfreut und zugleich begeistert, ihn als so stattlichen und galanten Bruder wiederzusehen. Jedes der drei Mädchen zog ihn, nicht etwa den Vater, an sich, um ihm seine Zuneigung zu bekunden. Wenig später erschien auch der Hausherr, der schon weißhaarige Graf Dietrich VIII. von Kleve[80], um die Märker zu begrüßen.

„Gut, dass ihr heute kommt!", begrüßte er seinen Schwiegersohn. „Ich hoffe, ihr bringt gute Nachrichten mit!"

„Teils, teils", antwortete der Graf von der Mark.

„Dann berichtet mir darüber, wenn auch Herr Levold eingetroffen ist. Ich erwarte ihn mit den Junkern noch vor Mittag. Jetzt macht euch erst einmal frisch. Im neuen kürzlich fertiggestellten Palas sind eure Kammern bereits hergerichtet. Sobald ihr den Staub der Straße abgeschüttelt und munter aus eurer Wäsche schaut, erwartet euch ein kräftiges Frühstück."

---

79 Dieser Wohnturm, auch Donjon genannt, stürzte 1439 ein. Er wurde durch einen noch höheren Turm im Jahr 1453 ersetzt.
80 Dietrich VIII. regierte von 1311 bis zum 7. Juli 1347.

Die Burg der einstigen Herzöge von Kleve, von Osten gesehen
Kupferstich von P. van Liender nach Jan de Beijer, 1775
links der Palas mit verstärkenden Strebepfeilern vor den zugemauerten romanischen
Rundbogenfenstern.
Kleve, Städt. Museum Haus Koekkoek, Sammlung Angerhausen

Audienzsaal der Klever Schwanenburg
Radierung von F. J. Rousseau, 1795
An der Südwand lag ursprünglich der Eingang zum Rittersaal mit staufischem Portal
Kleve, Städt. Museum Haus Koekkoek, Sammlung Angerhausen

Der neue Palas, den Dietrichs Urgroßvater[81] vor mehr als einhundert Jahren zu bauen begonnen hatte, war nun fertig geworden. Er war eine in Herrscherkreisen vielgelobte bauliche Anlage im Südwesten der Vorburg, die man scherzhaft als die „Aussichtsterrasse des Reiches" bezeichnete[82]. Der darin äußerst prunkvoll ausgestattete Festsaal bildete mit seiner Breite von zwölf Metern und dreißig Meter Länge das Kernstück dieses ungewöhnlich aufwändigen Bauwerks. Es kündete vom großen Reichtum des klevischen Grafenhauses und jenes äußerst ertragreichen Reichslehens, das Stammvater Rudgar von Kleve, der Sohn eines flandrischen Herrschers, bereits im Jahre 1021 n. Chr. von Kaiser Heinrich II. erhalten hatte. Die Besucher hatten diesen Raum kaum betreten, als Graf Dietrich weitere Gäste gemeldet wurden. Zur Überraschung aller war es Markgraf Wilhelm von Kleve in Begleitung seiner Frau Johanna und ihrer Tochter Richarda. Ob der Wunsch des Jülicher Grafen oder die dringende Bitte von Tochter Richarda Anlass zu diesem Überraschungsbesuch gegeben hatte, erwähnte keiner. Engelbert war sich aber ziemlich sicher, dass Richarda bereits bei ihrem gemeinsamen Gespräch in Jülich das Wiedersehen geplant haben müsse. Eine größere Freude, als sie bald erneut zu treffen, hatte Engelbert sich nicht denken können.

Die frohe Stimmung steigerte sich noch, als am Nachmittag Engelberts Brüder Adolf, Dietrich und Eberhard mit Levold von Northof im „Slot van Cleef" eintrafen. Für die Familie des Grafen Adolf II. von der Mark war dieses Beisammensein unbeschreiblich wohltuend. Den nun versammelten Herren gab es Gelegenheit zu einer dringend notwendigen Aussprache über künftig erforderliches Vorgehen. Es sollte auch dazu führen, Verstimmungen und Ärgernisse aus der Welt zu schaffen. Levold von Northof hatte sich ja nicht ohne Grund in sein Schneckenhaus Dresel zurückgezogen! Er, der gewiefte Taktiker hinter den Kulissen der Bühne der großen Politik, war in letzter Zeit sowohl mit seinem Bischof als auch mit seinem Landesherrn unzufrieden gewesen. Graf Adolf II. von der Mark hatte Levolds dringende Empfehlung, alles daran zu setzen, den Frieden mit dem Bischof von Münster, Graf Adolfs nördlich benachbarten Landesherren, zu erhalten, in den Wind geschlagen. Anstatt aussichtsreiche Verhandlungen über die Festlegung der Lippe als endgültigen Grenzfluss zu führen, hatte der Märker des Bischofs Stadt Lüdinghausen angegriffen und zerstört. Mochte er auch damit eine alte Rechnung wegen des Bischofs hartnäckigem Anspruch auf Burg Strünkede beglichen haben, sein überraschender Vorstoß war nicht ungefährlich. Er stieß in das Hoheitsgebiet des münsterschen Bischofs Ludwig[83] vor, der ein hessischer Landgraf war. Ein möglicher Angriff aus dem hessischen Bergland gegen die Grafschaft Mark war deshalb zu befürchten. Bischof Ludwig zählte, wie auch sein Neffe Otto[84], der Erzbischof

81 Dietrich V. Graf von Kleve (1202–1260)
82 Dieser Palas wurde 1771 abgebrochen.
83 Ludwig II. Bischof von Münster 1310–1357
84 Otto Erzbischof von Magdeburg 1327–1361

von Magdeburg war, zu den einflussreichen deutschen Territorialherren seiner Zeit. Gerade jetzt, wo es Levold von Northof gelungen zu sein schien, des Grafen Adolfs Bruder Engelbert als Nachfolger des Lütticher Bischofs ins Spiel zu bringen, hatte Levold keine weiteren Störungen seiner Pläne gebrauchen können. Auch der Lütticher Bischof war Levolds Empfehlung nicht gefolgt. Hartnäckig hatte der Fürstbischof sich geweigert, schon jetzt seinem Neffen Engelbert von der Mark weitere Positionen zuzubilligen, solange dieser Neffe neben ihm selbst als aussichtsreicher Bewerber um die von beiden angestrebte Erzbischofswürde in Köln galt.

Mit Argwohn hatte der Lütticher Fürstbischof beobachtet, wie Levold ständig bemüht gewesen war, diesem ihm unerwünschten Wettbewerber eine ertragreiche Position nach der anderen zu verschaffen. Dem Bischof schien es auszureichen, dass er seinen Neffen Engelbert schon zum Domprobst von St. Lambert gemacht hatte. Kürzlich hatte der Bischof erfahren, dass Engelbert nicht nur als Nachfolger in Lüttich vorgesehen, sondern durch Levolds Bemühen auch die herausragende Position eines Mitglieds im einflussreichen Kölner Domkapitel zugesprochen worden war. Das deutete darauf hin, dass Adolfs Neffe Engelbert gute Aussicht besaß, den Kölner Erzbischofstuhl zu besetzen, sobald der dort schwerkrank darniederliegende Erzbischof Walram das Zeitliche gesegnet haben würde.

Inzwischen war auch eine Fehde zwischen diesem Kölner Erzbischof und dem Grafen von Arnsberg entstanden.

Ohne seinen Staatsrat befragt zu haben, trat Graf Adolf II. auf des Arnsbergers Seite. Wahrscheinlich glaubte er an die sich ihm bietende Gelegenheit, auf dem Verhandlungswege oder wenn nicht, dann mit Gewalt die kurkölnische Stadt Menden in sein märkisches Territorium einfügen zu können. Anfang Juli hatte er diese Stadt bereits belagert. War es nur eine Drohgebärde Graf Adolfs gewesen, oder hatte er die Ausweglosigkeit seiner Pläne einsehen müssen? Levold wusste es nicht, zumal der märkische Graf und er, die einst so eng befreundet waren, einander nicht mehr zu trauen schienen. Beide hatten seit geraumer Zeit auf Gespräche verzichtet.

Nun aber saßen sie gemeinsam an der gleichen Tafel. Man glaubte, das Knistern ihrer gar nicht so freundschaftlichen Gedanken vernehmen zu können. Burgherr Dietrich war ohne Zweifel geeignet für eine Vermittlerrolle. Jedoch er selbst hatte mindestens ebenso große Sorgen wie seine Gäste. Dennoch erkannte er, dass eine auflockernde Gemeinschaftsveranstaltung geeignet sein könne, das Eis zwischen seinem Schwiegersohn Adolf von der Mark und Levold zu brechen. Er entwickelte Vorstellungen zu einer am nächsten Morgen geplanten Fuchsjagd. Alle Herren sollten daran teilnehmen. Levold lehnte aber sofort ab. Er habe noch Verpflichtungen beim Erzbischof einzulösen, der ihn in dessen

Schloss Brühl zu einer Aussprache erwarten würde. Graf Adolf hörte diese Ankündigung mit Missbehagen und schwieg weiter beharrlich.

Ganz anders kam Graf Dietrichs Vorschlag bei den Damen an. „Kann ich mitreiten?", fragte Richarda.

„Von mir aus auch in der Meute", antwortete der Hausherr. „Ich denke, dass Engelbert den ‚Fuchs macht'. Er wird einen Fuchsschwanz an seiner Schulter tragen und mit einem Tropfbeutel voller Losung die künstliche Spur legen. Die Meute wird dann mit allen unseren Hunden, angeführt vom Huntsman[85] versuchen, ihn einzuholen und zu stellen. Die Reiter werden in zwei Gruppen eingeteilt, jeweils von einem Master und zwei Pikören[86] angeführt, um die Verfolgung aufzunehmen. Gewinner dieser Fuchsjagd ist, wer den Fuchs zuerst stellen kann. Ist der Fuchs schneller, ist er auch der Gewinner."

„So eine Jagd habe ich ja noch nie mitgemacht", meinte Adolf von der Mark, doch sein Jülicher Freund ergänzte:

„Das ist eine wirklich gute Idee! Die Engländer haben mir schon oft Gelegenheit gegeben, an einer solchen Veranstaltung teilzunehmen. Allerdings führen meine Cambridger sie als Schleppjagd aus. Dort wird ein erlegter Fuchs hinter dem Fuchsreiter hergeschleppt. Engelbert wird sich sehr sputen müssen, wenn er nicht von den ‚Whippers', so nennt man auf der Insel die Piköre, aufgespießt werden will."

„Das lasst mal getrost meine Sorge sein!", forderte Engelbert die Anwesenden auf. Er freute sich schon jetzt auf das Kräftemessen sowohl mit seinem Vater als auch mit dem Grafen Wilhelm von Kleve. Als ‚Master' sollten beide an der Spitze der beiden verfolgenden Meutegruppen reiten.

Die Fuchsjagd begann mit einem gemeinsamen Ausritt in Richtung Donsbrüggen. In Richtung Nütteren boten sich satte Wiesen an, gelegentlich mit malerischem Weiden- und Pappelbestand sowie kleinen Wasserläufen in einer herrlichen Landschaft. Unter einer uralten Grenzeiche, die auf einer Wallhecke gewachsen war, standen für Reiter und interessierte Zuschauer schon bald Getränke und Speisen bereit. Sogar ein Sonnensegel war darüber aufgespannt.

Die älteren und forstlich Interessierten bestaunten zunächst den einzeln stehenden Baumriesen. Seine Wurzelansätze zeigten deutlich, wie er seine Leben spendenden Wurzelarme trotz der im Lauf der Jahrhunderte abgesackten Standfläche tief in die Erde gesenkt hatte. Der Boden unter der Baumkrone war tennenartig verdichtet, ein Zeichen dafür, dass hier nicht nur Menschen, sondern auch Pferde und Rinder immer wieder Schutz vor übermäßiger Sonne und unerwünschten Niederschlägen gesucht hatten. Nicht weit davon zeigten Fahnen mit dem klevischen Lilienhaspel die Startlinie der Fuchsjagd an.

---

85 Der Huntsman ist für den jagdgerechten und erfolgreichen Ablauf der Jagd auf den Fuchs zuständig.

86 Die Piköre sind für die Ordnung und die Sicherheit während der gesamten Jagd verantwortlich. Ihre Anweisungen sind für jeden Teilnehmer verbindlich und müssen von allen sofort befolgt werden.

Engelbert war bereits mehr als eine Stunde vorausgeritten, um das Jagdgelände zu erkunden. Auf dem Wege dorthin war er an einem Rosenfeld vorbeigekommen, hinter dem sich ein einsames schilfgedecktes Haus des dort wohnenden Gärtners in die Felder duckte. Rosen – dachte Engelbert, das wäre das richtige Geschenk für Richarda, den von ihm nicht erwarteten Überraschungsgast auf der Schwanenburg! Weiter zu denken, fehlte ihm aber die Zeit. Er musste doch den idealen Reitkurs ausspähen. Nicht mehr als drei bis vier römische Meilen sollten geritten werden, um danach noch eine nicht allzu lange Galoppstrecke zurück zur Grenzeiche anzuschließen, bevor die Auszeichnung der Reiter und der gemeinsame Vesperschmaus stattfinden sollten. Engelbert hatte sich vorgenommen, beim Ritt immer wieder Deckung durch Busch- und Baumgruppen zu nutzen, um sich der Sicht des Verfolgerfeldes für kurze Zeit zu entziehen. Die Chancen dazu waren seiner Ansicht nach in diesem Gelände vortrefflich.

Als er, scheinbar gelangweilt und uninteressiert zur Gesellschaft unter dem Grenzbaum gestoßen war, bat er Graf Dietrich um letzte Informationen. Dann ging alles plötzlich sehr schnell. Nach einem Hornruf stellten sich die Meutegruppen mit ihren kläffenden Hunden an der Startlinie auf. Engelbert wurde der Fuchsschwanz angebunden, Graf Dietrich schickte den jungen Märker mit üblichem Vorlauf auf die Strecke. Wenig später gaben zwei Paukisten das Startsignal für die Meute. Ohrenbetäubendes Gebell von Bracken, Bassets, englischen Foxhounds und Beagles ertönte, so dass sich die Damen die Ohren zuhielten. Alles was die Bezeichnung „Hund" verdiente, hatten Graf Dietrichs Knechte aufgeboten, um ein vielstimmiges Gekläffe der Vierbeiner sicherzustellen und eine farbenfrohe Verfolgungsjagd zu ermöglichen.

„Warum bist du nicht mitgeritten?", fragte Gräfin Margarete die Jülicher Grafentochter.

„Das ist doch Männersache", antwortete Johanna von Jülich statt ihrer Tochter. „Richarda reitet gern und auch sehr gut, es ist aber gewiss lockender für sie, die Anstrengungen der Meute zu verfolgen, als in ihrer drangvollen Mitte zu reiten."

„Das ist eine gute Idee", bestätigte ihre Tochter. „Aber ich sehe vom Pferderücken aus mehr!"

Schon hatte sie einen Fuß in den Steigbügel ihres Rappen gelegt, saß auf und stob davon, um von einer hügelartigen Anhöhe, dem Hingstberg, hervorragende Übersicht über die ganze Rheinaue und die galoppierenden Reiter zu haben. Da sah sie schon den Fuchsreiter hinter einer Baumgruppe auftauchen. Er hatte riesigen Vorsprung vor den beiden Meutefeldern, doch schien er jetzt einzuhalten in seinem bisher so flotten Ritt. Wollte er sich im dichten Unterholz der Weidengruppe verstecken? Jetzt ritt er plötzlich sogar wieder zurück!

Wollte er etwa seinen Verfolgern entgegenreiten? Nein, er hatte vor, sich ihnen offen zu zeigen, um sie erneut zu schärferem Ritt herauszufordern. Beide Gruppen kamen bedrohlich näher, dann aber legte Engelbert wieder mit äußerstem Tempo los, bog mit einem Haken in die ausgezeichnete Galoppstrecke ein und ließ die nun stark ermüdeten Meutereiter bis zur Ziellinie mit wachsendem Abstand hinter sich. Engelbert hatte es bewiesen: Als Reiter konnte ihm keiner der übrigen Fuchsjagdteilnehmer so leicht etwas vormachen!

Als er die Grenzeiche erreicht hatte, schaute er suchend umher. Richarda fehlte. Wo war sie nur? Kurzentschlossen machte er sich zu einem rasanten Alleinritt auf. Sein Ziel war der Rosengärtner. Richarda hatte Engelbert nicht aus den Augen verloren. Gemessenen Schrittes ritt sie in seine Richtung. Schon entdeckte sie ihn bei der alten Kate des Gärtners, wo er jetzt einen riesigen Rosenstrauß in der Hand hielt, um anscheinend schleunigst wieder zurückzukehren. Aber Richarda konnte auch schnell reiten. Sie trabte mit ihrem Rappen auf den erstaunten Rosenkavalier zu.

„Gratuliere von Herzen, lieber Engelbert! Das war ein großartiger Fuchsjagdritt! Du allein bist der Sieger des Tages!", rief sie ihm erfreut zu. Engelbert winkte mit den Rosen in seiner Rechten.

„Die sind für dich, liebe Richarda. Nimm sie in Empfang, denn für dich allein sind sie bestimmt. Immer wieder habe ich beim Reiten an dich denken müssen!"

„Danke, danke! Ich bin ja so froh, dass du gewonnen hast. Dafür darfst du dir etwas von mir wünschen!"

„Das sag ich dir später", antwortete Engelbert geheimnisvoll. „Jetzt haben wir uns ganz schnell bei Graf Dietrich zurückzumelden. Ich sehe, man wartet schon auf uns."

War das ein Empfang! Alles klatschte Beifall, als das junge Reiterpaar am Grenzbaum angelangt war. Graf Dietrich begann gleich mit seiner Ansprache: „Ihr alle, liebe Freunde und Gäste, habt gesehen, was ein tüchtiger Märker vermag. Er allein wurde Sieger dieser Fuchsjagd! Seinen Ehrenpreis erhält er im Burghof. Jetzt heißt es, auszuspannen von den Mühen des Tages und unseren braven Engelbert hochleben zu lassen." Das taten dann auch alle. Die meisten drückten ihm die Hand und tranken ihm zu. Vater Adolf klopfte seinem Sohn auf die Schulter. Etwas verschmitzt meinte er mit dem Blick auf den Rosenstrauß, den Richarda im Arm hielt: „Die schönsten Rosen wachsen gewiss aber nicht hier, sie wachsen im Garten des Markgrafen Wilhelm und seiner lieben Johanna!" Zu Engelbert gewandt, ergänzte er: „Pflücke sie nur rechtzeitig, sonst nimmt sie ein anderer!" Engelbert schien diese Worte nicht ganz verstanden zu haben.

Erst im Burghof der Schwanenburg dämmerte es bei ihm, aber da trat schon Graf Dietrich auf ihn zu: „Hier sollst du deinen Ehrenpreis erhalten. Du hast ihn ohne Zweifel verdient! Es ist ein Wappenstein aus Bergkristall. Darin ist eingearbeitet unser ,klevischer Lilienhaspel‘, das Wappen unseres Hauses. Bewahre ihn gut als Zeichen ewiger Freundschaft zwischen den Grafschaften Kleve und Mark!“

Engelbert dankte höflich, wandte sich dann aber seiner Mutter zu: „Eigentlich hast du diesen Schmuckstein verdient, liebe Mutter.“

„Keineswegs, lieber Engelbert, dieser edle Stein gehört dir! Ich besitze ja schon einen anderen Edelstein, den ich noch viel mehr liebe, und das bist du!“

Der abendliche Umtrunk in der Säulenhalle des Palas war an diesem herrlichen Sommertag wirklich einmalig. Von dort aus konnte man sehen, wie sich der rote Feuerball der Sonne zwischen Kranenburg und Zevenaar im fernen Rhein spiegelte. Dann verschwand er immer mehr in einem dunklen Graustreifen vor der fernen Stadt Arnhem, bis der letzte Rest der Sonnenscheibe am Horizont versank.

Die meisten der munteren Zecher waren noch lange nicht bereit, sich zur Ruhe zu begeben. Gräfin Johanna hatte ihren Wilhelm schon dreimal dazu aufgefordert, sich nun endlich mit ihr und Richarda in die Schlafräume zu begeben. Wo war denn nur ihre Tochter geblieben? Gerade noch hatte sie Engelberts rotes Wams hinter einer Mauerecke verschwinden sehen.

Engelbert und Richarda waren sich sehr schnell einig geworden, den Burghof bei erster sich bietender Gelegenheit zu verlassen. Nun saßen sie, an einen Lindenstamm gelehnt, beisammen. Die Schwanenburg lag oberhalb ihres Lageplans.

„Du hattest mir noch etwas schenken wollen?“, fragte Engelbert seine hübsche Begleiterin.

„Ja, das wollte ich! – Hast du dir denn schon etwas überlegt?“

„Das habe ich!“, antwortete der Jüngling recht zielbewusst. „Ich denke, mindestens einen Kuss habe ich heute wirklich verdient.“ Richarda kam gar nicht dazu, ihr „Ja“ auszusprechen. Aber in dieser lauen Sommernacht tauschten die beiden so viele Küsse, dass sie diese nicht zu zählen vermochten. Sie wollten es auch gar nicht.

*

Morgenröte hatte gar nicht so hoffnungsvolles Reisewetter für die Gäste angekündigt. Man einigte sich am Frühstückstisch auf eine gemeinsame Route über Kevelaer und Straelen bis Roermond. Dann teilten sich die Wege der Jülicher und der Märker. In drei Tagen wollte die Grafenfamilie wieder in Jülich daheim sein. Graf Adolf mahnte zur Eile. Vielleicht war der Weg bis Lüttich über Maasbracht und Maastricht sogar etwas schneller zu schaffen. Als sie sehen konnten, wie die Rur in die breite Maas mündete, wussten alle, von nun an hieß es, getrennt weiterzureiten.

Liebespaar am Fuße einer Burg
Federzeichnung 28,2 x 20,6 cm von Lucas Cranach d.Ä. um 1505
aus dem Berliner Kupferstichkabinett

Es waren sehr unterhaltsame Stunden gewesen, die sie bisher auf dem Rücken ihrer Pferde miteinander verlebt hatten. Oftmals hatten sie ihre nebeneinander reitenden Gesprächspartner getauscht. Als Richarda neben ihrer Mutter vor Engelbert ritt, glaubte Engelbert, den ihn begleitenden Vater aufmerksam machen zu müssen auf das, was in seinem Inneren vorging: „Schau nur Vater, ist das nicht ein ganz großartiges Bild vor uns?"

„Ja, das ist es: drei anmutige Rappen, von drei wertvollen Menschen geritten."

„Ich meine etwas anderes", klärte der Sohn den Vater auf. „Sieh nur allein auf Richarda und ihr Pferd. Schwarz glänzt das edle Ross und darauf eine strahlende Jungfrau mit silbrigem Haar! Ich glaube, eine schöne Frau kommt erst auf dem Rücken eines Pferdes so recht zur Geltung!"

„Da magst du Recht haben, Engelbert. Diese Richarda gleicht einem wunderbaren Fabelwesen. Du würdest mir keinen größeren Gefallen erweisen, als sie zu deiner Frau zu erwählen. Ihre Eltern, das weiß ich, würden sich darüber ebenso freuen wie ich." Engelbert schien zu träumen, aber recht bald hatte er den Blick wieder auf die Wirklichkeit gerichtet.

„Früher haben unsere Ahnen bereits die Ehen ihrer Kinder vorbestimmt, bevor diese denken konnten. Sie gaben sogar Brief und Siegel darauf, dass die so in jungen Jahren Verlobten einander heiraten würden. Du, Vater und auch Mutter habt dies glücklicherweise nicht getan. Das heißt jedoch keinesfalls, dass ich euren Wunsch ausschlagen will. Richarda ist schon ein ganz besonderes Mädchen!"

Gräfin Johanna hatte Engelberts weitreichenden Plänen, die er ihr während des Rittes erläuterte, geduldig zugehört und ihm auch viele Fragen gestellt, deren Beantwortung sie sehr zu beschäftigen schien. In knapp zwei Jahren würde Engelbert die Domschule hinter sich gelassen haben. Ob er sich vorstellen könne, das Leben und die Aufgaben eines Grafen in einem Jülicher Wirkungskreis noch besser kennenzulernen? „Ja, gewiss! Aber bis dahin habe ich noch sehr viel vor. Mit Freunden geht's zuerst mal ins Burgund. Sie warten schon auf mich."

Vor dem Roermonder Münster nahmen sie Abschied voneinander. Die Jülicher Grafenfamilie bezog im angeschlossenen Zisterzienserinnenkloster Quartier. Graf Adolf ritt mit Engelbert weiter entlang der Maas, um Lüttich so schnell wie möglich zu erreichen.

Selten hatten seine beiden Freunde so ungeduldig auf ihn gewartet. Die Schulzeit war gerade beendet, als Engelbert sich von seinem Vater vor der Lütticher Residenz verabschiedete, der erneut mit Bischof Adolf über die möglichen Bündnisverhältnisse zu verhandeln beabsichtigte. „Heute beginnen die Ferien, schon morgen können wir ins Land Burgund aufbrechen", war die Botschaft, die

Bénédict und Guillaume für Engelbert bereithielten. Doch waren noch wichtige Vorbereitungen zu treffen, bis sie zwei Tage später zur großen Reise nach Cluny aufbrechen konnten.

Ferienreise nach Cluny

„Ob ich es richtig gemacht habe, jetzt mit euch nach Cluny zu reiten? Ich weiß es wirklich nicht", seufzte Engelbert, als die drei Domschüler ihre erste Rast in Bomal machten, wo die Aisne in die Ourthe mündet. Sie waren gut zwei Stunden zügig von Lüttich nach Süden geritten und genossen die Ruhe und verdiente Rast im Norden Lützelbourgs,[87] wo Johann, der König von Böhmen, seit dem Jahre 1313 Landesherr geworden war. Das Landschaftsbild mit seinen sanft ansteigenden Bergen und malerisch wirkenden Talauen war völlig anders, vor allem viel abwechslungsreicher als in den Flachlandschaften um Lüttich oder Löwen.

„Während wir hier einen fröhlichen Ausflug in die Bourgogne machen, riecht es überall im Norden nach Krieg, Aufständen und bösen Auseinandersetzungen. Ich fürchte, auch mein Vater wird in diesen Strudel bald hineingezogen werden", setzte Engelbert seine dunklen Ahnungen weiter fort.

„Da mach dir mal keine Sorgen, Kleiner", versuchte Guillaume seinen Freund zu trösten. „Der sitzt ja schon mittendrin in diesem – wie sagtest du – Strudel bösartiger Entwicklungen."

„Ein Heiliger ist er jedenfalls nicht", ergänzte Bénédict. „Noch zu Jahresbeginn soll er den Truppen des Bischofs von Münster bei Recklinghausen eine empfindliche Niederlage verpasst haben und jetzt einen Feldzug ins Kölnische vorbereiten, während der Graf von Kleve ihn für seine niederländischen Besitzungen liebend gern als Statthalter engagieren möchte."

„Das alles weiß ich ja gar nicht", meinte Engelbert kleinlaut, „mir hat er davon nie etwas gesagt."

Bénédict wollte Engelbert beruhigen: „Das ist typisch für unsere Väter. Denkt ihr etwa, mir würde mein Vater von seinen Konspirationen über einen geplanten Herrschaftswechsel in Mechelen etwas gesagt haben? Überall knistert es im Lande, keiner weiß etwas Genaues. Aber wir drei sollten uns zwei schöne Wochen im Süden des Lütticher Bistums machen, bevor auch wir von unseren Vätern in ihre geheimnisumwitterten Machenschaften hineingezogen werden."

„Was bleibt uns auch anderes übrig!", pflichtete Engelbert seinem Freunde bei.

„Fest steht jedenfalls, dass etwas in der Luft liegt", konstatierte Guillaume. „Noch nie seien die Geschäfte im Pferdehandel so gut gegangen, hat mir mein

---

87 Die Grafen von Luxemburg (vormals Lützelbourg) wurden durch Kaiser Heinrich VII. (1308–1313) bis 1437 eines der führenden deutschen Herrscherhäuser.

Alter gesagt. Das bedeutet in meinen Augen, dass überall aufgerüstet wird. Zum Kriegführen braucht man eben vor allem Pferde – ganz gleich, ob als Reit-, Last- oder Zugtiere. Wenn man beobachtet, wie oft sich in den letzten Wochen Gesandtschaften und Abgesandte aus allen benachbarten Ländern allein in der Lütticher Residenz die Klinke in die Hand gegeben haben, kann man schon unruhig werden. Nur gut, dass unser Fürstbischof und der König von Frankreich eine unerschütterliche Allianz vereinbart haben!"

„Ist das wirklich wahr?", wollte Engelbert wissen. „Wahr und sonnenklar zugleich", hieß es dann gleich aus den Mündern beider Gefährten Engelberts. „Noch in der letzten Woche war der französische Konnegal beim Fürstbischof. Wie seit Jahren soll er einen vollen Sack goldener Dukaten in der Residenz abgeliefert haben. Denkst du, dein Großonkel könnte sonst auf so großem Fuße leben?"[88] Engelbert schwieg. Er hatte sich vorgenommen, seinen Vater und dessen Onkel gleich nach Beendigung der Ferienreise in die Bourgogne so auszufragen, dass er mindestens so gut wie seine Freunde über die politische Lage informiert sein würde. Jetzt hatte es ja keinen Zweck, Probleme zu wälzen, wenn man nicht wissen konnte, wie und wo und ob man sie überhaupt zu lösen vermochte.

Das Reitertrio legte ein erstaunliches Tempo vor, um in vier Tagen das Ziel, die Abtei von Cluny zu erreichen, jenes schon 909 begründete Benediktinerkloster. Im alten Cluniscum an der Grosne, hatte Wilhelm von Aquitanien zum Ausgangs- und Mittelpunkt eine umfassende Erneuerung des Mönchtums herbeigeführt. Auch die Weltgeistlichen und die gesamte Laienwelt hatten das zu spüren bekommen. Ihre Reise führte durch Avallon, wo sie in der romanischen Kirche St. Lazare einen Gottesdienst besuchten und Gelegenheit hatten, die kunstvollen Portale zu bewundern.

Schließlich hatten sie Cluny erreicht und standen staunend vor der größten Kirche der Welt.[89] Mit ihrem Bau hatte man schon 1088 begonnen.[90] Die vieltürmige Abteikirche war gewaltiger und prunkvoller ausgefallen als ihre beiden Vorgängerinnen. Das großflächig mit fünf Schiffen angelegte Langhaus wurde in der Vierung vom „Weihwasserturm", dem Clocher de l'eau Bénité, überragt. Die zahlreichen Mönche in ihren gegürteten schwarzen Tuniken mit Brust wie

---

88 Lüttichs Nähe zu Frankreich hatte von Anfang an dazu geführt, dass die französischen Könige Bischof Adolf politisch umwarben und ihn finanziell mit recht hohen Geldzahlungen unterstützt hatten.

89 Mit dem Bau des Kölner Domes, des größten gotischen Bauwerkes in Deutschland, hatte man 1248 begonnen. Die Bauarbeiten konnten erst im Jahre 1880 abgeschlossen werden. Den Grundstein zum Petersdom in Rom legte Papst Julius II. im Jahre 1506. Ausgehend vom Entwurf des Baumeisters Bramante führte Michelangelo seit 1546 die Bauarbeiten weiter. Maderna fügte in den Jahren 1607–1614 das Langhaus hinzu. Seitdem ist der Petersdom der größte Kirchenbau auf der Erde.

90 Bereits zuvor standen an gleicher Stelle zwei Vorläuferbauten: der erste aus der Gründungszeit des Klosters, der zweite, im Jahre 981 geweihte Kirchenbau, war eine dreischiffige kreuzförmige Basilika. Schon dieser Bau übte sehr starken Einfluss auf die gesamte europäische Baukunst aus.

Rücken bedeckendem, ebenfalls schwarzem Überwurf[91] erweckten bei den Jungen den Eindruck, als seien sie selbst hier unerwünschte Fremde. Dennoch sahen sie sich die gewaltigen Dimensionen der Abteikirche mit ihrem langgestreckten Ostteil, dem Altarraum sowie den zahlreichen Kapellen und auch der Vorhalle und dem Atrium im Westen genau an.

Sie befragten auch die Mönche nach dem heiligen Bénédict, der mit der ersten „Reform von Cluny" schon 927 die Abkehr der Mönche von der irdischen Welt gefordert hatte. Sie erfuhren von der zweiten Reformwelle der Kirche, die ebenfalls hier ihren Anfang genommen hatte. So hörten sie vom heiligen Bernhard von Clairvaux, der in das Kloster Cîteaux eingetreten war und dem Orden der Zisterzienser weltweite Verbreitung verschafft hatte. Er wollte dem erneut drohenden Verfall der Klosterzucht und dem ständig wachsenden Reichtum der Klöster Einhalt gebieten. Cluny war bis dahin das bedeutendste Benediktinerkloster gewesen. Dann aber begann unter dem heiligen Bernhard der Siegeszug der Zisterzienser durch ganz Europa. Man erzählte den wissbegierigen Reitern auch von anderen berühmten Benediktinerklöstern, z. B. dem Stammkloster Monte Cassino in Italien und den Klöstern Montserrat in Spanien, auch von Hirsau im Schwarzwald sowie den österreichischen Klöstern Kremsmünster und Melk. Schließlich verrieten die Mönche, wie stolz sie darauf seien, dass so viele Päpste und Heilige aus ihrem Kloster in Cluny Geschichte geschrieben hatten.[92]

Die Mönche fanden Gefallen an den jungen Reitern aus Lüttich. Sie baten sie, ihre Gäste zu sein. Auch die Mönche von Cluny waren sehr interessiert, Neues aus der Welt zu erfahren. So war der Aufenthalt der Jungen in Cluny zu einem ganz außergewöhnlichen Erlebnis geworden. Sie hatten sich vorgenommen, ihrem verehrten Herrn Levold von dieser Reise zu berichten und ihn zu fragen, ob er selbst auch schon dort gewesen sei. Schließlich hatten sie ja zunächst von ihm vieles über Cluny und seine Persönlichkeiten erfahren.

Auf der Rückreise besuchten sie zuerst die Stadt Autun am Arroux. Kaum hatten sie eines der beiden alten römischen Stadttore des einstigen Augustodunum durchritten, sahen sie den Janus-Tempel und das gut erhaltene Amphitheater aus römischer Zeit. Irgendwie bekannt kam ihnen die eindrucksvolle Kathedrale St. Lazare vor. Sie war bereits 1132 geweiht worden und zeigte Bauelemente, deren Form und Bedeutung ihnen wenige Tage zuvor die Mönche an der Abteikirche von Cluny erklärt hatten. Autuns bildnerischer Schmuck, insbesondere am Hauptportal der Kathedrale, machte mit der großartigen Darstellung des Jüngsten Gerichts auf sie einen besonderen Eindruck.

91 Dieses Kleidungsstück wird als Skapulier bezeichnet.
92 Bis heute werden 24 Päpste und über 1.500 Heilige gezählt, die aus Cluny stammen oder dort gefördert wurden.

Am Tage darauf folgten sie der weltberühmten Französischen Weinstraße westlich der Saône über Beaune nach Dijon. In ihrem ganzen Leben hatten sie bisher nie so guten Wein kosten dürfen, wie er ihnen dort von freundlichen Winzern dieses von Gott gesegneten Weinlandes angeboten wurde. Immer wieder bat man sie, in den Häusern und Stallungen der Weinbauern Quartier zu nehmen. Ja, das bekannte Wort vom „Leben wie Gott in Frankreich" hatten sie hier bestätigt gefunden. Sie lernten die Freude kennen, in einem friedlichen und in jeder Hinsicht gottbegnadeten Landstrich unterwegs sein zu dürfen.

Gewaltig und zugleich bedrohend wirkte dagegen auf sie die Herzogstadt Dijon, in der sie den Palast der Herzöge mit nur noch zwei der ehemals vier vorhanden gewesenen Türme bestaunten. Sie ausgiebig anzusehen und auch ihr Inneres kennenzulernen, wagten sie jedoch nicht. Sie wussten, französische Adlige lebten in einer anderen Welt als sie. Schnell konnte unerwünschte Neugier zum Kennenlernen ihrer Kerker führen! Deshalb hatten sie sich schleunigst in den Schutz der Kirche „Notre Dame" begeben. Dieses Gotteshaus besaß eine einmalig schöne Schaufassade mit feinen Steinarkaden in zwei übereinander liegenden Stockwerken über drei mächtigen Portalen im Erdgeschoss.

Über Langres an der Marne ritten sie dann auf die Monts Faucilles zu, schwenkten aber bald nach Osten ab, um hinter Nogent-en-Bassigny die ihnen vertraute Maas wieder zu erreichen, die hier in der Nähe entsprungen war.

Jeder Tag ihrer Reise ins Bourguignon war für sie lehrreich und schön gewesen. Sie hatten sich untereinander so gut verstanden, wie sie es vor Jahren nicht im Traum hätten annehmen können. Nun sahen sie schon die Türme ihrer Bischofsstadt vor sich. Bis jetzt hatte an jedem Tage die Sonne geschienen. Nachts hatte es erwünschten Tau und hin und wieder eine angenehme Erfrischung durch sanfte Niederschläge gegeben. Sie empfanden dankbaren Herzens: So harmonisch wie die beiden vergangenen Reisewochen würde es wohl in Zukunft nicht mehr sein. Als sie über Lüttichs Maasbrücke in die Stadt hinein ritten, donnerte es schon, der Himmel verdunkelte sich. Nachdem sie ihre Pferde im Stall an der Domschule abgesattelt hatten, öffnete der Himmel alle Schleusen. Sie waren froh, Lüttich gerade noch rechtzeitig erreicht zu haben.

V. Schwere Schicksalsschläge

Schlechte Nachrichten

Gleich nach der ersten Nacht in seiner Lütticher Schlafstätte versuchte der aus der Bourgogne zurückgekehrte Engelbert mehr über die diplomatischen und kriegerischen Ambitionen seines Vaters zu erfahren. Die Andeutungen seiner Freunde Bénédict und Guillaume über die kämpferischen Pläne seines Vaters hatten ihm keine Ruhe gelassen. Den Vater selbst zu fragen, gab es keine Gelegenheit, denn der war werweißwo, um den Landfrieden in der Mark oder in Gelderland zu sichern. So blieben ihm nur Schulkameraden und vertraute Lehrer, um von verschiedenen Seiten Neues und möglichst Zutreffendes zu erfahren.

Seine Schulkameraden entstammten weitgehend flämischen und flandrischen Familien. Ihre Väter waren größtenteils Landadlige oder erfolgreiche Geschäftsleute, die das Leben und Streben eines jenseits des Rheines agierenden Landesherrn, wie es Graf Adolf II. von der Mark für sie war, nur wenig interessierte. Bei dem nur geringen Teil der Schüler aus Frankreich und aus dem Norden der Niederlande war das anders. Die Franzosen beobachteten politische Kräfteverschiebungen erstaunlicherweise recht aufmerksam. Lebhaft diskutierten sie darüber mit jungen Menschen aus anderen Regionen. Die aus dem Bistum Limburg, aus Brabant und den nördlich angrenzenden niederländischen Landesteilen Stammenden nahmen oft leidenschaftlich, aber häufig ihre Meinungen wechselnd, Stellung zu oft nur kleinen, den meisten Schülern aber bedeutsam erscheinenden Veränderungen in ihrer Heimat. An den sich abzeichnenden Bedrohungen inner- und außerhalb ihrer vertrauten Umgebung waren sie mehr interessiert als an politischen Veränderungen größerer Staaten.

Engelbert hatten noch so heiße Diskussionen darüber bisher nie interessiert. Was sollte er sich auch einmischen in Debatten über fragliche Strukturveränderungen in fremden Herrschaftsgebieten? Zwar waren ihm die erheblichen Spannungen zwischen den herrschenden Landesherren untereinander und auch die nach Befreiung von fürstbischöflichem Joch strebenden Bürger in den Städten, speziell der hier in Existenznot befindlichen unteren Volksschichten bekannt, doch was hätte ein Fremder im Lande, wie er es war, daran ändern können!

Da waren ihm Ansichten bisher eindeutig objektiv urteilender Lehrpersonen schon wichtiger, um sich möglichst bald ein sachgerechtes Urteil über politische Tendenzen und kriegslüsterne Herrscher bilden zu können.

Bald hatte er herausgefunden, dass man seinen Vater Adolf von der Mark allgemein als außergewöhnlich temperamentvollen Landesherrn ansah. Dessen inniger Kontakt zu seinem Onkel, dem Fürstbischof von Lüttich, hatte die Einstellung eines zuvor frommen Kirchenmannes zugunsten einer hoheitlichen Herrscherpersönlichkeit gewandelt. Das mehrfache Aufbegehren der Bürger von Lüttich, Namur, Dinant und Huy hatte des Bischofs nun ausgeprägte und anscheinend kompromisslose Härte gegen seine Widersacher wachsen lassen. Stellenweise gab man dem Grafen von der Mark für diese „harte Linie" des Bischofs die Hauptschuld.

Schon Engelberts Großvater Engelbert II. (1308–1328) war des Lütticher Bischofs Adolf II. wichtigste militärische Stütze gewesen. Jetzt hatte sein Sohn Adolf gerade wieder bewiesen, dass er aus gleichem märkischen Holz stammte: Adolf hatte sich nicht gescheut, sogar dem Bischof von Münster anno 1343 Fehde anzusagen, obgleich wenige Jahre zuvor unter den herrschenden Landesherren der „Erste westfälische Landfrieden"[93] vereinbart worden war. Die Grafen von der Mark hatten seit langer Zeit nördlich der Lippe eine große Anzahl von Gerechtsamen und Besitzungen besessen, die inzwischen rings vom Gebiet des Bischofs von Münster umschlossen waren und Ziel seiner Besitzgierde sein mussten. Zeitlebens hat Graf Adolf II. von der Mark dafür gekämpft, diese Besitzungen und Einflussmöglichkeiten seiner Grafschaft Mark zu erhalten, doch war es verständlich, wenn der Bischof von Münster bestrebt war, keine fremden Enklaven in seinem möglichst zusammenhängenden Territorium zu dulden. Adolf II. sah sich damit im Norden bedroht wie auch von Westen und Osten durch vielfältige Einschränkungen und Maßnahmen des Kölner Erzbischofs[94]. Im Juli 1344 hatte Graf Adolf II. die vom kölnischen Erzbischof wieder aufgebaute Stadt Menden belagert und sie, als die Belagerung erfolglos zu werden schien, gründlich zerstört.

*

Auch hatte Engelbert herausgefunden, dass sein verehrter Lehrer Levold von Northof keineswegs immer gleicher Meinung gewesen war wie der Lütticher Bischof. Schon gleich nach seiner Ernennung zum Bischof war ihm Levold nach Lüttich gefolgt. Dort erhielt er vom Bischof Adolf ein Kanonikat an der Kathedrale von St. Lambertus und später eine einträgliche Domherrenstelle. Welche Bedeutung dieser bischöfliche Ratgeber schon früh besessen haben musste, zeigte sich bereits anno 1322, als Levold seinen Bischof auf dem Kölner Provinzialkonzil vertrat, wo am Tage der Heiligen Kosmas und Damian die Gebeine der Heiligen drei Könige in den zu weihenden Chor des Kölner Domes überführt wurden. Anno 1328 hatte Levold mit Bischof Adolf eine umfangreiche Reise nach Westfalen unternommen. Dort war im gleichen Jahre am 18. Juli der damalige Landesherr Graf Engelbert II. gestorben. In der Fröndenberger Stiftskirche hatte man ihn zur letzten Ruhe gebettet.

---

93 Er war bereits 1338 erstmalig verkündet worden.
94 Erzbischof Walram Graf von Jülich (1332–1349)

Levold von Northof hatte des Lütticher Bischofs Zuneigung zur französischen Krone nie gefallen. Auch behagte es ihm nicht, wie stark der französische König[95] sich mit Duldung, ja sogar mit tatkräftiger Unterstützung des Lütticher Bischofs das Recht eines Schiedsrichters anmaßte, wenn Landesherren der belgischen Territorien ihre Meinungsverschiedenheiten und Fehden austrugen. Stets hatten es die französischen Machthaber verstanden, ihre Einflussnahme zum Wohle Frankreichs auszugestalten. Für Levold von Northof war es – das hatte er wiederholt erklärt – nicht hinnehmbar gewesen, dass der französische König Kontrolle über Länder ausübte, die eindeutig seit Jahrhunderten zum Deutschen Reich gehörten.

Levold von Northof hatte es auch nicht verstehen wollen, dass sein Bischof, wenn es um Sonderinteressen benachbarter Fürsten ging, seine Stellungnahmen allzu oft verändert hatte. Leider konnte Engelbert seinen Lehrer nicht nach Einzelheiten fragen, doch gar zu gern hätte er es getan. Levold aber weilte wieder einmal beim Kölner Erzbischof in Brühl.

*

Erstaunt hörte Engelbert das gewaltige Dröhnen aller Kirchenglocken in der Stadt Lüttich. Was war geschehen? Gerade war die Nachricht vom Tode des Fürstbischofs in seiner Residenz eingetroffen. Bischof Adolf war zwei Tage nach Allerheiligen des Jahres 1344 in der kleinen Stadt Clermont-les-Nandrin bei Huy verstorben. Der junge Engelbert hatte in ihm einen seiner wichtigsten Gönner verloren. Ehrenvoll und äußerst würdig erfolgte die Beisetzung des fünfundfünfzig Jahre alt gewordenen Fürstbischofs, der dreißig Jahre die Geschicke des Bistums Lüttich geleitet hatte. Das für Mai 1345 geplante große Reitturnier, auf das sich Engelbert schon gefreut hatte, war damit leider mehr als fraglich geworden.

Nachfolger auf dem Lütticher Bischofstuhl wurde der Neffe des Verstorbenen, Graf Engelbert von der Mark[96], ein Bruder des Grafen Adolf II. – Er war somit ein Onkel des Domschülers Engelbert. Für den neuen Fürstbischof hatte sich vor allem der französische König Philipp beim Papst Clemens VI. stark gemacht.

Vieles deutete darauf hin, dass die enge Verbindung des Lütticher Bischofs mit seinen märkischen Verwandten wie zu Zeiten des Bischofs Adolf bestehen bleiben würde. Doch wer den märkischen Landesherrn Graf Adolf II. und die

---

95 Der französische König Philipp VI. maßte sich schon 1322 Rechte eines Schiedsrichters an, als er die streitenden Parteien in Compiègne zu einem Friedensdiktat aufgerufen hatte, das allerdings infolge des bald darauf ausbrechenden hundertjährigen Krieges zwischen England und Frankreich kraftlos blieb.

96 Am 23. Februar 1345 zum Bischof ernannt, führte Engelbert, Graf von der Mark, die Leitung des Bistums Lüttich bis zum 23. Februar 1364, also über 19 Jahre fort.

Eigenschaften des neuen Bischofs kannte, zweifelte nicht ohne Grund, ob die bisherige „märkische Allianz" in gleicher Herzlichkeit fortgeführt werden würde. Zum Osterfest des Jahres 1345 wurde der neue Bischof Engelbert von der Mark, vom päpstlichen Hof in Avignon kommend, unter großen Ehren in Lüttich empfangen.

*

Im gleichen Jahre erfocht Graf Adolf II. von der Mark in seiner Schlacht bei Recklinghausen gegen bischöfliche Streitkräfte aus Münster einen glänzenden Sieg. Dabei nahm er viele Edelleute, Ritter und Knappen gefangen.

Um dem Treiben des Märkers Einhalt zu gebieten, sammelte der Kölner Erzbischof Walram in aller Eile ein beachtliches Heer, um die Schmach der bischöflichen Truppen zu rächen. Er plante, in die Grafschaft Mark einzufallen. So zog er zunächst den Rhein hinab. Da es sein Gegner jedoch verstanden hatte, ein mindestens gleichwertiges, wenn nicht sogar größeres Heer gegen den Kölner Erzbischof ins Feld zu führen, strebte der Erzbischof Friedensverhandlungen an. Sie begannen alsbald in Köln unter der Federführung des Grafen von Hennegau. Vor den Toren Kölns aber erschien darauf der Herzog von Brabant Johann III. mit großem Gefolge von Dienstmannen. Er war zur Unterstützung des märkischen Grafen bereit. Diese politische Drohgebärde führte zu einem schnellen Friedensschluss. Das ursprüngliche Vorhaben des Grafen von Hennegau, einen den Kölner Erzbischof begünstigenden Einfluss auf die Kölner Friedensverhandlungen zu nehmen, war glücklicherweise vereitelt worden. Der Graf von der Mark stand als Sieger bei diesen Auseinandersetzungen fest. Er erhielt hohe Lösegeldzahlungen für die Freigabe seiner zahlreichen Gefangenen und hatte an Einfluss hinzugewonnen.

*

Noch größere Bedeutung hatte mittlerweile eine andere Auseinandersetzung für Europa bekommen: der 1339 mit einer englischen Invasion begonnene Englisch-französische Krieg, der dann – wenn auch mit Unterbrechungen – hundert Jahre andauern sollte. In der äußerst verlustreichen Schlacht bei Crécy hatten sich zwei gewaltige Heere 1346 eine erbitterte Schlacht geliefert. Auf französischer Seite standen der König Johann von Böhmen, der Graf von Flandern und der Herzog von Lothringen. Alle drei Genannten fielen in dieser Schlacht, während Johanns Sohn, der gerade gewählte deutsche König Karl IV., nur verwundet wurde. Dagegen hatten für die englische Seite die Grafen von der Mark und von Berg Partei ergriffen. Das Bistum Lüttich war mit französischem Geld zur Neutralität verpflichtet worden.

*

Lüttich war gottlob nicht in die kriegerischen Aktionen verwickelt worden und neutral geblieben. Aber in der Domschule hinderte das niemanden daran, die kriegerischen Ereignisse, mal für diese, mal für jene Partei eintretend, zu diskutieren, doch war man sich ohne Ausnahme einig, dass die in keinesfalls vertretbarer Anzahl erklärten Fehden künftig zu verhindern sein müssten.

Das war auch Levold von Northofs schon seit Jahren immer wieder vorgetragene Meinung, als er nach der Beisetzung seines Bischofs wieder nach Lüttich zurückgekehrt war und die Domschule wie früher besuchte. Gerade für seine westfälische Heimat sollte die Einschränkung der verhassten Fehden eine notwendige Erleichterung bringen[97]. Neben der Erörterung der Lage auf den Kriegsschauplätzen des europäischen Kontinents war das Reiten und alles, was damit zusammenhing, das Hauptthema der Domschüler von Lüttich geblieben.

Von Reitern und Pferden

„Glaubt nur ja nicht, ihr jungen Reiter, die ihr hin und wieder Preise bei Reitveranstaltungen habt einheimsen können, ihr würdet genug von Pferden und der Reiterei verstehen! Auch wenn ich bemüht war, euch das Notwendigste für das Verständnis der Pferde beizubringen, euer Wissen um diese treuen Gefährten der Menschen und ihren Einsatz ist leider noch lückenhaft."

Herr van Mehren sah nach diesen Worten in viele Gesichter voller Unverständnis. Zu sehr hatten sich die Domschüler in letzter Zeit daran gewöhnt, immer wieder gelobt zu werden.

„Wer von euch kann mir denn sagen, wann das Pferd zum ersten Male in der Menschheitsgeschichte eine besondere Rolle gespielt hat?"

Wie erwartet, meldete sich Engelbert, der nie um eine Antwort verlegen war: „Das sagt uns ja schon die Bibel!"

„Und wer bürgt für die Wahrheit deiner Behauptung?"

„Das wird Herr Levold tun, wenn Sie ihn fragen, denn er hat uns von der Arche Noah berichtet, über die im 1. Buch Mose[98] zu lesen ist, wie Noah die Tiere, jeweils paarweise vor der Sintflut gerettet hat. Für sich, seine Familie und alle ihm bekannten Tierarten war in dem von ihm gebauten hölzernen Kasten, der dreihundert Ellen lang und fünfzig Ellen breit gewesen sein soll, Platz für alles, was er vor dem Tode durch die Sintflut zu bewahren hoffte. Bei allen diesen Tieren waren bestimmt auch Pferde. Sonst würde es heute wohl kaum noch welche geben!"

---

97 Dieses Ziel erreichte Kaiser Karl IV. erst 1356 mit der Verkündung der letzten Kapitel „Goldene Bulle" in Metz. Im Anschluss daran unternahm er einen freilich ergebnislosen Versuch, in Maastricht für seinen Bruder, den Herzog von Brabant, um Verbündete zu werben.
98 Bericht im 1. Buch Mose, Kap. 6–8

Gerold van Mehren musste schmunzeln. „Wahrscheinlich hast du damit Recht, doch scheint es mir angebracht, euch in den nächsten Unterrichtsstunden einen Einblick zu geben in das innige Verhältnis von Pferd und Reiter, auch in der ältesten Zeit.

Die Pferde hatten schon in Griechenland einen hohen Stellenwert. Das beweisen deren Nachbildungen in der antiken Kunst. Wir finden Reiter und Pferdedarstellungen am Parthenon-Tempel in Athen, auf vielen Vasen und sogar in den Berichten des Dichters Homer, der um 750 v. Chr. gelebt hat. Homer beschreibt beispielsweise, wie die Mähne eines Pferdes mit Öl eingerieben wird. Der große makedonische Feldherr Alexander hat als Zeichen seiner Trauer um seinen vierbeinigen Freund all seinen Pferden und Maultieren die Mähnen abschneiden lassen – ein Brauch, der im ganzen Griechenland verbreitet war. Sogar Voltigierübungen sind auf kostbaren Vasen aus Mykene aus der Zeit um 1200 v. Chr. überliefert. Darauf ist zu erkennen, wie sehr die Griechen auf einen besonders gepflegten Schweif ihrer Pferde achteten.
Am Parthenon-Fries können wir bewundern, wie griechische Reiter bei der panathenäischen Prozession sattellos ganz natürlich und locker, wie ihr es zumeist tut, auf ihren temperamentvollen Pferden sitzen. Ihre Rosse haben die Reiter dabei eindeutig unter Kontrolle, ohne ihnen eine Kandare angelegt zu haben.

Ein anderer Pferdeliebhaber war der Athener Xenophon[99]. Er berichtet in seinen pferdekundlichen Schriften über den Seelenadel und die hoheitsvolle Haltung griechischer Reitpferde. Als erfahrener und berühmter Kavallerieoffizier im vierten vorchristlichen Jahrhundert hat er seine Erkenntnisse kurz nach den Jahren 369 bis 368 v. Chr. in großartigen Worten dargestellt.

Übrigens konnten sich nur wenige begüterte Athener erlauben, ein eigenes Reitpferd zu besitzen. Nur einigen von ihnen war es damals vergönnt, zu diesen wohlhabenden Menschen zu zählen. Man nannte sie ‚Hippeis‘. Es waren die Ritter jener Zeit. Nur dem von ihnen war der Besitz eines eigenen Pferdes gestattet, der ein Einkommen von mindestens dreihundert Scheffeln Getreide vorweisen konnte. Lebte der Reiter selbst in einer Stadt, musste er für sein Pferd einen Stall möglichst nahe am eigenen Haus sein eigen nennen. Der Fußboden dieses Stalles sollte mit etwa hufgroßen Steinen gepflastert sein. In der Zeit der griechischen Antike kannte man nämlich weder das Beschneiden noch das Beschlagen der Hufe. Die Pferde mussten sich selbst die ‚Hufe kurzlaufen‘. Dabei war hartes Stallpflaster recht hilfreich.

99 Der griechische Schriftsteller Xenophon lebte von 430 bis 355 v. Chr. Er nahm zunächst als „Schlachtenbummler" am Zug des jüngeren Kyros gegen den Perserkönig Artaxerxes II. teil. Im Jahre 396 begleitete er den Spartanerkönig Agesilaos als Reiteranführer zunächst nach Kleinasien und danach gegen die mit Athen verbündeten Thebaner. Deswegen in den Jahren 368/67 v. Chr. verbannt, verbrachte Xenophon den Rest seines Lebens wohl in Korinth.

Xenophon schildert, wie die Athener ihre Pferde ausbildeten. Zunächst überließen sie es anerkannten Fachleuten, die Rösser an geeignetes Zaumzeug und einen aufsitzenden Reiter zu gewöhnen. Dann erst übernahmen die Athener selbst die weitere Ausbildung ihrer Pferde. Die Pferde mussten lernen, sich zunächst in der Reitbahn im Schritt, im Trab und im Galopp zu bewegen. Später hatten sie auch Kreis- und Achterfiguren auszuführen, zuerst ohne, dann mit aufgesessenem Reiter.

Nicht jedes Pferd aber habe, so schrieb Xenophon, neben einem gut gebauten Körper auch einen ebenso guten Charakter und eine ‚mutige Seele‘. Wäre dies alles schließlich wie gewünscht vorhanden, brächte ein solches Pferd auch schwierige Übungen wie ‚die Passage‘ oder ‚die Levade‘ zustande. Alle pferdekundlichen Schriften verfasste Xenophon im Gedanken an einen möglichen Kriegseinsatz von Pferd und Reiter. Dieser Leitfaden Xenophons dient bis heute den Dressurreitschulen vieler Völker als Anleitung und Richtschnur für die Ausbildung ihrer Rösser.“

„Aus fast jedem seiner Sätze“, führte van Mehren weiter aus, „sprechen Xenophons Liebe zum Pferde und seine Hochachtung vor der Würde der Kreatur.

Ich will euch an einem einzigen Beispiel zeigen, wie begeistert er von dieser ihn beglückenden Schöpfung Gottes spricht: ‚Ein Pferd ist von solcher Schönheit, dass niemand müde wird, es anzuschauen, wenn es sich in seiner Herrlichkeit zeigt.‘“

Zu einer anderen Lehrstunde hatte der Stallmeister des Lütticher Bischofs mancherlei Zaumzeug mitgebracht. Er wollte seinen Schülern den Unterschied von Trensen- und der in letzter Zeit wieder beliebt werdenden Kandare-Zäumung erklären. Auch vielerlei Arten von Reitersporen und Pferde-Kopfgestellen lagen auf dem Pult, hinter dem der hochangesehene van Mehren seine Stimme wie ein seine ungewohnte Ware anpreisender Handelsmann laut und deutlich erschallen ließ.

„Jemandem den Steigbügel halten“, meine lieben Schüler, „Was will diese allgemein übliche Redensart sagen?“, fragte er danach die Runde. Er wollte damit andeuten, wie die Beschäftigung mit dem Pferd, auch den deutschen Wortschatz bereichert hatte, um sich anschließend dem technischen Reitzubehör, wie Sporen, Hufeisen, Sätteln, Trensen und Kandaren – kurz gesagt, dem für Reiter so wichtigen Komplex „Zaumzeug und Zügel“ zuzuwenden.

„Neuerdings hört man auch die Empfehlung ‚Jemanden an die Kandare nehmen zu müssen‘ oder ‚ein Tier im Zaum zu halten.‘ – Das sind ebenfalls Redewendungen, die ihren Ursprung aus dem Umgang mit Pferden haben.

„Was können Sie uns über die Rolle sagen, die Pferde als Zugtiere von Wagen in der Kriegsführung zu übernehmen hatten?“, unterbrach Engelbert erneut den Redefluss des Stallmeisters. Der fuhr aber unentwegt fort in seinen Erklärungen.

„Die Entwicklung der Streitwagen und anderer Räderfahrzeuge stellte einen bedeutsamen Höhepunkt in der Verwendung des Pferdes für kriegerische Zwe-

Sprengender Reiter von Tiziano Vecellio um 1550
Kreidezeichnung auf blauem Papier 38,8 cm x 24,7 cm aus der Staatl. Graphischen Sammlung München

cke der Menschen dar. Ein Wagen erhöhte die Beweglichkeit der Menschen in jeder Hinsicht und ermöglichte die Kriegsführung in neuen Dimensionen. Die Schnelligkeit von überraschenden Angriffen war den bisher nur als Fußtruppen eingesetzten Soldaten überlegen.

Wir haben unseren Pferden die Kandare bisher noch nie zugemutet und ziehen die Trense der Kandare vor. Sie stellt die einfachste und schonendste Art der Zäumung eines Pferdes dar. Wie ihr längst wisst, werden bei der Trensenzäumung die Zügel unserer Reitpferde an den Trensenringen befestigt. Der im Maul des Pferdes liegende Trensensteg[100] besteht zumeist aus einem einteiligen Eisen- oder Bronzeteil. An seinen Enden sind außerhalb des Pferdegebisses Ösen für die Trensenringe befestigt.

Wer wie ihr gewohnt ist, sein Pferd mit der Trense zu führen, ist weit mehr auf gutes Verständnis zwischen Pferd und Reiter angewiesen als ein Reiter mit der Kandare[101]. Bei Verwendung der Kandare bewirkt die Angst des Pferdes vor Schmerzen eine frühzeitige Unterordnung unter den Willen des Reiters. Jetzt mögt ihr entscheiden, was für ein Pferd angenehmer ist, Trense oder Kandare?

Diese Aufforderung löste eine lebhafte Diskussion unter den älteren, bereits reiterfahrenen Schülern aus. Auch Engelbert beteiligte sich daran: „Je inniger die Verständigung zwischen Reiter und Pferd ist, umso bereitwilliger wird ein Pferd das tun, was der Reiter wünscht. Fehlt dieses Verständnis, mag die Kandare notwendig sein, besonders dann, wenn das Pferd den Reiter noch nicht kennt."

„Richtig!", bekräftigte Bénédict diese Meinung. „Viele hochgestellte Herren sind ja im Reiten ungeübt. Sie haben es verlernt, weil andere Dinge sie mehr in   Anspruch genommen haben. Für sie mag die Kandarenzäumung ein notwendiges Übel sein, um einem Pferd ihren Willen aufzuzwingen. Wir haben das aber nicht nötig!"

„Ich fühle mich von euch wirklich gut verstanden!" Van Mehren fuhr in seinem Vortrag fort: „Mein Anliegen war in dieser Unterrichtsstunde, euren Blick für die unterschiedlichen Zäumungen zu schärfen. Gewiss werdet ihr in den nächsten Wochen viele Berittene durch die Herrengasse zur Residenz reiten sehen. In unruhigen Zeiten, wie wir sie jetzt erleben, wird unser Bischof täglich von fremden Delegationen besucht. Er muss Gesandte aus allerlei Ländern empfangen, die zumeist auf Pferden Einzug in die Stadt Lüttich halten. –

100 Es gibt auch gekoppelte Trensenstege, also zweiteilige, die mitten im Zungenbereich des Pferdes mit hakenartigen Ösen zusammengehalten werden. Im Gegensatz zur Kandare sind die Trensenbestandteile untereinander gelenkig verbunden. Schon die alten Griechen, die Skythen und die Germanen liebten die Trense zum Führen der Pferde.

101 Beim Zäumen mit der Kandare werden die Zügel an Ringen am unteren Hebelende angeschnallt. Entgegen der Trense, bei der die Zügel unmittelbar auf das Pferdegebiss einwirken, erfolgt beim Einsatz einer Kandare durch die Hebelwirkung der mit ihr verbundenen Unterbäume eine erheblich heftigere und für das Pferd manchmal sehr schmerzhafte Reaktion.

Beachtet auch etwaige Verzierungen am Pferdegeschirr! Ihr entdeckt dabei vielerlei Arten von Zierscheiben und seht nicht nur an den Trensenenden prächtige Metallbeschläge[102] aus Bronze in blattähnlicher oder herzförmiger Gestalt. Vielleicht seht ihr auch einmal unglaublich lange Sporen,[103] die wegen der besonderen Beinhaltung ihrer Reiter bei Turnieren angebracht sind. Solche Schaukämpfe werden, Gott sei Dank, immer seltener. Wir jedenfalls bemühen uns, unsere Pferde nicht durch schwere eiserne Rüstungen und immer mehr Zutaten am Zaumzeug zu belasten. Wie sehr unsere Pferde sich dafür dankbar zeigen, indem sie bereit sind, pfeilschnell dahinzueilen, habt ihr ja bei euren erfolgreichen Rennen selbst erlebt."

Van Mehren führte mehrere Steigbügeltypen vor.

„Steigbügel gab es in der Antike noch nicht. Sie kamen erst zum Ende des nachchristlichen Jahrtausends in Mitteleuropa auf. Zunächst waren sie in recht einfacher Form aus Eisen geschmiedet."[104]

Wichtig erschien es Gerold van Mehren, auch auf die unterschiedlichen Pferdearten und ihre Größen hinzuweisen.[105]

„Fest steht", so führte van Mehren aus, „dass sich unsere Pferde aus kleinen Anfängen – damit meine ich auch die zunächst geringe Größe der Tiere – vom Wildpferd bis zu uns vertrauten und zuverlässigen, erheblich größeren Reittieren entwickelt haben. Sie dienten den Menschen bekanntlich zunächst als Fleischlieferanten. Aus kleinen, genügsamen und doch recht kräftigen Tieren aus den Steppen entwickelten asiatische Völker Reitpferde, die ihren Weg zunächst in den Mittelmeerraum und später nach Mitteleuropa fanden. Erfolgreiche Pferdezüchter der alten Zeit verstanden es nach und nach, durch Züchtung nach bestimmten Auswahlkriterien unterschiedliche Pferderassen zu erschaffen. Das ‚Stockmaß' – das ist ein Maß für ihre Größe – galt es zu erhöhen. Auch ihr Gewicht bestimmte bald ihre Eignung für verschiedene Verwendungszwecke. Unsere Pferde sind das Ergebnis erfreulicher Zuchterfolge. Uns Menschen dienen sie als Last-, Reit- oder Zugtiere.

Je mehr sie für die Menschen nutzbar wurden, erreichten die Pferde eine immer größere Gestalt. Skelettfunde haben bewiesen, dass die Größe der im ersten Jahrtausend unserer Zeitrechnung als Reittiere gebrauchten Pferde nur

---

102 Zuweilen sind Zierscheiben mit plastischen Darstellungen am Brustriemen der Pferde angebracht. Es gibt doppelringige und geteilte Leitseilhalter am Kummet und auch vielerlei Arten von Sporen mit kurzem Knopf oder Stacheln sowie Hahnen- und Radsporne, die eigentlich nur für Turniere empfehlenswert sind.

103 Grabfunde aus der Latène-Zeit lassen darauf schließen, dass Sporen zum Antreiben und zur Dressur eines Pferdes schon lange in Europa üblich waren. Schon früh waren sie im Norden Europas bekannt.

104 Bronzene Steigbügel kannten erstaunlicherweise schon die Wikinger und die Normannen. Neuerdings werden sogar Versuche mit leicht verstellbaren Steigbügeln gemacht. Ihre Glieder bestehen aus einer geschmiedeten Eisenkette. Je nachdem, wie deren Glieder eingehängt werden, ermöglichen sie unterschiedlich großen Reitern mit längeren oder kürzeren Beinen das Aufsteigen und Reiten auf dem gleichen Pferd.

105 Im Mittelalter kannte man noch keine speziellen Pferderassen. Planmäßige und zielstrebige Pferdezucht kam erst in der Barockzeit auf.

ein Stockmaß von zehn bis zwölf Hand aufwiesen.[106] Die überwiegende Anzahl der heute vorhandenen Reit- und Wagenpferde besitzt eine Stockhöhe von zwölfeinhalb bis fünfzehn Hand.[107]

Vereinzelt gibt es auch Reitpferde des Adels oder für militärische Anführer, die sechzehn Hand Risthöhe[108] aufweisen. Die etwas kleineren Pferde gelten aber allgemein als robuster.

Noch recht selten, aber in ständig zunehmender Anzahl, werden neuerdings auch Pferde zur bäuerlichen Arbeit auf dem Felde oder bei Transporten landwirtschaftlicher Erzeugnisse eingesetzt. Ihre Arbeitsleistung ist effektiver und vor allem zeitsparender als die der Ochsen. Ich prophezeie euch: Unsere vierbeinigen Freunde werden in Zukunft eine immer größere Rolle spielen!"

Diese Schlussworte seines Vortrags waren noch nicht ganz verklungen, da klopfte es an die Tür des Schulhauses. „Engelbert", rief aufgeregt eine etwas weinerliche Stimme, „du musst sofort zum Stall kommen! Dein Arco ist krank und hat möglicherweise eine böse Kolik. Er hat arge Atembeschwerden, schüttelt sich vor Krämpfen und röchelt, als müsse er bald sterben!" Es war der Pferdepfleger Bernard, der gleich, nachdem er den Stallmeister gesehen hatte, zu ihm gewandt, erklärte: „Am besten wäre es, Ihr kämt gleich mit. Ich befürchte, Arco hat eine ansteckende Krankheit, die sich schnell bei den anderen Tieren im Stall ausbreiten könnte!"

Eilig machten sich van Mehren, Bernhard und Engelbert auf den Weg zum Reitstall des Bischofs. „Arco darf nicht sterben!", war Engelberts einziger Gedanke.

In tiefer Trauer

Der kranke Hengst Arco erhielt eine gesonderte, von den anderen Pferden bewusst getrennte Box. Sein Gesundheitszustand war besorgniserregend. Offensichtlich litt er unter einem heftigen Viruskatarrh. Sein ständiges Husten und die ihn sichtlich schwächenden Atembeschwerden ließen das Schlimmste befürchten.

Van Mehren erwog, ob es nicht besser wäre, das leidende Tier zu erlösen als abzuwarten, wie sich die Krankheit weiter entwickeln würde. Immerhin war eine Ansteckung der übrigen Pferde im Stall der Residenz zu befürchten. Er als Stallmeister, trug die volle Verantwortung für das Leben aller ihm anvertrauten Tiere!

Aggressive Koliken traten neben den Influenza-Viren ungemein variantenreich auf. Solche Varianten waren in der Lage, sich ungehindert und schnell auszubreiten. Für Wärme, ständig frisches Trinkwasser und sofortige Entfernung von Kot

106 Das entspricht etwa einem Stockmaß von 1,10–1,20 m.
107 Das sind zwischen 1,25 m und 1,50 m bis zur Risthöhe.
108 bis zu 1,60 m Stockmaß

und Urin zu sorgen, hatte van Mehren dem besorgten Pferdepfleger Bernhard zur wichtigsten Pflicht gemacht. Arco wurde mit wollenen Decken versorgt. Das mehrfach hoch ansteigende Fieber galt als böses Omen. Recht schnell erschien auf van Mehrens Bitte ein Veterinär der bischöflichen Reiterei, um Rat zu geben. Er verordnete Arco Tinkturen als Trinkwasserzusatz. Am nächsten Tage wollte er Arco auch einige Spritzen geben. Zunächst meinte er aber, es sei notwendig, sich mit Berufskollegen eingehend zu beraten. Niemand außer Bernard dürfe Zutritt zu Arcos Stall haben – auch Engelbert nicht! In seinem Kopf war es düster und traurig wie dieser graue Oktobertag des Jahres 1347. Engelbert zog sich bedrückt ins Schulhaus zurück. Dort hörte er weitere Hiobsposten:

- Engelberts Freund Guillaume van Tongeren war von seinen Eltern unverzüglich zur Abreise nach Bokrijk gedrängt worden und hatte bereits Lüttich verlassen.
- Monsieur François da Gamba, sein geschätzter Sportlehrer, war nicht mehr zum Schuldienst erschienen. Es hieß, er habe ein großzügiges Angebot von Johann III. von Brabant angenommen und schule jetzt in Löwen den Reiternachwuchs dieses Herzogs.
- Aus Italien waren besorgniserregende Nachrichten gekommen: Erneut war die Beulenpest ausgebrochen. Sie hatte bereits Tausende der von ihr befallenen Menschen dahingerafft. Ganz Europa war deshalb in Angst.
- Vergeblich waren die Bemühungen Levold von Northofs gewesen, die Bevölkerung im Maastal zwischen Namur und Lüttich zu einer bischoffreundlichen Haltung gegenüber Engelbert von der Mark zu bewegen. Der hatte Levold beauftragt, das „störrische Volk – meinetwegen mit Güte und Barmherzigkeit" davon zu überzeugen, dass ihr neuer Bischof nur das Beste zu tun bereit sei. „Schließlich seid Ihr weltlicher Abt des Klosters von Visé an der Maas."[109]

Es kam aber noch schlimmer: Am späten Abend fragte ein Reiter des Grafen von Kleve nach Engelbert. Er hieß Rembert von Greven. Engelbert war er bekannt, seit er in Begleitung seines Vaters mit ihm nach Lüttich geritten war.

„Dein Onkel Johann schickt mich, weil es deiner Mutter, der Gräfin Margarete, sehr schlecht geht. Sie leidet unter Atemnot und wird wahrscheinlich die nächsten Tage nicht überleben können. Graf Johann meinte, du solltest es wissen und selbst entscheiden, ob du, um sie noch einmal lebend zu sehen, möglichst sofort mit mir zur Schwanenburg eilen möchtest."

„Erst muss ich Herrn Levold fragen. Aber ich sage dir schon jetzt: Morgen reiten wir in aller Frühe zur Schwanenburg – leider ohne mein bestes Pferd. Arco

109 Levold von Northof war in den Jahren 1331 bis 1332 sehr um Verbesserung der Klosterverhältnisse in Celles-les-Dinant bemüht gewesen und dieserhalb vom Fürstbischof Adolf zum Weltlichen Abt dieses Klosters ernannt worden. Erst 1338 war es Levold gelungen, das Kloster nach Visé zu verlegen, wo er ein geeigneteres Grundstück mit zeitgemäßen Gebäuden beschafft hatte. Seitdem durfte er sich „Abt von Visé" nennen, ohne an die Ordensregeln und an den Wohnsitz Visé gebunden zu sein.

ist in Quarantäne, weil er von einem bösen Katarrh befallen ist. Sobald Herr Levold ins Haus kommt, werde ich ihn um Urlaub bitten."

Die letzten Worte sprach er schon im Weggehen. Zuvor wollte er sich vergewissern, ob sein guter Kuno, den er in letzter Zeit weniger als den sieggewohnten Arco geritten hatte, für diese weite Reise noch einsatzfähig wäre. Tränen auf seinen Wangen, stürzte er in die Box seines alten Freundes aus den Kindertagen am Schwarzenberg. Lange hielt Engelbert seinen Kopf an den von Kuno. Der wieherte durch weit geöffnete Nüstern, als habe er Engelberts traurige Stimmung erahnt und wolle ihn aufmuntern.

Levold von Northof kam erst spät am Abend in seine Wohnung in der Domschule zurück. Auf dem Flur wartete seit Stunden sein Zögling Engelbert. – „Selbstverständlich machst du dich gleich morgen früh auf den Weg zu deiner kranken Mutter. Ich komme am nächsten Tage nach, denn die Gräfin Margarete und ihr Schicksal sind mir wichtiger als alles andere."

„Wir wollen Kleve in zwei Tagesritten erreichen", kündigte Engelbert an. „Die Tage sind jetzt sehr kurz. Da heißt es, sich zu sputen. Deshalb haben wir den Weg über Venlo und Gennep gewählt. Durch das Gelderland zu reiten, scheint mir wegen der dortigen Unruhen jetzt zu risikoreich. Ich hörte, dass Graf Dietrich von Kleve meinen Vater dort als Statthalter eingesetzt haben soll."

„Das habe auch ich erfahren. Dein Vater wirkt dort als vormundschaftlicher Verweser des noch nicht volljährigen Grafen Rainald III. von Geldern.[110] Dieses Jahr gab es im Gelderland bis jetzt schon böse Überraschungen und viele beklagenswerte Todesfälle. Die Unruhen auch in unserer Stadt haben immer noch nicht aufgehört. Erbittert versuchen die Lütticher und Huyenser Bürger, unserem neuen Bischof zu beweisen, dass es ihr Land ist, in dem er agiert. Schon haben sie die Burgen von Clermont, Argenteau in der Provinz Lüttich und die Burg von Hamal im Limburger Land zerstört. Man weiß nicht, was sie weiter planen. Jedenfalls müssen wir uns auch in unserem Bistum auf weiteres Rauben, Mordbrennen und Verwüsten einstellen."

Dem vorzubeugen, hatte Bischof Engelbert mit dem Herzog von Brabant gerade ein Bündnis geschlossen. Für eine erhebliche Summe Geldes hatte sich Herzog Johann III. bereit erklärt, die aufrührerischen Kräfte gegen den Lütticher Bischof mit allen ihm möglichen Mitteln auszuschalten. Auch Freunde aus Deutschland hatten ihre Hilfe zugesagt.

„Es passt recht gut, wenn auch ich morgen über Geldern reite", erklärte Levold von Northof seinem Schüler Engelbert. „Ich möchte die Lage dort mit deinem Vater besprechen. Hätte Bischof Engelbert meinen Rat nicht ausgeschlagen, auf den Gerichtstag in Vottem zu verzichten, wäre es nicht zu weiteren blutigen Kämpfen gekommen. Der Herr von Falkenburg und viele seiner Ritter und Knappen, die sich so tapfer für unsere Sache eingesetzt hatten, wären heute noch am Leben.

---

110 Graf Rainald von Geldern war Landesherr von 1343 bis 1361.

Aber der neue Bischof glaubt ja, vieles besser zu wissen als unsereins, der schon mehr als drei Jahrzehnte in den Niederlanden lebt und die unüberbrückbaren Gegensätze in dieser Gegend inzwischen kennt." – Levold von Northof seufzte: „Morgen will ich ihn um Urlaub bitten, um mich unverzüglich um seine Schwägerin Margarete und deren Kinder kümmern zu können. Ich werde voraussichtlich erst in drei Tagen in Kleve eintreffen."

„Und was haltet Ihr, Herr Levold, von der gegenwärtigen politischen Lage?", wollte Engelbert wissen.

„Das Streben um die Vorherrschaft führt schon seit langem zu Feindseligkeiten zwischen dem Herzogtum Brabant und dem Lütticher Bistum. Immerwährendes Streitobjekt ist die Stadt Mechelen, ein altes Lehen des Bischofs von Lüttich, das bald diesem, bald jenem Landesherrn zugefallen ist. Jetzt hängt die Zusage des Herzogs Johann III., uns beizustehen davon ab, ob Bischof Engelbert im Gegenzug bereit ist, ihm Mechelen zu überlassen.

Auch die benachbarten Fürsten wechseln ständig ihre Seiten, so wie es ihre Sonderinteressen gerade wünschenswert erscheinen lassen. Das hat leider einen Grund: Bischof Engelbert schwankt unentwegt in seinen Stellungnahmen. Dadurch begünstigt er eine Entwicklung, die für das Bistum Lüttich nachteilig ist. Unverkennbar erstreben nämlich vor allem die niederländischen Gebiete einen Zusammenschluss weiter Landstriche unter luxemburgischer, später möglicherweise auch burgundischer Führung."

*

Als die Oktobersonne gerade untergehen wollte, ritten Engelbert und Rembert von Greven schon durch die Gassen Venlos. Während der eher ruhigen Reitstrecke hatte Engelbert seinem Begleiter von einem weiteren Streitobjekt, der Grafschaft Looz, erzählt, deren Herrscherhaus schon 1336 im Mannesstamme ausgestorben war. Seither hatte ein gut zehnjähriger Kampf um die Führungsposition in dieser Grafschaft geherrscht zwischen dem Grafen Dietrich von Heinsberg, der als nächster Verwandter die Erbschaft beanspruchte, und dem Bistum Lüttich, das die Grafschaft als erledigtes Lehen zurückgefordert hatte.

Diesmal hatte der Fürstbischof auf der Seite des Heinsbergers gestanden, der ja sein Schwager war. Er trat damit in deutlichen Gegensatz zu seinem Lütticher Domkapitel, das sich heftig gegen die Überlassung des Lehens an den Heinsberger sträubte. Es berief sich auf das von ihm für entscheidend gehaltene formale Recht.

Für Levold von Northof hatte sich eine schwierige Situation ergeben. Weder gegen seinen Bischof noch gegen seine Kollegen im Domkapitel mochte er sich stellen. Im Bestreben, seinen Bischof zu schonen, hatte auch Levold von

Northof seine sonst so klare und stets auf Sachlichkeit gegründete Haltung aufgegeben.

Rembert von Greven erkannte sehr bald, dass Engelbert, dieser Spross aus märkischem Hause, durchaus in der Lage wäre, politische Entwicklungen rechtzeitig zu erkennen und sachlich zu analysieren, was wem nützen oder schaden könne.

*

Schon am Abend des zweiten Reisetages trafen die beiden Reiter in Kleve ein. Als sie den Burgberg hinaufritten, entdeckten sie den schwarzen Trauerflor an der gehissten klevischen Fahne am Turm der Schwanenburg. Nicht nur Graf Dietrich VIII., sein Großvater, war kürzlich gestorben. Auch Engelberts Mutter, die Gräfin Margarete, Miterbin der Grafschaft, war nach langer Krankheit für immer sanft eingeschlafen. Ihr Leichnam war schon in der Stiftskirche von Kleve aufgebahrt worden.

Diesmal empfingen Engelberts Geschwister ihren ältesten Bruder mit traurigen Augen. Was sollte aus ihnen werden, nachdem die fürsorgliche Mutter diese Welt für immer verlassen hatte?

Am Nachmittag des folgenden Tages traf auch Levold von Northof auf der Schwanenburg ein. Er wirkte verstört und begehrte von der Burgwache zu wissen, wo sich die Grafenkinder aus der Mark befänden. „In der Stiftskirche", lautete die Auskunft. „Sie besuchen dort ihre geliebte Mutter, die leider verstorben ist." „Auch das noch!", stöhnte Levold daraufhin.

Er fand die Kinder andächtig vor dem Altar versammelt, wo der geöffnete Sarg mit ihrer Mutter stand. Stumm drückte der alte Lehrer einem jeden der sieben Kinder die Hand. Stockend brachte er heraus:

„Jetzt sind sie im Tode vereint – eure liebe Mutter und euer guter Vater. Ja, es ist sehr traurig, auch euer Vater hat vorgestern Abend plötzlich und völlig unerwartet diese irdische Welt verlassen.[111] Sein Leichnam wird auf meine Anordnung hin schon morgen nach Kleve gebracht. Dann stehen beide Särge eurer Eltern in diesem Gotteshaus, bis die Überführung der Toten in die Familienbegräbnisstätte nach Fröndenberg beginnt. Noch kenne ich Tag und Stunde des Leichenzuges nicht. Mit eurem Onkel, dem Grafen Johann von Kleve, habe ich über die Trauerfeierlichkeiten noch nicht sprechen können; er wird gewiss ebenso fassungslos sein, wie wir alle es nun sind."

---

111 Graf Adolf II. von der Mark starb um den 23. Oktober 1347 plötzlich und unerwartet in Geldern.

Das Doppelbegräbnis

Die Trauerfeier für das Grafenehepaar fand früh am Morgen des Tages des Hl. Amandus[112] in der Stiftskirche von Kleve statt, die lange schon das klevische Grafengeschlecht als seine Beerdigungsstätte genutzt hatte. Viele geistliche und weltliche Würdenträger waren erschienen, darunter

- Graf Johann von Kleve mit seiner Tante Irmgart, Gräfin von Horn
- Markgraf Wilhelm V. von Jülich mit Gattin und Tochter aus Jülich
- Johann, Herr von Lynn mit Gemahlin Irmgard
- Graf Rainald III. van Geldern
- Graf Gerhard von Berg und Ravensberg mit Gattin Margaretha
- die Bischöfe Jakob I. von Sierk aus Trier und Johann IV. von Arkel aus Utrecht sowie
- die Äbtissin des Reichsstiftes Essen, Katharina I. Gräfin von der Mark, begleitet von ihrer jüngsten Schwester Margarete, einer Nonne ihres Stiftes.

Die beiden aus Essen angereisten Stiftsdamen waren Schwestern des verstorbenen Grafen Adolf von der Mark. Der Lütticher Bischof Engelbert war nicht erschienen, was allgemeines Befremden ausgelöst hatte. Ob wieder eine geheime Audienz beim französischen König daran schuld war? Die Totenmesse zelebrierte der klevische Stadtpfarrer, der seit vielen Jahren zugleich Beichtvater und Schlosspfarrer des Grafengeschlechts war.

Engelbert und seine Geschwister waren überwältigt von der großen Anzahl von Freunden, Bekannten und Verwandten ihrer Eltern, die ihnen ihr Mitgefühl bekundeten. Die meisten von ihnen hatten sie bisher noch nicht kennengelernt. Die Äbtissin Katharina des Essener Reichsstiftes wandte sich besonders ihrem Neffen Engelbert zu. Sie lud ihn ein, möglichst noch im gleichen Jahre zu ihr zu kommen, um dringliche Erbangelegenheiten mit ihm zu besprechen. Dankbar sagte Engelbert zu. Er fühlte sich allein gelassen, wo er doch so dringend Rat brauchte, wie es nun weitergehen sollte.

Als mächtige Orgeltöne beim Verlassen der Kirche ertönten, folgte Engelbert als erster den Särgen seiner Eltern, die von märkischen und klevischen Rittern getragen wurden. Es folgten seine Geschwister mit seinem Onkel Johann und den Schwestern seines Vaters sowie die beiden Bischöfe. Die übrigen Adligen schlossen sich dem Trauerzug bis zur Familiengruft der klevischen Grafen an.

Hier löste sich der Trauerzug auf. Mehrere von Pferden gezogene Kutschen und Gesellschaftswagen folgten jedoch dem mit Fahnen und Tannengrün geschmückten Sargwagen in nordöstlicher Richtung bis zur Fährstation nach Emmerich. Von dort begleitete sie eine kleinere Eskorte, vorwiegend aus

---

112 am 26. Oktober 1347

*Grabmal des Grafen Eberhard II. von der Mark (1277–1308) und seiner Gemahlin Irmgard
von Berg (gest. 1293), Großeltern des Grafen Engelbert III. von der Mark,
in der Fröndenberger Stiftskirche*

trauernden Familienangehörigen bestehend, auf rechtsrheinischer Seite über Isselburg, Bocholt und Borken zunächst bis Haltern. Hier bezog man Nachtquartier. Jenseits der Lippebrücke ging es später auf Lünen und Holzwickede zu, bevor man am Spätnachmittag die Stiftskirche in Fröndenberg als Ziel der zweiten Tagesreise erreicht hatte.

Hier empfing Äbtissin Catrin von der Mark, eine Tochter des Grafenehepaars Eberhard II. von der Mark und seiner ersten Frau Irmgard, die Ankommenden. Eine stattliche Abordnung von Trauergästen geleitete die beiden Särge der Verewigten in die Gruft der im 13. Jahrhundert von Otto, Graf von Altena (1249–1262) erbauten Stiftskirche des Fröndenberger Zisterzienserinnenklosters. Hier stand auch die kunstvolle und mächtige Tumba[113] des Grafen Eberhard II. von der Mark († 1308) und seiner ersten Gemahlin, Irmgard von Berg († 1293). Seit dem Tode des Grafen Otto von Altena war die Fröndenberger Stiftskirche und nicht mehr die von Kappenberg zur bevorzugten Grablege der Grafen von der Mark geworden.[114]

Levold von Northof traf noch rechtzeitig ein, um an der Beisetzung in Fröndenberg teilzunehmen. Er fühlte sich für die ihm anvertrauten Söhne des früh verstorbenen Grafen Adolf II. von der Mark verantwortlich. Mit dem Grafen Johann von Kleve und dem Grafen Konrad von Hörde[115], dem Stifter des Clarissinnenklosters Clarenberg bei Hörde, kam er überein, die drei jüngeren Brüder Engelberts, also Adolf, Dietrich und Eberhard, im Kloster Clarenberg unterrichten und für einen Universitätsbesuch insbesondere in französischer Sprache schulen zu lassen. Die Töchter Margarete, Mechthild und Elisabeth sollten in der Schwanenburg bleiben und dort auf Kenntnisse und Fähigkeiten zur Haushaltsführung und eine spätere Ehe vorbereitet werden.

Dem jungen Engelbert, kaum 17 Jahre alt, war nun als erbberechtigtem Nachfolger seines Vaters Adolf II. von der Mark, das Erbe und der Titel eines rechtmäßigen Grafen von der Mark zugefallen. Er war der dritte Graf von der Mark, der den Namen Engelbert trug. Mit der vorgeschlagenen Unterbringung seiner Geschwister erklärte er sich einverstanden. Er wollte jedoch nicht mit seinen Schwestern nach Kleve zurückfahren. Er hatte eigene Pläne und ritt nach Essen, um weitere Schritte seiner Laufbahn und die sich ihm bietenden Möglichkeiten mit seiner Tante Katharina, der Äbtissin des Reichsklosters, zu beraten. Ihm war bewusst: Einem minderjährigen Grafensohn würde es schwerfallen, sich ohne Freunde und einflussreiche Verwandte zu behaupten.

113 Diese ist jetzt im Kirchturm aufgestellt. Unter einer Tumba = lat. Grab, versteht man einen im Mittelalter ausgebildeten Grabmaltyp, bei dem die Grabplatte auf einem Unterbau ruht. Später erhielten solche Grabdenkmale manchmal Baldachine.
114 Noch heute legen die Bochumer Maischützen alljährlich am Grabe des von ihnen sehr verehrten Grafen Engelbert II. einen Kranz nieder.
115 Konrad von Hörde starb 1353.

Ein Kind auf dem Grafenthron

Zwei Ritter hatte Engelbert zu seiner Begleitung ausgesucht: einen sorgsam abwägenden Älteren und einen weit Jüngeren. Der gerade erst 24-jährige Rembert sollte nun als jüngerer Vertreter in einem ihm nahestehenden Alter ein verständnisvoller Ratgeber werden. Schon Engelberts Vater hatte beide Ritter gern um sich gehabt. Erfreut hatten die Erwählten zugesagt.

„Wie lange kanntest du, Widukind von Bredelaer, eigentlich meinen Vater?", wandte sich Engelbert an den schon mit langem, weißen Haar geschmückten Senior. „Das kann ich genau sagen", kam die Antwort. „Anno 1323 war im Frühjahr der Bischof von Münster mit frechen Gesellen in die Grafschaft Mark eingefallen. Ich war gerade bei einem guten Freund, der zur Burgmannschaft von Hamm gehörte, um mich zu erkundigen, ob auch ich dort unterkommen könne. Da wurden plötzlich die Burgmannen von Hamm – es waren wohl um die fünfundsiebzig und ebensoviel Knechte – aufgeboten, dem Bischof Paroli zu bieten. Ich zögerte nicht lange und ritt mit ihnen über die Zugbrücke. Dort schon wurden wir angegriffen von den Schergen des Landfriedensbrechers. Aber wir haben uns tüchtig gewehrt!

Leider kam mein Freund unter die Hufe der Angreifer. Er wurde niedergetrampelt, von Lanzenstichen durchbohrt und büßte sein Leben ein. Das hat mich so in Rage gebracht, dass ich mich auf einen Schwertkampf mit dem bösartigen Bischof selbst eingelassen habe. Der stürzte vom Pferd. Ich konnte ihn gefangen nehmen. Ein hübsches Lösegeld sprang dabei für deinen Opa heraus. Die beteiligten Burgmannen hatten dem Grafen Engelbert, also deinem Großvater, von diesem Vorgang erzählt. Als ich einundzwanzig Jahre alt war, bestimmte er mich zum ständigen Begleiter deines Vaters. Seitdem war ich sein Leibwächter, bis er mir auf dem klevischen Hof den Auftrag gab, mich um deine Mutter und deren Kinder zu kümmern. Er selbst ritt vor drei Monaten im Auftrag des Grafen Dietrich von Kleve ins Geldrische. Jetzt sind es genau neunzehneinhalb Jahre her, dass ich in den Diensten eures Hauses stehe." –

„Und wie lange ist Rembert bei unserer Truppe?", wollte Engelbert von Widukind wissen. „Den habe ich deinem Vater als Burgmann von Hörde empfohlen, nachdem Hörde vor den Toren Dortmunds auf Vorschlag des Herrn Konrad von Hörde[116], mit Billigung deines Vaters zur Stadt erhoben worden war. Rembert von Greven hatte sich seitdem bei den Verhandlungen und mit der Abfassung von Verträgen als außerordentlich gewandt und erfolgreich erwiesen. Rembert weiß das Schwert ebenso erfolgreich wie den Federkiel zu führen. Er ist keinesfalls ein Schreiberling, sondern eher ein Mann für alle Fälle!" –

116 Konrad von Hörde war der dritte Sohn von Engelberts Großvater.

„Dann habe ich wohl die geeignetsten Berater gewählt, die man sich nur denken kann", stellte der junge Graf befriedigt fest.

Als sie am Abend im Kaminzimmer der Burg Wetter zusammensaßen und einen Becher Rheinwein vor sich hatten, bat Engelbert um die Meinung seiner Begleiter, wie er als noch Minderjähriger seine Rechte als Graf der Mark am besten durchsetzen könne. „Ihr kennt gewiss den berechtigten Ausruf ‚Wehe dem Land, dessen König ein Kind!' Er stammt aus der Zeit Heinrich III.[117]. Vorsorglich hatte er seinen gleichnamigen Sohn, der erst vier Jahre alt war, anno 1054 zum deutschen König wählen lassen. Auf dem Totenbett hatten ihm die fast vollzählig erschienenen Fürsten ihre Zusage gegeben, das Recht seines Sohnes auf Thron und Treue zu respektieren. Aber wie gestaltete sich danach die Zukunft dieses Kaisersohnes? Seinem erst sechsjährigen Sohn[118] musste er im Jahre 1056 die Herrschaft über das Reich überlassen.

Der Kölner Erzbischof Anno entführte ihn als Zwölfjährigen im Mai 1062 nach dem Besuch der Kaiserswerther Pfalz, indem er ihn auf seine Prunkbarke einlud, um gleich nach dessen Betreten ablegen zu lassen.

Bald bewies sich die alte Weisheit, wonach schwache Herrscher Böseres zeugen können als harte Tyrannen. ‚Der König war ein Knabe' schrieb ein Chronist[119] über den späteren Kaiser Heinrich IV.[120], und seine Mutter gab bald diesem, bald jenem, der ihr Rat bot, willig nach. Sie verzichtete auf ihre vormundschaftliche Regentschaft, so dass Herzöge und Bischöfe, Fürsten und Markgrafen den kleinen König ausplünderten wie Straßenräuber. Diese Herren vergriffen sich an seinen Einkünften, übereigneten sich Landgüter, überschrieben sich Zoll-, Markt- und Münzrechte. Selbst das Königsgut an elf Abteien, mehreren großen Höfen, Burgen, Dörfern und den großen Reichsklöstern, auf deren Einkünfte die Kaiser bisher zählen konnten, gingen durch die Raffsucht dieser adligen Diebe verloren!" –

Verzweifelt stellte er eine Frage, die auch schon seine Begleiter beschäftigt hatte. „Bin ich nicht in ähnlicher Lage? – Zwar bin ich nicht eines Königs oder Kaisers Sohn, doch scheinen sich unsere Nachbarn bereits darauf vorzubereiten, das, was ihnen an unserer Grafschaft Mark begehrenswert scheint, möglichst schnell an sich zu reißen." –

117 Heinrich III, geboren 1017, wurde bereits 1025 zum König gewählt und 1028 als Mitkönig gekrönt. Ab 1036 regierte er als König. Am 1. Weihnachtstag des Jahres 1046 erwarb er die Kaiserwürde. (Er lebte bis 1056).

118 Sein 1050 geborener Sohn Heinrich IV. wurde auf Betreiben Heinrich III. schon im Jahre 1054 als Vierjähriger zum deutschen König gewählt.

119 ein Altaicher Annalist

120 Kaiser Heinrich IV. (1084–1106) wurde durch seinen „Canossagang" zu seinem unerbittlichen Gegner Papst Gregor VII. (1073–1085) weltbekannt.

Rembert versicherte seinem jungen Herrn:

„Noch wohnt die Treue gegenüber Eurem Vater und Euch selbst in den Herzen Eurer Drosten, Burgherren und der gesamten märkischen Ritterschaft." Widukind von Bredelaer ergänzte: „Die meisten der Ritter und Ständevertreter kenne ich nun seit vielen Jahren. Ich wüsste keinen, der sich gegen Eure Interessen stellen würde. Wartet in Ruhe ab, welchen Rat Euch die Äbtissin des Reichsklosters geben wird. Sie ist eine weitsichtige Frau. Von vielen Fürsten des Reiches wird sie dieserhalb verehrt."

*

Als sie den Staub der Straßen abgeschüttelt und nach einem üppigen Abendessen im reich ausstaffierten Empfangsraum der Äbtissin bequem Platz genommen hatten, äußerte Engelbert erneut die ihn beklemmenden Ängste.

„In den letzten Tagen habe ich viel darüber nachdenken müssen, wie schwer es noch nicht volljährigen Königen und Kaisern gefallen ist, die Macht ihrer Vorgänger aufrechtzuerhalten und sich habgieriger Gegner zu erwehren.

Ich dachte nicht nur an Kaiser Heinrich IV. und seinen schwierigen Lebensweg, sondern auch an viele Leidensgefährten vor und nach ihm. Auch Heinrich VI. kam in eine ähnlich schwierige Lage, als sein Vater Kaiser Friedrich I. Barbarossa im Jahre 1190 in Kleinasien ertrunken war. Als gerade Dreijähriger war er auf Weisung seines Vaters 1169 zum deutschen König gewählt worden. Im Jahre 1191 wurde er Kaiser, drei Jahre später auch König von Sizilien, doch starb er bereits 1197. Was hat dieser Herrscher nicht an Ärger, Schmach und ungerechtfertigten Anschuldigungen erdulden müssen! Erst nach einem unrühmlichen Handel mit den Päpsten Clemens III. und Cölestin III. durfte er sich römischer Kaiser nennen.

Es gibt gottlob auch positive Beispiele! Da ist der deutsch-böhmische König Karl IV.[121], ein Regent unserer Zeit, den ich hoch verehre. In Prag als Sohn des böhmischen Königs Johann 1316 geboren, wurde er als Dreißigjähriger durch die rheinischen Kurfürsten, den Herzog von Sachsen und den eigenen Vater zum deutschen König erhoben. Ich erwarte von ihm noch viel Erfreuliches!" –

„Du hast ja erstaunlich viele Zahlen gut sortiert in deinem Kopf", erwiderte die Äbtissin, „Wohl ein Erfolg deines guten Lehrers Levold von Northof, aber du musst nun ganz fest an dich und deine Fähigkeiten glauben. Dann stellt sich auch der Erfolg für dich ein. Mache dir doch einmal klar, dass sich die von dir

---

121 Kaiser Karl IV. war als Sohn des Böhmenkönigs Johann 1316 geboren und wuchs am Hof des französischen Königs Karl IV. auf, der die Schwester des böhmischen Königs geheiratet hatte. Er wurde 1346 zum deutschen König erhoben. In Mailand 1355 mit der Eisernen Krone der Lombardei und vier Monate später in Rom zum Kaiser gekrönt, stiftete er bereits als Zweiunddreißigjähriger die Prager Universität, die erste Pflanzstätte humanistischer Bildung im nördlichen Mitteleuropa.

beispielhaft genannten Würdenträger trotz ihrer Jugendlichkeit später hervorragend behaupten konnten! Begreife deine Jugend als große Chance! Auf deine Ratgeber kannst du dich ohne Ausnahme verlassen. Aus Berichten deines Vaters kenne ich deren Fleiß, Treue und Zuverlässigkeit. Sie sind ein unschätzbares Kapital für einen strebsamen und mit Erfolg agierenden jungen Grafen.

Schau nur auf deine Begleiter! Ich habe sie nicht zufällig gebeten, bei unserem Gespräch dabei zu sein. Ich schätze sie nämlich, seit ich sie kenne. Drei Ratschläge aber möchte ich dir mitgeben.

Zum Ersten, versuche stets mit den Kirchenfürsten, besonders wenn sie Nachbarn deiner Grafschaft sind, im Guten auszukommen. Fehden und Einfälle in ihre Bistümer vergiften leicht das Klima guter Nachbarschaft.

Zum Zweiten rate ich dir, in deinem eigenen Territorium für Ruhe und Ordnung zu sorgen. Deine Landsleute sollten dich nicht fürchten müssen, sondern dir überall helfen wollen, weil sie dich lieben.

Drittens versuche, stets ein gottesfürchtiger Regent zu bleiben. Sobald du die innere Ordnung deiner Grafschaft gefestigt hast, solltest du eine Wallfahrt unternehmen. Ich denke dabei nicht etwa an eine Teilnahme an einem Kreuzzug, sondern mehr an eine Art Bildungsreise. Bleibe dabei stets freundlich zu fremden Menschen jeder Art! Großer Reichtum und übertriebene Freundlichkeit Fremder sollten dich eher besonders vorsichtig als zu leichtgläubig werden lassen!"

Jetzt wandte sich Äbtissin Katharina an die beiden märkischen Ritter: „Und ihr, Widukind und Rembert, was sagt ihr zu meinen Vorschlägen? – Würdet ihr, wenn euch Graf Engelbert und ich bitten, den jungen Grafen auf einer Fahrt ins Heilige Land begleiten?" Fast gleichzeitig kam deren Antwort: „Aber gewiss! Wann soll es losgehen? Wir weichen nicht von Engelberts Seite!"

„Dann bin ich beruhigt, denn weite Reisen sind oft gefahrvoll! Allerdings", und dabei sah die Äbtissin ihren Neffen ebenso herausfordernd und wissbegierig an, „habe ich noch einen weiteren Vorschlag für dich, Engelbert, den du kritisch, aber wohlwollend bedenken magst: An die Seite eines guten Grafen gehört recht bald eine ansehnliche Frau, die den Titel ‚Gräfin' zu Recht führen sollte. Hast du dir schon einmal überlegt, wen du als deine Gemahlin auswählen möchtest?" – Jetzt sahen die Ritter und die Äbtissin, wie verlegen Engelbert diese Frage machte. Sein Kopf färbte sich puterrot.
„Heraus mit der Sprache", forderte ihn die Äbtissin auf. „Ich reiße dir nicht den Kopf ab, wenn du in meinen Augen falsch liegen solltest, aber ich möchte dir auch bei der Wahl der Gattin helfen, wenn ich es kann." Langsam, aber

durchaus mit klaren Worten gab Engelbert sein Geheimnis preis: „Ich dachte an Richarda von Jülich, die Tochter des Jülicher Markgrafen. Sie ist zwar etwas älter als ich, doch scheint sie mir sehr zugetan zu sein."

„Das wäre eine gute Wahl!", stimmte Katharina hocherfreut ein. „Hast du schon mal vorsichtig angefragt, ob sie bereit ist, mit dir gemeinsam durchs Leben zu gehen?"

„Nein, nein, das noch nicht. Ich schwanke ja auch noch, ob ich schon so bald heiraten sollte!" –

„Jung gefreit, hat nie gereut!", warf die Äbtissin ein. „Warum wartest du noch? Wenn du meinen Rat hören willst, dann macht euch gleich morgen auf den Weg, um Markgraf Wilhelm und seine Hennebergerin zu fragen, ob sie dir ihre Tochter anvertrauen würden. Wenn sie zustimmen, dann kommt gemeinsam wieder zu mir. Diesen Ring", und damit griff sie zu einem auf einer Kommode liegenden Schmuckkästchen, „den gibst du, lieber Engelbert, deiner Braut, wenn ihr euch geeinigt haben solltet."

✳

„Das ist ja eine resolute und initiativreiche Äbtissin", meinte Rembert, als die drei Märker sich am nächsten Morgen auf den Weg in die Grafschaft Jülich aufmachten. „Ja, so war sie immer schon!", bestätigte Widukind von Bredelaer. „Jetzt seid Ihr am Zuge, Graf Engelbert!" Der antwortete nicht, rief ihm aber zu: „In gesammeltem Trab geht's nun zur Rheinfähre nach Kaiserswerth und von dort zur Rur nach Jülich!"

Der Rivale

Als der Turm der Jülicher Pfarrkirche am Horizont auftauchte, waren die drei märkischen Reiter froh, dass der unangenehme Nieselregen aufhörte. Es schien, als wolle ihnen Petrus einen freundlichen Empfang in der wehrhaften Stadt des Grafen Wilhelm V. bereiten. Als sie durch das Rurtor ritten, lächelte ihnen sogar die untergehende Abendsonne zu. Sie war gerade dabei, sich hinter dem „Brückenkopf"[122] jenseits der Rur zur Ruhe zu begeben. Bei schon verglimmendem Tageslicht war die gräfliche Burg erreicht.

„Das ist aber eine wirklich angenehme Überraschung", waren die ersten Worte von Gräfin Johanna, als die Pferde der Märker von bereitwilligen Knechten in die Stallungen gebracht wurden, um möglichst schnell trockengerieben zu werden.

---

122 Bezeichnung des am linken Rurufer auf einem Hügel gelegenen Befestigungswerks zum Unterschied der burgartigen, später zur Zitadelle ausgebauten Befestigungsanlagen der rechts des Flusses gelegenen Stadt Jülichs.

„So lieben Besuch wie euch haben wir gern!", jubilierte sie, „Graf Wilhelm wird sich freuen, wenn er heimkommt. Er wollte heute in Merzenhausen und Aldenhoven nach dem Rechten sehen, da ihm die Angaben der dortigen Amtmänner über die Ernteerträge dieses Jahres so ungewöhnlich niedrig erschienen. Aus den benachbarten Orten Boslar, Plattern, Welldorf und Güsten liegen dagegen recht erfreuliche Zahlen vor. Sobald ihr eure Quartiere bezogen und euch erfrischt habt, kommt bitte in den Grafensaal. Dort brennt schon den ganzen Tag das Kaminfeuer. Dessen Wärme braucht man ja an so einem unfreundlichen und kalten Tage wie heute."

„Dafür sind auch wir sehr empfänglich, verehrte Gräfin", bemerkte Widukind, „denn gestern und heute war es keine Freude, bei diesem Wetter unterwegs zu sein. Aber unser junger Graf hatte es sich nun einmal vorgenommen, so schnell wie möglich in Jülich zu sein. Äbtissin Katharina hatte es ihm ja auch sehr ans Herz gelegt."

Gräfin Johanna blickte Widukind erstaunt an, als er den Namen der frommen Dame genannt hatte.

„Dann wart ihr noch vorgestern in Essen?", wollte die Gräfin wissen. Schnell fand sie sich wieder ganz in die sich um das Wohl ihrer Gäste sorgende Gastgeberin. „Leider sind nur zwei Stuben für euch beheizbar", erklärte sie den Gästen. Die anderen haben keine Schornsteinanschlüsse. Ich muss euch deshalb bitten, dass zwei von euch in einem Zimmer schlafen."

„Das macht gar nichts", meine Engelbert. „Ich schlafe gern mit Rembert zusammen, dann kann Widukind sein Zimmer ungestört allein nutzen."

„Ich hatte zwar einen anderen Gedanken", bemerkte die Gräfin, „doch ihr seid die Gäste und eure Wünsche sind uns allemal recht!"

*

Eine gute Stunde später saßen die drei mit der Grafenfamilie zum Abendbrot in der Wohnstube der Jülicher Grafenburg. Auch Wilhelm V. schien sichtbar gut gelaunt, ja sogar gelöst und aufgelockert zu sein.

„Was hat denn die heutige Inspektion an Ergebnissen gebracht?" fragte Engelbert, weil er die heitere Art des Grafen damit begründet glaubte, dass die Überprüfung der reich gefüllten Scheunen und nachvollziehbare Argumente der Amtmänner ein erfreuliches Ergebnis beschert haben müssten.

„Ach, liebe Freunde, ihr wisst wohl schon, warum ich in Aldenhoven und Merzenhausen war? Dann kann ich die Frage ja kurz beantworten. Die erfolgten Meldungen gehen in Ordnung. Ich hatte nicht bedacht, dass in diesen beiden Orten Ende Mai ein fürchterliches Gewitter mit Hagelschlag alle dortigen Äcker unter Wasser setzte, während die ostwärts benachbarten Dörfer nicht einmal einen Tropfen Regen abbekommen hatten. Ich habe den dortigen

Berichterstattern und allen Helfern der beiden geschädigten Ortschaften meine Anerkennung dafür ausgesprochen, dass die Ernte in ihrer Gegend doch noch so passabel ausgefallen ist. Man muss solchen Leuten, die sich abrackern, um nach wiederholter, wenn auch zu später Einbringung der Saat dennoch einigermaßen ausreichende Erträge möglich zu machen, wenigstens einige Worte des Dankes für die von ihnen gut geleistete Arbeit zukommen lassen! Die Aldenhovener Bauern haben sich jedenfalls sehr über meinen Besuch bei ihnen gefreut. –

Sagt mir zunächst mal, wollt ihr länger bleiben oder etwa, weil auf der Durchreise, nur zwei Tage ausruhen? Mir würdet ihr eine große Freude machen, wenn ihr viel Zeit mitgebracht hättet, um mancherlei wichtige Dinge miteinander zu besprechen!" – Nun war Engelbert an der Reihe zu antworten: „Wenn es nach meinem Herzenswunsch ginge", umschrieb er etwas umständlich sein Begehren, „Würde ich gern Monate bei Euch verbringen, doch ich bin voller Unruhe, ob ich all das richtig mache, was ich als nun regierender Graf tun muss. Es warten so viele Aufgaben auf mich, dass ich nicht recht weiß, welche ich zuerst zu lösen versuchen soll. Wie gern hätte ich bei Euch, Graf Wilhelm, einige Zeit des Lernens verbracht, wie Ihr es mir schon vor Jahren angeboten habt! Auch mein Vater, der Euch ein treuer Freund war und große Stücke auf die vorbildliche Art Eures Wirtschaftens gehalten hat, redete mir mehrfach zu, auf jeden Fall von Euch zu lernen. Jetzt stehe ich allerdings ohne so notwendige Kenntnisse und Erfahrungen an seiner Stelle in unserer Mark. Ich bin selbst nicht einmal volljährig und muss mir von vielen Gefolgsleuten nachsagen lassen, dass ich noch viel zu grün und unreif sei, um die Geschicke in unserer Grafschaft erfolgreich gestalten zu können.

Bittere Gedanken kommen auch in mir hoch, wenn ich an meinen braven Apfelschimmel Arco denke. Vielleicht ist er schon tot. Zumindest liegt er arg geschwächt in seiner einsamen Box in Lüttich und versucht, wieder auf die Beine zu kommen. Ich verließ Lüttich gerade, als er wegen Influenza in die Quarantäne-Station musste. Seitdem – es sind nun beinahe acht Wochen – weiß ich nicht, ob er die Krankheit überstehen konnte. Mein guter Kuno hat mich zwar vorbildlich getragen, aber ein so tüchtiges Reitpferd wie Arco werde ich wohl nie wieder bekommen. Ihr begreift gewiss, dass ich seinetwegen möglichst bald nach Lüttich muss. Auch will ich dort Bischof Engelbert meinen offiziellen Besuch machen und meine geliebten Siebensachen aus dem Schulhaus holen. Tante Katharina riet mir dringend, schnellstmöglich bei allen benachbarten und uns nahestehenden Fürsten den erwarteten Antrittsbesuch zu machen, denn …"

Graf Wilhelm unterbrach den munteren Redefluss seines jungen Gastes mit den Worten: „Und deshalb hast du uns in Jülich zuerst besucht? – Das war nicht nur klug, sondern ist auch ganz in unserem Sinne. Wir helfen dir und deinen Freunden nämlich gern. Niemand weiß das besser als der gute Widukind, der mir im Kampf wie bei der Jagd, im friedlichen Zusammensein wie bei hartem Ringen um jedes Wort in Verträgen und Beschlüssen ein besonders lieber Helfer gewesen ist." –

Gerade wurde das Essen aufgetragen. „Ich schlage vor, wir beiden Grafen ziehen uns nach der Stärkung einmal für eine gute Stunde in mein Studierzimmer zurück. Dann haben deine Begleiter, lieber Engelbert, genügend Gelegenheit, meiner Frau und unserer Tochter etwas aus ihrem Leben und der jetzt so bitterböse ausschauenden Welt zu erzählen." Engelbert lachte und meinte mit verständlichem Bedauern: „Sehr gern, Graf Wilhelm, obwohl ich es als großen Verlust ansehen muss, Eure bezaubernden Damen für eine Zeitlang vermissen zu müssen. Insgeheim hoffte ich sehr, möglichst heute noch einen Beweis der Fortschritte Richardas beim Saitenspiel zu erhalten. Harmonische Harfentöne und eine bewundernswerte schöne Frau – gibt es da überhaupt etwas anderes, was noch bezaubernder sein könnte?" Widukind und Rembert blickten sich bei diesen schmeichelhaften Worten Engelberts erstaunt an. Sie fürchteten, Engelbert würde gleich mit der Tür ins Haus fallen.

Doch da war mit Gräfin Johanna schließlich auch noch zu rechnen. Sie wusste allzu forsche Begeisterung geschickt in ruhige Bahnen zu lenken. Zu Engelbert sagte sie: „Morgen ist ja auch noch ein Tag! Du wirst dir, lieber Engelbert, gewiss schon überlegt haben, was wir morgen gemeinsam unternehmen können. So schnell, wie du es gerade angedeutet hast, lassen wir euch nicht aus Jülich verschwinden. Ich hätte allerdings nicht gedacht, dass du einen so feinen Sinn für Musik hast. Harfenklänge erfreuen dich wohl ganz besonders?"

„Ja, nicht nur Harfen und Zither, Hörner und Zimbeln, alles was wohltönend klingt, erzeugt in mir eine Stimmung, als würde ich mitsingen müssen beim großen Halleluja, das uns der Psalmbeter des 150. Psalms hinterlassen hat."

Jetzt war es die Grafenfamilie, die über Engelberts Bibelkenntnis erstaunt war. Engelbert, dieser junge Mann, war nicht nur ein erfolgreicher Reiter und angehender Territorialherr im Westen des Reiches, sondern offensichtlich gebildeter als man bisher angenommen hatte. Ohne ausgesprochen fromm zu sein, hatte er mehr Ahnung von der Bibel und den schönen Künsten, als ihm das Jülicher Grafenehepaar bisher zugetraut hatte. Seine Erziehung durch den auch von der Grafenfamilie geschätzten Herrn Levold hatte ohne jeden Zweifel Wunderbares vollbracht.

„Ja", fügte Richarda Engelberts Jubelworten hinzu, „die Musik ist in der Lage, den Menschen ein herrliches bisher unbekanntes Reich zu erschließen. Wir glauben, mit Hilfe der Musik in eine Welt einzutreten, die nichts gemein hat mit der äußeren Sinnenwelt. Musik vermag sogar Sehnsüchte zu wecken, die der, wer sie verinnerlicht, bisher noch nie gekannt hat." „Ich sage es kürzer", kündigte Graf Wilhelm an: „Musik ist eine Sprache, die jeder verstehen sollte! Wem diese aber nicht gegeben ist, der bleibt sein Leben lang ein bedauernswerter Tropf!" Bei diesem, wohl als Schlusswort für das angeschnittene Musikthema gedachten Satz, erhob er sich und nahm Engelbert mit in sein Kabinett.

Die Tür hinter beiden war laut ins Schloss gefallen. Zurück blieben Engelberts Begleiter und die Damen des Hauses, die nun Gelegenheit nahmen, die märkischen Ritter nach allen Regeln der Konversationskunst auszufragen. Gräfin Johanna kannte keine Scheu, sich eingehend bei ihnen zu erkundigen, wie ihnen der neue Herr denn gefalle.

„Ich war erstaunt", äußerte sich der bejahrte Widukind von Bredelaer, „diesen außergewöhnlich gut geratenen Grafensohn mit seiner verehrten Tante in Essen parlieren zu hören. Was dieser junge Mann an Zahlen und fortschrittlichen Gedanken im Kopfe hat, nötigte mir allerhöchste Achtung ab. Er trägt sein Herz vielleicht noch zu sehr auf der Zunge, doch zeigt er sich als ein ebenso berechenbarer wie aufrichtiger Mensch. Er ist bereit, eigene Fehleinschätzungen zuzugeben, die von ihm für richtig gehaltenen Pläne nicht aus den Augen zu verlieren, sondern zielstrebig zu verfolgen und der Menschen Worte wie Taten nach nur kurzer Zeit des Überlegens in rechter Weise zu loben oder zu tadeln. Einen solchen Menschen habe ich bisher noch nicht kennengelernt! Deshalb werde ich ihm dienen, solange ich es kann. Rembert mag ihn anders beurteilen. Er ist ja weit jünger und deshalb vielleicht kritischer als ich." –

Lange Zeit zum Überlegen brauchte Rembert nicht. Das war ja auch nicht seine Art. Er pflegte stets, seine Meinung ohne langes Nachdenken zu äußern. „Sprecht Ihr französisch, gnädigste Gräfin?", fragte er auf das Ansinnen der Gräfin hin. „Mir ist kein in unserer Grafschaft lebender Mann bekannt, der die französische Sprache so flüssig wie er beherrscht. Mein Vorschlag ist: Fragt ihn doch selbst. Ihr werdet schnell feststellen, wer diese Sprache besser beherrscht, Ihr oder er!"

„Cela, que vous avez dit, manque de tact, et est en pas le moin du monde." Damit versuchte Johanna, den etwas vorlauten Vorschlag Remberts abzutun. Sie ergänzte ihren Tadel gleich aber in versöhnlichem Ton: „Soyons amis, messieurs!" –

Rembert fasste diese Aufforderung auf weiterzusprechen. „Wenn Ihr wirklich eine verwundbare Stelle bei Engelbert suchen möchtet, so fragt ihn, verehrte Gräfin, eher nach seinen Lateinkenntnissen. Eines weiß er jedoch: Jederzeit darf er sich auf einen echten Freund verlassen, der bereit ist, jedwede lateinischen wie deutschen Sätze – mögen sie noch so lang sein – wörtlich zu übersetzen."
„Und wo ist dieser Freund jetzt?" fragte die Gräfin etwas spitz.
„Er sitzt hier am Tisch und unterhält sich gerade mit zwei entzückenden Damen."
„Lass es gut sein, Rembert!" fiel Widukind ein. „Bedenke, wir sind hier Gäste und befinden uns nicht etwa im Kreise rabulistischer Sprachkundler." Rembert

wollte schon wieder aufbegehren, da setzte Widukind zu einem an Deutlichkeit nicht zu wünschen lassendem Vierzeiler an:

> „Sich selbst zu loben ist nicht Märkers Art.
> denn besser ist's, wenn sich dazu stets paart
> Bescheidenheit zur Freude aller Damen!
> Drum schweige nun, und denke dir ein ‚Amen'!"

Jetzt war es der dringende Wunsch der adligen Damen, ein ausferndes Streitgespräch zu verhindern. Schließlich wollten sie noch so vieles erfahren, was ihnen wirklich am Herzen lag. Sie baten, ihnen vom Begräbnis des alten Grafen in der Fröndenberger Stiftskirche zu erzählen und wollten wissen, wer von den Freunden des Verstorbenen zu diesem traurigen Anlass gekommen war.

Die Begleiter des jungen Herrn berichteten von den bestürzten Drosten und den von tiefer Trauer ergriffenen Amtsleuten der Mark. Sie alle sorgten sich um das Fortbestehen der Grafschaft. Sie sprachen auch über die Teilnahme einzelner Anverwandter, von denen einer ziemlich unverblümt nach Testament und Erbschaft gefragt hatte. Als unerfreulich wäre ihnen besonders der forsch auftretende Sohn des Grafenbruders Eberhard aus Aremberg aufgefallen. Achtung fordernd, sei ihnen dagegen der im Mönchsgewand auftretende Konrad von Hörde aufgefallen. Der eine, wie sie sich ausdrückten, anmaßend, geradezu frech und unverfroren, der andere äußerst bescheiden und gottesfürchtig.

Viele hatten sehr bedauert, dass Herr Levold unverzüglich nach dem Trauergottesdienst in Kleve zum Lütticher Bischof hätte zurückkehren müssen. Im dortigen Bistum seien zurzeit erhebliche Unruhen, ja sogar kriegerische Auseinandersetzungen im Gange. Levold von Northof würde allen nach ihm Fragenden gewiss jede gewünschte Auskunft über die jeweiligen Verwandtschaftsverhältnisse und die Einflussmöglichkeiten der Trauergäste gegeben haben. Aber leider habe er in erster Linie seinem neuen Bischof zu dienen. Allgemein sei man jedoch sehr besorgt, wie der Aufstand der Bürger von St. Troud ausgehe, wo man das ungerechte Joch des Herzogs von Brabant abzuschütteln bestrebt sei. Das Verhalten des jetzigen Lütticher Bischofs und seine Bündnispolitik ließen für die Zukunft viel Schlimmes befürchten. Auch Herr Levold habe sich mehrfach bemüht, den allzu oft ungestüm und unüberlegt handelnden Bischof mit seiner forschen Art umzustimmen, leider aber vergeblich.

Die Gräfin und ihre Tochter konnten nicht genug gerade von diesen Neuigkeiten im belgischen Nachbarland erfahren. Recht interessiert fragten sie nach dem Grafen Eberhard von der Mark, der jetzt in Aremberg lebe. Er wäre doch ein Bruder des verstorbenen Grafen Adolf II. von der Mark. Nach Heirat dieses Onkels des jetzigen Grafen Eberhard mit der Gräfin Maria von Looz-Lumain müsse er im belgischen Sprachraum wohl großen Einfluss bekommen haben. Hierzu konnten Rembert und Widukind jedoch keine Angaben machen. Dieses ferne Herrschaftsgebiet sei ihnen nämlich gänzlich unbekannt.

Die Zeit war bei diesen Gesprächen schnell vergangen. Nun schienen alle vier Sehnsucht nach ihrem Ruhebett zu haben. Morgen würde man die Erzählungen gewiss in aller Ruhe fortsetzen können.

*

Aber im Kabinett des Jülicher Grafen saßen noch zwei eifrige Diskutanten beisammen. Graf Wilhelm hatte gefragt, ob Engelbert am liebsten Bier oder Wein trinke. Engelbert hatte sich für Wein entschieden, obwohl er wusste, dass der Markgraf auf das viel gerühmte Jülicher Bier außerordentlich stolz war: „Der Wein erfreut des Menschen Herz, das wusste schon der alttestamentarische Palmist"[123], deklamierte er. „Warum sollten nicht auch wir mit Wein unser Herz erfreuen? Ärger gibt es ja ohnehin genug. Dass in der Bibel nichts vom Bier stehe, verwundert mich nicht. Ein wahres deutsches Sprichwort sagt bekanntlich: Ist das Bier erst mal im Manne, kommt der Verstand schnell in die Kanne!"

Markgraf Wilhelm musste lachen: „Diesen Spruch habe ich noch nie gehört. Vielleicht habe ich deshalb immer so unbekümmert zum Bierkrug gegriffen. Aber auch ich ziehe ohne jeden Zweifel einen guten Wein jedem schlecht gebrauten Bier vor."

„Dann will ich Euch, Graf Wilhelm, mit noch einem alten Spruch bekannt machen. Der wird Euch sicher mit meiner Ansicht versöhnen:

> Trink ich Bier, so werd' ich faul,
> Trink ich Wasser, so häng' ich's Maul,
> Trink ich Wein, so werd' ich voll,
> weiß nicht, was ich trinken soll!"

„Wahrlich, Engelbert, du spielst gut auf mit allen Registern des Pokulierens und Deklamierens! Hoffentlich ist auch dein Anliegen, das dich zu mir führt, so fröhlich wie es deine Sprüche sind. Nun schieß endlich los mit deinen Wünschen und sage mir, was du auf dem Herzen hast. Vielleicht kann ich dir helfen!"

„Das könnt Ihr gewiss, Graf Wilhelm, und zwar in geradezu unglaublich angenehmer Weise. Ich bin nämlich zu Euch gekommen, um Euch um die Hand Eurer Tochter Richarda zu bitten. Ich kenne kein einziges Mädchen unter der Sonne Gottes, das ich lieber als meine Frau haben möchte als sie.

---

123 Psalm 104,15

Ich weiß, ich bin noch sehr jung, doch solltet Ihr wissen, was meine Absicht ist. In Kürze werde ich mein 17. Lebensjahr beenden. Dann liegt noch ein Jahr vor mir, bevor ich – vielleicht zu Ostern 1348 – meine offizielle Regentschaftsübernahme verkünden werde. Ich beabsichtige, von da an mit einer mir angetrauten Ehefrau die Regierung ganz in die eigene Hand zu nehmen.

Glücklich wäre ich, nein überglücklich würde ich mich sogar schätzen, wenn Ihr und Eure liebenswürdige Gräfin Johanna Euer Einverständnis zu diesem Bunde geben würdet. Mir liegt nun mal kein Versteckspiel! Ich möchte gerade Euch, die Ihr immer so freundlich zu meinen Eltern und uns Kindern wart, Freude machen – und ganz besonders Eurer lieben Tochter Richarda."

*

Der Markgraf saß regungslos da, als Engelbert seine wohlgesetzten Worte gesprochen hatte. Was sollte er zu diesem Antrag sagen? Er verschob die von Engelbert erwartete Stellungnahme, indem er ihm Fragen stellte.

„Weiß Richarda von deinem Begehren?" –

„Nein, Graf Wilhelm. Ich wollte zuvor Eure Meinung hören, nachdem ich die meinige so freimütig geäußert habe." –

„Kennt meine Frau deine Pläne?"

„Soviel ich weiß, nicht. Vielleicht ahnt sie etwas, aber ich selbst habe geschwiegen wie ein Grab."

„Dann bin ich der erste, der von deinen Plänen erfährt?"

„Nein, Graf Wilhelm, bei meinem Besuch im Essener Reichskloster habe ich mit der Äbtissin Katharina darüber gesprochen. Sie kennt die Gefühle, die ich für Eure Tochter hege, und sie war es, die mir vor drei Tagen den Rat gab, Euch ebenfalls davon zu berichten." –

Der Markgraf stützte seinen Kopf in beide Hände. Was sollte, nein was durfte er sagen? Noch vor genau einer Woche war ihm von einem gestandenen jungen Grafensohn die gleiche Frage gestellt worden. Da hatte er ausweichend geantwortet und auf das zarte Alter seiner gerade erst achtzehn Jahre alt gewordenen Tochter verwiesen, die nach des Grafen eigener Meinung jetzt noch nicht reif für die Ehe sei. Doch heute kam ein weit jüngerer Mann daher. Der erwartete von ihm eine klare Antwort. Der Fragesteller war der Sohn seines kürzlich verstorbenen Freundes, mit dem er oft Gedanken über die Fortführung seiner Grafschaft ausgetauscht hatte. Dieser Sohn des guten Freundes war ihm sogar sehr ans Herz gewachsen, doch standen noch riesige Hürden vor ihm, die er zu überwinden hatte, bevor er sich als regierender Graf einer großen Grafschaft fühlen konnte.

Jetzt war er es, der Markgraf, der das Loblied auf den Wein anstimmte. „Lass uns erst einmal einen gehörigen Schluck trinken! Danach berichte ich dir, was sich auf unserer Burg genau vor einer Woche ereignet hat. Du hast nämlich einen Rivalen, der mir die gleiche Frage gestellt hat wie du gerade."

Nun war das grenzenlose Erstaunen auf Engelberts Seite. „Ein Rivale?", wiederholte er des Grafen Ankündigung, „aber doch nicht mit dem Ziel, Richarda heimzuführen?" –

„Doch, es ist so! Aber es kommt noch viel schlimmer! Dieser entfernte Verwandte von dir, kündigte mir an, dass er in aller Kürze im Besitz eines Teils deiner Grafschaft sein würde. Einflussreiche Landesherren hätten sich erboten, ihn dabei zu unterstützen, wenn er die westlichen Gebiete der Grafschaft Mark annektieren wolle. Dein Onkel Johann von Kleve sei bereits über diese Pläne orientiert. Er habe sich aber noch nicht entschieden, auf wessen Seite er stehen wolle.
Der Anspruchsteller heißt Graf Eberhard von Aremberg und ist der Sohn des Grafen Eberhard I. von Looz-Lumain. Er fordert das bisher unberücksichtige Erbe seiner Mutter. Sie heißt Mechthild und ist eine Schwester deiner gerade verstorbenen Mutter. Diese Ansprüche gedenkt der junge Mann, der uns vor einer Woche be-, nein heimgesucht hat, mit allen Mitteln durchzusetzen!

Sein Benehmen nenne ich flegelhaft. Ich würde ihn als Gernegroß bezeichnen, wenn er nicht schon eine hühnenhafte Gestalt besäße. Er ließ keinen Zweifel daran, dass er alle seine Verwandten, besonders die aus den Niederlanden von seinem Plan überzeugen werde. Deshalb ist es besonders wichtig, deinen Onkel, den Grafen Johann von Kleve, davon zu unterrichten, dass er keinesfalls vorschnell den geäußerten Teilungsabsichten der Aremberger Clique zustimmt."

„Diese Gauner glauben demnach, ihr böses Spiel schon gewonnen zu haben. Ich werde diesem Wichtigtuer und seinen Förderern beweisen, wozu wir Märker fähig sind!"

„Gemach, lieber Engelbert, noch ist keine Fehde erklärt! Aber Vorsorge für einen solchen Fall kann keinesfalls schaden! Ich habe diesem Angeber gesagt, dass ich zunächst mit meiner Richarda ins Reine kommen müsse und klären wolle, ob sie denn ihn, diesen Schwadroneur, zum Manne nehmen wolle. Weißt du, was er mir daraufhin gesagt hat? – Ob denn in Jülich die Frauen immer das Sagen hätten! – Er wäre sich seines Wertes so sehr bewusst, dass er schon jetzt wisse, dass sich eine Frau wie Richarda glücklich schätzen müsse, einen solch stattlichen Gatten wie ihn zu bekommen.
Ich habe mir drei Wochen Bedenkzeit ausbedungen. Dem hat er zugestimmt. Gleich danach hat er unsere Burg eilig verlassen. Richarda war empört, als sie von Eberhards Absichten erfuhr. Außer der Gräfin und ihr wusste bisher niemand von dieser Sache. Ich hatte mir vorgenommen, dies alles zunächst mit meinem Bruder, dem Kölner Erzbischof Walram von Jülich, zu besprechen. Der aber ist derzeit noch in Paris. Deshalb konnte er von mir noch nicht hierüber unterrichtet werden."

„Dann habe ich nur noch eine Frage an Euch, Graf Wilhelm: Werdet Ihr zustimmen, wenn ich Richardas Zusage erhalte, mit mir die Ehe einzugehen? Ich denke an eine Hochzeit im Frühjahr 1348, kurz vor dem von mir geplanten Hoftag in Hamm. Die Trauung sollte, wenn Richarda damit einverstanden sein würde, in der den Heiligen Kosmas und Damian geweihten Essener Abteikirche sein, falls meine Tante Katharina einverstanden ist. Euer Bruder Walram, der Erzbischof von Köln, könnte die Hochzeit zelebrieren." –

„Mein guter Junge, lieber Engelbert, wir alle wünschen dir, dass dein Plan Wirklichkeit wird, dann bin auch ich, dein zukünftiger Schwiegervater, glücklich! Bedenke jedoch bei allem, was du unternimmst: Ich mische mich nicht in die Händel mit den Arembergern ein, das habe ich dem Großmaul Eberhard versprechen müssen! – Gleich ist es Mitternacht. Wir sollten morgen mit unseren Damen alles Weitere besprechen. Ich wünsche dir eine gute Nacht!"

„Danke sehr, zukünftiger Herr Schwiegervater! – Ich wünsche Euch das Gleiche." antwortete Engelbert etwas vorlaut. Eine kleine Portion kecker Dreistigkeit konnte man diesem Jüngling wohl zugestehen. Er glaubte nämlich, die erste entscheidende Schlacht seines Lebens bereits gewonnen zu haben – trotz der fatalen Aussicht auf viele bevorstehende und bedrohliche Kämpfe.

*

„Nun, wie war's?" hörte Engelbert eine gedämpfte Stimme aus dem Dunkel jenes Schlafraumes, dessen Tür er soeben geöffnet hatte. Rembert hatte nicht schlafen können angesichts der Neuigkeiten, die er aus den Gesprächen mit den beiden charmanten Damen herausgehört zu haben glaubte. „Wisst Ihr schon, wer vor uns hier war?", fragte er Engelbert spannungsgeladen.

„Ich weiß es", kam es müde zurück. „Mache dir nur keine Sorgen Rembert, wir schaffen, was wir uns vorgenommen haben!"

„Gut, dann schlaft ohne Sorgen ein! Wir helfen Euch, wann und wo es geht. Aber Eure Richarda, das ist ja ein Juwel! Ich weiß es genau: Sie liebt nur Euch!"

Was das Grafenehepaar an diesem späten Abend noch besprochen hat? – Keiner weiß es. – Hauptsache bleibt jedoch, dass alles gut wird!

Am nächsten Morgen gab es in der Jülicher Burg einige, die glaubten, einen bösen Traum geträumt zu haben. Die Grafenfamilie aber zählte nicht dazu. Sie war ohne Ausnahme fröhlich und aufgeschlossen, als gäbe es keinerlei Gründe, Trübsal blasen zu müssen oder den Kopf hängen zu lassen. Am deutlichsten spürte dies Engelbert, als er freudig von Richarda begrüßt wurde. „Ist alles klar, was du klären wolltest", begehrte sie von Engelbert zu erfahren. „Unser Kurs bleibt, wie wir es uns in Kleve vorgenommen hatten! Jetzt musst du mir nur noch dein Jawort geben."

„Wenn ich nur wüsste, wozu?" entgegnete sie.

„Dumme Frage, liebe Richarda! Willst du meine Frau werden?"

„Ja, natürlich, das weißt du doch! Das Großmaul aus Looz habe ich sofort restlos abblitzen lassen. Dieser Prahlhans konnte mir nicht gefährlich werden. Er wird es auch nicht schaffen, dir zu schaden!"

Damit schienen die dunklen Wolken, die sich gestern noch so unheilvoll über Jülich gezeigt hatten, vorerst verscheucht zu sein.

✳

Beim morgendlichen Frühstück fragte Graf Wilhelm den märkischen Thronfolger nach dem Stande seiner bisherigen Ausbildung. Auch wollte er wissen, was ihm dabei besondere Freude gemacht hätte. Seine prompte Antwort: „Im Prinzip habe ich an allem Spaß gehabt. Reiten, Ringen, Schwimmen und das Umgehen mit Waffen haben mich ebenso begeistert wie geschichtliche Entwicklungen und Ereignisse. Auch in Algebra und dem Erlernen der französischen Sprache war ich wohl einer der Besten in der Domschule. Latein, Kirchengeschichte und Heraldik lagen mir dagegen weniger. Zeichnen und Geografie jedoch machten mir immer schon Freude. Bedauerlich empfinde ich aber aus heutiger Sicht, dass ich die mir besonders wichtig erscheinende Ausbildung in den Rechnungslegungen und Kalkulationen, die im letzten Schuljahr an der Domschule gelehrt werden, nicht mehr mitbekomme.

Die Lehre über Richtlinien und Möglichkeiten öffentlicher und gräflicher Verwaltung, insbesondere für das, was in einem fürstlichen Haushalt wichtig ist, muss ich mir nun leider selbst erarbeiten, um nicht von Beratern abhängig zu bleiben. Die unentbehrliche Aufzeichnung aller wichtigen Zahlungsvorgänge über eigene und fremde ertragreiche Unternehmungen sowie eine zuverlässige getrennte Einnahmen- und Ausgabenrechnung, wie Ihr sie, Graf Wilhelm, gewiss vornehmt, hat mein Vater ganz einem gräflichen Zahlmeister überlassen.

„Unser Besuch aus Aremberg hält eine eindeutige und möglichst tägliche Buchführung auch für unverzichtbar", ergänzte Richarda. „Er hat dafür einen ausgesprochenen Spezialisten gewonnen, der ihm die tägliche Buchführung abnehmen soll. Dieser Herr Raimund hatte ihn ja auch hierher begleitet."

Jetzt horchten alle Märker auf, und Widukind fragte: „War das Raimund vom Voßberg? – Den hat unser Graf Adolf bei ganz gemeinen Schiebereien erwischt und ohne weiteres Federlesen hinausgeworfen. Er erwischte ihn bei Unterschlagungen in großem Stile mit unseren Eisenhüttenleuten in der Mark. Du erinnerst dich doch, Engelbert, und auch du, Rembert, wie der Voßberger sich feige davon machte, als wir vor etwa sieben Jahren auf Burg Altena erschienen, um seine Abrechnungen zu überprüfen."

„Sehr aufschlussreich ist das auch für mich", ergänzte Graf Wilhelm. „Ich habe diesem als Finanzgenie gepriesenen Begleiter des Arembergers von Anfang an nicht getraut. Er hielt sich vor acht Tagen auffällig zurück, als ich den Junkersohn von Eberhard aufforderte, seinen Begleiter zum gemeinsamen

Essen mitzubringen. – Ich halte die Fäden unserer Buchführung lieber selbst in der Hand, anstelle nur von anderen Leuten etwas vorgaukeln zu lassen! Engelbert, du kannst gern einen Überblick über unsere Art der Nachweise aller Geldgeschäfte erhalten. Wenn du willst, gehen wir gleich in die Schreibstube." Schnell erhoben sich die beiden Grafen und enteilten in das Reich der Zahlen.

Richarda fand das sehr schade, aber was hätte sie daran ändern können?

Erst zur Tischzeit kehrten die Grafen wieder zurück, immer noch im lebhaften Gespräch über das Für und Wider bestimmter Buchungsverfahren. „Eine täglich durchzuführende Einnahmen-Ausgaben-Kontrolle ist einfach unerlässlich!", stellte Graf Wilhelm fest.

*

Am Nachmittag bummelten alle gemeinsam durch die kleine gräfliche Residenzstadt. Es gab viel zu sehen an angebotenen Waren vielerlei Art. Hausrat und Geräte für alle Betätigungen in Haus und Hof sowie für die Landwirtschaft und das Fischereiwesen waren zum Kauf ausgestellt und wurden eilfertig angeboten. Auch edle Tuche und Bekleidungsstücke erregten das Interesse der märkischen Besucher. „So etwas gibt es bei uns höchstens in Hattingen oder Hamm", meinte Widukind zu seinem jüngeren Kollegen. Während die beiden Ritter und das Grafenehepaar die Auslagen betrachteten und darüber diskutierten, was davon notwendig oder unnütz wäre, verschwanden Engelbert und Richarda urplötzlich in einer Nebengasse. Sie hatten sich aufmunternde Blicke zugeworfen, weil sie der Aufsicht von Gräfin Johanna entgehen wollten. Bisher hatte die Gräfin ihre Tochter nicht einen Moment aus den Augen gelassen. Dabei hatte diese wie auch Engelbert schon so lange auf ein ungestörtes Tête à Tête gehofft.
Nach zweimaligem, unerwartetem Hakenschlagen in den engen Gassen der Stadt standen sie vor der Pfarrkirche St. Martin mit ihrem uralten romanischen Westturm.

„Komm mit in die Michaelskapelle", bat Richarda, „Sie liegt im Obergeschoss. Da vermutet uns niemand." Wenige Minuten später hatten sie den gewölbten Kapellenraum mit aussichtsreichem Blick durch den großen Rundbogen zum mächtigen Kirchenschiff hin erreicht.

Für den Antwerpener Schnitzaltar und das berühmte, als Lebensbaum gestaltete romanische Kreuz aus der Zeit um 1170 hatten sie nicht einen Blick übrig gehabt. Schon zeigte Engelbert auf die Tür zum Turm. „Weiter nach oben!" Mit diesen Worten wies er den Weg zur eng gewendelten Treppe. Sie führte das junge Paar bis zur Ausblickplattform unterhalb der Glockenstube in eine hoch über den Dächern der Stadt liegende Stätte absoluter Verschwiegenheit.

Beide fielen sich hier in die Arme. Sie genossen während ihrer heißen Küsse die Glückseligkeit und die geheimnisvolle Stille dieses lang ersehnten Augenblicks. Ohne Zweifel dauerte diese Umarmung länger an als eine Folge von wenigen Wimpernschlägen. Beide spürten kein Verlangen, die Minuten des langersehnten Zusammenseins zu zählen.

„Fast hätte ich es vergessen", unterbrach Engelbert plötzlich und unerwartet diese selige Zweisamkeit. „Richarda, bitte gib mir deinen Ringfinger!" Aus seinem Lederwams kramte Engelbert ein kleines Kästchen hervor, das mit rotem Saffianleder beklebt war. Er klappte es auf und entnahm ihm den von seiner Tante empfangenen, für Richarda bestimmten Ring mit einem herzförmigen Rosenquarz. Dieser Ring hob sich von den üblichen Ringformen mit Schmucksteinen durch seine leichte und elegante Formgebung ab. Er schien ganz für jenes engelhaft zarte Wesen bestimmt zu sein, das in Engelbert so innige Liebe entfacht hatte.

„Meine hochgeschätzte Tante Katharina hat ihn mir für dich als Verlobungsring gegeben. Bisher wusste ich ja nicht, wie und wann die geeignete Stunde dafür gekommen sein würde. Nimm ihn, mein geliebter Schatz, als Zeichen meiner Liebe." Nach diesen Worten zuckte das glückselige Paar erschrocken zusammen. Die dumpfe Stundenglocke tat ihre Pflicht. Sie vollführte ihre vier Schläge, und gleich darauf folgte mit hellerem Glockenton einer kleineren Glocke die Ansage der vierten Nachmittagsstunde.

„Wenn das kein Zeichen Gottes ist", brachte die erschreckte Braut heraus, „dann weiß ich nicht, wie der Segen, der auf unserer Verbindung liegen soll, besser hätte herbeigerufen werden können! Ich danke dir, lieber Engelbert, von ganzem Herzen und verspreche, dich mein Leben lang zu lieben. Nun lass uns wieder aus dieser Hochstimmung, die wir beide über den Dächern Jülichs erleben durften, hinabsteigen in die alltägliche Welt. Meine Eltern werden uns schon vermisst haben." Der Abstieg zur Michaelskapelle dauerte viel länger als der Aufstieg, denn auf jedem Podest der Turmtreppe ließ sich Richarda beglückt in die kräftigen Arme ihres Engelberts fallen, um ihn zu küssen.

In der Michaelskapelle begegneten sie unversehens dem erstaunten Stadtpfarrer. „Nanu", fragte er, „Wolltet ihr die Aussicht auf unsere Stadt und über die Rurlandschaft genießen?"

„Das auch, lieber Herr Pastor, aber unser Blick ging viel weiter in die Zukunft. Wenn Ihr uns hierfür Glück und Segen wünschen wollt, dann sind wir Euch herzlich dankbar!"

„Das soll ein Wort sein", nickte der schmunzelnde Geistliche den beiden Glücklichen zu: „Glück und Segen auf all' euren Wegen! Gelobt sei Jesus Christus!"

Diese Worte hörten die Verlobten nicht ganz. Sie waren schon auf dem Treppenabsatz zum tiefergelegenen Kirchenschiff, wo sie – welch Zufall – den Eltern Richardas in die Arme liefen. „Seht her", rief Richarda beglückt, „hier ist der Liebesbeweis meines lieben Engelbert. Schaut ihn euch an, diesen ‚Ring unserer Liebe'!"

Vor dem Abendessen wurden die Gäste und auch das Hauspersonal der Jülicher Grafenfamilie in den Grafensaal der Burg gebeten. Richarda wolle, so hieß es, aus „gegebenem Anlass" ein Harfenspiel zum Besten geben. Ihr Herz spielte dabei gewiss so viel mit wie ihre klanggebenden feingliedrigen Hände. Engelbert schritt galant auf sie zu, als Richardas Vortrag geendet hatte. „Ich danke dir, doch weiß ich nicht einmal, wofür ich dir alles zu danken haben. Dein Saitenspiel – es war wundervoll – ist jetzt ein weiterer Grund, mich innigst zu bedanken. Aber auch deinen Eltern möchte ich Dank sagen, denn ohne sie gäbe es kein so himmlisches Geschöpf wie dich!"

Die Stadt Jülich und ihre Zitadelle

Dieser Kupferstich der Werkstatt Merians aus der Zeit um 1650 zeigt die Beschießung der Stadt durch spanische Truppen in den Jahren 1621 und 1622. Sie führte zur Kapitulation der von niederländischen Hilfstruppen verteidigten Stadt. Bis 1660 blieb die spanische Besatzung in Jülich. Unter ihr hatten vor allem die evangelischen Bewohner sehr zu leiden.
Das Bild zeigt die stattliche Schlossanlage inmitten der Jülicher Zitadelle. Dieses Schloss war erst 1594 anstelle der alten Jülicher Burg errichtet worden.

VI. In Hochstimmung

Abschied von Lüttich

„Graf Engelbert, wir gratulieren! Ihr habt eine Frau für Euer Leben gewonnen und eine liebenswerte Familie dazu!" Mit diesen Worten brachte Rembert seinen Glückwunsch zum Ausdruck, als die drei Märker Jülich hinter sich gelassen hatten und auf dem Wege nach Aachen waren. „Was mich noch mehr freut", ergänzte Widukind, „das ist die Tatsache, dass Ihr wieder fröhlich sein könnt. Euer Gesicht verrät Zuversicht, und das lässt auch uns hoffen." – „Lasst uns dieses Mal durch die Stadt Aachen reiten", schlug Engelbert vor, „ich möchte mir die Palastkapelle Kaiser Karls des Großen ansehen. Sie soll, so hörte ich in Essen, Vorbild für das Westwerk des dortigen Münsters gewesen sein."

So kam es, dass die drei Reiter noch am Vormittag vor der schweren Bronzetür[124] des Aachener Münsters standen und nach Durchschreiten des Vorraumes die großartige Architekturkomposition der von Odo von Metz um 800 n. Chr. erbauten Pfalzkapelle des bedeutendsten Karolingers bestaunen konnten. In der Mitte dieses Zentralbaues betrachteten sie den durch drei hohe Geschosse geführten achteckigen Innenraum, der von drei übereinander ringsum befindlichen Umgängen mit gewaltigen Bögen und eingegliederten Säulen umschlossen, einen unvergesslichen Raumeindruck hinterließ. Inmitten der zentralen Halle erhellten aus einem riesigen Radleuchter[125] Hunderte von Kerzen dieses erhabene Raumgebilde, das den Blick freigab in die Tiefe des sich anschließenden Chorraumes. Dessen farbige Fenster ließen den Karlsschrein[126] mit farbigen Lichtreflexen märchenhaft erstrahlen.[127] Das erhaben wirkende Oktogon war mit der Pfalzkapelle fast 600 Jahre[128] Krönungsort der deutschen Könige. Das Aachener Gericht war Oberhof für das gesamte Gebiet zwischen Maas und Rhein.

Engelbert und seine Begleiter konnten sich nicht genug sattsehen an den in diesem einmaligen Bauwerk befindlichen Standbildern deutscher Kaiser und den weiteren Ausstattungsgegenständen aus bisher fünfeinhalb Jahrhunderten. Angefangen von der steinernen Bärin[129] im Eingangsbereich, waren es vor al-

---

124 Die Bronzetür wurde bereits um 800 geschaffen.
125 Den Radleuchter hatte zwischen 1160 und 1170 Kaiser Friedrich I. gestiftet.
126 Der Karlsschrein von 1215 enthält bedeutende Reliquien.
127 Die heutige hochgotische Chorhalle, die mit ihrer kühnen Konstruktion und riesigen Buntglasfenstern erst im Jahre 1414 geweiht wurde, war durch den 1349 eingeführten Brauch, die Heiligtümer der Münsterkirche in regelmäßigen Abständen von sieben Jahren öffentlich zu zeigen, notwendig geworden. Der ständig wachsende Besucherstrom machte schließlich einen wesentlich großflächigeren Chorraum erforderlich.
128 Von 936 bis 1531 fanden hier die Königskrönungen der Deutschen statt.
129 Diese römische Bildhauerarbeit wurde im Mittelalter als „Wölfin" bezeichnet.

lem drei historisch bedeutungsvolle Kunstwerke: der steinerne Thron Karls des
Großen mit seinen sechs vorgelagerten Stufen, die Grabplatte des hier bestat-
teten Kaisers Otto II. und der von Kaiser Heinrich II. im Jahre 1014 gestiftete
Ambo[130], die den Betrachtern ein gewisses Schaudern beim Rückblick auf die
Geschichte dieses Genius loci bereiteten.

Ein Rundgang durch den äußeren Ring des Oktogons ließ sie erneut staunen:
Von hier aus erschloss sich ihnen ein ganzer Kranz wunderbar ausgestalteter
Kapellen. Es waren die unmittelbar neben dem Chor gelegene Matthiaskapelle
und danach anschließend, im Uhrzeigersinn angeordnet, die Annakapelle sowie die Hubertus- und Karlskapelle. Nördlich des Haupteingangs gab es neben
einem kunstvoll überwölbten Anbau noch die Nikolaus- und Michaelskapelle.
In ihr hatte man den berühmten römischen Proserpina-Sarkophag aus dem Jahre 200 n. Chr. ausgestellt.[131]

Ganz ergriffen von dem gerade Geschauten, ritten sie nach Verlassen des Got-
teshauses durch die verwinkelten Gassen der mauerumgürteten Stadt mit ihren
acht Stadttoren. Sie stellten dabei fest, dass es bei eingehender Betrachtung sogar zwei Stadtmauern gegeben haben muss – wenn nicht gar drei: jene den alten
karolingischen Stadtkern mit seinem einstigen fränkischen Dorf umgebende
Schutzmauer, dann die feste Ringmauer, die man als „Barbarossamauer" bezeichnete, und den erst nach der Stadterweiterung ab 1257 geschaffenen, nun von
weitem ins Auge fallenden Mauerring mit Kölntor, Adalbertstor, Marschier-,
Jakobs-, Junkers-, Königs-, Pont- und Sandkaultor. Dieser Stadtmauerring mit
einem Umfang von rund dreitausendfünfhundert Doppelschritten umschloss
damit in der Mitte des 14. Jahrhunderts die alte Kaiserstadt mit einem Durchmesser von gut zwölfhundert Doppelschritten.

Tief beeindruckt von dieser wichtigsten deutschen Stadt des „Heiligen römischen Reiches deutscher Nation", ritten sie auf den Kamm des Lousbergs
nördlich der Stadt, um hier bei einer ausgiebigen Rast einen umfassenden
Überblick über die unvergleichlich reiche Ansammlung geschichtsträchtiger
Bauten einer Stadt zu genießen. Noch während sie die Lütticher Straße nach
Kelmis weiterritten, konnten sie nicht genug von den tiefgreifenden Eindrücken
dieser Stadt schwärmen. „Wenn ich bedenke", resümierte Engelbert, dass hier
bereits zwischen 89 und 120 n. Chr. die römischen Legionen[132] im Quellbereich
der heilenden Quellen ihre ersten Thermenanlagen gebaut haben, gleicht unser
Leben nur einem einzigen Herzschlag im Vergleich zur glorreichen Geschichte
dieser Stadt."

130 Der besonders aufwändig im ersten Jahrzehnt des 11. Jh. ausgeführte Ambo im Münster von Aachen
    – auch Lesepult – war ein Vorläufer der erst im 14. Jh. in Deutschland aufkommenden Kanzeln.
131 Später entstand noch die schöne Ungarnkapelle.
132 Hier waren die VI. und die XXX. Legion stationiert.

„Aber auch Lüttich", gab Rembert zu bedenken, „unser heutiges Reiseziel, kann auf seine bedeutsame Geschichte stolz sein. Immerhin soll diese Stadt schon seit dem Jahre 721 einen Bischofssitz in ihren Mauern gehabt haben. Das war vierundvierzig Jahre vor jenem Jahr, in dem König Pippin, der Vater Karls des Großen, das Weihnachts- und Osterfest hier erstmalig in seinem königlichen Hofgut ‚Aquis Villa' gefeiert haben soll. So steht es jedenfalls in den Reichsannalen."

„Du redest, als hättest du Herrn Levolds Unterricht genossen", stellte Engelbert fest. „Doch nicht die Vergangenheit, sondern allein die Zukunft wird uns noch viel mehr abfordern, als wir heute denken!"

„Aber Ihr wisst doch", entgegnete Rembert, „Ratio quasi quaedam lux lumenque vitae', das heißt: ‚Die Auseinandersetzung mit der Vergangenheit befähigt zum Wissen um die Zukunft.'"

„Und von wem ist das?"

„Von mir! Stimmt das etwa nicht?"

„Dann antworte ich dir mit Horaz: ‚Quid sit futurum cras, fuge quaerere!'"[133]

„Kompliment, mein Graf! Ich stelle fest, Ihr habt bei Herrn Levold doch einiges gelernt!"

*

„Das erste, was ich in Lüttich machen werde", verkündete Engelbert seinen Getreuen, „das ist ein Besuch bei meinem Apfelschimmel Arco. Ich hoffe inständig, dass er seine Krankheit überwunden hat, denn ich möchte ihn in die Mark mitnehmen.

Danach sollten wir uns zum Zweiten – und ihr beiden sollt mich dabei begleiten – um eine Audienz bei meinem Onkel, seiner Exzellenz dem Herrn Bischof bemühen. An ihn heranzukommen, ist längst nicht so einfach, wie es bei seinem Vorgänger war. Zum Dritten heißt es, Abschied zu nehmen von der Domschule und Herrn Levold. Ihm verdanke ich viel. Am liebsten würde ich ihn mitnehmen nach Hamm. Denn dort wird in unserer märkischen Hauptstadt unser Hauptquartier liegen. Allerdings werden wir aus dieser Stadt noch etwas machen müssen." –

„Um Arco habe ich mir viel Gedanken gemacht. Wer weiß, ob er überhaupt noch lebt", wandte sich Widukind an den jungen Grafen. Der ergänzte: „Das ist mein sehnlichster Wunsch. Auf jeden Fall werden wir für die Rückreise noch ein zusätzliches Packpferd brauchen, denn in meiner Stube liegen so mancherlei Sachen, die ich unbedingt in die Mark mitnehmen möchte."

133 Horaz, in seinen Oden: „Carmina" 1.9.13, zu deutsch: „Oh, forsche nicht, was das Zukünftige morgen sein wird!"

Wie angekündigt, ritten sie zunächst zum bischöflichen Reitstall, wo sie, kaum abgesessen, dem Stallmeister van Mehren begegneten. „Gott grüße Euch, Graf Engelbert", rief er erfreut. „Ich sehe, Ihr seid wohlauf. Für Euch habe ich eine wirklich gute Botschaft."

„Von Arco?", fragte Engelbert ebenso voller Besorgnis wie voller Erwartung.

„Ja, ich kann über ihn Gutes berichten. Er ist nicht mehr in Quarantäne und wird unter der fürsorglichen Pflege vom guten Bernard von Tag zu Tag kräftiger. Er steht jetzt in meiner Stallung bei meinen eigenen Pferden, hat sich sogar ein wenig mit ihnen angefreundet. Kommt am besten alle gleich mit! Arco wird sich bestimmt freuen!"

Zu viert umstanden sie dann den Rekonvaleszenten, der allen so viel Sorgen bereitet hatte. Als der Hengst Engelbert entdeckt hatte, wieherte er vor Freude und genoss es, von seinem glücklichen Herrn immer wieder über Nüstern und Nasenrücken gestreichelt zu werden. Pferd und Reiter sahen sich lange in die Augen. Ihr gegenseitiges Vertrauen war grenzenlos.

„Ihn zu reiten, empfehle ich allerdings jetzt noch nicht", riet van Mehren. „aber als Träger nicht allzu großer Lasten ist er durchaus einsetzbar."

„Dann soll er den Lohengrin-Gobelin in die Mark tragen", rief Engelbert erfreut, „den haben wir ja in Löwen auch gemeinsam errungen!"

Die große Freude über das Wohlergehen Arcos war allen Männern anzumerken. Als Pfleger Bernard hinzukam, schritt Engelbert dankerfüllt auf ihn zu und umarmte ihn mit den Worten: „Wenn du nicht gewesen wärst, lieber Bernard, könnten wir nicht so erfreut über Arcos wiedergewonnenes Wohlergehen sein! Du hast seine Beschwerden von Anfang an erkannt und ihn erfolgreich gesund gepflegt. Wir alle wissen deinen Pferdeverstand zu schätzen. Besonders danke ich dir dafür, dass du mir diesen guten Freund durch deine umsichtige Pflege erhalten hast!" Die übrigen Männer klatschten lebhaften Beifall, so dass Bernard ganz verlegen wurde.

Van Mehren erlöste ihn aus der plötzlich eingetretenen Stille: „Graf Engelbert, ich nehme an, dass Ihr seiner Exzellenz einen Besuch machen wollt. Ich bin schon für morgen in aller Frühe zur Berichterstattung bestellt. Darf ich Euer Kommen beim Bischof avisieren?"

„Das wäre sehr freundlich und käme uns sehr gelegen. Wir müssen nämlich in aller Kürze wieder in Kleve sein. Ich hörte, dass Verwandte von mir die Grafschaft Mark aufzuteilen beabsichtigen. Da wäre mir ein kurzfristiger Termin beim Herrn Bischof sehr recht."

„Ich will versuchen, was möglich ist, doch wäre es ja kein Fehler, wenn Ihr auch Herrn Levold bald Eure Aufwartung machen würdet. Bei uns herrschen seit Monaten recht unruhige Zeiten. Er wird Euch sicher auf den neuesten Stand bringen. Ich muss jetzt schnell in die Stallungen. Morgen können wir uns eingehender unterhalten."

Die Märker vertrauten Bernard ihre Pferde an. Sie wussten, dass er sie nach allen Regeln der Pferdepflege versorgen würde. Zum Bezug ihrer Quartiere gingen sie in das Schulhaus.

Da verschiedene Schüler abgereist waren, erhielten die Überraschungsgäste schnell gute Quartiere und ein herzhaftes Abendessen in einem der Unterrichtsräume. Bereitwillige Domschüler holten ihnen in großen Zinnkannen frisches Bier. Zu ihrer Freude durften auch sie aus herbeigeholten Humpen wie die erwartungsvoll umlagerten Märker das leckere Lütticher Altbier kosten.

Ein munteres Erzählen mit Frage- und Antwortspiel begann, als sie erfuhren, dass der Engelbert von der Mark, mithin einer von ihnen, nun regierender Graf der märkischen Grafschaft geworden war. Ein wenig Abschiedsschmerz schien schon bei ihm mitzuschwingen, als er eine kleine Ansprache an seine bisherigen Mitschüler richtete: „Ihr seht, früher als gedacht muss ich Lüttich und unsere Domschule verlassen. Hier habe ich ungezählte frohe Stunden verleben dürfen. Ich konnte mancherlei lernen, was ich ohne die sich um uns mühenden Lehrer nie erfahren hätte. Auch ihr, liebe Commilitones, habt mir gezeigt, dass es neben der eigenen Meinung Rücksicht zu nehmen gilt auf andere, besonders auf die Gemeinschaft Gleichgesinnter. Längst habe ich nicht alles begriffen, was ich als Landesherr wissen müsste, aber ich habe in meinen Lütticher Jahren so viel an Wissen und Können erwerben können, dass ich hoffnungsvoll in die Zukunft blicke. Das Wichtigste, was ich hier habe lernen dürfen, sind aber nicht Vokabeln und grammatische Regeln, sondern der Umgang mit Freunden, zu denen ihr alle zählt. Dank gebührt allen unseren Lehrern! Ohne Ausnahme haben sie es verstanden, uns für die Zukunft zu ertüchtigen.

Ganz besonders habe ich Herrn Levold von Northof zu danken. Er war unermüdlich tätig, geistige Kräfte zu wecken und zu fördern. Dank der fortwährenden Förderung durch Magister André haben wir gelernt, die französische Sprache zu beherrschen. Er ist in meinen Augen ein kleines Genie! Wie hätte ich sonst so schnell französisch parlieren können. Riesige Freude hat mir immer wieder – wie sicher auch euch – Stallmeister Gerold van Mehren bereitet. Er hat uns das Reiten beigebracht und dazu Sinn und Achtung für unsere guten vierhufigen Kameraden geweckt. Es gibt noch viele andere, deren Namen ich aber jetzt nicht nennen kann, die mir und gewiss auch euch den Weg in die vor uns liegenden harten Zeiten geebnet haben.

Lasst euch und auch unseren Lehrern von mir ein herzliches Wort des Dankes sagen! Mit euch zu leben und zu streben war mir stets eine Lust! Jetzt erhebt eure Humpen und lasst die Domschule Lüttich mit all ihren Menschen, die hier tätig sind, hochleben! Natürlich auch den ehrenwerten König Gambrinus[134],

---

134 Gambrinus, ein sagenhafter flandrischer König aus der Zeit Kaiser Karls des Großen, gilt als Erfinder des Bierbrauens. Er wird als Schutzherr der Bierbrauer verehrt.

der diesen köstlichen Gerstensaft zum Edelgewächs für uns alle hat werden lassen! Für mich heißt es in Kürze – wie vielleicht auch für euch, wenn ihr nach glücklicher Schulzeit wieder in eure Heimat zurückgeht: ‚Felix, qui quod amat, defendere fortiter audet!‘[135] ‚Glücklich ist, wer, was er liebt, voll Mut zu verteidigen wagt!‘"

Der nach diesen Worten aufbrausende Jubel der etwa dreißig Anwesenden verebbte schlagartig, als Levold von Northof, gefolgt von Gerold van Mehren, in den Schulraum trat und auf Engelbert zuschritt, um ihn zu umarmen. Dann rief er ihm mit einem verschmitzten Lächeln zu: „Wie ich gerade hören konnte, hast du deine Lateinkenntnisse besser bewahrt, als ich es je zu hoffen wagte. Nun zu deinem ausgewählten Ovid-Zitat. Es ist ein Wort des Sohnes eines tüchtigen römischen Ritters!

Sei unbesorgt! Wir haben dich als einen Schüler kennengelernt, der fleißig war und stets mutig zu kämpfen wusste. Ich bin sicher, du wirst auch in Zukunft ein glücklicher und erfolgreicher Kämpfer sein.

Ich möchte eure Feier aber keinesfalls stören. Wir werden uns am morgigen Tage in aller Frühe ein wenig unterhalten. Sei pünktlich um acht bei mir und bedenke jederzeit:

‚Fortiter ille facit, qui exe potest!‘[136] ‚Tapfer ist allein der Mann, der das Unglück erträgt!‘"

*

Wie erbeten, war Engelbert bei seinem nun 68-jährigen Lehrer erschienen. Nach einfühlsamen Worten für seinen, vor wenigen Wochen zum Vollwaisen gewordenen Schüler, der jetzt die Last des Regierens einer großen Grafschaft zu tragen hatte, kam Levold von Northof auf die jüngsten Ereignisse in Frankreich und in den Niederlanden zu sprechen.

„Du weißt wahrscheinlich, dass vor kurzem der französische König Ludwig[137] gestorben ist. Lebenslang hatte er ein besonderes Interesse daran, das schon unter Bischof Dietbald von Bar bestehende gute Verhältnis zwischen Frankreich und dem Lütticher Bistum zu erhalten. Mit dem Regierungsantritt seines Nachfolgers, des jetzigen Bischofs, also deines Onkels Engelbert, soll nun leider die langjährig tragfähige Achse zwischen der französischen Krone und dem Lütticher Bistum anscheinend zugunsten einer neuen Allianz zwischen Frankreich und dem Kölner Erzbistum vertauscht werden. Bedauerlich ist: Der Kölner Erzbischof Walram von Jülich hält sich trotz seines hinfälligen Gesundheitszustandes immer mehr statt in seinem Bistum in Paris auf.

135 Ein Ausspruch des Publius Ovid (43 v. Chr. bis 17 n. Chr.) in seinen AMORES II.5.9.
136 Ausspruch des aus Spanien stammenden Dichters Marcus Valerius Martial. Er lebte etwa 64–98 n. Chr. in Rom und gilt als Klassiker des lateinischen Epigramms.
137 gestorben am 11. Oktober 1347

159

Täglich erfasst die fortscheitende Beulenpest neue Gebiete in Deutschland und Frankreich. Ein Ende dieser Geißel der Menschheit ist nicht absehbar. Dem viel zu spät mit seinem Heer eintreffenden Herzog von Brabant ist nach der siegreichen Schlacht von Tourinne durch die Truppen des Grafen von Looz und Geldern sowie die Streitkräfte unseres Bischofs nichts Besseres eingefallen, als die zum Lütticher Bistum gehörende Stadt St. Troud einzunehmen. So dürfen sich Waffenbrüder keineswegs benehmen! Seitdem ist das Verhältnis zwischen unserem Bischof und dem Brabanter Herzog gestört wie nie zuvor. Schon aber murren die Bürger von St. Troud ebenfalls gegen den Herzog Johann III. von Brabant. Der aber fällt frecherweise gerade zusammen mit Truppen des Grafen von Berg in das Land des Grafen von Namur ein.

Dazu gibt es furchtbare Nachrichten aus Basel. Dort hat ein zehn Tage andauerndes Erdbeben gewaltiges Unheil angerichtet, als hätte es nicht genügt, dass bei der Schlacht von Poitiers[138] am 10. September Tausende von Menschen ihr Leben verloren haben! Du siehst, lieber junger Graf, die Welt ist mehr in Unordnung als es unsere Bürger an der Maas oder in der Grafschaft Mark ahnen."

*

Auch Levold von Northof erfuhr erstaunliche Neuigkeiten von Engelbert. Zunächst hatte er diese zunächst als bloßes Gerede abtun wollen: die Ansprüche von Engelberts Vetter auf eine möglicherweise bevorstehende Teilung der Grafschaft Mark zugunsten des Grafen von Looz. „Dann musst du so bald wie möglich zu deinem Onkel nach Kleve reiten und ihn bitten, die märkische Sache in deinem Sinne zu regeln."

„Das habe ich ja auch vor, doch ist zu bedenken, dass der forsche Anspruchsteller gleichermaßen ein Enkel von Graf Dietrich ist wie ich", hielt Engelbert gegen Levolds Vorschlag.

„Umso wichtiger ist es, deinen Onkel auf deine Seite zu ziehen, nachdem auch dein Großvater gestorben ist. Ebenso notwendig ist es für dich, in der Mark wichtige Freunde zu haben, deren Wort etwas gilt. Du solltest alle dortigen Meinungsmacher baldmöglichst aufsuchen und über die Pläne deiner belgischen Verwandten aufklären."

In diesem Augenblick trat eine Ordonnanz des Bischofs in das Wohngemach Levold von Northofs ein und meldete: „Seine Exzellenz wünscht den Grafen von der Mark so bald wie möglich zu sehen. Wenn er hier sein sollte, bittet ihn, Herr Levold, dass er sich sputet. Seine Exzellenz würde sich sehr freuen, wenn Ihr ebenfalls auf kürzestem Wege zur Residenz eilen würdet."

---

138 In der Schlacht von Poitiers errang im Hundertjährigen Kriege Eduard, Prince of Wales, Sohn des englischen Königs Eduard III. (1327–1377), als Heerführer Englands am 10. September 1347 einen knappen Sieg über die Truppen des französischen Königs Philipp VI. (1328–1350). Seiner Rüstung wegen wurde dieser Prinz von Wales der „Schwarze Prinz" genannt. – Durch einen Sieg bei Poitiers konnte Karl Martell schon im Jahre 732 das Vordringen der Araber aufhalten.

„Wird gemacht", antwortete Herr Levold, „Wir sind schon auf dem Wege und erscheinen bei seiner Exzellenz in weniger als zwanzig Minuten mitsamt den Gefährten des Grafen."

So kam es, dass die erbetene Audienz in kürzester Zeit zustande kam. „Gratuliere, lieber Neffe", begrüßte der Bischof erfreut den eintretenden jungen Grafen. „Kaum siebzehn und schon Landesherr!"

„Das war keineswegs meine Absicht, Exzellenz", entgegnete Engelbert, „aber wir müssen die Herausforderung des Schicksals nun mal annehmen. Ich hätte mir jedenfalls gewünscht, noch einige Jahre zu lernen und Erfahrung in Regierungsgeschäften zu sammeln, um das mir zugefallene Amt besser ausfüllen zu können."

„Ja, selten geht in unserem Leben alles nach unseren Wünschen. Doppelt traurig stimmt mich natürlich, dass auch deine Mutter unsere Erde so früh hat verlassen müssen. Gern wäre ich bei ihrem und deines Vaters Begräbnis zugegen gewesen, aber die Staatsgeschäfte ließen es nicht zu. Hocherfreut bin ich deshalb, dass du so bald zu mir gekommen bist, zumal ich von den Lehrern der Domschule so viel Gutes über dein erfolgreiches Streben gehört habe. Die Herren van Mehren und Northof haben mir gerade noch bestätigt, dass du eine Reife erlangt hättest, die wesentlich Ältere nicht oder nur in geringerem Maße besitzen. Deshalb nur Mut, lieber Engelbert, du wirst gewiss deinen Weg machen!

Zunächst freue ich mich, unter deinen Begleitern den mir seit vielen Jahren gut bekannten Ritter Widukind von Bredelaer zu sehen. Gott grüß Euch, Widukind und auch Euren jungen Freund!" Engelbert beeilte sich, ihn vorzustellen:

„Das ist Rembert von Greven, Exzellenz. Mein ebenso gelehrter wie tatkräftiger und tapferer Gefährte, auf dessen Rat ich ebenso höre wie auf den Widukinds."

„Schön zu hören, dass er auch gelehrt ist."

Als ob Rembert einen Beweis dafür zu liefern hätte, deklamiert dieser: „Rebus in augustus facile est contemnere vitam; fortiter ille facit, qui miser esse potest!"[139]

„Schon gut, Rembert", kommentierte der Bischof. „Wisst Ihr denn auch, welcher Apostel diesen Satz als erster ausgesprochen hat?"

„Das war kein Apostel, Exzellenz, ich weiß schon, dass Eure Exzellenz mich mit dieser Frage auf die Probe stellen wollen. Als Marcus Valerinus Martial seine Epigramme niederschrieb, war er nur ein schlichter, aber angesehener Bürger!"

„Ich freue mich, dass mein Neffe so kluge Berater hat. Allerdings, der äußere Eindruck, den Ihr vermittelt, ist sehr verbesserungsbedürftig. Das ließ sich ja voraussehen."

---

139 ‚Schwer ist's, nicht zu verachten das Leben in harter Bedrängnis. Tapfer allein ist der Mann, welcher das Unglück erträgt.' Ein weiteres Zitat aus Martials vorerwähntem Epigramm-Schatz.

Jetzt griff er zur bereitstehenden Glocke. Sofort öffnete sich die Doppeltür zu seinem Vorzimmer, und herein traten vier gut gekleidete Herren mit tiefer Verbeugung vor den Anwesenden.

„Das sind begnadete Handwerker, genauer gesagt, Schneider und Schuhmacher, die ich gebeten habe, euch Märkern standesgemäße Kleidung zu verschaffen. Ich nehme an, ihr drei seid damit einverstanden. Zur angemessenen Kleidung ernst zu nehmender Diplomaten oder gar Landesherren gehören nun mal Kleider, die den Ansprüchen gehobener Würdenträger entsprechen: dunkle Tageskleidung mit weißen Hemden, Mantelumhang, Federhut und dazu passende Stiefel, Schuhe und Beinkleider." An die Schneider gewandt, forderte er sie auf:

„Meine Herren, nehmet Maß und liefert mir gleich im Anschluss daran Stoff- und Lederproben, damit ihr gleich an die Arbeit gehen könnt. Ich erwarte euch mit den von euch gefertigten Kleidungsstücken am morgigen Mittag. Dann werden Anprobe und der Kleiderwechsel gleich hier an Ort und Stelle vollzogen, denn schon am morgigen Nachmittag verreise ich. Die Fertigungszeit ist – das weiß ich – knapp bemessen, auch die Herren aus der Grafschaft Mark haben nicht mehr viel Zeit. Sie werden schon in Kleve erwartet."

Wie hatten sich Umgangston, Zeitaufwand für ein Gespräch unter Verwandten und vieles andere gewandelt, dachte Engelbert, als er Vergleiche mit den familiär geprägten Begegnungen unter der Herrschaft des Bischofs Adolf anstellte. Hocherfreut über die zu erwartende großzügige Einkleidung, strahlten nicht nur er, sondern ebenso seine Gefährten, als sie die Residenz verließen. Wie erwartet, wenngleich auch mehr im Befehlston und im Geschwindeschritt, vollzog sich am nächsten Mittag die äußerliche Verwandlung der märkischen Gäste. Bischof Engelbert hatte angeordnet, dass sie erst nach vollständiger Einkleidung in seinem Arbeitsraum zu erscheinen hätten. Emsig wurden sie von arbeitenden Fachkräften vorn wie hinten bedient. Sie probierten das neue Schuhwerk an und standen staunend, nachdem hier und da noch mit Nadel und Faden hantiert wurde, vor drei großen Standspiegeln im Fürstensaal. Der Faltenwurf ihrer tiefblauen Anzüge entsprach der neuesten französisch-burgundischen Mode. Der Männerrock, die Schecke, war verkürzt bis zur Schritthöhe. Eng anliegende Strumpfhosen reichten bis zu den Hüften. Wie für den Adel der Niederländer üblich, erhielt jeder einen Dusing. Das war ein ungewöhnlich breiter, lose auf der Hüfte liegender Gürtel. Der weite schwarze Samtmantel war mit Pelz gefüttert, der auch im Kragenbereich und am unteren Saum außen recht breit sichtbar war. Jeder erhielt als Kopfbedeckung ein Federbarett. Die Ausstattung wurde vervollständigt durch ein eng ansitzendes, tiefschwarz gefärbtes Lederwams und modische Stiefel aus hellbraunem Naturleder.

Alle drei Monturen glichen einander in Farbe und Schnitt. Lediglich Engelberts Ärmel zeigten den bekannten dreifach rot-weiß geschachten Balken als Besonderheit. Aus den Öffnungen im Barett blitzten die märkischen Farben rot und weiß zwischen den geschlossenen Krempzonen. Unter dem breitkrempigen Barett wurde ein festansitzendes Käppchen, die Kalotte, getragen. Sie war wie eine Netzhaube aus wollenen und seidenen Schnüren geflochten. Die Kalotte diente zum Wärmen des Kopfes und war als eine Art Unterrock für das Barett gedacht. Ohne diesen Unterbau konnte das Barett beim Reiten oder starkem Wind leicht vom Kopfe rutschen.

Die Männer waren erschlagen vom Glanz der unerwarteten Kleidungsstücke. Sie staunten über den eleganten Eindruck, den sie jeweils bei ihren Gefährten wahrnahmen. So präsentierten sie sich beim Fürstbischof.

„Das sieht schon besser und würdiger aus als gestern!", lobte Bischof Engelbert sowohl die meisterhafte Leistung der Handwerker wie sich selbst, der die Idee zu einem so eindrucksvollen Geschenk gehabt hatte.

„Und da eure Taschen leer sind, habe ich beschlossen, sie zu füllen." Er machte einige Schritte zum riesengroßen Schreibtisch und ergriff drei dort stehende kleine Ledersäckchen, die er abwägend in beiden Händen hielt, als wolle er ihr Gewicht prüfen.

Das deutlich schwerste übergab er Engelbert mit den Worten: „Damit du an den Kölner Erzbischof denkst, findest du in diesem Lederbeutel einhundert Tournosen des Erzbischof Walram von Jülich."[140] Zu Widukind gewandt, sagte er, indem er ihm den zweiten Beutel übergab: „Auch Ihr sollt den in Bonn thronenden Kölner Erzbischof nicht vergessen. Deshalb findet Ihr sein Abbild auf einhundert Großpfennigen, die Euch gewiss aus mancher Verlegenheit helfen können.

Nun zu unserem gelehrten Rembert. Auch er erhält von mir einhundert Münzen. Es sind Doppelpfennige. Sie zeigen den Trierer Erzbischof Baldwin Graf von Lützelburg[141] mit seinem Krummstab und einem goldenen Buch. Auf dessen Einband findest du einen Adler und einen Schlüssel eingeprägt. Der Adler ist in der christlichen Kunst Symbol für die Taufe wie auch die Himmelfahrt Christi. Er erinnert an das Eintauchen in das Wasser und die Himmelfahrt Christi. Das Buch bleibt ewig Sinnbild für Bildung und Wissenschaft. Vergiss nie, dass jeder Adler einen ungeheuer scharfen Blick haben muss, wenn er überleben will. Es gibt nur ein Buch, das über allen anderen Büchern steht. Das ist die Bibel, das Buch der Bücher.

Wenn ich euch diese Geschenke übergeben habe, tue ich dies als Spross aus der gleichen Grafenfamilie, die euch mit mir verbindet. Kommt ihr in Not, so lasst es mich wissen, damit ich euch helfe, wie auch ihr mir gewiss Unterstützung gewähren werdet, wenn ich ihrer bedarf."

---

140 Walram von Jülich war Kölner Erzbischof von 1332 bis 1349.
141 Baldwin von Lützelburg war Trierer Erzbischof von 1307 bis 1354, zeitweise auch daneben Administrator der Bischöfe von Mainz und Speyer.

Die reich Beschenkten bedankten sich überschwänglich. Bischof Engelbert lud sie zum gemeinsamen Mittagsmahl ein, bei dem auch der Macht- und Gebietsanspruch der Loozer Verwandten zur Sprache kam. Mit den Worten: „Lasst euch nicht bange machen!", versuchte der Bischof sie zu beruhigen. „Auch wenn du noch nicht volljährig bist, wird schließlich der Kaiser sogar dafür sorgen, dass du regierender Graf der gesamten Mark bleibst, lieber Neffe! Sprich nur bald mit deinem Onkel Johann von Kleve. Auch ich werde ihm eine Botschaft zukommen lassen, die helfen soll, deine Rechte zu sichern."

Mit diesen trostreichen Worten verabschiedete sich der Bischof. Die vor dem Reisewagen angespannten Pferde scharrten schon unruhig in der Durchfahrt der Residenz mit den Hufen. Gleich darauf erschien Fürstbischof Engelbert von der Mark und fuhr im dicht geschlossenen Gefährt ab. Zurück blieben drei glückliche Reiter in Hochstimmung.

Der Schiedsspruch von Clarenberg

Zwei Tage später trafen die Märker auf der Schwanenburg ein und ließen sich beim Grafen Johann von Kleve melden. Dessen zuvor sechsunddreißig Jahre regierender Chef des Hauses Kleve war im Jahr 1347 gestorben.

Graf Johann war durchaus bewusst, dass er genügend Autorität auszustrahlen habe, um den Konflikt um die Teilung der Grafschaft Mark zwischen Eberhard van der Mark-Aremberg und dem noch nicht volljährigen Grafen Engelbert auf kürzestem Wege zu schlichten. Absolute Neutralität war ebenso geboten wie schnelles Handeln.

Die Anspruchsteller aus dem Aremberger Lager waren gleich nach dem Tode ihres Schwagers und Onkels Adolf II. von der Mark, an ihn herangetreten mit dem Ansinnen, die Grafschaft Mark zu teilen, um den energisch ihr Ziel verfolgenden Grafen von Looz-Lumain und Aremberg den nach ihrer Meinung ihnen zustehenden Teil der Grafschaft Mark zu verschaffen. Sie hatten dabei auch auf das jugendliche Alter des noch nicht volljährigen Knaben Engelbert verwiesen. Eine Übergabe der gesamten Länder an ihn sei nicht zu verantworten.

Graf Johann hatte zunächst ausreichende Bedenkzeit gefordert und angekündigt, dass eine Entscheidung wohl „Reichssache" wäre. Deshalb sei zuvor Kaiser Karl IV. zu befragen. Er selbst wollte ihn dieserhalb um seine Meinung bitten. Geschehen war aber inzwischen nichts.

Nun stand der zweifellos berechtigte Erbe Engelbert mit seinen Begleitern vor seinem Onkel Johann und erwartete seine Hilfe.

Graf Johann von Kleve brachte zunächst seine Freude darüber zum Ausdruck, dass Engelbert mit den beiden durchaus als Respektpersonen zu wertenden Gefährten gekommen wäre, und zwar in einer sehr angemessenen Kleidung. Dann hatte er die große Genugtuung, Engelbert als äußeres Zeichen gräflicher Macht, das Grafenschwert seines Vaters übergeben zu können. Sein bisher getragenes Prunkschwert, das er vom seligen Bischof Adolf erhalten habe, sei zwar bewundernswert, doch von geringem Wert für die Ausübung seiner Rechte als nun regierender Graf einer Grafschaft.

Das altbewährte Schwert der Grafen von der Mark habe er vom jungen Herzog Reinhald III.[142] erbeten, da es dem Sarge von Engelberts Vater nicht beigelegen habe. Nun sei die Stunde gekommen, dass Engelbert dieses Schwert übernähme und so führe, wie es schon sein Vater Adolf getan habe.

Zur Streitsache zwischen den Anspruch stellenden niederländisch-belgischen Verwandten und Engelbert, dem seiner Meinung nach unbestritten rechtmäßigen Nachfolger seines Vaters, mochte er nur soviel sagen, dass er alles Notwendige inzwischen eingeleitet habe. Alle Vertreter der märkischen Ritterschaft, auch Lehnsleute und Amtmänner, seien bereits zu einer Beratung in das Kloster Clarenberg geladen, wo Graf Johann eine endgültige und beide Parteien bindende Klärung herbeizuführen gedächte.

Mehr als hundert maßgebliche Stimmen würden dort zu werten sein. Es bleibe den Anspruchstellern anheim gestellt, vor Beginn der Beratung eine kurze Erklärung zur Streitsache abzugeben. Doch solle die Entscheidung, wie zu verfahren sei, geheim und ohne etwaige Anwesenheit der streitenden Parteien selbst herbeigeführt werden. Den Termin dieser Beratung möge sich Engelbert unbedingt merken. Er habe geladen zum Tage nach dem Sonntag Reminiscere und wolle im Auditorium des Klosters Clarenberg um 11.00 Uhr beginnen. Noch vor dem gemeinsamen Mittagsmahl könnten die jungen Adligen ihre jeweiligen Ansprüche und Absichten vortragen. Sie müssten jedoch danach das Klostergelände unverzüglich verlassen. Graf Johann schlug Engelbert vor, sein Quartier beim Edelherrn Konrad von Hörde zu nehmen. Der habe sich zwar weitgehend aus allen weltlichen Geschäften zurückgezogen, würde aber dennoch als Vertreter der gräflich märkischen Verwandten an der Vollversammlung teilnehmen.

Langeweile könnte Engelbert nicht haben, wenn er Konrads Gemahlin besuchen würde. Sie sei seine Tante Elisabeth, eine Schwester seines Vaters Dietrich von Kleve. Sie selbst nenne sich schlicht Else und sei offenbar fast so fromm geworden wie ihr Ehemann Konrad. Beide hätten seit 1340 das Hörder Clarissinnenkloster erbaut und es ständig mit Geld und Sachspenden versorgt.

---

142 Reinhald III. Herzog von Geldern war von 1343 bis 1361 zunächst, weil noch nicht volljährig, mit Hilfe eines Verwesers seinem gleichnamigen Vater Herzog Reinhald von Geldern (1326–1343) als regierender Fürst gefolgt.

Graf Engelbert dankte für diese Erläuterungen zum Verfahren und lobte die begrüßenswerte Sachlichkeit des ebenfalls noch recht jungen Grafen Johann.

„Noch eines erscheint mir wichtig, Graf Engelbert! Am eigenen Leibe habe ich erfahren müssen, wie schwer es einem jungen Grafen fällt, Entscheidungen zu beeinflussen, wenn sein Geldbeutel ständig an Schwindsucht leidet. Du tätest gut daran, in deiner Grafschaft Freunde zu suchen, und das möglichst bald. Jeder Ritter deiner Grafschaft hat demnächst eine Stimme. Nicht jeder wird bereit sein, sie dir ohne Gegengabe schenken zu wollen. Hier erhältst du aus dem Erbe deiner Mutter eine mit Münzen gefüllte Kassette, deren Wert bei rund tausend Denaren liegen dürfte. Hast du Zweifel, ob dich ein Ritter wählen wird oder macht er die Abgabe seiner Stimme von einer Geldzahlung an ihn abhängig, versuche, diese Stimme mit Geld zu kaufen, jedoch ohne dass andere als deine treuen Gefolgsleute davon etwas erfahren.

Wer dafür Geld verlangen oder annehmen sollte, ist jedoch für die Zukunft kein verlässlicher Gefolgsmann. Wirf ihn deshalb gleich nach der gewonnenen Abstimmung aus Ämtern und Lehen hinaus! Glaube ihm nicht, wenn er versucht, dich um Entschuldigung oder Gnade anzugehen. Solche Gefolgsleute musst du rücksichtslos aus deiner Grafschaft vertreiben!"

„Graf Johann, Ihr seid ein guter und lieber Freund. Ich bin froh, bei Euch gewesen zu sein. Ich danke Euch von Herzen, auch für das mir zugedachte Geld. Ich werde einen Teil davon allerdings verwenden, um meine Schulden beim Lütticher Stallmeister zu begleichen. Ihm schulde ich nämlich achtzig Denare für das zweite Packpferd, das er mir überließ, als ich von Lüttich fortzog. Er sagte mir zwar, die Zahlung hätte keine Eile, doch möchte ich seine Großzügigkeit nicht unbedingt länger als nötig in Anspruch nehmen."

„Das ist recht so! Ich freue mich, deine Lage richtig eingeschätzt zu haben. Am wichtigsten bleibt es für dich, schleunigst die Zeit zu nutzen, um Freunde zu gewinnen und Feinde zu erkennen. Wir sehen uns wieder in Clarenberg."

*

In gehobener Stimmung hatten die Märker die Schwanenburg verlassen, bei Rheinhausen über den Rhein gesetzt und ritten nun wieder auf Essen zu. Engelbert hielt es für richtig, die Äbtissin Katharina über den Verlauf seiner Verhandlungen zu verständigen.

Seine Tante Katharina hörte mit Genugtuung Engelberts Bericht und versprach, alles Notwendige in die Wege zu leiten, um spätestens zum Osterfest des nächsten Jahres die Hochzeit ihres Neffen mit der Tochter des Jülicher Grafen Wilhelm V. vorzubereiten. Dazu gab sie Engelbert einen guten Rat: „In Geldsachen sei immer vorsichtig! Das Beste wird sein, dass du Rembert alle Geldgeschäfte ausführen lässt. Nimm selbst nie Geld in die Hand, um es auszugeben. Leicht verliert man dabei den Überblick. Verpflichte Rembert zur täglichen Aufzeichnung von gezahlten und empfangenen Beträgen. Du wirst noch einmal erkennen, wie wichtig das sein wird."

Bevor die Märker ihre Schlafstätten aufsuchten, bat Äbtissin Katharina ihren Neffen noch zu einem kurzen Wort zu sich. „Sagtest du, die Clarenberger Verhandlung sei am 20. Februar?"

„Ja, das stimmt", antwortete Engelbert und meinte, „ich glaube, das ist ein gutes Zeichen, denn das ist doch mein Geburtstag!"

„Das weiß ich längst", bestätigte Katharina. „Diesen Tag hatte Graf Johann empfohlen!"

*

Nach dem Besuch bei der Äbtissin waren sie ruhraufwärts nach Bochum geritten, einer Stadt, in der Engelberts Vater viele ihm sehr ergebene Freunde besessen hatte. Anno 1321 hatte schon sein Großvater Engelbert II.[143] durch eine Urkunde bezeugt, dass Bochum oppidum, also eine kleine Stadt sei. Diese Stadt, die als redendes Symbol ein dickes, mit zwei Lederverschlüssen versehenes Buch im Wappen führt, war in den beiden Jahrzehnten der Regierungszeit Engelberts II. seine bevorzugte Münzstätte gewesen. Auf der Rückseite seiner in Bochum geprägten Denare hatte sein Großvater innerhalb eines Schildes den märkischen Schachbalken aufbringen lassen. Das war eine Neuerung, die diesen Münzen im Volksmund die Bezeichnung Schildmünzen oder „Schilde" aufkommen ließ. Die Bochumer Bürger waren Engelbert II. in einer Schlacht gegen des Erzbischofs Truppen tatkräftig zu Hilfe geeilt. Das hatte ihn veranlasst, den Bochumern aus seinem dortigen Eichenwald jährlich einen stattlichen Eichenbaum zum Fällen freizugeben, den sie für ihre Zwecke nutzen durften.[144] Als Engelbert III. mit seinen Begleitern im Bochumer Rathaus erschienen war, versammelte sich, während er sich bei den beiden Bürgermeistern vorstellte, vor dem Eingang eine große Volksmenge. Sie begrüßte die Stadtoberen und den jungen Grafen mit Jubelrufen, bevor die Herrschaften zum Mittagsmahl in die Ratsschenke gingen. Die märkischen Adelsherren erhielten, ohne in irgendeiner Form dazu aufgefordert zu sein, ein fürstliches Geldgeschenk der Stadt in der stillen Erwartung, auch fürderhin durch ihn besonderen Schutz der Stadt vor Feinden zu erfahren.

Noch vor der Dunkelheit hatten die Reiter Hattingen erreicht, einen blühenden gewerbereichen Handelsort, der noch nicht den Vorzug hatte, eine mauerumgürtete Stadt zu sein. An der bedeutenden Fernhandelsstraße zwischen Köln und Münster hatte sich diese beliebte Marktstätte entwickelt. Als Engelbert ins Amtshaus getreten war, ging die Nachricht davon wie ein Lauffeuer durch die

---

143 Engelbert II. von der Mark regierte von 1308 bis 1328.
144 Deshalb besucht noch heute Jahr für Jahr eine Abordnung der Bochumer Maiabendgesellschaft die Ruhestätte dieses märkischen Grafen in der Fröndenberger Stiftskirche, um am Grabe Engelberts II. einen Eichenkranz mit Schleife und Wappen niederzulegen – ein Brauch, der seit mehr als 680 Jahren besteht.

Stadt. Auch hier erschollen laute Vivatrufe für den jungen Grafen. Offensichtlich freuten sich die Bewohner Hattingens, ihren sympathischen jungen Herrn von Angesicht zu Angesicht zu erleben.

Ruhraufwärts ritt die Dreiergruppe dann auf Wetter zu, einer Stadt, die am Fuße des Ardeygebirges liegt. Wetter war Amtssitz eines märkischen Drosten und Mittelpunkt eines weitläufigen Gerichtsbezirks. Schon ab 1243 hatte der Vater des Grafen Engelbert die dortige Burg angelegt. Der Drost war gerade verreist und sein Schreiber sehr verlegen, seinem neuen Landesherrn nicht mit den gewünschten Auskünften dienen zu können. Er versicherte jedoch, im Amte Wetter liefen die Amtsgeschäfte wie am Schnürchen, der Drost habe alles im Griff. Mit der Weisung ihm auszurichten, dass der neue Graf auf des Drosten Loyalität zähle und ihn am 20. Februar in Hörde zu treffen wünsche, ritt er mit seinen Begleitern weiter nach Iserlohn, um dort mit den Burgmannen am Iserlohner Bilstein zu sprechen. Dort traf er „im Borgmanshause" eine trinkfreudige Runde um die Herren Hunold von Letmathe und Henrich Kulink an, die ihren Besuch gleich einluden, mit ihnen das gute Iserlohner Bier zu probieren. Der ließ sich nicht lange bitten und langte, als ein leckerer Braten auf den Tisch kam, beherzt zu. So hatten sie Gelegenheit, die beiden mit ihnen am Tisch sitzenden Bürgermeister von Iserlohn kennenzulernen. Es waren die Herren Giselher vor der Porten und Diderich Overstolt. Das gab dem kleveren Rembert von Greven willkommene Gelegenheit, die beiden Stadtoberen nach der schon mit Graf Adolf II. vereinbarten Zahlung an den Edelherrn Konrad von Hörde und dessen Ehefrau Else von Kleve zu fragen. Trotz der nicht geringen Biermenge, die beide bereits genossen hatten, kam spornstreichs deren Antwort: „Aber sicher, das ist doch Ehrensache, die Vereinbarungen mit unserem, nun selig gewordenen Grafen Engelbert so einzuhalten, wie dies am zweiten Tage nach dem Tage Petri et Pauli im vergangenen Jahre urkundlich vereinbart worden war." Mit „Pacta sunt servanda"[145] bekräftigten sie ihre Aussagen, was Engelbert mit den Worten bestätigte: „Ja, da hörst du es, lieber Rembert, auf unsere Iserlohner ist immer Verlass!" – Rembert ließ sich aber nicht daran hindern, weitere Forderungen anzusprechen:

„Aber die Abgabe an den märkischen Grafen für das letzte Jahr sind sie leider schuldig geblieben. Graf Adolf hatte sich, als ich ihn zuletzt in Kleve gesprochen habe, sehr darüber gewundert. Das wäre ganz gegen die sonst bei seinen Iserlohnern gewohnte Art."

„Wir hatten bisher auf den Grafen Adolf zu unserem Leidwesen vergeblich gewartet. Diese Beträge holte er sich bisher immer persönlich im Rathaus ab", erklärte Giselher vor der Porten, und Overstolt ergänzte: „Gleich morgen früh, wenn unser Rentmeister da ist, könnt Ihr, Graf Engelbert, die Zahlen einsehen

---

145 Verträge sind einzuhalten.

und Euren Anteil mitnehmen!" Engelbert war zufrieden, er ergänzte jedoch: „Und die Zahlung für dieses Jahr nehme ich ebenfalls morgen in Empfang, denn die Ausgaben für den bevorstehenden Rittertag in Hörde und den Hoftag in Hamm werden ein riesiges Loch in unsere Finanzen reißen." Die Bürgermeister schauten etwas verdutzt drein, bequemten sich dann aber zu einem wohlwollend klingenden „Klar, wird gemacht!"

Rembert, der künftig als Rentmeister des Grafen tätig sein sollte, bewies schon heute, dass er es verstand, für ausreichend liquide Verhältnisse im gräflichen Haushalt zu sorgen. Und so ritt das Trio der Märker am nächsten Vormittag nach Entgegennahme der fälligen Zahlungen recht zufrieden nach Norden weiter, um den Herrn Konrad von Hörde und seine Frau Else aufzusuchen. Hörde erreichten sie nach dem Ruhrübergang bei der märkischen Burg Villigst über den Schwerter Wald, eine bewaldete Anhöhe des Haarstrangs. Die Hörder Burg war durch Kauf in märkischen Besitz gekommen. Schon 1282 hatte Albert von Hörde die Pfandnutzung seiner „Krummen Freigrafschaft" an den Grafen von der Mark verkauft.

Die Hörder Ritter hatten sich, wie eine Urkunde Kaiser Ottos IV. berichtet, als Gefolgsleute des Kölner Erzbischofs verdient gemacht und von diesem den Reichshof bei Westhofen und die Verpflichtung zu dessen Schutz zu sorgen, übernommen. Die Burgmannen des Albert von Hörde hatten ihn pflichtgemäß gesichert. Albert selbst hatte 1218 mit anderen westfälischen Kreuzrittern an der Belagerung von Damiette[146] in Syrien teilgenommen. Auch später waren zahlreiche Angehörige des vermögenden Hörder Rittergeschlechts im Dienst der Kölner Erzbischöfe wiederholt zu hohem Ansehen gekommen. Einer von ihnen war von 1261 bis 1272 herzoglicher Marschall des Erzbischofs von Köln für Westfalen.

Um die Hörder Burg war es nach deren Kauf durch den Grafen von der Mark zu heftigen Auseinandersetzungen gekommen. Verschiedene Kaiser hatten sowohl dem Kölner Erzbischof wie den märkischen Grafen, scheinbar nach Lust und Laune, unterschiedliche Eigentumsrechte zuerkannt, bis schließlich Graf Eberhard II. von der Mark im Jahre 1297 die Hörder Burg und kurz darauf auch die ehemaligen Reichshöfe in Westhofen, Dortmund, Brakel und Delmenhorst endgültig in Besitz nehmen konnte. Jetzt bewohnte Konrad von Hörde als Letzter seines Stammes mit seiner Gattin das stattliche, meist zwei-, teils dreigeschossige Gebäude mit seinem hohen Walmdach. Das kinderlose Ehepaar sah seine Lebensaufgabe darin, auf benachbartem Gelände ein Kloster für die Clarissinnen, das man bald Clarenberg nannte, zu errichten und dauerhaft mit Geldern und Besitzrechten auszustatten.

---

146 Das oft umkämpfte Damiette war vor dem Bau des Suezkanals eine wichtige Hafenstadt Unterägyptens und damit ein bedeutender Handelsplatz. Mehrfach von den Kreuzfahrern erobert, ging er jedes Mal bald wieder verloren.

Die alte Burg zu Hörde des Edelherrn Konrad von Hörde und seiner Frau Else* von Kleve war die erste Wohnstätte des jungen Grafenpaares Engelbert III. und seiner aus Jülich stammenden Frau Richarda. *Die Edelherrin Elisabeth, geb. Grafentochter aus Kleve, wurde zuweilen Else genannt.
Die Federzeichnung ist aus der Mitte des 19. Jahrhunderts.
Die Burg diente später zur Verwaltung der ersten Eisenhütte im Ruhrrevier, die der Industrie-pionier Hermann Dietrich Piepenstock aus Iserlohn in Hörde anlegte. Ein Teil des Gebäudes wurde zu Beginn des 20. Jahrhunderts Bestandteil des Verwaltungsgebäudes der Dortmund-Hörder-Hüttenunion der Vereinigten Stahlwerke AG

Engelbert und seine beiden Begleiter baten den Hörder Edelherrn und seine Frau Else um Gastfreundschaft für die Zeit des Rittertages, die ihnen gern in Aussicht gestellt wurde. Hier erfuhren sie auch, dass es der Junker Eberhard von der Mark, ein Bruder des gerade verewigten Grafen Adolf, ein zukünftiger Graf von Aremberg sei, der neben seinem Vater für sich einen Anteil der Grafschaft Mark fordere. Dieser junge Herr wäre zwar volljährig und schon Propst in Münster, habe aber aufgrund seines Auftretens nur wenige Freunde. Selbstverständlich verfüge er über die restlose Unterstützung seiner engeren Verwandtschaft und auch des befreundeten Grafen Dietrich III. von Limburg. Da das zunächst vorgesehene Auditorium des Hörder Klosters wegen des Erscheinens vieler Ritter, Burgmannen und Amtsleute aus der Grafschaft Mark zu klein erschienen sei, solle angesichts der großen Menge der Teilnehmer am Rittertag die Versammlung in der Kirche des Nonnenklosters stattfinden.

Nach diesen Gesprächen und einem anschließenden Essen zog Engelbert mit seinen Vertrauten weiter nach Lünen. Dort und anschließend auch in Witten, Kamen und Hamm machte sich Engelbert als künftiger Landesherr bekannt. Sein bescheidenes, aber bestimmtes Auftreten verschaffte ihm überall Freunde und allgemeinen Zuspruch. Besonders willkommen schien er in der Stadt Hamm zu sein. Seine Ankündigung, dort zu Ostern oder wenig später im nächsten Jahre einen großen Hoftag abzuhalten, fand begeisterte Zustimmung. Sein Weg führte ihn danach über Unna, Iserlohn und Altena wieder in den Süden der Grafschaft, wo er die Orte Hülscheid, Herscheid und Plettenberg aufsuchte, um danach die ihm vertraute Burg auf dem Schwarzenberg für einige Tage als Standquartier zu nutzen.

*

Er war enttäuscht, dort seine Jugendfreunde Ludger und Jakob nicht mehr vorzufinden. Im alten Grafenhaus hatte seit einigen Jahren der Drost Gert von Plettenberg mit seiner Familie Wohnung genommen. Er war schon von Engelberts Vater zu dessen Vertreter gemacht worden und führte sein Amt in jeder Hinsicht vorbildlich. Beide Männer musterten sich eingehend. Schon nach wenigen Worten schien es keinerlei Argwohn mehr zwischen ihnen zu geben. Engelbert erkannte den Drosten wegen seines umfassenden Überblicks in allen Fragen der Gesellschaft, wegen seiner persönlichen Arbeitsleistung, seines Verantwortungsgefühls und seiner stets ruhigen und sachlichen Art rückhaltlos an. Gert von Plettenberg war begeistert von dem hoffnungsvollen Grafenspross, der Überheblichkeit und Besserwissertum nicht zu kennen schien.

*

Als der für seine Grafschaft so entscheidende Tag der Versammlung aller Stimmberechtigten gekommen war, beobachtete Engelbert, aus den Fenstern der Hörder Burg schauend, wie Ritter, Edelleute, Drosten und Amtmänner teils zu Pferde, teils in Karossen vor der Klosterkirche in Clarenberg ankamen. Es waren weit mehr als hundert, die in den Bankreihen der Stiftskirche[147] des Clarissinnenklosters Platz nahmen und vom Grafen Johann von Kleve (1347–1368), dem Bruder von Engelberts verstorbener Mutter herzlich begrüßt wurden.

Der junge Graf Engelbert erhielt als Erster die Gelegenheit, sich und seine Pläne für den weiteren Ausbau der Grafschaft vorzustellen. Wer von den Anwesenden geglaubt hatte, mit ihm ein Kind kennenzulernen, sah sich getäuscht. Vor den Einflussreichen und Vornehmen der Mark stand ein junger, selbstbewusster Mann, der ohne jede Scheu das Wort nahm, zunächst seiner geliebten Eltern gedachte und ihnen dankte für die ihm angediehene Erziehung. Auch fand er anerkennende Worte für alle, die seinen Vater mit Rat und Tat unterstützt und gefördert hatten. Ihm sei nun die Aufgabe zugefallen, das Erbe seiner Ahnen zu übernehmen und allen Menschen, die darin lebten, zu glücklichen Untertanen zu machen. Dabei sei er auf die Mithilfe der Erschienenen angewiesen. Ihm erscheine es ungerecht, wenn nun ein ferner Verwandter die Teilung der Grafschaft betreibe. Zusammen bleibe, was seit alters her zusammengewachsen sei und zusammengehöre. Das sei seine Meinung. Er würde sich aber keinesfalls scheuen, notfalls um den Erhalt dieser Einheit zu kämpfen. Er danke allen, die gekommen seien, ihren Rat zu geben, damit alle Menschen der Grafschaft Mark in Ruhe und Frieden weiterleben könnten. Mehr habe er nicht zu sagen.

Nach dieser Erklärung trat er vom Altarpodium ab und wurde von Herrn Johann von Limburg, dem Vetter des Limburger Grafen Dietrich III., aus der Kirche geleitet. Im Vorbeigehen bemerkte er seinen Widersacher, den Junker Eberhard, begleitet von dessen Vater, der in prächtigem Ornat den Altarstufen als einer ihm willkommenen Bühne zustrebte.

Was würde Eberhard vortragen? Gewiss wohl nicht, dass die Truppen seines Vaters bereits den westlichen Teil der Grafschaft überschritten hatten und schon besetzt hielten, wie er es am frühen Morgen aus den Gesprächen einiger Ritter erfahren hatte.

Für Engelbert begann eine quälende Wartezeit. Erst am späten Nachmittag würde er wieder in die Stiftskirche gerufen, um aus dem Munde des Herrn Johann von Limburg den getroffenen Schiedsspruch entgegenzunehmen. Was hatte der zu bedeuten? Um seinen Inhalt so deutlich wie möglich wiederzugeben, sei die schriftliche Aufzeichnung zitiert, die Herr Levold von Northof uns in seiner Chronik[148] niedergeschrieben hat: Die anwesenden Burgmannen

147 Die heutige Stiftskirche in Dortmunds Stadtteil Hörde wurde anstelle des 1864 abgebrochenen Vorgängerbaues in neogotischem Stil errichtet. In sie wurde auch das Grabmal des 1398 verstorbenen Grafen Dietrich von der Mark übertragen.
148 Nach „Die Chronik der Grafen von der Mark", verfasst in den Jahren 1357 bis 1358 von Levold von Northof, übersetzt und erläutert von Hermann Flebbe, erschienen 1955 im Böhlau-Verlag, Münster – Köln, hier S. 57

und andere Ritter und Ritterbürtige, die auf Wunsch der Parteien um Rat und Hilfe angegangen worden waren, *„traten auf Wunsch der Parteien beiseite und fassten untereinander einen einstimmigen Beschluss. Dann kamen sie zurück und gaben dem Herrn Grafen von Kleve und dem Junker von der Mark, der damals noch kein Ritter war, durch den Mund des Herrn Johann von Limburg Bescheid. Sie baten und rieten nämlich, dem Junker Eberhard von den Gütern und Einkünften der Grafschaft Mark nach Übereinkunft von Freunden beider Parteien, die zu Schiedsrichtern gewählt werden sollten, einen nach Beschaffenheit und Größe angemessenen Anteil zu geben und zuzuweisen, mit dem er von Rechts wegen zufrieden sein könne und müsse. So baten und rieten sie. Aber die Grafschaft Mark mit ihren Burgen, Vesten und Gerichten zu zerreißen und aufzuteilen, dem stimmten sie nicht zu, sondern sie wollten, die Grafschaft solle ungeteilt bleiben und ihre Regierung in der Hand nur eines Grafen liegen, dem sie zur Treue verpflichtet seien."*

Engelbert war zufrieden. Als er in das Haus des Konrad von Hörde zurückkam, wurde er von vielen Freunden stürmisch begrüßt und gefeiert. Fast wäre sein Geburtstag unerwähnt geblieben, aber der Edelherr Konrad gratulierte aus vollem Herzen zu diesem Schiedsspruch. Er sei ein Geburtstagsgeschenk für den heute gerade siebzehnjährigen Grafen Engelbert. Mit seiner Frau Else im Arm, fügte Konrad hinzu: „Mein Haus ist jetzt Euer Haus. Hier dürft Ihr gern wohnen und mit Eurer künftigen Frau glücklich werden. Hörde liegt im Herzen der Grafschaft. In Hamm seid Ihr schon nach einem zweistündigen Ritt, und ebenso schnell seid Ihr von hier an den Grenzen Eures Landes, wenn es nötig sein sollte."

Die Hochzeit in Essen

Es war durchaus verständlich, dass Engelbert nach erfolgreichem Abschluss der Verhandlungen im Clarenberger Kloster den dringenden Wunsch verspürte, seiner geliebten Richarda und ihren Eltern vom Ausgang der Auseinandersetzung mit dem Aremberger Clan zu berichten. Vermutlich hatte der Jülicher Markgraf Wilhelm V. bereits inzwischen durch Botschaften anderer erfahren, dass der in Hörde tagende Konvent entschieden hatte, am Grundsatz der Unteilbarkeit der Grafschaft Mark festzuhalten. Für den Ansprüche stellenden Grafen Eberhard hatte man auch eine standesgemäße Lösung gefunden: Ihm wurde das Erbe seiner Mutter Mechthild übertragen. Als nunmehr Herrscher von Aremberg in der Eifel, hatte er das ihm wohl wichtigste Ziel erreicht. Er konnte nun als „Graf von Aremberg" betitelt werden.[149]

Wenn Engelbert an Richarda von Jülich dachte, fühlte er sich wie mit geheimer Kraft zu ihr hingezogen. Dabei war es ihm weniger wichtig, welche

149 Seine Nachkommen erwarben später den Titel Herzog von Aremberg. Einer von ihnen, Erard de la Mark (1506–1530) wurde auch Bischof von Lüttich.

standesgemäße Stellung sie im Adel innehatte. Vielmehr war es die erfrischende Munterkeit ihres Wesens, die sich auf alle sie umgebenden Männer und Frauen übertrug. Was ihm im Lütticher Bildungshaus am meisten gefehlt hatte, war es, was Engelbert nun so ungeheuer anzog. Gewiss war Richarda im weitesten Sinne auch ein „Goldfisch" im feudalen Becken jener großen Fische, die in der Mitte des 14. Jahrhunderts Aufsehen erregten.

Diese edle Dame Richarda sollte nun nach Engelberts Wunsch in Jahresfrist Gräfin von der Mark werden und mit ihm in der Hörder Burg ein neues Zuhause finden. Sie war die einzige Tochter des erlauchten Markgrafen Wilhelm V. von Jülich[150]. Ihre Mutter war die Tochter des Grafen Wilhelm vom Hennegau, deren beide Schwestern im Adelsrang aufgestiegen waren zur Königin von England und zur Herzogin von Bayern. Diese drei Hennegauer Schwestern waren Töchter der Schwester des Königs Philipp von Frankreich. –

Da war es fast selbstverständlich, dass der Bruder ihres Vaters, der Kölner Erzbischof Walram von Jülich,[151] die Trauung in der Abteikirche des Reichsklosters Essen halten sollte. Gern hätten die Brautleute mit ihm und der Äbtissin Katharina den Verlauf der Zeremonie besprochen, doch litt dieser Kirchenfürst seit Jahren schon an inneren Krankheiten. Er hielt sich deshalb lange in Paris auf, wo ihm seiner Meinung nach die tüchtigsten Ärzte am besten Linderung seiner Schmerzen verschaffen konnten. Während seiner häufigen Abwesenheit von seinem Dienstsitz vertrat ihn im Erzbistum der Kölner Dompropst Wilhelm van Gennep.[152] Man kann sich gut vorstellen, dass die Äbtissin Katharina von der Mark nicht allzu lange zu warten bereit war, auf die Zusage des Erzbischofs Walram zu warten, ob er die Trauung vollziehen möchte.

Ohne langes Federlesen zu machen, betraute sie den Kölner Dompropst van Gennep mit der Zeremonie zur Hochzeit in ihrer Essener Abteikirche, und zwar am Geburtstag Engelberts, also dem 20. Februar 1348. Freudig stimmte van Gennep zu. Wer hätte es auch gewagt, dieser resoluten „Reichsdame" einen Wunsch abzuschlagen? –

Die Weihnachtstage und den Jahreswechsel verbrachte Engelbert in Jülich. Dort erlebte er zum ersten Male bewusst die Wärme und Geborgenheit im Schoße einer glücklichen Familie. Ein jeder verspürte hier den Wunsch, dem anderen eine Weihnachtsfreude zu machen. Er wollte durch kleine Geschenke andeuten, wen er besonders gern hatte. Da galt es nicht nur, den engeren

---

150 Graf Wilhelm V. von Jülich war 1336 Markgraf geworden. Er stieg 1356 zum Herzog auf.
151 Walram von Jülich war von 1332 bis 1349 Erzbischof von Köln, nachdem er zuvor Propst zu Lüttich geworden war. Das Lütticher Bistum gehörte zur Kirchenprovinz Köln. Erzbischof Walram hatte in Paris und Orléans studiert und war dort Bakkalaureus und Lizenziat geworden.
152 Wilhelm van Gennep wurde 1349 Nachfolger des im Kölner Dom beigesetzten Bischofs Walram von Jülich. Er blieb Erzbischof von Köln bis 1362.

Familienangehörigen Liebe und Dankbarkeit zu beweisen. Selbst den Fuhr- und Pferdeknechten, den Mägden in der Burgküche und den Hütejungen zeigten der Graf und seine umsichtige und stets zupackende Gattin, dass sie denen, die ihrer Familie ein ganzes Jahr hindurch Zuneigung und Treue erwiesen hatten, herzlich zu danken bereit waren.

Natürlich standen viele beschaffte Gaben und begonnene Handarbeiten im Zeichen der bevorstehenden Hochzeit. Da wurde gebastelt und gewerkt, wohin man nur blickte. Engelbert hatte so getan, als hätte er nicht bemerkt, dass seit Wochen eine Hochzeitskutsche in der Art eines bequemen Reisewagens in der Burgwerkstatt entstand. Schmiede und Wagenbauer, Tischler und Polsterer waren gemeinsam am Werk gewesen. Sogar ein Maler hatte sich um die Wappen der Brautleute Gedanken gemacht und dem Markgrafen eine Zeichnung des von ihm zur Zierde der Wagentüren komponierten Allianzwappens der Brautleute zur Genehmigung vorgelegt. Der Wagen sollte ein ganz besonderes Gefährt werden, indem er wahlweise vom Kutschbock her oder aus dem Inneren der Kutsche lenkbar war.

Die Hausmädchen waren während der ganzen Adventszeit unter der Leitung der Gräfin damit beschäftigt gewesen, eine riesige Leinendecke für einen Zwölfpersonentisch mit bunt gestickten Hauswappen der Adelsfamilien von Berg, von der Mark, von Sayn, von Nassau, Burgund und vom Reichsstift Essen herzustellen. Diese märkische Seite war fertig. Nun waren die sechs Wappen für die Seite der Braut in Arbeit: Wappen derer von Jülich, von Cambridge, vom Hennegau, von Geldern, Maastricht und Bergheim. Als Richarda ihren Engelbert nach Wappen seiner Arenberger und Loozer Verwandten gefragt hatte, war er entrüstet: „Was soll denn das? Willst du mir etwa zumuten, die Wappen dieser Schaumschläger und Windbeutel aus dem belgischen Grafenbäckerland und der verschneiten Eifel täglich anschauen zu müssen?" – Diese Reaktion hatte genügt, stattdessen ein Burgunder Wappen einzusticken, um Engelbert an seine glückliche Burgundreise mit den Freunden aus der Domschule zu erinnern. Richarda und Engelbert hatten sich nur eine „kleine Hochzeit" gewünscht. Lediglich die engsten Verwandten und Freunde sollten dazu geladen werden.

Immerhin waren es dann doch an die fünfzig Personen, die sich am Morgen des 20. Februar im Atrium zwischen der Abtei- und der Johanneskirche eingefunden hatten. Sie fanden ein glückliches Brautpaar vor, das sich genau zum Beginn des 19. Lebensjahres des Bräutigams Engelbert verpflichten wollte, sich ein Leben lang die Treue zu halten. Fast alle Geladenen waren eingetroffen. Nur Äbtissin Katharina und der Dompropst van Gennep fehlten noch, als die Glocken der Stiftskirche St. Maria, Cosmas und Damian am Burgplatz die Hochzeitsgesellschaft lautstark zum Einmarsch in das Westwerk der Münsterkirche aufforderten. Markgraf Wilhelm schritt mutig voran, seine in ein zauberhaft gewebtes weißes Brautkleid gehüllte Tochter an seiner Rechten führend. Engelbert folgte im Schatten seines Schwiegervaters mit der Gräfin Johanna an seiner Seite. Es schlossen sich ihnen alle an, die sich zuvor im Atrium unter dem uralten Holzkruzifix[153] versammelt hatten.

Gerade als die Hochzeitsgesellschaft durch die flankierenden Türme des Westwerks geschritten war, sah man den aus dem nördlich gelegenen Kreuzgang ankommenden Einzug der Stiftsdamen, allen voran Äbtissin Katharina mit dem Dompropst. Am berühmten siebenarmigen Leuchter trafen die Gruppen aufeinander und vereinigten sich anschließend zu einer feierlich durch die Mittelachse des Münsters auf den Altar zuschreitenden Prozession. Hier verharrte das Brautpaar, kniete vor dem Altar nieder und erwartete die Äbtissin und den Propst van Gennep, während die Stiftsdamen beiderseits der Kreuzsäule im gotischen Chorraum Platz auf vorsorglich eingestellten bequemen Sesseln nahmen. Die übrigen Hochzeitsgäste fanden in den ersten Bankreihen der mächtigen dreischiffigen Hallenkirche gepolsterte Sitzgelegenheiten vor.

Der mehrfache Wechsel von wohltönenden Frauenstimmen des Münsterchores zur angenehmen Sprechweise des mit tiefem Bass Achtung und Ehrfurcht gebietenden Bischofsvertreters zu den fünffachen Klängen des Münstergeläutes veranlasste einen jeden der Anwesenden zu größter Aufmerksamkeit und Andacht. Die Gedanken der Gläubigen wanderten unversehens in jene Zeit zurück, als Bischof Alfried, der später Bischof von Hildesheim wurde, die Abtei Essen in der Nähe seines hier gelegenen Landgutes im Jahre 852 gegründet hatte.

Das Damenstift war stets Stütze und Ruhm des Reiches gewesen. Prinzessinnen des Kaiserhauses wie Mathilde, Sophia und Theophanu[154] standen ihm als Äbtissinnen vor. Seit Mitte des 10. Jahrhunderts mit Immunität und eigener Gerichtsbarkeit ausgestattet, war es später eine reichsunmittelbare Einrichtung geworden, die auch die Schutzherrschaft über das schon 1003 als Stadt bezeichnete Essen auszuüben hatte. Nachdem das Stauferreich zerbrochen war, erlosch zeitweise der Glanz der Essener Abtei.

Als Schirmvögte sorgten schließlich die Grafen von Berg und von der Mark, also Engelberts Vorfahren, für die Sicherheit von Stift und Stadt Essen. In Essens Stadtteil Steele fand sich seit etlichen Jahren auch die Bürgerschaft als Leibgarde der Äbtissin bereit, ihre Stellung in jeder Hinsicht zu wahren. So war es verständlich, dass an der Hochzeitsfeier auch die beiden Steeler Bürgermeister und die für die jährliche Wachsspende sorgenden Gildevertreter teilgenommen hatten.

Die Ansprache des Dompropstes, der dem jungen Paar seinen und Gottes Segen spendete, war von herzlicher Fürsorge und tiefempfundener menschli-

---

153 Zum umfangreichen Münsterschatz von Essen gehören auch mehrere kostbare Vortragekreuze (u. a. der Äbtissin Mathilde und der Prinzessin Theophanu) aus der Zeit zwischen 973 und 1050.

154 Theophanu war Enkelin Kaiser Ottos I. und starb als Äbtissin des Essener Klosters 1058. Sie ist auch dort begraben.

cher Wärme erfüllt. Viele Neugierige hatten sich bald unter die Hochzeitsgesellschaft gemischt. Sie hatten den Wunsch, zunächst im benachbarten Kreuzganghof und später beim Hochzeitsessen in den Räumen des Reichsstiftes ihre besten Wünsche für das gemeinsame Leben der frisch Getrauten anzubringen. Sehr zur Freude von Engelbert waren der junge Burggraf Rutger von Altena[155] und der Drost Gert von Plettenberg der Einladung ihres jungen Herrn nach Essen gefolgt. Beide konnte Engelbert bei dieser Gelegenheit auch mit seinen alten Freunden aus der Lütticher Domschule bekanntmachen. Guillaume van Tongeren und Bénédict van Mechelen hatten es sich nicht nehmen lassen, ebenfalls zu erscheinen. Beide hatten sich ein ganz besonders wertvolles Hochzeitsgeschenk für das junge Ehepaar ausgedacht. Die als Zweispänner vor der abmarschbereit vor dem Äbtissinnenhaus vor der prächtigen klevisch-märkischen Kutsche wartenden Rappen stammten aus dem neuen Gestüt, das Guillaume mit großer Unterstützung seiner Eltern in der Nähe von Hasselt im Limburger Land aufgebaut und seither mit Erfolg geleitet hatte.

Das Hochzeitsmahl erwies sich als eine Spitzenleistung der Stiftsdamen, das nur Bewunderung fand. Nach dem mit erstklassigem Feingebäck und nach belgischen Rezepten bereiteten Süßspeisen reich ausgestalteten Nachtischbuffet starteten Richarda und Engelbert mit ihrer neuen Staatskalesche in die gemeinsame Lebensfahrt, versehen mit vielen gut gemeinten Glück- und Segenswünschen. Man merkte ihnen ihre Hochstimmung schon von weitem an. Es gab auch nicht einen der Gäste, der sich nicht von ganzem Herzen mit gefreut hätte! Sogar die Blumenkinder, denen es eine schöne Pflicht gewesen war, dem Brautpaar bunte Frühlingsblüten auf ihren ersten gemeinsamen Weg zu streuen, waren glücklich und zufrieden. Das konnte jeder sehen, denn ihre Wangen und ihre Finger waren von reichlich genossener Zuckerwaren unübersehbar garniert. Als sie die letzten Kuchenreste im leerer gewordenen Auditorium der Essener Abtei verspeisten, hatten die glücklichen Hochzeiter ihr heutiges Reiseziel schon fast erreicht.

Es war das benediktinische Männerkloster Werden, das durch den friesischen Priester Liudger, den späteren Bischof von Münster, in den Jahren 796 bis 809 als fromme Kongregation gegründet und seit dem Jahr 871 in königlichen Besitz übergegangen war.

Ob Engelbert Gelegenheit genommen hat, hier in Werden den in altsächsischer Literatursprache nach altenglischem Vorbild verfassten und im Werdener Kloster sorgfältig bewahrten „Heliand"[156] zu bewundern, ist nicht überliefert. Verbürgt ist dagegen die Nachricht, dass jener glückliche märkische Graf, der mit seiner hübschen Frau Richarda im Kloster Werden die Hochzeitsnacht

---

155 Er war ein Enkel des legendären Burggrafen Rutger von Altena d. Ä., der als Landdrost ab 1301 den Ausbau der Burg auf dem Schwarzenberg betrieben hatte.

156 Gedicht des 9. Jahrhunderts, das in Stabreimversen und in Form einer Evangelienharmonie die Geschichte Christi erzählt.

erlebte, neun Jahre später[157] in Werden an der Ruhr einen glänzenden Hoftag anlässlich der Hochzeitsfeier seiner Schwester Margarete mit dem Grafen von Nassau[158] abhielt. Wie manche seiner Vorfahren wurde auch er Schutzvogt des Werdener Klosters.

Von Hörde zum Hoffest in Hamm

Das junge Grafenpaar kutschierte, gefolgt von ihren bewährten Begleitern und den Packpferden, die Ruhr aufwärts zu den am Fluss liegenden märkischen Burgen und Marktstätten. So lernte Richarda den betriebsamen Handelsplatz Hattingen kennen, der damals noch „Villa Hatnegge" hieß. Noch im April 1264 war Hattingen vom Kriegsvolk des Kölner Erzbischofs völlig niedergebrannt worden. Es hatte sich inzwischen wieder zu einem ansehnlichen und bemerkenswerten Gewerbeort an der Ruhr entwickelt. Sie kamen vorbei an der Burg Blankenstein,[159] wo überlegene Truppen des Erzbischofs gewagt hatten, die Burg an sich zu reißen, aber durch das beherzte Eingreifen der weit geringeren märkischen Streitkräfte so empfindlich geschlagen worden waren, dass Engelberts gleichnamiger Vorfahr, es war der Erste seines Namens, achtzig hervorragende Kämpfer und Ritterbürtige des Erzbischofs[160] gefangen genommen und nach erheblicher Lösegeldzahlung an ihn wieder nach Köln geschickt hatte.

Unterhalb der märkischen Burg Wetter wandte sich die kleine Reitergruppe mit dem zeitweise selbst die Kutsche steuernden Grafenpaar bei Herdecke nach Norden ab und erreichte mit großer Anstrengung wegen des recht steilen Aufstiegs zum Ardeygebirge die Syburger Peterskirche. Hier machten sie ausgiebig Rast. Engelbert erzählte den Mitreisenden von dem uralten Kirchlein, das Papst Leo III. geweiht hatte. Sie läge noch in jenem früheren Burgbezirk der Sigiburg des Sachsenherzogs Wittekind, die im Jahre 775 von Karl dem Großen erobert werden konnte. Man genoss den Blick in das Ruhrtal, sah die Lenne in die Ruhr münden und entdeckte im südlichen Bergland die Burg des Limburger Grafen oberhalb der Lenne. Danach ging es leicht bergab gen Nordosten, an der Reichsstadt Dortmund vorbei, in Richtung Hörde. Dabei war man sorgsam darauf bedacht, den Weg nicht über Dortmunder, sondern nur über märkisches Gelände zu nutzen.

Ziel ihrer Reise war die Hörder Burg. Sie sollte künftig Engelberts Wohnsitz werden. Der bisherige Bewohner Edelherr Konrad von Hörde und seine Gemahlin hatten es hierfür vorgeschlagen. Schon im Jahre 1344 hatten beide erklärt, dass sie die arge Welt zu verlassen gedächten, sobald sie das von ihnen für

---

157 am 09. Februar 1357
158 Graf Johann I. von Nassau-Dillenburg regierte von 1351–1416.
159 Die Burg Blankenstein hatte der weitsichtige märkische Amtmann Ludolf von Bönen an strategisch wichtiger Stelle bereits vor 1230 auf früheren Ruinenresten aufbauen lassen.
160 Damals war Engelbert II. Graf von Lützelburg-Falkenberg (1261–1274) Erzbischof von Köln.

vierzig Nonnen geschaffene Kloster Clarenberg mit ausreichenden Gebäuden für die Unterbringung der Klosterfrauen, einem Kirchbau mit Glocke tragendem Dachreiter[161] sowie einer das Kloster umschließenden Mauer fertiggestellt und mit genügend ertragreichem Grundbesitz und kostbaren liturgischen Geräten und Büchern ausgestattet haben würden.[162] Inzwischen war die vor dem Hörder Obertor gelegene Klosteranlage vollendet und der Jungfrau Maria sowie den Heiligen Franziskus und Klara geweiht worden. Um die Unabhängigkeit des neuen Klosters zu sichern, hatten die Klostergründer, da Hörde noch zur Pfarrei Wellinghofen gehörte, kürzlich die Pfarrrechte von Wellinghofen durch eine Geldzahlung abgelöst. Ihre neu erbaute Klosterkirche wurde danach jedoch nicht Pfarrkirche. Die Hörder Clarissinnen hatten als Gegenleistung für die Klosterstiftung übernommen, für die Seelen der Stifter, derer Vorfahren und Nachkommen zu beten.

Konrad von Hörde war inzwischen in das Dortmunder Franziskanerkloster eingetreten. Vom Papst Klemens VI. hatte er die ausdrückliche Genehmigung erhalten, bei Zustimmung durch die Hörder Äbtissin seine Frau Elisabeth im Kloster besuchen zu dürfen. Auch sollten die Stifter nach ihrem Ableben in ihrem Kloster beerdigt werden.[163]

Als das junge Grafenpaar in der alten Hörder Burg eintraf, kamen „Bruder Konrad" und seine Gemahlin, inzwischen zur Äbtissin des Hörder Klosters bestellt, recht schnell zum weitgehend gut erhaltenen Burghaus, um den neuen Hausbewohnern die Schlüssel zu übergeben. Abgesehen von den etwas feucht-kalten, weil stark ausgekühlten Räumen, fanden Richarda und Engelbert eine voll eingerichtete und recht angenehme Wohnmöglichkeit vor. Die Räumlichkeiten waren so großzügig bemessen, dass sie beschlossen, nur einen Teil der Burg für ihre Zwecke in Anspruch zu nehmen. Mindestens zwei weitere Familien hatten außer ihnen darin noch Platz.

„Bruder Konrad" war, wie schon beim Begräbnis der Eltern des Grafen Engelbert, in dunkles Mönchsgewand gekleidet, Äbtissin Elisabeth in schwarzer Kutte mit Haube, jedoch nur mit ihrer Amtskette geschmückt, erschienen. Sie freuten sich, ihren jungen Verwandten eine so annehmbare Bleibe übergeben zu können und hofften auf viele künftige Kontakte mit dem frischgebackenen Ehepaar und ihren sich hoffentlich bald einstellenden Kindern.

Die großzügigen Räumlichkeiten gestatteten Engelberts Gefährten, sich ebenfalls in dem soliden Gebäude einzurichten und sich dort wohlzufühlen.

---

161 Abgebrochen wurde die Klosterkirche im Jahre 1864 nach Zustimmung des Landeskonservators.

162 Auf die Klostergründung weist ein noch im Jahre 1455 entstandenes Siegel hin, das als erkläliches Heiligensiegel in einem stehenden Oval zwei Szenen zeigt: Zwei kniende Gestalten, die mit je einer Hand ein Gebäude – die Klosterkirche stützen. Mit der anderen Hand halten sie einen Schild mit dem Wappen der Grafen von der Mark und dem Wappen von Kleve. Die beiden Gestalten stellen damit eindeutig den Grafen Konrad und seine Frau Elisabeth von Kleve dar. Darüber ist die Krönung Mariens, der Hauptpatronin des Klosters dargestellt.

163 Ingo Fiedler, Von Berghofen in die Welt, Dortmund 2008, S. 10 f.

Wenige Tage später nahmen eine Köchin und eine Hausmamsell ihren Dienst für die Grafenfamilie auf. Auch sie, die von Bruder Konrad und seiner Frau empfohlen waren, wohnten nun in der Burg. Sie sorgten für Nahrung und Hauspflege, so dass der jungen Gräfin viel Zeit für ihre Lieblingsbeschäftigungen blieb. Am Ende der zweiten Woche, die sie in Hörde verbrachten, lud Richarda schon die Äbtissin mit ihren Nonnen zu einem harmonischen Abendessen ein. Fast alle waren gekommen. Zu ihrer großen Überraschung wurden sie mit kleinen Leckereien bewirtet und konnten mit großer Freude dem wundervollen Harfenspiel der Gräfin lauschen. Graf Engelbert war stolz auf seine Frau.

Der junge Graf war eifrig bemüht, den ihm vorschwebenden Hammer Hoftag für das nächste Jahr vorzubereiten. Häufig reiste er gemeinsam mit Widukind und Rembert nach Hamm, hatte auch die alte Stammburg beim Dorfe Mark und deren Burgmannschaft besucht und gemeinsam mit den Hammer Ratsleuten Einzelheiten der vorgesehenen Feierlichkeiten durchgesprochen. Bis dahin waren noch Straßen zu befestigen, Fahnenmasten zu beschaffen und aufzustellen, Sitzbänke und Tische zu zimmern und ein großer Zeltbau zu errichten, in dem die Festgäste bei ungünstigem Wetter unterkommen konnten. Zwei blumengeschmückte hölzerne Torbögen sollten den Zugang zum Festplatz deutlich machen. Ein großes Podest, auf dem erlauchte Gäste an langen Tafeln Platz finden mochten, war ebenso unerlässlich wie ein erhöhter Sitzplatz für das Grafenpaar, ein Rednerpodest, von dem Ansprachen an das Volk gehalten werden konnten sowie triviale Einrichtungen für die menschlichen Bedürfnisse in geziemender, aber auch zumutbarer Entfernung vom Zentrum der Feierlichkeiten.
Die Burgmannen und Bürger waren Feuer und Flamme, wenn sie von dem künftigen Hoffest erzählen konnten. Ihre Frauen nähten Fahnen und fertigten Girlanden an, die von einer Straßenseite zur anderen über die wichtigsten Straßen der Stadt gespannt werden sollten.

Von der Ahsebrücke am Südentor bis zum Nordring sollten alle Straßen mit frischem Grün und rot-weißen Bändern geschmückt werden. Ansehnliche Gebäude an der West- und Ritterstraße, der Ost- und Widumstraße sollten einen neuen Anstrich erhalten. Erst recht aber die Häuser rings um den Marktplatz, wo das Rathaus durch besonders reichen Fahnenschmuck allen Besuchern ins Auge fallen und einen bleibenden Eindruck hinterlassen sollte. Zentrum der wichtigsten Veranstaltungen sollte auf jeden Fall der Platz vor dem Hammer Rathaus sein. Hier entstand auch ein „Musiktempel", von dem aus die Unterhaltung der Besucher erfolgen sollte. Nicht ganz so wichtig für Spektakuläres erschien Engelbert der Platz an der Pauluskirche. Hier sollten Buden für Straßenverkauf und Zelte für preiswerten Imbiss und der Ausschank von Getränken ihren Standort haben.

Auch solle man dafür sorgen, dass, wenn eben möglich, die Nonnen des Klosters Kentrop mit öffentlichen Gesangsbeiträgen zur Einstimmung vor den offiziellen Ansprachen einen Beweis ihrer Sangeskunst mit schönen Stimmen liefern möchten.

Engelberts Organisationsplan umfasste sogar zwei Bereiche, die anzusprechen man einem so jungen Grafen nie zuvor zugetraut hätte. Zunächst sei ihm, als er die Stadt betreten hätte, aufgefallen, dass die bereits vorhandenen gepflasterten oder mit Steinplatten belegten Straßen, Plätze und Wege in einem wenig gepflegten, wenn nicht gar abstoßend wirkenden Schmutzzustand seien. Dies sei sofort abzuändern. Jeder Bürger müsse sich sonst schämen, in einer solch verdreckten Stadt zu wohnen.

„Bittet eure Frauen, täglich den Besen in die Hand zu nehmen und dafür zu sorgen, dass eure Besitzungen sich sauber und aufgeräumt abheben von Grundstücken, deren Besitzer wohl genauso unsauber sein müssten, wie deren Häuser und die Straßenabschnitte vor ihren Behausungen!", hatte er im Rathaus verkündet. Diese Aufforderung trug schnell Früchte. Bald konnte man sogar ein konkurrierendes Bestreben der Straßenanlieger beobachten, den saubersten Wegeabschnitt vor ihren Häusern geschaffen zu haben.

Ein weiteres Anliegen war Engelbert, dass pöbelnde oder volltrunkene Kerle, die wagen würden, das Fest zu stören, unverzüglich ergriffen und aus dem festlich geschmückten Bereich der Stadt entfernt würden. Engelbert empfahl, rechtzeitig Handkarren zur Verfügung zu haben, auf die solche Übeltäter mit Stricken aufgebunden werden sollten, um danach unter dem Jubel etwaiger Zuschauer in seichte Stellen der Ahse oder Lippe gekippt zu werden. Ein solches Gaudium, meinte er, wirke abschreckend und fordere künftig besseres Benehmen heraus.

Krämer und Kaufleute, Wirte und Herberge bietende Bürger hatten den Plänen des Grafen bereitwillig zugestimmt. Viele witterten ein gutes Geschäft, mindestens aber am Hoffest eine klingende Tageskasse.

So kam das Osterfest des Jahres 1348 immer näher. Die Kunde vom damit verbundenen Hoffest war im weiten Umkreis von Hamm bald überall Tagesgespräch. Ganze Scharen von Burgmannen sicherten sich rechtzeitig Quartiere, und manche hohe Herrschaften waren enttäuscht, dass sie in der Stadt selbst keine Unterkunft mehr fanden. Sie mussten mit Schlafstätten und Herbergen in den benachbarten Dörfern vorliebnehmen.

*

Dieses Hammer Hoffest trug sehr zur Popularität des Grafen Engelbert III. bei. Viele Vertreter des Adels und fast die gesamte Ritterschaft der Grafschaft Mark hatten es sich nicht nehmen lassen, die geschmückte und fein herausgeputzte Hauptstadt des neuen Regenten der Grafschaft Mark zu besuchen. Schon vor dem Ostentor bot sich den Zugereisten ein Schauspiel besonderer

Art. Hier wurde drei Tage lang ein Ritterturnier veranstaltet, für das Engelbert eine eingespielte Reitertruppe aus dem Hessischen gewonnen hatte. Der Geschichtsschreiber Johann Diederich von Steinen[164] berichtet davon, dass zahlreiche „Vornehme Herren und Frauen" an diesem Hoffest teilgenommen hätten. Leider ist es nicht überliefert, ob auch die Eltern der Gräfin Richarda zu diesem Ereignis von Jülich angereist waren. Sie hätten gewiss große Freude darüber empfunden, wie sehr ihre Tochter, wo immer sie in diesen Tagen in Hamm zu sehen war, von der westfälischen Bevölkerung mit Beifallsstürmen überschüttet wurde. Als anerkannte neue Landesmutter ihrer Grafschaft Mark bekam sie die vertrauensvolle Zuneigung ihrer Landeskinder zu spüren. Engelbert nutzte die Gelegenheit, viele neue Freunde zu gewinnen und allen seinen wehrhaften Untertanen das Gefühl zu geben, einem Grafen zu dienen, der offen zeigte, dass er sie zu schätzen wusste.

Der Hoftag zu Hamm hatte gezeigt, dass der Graf Engelbert III. ein Mann war, der das zu vollenden gewillt war, was er sich einmal vorgenommen hatte.

Die Fredeburger Fehde

Da saßen die Ausflügler nun im Garten des Iserlohner Burgmannshauses und erfreuten sich am Ausblick auf die Sauerlandberge im Süden der Stadt. Zu ihren Füßen lag das Baartal mit der alten Siedlung Loon. Wie eine Glucke inmitten ihrer Küken wirkte dort die alte Pankratiuskirche zwischen den strohgedeckten Fachwerkhäusern. Ihr altersgraues Gemäuer grüßte mit ihrem spitzen Turmhelm die jüngere Oberstadt, die Graf Otto von Altena hier wegen ihrer guten strategischen Lage hatte bauen lassen.

Graf Engelbert hatte in Hörde anspannen lassen, um mit seiner Frau Richarda, ihren gerade zu Besuch weilenden Eltern und einigen Freunden eine Spazierfahrt über Schwerte in das Zentrum der märkischen Draht- und Eisenherstellung zu machen. Der Name der Stadt Iserlohn war wie ein Programm für die Reisegesellschaft gewesen, denn in ihrem Namen schwingen der Klang des Eisens und das Rauschen der Wälder spürbar mit. Er bedeutet soviel wie „Eisenwald".

Es war der Wunsch des Jülicher Markgrafen gewesen, hierher zu kommen, um bei Meister Berthold achtzig Ringelpanzer mit Kapuzen aus fein geknüpftem Eisendraht zur Lieferung nach Jülich zu bestellen. Engelbert hatte gleich zugestimmt, denn die frische Frühlingsluft würde gewiss auch seiner etwas kränklich wirkenden Frau gut tun. Nach zwei bedauerlichen Fehlgeburten war

164 J. Diederich von Steinen: „Westphälische Geschichte", Lemgo 1797, Erster Teil, S. 248

noch kein Stammhalter in Sicht. Die früher so lebenslustige und Fröhlichkeit ausstrahlende junge Gräfin schien körperlich wie seelisch arg mitgenommen zu sein. Ihre Mutter Johanna war bestürzt gewesen, ihre Tochter so bleich und mutlos in der Hörder Burg vorgefunden zu haben.

Alle Mitreisenden hatten ihre helle Freude daran gehabt, im bewährten Gesellschaftswagen der märkischen Grafen und dem neuen Jülicher Jagdwagen erst durch den Schwerter Wald, dann ruhraufwärts bis Langschede und danach über Bertingloh und Sümmern durch das vom Flüsschen Baar geschaffene Wiesental zum Iserlohner Bilstein gekommen zu sein. Jetzt saßen alle vergnügt im Schatten der Marienkirche im schönen Garten des Hauses der „Külinge". So nannte man hier das feste, schiefergedeckte Haus der Burgmannen über dem Bilsteinfelsen. Markgraf Wilhelm V. von Jülich eilte bald mit Engelbert durch das Westertor zur Panzererwerkstatt des weithin bekannten Berthold. Sie lag vor dem Westertor ostwärts des „Baarenflusses", wie gelehrte Leute das aus dem Lägertal kommende Bächlein Baar offiziell bezeichneten. In ernste Fachgespräche mit zwei Ratsherren und dem Bürgermeister Giselher vertieft, fanden sie Meister Berthold in seinem ansehnlichen Steinhaus vor dem Westertor der Stadt. Hocherfreut über den lohnenden Auftrag, zeigte sich Berthold als großzügiger Gastgeber, und Giselher sagte, ohne darum gebeten zu sein, sofort zu, selbst für den bevorstehenden Transport der Waren nach Jülich sorgen zu wollen. Schließlich war er ein wohlhabender Reidemeister und Bertholds Lieferant für den unentbehrlichen feinen Draht. Als gewählter Verwalter des Iserlohner Drahtstapels[165] war er einer der wichtigsten Männer im Handel mit den dünnsten Drähten aus der Mark.

„Ihr seid mit Euren hochlöblichen Damen auf der Reise?", fragte Giselher, „dann nehmt bitte diese kleinen Geschenke für sie mit!" Giselher fingerte zwei winzige Lederbeutelchen aus seiner Rocktasche und übergab sie den beiden Grafen. „Es sind kleine Glücksbringer drin, die Eure Damen gewiss gebrauchen können! Ich habe sie erst in der letzten Woche aus Amsterdam bekommen."

Da staunten die Grafen nicht schlecht, als sie die auf blaue Leinenläppchen gesteckten im Sonnenlicht funkelnden Brillant-Nadeln betrachteten. „Unsere Damen würden ein so wertvolles Schmuckstück keinesfalls erwartet haben", meinte Engelbert zu seinem Schwiegervater, als sie sich wieder auf den Weg zum Bilstein gemacht hatten, und Graf Wilhelm stellte fest: „Die wissen schon, wie man Geschäfte macht, diese Iserlohner Drahtkaufleute!"

---

165 Der Drahtstapel war eine für Drahtzieher wie Drahthändler segensreiche Einrichtung, eine Art Wirtschaftskartell. In absatzarmen Zeiten kauften die Drahthändler den Drahtherstellern die Ware ab, um sie zu festgesetzten Preisen auf Lager zu nehmen. Sie verfügten damit dann über genügend Vorräte, um in Winterzeiten liefern zu können, wenn sich die Mühlräder der Drahtmühlen wegen Vereisung nicht drehen konnten oder wenn im Hochsommer Wasserarmut herrschte.

Als sie auf dem Rückweg das Haus der Burgmannen erreicht hatten, schallten ihnen Jubelrufe entgegen. Sie sahen fröhliches Treiben am Kirchplatz vor der eingerüsteten Marienkirche. Zimmerleute hatten gerade die letzten Nägel für die neuen Gespärre der Turmspitzen eingeschlagen. Gemeinsam mit dem Pfarrgemeinderat der „Obersten Stadtkirche"[166] feierten sie das ersehnte Richtfest. Hell leuchteten die frisch verzimmerten Fichtenholzpyramiden auf beiden Türmen. Noch fehlte die aufzubringende Verschalung und die Verschieferung der Turmhelme. Gut gehende Geschäfte der Iserlohner Kaufleute hatten die erhebliche Vergrößerung der hoch auf dem Bilstein gelegenen Stadtkirche und den Bau der neuen Doppeltürme über der städtischen Waffenkammer im Westwerk ermöglicht.

Als die Grafen wieder bei ihrer Reisegesellschaft angekommen waren, bemerkten sie, wie ihre Damen und die Mitreisenden einen großgewachsenen Ritter umstanden. Sie erwarteten von ihm neue Nachrichten, die er eigentlich so schnell wie möglich dem Grafen Engelbert hätte überbringen sollen.

Mit „Gott grüß' Euch, Graf Engelbert", begann er seinen Bericht, als er seinen Herrn nahen sah. „Ich bringe leider keine guten Nachrichten vom Drosten Gert von Plettenberg. Burg und Siedlung Rhade an der Hönne liegen in Schutt und Asche. Brandstifter sollen die Arnsberger Burgleute von der neuen arnsbergischen Burg Gevern bei Balve gewesen sein. Auch oberhalb unserer Stadt Plettenberg tun sie seit dem letzten Jahr so, als ob ihnen dieses Land gehöre. Sie durchstreifen die märkischen Wälder, jagen jedes ihnen sich zeigende Wild, zwingen die Bauern zu Abgaben und Lebensmittellieferungen und drohen, ihre Scheunen und Häuser anzuzünden, wenn ihre Forderungen nicht erfüllt werden. Drost Gert von Plettenberg hat deshalb die Burgmannschaften vom Schwarzenberg und von Altena zum sofortigen Einsatz einberufen. Ritter Dietmar von Altena ist auf dem Wege nach Wetter, Ludger vom Ende nach Hamm unterwegs, um Verstärkung zu holen."

Beide Grafen hörten angespannt zu. Ihnen sollte keine Einzelheit der wichtigen Nachricht entgehen. Der Name des Ludger vom Ende veranlasste Graf Engelbert nachzufragen: „Ist das der älteste Sohn des ehemaligen Schwarzenberger Burgvogts?"

„Ja, Graf Engelbert, ihn hatte der Drost im letzten Winter als Burgmann verpflichtet, nachdem er seine dreijährige Ausbildung beim Grafen von Arnsberg in Fredeburg und auf der Burg Bilstein beenden konnte. Er ist jetzt Gert von Plettenbergs wichtigster Gehilfe. Sein Vater verstarb vor drei Jahren. Danach nahm ja Gert von Plettenberg Wohnung in der Burg auf dem Schwarzenberg."

„Dann ist Ludger also der Bruder des jüngeren Jakob?", wollte Engelbert wissen.

„Ja, dieser Bruder studiert Theologie in der Stadt Dortmund, er soll inzwischen Magister geworden sein!"

---

166 So nennen die Iserlohner die Marienkirche noch heute.

„Dann muss ich so schnell wie nur möglich zum Schwarzenberg", stellte Engelbert fest. „Mir scheint, Graf Gottfried IV. will von der oberen Hönne und vom südlichen Lennelauf her unser Süderland an sich reißen."

„Gemach, Engelbert", beruhigte ihn Graf Wilhelm, „bedenke, du hast noch andere Pflichten. Zunächst heißt es, die Damen und unsere Gäste schleunigst nach Hörde zurückzubringen. Dann erinnere dich, dass König Karl IV. feste Regeln für das Ansagen und den Verlauf der Fehden[167] aufgestellt hat. Fehden sind schriftlich per Brief anzusagen, und zwar mindestens drei Tage vor Beginn der Feindseligkeiten. Ritter Rembert sollte dich beim Abfassen der Fehdeerklärung beraten. Ein absolut zuverlässiger Bote muss diesen Fehdebrief dem Grafen von Arnsberg überbringen. Die Einhaltung der Frist von drei Tagen ist auch für dich mindestens erforderlich, um ausreichend viele Krieger um dich zu scharen, wenn du dem Arnsberger Grafen erfolgreich entgegentreten willst. Du musst dich auch rechtzeitig versichern, dass er von anderen Landesherren oder Städten keine Hilfe bekommt. Können oder wollen deine märkischen Städte Hilfstruppen beistellen? Denke zugleich an die Stadt Dortmund! Sie könnte dir durch Waffenlieferungen an den Arnsberger oder ihn unterstützende Truppen mehr schaden, als du jetzt ahnst!"

*

Wenig später überprüften die beiden Grafen den von Rembert von Greven säuberlich auf Pergament geschriebenen Fehdebrief. Sie lasen, was künftig von größter Bedeutung für die Auseinandersetzung sein sollte: „Nachdem wir erfahren mussten, dass Eure Leute von Eurer Burg Gevern unseren Ort Rhade mitsamt seiner Burg abgebrannt und in Schutt und Asche gelegt haben, das allein uns zustehende Jagdrecht im Lennetal und den angrenzenden Wäldern missachtet und unsere Bauern bedroht, bestohlen und immer wieder aufs Neue geschädigt haben, sagen wir, Graf Engelbert III. von der Mark, Euch Fehde an. Es soll wieder Friede sein, wenn Ihr, Graf Gottfried IV. von Arnsberg, die den Bauern und uns entstandenen Schäden wieder gutzumachen versprecht und uns binnen dreier Tage schriftlich versichert, dass allein uns das Jagdrecht im Umkreis von Plettenberg wie auch im Lennetal zwei Wegstunden oberhalb von Pasel zusteht. Wir können nicht begreifen, dass Ihr, Graf Gottfried, das Tun Eurer Leute zu unserem, unserer Männer und Frauen Schaden billigen werdet, zumal Ihr eine vornehme Gräfin an Eurer Seite habt, die Schwester meiner leider früh verstorbenen Mutter Margarete von Kleve. Bedenkt, dass wir den Frieden über alles zu schätzen wissen, jedoch auch bereit sind, gegen Euch zu kämpfen, wenn Ihr uns innerhalb der gesetzten Frist kein Zeichen Eurer Bereitwilligkeit gebt, unsere berechtigten

---

167 Kaiser Karl IV. (1346–1376) hatte schon bei seiner (zweiten) Kaiserkrönung in Aachen am St. Jakobsfest (25. Juli 1349) neue Regeln für die viel zu zahlreichen Fehden bekannt gegeben. Endgültig verkündete er mit den letzten acht Kapiteln der „Goldenen Bulle" auf dem Reichstag zu Metz den von ihm verfassten Modus für „Fehdeansagen".

Forderungen zu erfüllen. Gelobt sei Jesus Christus in Ewigkeit!
Euer Neffe Engelbert, dritter Graf dieses Namens der Grafschaft Mark."

„Gut so, was da klar geschrieben steht", lobte Graf Wilhelm. „Bin sehr gespannt, ob und was Graf Gottfried darauf antworten wird."

Rembert von Greven wurde mit einer stabartigen Schatulle, in der dieser von Engelbert unterschriebene und gesiegelte Brief steckte, nach Arnsberg geschickt. Nach der Übergabe solle er unverzüglich zur Burg auf dem Schwarzenberg kommen, bat ihn Engelbert. Dort wäre künftig sein Hauptquartier.

Noch am Nachmittag reiste die Hörder Gesellschaft ab. Erst gegen Mitternacht hatten sie die Hörder Burg erreicht. Schon von Iserlohn aus hatte Graf Engelbert Postreiter nach Altena, Wetter, Witten und Lüdenscheid geschickt, um die Entsendung von jeweils zehn berittenen Kriegern für die Fehde gegen Graf Gottfried zum Schwarzenberg zu erbitten. Auch die beiden Iserlohner Bürgermeister hatten eine Zehnerschaft ihrer Stadtwache zu entsenden, in Aussicht gestellt.

„Komm gut und gesund wieder!", rief Richarda ihrem Engelbert zu, als er mit sechs gut bewaffneten Reitern am nächsten Morgen zum Schwarzenberg aufbrach. In Fröndenberg und Brelen, von der Edelburg bei Hemer und aus dem Dorfe Deilinghofen hatten sich Engelbert weitere Reiter als bereitwillige Kämpfer angeschlossen. Als sie Plettenberg erreicht hatten, waren es mehr als zwanzig kampfbereite Männer, die mit dem Grafen in die ihm seit früher Jugend bekannte Burg einritten. Doppelt so viele Männer waren schon da. Etwa vierzig weitere wurden noch erwartet. Da war es dringend erforderlich, Zelte zur Unterbringung dieser kleinen, aber auf baldigen Einsatz hoffenden Streitmacht aufzustellen. Für die Verpflegung hatte der Drost Gert von Plettenberg bereits ausreichend Vorsorge getroffen.

Engelbert wurde der mit Vorstellungen und Begrüßungen verbundene Trubel inmitten dieser zumeist auf Eroberung eingestellten und nach Beute gierenden Männerhorde schnell überdrüssig. „Komm", sagte er zu Widukind von Bredelaer, der gleiche Gedanken zu haben schien, „ich zeige dir jetzt meinen Lieblingsplatz, den ich als Junge immer gern aufsuchte, wenn ich allein sein wollte, um in aller Ruhe nachdenken zu können. Sie wanderten auf dem Felskamm des Schwarzenbergs von der Burg aus etwa vierhundert Doppelschritte weiter nach Nordwesten, wo sich ihnen ein herrlicher Rundblick über die Lenneschleife hinweg auf die nördlich des Lennetals gelegenen Homertberge bot.

„Dort hinter dem Ringelberg liegt das Dorf Altenaffeln. Weiter westlich ist zwischen dem Uchtenberg und dem Hemberg der Ort Affeln, rechts davon zwischen Ringelberg und dem Mattenhagen öffnet sich das Sorpetal mit den Orten Allendorf und Amecke. Am wichtigsten war mir immer der Blick ins Lennetal auf seine satten Wiesen und die gut aus der Vogelschau zu beobach-

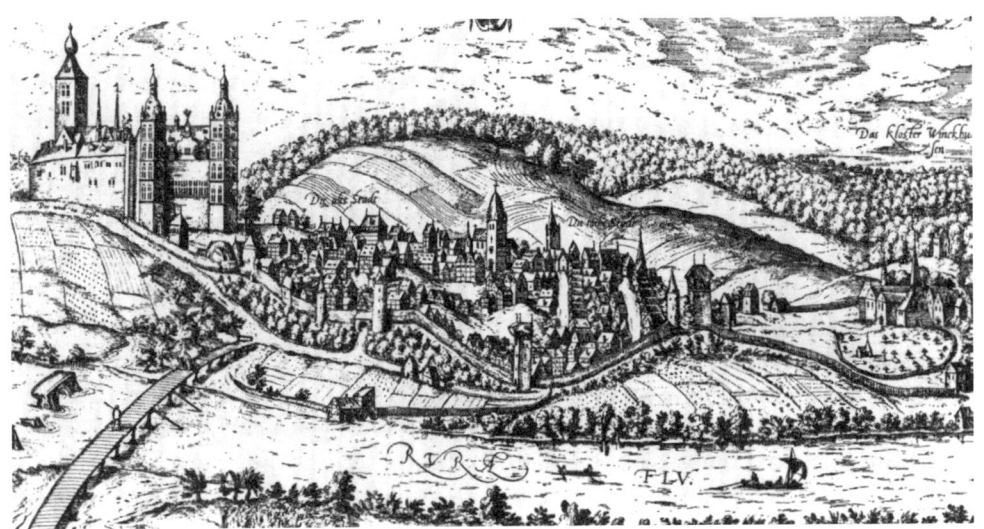

*Die Stadt Arnsberg mit dem herzoglichen Schloss in einem Kupferstich von Frans Hogenberg,
um 1580. Die alte Arnsberger Burg wurde vom Grafen Engelbert III. von der Mark zerstört.
Das später wiederaufgebaute Schloss wurde im Siebenjährigen Krieg (1762) endgültig vernichtet.*

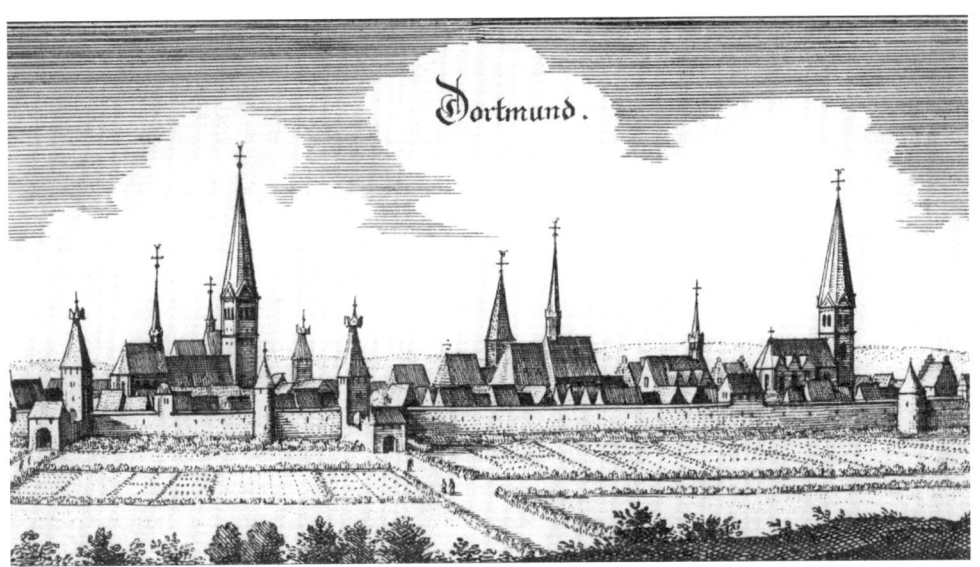

*Die Reichsstadt Dortmund
Ausschnitt aus einem Kupferstich von Matthäus Merian, um 1645*

tenden Straßen entlang des Flusses. Man kann von hier auch die Wege von Lein-
schede nach Hüttebrüchen und von Eiringhausen nach Affeln und Blintrop gut
erkennen. Auf diesem Schwarzenberger Felsen habe ich früher viele Stunden
gesessen, um über unsere Welt und mein Leben nachzusinnen."

„Dieser Blick in Euer Sauerland ist wirklich faszinierend", stimmte Widukind
zu. „Aber hörte ich nicht dort unten Schreie eines in Not befindlichen Menschen?"

„Tatsächlich, dort scheint eine Rangelei im Gange zu sein!" Sie bemerkten,
wie etwa acht mit Spießen und Schwertern bewaffnete Männer einen einsam
wandernden Menschen umdrängten, sich seiner Habe bemächtigten, ihn laut
beschimpften und heftig schlugen. Sie nahmen ihm sogar seine Kleider ab und
überließen ihn schließlich hohnlachend, nur im Hemd im Dreck auf der Talstraße liegend, seinem Schicksal. Diese Rotte hatte bald den Jungfernsprung
rechts der Lenne erreicht. Dort waren ihre Pferde angebunden. Dann ritten sie
laut schwatzend ins Blemketal, wo sie Engelberts Blicken entschwanden.

„Nimm ein paar Bewaffnete mit und kümmere dich um den ausgeraubten
Wanderer", bat er Widukind, „ich brauche noch eine halbe Stunde für mich in
dieser Waldeinsamkeit."

Widukind trabte bald mit dem ortskundigen Ludger vom Ende und zwei
weiteren Reitern die Talstraße lenneabwärts an Wiebecke vorbei in Richtung
Blemke. Engelbert hörte ihre erregten Stimmen, doch ließ ihn der Hufschlag
der Pferde nicht verstehen, was sie sagten. Der ausgeplünderte Wanderer hatte
sich mühsam an den Straßenrand ins schattige Grün gewälzt, wo ihn die her-
beigeeilten Märker fanden und notdürftig verbanden. Als sie mit ihm zur Burg
zurückritten, machte sich auch Engelbert gedankenvoll auf den Weg dorthin.

＊

Heute oder spätestens morgen müsste Rembert aus Arnsberg zurück sein.
Was mochte Graf Gottfried zum märkischen Fehdebrief gesagt haben? Wäre er
einsichtig, könnte er ohne Gesichtsverlust einlenken. Hätte er aber einen Ge-
bietsgewinn zur Arrondierung seines ihm seit zwei Jahrzehnten zugefallenen
Fredeburger Landes im Sinne, müsste mit Krieg gerechnet werden.
Als er den inneren Burghof betrat, trug man den Überfallenen gerade herein.
Es war Jakob vom Ende. Sein Bruder hatte ihn kaum erkannt, als er ihn blut-
verschmiert und ausgeraubt am Straßenrand gefunden hatte. Jakob war, von
Dortmund kommend, fast am Ziel gewesen. Er hatte seinen nun in märkischen
Diensten stehenden Bruder warnen wollen, dass die Bürger Dortmunds auf den
Rat ihres ehemaligen Bürgermeisters Lambert Beie hin dabei waren, ein Kom-
plott vorzubereiten. Sie planten, gemeinsam mit dem Grafen von Arnsberg Teile der Grafschaft Mark an sich zu reißen. Sie hätten bereits gewagt, die Felle zu
verteilen, ohne dass sie losgeschlagen hätten. Die Dortmunder beanspruchten
den Streifen märkischen Landes nördlich der Ruhr von Herdecke im Westen bis

Geisecke im Osten, wohl auch unter Einschluss von Schwerte. Der Arnsberger Graf sollte den östlichen Randstreifen der Mark mit Garbeck und Dahle bis zum nördlichen Lenneufer einschließlich Eiringhausen und Pasel erhalten.

Gleiches bestätigte der in tiefer Nacht aus Arnsberg zurückgekehrte Sendbote Rembert von Greven. Zum großen Erstaunen Engelberts wies er eine vom Grafen Gottfried eigenhändig unterschriebene Empfangsbestätigung des Fehdebriefes vor. „Nanu! Wer hat denn an eine Quittung gedacht, du etwa, lieber Rembert?"

„Ja, ich war so frei, lieber Graf, denn des Königs neue Fehdeordnung sieht solches als Beweis ordnungsgemäßer Fehdeansage vor. Graf Gottfried war keineswegs überrascht über diesen Fehdebrief. Ich hatte sogar den Eindruck, er habe damit gerechnet! Hier spielen offenbar auch die Dortmunder eine verteufelte Rolle in dieser schmutzigen Sache! Graf Gottfried wies nämlich einen seiner Vertrauten in meiner Gegenwart an: ‚Sagt Beie, es wäre jetzt soweit! Er könne nun bedenkenlos die Pferde satteln lassen'. Ich konnte jedoch nicht erfahren, wer dieser Beie ist."

„Das weiß ich aber inzwischen. Jetzt muss schnell gehandelt werden! Die Stadt Dortmund hat es auf Westhofen und Wandhofen, vielleicht auch auf Herdecke und Schwerte abgesehen. Noch in dieser Nacht müssen Städte und Burgen im Norden der Mark gewarnt und auf einen Dortmunder Angriff vorbereitet werden."

Zu Gert von Plettenberg, der alles mitgehört hatte, sagte er: „Übernimm sofort das Kommando zur Sicherung unserer Nordwestflanke und reite nach Westhofen! Wir anderen, es dürften rund hundert Recken werden, greifen schon morgen die Burgen Gevern, Fredeburg und Bilstein an!" Und zu Ludger gewandt, meinte er: „Du hast die besten Ortskenntnisse. Bleibe deshalb immer zu meiner Verfügung! Um sieben Uhr marschieren wir in zwei getrennten Kolonnen los. Die eine geht mit mir auf Fredeburg zu, laut und keinesfalls geheimnisvoll. Die andere unter Führung des Ritters Dietmar von Altena, bleibt angriffsbereit im dichten Walde verborgen, bis die Besatzung der Burg Gevern ihre Stellung verlässt, um unserer Angriffsspitze lenneaufwärts zu folgen. Dann ist es für Dietmar ein Leichtes, ihre Burg zu zerstören. Was ihr dort findet, ist eure Beute!

Wir anderen halten uns in Fredeburg schadlos. Denkt daran, mindestens drei Mann der Burgbesatzung von Gevern zu fangen! Wir geben sie nur gegen Lösegeld heraus. Haltet euch keinesfalls zu lange in Gevern auf. Ich denke, die Geverner Besatzung wird uns zu folgen versuchen. Wenn wir in Fredeburg eingefallen sind, werdet ihr aus dem Hinterhalt die uns möglicherweise folgenden Arnsberger aus Gevern angreifen. Alles klar, Leute?" Ein vielstimmiges „Klar, Graf Engelbert!" war die Antwort.

Der Plan des jungen Grafen leuchtete jedem ein. Zunächst bedurfte es noch gewisser Vorkehrungen, um die bei Pasel stationierten Posten der Geverner

Burgleute außer Gefecht zu setzen. Sie sollten ihre Burgmannschaft nicht vorzeitig warnen können.

Ludger vom Ende hatte deshalb einen famosen Vorschlag eingebracht. Zwei unbewaffnete Märker sollten als laut grölende, offenbar volltrunkene Bauern zwei Branntweinfässer über die seichte Lenne bei Pasel transportieren: ein kleines, nur höchstens zum Viertel gefülltes und ein großes, gefüllt mit billigem Schnaps. Der Inhalt dieses großen Fasses sollte, präpariert mit reichlich Baldriansaft aus dem Schwarzenberger Kräutergärtlein, zum Schlafmittel der Wächter werden

Neugierig, ob die List gelingen würde, machten sich zwei krakelende Fassträger auf den Weg. Sie hatten augenscheinlich Schwierigkeiten, die Fässer zu tragen. Zeitweise rollten sie diese mal hierhin, mal dorthin, bis sie schließlich unschlüssig vor der Lenne standen, die sie anscheinend bei Pasel durchwaten sollten. Jeder musste sie für stockbetrunken halten. Sogar die wenigen Bewohner des Weilers Pasel hörten ihr lautes Lamento. Sie machten sich lustig über die Ungeschicklichkeit dieser Saufbrüder. Da entglitt dem einen Tollpatsch sogar das kleinere Fass. Es wurde von den Wellen ans Lenneufer in die Schilfzone geschwemmt. „Der gute Schnaps!", hörte man den unglücklichen Verlierer jammern. Das war der rechte Augenblick für die Arnsberger Posten, aus dem Dunkel des Ufergestrüpps herauszutreten und das Fass mit dem vermeintlich kostbaren Inhalt an sich zu nehmen. „Aber das ist ja fast leer!", hörten die schauspielernden Märker den Finder ausrufen. „Der eine hat aber das größere Fass noch!", schallte es dann vom anderen Ufer zu ihnen herüber. Die entsandten Fassträger wurden mit einem Male sehr mutig. Sie riefen: „Hallo, ihr lieben Paseler, helft uns doch, das Fass über die Lenne zu bringen. Wir müssen noch heute Abend mit ihm nach Rönkhausen. Helft uns doch bitte!"

Die Arnsberger Wachposten ließen sich das nicht zweimal sagen. Sie stapften durch das seichte Wasser auf die torkelnden Fassträger zu, versprachen zu helfen und eilten, schneller als man es hätte ahnen können, mit dem vorbereiteten Schlummertrankfass davon. Wehklagend versuchten die Bestohlenen, das Versteck ihrer Diebe auszumachen, doch gaben sie nach einstündigem Suchen auf. Kaum waren sie auf dem Rückweg zur Schwarzenburg, da vernahmen sie ein rhythmisches Geräusch, welches das Gluckern und Schmatzen der Lennewellen übertönte. Es stammte von den schlafenden Wachposten, die im dichten Ufersaum der Lenne um die Wette schnarchten. Wenig später wurden diese Schläfer recht unsanft aus ihrem Tiefschlaf geweckt. Sie trotteten nun, an Ketten gefesselt, gemeinsam mit ihren schauspielernden Fusellieferanten den Schwarzenberg hinauf. In der Burg durften sie ein kühles und feuchtes Kabinett mit schweren Gitterstäben vor der Fensteröffnung beziehen. Die ersten Gefangenen der Märker waren inhaftiert!

Bedenkenlos konnte Graf Engelbert beide Reiterkolonnen mit ihren Pferden am nächsten Morgen die Lenne bei Pasel überqueren lassen. Er selbst trabte mit der größeren Mannschaft lenneaufwärts. Er umging die größeren Orte wie Finnentrop, Cobbenrode und Wormbach und bezog bei Ebbinghof vor Fredeburg eine im dichten Wald verborgene Stellung. Von hier schickte er den ortskundigen Ludger vor, um die günstigste Angriffszeit und die besten Einfallstellen für die märkischen Angreifer auszukundschaften.

Die Burg Fredeburg bildete den Mittelpunkt der sich nach Osten erstreckenden Herrschaft Bilstein, für die schon bald nach Errichtung dieser Höhenburg die Bezeichnung „Land Fredeburg" üblich geworden war. Das unmittelbar vor der Burg gelegene, von einer Mauer umgebene Örtchen war von dem Edelherrn Dietrich III. von Bilstein mit vielen Privilegien gefördert worden, nach dessen Tod jedoch in den Besitz des Grafen Gottfried IV. von Arnsberg gelangt. Dessen Herrschaftsgebiet war damit wesentlich größer geworden. Es erstreckte sich von Rönkhausen im Westen, bis nach Nordenau im Osten und in Nord-Süd-Richtung zwischen Visbeck und Feudingen. Es war ein ausgezeichnetes Jagdgebiet mit reichem Wildbestand.

Am frühen Morgen des vierten Tages nach Zustellung des Fehdebriefes wurden fast lautlos Burg und Stadt Fredeburg von den Mannen Engelberts in Besitz genommen. Ludger vom Ende hatte es verstanden, in die Burg einzudringen und Fenster und Türen von innen zu öffnen.

Auch die auf Burg Gevern angesetzte märkische Truppe war schon früh in den Besitz dieser Burg gelangt. Dietmar von Altena hatte richtig vermutet, dass außer den beiden Spähern, die an der Lenne bei Pasel eingefangen werden konnten, keine weiteren Posten aufgestellt worden waren. Deshalb hatte er seine Mannen ermahnt, so leise wie eben möglich zu sein, wenn er vom Leinscheder Weg her in die Nähe der Burg Gevern vorrücke. Möglicherweise hatte sich auch die dortige Besatzung an dem ihnen gern gegönnten „Spezialfusel" gütlich getan und nicht einmal Horchposten für die Nacht in der Nähe ihrer Burg aufgestellt. So konnte ein Angriff in aller Frühe Erfolg bringen. Dietmar war bereits um fünf Uhr ausgerückt, also zwei Stunden früher als Graf Engelbert mit der größeren Streitmacht ins obere Lennetal aufgebrochen war. Dietmar rechnete mit bis zu zwanzig Burgmannen in der Geverner Burg. Bis auf das Schnauben und Scharren ihrer Pferde, die im Stall standen, ertönte dort kein Laut, als die Märker das neben der Burg liegende Stallgebäude aufbrachen, um zunächst die Pferde der Arnsberger Besatzung ins Freie zu lassen. Die Burgmannschaft schlief in zwei großen Räumen im Obergeschoss ihrer Burg, als Dietmars Mannschaft Strohballen und harzhaltige Fichtenrinde vor beide Ausgangstüren des Obergeschosses geschafft hatte, um Feuer zu legen. Den Arnsberger Burgleuten sollte auf diese Weise der Fluchtweg versperrt werden.
Die Wohnung des Burgvogts lag zu ebener Erde, sein eigener Pferdestall direkt darunter im Untergeschoss an der Hangseite der Burg. Hier postierten sich

vier Märker, um den Burgvogt abfangen zu können. Tatsächlich hatte der schon vor dem Inbrandsetzen der leicht brennbaren Stoffe Verdacht auf einen Überfall geschöpft. Er ging die Außenstufen zum Untergeschoss hinunter, geradewegs auf die Stalltür zu, um nach seinem Pferd zu sehen. Da prasselten schon über ihm lohende Feuergarben, so dass er einige Schritte zurücktreten musste, um zu sehen, wo es brannte. Ganz schnell hatten die Flammen das strohgedeckte Dach erfasst. Aber ehe er etwas rufen konnte, streckten ihn märkische Schwerthiebe zu Boden. Jetzt öffneten sich die Fenster im Obergeschoss. Aufgeschreckte Burgmannen sprangen einer nach dem anderen aus ihren Schlafstuben, um sich vor dem rasch um sich greifenden Feuer zu retten. Die märkischen Streiter verwehrten ihnen jedoch den Zugang zum Pferdestall. Längst hatten sich die freigelassenen Tiere auf die umliegenden Weiden begeben. Nur wenigen Burginsassen gelang es, eines dieser Pferde zu erreichen, um damit schnellstens das Weite zu suchen.

Auch auf das Dach des mit Fachwerkwänden versehenen Pferdestalles griff das Feuer schnell über. Bis auf die beim Sprung aus dem Fenster verunglückten beiden Krieger waren alle Mitglieder der Burgmannschaft in Richtung Affeln und Amecke entkommen. Soweit es ihnen bei der rasenden Feuerausbreitung möglich war, ergriffen die Märker aus Burg und Stallgebäude alles, was sie dort nur ergattern konnten. Beute zu machen, betrachteten sie als ihr Recht. Und wenn sie auch weniger Gefangene gemacht hatten, würde sich Graf Engelbert gewiss über die von ihnen eingefangenen acht Pferde freuen. Lange noch war die Rauchfahne der brennenden Burg Gevern am Himmel zu sehen. Das in Fachwerk errichtete Obergeschoss war mit dem gesamten Dach ein Opfer der Flammen geworden. Das Arnsberger Grafenhaus auf dem Schwarzenberg wurde ebenfalls völlig von Dietmars Männern zerstört.

Gemeinsam belagerten die märkischen Einheiten danach die zwischen Kirchveischede und Kirchhundem gelegene Burg Bilstein. Siebzehn Tage hatte sich schon die Belagerung der Bilsteiner Burg durch Graf Engelbert und seine fast hundert Mann zählende Reitertruppe hingezogen. Abgesehen von vereinzelten Bogen- oder Armbrustpfeilen, die den Märkern galten, sie aber nicht trafen, war es zu keinen ernsthaften Auseinandersetzungen gekommen. Graf Engelbert konzentrierte seine Angriffspläne hauptsächlich auf den Bereich des Burgtores zwischen der Wagenremise und dem Burgseitenflügel. Hier war das Terrain einigermaßen eben. Auch die Burgmannschaft konnte bisher wenig tun. Ihre Burg war infolge des nach drei Seiten hin stark abfallenden Geländes fast uneinnehmbar. Das Tal der Veischede war vom gleichnamigen Flüsschen tief in die Landschaft eingeschnitten. Es lag tief unter dem felsigen Ostrand der Burg.

Deshalb hatte Graf Engelbert von seinen Leuten einen riesigen Rammbock vor dem Burgtor bauen lassen. Er sollte eine Bresche in das Mauerstück seitlich des Burgtores schlagen. Zwei seitliche Dreiecksverbände, die an ihrem oberen Zusammenschluss durch einen starken Balken miteinander verbunden waren, hielten mittels fest eingeschraubter Ösenhaken ein dickes Seil. In dessen Schlaufenmitte lag ein riesiger Eichenbalken. Seine Rammspitze war mit gewinkelten Stahlplatten verstärkt. Sechs bis zehn Männer konnten diesen Rammbock schwingend hin und her bewegen. Dieser Rammbock hätte sowohl die etwa zwei Mann hohe Mauer als auch das mit Eisen beschlagene Eichentor in wenigen Minuten eindrücken können. Aber das ernsthafte Vorgehen der Angreifer hatte genügt, die Eingeschlossenen rechtzeitig zur Aufgabe ihrer Burg zu veranlassen.

✳

Kurz nach neun Uhr hatten die Märker am Sonnabend vor der „Kalten Sophie"[168] des Jahres 1352 die weiß-blaue Fahne des Grafen von Arnsberg vom Fahnenmast des Turmes eingeholt. Statt ihrer flatterte ein weißes Bettlaken über dem Turm. Ein mit einem Bogen geschossener Pfeil, an dem ein gerolltes Stück Pergament befestigt war, signalisierte die Bereitschaft der Besatzung, ihre Burg kampflos an den Grafen von der Mark übergeben zu wollen.

Auf gleichem Wege mit Pfeil zurückgeschossen, lasen die Verteidiger auf der Rückseite ihres Pergamentfetzens: „Wir warten auf einen unbewaffneten Bevollmächtigten zur Klärung des weiteren Vorgehens. Schickt euren Burgvogt, wenn vorhanden! Engelbert, Graf von der Mark!"

Als sich ein knarrender Burgtorflügel zur Unterburg öffnete, schwenkte der Burgvogt eine weiße Fahne. Er sah etwa zehn Armbrustschützen mit Waffen im Anschlag vor sich.

„Seid Ihr unbewaffnet, Burgvogt?", fragte ihn Graf Engelbert.

„Ja, ich bin der Bilsteiner Vogt Jost von Bamenohl und bitte nach Übergabe der Burg um gnadenvollen freien Abzug meiner Leute." Auf Engelberts Wink legten seine Schützen die Waffen vor sich auf den Boden.

„Wir sind keine Unmenschen", begann Engelbert. „Keinen Tag länger hättet Ihr Euch hier halten können! In wenigen Minuten wären wir in Eurem Vorhof und anschließend in Eurer Burg gewesen! Wir wollen jedoch Gnade walten lassen, weil Ihr so klug wart, Euch zu ergeben. Lasst zunächst einen Kastenwagen für ein Doppelgespann vorfahren – gleich vor die Remise. Darein lege jeder von euch alle seine Waffen mit Ausnahme der Schwerter! Also: Lanzen, Spieße, Speere, Armbrüste und Bögen mit sämtlichen Pfeilen, auch Dolche und alle Messer, die eine größere als vier fingerbreite Klinge haben. Dann tretet in einer Reihe mit je einer Elle Abstand voneinander an und legt eure Schwerter zwei Fuß vor euch auf die Erde. Wehe dem, der eine Waffe zurückhält! Er wird sofort seine linke Hand verlieren!

168 Der Jahrestag der hl. Sophie ist der 15. Mai. Er gilt im Sauerland als letzter der kalten Maitage, der sogenannten ‚Eisheiligen'.

Jetzt sollt Ihr, Burgvogt Jost und Euer Schreiber die Burgkasse und sämtliches Geld, das in der Burg ist, holen. Stellt die Geldkassette geöffnet vor mich hin! Junker Ditz von Altenbögge reitet jetzt mit zwei Begleitern nach Helden, um den dortigen Pastor und seinen Küster oder Messdiener auf schnellstem Wege hierher zu holen! Zwei weitere Reiter eilen in die Burgfreiheit Bilstein und in das benachbarte Dorf Kirchveischede, um Verpflegung zu beschaffen. Wir benötigen von den Bäckern mindestens einhundertzwanzig Brotlaibe, gleich ob graues, Schwarz- oder Weizenbrot, ferner je zehn Töpfe mit Schmalz und Butter, dazu einhundertzwanzig Würste und einige Schinken von den Metzgern aus dem Dorfe. Die Lieferanten sollen baldmöglichst mit ihren Waren hier erscheinen. Alles, was wir von ihnen kaufen, wird ordnungsgemäß bezahlt!

Rembert von Greven und Ludger vom Ende mögen jetzt gewissenhaft die herbeigeschafften Geldmünzen zählen. Ich verlange eine genaue Aufstellung bis auf den letzten Denar. Der Pfarrer und sein Messdiener oder Küster sollen nachzählen!

Ihr, Burgvogt Jost, schreibt jetzt die Namen aller Eurer Burgleute, einschließlich Eurer Küchenmamsell und ihrer Mägde säuberlich auf. Ich will genau wissen, wer von euch schon zu Zeiten Dietrichs von Bilstein hier als Burgmann Dienst getan hat, bevor Graf Gottfried die Burg übernommen hat. Wer bereits Graf Dietrich III. von Bilstein[169] gedient hat, möge sich durch Handzeichen melden. Er war ein Freund meines Vaters. Ich sehe zwölf Mann der alten Stammbesatzung."

„Auch ich war früher schon sein Burgvogt", meldete sich Jost von Bamenohl.

„Gut", entgegnete Graf Engelbert. Dann seid ihr dreizehn Männer, die jetzt die vor euch abgelegten Schwerter ergreifen. Stellt euch in einer Reihe mit je einem Fuß Abstand an der talseitigen Mauer auf. Ihr dürft eure Schwerter behalten. Lasst sie aber vorerst vor euch liegen! Ihr anderen rückt dicht auf. Jeder hat sein Schwert vor sich. Auch ihr werdet es zurückerhalten, sobald der Friede mit Graf Gottfried besiegelt ist."

Inzwischen waren die Vertreter der Geistlichkeit eingetroffen. „Euch, lieber Pfarrer, und Euren Messdiener benötige ich als Zeugen. Seid Ihr bereit, den Schwur der hier in zwei Reihen angetretenen Burgleute von Bilstein zu bestätigen und das von mir beschlagnahmte Geld nachzuzählen, so antwortet mit ‚Ja'!"

Beide bejahten ihre Bereitschaft.

„Dann sprecht jetzt alle, die bisher Bilsteiner Burgmannen waren, mir laut und deutlich nach und erhebt dabei eure Schwurhand:

,Ich schwöre bei Gott dem Allmächtigen,
Vater Himmels und der Erden,
dass ich niemals meine Hand
gegen den Grafen Engelbert von der Mark erheben werde
oder einem seiner Untertanen Leid antun werde.'"

169 Dietrich III. von Bilstein war im Jahre 1335 gestorben.

Engelbert hatte langsam und deutlich gesprochen. Jeden der den Eid Sprechenden hatte er dabei scharf angesehen, ob er auch den vollen Wortlaut nach seiner Ansage wiederholen würde. Nicht einer hatte die von ihm geforderte Eidesformel verweigert.

„Jetzt schreibt jeder, der geschworen hat, seinen Namen hinter den vom Burgvogt vorgefertigten Zettel. Habt ihr das getan, wird der Pastor diesen vor seinem Angesicht abgelegten Eid auf dem gleichen Pergament bestätigen und mit Ortsangabe, Datum und genauer Tageszeit versehen, bevor ich von ihm diesen eindeutigen Beweis eurer Eidesleistung erhalte. Ihr, Burgvogt Jost, und Eure Besatzung aus der Dienstzeit des verstorbenen Grafen Dietrich III. von Bilstein, seid dann frei und dürft Eurer Wege gehen. Erstattet bitte unverzüglich Eurem Grafen Gottfried Bericht über das heute Vorgefallene. Sagt ihm, wir raten ihm, baldigst um Frieden zu bitten. Bisher ist gottlob kaum Blut geflossen. Leider starb der Geverner Burgvogt infolge eigener Unvorsichtigkeit. Aber hütet euch, euern Eid zu brechen. Wer das tut, stirbt! Das versichere ich euch!

Wir Märker sind stark genug, auch die Arnsberger Burg zu erstürmen, wenn nicht binnen sechs Wochen der Friedensvertrag unterzeichnet ist. Liegt dieses Dokument über das Ende der Fehde vor, dürfen auch die übrigen zwölf Burgmannen die Burg Bilstein als freie Männer mit ihren Schwertern verlassen. Wenn ich euch die Schwerter zurückgebe, will ich damit sagen, dass ihr eure Ehre behalten habt, denn ein Burgmann ohne Schwert ist in meinen Augen kein Ehrenmann mehr!

Alle übrigen Waffen, die dort im Kastenwagen liegen, sollen meine tapferen Kampfgefährten erhalten. Jeder von ihnen darf nacheinander an den Wagen treten und sich eine der darin liegenden Waffen nehmen. Jeder ergreife, was er am dringendsten zu seiner weiteren Bewaffnung benötigt!"

In beachtenswerter Disziplin traten jetzt die Märker, einer nach dem anderen vor. Sie wählten die ihnen wichtig erscheinenden Ausrüstungsgegenstände aus. Mehr als hundert Märker zählten die erstaunten Bilsteiner Burgleute, als sich die Angreifer Speere und Lanzen, Armbrüste und Bögen, Dolche und Kriegsbeile aus dem Kastenwagen nahmen. Gegen diese Übermacht wären sie wehrlos gewesen. Die restlichen Waffen wurden auf den Schwarzenberg geschafft, ebenso die zwölf vorerst sichergestellten Schwerter der neueren Arnsberger Besatzung der Bilsteiner Burg. Zettel an den Handgriffen der Schwerter wiesen die jeweiligen Eigentümer aus.

Inzwischen war auch das übergebene Geld gezählt worden. Der Heldener Pastor erklärte laut und deutlich für alle: „In der Burgkasse befinden sich:

    1.050 Arnsberger Sterlinge mit Adler und Sterlingskreuz,
     622 Eversberger Pfennige,
     225 Tournosen des Kölner Erzbischofs Walram von Jülich und
      12 Silberknöpfe für Waffenröcke."

„Das ist nicht gerade viel", stellte Graf Engelbert fest. „Die Tournosen kommen in die märkische Grafenkasse! Ludger vom Ende wird sie Rembert von Greven aushändigen." Zu den Bilsteinern gewandt, erklärte er: „Mit den anderen Münzen werden wir euch erst einmal satt zu essen geben. Ihr, Burgvogt Jost, sorgt für ordnungsgemäße Verteilung der angelieferten Verpflegung und für gerechte Bezahlung der Bäcker und Metzger! Jeder von der Burg Bilstein und jeder unserer Männer soll zunächst ein Drittel Brot, genügend Butter und Schmalz sowie eine ganze Wurst erhalten. Bier und Honigwein werden aus dem Vorrat der Burg ausgeschenkt!"

Zum Pastor, dem Messdiener und dem bisherigen Burgvogt sagte er: „Nun nehmt neben mir Platz. Beurteilt selbst, ob wir Märker die Gerechtigkeit lieben oder nicht!"

Nicht nur die eigenen Leute applaudierten. Bald erscholl über die Burgmauer und das Veischedetal hinweg in Richtung auf die Hohe Bracht[170] der anerkennende Ruf aller im Burghof versammelten Männer: „Graf Engelbert, er lebe hoch!"

*

Die Dortmunder Bundesgenossen des Arnsberger Grafen versuchten vergebens, ihre Ziele nördlich der Ruhr zu erreichen. Überall traten ihnen die Streitkräfte des Grafen Engelbert von der Mark energisch entgegen.[171] Dem Arnsberger Grafen Gottfried IV. und der Stadt Dortmund blieb nichts anderes übrig, als, durch die Kriegsnöte ihrer Untertanen gezwungen, am 21. August 1352 einen vom Grafen Engelbert diktierten Friedensvertrag[172] zu unterzeichnen. Von beiden Gegnern erhielt Graf Engelbert die geforderte Geldentschädigung. Er hatte sich im Kampf gegen seine missgünstigen Nachbarn behauptet, die Burg Gevern und das Arnsberger Haus auf dem Schwarzenberg zerstören lassen und seiner Grafschaft den ersehnten Frieden gesichert. Mit dem Fredeburger Land und der Herrschaft Bilstein konnte er zudem ein herrliches Jagdgebiet sein eigen nennen.

Jetzt durfte er daran denken, die seiner Tante Katharina versprochene Reise ins Heilige Land und zum Katharinenkloster im Sinai anzutreten. Viele seiner tapferen Gefährten baten Graf Engelbert, ihn dabei begleiten zu dürfen. Aber nur wenige seiner bewährten Kampfgenossen konnte er mitnehmen. Stolz und mit vollem Recht durfte er sich als Sieger im Kampf um seine Grafschaft Mark fühlen, und seine Mitstreiter bewunderten die Art, wie er sich in kürzester Zeit treue Freunde erworben hatte.

---

170 Die Hohe Bracht ist ein Berg, der 584 m ü. NN liegt. Auf ihm steht heute ein Aussichtsturm.
171 Eine damals vom Grafen Engelbert geplante Belagerung oder eine Überrumpelung Dortmunds, die nach einer Legende vom Stadtpatron Reinoldus verhindert werden konnte, ist nicht nachweisbar.
172 Nach dem Dortmunder Urkundenbuch I. 695

VII. Unvergessene Reiseeindrücke

Im Heiligen Land

In weitem Halbrund öffnete sich die Akka-Bucht unter Rembert von Greven, als er die oberste Plattform der mächtigen Burgruine erstiegen hatte. Es war ihm, als habe ihn eine unsichtbare Kraft den Burgberg hinaufgeschoben, so leicht fühlte er sich im ungewohnten weißen Leinenumhang, den ihm hilfreiche Brüder des Deutschritterordens nach so lang ersehntem Bad in ihrem Hospital überlassen hatten. Eine riesige Last schien von ihm abgefallen zu sein, als er Kettenhemd und Kapuze, Stiefel, Lanze, Dolch und Schwertgehänge hatte beiseite legen können.

Vor genau fünfundsiebzig Tagen war seine märkische Rittergruppe, angeführt vom jungen Grafen Engelbert mit diesem verfluchten, unmäßig überladenen venezianischen Segelschiff im Hafen von Akkon eingetroffen. Nun erhoffte Rembert eine baldige Rückreise. Schlimmer als das oft beschworene Fegefeuer war ihnen die Anreise zum Gelobten Land vorgekommen. Dreißig Tage hatten sie im dunklen Bauch des Schiffes verbringen müssen, seit der Kapitän in Spalato zum letzten Male einen Hafen angelaufen hatte, um Frischwasser an Bord zu nehmen. Dort durften sie letztmalig an Deck, das Schiff aber nicht verlassen. Begierig hatten sie die dalmatinische Küstenluft eingeatmet und am Ufer die Bauwerke Diokletians bestaunt: Reste seines Kaiserpalastes, die vielgepriesene Porta Aurea und die Ruinen der Flankentürme, deren Quader gerade zum Bau eines riesigen Glockenturmes herhalten mussten.

Dann hatte die wahrhaft schwere Prüfung für die vierzehn Märker und ihre mitgeführten Pferde begonnen: Tausend venezianische Soldinos, wahlweise eintausendvierhundert Kölner Silbermark hatte der verschlagene Kapitän für den Seetransport nach Akkon gefordert. – „Jedoch ohne Verpflegung, die geht extra", hatte er immer wieder betont. Aber gerade die hatte er sich dann fürstlich bezahlen lassen, obgleich sie nur aus lauwarmem Wasser, hartem, meist angeschimmeltem Brot, unreifen Oliven und grasgrünen Äpfeln bestanden hatte. Pferdekot und Brackwasser schwappten wegen ungestümer Wellen auf der immer unruhiger werdenden Reise aus der Bilge[173] hoch. Die Märker vegetierten ja in der untersten Decklage, wo man nach Luft und Licht rang. Ausgespieenes, Kot und Urin von Tieren und Menschen hatten den Aufenthalt im dunklen Bootsleib bis zur Unerträglichkeit gesteigert. Die Hälfte der hier Eingepferchten war völlig benommen, als sie zu Akkon endlich die ersten Schritte an Land hatten machen können.

---

173 Bilge = unterster ungenutzter Raum im Bereich des Schiffsbodens.

Wenn Rembert an die bevorstehende Rückreise dachte, wurde ihm schon jetzt übel. Zum Glück wehte aber zwischen den verbliebenen Burgmauern vom ins Meer strömenden Kishon-Fluss her ein angenehm frischer ablandiger Wind. „Den brauchen wir, wenn die Rückreise ideal werden soll", dachte Rembert. Unter ihm lag die alte Hafenstadt Akkon mit ihren weißgetünchten Häusern, davor ein immer breiter werdender Sandstrand, der den einst so betriebsamen Hafen von Jahr zu Jahr wertloser werden ließ. Längst konnte man die großen Schiffe nicht mehr an den alten Kaimauern festmachen. Der früher so beliebte Seehafen versandete zunehmend. Daher mussten die Frachtschiffe, um anlanden zu können, aber nur, wenn sie nicht mehr als fünfzehn Fuß Tiefgang hatten, am äußersten Westende der Hafenmauer anlegen. Größere Frachter ankerten immer seltener vor der Reede von Akkon, denn zum Beladen und Löschen des Frachtgutes benötigte man kostentreibenden und zeitraubenden Pendelverkehr mit Fischerbooten. Die Fischer waren wohl die einzigen, die sich über ihre scheinbare Unentbehrlichkeit freuten.

Vor fünf Jahrzehnten war Akkon schon an die Mamluken unter al-Aschrof Halil gefallen, nachdem der fünfte Kreuzzug unter Ludwig IX. von Frankreich so unglücklich verlaufen war. Auch Sidon und Beirut waren seitdem im Besitz des ägyptischen Sultans. Selbst Tortosa und Athlith hatten die Christen verlassen müssen. Als letzte christliche Bastion hatten die Templer schließlich auch die Insel Ruad aufgeben müssen. So war Akkon nach seinem Fall im Jahre 1291 zum letzten Zufluchtsort der Christen geworden. Der Sultan hatte den hier lebenden Deutschordensrittern jedoch großmütig gestattet, in den Trümmern der einst so stolzen Hafenstadt ein Hospital zu betreiben. Hier durften Pilger und Muslime gleichermaßen Aufnahme finden und Gesundung erwarten.

Rembert wandte sich um, weil er Schritte hörte. Er erblickte Engelbert, seinen Herrn und besten Freund, der ihn und die anderen Ritter und Knappen vor Jahresfrist für diese bald zu Ende gehende Pilgerreise begeistert hatte. „Du suchst schon den Horizont nach Segeln ab?", fragte er Rembert. „Sei unbesorgt, unsere Rückfahrt wird weit angenehmer als der Zwangsaufenthalt in dem verdammten venezianischen Seelenverkäufer. Vom Hafenbaas erfuhr ich gerade, dass in wenigen Tagen zwei dickbauchige Holks mit riesigen Rahsegeln an beiden Masten aus Famagusta[174] und Limassol[174] erwartet werden. Ihre Kapitäne im Dienste des Königs von Zypern haben den Hafenkommandanten vorsorglich gebeten, rechtzeitig Lotsen wegen der beengten Fahrrinne bereitzuhalten. Hier in Akkon wartet schon ein gutes Dutzend Heimkehrer aus Judäa und dem Sinai darauf, an Bord zu kommen. Beide Schiffe gehören der Adelsfamilie der Lusignans. Sie sollen nach dem Löschen ihrer kostbaren Fracht für das Land Poitou unmittelbar Kurs auf den Golf von Lion nehmen, um baldmöglichst in Aigues Mortes oder St. Gilles die königliche Familie an Bord zu nehmen.

174 Famagusta u. Limassol = Hafenstädte an der Ost- und Südküste Zyperns im damaligen Königreich der Lusignan.

„Lieber Rembert, das bedeutet eine äußerst zügige Seereise, sofern die derzeit günstigen Winde anhalten, und für uns die ersehnte frische Luft und freie Sicht. Dieser Schiffstyp, der seit langem von der Hanse geschätzt wird, bietet teils auf Deckhöhe, teils unmittelbar darunter angenehme Schlafplätze. Die von Zypern mitgeführten Waren, besonders die Kupfererze in der untersten Ladefläche, garantieren selbst bei starkem Wind und hohem Wellengang nur wenig Krängung. Nicht einmal die Häfen von Messina auf Sizilien oder Cagliari auf Sardinien werden wir anlaufen. Kapitänen wie Eignern scheint wichtig zu sein", und dabei schmunzelte Graf Engelbert, „in uns verteidigungsbereite Männer an Bord zu haben, um Übergriffe genuesischer oder venezianischer Kaperschiffe erfolgreich abwehren zu können. Deshalb brauchen wir auch nur weniger als die Hälfte des Preises für die Hinreise zu zahlen."

„Demnach habt Ihr, Graf Engelbert, Euren geplanten Reiseweg aufgegeben. Ihr wolltet doch ursprünglich über Pisa oder Genua zurück!"

„Richtig, aber die sich uns bietende Route erspart uns den im Winter recht gefahrvollen Alpenübergang. In der Provence und der Camargue können wir den Frühling in Ruhe erwarten, bevor wir den Weg in die Heimat antreten."

„Das wird nun auch wirklich hohe Zeit, lieber Graf. Ich weiß schon gar nicht mehr, wie meine Frau aussieht!"

„Dieses Schicksal teilen wir alle", entgegnete Engelbert. Nachdenklich setzte er hinzu: „Ich selbst weiß nicht einmal, ob ich mich auf meine Richarda daheim freuen soll. Einen Vergleich mit der feurigen Esmeralda aus Murano hält sie gewiss nicht aus! Was war diese Spanierin doch ein feuriges Weib!"

„Ja Herr, die hattet Ihr Euch ja auch selbst ausgesucht!" Er hütete sich aber, mehr über die seinem Herrn angetraute Ehefrau aus dem Hause Jülich zu sagen. Rembert hätte schon viel Verständnis dafür gehabt, wenn sich Engelbert statt seiner schwach und kränklich wirkenden Grafentochter aus dem Hause Jülich, diese blutvolle und lebenslustige Südländerin zur Frau genommen hätte. –

*

„Hier, sieh meine Landkarte!", forderte Engelbert seinen Weggenossen auf, als er die Pergamentrolle glattstrich. Ich habe sie gerade studiert, um die Seewege zu vergleichen."

„Das ist ja eine richtige Seekarte!", staunte Rembert. Drei weitere Ritter ihrer Pilgergruppe waren inzwischen hinzugetreten. Es waren Dietmar von Hövel, Volker von Altena und Hendryk van Bönen. Alle beugten sich über das Pergament in Größe eines Lesepults, auf dem das ganze Mittelmeer mit allen angrenzenden Ländern, seinen Inseln und den wichtigsten Hafennamen eingetragen war. Dazu sahen sie elegant wirkende Bogenschwünge zwischen bekannten Häfen in unterschiedlicher Markierung.

„Diese Karte schenkte mir mein guter Lehrer und väterlicher Freund Levold von Northof. Er hatte lange nach einem geeigneten Pergament suchen müssen, bis er diese ebenmäßige Haut einer jungen Ziege fand. Sorgfältig enthaart, unter Spannung getrocknet und geglättet, zeigt sie jetzt Land- und Seewege der Kreuzfahrer aus fünf Kreuzzügen auf. Es ist ein wahres Meisterwerk aus Levolds Hand."

Die Pilger aus der Mark staunten nicht schlecht, als sie die Wege der Kreuzzugfahrer auf dem Pergament eingetragen sahen. Sie verfolgten Gottfried von Bouillons Landweg über Mainz, Konstantinopel, Antiochia nach Jerusalem und bewunderten die sorgfältig eingezeichneten Seerouten. Sie begannen häufig in Marseille, Genua und Venedig und führten fast immer nach Akkon. Auch der berühmte Kreuzzug des Kaisers Friedrich Barbarossa war in der Karte markiert. Diese Unternehmung fand ihr unglückliches Ende, als der deutsche Kaiser im Flusse Saleph ertrunken war. Nur wenigen Reisenden hatte der beschwerliche Landweg durch das Byzantinische Reich und die Länder der Seldschuken, Aiyubiden und Syrer Glück gebracht. Nun war Engelberts Gefährten klar, warum der Graf die Seeroute von Venedig nach Akkon ausgewählt hatte. Er wollte die Kräfte der teilnehmenden Pferde und Menschen für den mühseligen Ritt durch Samarien, Judäa, Idumäa und das lange Wegstück zum Sinai schonen.

*

Zunächst hatten sie Kanaan besucht. In der dort gerade erbauten Kirche hatten sie einen feierlichen Gottesdienst erlebt, wo einst die berühmte Hochzeit stattgefunden hatte. Dann hatten sie in Nazareth die Kirche der Verkündigung aufgesucht. Wo früher Josefs Werkstätte lag, hatten sie an die heilige Familie gedacht und auch am Grab Josefs in Sichem geweilt, bevor sie von dort nach Jericho und zum Jordan weitergezogen waren. Am Taufplatz Jesu hatten sie gleich ihm ein erfrischendes Bad im Leben spendenden Flusse nehmen können. Jerusalem wurde danach zum ersten Höhepunkt ihrer Reise. Sie hatten am Fuße der Klagemauer gestanden, waren zum Ölberg aufgestiegen, hatten den berühmten Tempel und die Grabeskirche Christi bestaunt. Dann waren sie die Via Dolorosa entlang gewandert, um schließlich im Garten Gethsemane ein früchtereiches Abschiedsmahl einzunehmen, bevor sie Judäa verließen und Idumäa in Richtung Süden durchritten. Nach dem beeindruckenden Besuch der Geburtskirche Christi in Bethlehem pilgerten sie entlang der Westküste des Toten Meeres und des Golfs von Akaba zum Sinai weiter.

Engelbert hatte seinen Gefährten oftmals von der Heiligen Katharina von Alexandria erzählt, die sein Lehrer Levold eine der bedeutendsten Frauengestalten des Christentums genannt hatte. Bekanntlich zählt sie zu den vierzehn Nothelfern. Von den Philosophen wird sie als deren Patronin verehrt. Als verwöhnte Prinzessin aus Afrika wollte sie der Legende nach nur einen solchen Mann heiraten, der reicher, schöner, klüger und mächtiger wäre als sie selbst. Als ihr ein Einsiedler von Jesus Christus erzählt hatte, der allein ihren Ansprü-

Umrahmt von schroffen Felsbergen liegt das Katharinenkloster im Sinaigebirge: Ein Hort der Besinnung und der christlichen Kultur.

chen genügen könnte, verkaufte sie all ihre Schätze und kostbaren Kleider und gab das Geld den Armen. Auch der Kaiser von Rom hatte von ihr erfahren. Er befahl ihr, ein Götzenbild anzubeten. Das aber lehnte sie ab. „Nicht einem Götzen, nur Jesus Christus will ich dienen!", war ihre trotzige Antwort gewesen. Da hatte der Kaiser fünfzig Gelehrte aufgeboten, ihren Starrsinn zu brechen, aber Katharina bekehrte sie alle zu Gott. Des herzlosen Kaisers Rache bestand darin, sie mit einem schweren hölzernen Rade zu Tode fahren zu lassen. Aber das Rad zerbrach, ohne Katharina Schaden zuzufügen[175]. Erst gezielte Schwerthiebe der kaiserlichen Henker setzten Katharinas Leben ein Ende. Herbeigeeilte Engel sollen ihren Leichnam fortgetragen haben bis zum Berge Sinai, wo sie unter weißen Blumen ein würdiges Grab erhalten haben soll.

Engelbert hatte sich in den Kopf gesetzt, das Grab dieser Heiligen zu besuchen. Bis dorthin war es ein weiter Weg durch Wüstenlandschaften und Trockentäler, bis sie schließlich westlich des Golfes von Akaba unerwartet hohe Berge aus Gneisen, scharfkantigen Schiefern und Graniten erblickten. Am Djebel Katherin stieg das Sinaigebirge so hoch auf, dass Engelbert und seine Begleiter meinten, zuvor keine ebenso hohen Bergspitzen gesehen zu haben. Freundliche Beduinen wiesen ihnen den Weg zu jener Stätte, wo einst Moses die Gesetze für sein Volk Israel empfangen hatte.

Nach mühseligen Tagen durch Wüstensand und kluftreiche Berge wollten die Märker kaum glauben, schon am Ziel ihrer Wünsche zu sein. Vor ihnen erhob sich der mächtige Berg Djebel Musa mit einer festungsartigen Bastion, dem Katharinenkloster. Den Grundstein dazu hatte Kaiser Justinian bereits 557 n. Chr. gelegt. Sie fanden eine ungeahnt komfortable Pilgerherberge vor. Völlig unerwartet stand sie für Engelbert und sein Gefolge bereit. Gleich daneben erhoben sich die dreischiffige Arkadenbasilika zu Ehren der Heiligen Katharina mit ihrem kostbaren Mosaikschmuck und benachbart die umfangreiche Klosterbibliothek. Hier durften sie den Codex Sinaiticus, eine berühmte Bibel, und beinahe zweitausend der dort bewahrten kostbaren Ikonen bewundern.

Ganz vergessen waren die Qualen des weiten und mühseligen Anmarsches, als sie am Grabe der Heiligen Katharina verweilten. Ein römischer Mönch hatte sie dorthin und zu heiligen Stätten des alten Testaments geführt, um ihnen die Reliquien der hier zur Ruhe gebetteten Heiligen zu zeigen. Dieser gottesfürchtige Mann schien Engelbert ein Geheimnis besonderer Art verkünden zu wollen, als er ihn in den Schatten eines Höhleneingangs beiseite bat. Nur ein halbes Pfund Silber würde der Graf hergeben müssen für das letzte Stück Pinienholz vom ersten Sarg der Heiligen. Schnell und erfreut willigte Engelbert in den Han-

---

175 Das Wappen der märkischen Stadt Altena an der Lenne zeigt die Heilige Katharina mit dem Rade und einem Schwert in der rechten Hand über dem märkischen Schachbalken. Altenas kurz vor 1318 errichtete Pfarrkirche ist der Heiligen Katharina gewidmet.

del ein. Er erhielt ein kaum daumengroßes, morsch wirkendes Holzstück, das sorgsam in einen weißen Leinenlappen gewickelt, von einem blassrot gefärbten Faden umschlossen war. „Diese Pilgerfahrt hat sich gelohnt!", verkündete Engelbert stolz seinen Begleitern, als er ihnen von seiner Erwerbung berichtete. „Was wird Levold wohl sagen, wenn ich ihm diesen Schatz zeigen werde?", war sein Gedanke. –

Der Ritt zurück zur Küste des Mittelmeers war weniger erfreulich als die Hinreise gewesen. Ein dreitägiger Sandsturm hatte die Märker zu einer ungewollten Rast inmitten der Sinaiklippen gezwungen. Dort fanden sie wenigstens etwas Schutz vor dem alles durchdringenden roten Feinsand, der besonders ihren Pferden arg zugesetzt hatte. Da erst sahen sie ein: Kamele und Maulesel hätten sich besser als Pferde für diese Pilgerreise geeignet.

*

Schließlich hatten sie wieder Akkon erreicht. Für den ältesten Gefährten unter ihnen, den altersschwachen Ritter Widukind von Bredelaer, war es eine wahre Erlösung, hier von Deutschordensrittern gepflegt zu werden. Seit vielen Tagen hatte er kaum etwas zu sich genommen. „Er leidet wohl an Dysenterie",[176] hatte der Prior gemeint, als er den Geschwächten untersucht hatte. „Wenn er viel Glück hat, kann er euch in sechs bis acht Wochen auf dem Seeweg nachfolgen. Der ständige blutige Durchfall, unter dem er leidet, zählt zu den grässlichsten Krankheiten dieses Landes. Für ihn ist es ein Glück, dass er neben Heilkundigen aus dem Reich auf die Hilfe der äußerst versierten Moslems rechnen kann. Ihre Medizinen, vorwiegend pulverisierte Heilpflanzen, wirken oftmals erfolgreicher als unsere Salben, Pillen und Umschläge."

*

Schon wollte die Sonne im abendlichen Meer versinken. Die Gefährten schienen aber noch immer in das Studium der Seekarte versunken zu sein. „Was macht Herr Levold denn heute?", fragte einer der Knappen den Grafen. „Der unterrichtet meine jüngeren Brüder Adolf, Dietrich und Eberhard von der Mark. Er plagt sie mit Mathematik, Astronomie, biblischer Geschichte und der von ihm so geliebten ‚Weltsprache', dem Latein, die mir aber überhaupt nicht liegt. Dafür kann mir keiner etwas vormachen im Umgang mit Schwert und Lanze und erst recht nicht auf dem Pferderücken!"
„Aber verratet uns doch einmal, was über diesem Kartenausschnitt steht. Ich lese dort drei offensichtlich lateinisch abgefasste Worte!" Er buchstabierte dann mehr als er las: „FORTUNA FORTES ADIUVAT."
„Ja, Levold liebt wie kaum ein anderer lateinische Sprüche. Er nannte sie ‚Lebensweisheiten'. Damit hat er mich immer wieder an das Lateinisch her-

---

176 Dysenterie = früher gebräuchliche Bezeichnung für die Krankheit „Ruhr".

anführen wollen. Er versuchte mir zu zeigen, wie klug einst römische Dichter waren. Dieser Spruch auf der Karte über der von Levold gezeichneten Sonne, dem Symbol des Südens, stammt von einem Römer namens Terenz. Übersetzt heißt er ‚Dem Tapferen hilft das Glück!‘"

„Dieser Ausspruch scheint für Euch ebenso wie für uns Ritter und Knappen gemacht zu sein. Haben wir nicht unendlich viel Glück gehabt auf unserer Pilgerfahrt?", meinte Rembert von Greven feststellen zu müssen. „Nur wenig Zeit bleibt uns, wenn wir das Hospital vor Einbruch der Dunkelheit gesund erreichen wollen. Euch allen wünsche ich eine gute Nacht!" – So endete der letzte Tag der Märker in Akkon.

✳

Schon am nächsten Morgen konnten sie sich auf der ersten der beiden avisierten Holks einschiffen – mit Ausnahme von Widukind, der in der Obhut der Deutschordensritter bleiben musste. Die Reise über das „Mittagsmeer", so nannten es die Seeleute, verlief, wie Engelbert vorausgesagt hatte, ohne weitere böse Überraschung. Die äußerst disziplinierte Mannschaft verwöhnte die Märker mit mancherlei leckeren Früchten des Orients, und der heilige Petrus machte ihnen einen gleichbleibend angenehmen Ostwind zum Geschenk. So erreichten sie am Heiligen Abend des Jahres 1353 den Hafen von Aigues Mortes.

✳

Etwas völlig Unbegreifliches erwartete Engelbert jedoch, als er auf dem Heimweg in seine Grafschaft Mark mit seinen Weggenossen in Avignon vor den düsteren Mauern des Palastes der Päpste Rast machte. Ein alter Freund, den Engelbert in Lüttich kennengelernt hatte, trat auf ihn zu. Er berichtete, kürzlich sei er Zeuge gewesen von einem schier unerklärlichen Beschluss des Papstes, den dieser von allen Kanzeln hatte verkünden lassen:

Engelbert III., Graf von der Mark, sei fortan mit dem Bann des Papstes belegt. Ohne dessen angeblich notwendige Genehmigung hätte Engelbert eine Pilgerreise in das Gelobte Land angetreten. Außerdem habe er, wie zwei verlässliche Dominikanermönche dem Heiligen Stuhl glaubwürdig berichtet hätten, dem deutschen König Ludwig dem Bayern, Treue und Gefolgschaft geschworen. Im Regensburger Bischofshof habe er inständig und in öffentlicher Rede gewünscht, dass nur König Ludwig zum Deutschen Kaiser gekrönt werden möge.
So nannte sich trotzig der hünenhafte Wittelsbacher, dem der Papst Johannes XXII. bereits im Jahre 1327 alle Titel, Ämter und sogar das vom Vater übernommene Herzogtum abgesprochen hatte. Schon zehn Jahre früher hatte der in Avignon residierende, aus der Gascogne stammende Papst erklärt, die Herrschaft über das seit Kaiser Friedrich II. Tod verwaiste abendländische

Aigues Mortes, die alte Kreuzfahrerfestung im Rhônedelta

Der Papstpalast von Avignon. Mit dem Bau begann Papst Johannes XXII. im Jahre 1316.
Papst Innocenz VI. vollendete ihn und umgab Avignon ab 1349 mit mächtigen Festungsmauern.

Imperium romanum sei jetzt endgültig an ihn als den Statthalter Christi überzugegangen. Ludwig des Bayern Protest hatte der Pontifex maximus am 23. März 1324 mit dessen Exkommunikation beantwortet.

Durch Dantes Monarchie-Ideale staufischer Prägung begeistert und von reformerischen Theologen und Gelehrten vorwiegend aus dem Kreise des franziskanischen Minoritenordens[177] gestärkt, war Ludwig der Bayer im März 1327 mit fünftausend ihn begleitenden Rittern nach Italien aufgebrochen, hatte in Mailand die Eiserne Krone der Lombardei erhalten und war, nach seinem Einzug in Rom dort vom Senator Sciarra Colonna zum Kaiser gekrönt worden.

Wer einen bekannten Feind des Papstes so unterstütze, müsse als erklärter Gegner wahren Christentums gelten. Engelbert von der Mark sei deshalb gebannt und damit vogelfrei.[178]

Wie vom Blitz getroffen, sank Engelbert zu Boden. Wie sollte er, ein vom Papst gebannter Sünder, seinen Getreuen an Lippe, Ruhr und Lenne entgegentreten? Seine Getreuen vermochten ihn nicht zu trösten. Da lag er, der tapfere Märker, auf den Stufen zum Papstpalast von Avignon, aber Rembert war es, der ihm aufmunternd zurief: „Graf Engelbert, wir stehen Euch immer und überall bei! Ihr wisst doch:

FORTUNA FORTES ADIUVAT"

Im Papstpalast von Avignon

Düster und unheimlich war Engelbert der Palast der Päpste in Avignon gleich vorgekommen, als er vor den mächtigen, hochragenden Mauern stand. Hier residierten seit 1309 die Oberhirten der Christenheit, nachdem Papst Clemens V. (1305–1314) unter starkem Einfluss des französischen Königs die links der Rhône liegende Stadt im Departement Vaucluse zur päpstlichen Residenz gemacht hatte. Seit 1316 hatte man an diesem Gebäude gebaut[179]. In ihm residierten nacheinander sieben Päpste:

1316–1334: Johannes XXII., der mit dem Bau begonnen hatte,
1334–1342: Benedict XII., der als Reformer des Ordens- und Weltklerus eine Rückkehr nach Rom anstrebte, aber nicht vollziehen konnte,
1342–1352: Clemens VI., der 1348 die Stadt Avignon von Johanna, der Königin von Neapel, gekauft hatte,
1352–1362: Innocenz VI., ein ehemaliger Zisterzienserabt, der die Krönung Kaiser Karls IV. in Rom veranlasste, und ab 1349 mit dem Bau mächtiger Festungsmauern um Avignon begann, und
1362–1370: Urban V., zuvor Abt des Benediktinerklosters St. Victor in Marseille, die beide die Befestigungswerke ergänzten, und zuletzt
1370–1378: Gregor XI., der im Jahre 1377 wieder Rom als Amtssitz für den heiligen Stuhl wählte.

Der französische König Philipp IV. hatte 1303 den Papst Bonifatius VIII. gefangen nehmen lassen, was große Zustimmung gefunden hatte, da die allgemeine Kritik an der Kirche ihrer unentwegt angestrebten Universalherrschaft wegen unerträglich erschien. So kam es dazu, dass von 1309 bis 1376 die Päpste in Avignon im Machtbereich der französischen Könige[180] residierten.

Seit jeher hatten die Päpste und die von ihnen berufenen Kardinäle im Zentrum allgemeinen Interesses gestanden. In ganz besonderer Weise traf dies zu auf jene Zeit, als die Päpste von Avignon aus regierten. Die eigentlichen Aufgaben und Zielsetzungen päpstlichen Wirkens waren damals so in den Hintergrund getreten, dass man diese Zeit als den absoluten Tiefpunkt der Kirchengeschichte bezeichnete. Der bedauerliche Sittenverfall hatte nicht bei den höchsten kirchlichen Würdenträgern Halt gemacht. Entstammten in römischer Zeit die vom Papst zu seiner Beratung berufenen Kirchenfürsten vornehmlich italienischen Adelsfamilien wie der Colonna, Medici und Orsini, so bestand das Kardinalskolleg der sieben in Avignon residierenden Päpste fast ausschließlich aus Franzosen. Es hatte wie Jahrhunderte vorher hauptsächlich zwei Aufgaben wahrzunehmen: die Papstwahl und die Beratung der Päpste.

Wie stark die Ausrichtung des Papstes auf die Interessen der französischen Krone blieb, wird dadurch erkennbar, dass in den zehn Jahren der Pontifikalherrschaft des Papstes Clemens VI. unter seinen fünfundzwanzig Kardinälen neun in enger verwandtschaftlicher Beziehung zu ihm standen. Neben den neunzehn vorwiegend aus dem Süden Frankreichs stammenden Kardinälen gehörten nur drei Italiener, ein Kastilier und zwei Nordfranzosen dem Kardinalskolleg an. Überproportional hoch waren darin jene Purpurträger vertreten, die aus der Heimat dieses Pontifex Maximus stammten. Allein elf seiner Kardinäle hatten ihre Wurzeln im Limousin. Die meisten dieser Kardinäle waren nicht etwa Theologen, sondern hatten eine juristische Ausbildung.

Als Graf Engelbert von der Mark in Avignon eintraf, war Papst Clemens VI. am Nikolaustage des Vorjahres 1352 bereits gestorben. Der neu gewählte Papst

---

177 Eine viel beachtete Streitschrift des Marsilius von Padua mit der Überschrift „Defensor pacis" hatte Kaiser Ludwig aus der Sicht der vom Papst geächteten Minoriten und unter dem Beifall weiterer christlicher Kreise – z. B. englischer Franziskaner und angesehener Gelehrter aus Paris und Padua – zum „Defensor pacis", zum „Verteidiger des Friedens" werden lassen. Im Gegensatz zum katholischen Kirchenanspruch hatte diese Kaiser Ludwig gewidmete Schrift die völlige Unterordnung der Kirche unter die Staatsgewalt verlangt. Eine derartige Aufforderung musste zur Konfrontation mit dem in Avignon residierenden Papst Johannes XXII. führen. Von 1328 an hatte dieser Papst eine Art „Kreuzzug wider den Bayern" proklamiert.

178 „Vogelfrei" ist nicht ganz zutreffend. Bei Verkündigung einer vom Kaiser verfügten Reichsacht, einer ähnlich diakonischen Strafe wie dem Kirchenbann, wäre Engelbert jedoch ohne jeden rechtlichen Schutz gewesen.

179 Der Papstpalast von Avignon wurde erst 1364 fertiggestellt.

180 Sogenannte „Babylonische Gefangenschaft der Kirche"

Innocenz VI. war gerade dabei, sich in sein Amt einzugewöhnen.[181] Solange der päpstliche Stuhl in Avignon stand, herrschte Ebbe in der Kasse der Päpste. Da war es nicht verwunderlich, dass man seitens der Kurie versuchte, auf jede nur mögliche Weise an Geld zu kommen.[182] Hier im Süden Frankreichs sprudelten die Geldquellen nicht so spendabel wie einst in Rom, wo sich einflussreiche Bankiers und Adelsfamilien die Gunst der Kurie recht viel kosten ließen. Selbst der immer stärker um sich greifende Ablasshandel und die zur Regel werdenden Bezüge der Kardinäle aus den verschiedensten Staats-, Herrscher- und Bistumskassen konnten den ständig wachsenden Geldbedarf der Kurie nicht decken. Deshalb waren Ausgleichs- und Bußezahlungen der sich vom Kirchenbann lösen wollenden weltlichen Herrscher zur Finanzierung des Papstsitzes ebenso beliebt wie notwendig, um die vielen Feste und sogar Orgien der feierfreudigen Kirchenfürsten zu finanzieren. Aus allen Ländern der Christenheit mussten ungezählte Geldströme der Bistümer gen Avignon gelenkt werden. Sie stammten größtenteils von frommen Männern und Frauen aller europäischer Länder, die im guten Glauben an Gottes Güte und die Unfehlbarkeit der Päpste den Sammelbüchsen und Opferstöcken ihrer Kirchen anvertrauten, was sie, oft selbst darbend und bittere Not leidend, nur schwer erübrigen konnten.

Schon unter Papst Johannes XXII. waren Ablasshandel und Bußzahlungen zur Abwendung oder zur Aufhebung des Kirchenbannes bewährte Maßnahmen zur Finanzierung der Kurie in Avignon gewesen. Gerade deutsche Fürsten konnten davon ein Lied singen. Die nachfolgenden Päpste in Avignon wollten nicht darauf verzichten, ihren Geldbedarf auf gleiche Weise zu decken.

✳

„Jetzt seid Ihr, Graf Engelbert, der zweite märkische Graf, der vom Heiligen Vater mit dem Kirchenbann belegt wurde,[183] um ihm und seinen geistlichen Würdenträgern in Avignon das Leben angenehmer zu machen!", meinte Hendryk van Bönen, als er versuchte, seinem Herrn in der Scheune eines westlich vor Avignon gelegenen Weilers, ein etwas bequemeres Nachtlager als an den Vortagen herzurichten. Der arg verkommene Bauernhof, in dem die Märker für sich und ihre Pferde Quartier genommen hatten, war zugig und infolge zahlreicher Dachschäden vielfach auch durchfeuchtet. Graf Engelbert und seine Gefährten konnten sich kein nobles Stadtquartier erlauben. Ihre Barschaft ging langsam zur Neige, und die Forderungen der Bewohner Avignons für Essen und Trinken waren aus Sicht der Märker geradezu frech und unverfroren.

Graf Engelbert konnte nicht begreifen, dass er mit seiner Reise in das Heilige Land etwas Böses getan haben sollte, das den gegen ihn verhängten Kirchen-

181 Papst Innocenz von Albret wurde am 18.12.1352 zum Nachfolger von Clemens VI. gewählt.
182 Hier sei an die Bannung des Templerordens am 22. März 1312 durch Papst Clemens V. in Vienne an der Rhône erinnert.
183 Graf Engelbert II. hatte den Bischof von Münster, der am 20. Mai 1323 bei Hamm gefangen genommen war, bis zum 13. November 1323 auf Burg Altena eingesperrt und erst gegen 5.500 Mark Lösegeldzahlung freigelassen. Papst Johannes XXII. hatte Graf Engelbert daraufhin mit dem Kirchenbann belegt.

bann hätte rechtfertigen können. Im Gegenteil: Viele hochgestellte Persönlichkeiten hatten ihn zu dieser Fahrt über das Mittelmeer zur Geburtsstätte des Heilands und zum Kloster der hl. Katharina angeregt und beglückwünscht. Nicht einer hatte Engelbert geraten oder gar gewarnt, hierzu päpstliches Einverständnis einzuholen. Auch von seinem Vater, der 1331 eine Reise ins Gelobte Land gemacht hatte, war nie darüber gesprochen worden, dass es dazu etwa des besonderen Segens des Papstes bedurft hätte.

„Wie ist denn mein Großvater vom Bann befreit worden?", wollte Engelbert von Ritter Hendryk wissen.

„Genau weiß ich das nicht, obwohl ich ihn damals als Knappe gemeinsam mit Herrn Levold auf der Reise nach Avignon begleiten durfte. Fest stand für uns damals, dass er auf üble Weise von irgendeinem Pfaffen verpfiffen worden wäre. Levold hatte damals dem Kurienkardinal den wahren Verlauf des niederträchtigen Angriffs des münsterschen Bischofs Ludwig auf Hamm geschildert. Er konnte glaubhaft darlegen, dass nicht Graf Engelbert, sondern eher der Bischof mit dem Bann hätte bestraft werden müssen. Es blieb aber bei dem unentschuldbaren Vorwurf, Euer Großvater hätte mit dem eingekerkerten Bischof Menschenhandel betrieben, indem er ihn nur gegen Zahlung von fünftausendfünfhundert Mark als Lösegeld in die Freiheit entlassen hatte. Der Bann wurde nach einer bußfertigen Wallfahrt Eures Großvaters zur ‚Schwarzen Mutter Gottes‘ von Rocamadour[184] aufgehoben. Diese Pilgerreise musste er allein, also ohne die Begleitung Levolds oder anderer Gefolgsleute machen. Während dieser Zeit, ich glaube, es waren insgesamt sechs Monate, blieb ich mit Levold in Avignon, wo dieser dann für des Grafen Sohn Adolf Präbenden der Propstei zu Worms und des Chorbistums Köln sowie für des Grafen anderen Sohn Eberhard Präbenden[185] zu Köln und Lüttich erwirkt hatte."

„Einen Sohn habe ich leider noch nicht", bemerkte, bitter lächelnd, der junge Graf. Er schien seinen früheren Humor wiedererlangt zu haben. Sonst hätte wenigstens sein Sohn aus dem zweifelhaften Entscheid des gerade verstorbenen Papstes etwas Erfreuliches erwarten können!

Mit Neugier und ein wenig Hoffnung hatten sich Engelberts Gefährten um ihn geschart, als sie etwas von seinem Gespräch mit dem alten Haudegen Hendryk van Bönen mitbekommen hatten.

„Was bedeutet nun der Kirchenbann, der gegen mich verhängt wurde, für mich und unsere Grafschaft Mark?", wollte Engelbert von ihnen wissen. „Darf mich jetzt jeder, dem meine Nase nicht passt, totschlagen?"

„Nein, Graf Engelbert", entgegnete Hendryk van Bönen. „Auch Eurem Großvater hat, als er in den Bann gekommen war, niemand ein Haar gekrümmt! Ungesühnter Totschlag wird nur dem zugesagt, der einen mit der Reichsacht

---

184 Rocamadour ist ein bekannter Wallfahrtsort im französischen Departement Lot in der Felsschlucht des Alzou, der in die Dordogne mündet.
185 Präbenden sind Pfründe, also Einkünfte aus kirchlichen Gütern oder Einrichtungen.

belegten Menschen tötet. Der Kirchenbann ist ein Gebot für die Menschen, ihren Umgang mit einem Gebannten zu meiden. Der so Bestrafte soll isoliert oder ausgeschlossen werden vom üblichen Kontakt mit anderen Menschen. Wer sich nicht an dieses Gebot des Papstes hält, wie wir alle es beabsichtigen, wird auch nicht bestraft. Doch gehen einem Gebannten viele Rechte verloren, die er bisher gehabt hat. Nach dem Kirchenrecht bedeutet der Kirchenbann den vom Papst verordneten Ausschluss aus der Gemeinschaft der Gläubigen. Damit verliert er Mitgliedsrechte, insbesondere bei Vollzug und Empfang der Sakramente."

Rembert von Greven war bestrebt, seinen Herrn aufzumuntern, als er einwarf: „Gottlob ist ja unser lieber Graf schon verheiratet! Das heilige Sakrament der Ehe hat er bereits erhalten. Niemand kann es ihm nehmen, auch der neue Papst Innocenz nicht!"

„Aber bedenkt bitte", meldete sich ein junger Knappe, der von den übrigen gern wegen seiner oftmals zur Schau getragenen Frömmigkeit gehänselt worden war, „es gibt insgesamt sieben Sakramente. Außer der Ehe sind es die Taufe, die Firmung, die Feier des Abendmahls, die Buße, die heilige Ölung und die Priesterweihe! Alle diese Sakramente sind seit ihrer Einsetzung durch den Herrn Jesus Zeichen göttlicher Gnade. Auf sie alle wird unser Graf künftig verzichten müssen!"

„Nun, es gibt Schlimmeres", meinte Rembert von Greven. „Wichtiger scheint mir zu sein, dass unser Graf durch den Bann nicht aus der kirchlichen Gemeinschaft ausgestoßen ist. Er hat sogar die Möglichkeit, vom Kirchenbann befreit zu werden! Allerdings unterliegt er künftig auch der Gefahr, möglicherweise weitere Strafen zu erhalten. Am schlimmsten scheint mir zu sein, dass sich viele seiner Untertanen, auch Geistliche und ihm bisher wohlgesonnene Menschen, von ihm abwenden und nicht mehr zu seiner Gefolgschaft bereit sein könnten! Ich schlage vor, wir werden gleich nach den Weihnachtstagen um eine Audienz beim Kurienkardinal nachsuchen. Wie einst Levold von Northof den Grafen Engelbert II. vor schlimmen Weiterungen bewahren konnte, hoffen wir, das Beste für unseren jungen Grafen zu erreichen!"

*

Schon am Johannestage[186] wagten drei bußfertig sich zeigende Märker, es waren Graf Engelbert, Hendryk van Bönen und Rembert von Greven, an der Pforte des Papstpalastes anzuklopfen, um die Erlaubnis zu erhalten, den Kurienkardinal zu sprechen. Dieser war jedoch nicht anwesend. Statt seiner erschien ein die deutsche Sprache fließend beherrschender Dominikanermönch in weißer Kleidung mit schwarzem Mantel und weißer Kapuze[187]. Er fragte nach dem Anliegen, das die drei vorzubringen gedächten.

---

186 Das ist der 27. Dezember, der gleich auf die Tage NATIVITAS DOMINI und STEPHANI folgt.
187 Der vom hl. Dominicus 1215 mit päpstlicher Genehmigung gegründete Bettelorden der Dominikaner hatte im 13. Jh. seine große Zeit mit Männern wie Albert d. Gr., Thomas von Aquin und Raimund von Peñforte.

„Ihr wollt also die Umwandlung der Bannstrafe in eine Geldbuße?", unterstellte dieser Gottesmann, ohne weitere Fragen zu stellen. „Dem Grafen von der Mark mit Namen Engelbert wird eine sofortige Zahlung von zehntausend Kölner Silbermark gewiss möglich sein. Wir denken, dann kann vielleicht Eurer Bitte entsprochen werden!"

Die Märker zuckten bei dieser ungeheuerlich hohen Summe zusammen. „Wir haben ja nicht einmal mehr als eintausend Mark übrig behalten!", klagte der jüngste, doch ranghöchste unter den Märkern. Zugleich war er der Verzweifeltste unter ihnen.

„Dann ist dieses Gespräch beendet", schloss der Dominikaner die kaum begonnene Besprechung. Sie hatte in einem öffentlich zugänglichen Raum stattgefunden, vor mehr als sieben weiteren Zuhörern. „Möglicherweise könntet Ihr Euch ja statt dieser Zahlung zum Kriegsdienst in Livland verpflichten. Kommt morgen um diese Zeit wieder. Ich werde derweil für Euch beten!" Damit schritt der Vertreter der wortgewaltigen Predigtbrüder hocherhobenen Hauptes aus dem dämmrigen, weil nur spärlich mit Kerzen beleuchteten, fensterlosen Raum. Er ließ auch alle übrigen Bittsteller ungehört stehen. Die Märker waren schwer enttäuscht. Was sollten sie nun unternehmen? Sie sahen sich ängstlich an und schlichen bedrückt aus der Pforte des Papstpalastes.

„Was schaust du so angestrengt auf den älteren Herrn, der dort die drei Sackträger anführt?", fragte Rembert den unruhig wirkenden Hendryk.

„Ich glaube, den kenne ich", meinte der. „Geht schon mal voraus. Ich bleibe hier im Schatten des breiten Mauerpfeilers und komme bald nach. Wartet in jedem Falle auf mich, auch wenn es länger dauern sollte." Graf Engelbert und Rembert hatten das Gefühl, als könnten sie stören. Sie verließen den Papstpalast, um am Fuße der breiten Eingangstreppe auf Hendryk zu warten.

Sie befürchteten schon Schlimmes, weil Hendryk so lange verschwunden geblieben war. Schließlich erschien er mit strahlendem Gesicht und erzählte: „Kaum wart ihr draußen, da wurde die Delegation aus Mainz zum Eintritt in einen kleinen, durch zweifache Türen gesicherten Raum gerufen. Sie packten ihre Säcke und traten damit ein. Dabei kam der mir bekannt erscheinende vornehm gekleidete Herr dicht an mir vorbei. Er zischte mir leise zu: „Ihr seid doch aus der Grafschaft Mark. Wart Ihr nicht schon vor gut fünfundzwanzig Jahren hier? Ich helfe Euch! Seid morgen um neun Uhr zur Messe in der Kathedrale! Was macht Euer Levold?" Zu einer Antwort hatte ich keine Zeit. Ganz schnell schloss sich die Tür hinter den Mainzern. Ich hörte deutlich, wie, als die schwere Tür ins Schloss gefallen war, sich die Schlüssel in den Schlössern drehten. Mir kam dieser vornehme Mann gleich bekannt vor! Seit er das Zauberwort ‚Levold' sprach, weiß ich: Es wird alles gut!"

*

Die Messe war am nächsten Tage kaum beendet, da strebte der Hoffnung gebende Herr dem gleichen Seitenausgang der Kathedrale zu wie die erwartungsvoll erschienenen Märker. „Gehen wir in die dritte Seitenstraße links, ehe wir miteinander sprechen!", lautete des Fremden Rat. Er hatte es offensichtlich sehr eilig, an ihnen vorbeizukommen. Schneller als die Märker denken konnten, war er verschwunden. Aber im toten Winkel der dritten Gasse wartete er auf sie. Von der Straße aus hatte man ihn nicht sehen können. „Ich bin kurfürstlicher Gesandter des Erzbischofs Gerlach von Mainz und alter Freund Eures braven Levold von Northof. Von Eurer Not habe ich gestern erfahren. Ich möchte Euch helfen. Wir Mainzer hatten im Papstpalast drei pralle Geldsäcke mit je fünf-undzwanzig Pfund Silbergeld abzuliefern für diese unersättlichen Geldsauger. Geht keinesfalls zu neuen Verhandlungen! Lasst mich das Notwendige regeln! Reitet möglichst schnell nach Basel. Ihr, Graf Engelbert, meldet Euch im Palais des Bistums bei meinem Freund, dem Sekretär des Baseler Bischofs Johann II. Sven von Münsingen. Wenn Euch jemand ausfragen sollte, antwortet, Ihr hättet Euch bei der Kurie verpflichtet, die Ordensbrüder in Reval im Kampf gegen die Liven zu unterstützen. Wenn Ihr, Graf Engelbert, diesen Dienst drei Monate lang tun wollt, wird der Kirchenbann von Euch genommen. Ihr solltet Euch in Reval beim Hochmeister Goswin von Herreke melden, um mit ihm gegen die Liven zu kämpfen. Ich sorge dafür, dass Ihr nach diesem Einsatz ungehindert als freie Leute in Eure Heimat zurückkehren könnt. Zahlt keinesfalls Geld, um Euch freizukaufen! Aber grüßt mir Herrn Levold, wenn Ihr ihn seht!"

„Der war mein Lehrer in Lüttich", erwiderte Engelbert.

„Ich weiß mehr über Euch als Ihr glaubt", unterbrach ihn der bisher Unbe-kannte. „Besucht mich in Mainz. Fragt im Kloster Weisenau am Rhein nach mir. Dann können wir über vieles plaudern. Aber jetzt sollten wir uns in diesem Lande keinesfalls mehr kennen!" Mit diesem Rat entschwand der Überbringer der frohen Botschaft den Augen des märkischen Trios.

Als die Reiter aus der Mark in ihrem Quartier eingetroffen waren, konnten sie weitere Neuigkeiten in Empfang nehmen. Einige Stunden nach der nie-derschmetternden Nachricht über den Kirchenbann Engelberts waren drei junge Märker in Avignon eingetroffen, die von zwei fürsorglich um ihr Wohl bemühten Begleitern betreut wurden. Es waren die Junker Adolf, Dietrich und Eberhard, also Engelberts jüngere Brüder. Seit 1350 standen sie, wie zuvor En-gelbert, unter der Obhut von Levold von Northof. Sie hatten wie er in Lüttich die Domschule besucht. Nun waren sie auf dem Wege zur Universität Montpel-lier[188], um dort zu studieren. Im neuen Jahre 1354 sollten sie ihr erstes Semester beginnen. Levold hatte vorsorglich seinen alten Freund Johann von Bolanden[189], den Sekretär des Erzbischofs Gerlach von Mainz, verständigt und ihn gebeten, sich um das weitere Fortkommen der märkischen Prinzen aus der Grafschaft Mark zu bemühen. Die angehenden Studenten kannten diesen Herrn nicht.

188 Die berühmte Universität in Montpellier wurde 1289 von arabischen Gelehrten aus Spanien gegründet; sie ist die älteste Frankreichs.
189 Johann von Bolanden war Sekretär des Erzbischofs Gerlach von Mainz (1346–1371).

Sie berichteten, von Bolanden sei am Vormittag außer Haus gewesen. Deshalb müssten sie am späten Nachmittag bei ihm erneut vorsprechen.

Die Wiedersehensfreude der vier märkischen Grafenbrüder war unbeschreiblich. Drei lange Jahre hatten sie einander nicht gesehen! Schade, dass Graf Engelbert schon am frühen Morgen des nächsten Tages mit seinen Gefährten auf die Reise nach Basel gehen musste. Wie gern hätten sie noch ausführlicher miteinander gesprochen und ihre Erlebnisse ausgetauscht! Was sie nicht ahnen konnten: Der unbekannte Gönner des Grafen Engelbert und seiner Gefährten fühlte sich um Engelberts Schicksal ebenso wie für die Förderung der drei märkischen Junker verantwortlich, die auf dem Wege nach Montpellier waren.

Der Tod von Basel

Dem Flüsschen Birsig folgend, hatten die Märker fast schon Basel erreicht, als sie gleich bei dreien ihrer Pferde feststellen mussten, dass deren Hufeisen keinen ordentlichen Halt mehr an den Hufen ihrer Tiere hatten. Graf Engelberts Arco, der so zuverlässig und ohne jegliches Murren die weite und beschwerliche Reise von der Mark zum Kloster der hl. Katharina und bis in die Schweiz zurückgebracht hatte, lahmte sogar, nachdem er ein Hufeisen an der Hinterhand verloren hatte. Dringend mussten die Reiter einen Hufschmied aufsuchen. Viele Schmieden zwischen Waldheim und Bottmingen, die sie um Hilfe angehen wollten, waren geschlossen oder verwaist.

Erst als sie die rechts des Birsig liegende Ottninger Burg passiert hatten, fanden sie an der Binniger Straße kurz vor ihrem Etappenziel Basel eine größere Schmiede, bei der bereits andere Pferde auf die Hilfe des Hufschmieds warteten. „Was ist denn bei euch im Baseler Land los?", fragte Graf Engelbert einen recht jungen, aber eifrig in der Schmiede wirkenden Mann, der sich gerade um die Eisen eines störrischen Pferdes bemühte. „Die Gegend wirkt ja wie ausgestorben!"

„Kein Wunder, Basel hatte 1349 noch zwölftausend Einwohner, jetzt sind es höchstens noch achttausend. Der Baseler Tod[190], die Pest, hat in den Jahren 1349–1352 hier grausam gewütet, am meisten in den dicht bewohnten Straßen der Stadt. Auch ich habe durch diese Seuche meine Eltern und meinen ältesten Bruder verloren. So erging es vielen Schmiedefamilien. Jetzt muss ich doppelt viel schaffen, um durch meine Arbeit die fünf jüngeren Geschwister am Leben zu erhalten."

„Das machst du aber großartig. Ich sehe, wie jeder deiner Hammerschläge sitzt. Kraft scheinst du genug zu haben! Ich staune, wie flink du die alten Eisen von den Hufen reißen kannst!"

---

190 Durch die Wandzeichnungen und Kopien in den Dominikanerklöstern von Basel und Bern sowie durch Volkslieder ist der „Tod von Basel" sieben Jahrhunderte hindurch im Gedächtnis der Menschheit fest verankert geblieben.

Die Stadt Basel von Kleinbasel aus gesehen
Ausschnitt aus einem Kupferstich von Matthäus Merian d. Ä. (geboren in Basel 1593,
gestorben 1650 in Langenschwalbach) aus dem Jahre 1642
Links im Vordergrund die St.-Theodor-Kirche, jenseits des Rheines das zweitürmige Baseler Münster

Matthäus Merian d. Ä. schuf auch diesen „sehr anmutigen Prospect des Münsters und der
Rheinbrücke zu Basel"
Der Rhein teilt die Stadt in Großbasel mit seinem Münster und in Kleinbasel rechts des Rheines.
Beide Stadtteile verband damals eine 14-bogige Brücke.

„Ja, eigentlich wollte ich Magister werden, war schon auf gutem Wege, als ich die Schreibfeder notgedrungen mit Hammer und Zange vertauschen musste. Als Lehrer hätte ich kaum sogleich Gelegenheit gehabt, Geld für den Unterhalt meiner Brüder und Schwestern zu verdienen. Handwerk hat eben doch goldenen Boden. Ihr, Herr, kommt wohl von weit her. Darf ich fragen, woher und wohin des Wegs Ihr seid?"

„Wir kommen gerade aus dem Heiligen Land, waren sogar im Sinai und suchen jetzt hier Quartier, um von Eurem Bischof Johann von Münsingen empfangen zu werden!"

„Der ist aber gegenwärtig nicht hier", antwortete der Schmiedejunge. Er schien den Bischof zu kennen. „Bischof Johann war noch vorgestern hier, um sein Pferd beschlagen zu lassen. Er ist schon gestern zur Schwäbischen Alb aufgebrochen, zu seiner Stammburg bei Reutlingen. Ich hörte, wie er zu seinem Vertrauten, einem aus Burgund stammenden Adligen sagte: ,Verwalte mir das Bistum gut, bis ich im Martius wieder da bin. Ich denke spätestens zu Benedictus[191] wieder bei euch zu sein.'"

„Und wie heißt dieser bischöfliche Sekretär?"

„Das ist ein Herr von Mömpelgard. Er steht der Kanzlei des Bischofs vor, die fast am Rhein in der Ritterstraße gleich neben der Pfalz am Münster liegt."

„Gibt es dort auch Stallungen, wo man unsere Pferde unterstellen kann?"

„Das glaube ich kaum. Ihr könntet ja mal beim Kloster der Clarissinnen fragen, ob Ihr dort Unterkunft für Euch und Eure Pferde findet. Die Damen brauchen jede Mark und sind recht freundlich. Wenn es Euch nur um bescheidene Stallungen geht, könntet Ihr auch bei uns unterkommen. Leider sind unsere Ställe fast leer, seit die Juden unsere Stadt so grausam mit der Pest vergiftet haben."

„Nanu, was haben Juden denn mit der Beulenpest zu tun? Die sind ja selbst dran gestorben!"

„Ich habe gehört, sie hätten damit uns Christen ausrotten wollen. Aber sie haben ja ihre Strafe schnell bekommen!"

„Hat man sie ausgewiesen?", wollte Engelbert wissen.

„Nein, totgeschlagen hat man sie, dreihundert an der Zahl! Dann aber schlug die Pest erst richtig zu! Gottlob gab es im letzten Jahr keine Pesttoten mehr!"

Die Märker wurden sich schnell mit dem aufgeweckten Hufschmied einig über ein Quartier für sich und ihre Pferde.

„Wie lange wollt Ihr bleiben", fragte er. „Bleibt Ihr länger, wird's billiger."

„Das ist freundlich von dir, aber unser Bleiben hängt ganz vom Sekretär des Bischofs ab. Ich denke, wir werden uns zwei oder drei Tage in Basel aufhalten."

„Dann kann ich Euch gern den Weg zur Pfalz zeigen, nur warten noch sechs Pferde darauf, von mir beschlagen zu werden."

191 Benedictus: 21. März

„Sorge lieber für meine Gefährten und ihre Pferde. Sie müssen ein gutes Nacht-
mahl und ein sauberes Quartier haben, denn wir haben die Strecke von Avignon
hierher in vier Tagen geschafft. Da tut ihnen Ruhe und ein guter Trank sehr gut.
Mache dir keine Sorgen über die Bezahlung! Wir haben zwar nicht mehr viel
Geld dabei, aber wir sind ehrliche Leute, die wissen, was wir dir schuldig sind.
Wenn du willst, kannst du uns morgen früh zum Sekretär des Bischofs führen.
Mit Ritter Rembert möchte ich mir jedoch schon am heutigen Spätnachmittag
deine viel besungene Stadt und das Knie des Rheines ansehen."

Wenig später erkundeten Engelbert und Rembert das Herz der alten Stadt
am Oberrhein. Auch Basel[192] war kurz vor der Zeitwende aus einem römischen
Kastell und einer benachbarten dörflichen Siedlung entstanden. Hier, wo die
Oberrheinische Tiefebene und die Saône-Rhône-Senke mit der Burgundischen
Pforte um Belfort, zwei für den europäischen Nord-Süd-Verkehr wesentliche
Durchgangszonen, zusammentreffen, genießt man das milde Klima, das durch
die aus dem Rhônetal über die Burgundische Pforte einströmende mediterrane
Luft geprägt wird. Schnee tritt hier weit seltener auf als in allen anderen großen
Städten der Schweiz.

Die reitenden Märker hatten sich schon gewundert, dass sie in der „Zeit zwischen den Jahren", seit sie im tiefen Winter von Avignon aufgebrochen waren,
bis vor die Tore des altrömischen Basilia nicht eine Schneeflocke gesehen hatten. Irgendwie war den beiden durch die Stadt bummelnden Märkern gerade die
Baseler Luft höchst angenehm vorgekommen. Je näher sie dem Rhein kamen,
desto anheimelnder kam ihnen das malerische Geflecht von engen Straßen,
verschlungenen Gässchen und Treppensteigen vor, die von hohen Häusern
umringt waren. Deutlich spürten sie den zum Strom hin immer stärker abfallenden Hang von Großbasel. So nannte man den südlich des Rheins gelegenen
Stadtteil. Über dem Gewirr der verschachtelten Dächer wuchsen mit weiteren
talseitigen Schritten die immer mächtiger erscheinenden, aus rotem Sandstein
geformten Münstertürme empor. Jenseits der Rheinbrücke lag der Stadtteil
Kleinbasel mit dem Kloster der Clarissinnen. Von Steinenvorstadt gelangten
sie zum Barfüßerplatz mit der Barfüßerkirche und von dort durch die Streit-
gasse zur breiten „Freien Straße" mit zahlreichen Läden und Gasthäusern. Sie
zwängten sich dann durch das stufenreiche Imbergässlein[193] und kletterten
dann wieder das Totengässlein[194] hinauf zur Kirche St. Peter.
    Neben den vielen Kapellen schien die große Anzahl der Kirchen eine beson-
dere Frömmigkeit der Baseler zu bestätigen: Die Klosterkirche St. Clara der

---

192 Mutmaßlicher Gründer Basels soll ein Römer mit Namen Munatius Planeus gewesen sein.
193 Benannt nach dem im Mittelalter sehr häufig verwendeten Ingwer.
194 Dieser malerische Straßenzug mit vielen Stufenfolgen soll bereits vor dem großen Baseler Erdbeben von
    1356 seinen Namen „Totengässlein" bekommen haben, weil über ihn die Toten zum Friedhof oberhalb
    der Oberstadt getragen werden mussten. Es verbindet den unteren Stadtbezirk mit der Kirche St. Peter.

Clarissinen jenseits des Rheins im Stadtviertel Kleinbasel, die riesige Hallen-kirche St. Leonhard, St. Martin, die wohl älteste Basler Kirche, die erhaben auf einem rheinseitigen Hügelsporn thront, und das alle ihre Kirchenschwestern überragende Münster zwischen dem Münsterplatz und dem hier seine Rich-tung ändernden Rhein. Kaum waren sie in die Augustinergasse eingebogen, hörten sie vom Münsterturm die Bläsergruppe des Stadtposaunenchors. Dieses „Vesperblasen" verkündete an jedem Samstagnachmittag das Ende der Arbeits-woche.

Sie bestaunten die palaisartigen Wohnbauten am Münsterplatz, gingen auch einige Schritte in die parallel zum Rhein verlaufende Ritterstraße hinein, wo die bischöfliche Kanzlei in einem stattlichen Haus neben der ehemaligen Pfalz untergebracht war. Dann wandten sie sich wieder dem kleinteiligeren Gassen-revier zu, wo appetitanregende Düfte aus den Schankwirtschaftsküchen den verständlichen Wunsch aufkommen ließen, die Küchenkünste der Basler Bei-zen auf die Probe zu stellen.
Ich finde, wir haben uns mehr als eine ‚Zwiebelwähe' oder eine ‚Mählssuppe'[195] verdient."
„Sehr einverstanden!" erklärte Rembert. „Das Nationalgericht der Schwei-zer sollen ja die ‚Rösti' sein, dünn geraffelte Bratkartoffeln."
„Es gibt hier auch frischen Fisch", meinte Engelbert. „Gerade sah ich, wie man einen herrlich duftenden ‚Lachs à la Bâloise' an mir vorbeitrug. Aber ich hätte Lust auf ein ‚Späckbrättli', das hier preiswert angeboten wird." War es der un-definierbare Name dieses Gerichts oder sein günstiger Preis, der beide Herren veranlasste, sich diese deftige Speise, ohne zu wissen, was man ihnen servieren würde, zu bestellen?

Diese Basler Spezialität fiel keineswegs zu klein oder zu übersichtlich aus. Jedenfalls animierte sie die beiden Stadtbummler, ein Bier nach dem andern zu bestellen, denn die auf einem Holzbrett servierte Vesper verursachte großen Durst. Das Speckbrättli bestand aus Speck mit Zwiebeln, Knoblauchzehen, hartgekochtem Ei, einer großen Essiggurke, Münsterkäse mit Kümmel, Oliven und Senf und einer Riesenschnitte doppelt gebackenen Bauernbrotes.

Ihr Heimweg soll viel länger gedauert haben als der Hinweg zum Rheinufer. Wahrscheinlich lag das an den vielen kleinen, die Märker arg verwirrenden Gässchen und den die Gäste immer wieder zu einem Besuch ihrer Wirtsstuben einladenden hübschen Wirtshausschildern.

195 Einfache Basler Gerichte in den berühmten Quartier-Beizen

Helfer in der Not

„Am Sonntagmorgen könnt ihr den Herrn von Mömpelgard am besten gleich nach der Messe antreffen, wenn er die Bischofskirche durch die Galluspforte an der nördlichen Querhausfassade verlässt. Dieses Münsterportal ist von euch keinesfalls zu verfehlen. Es ist ein mit vielen Großfiguren geschmücktes Stufen-portal mit reicher Verzierung und vielen sinnbildlichen Darstellungen. Unter dem Giebel seht ihr das ‚Glücksrad', ein beliebtes Schicksalsmotiv aus jener Zeit, in der Heinrich von Horburg[196] Bischof von Basel war." Der aufmerksame Schmiedejunge hatte sich als guter Fremdenführer erwiesen. Deshalb nahm Graf Engelbert gern sein Angebot an, ihn und Ritter Rembert bis zum Bischofs-hof zu begleiten.

Am hellen Sonntagmorgen sah die Stadt viel freundlicher aus als in den dämmrigen Nachmittagsstunden des Vortages. Auf dem Weg zum Münster entdeckten sie viele schmückende Hausportale mit hunderten Wappensteinen und Tierabbildungen, die von hoher Bildhauerkunst kündeten.

„Was bedeuten denn diese Fabelwesen, die ich am Rathausportal und als eine wasserspeiende Brunnenskulptur entdeckt habe?", wollte Rembert vom klei-nen Cicerone[197] wissen.

„Das sind Basilisken, sagenumwobene Ungeheuer in Gestalt eines Hahnes mit Drachenflügeln, Adlerschnabel und Eidechsenschwanz, die in Basel, wie anderswo Löwen oder Wildmänner Dienste als Schildhalter tun", antwortete der kluge Schmiedejunge. „Sie flankieren unser Basler Wappen, den schwarzen Baselstab auf weißem Felde." Der ungewöhnlich gebildete Junge blieb keine Antwort schuldig, wenn es galt, Besonderheiten seiner Stadt zu erklären. „Dort ist die Galluspforte des Münsters. Am besten gehen wir hier hinein und suchen uns einen Platz in den Bankreihen im Querschiff nahe dieses Ausgangs, den Herr von Mömpelgard gern wählt, wenn die Messe beendet ist." Mit großem Interesse lernten die beiden Märker so auch das Innere des Münsters kennen. Es hatte bereits eine Baugeschichte von fast vier Jahrhunderten hinter sich.

„Da sitzt er, der Herr von Mömpelgard!" Der schmale Junge aus dem Vorort Bottmingen machte auf einen Mann mittleren Alters aufmerksam, der in einem dunkelbraunen Mantel mit Pelzkragen in einer der mit Lederpolstern ausgeleg-ten Sitznischen im Chor den Ausführungen des Pfarrers aufmerksam zu folgen schien. Gleich nach dem Ende der Messe sprach ihn Engelbert vor den Stufen der Galluspforte an: „Hochwürden, Ihr werdet meine Dreistigkeit verzeihen, mit der ich Euch anspreche. Ich erhielt die Empfehlung, Euch um Hilfe zu bit-ten. Ich bin Engelbert von der Mark ..." Er kam nicht dazu weiterzusprechen,

---

196 Bischof Heinrich I., ein Graf von Horburg, stand dem Baseler Bistum zwischen 1180 und 1191 vor.

197 Cicerone ist eine scherzhafte Bezeichnung für beredte Fremdenführer, benannt nach dem römischen Redner Cicero. Der Baseler Kunstkenner Jacob Burckhardt nannte seinen Führer durch die Kunst Italiens „Cicerone".

weil Herr von Mömpelgard den von Engelbert gesprochenen Satz weiterführte mit den Worten

… und Ihr möchtet unbehelligt von bösen Menschen und deren Intrigen Eure Heimreise antreten, um anschließend in Livland unseren tapferen Ordensrittern zu helfen. Ich hatte Euch schon früher erwartet. Graf von Bolanden hat mir durch einen Boten von Euch berichten lassen. Euer Sendbrief liegt bereits ausgefertigt in der Kanzlei. Wir werden ihn gleich holen, nachdem Ihr mit Eurem Begleiter und mir ein kleines stärkendes Mahl im Gasthof zum Gryffen zu Euch genommen habt. Der ‚Vogel Gryff‘ liegt auf der rechten Rheinseite. Wir erreichen ihn über die alte Brücke. Auf dem Wege dorthin könnt Ihr die Zeichen unserer Baseler Zünfte tanzen sehen: den ‚Vogel Gryff‘, die ‚wilde Ma‘ und den ‚Leu‘. Wundert Euch nicht, wenn diese merkwürdigen Gestalten dem Stadtteil Großbasel prinzipiell nur den Rücken zuwenden. Damit wollen sich die ‚minderen Baseler‘[198] dafür rächen, weil der ‚Lüllekönig‘ der Großbaseler die Leute jenseits der Brücke wiederholt verhöhnt haben soll. Das alles ist Fasnachtsspektakel! In Basel fängt das schon Wochen vor den Karnevalstagen an, dauert aber umso länger, bis mit dem Mummenschanz der ‚Ärnscht des Läbens‘ wieder beginnt.“ Bei diesen Worten hatten sie nicht bemerkt, dass sich der Schmiedejunge stillschweigend davongemacht hatte. Er war glücklich, seinen „Gäschten“ den versprochenen „Dienscht“ erwiesen zu haben.[199]

Herr von Mömpelgard erwies sich als Sendbote der Hoffnung für die weitgereisten Märker. Er führte sie über die schon vom Bischof Heinrich II. von Thun im Jahre 1225 errichtete erste Rheinbrücke in ein vornehmes, doch mit dem typischen Lokalkolorit der Baseler Gesellschaft geprägtes Speiselokal. Schon beim Eintreten spürte man: Hier waren die wohlhabenden Städter mit ihren lieben Gästen ganz unter sich. Da spielte es keine Rolle mehr, ob sie aus Groß- oder Kleinbasel kamen.

Von Mömpelgard empfahl als Hauptgericht gedünsteten Rheinsalm. Den gäbe es nirgends besser zubereitet als hier: „Und dazu schmeckt vorzugsweise ein trockener bis fruchtiger Weißwein aus dem Elsass, doch möchte ich euch keine Vorschriften machen, denn hier ischt jäder Wein gut! Sie habet hier an die zweihundert verschiedene Sorten und natürlich auch Bier, wenn ihr das wollet!“ Gern folgten die gar nicht an so gute Speisen und Getränke gewöhnten Märker den gediegenen Empfehlungen ihres Gastgebers. Sie genossen dieses unvergessliche „Sonntagsessen“, das ihnen lange noch in Erinnerung blieb.

„Wie kommt ihr denn von Basel weiter?“, wollte von Mömpelgard von ihnen wissen. „Ich habe da einen Gedanken, da ihr doch inzwischen genug geritten seid. Ich besorge euch eine Mitfahrgelegenheit auf einem Schiff. Wie viel seid's ihr eigentlich?“

198 Heute wird der rechtsrheinische Teil der Stadt „Kleinbasel“ genannt.
199 Umgangsprachliche Begriffe nach Art der Baseler, die allen dortigen Volksschichten eigen ist.

„Wir sind außer uns beiden noch elf Reiter und haben auch an die Pferde zu denken", erwiderte Engelbert. „Unsere Gefährten warten bei der Bottminger Schmiede, wo wir Quartier genommen haben."

„Ach, beim Schlauköpfle Wendelin seid ihr abg'stieg'n? Das hör' ich gern. Der kann's Quartier- und Verzehrgeld gut brauchen. Ischt ein kluger Kerl, tüchtig und arbeitsfreudig. Hat er euch den Wägg 'zeigt zu mir? Grüßet ihn härzlich! Wär' ein guter Magischter worden, kommt aber auch als Schmied recht gut z'recht!" Dann schwieg er. Er schien nachzudenken. „Aber dreizehn Mann und dreizehn Pfärd'! Die nimmt kei' Schiffer uf einemal mit. Das muss anders gähe! I' denk' drüber nach. Gehe mir jetscht ärscht in die Kanzlei!"

Sie verließen die gastliche Stätte, überquerten wieder die „mittlere Brücke" und gelangten über den Rheinsprung, die Augustinergasse und den Münsterplatz zur bischöflichen Kanzlei in der Rittergasse. Einen Vergleich mit dem stattlichen Lütticher Kanzleigebäude hielt das Haus des Herrn von Mömpelgard zwar nicht aus. Repräsentation war für die Basler Bischöfe seit Jahrhunderten nur angebracht, wenn sie sich auf ihr herrliches Münster und die dort stattfindenden Feierlichkeiten bezog.

Im verwinkelten Obergeschoss führte sie von Mömpelgard in seinen dreifenstrigen Arbeitsraum mit schönem Ausblick auf die Kleinbasler Kirche St. Theodor jenseits des Rheins. Der freundliche Bischofssekretär holte ein bereits kunstvoll beschriebenes und mehrfach gefaltetes Schriftstück aus dem Nebenraum, das sein Schreiber schon bis auf das Siegel fertiggestellt hatte.

„Das muss ärschtemal vom Bischof gesiegelt werden", erläuterte er. Während er mit Siegellack und Petschaft hantierte, sagte er mehr zu sich als zu den neugierig zuschauenden Märkern: „Un' der Bischof, das bin jätscht i'!" Ein angenehmer Duft schwebte durch den Raum, als er die bischöfliche Petschaft in den fast noch flüssigen Siegellack gedrückt hatte.

„Jätscht isch ärscht die Urkund' färtig!" Von Mömpelgard probierte gewissenhaft, ob das bischöfliche Siegel auch die Faltung des Briefes nicht erschwert haben könnte: „Das Siegel sitzt gut! Hier, Graf Engelbert, bewahrt dies Schreiben sähr sorgfältig. Es kann Euch von großem Nutzen sein. Steckt es gut weg, am bäschten ins Wams glei' vor Eurem Herzen! Noch eins, ihr gute Leut'. I' reit heut Nachmittag zu mei'm Freund Nikolaus noa Rheinstetten. Der ist Schiffmann un' fährt Zimmerware vom Bistum. Der hat einen ganz langen großen Kahn. Wenn der euch un' eure Männer und Rösser mitnähme tät, wär's für uns alle mal gut! I' bezahl's ihm im Voraus. Seid aber wenigstens a bissl nett zu ihm, un' helft ihm, das Zimmererholz in Breisach, Mannheim und Oppenheim zu verlade'. Vielleicht können eure Leut' auch schon in Rheinstetten beim Uflad'n helfen! Ich schicke morgen einen Boten zum Wendelin, wenn ich weiß, wann der Nikolaus ableg'n will." Und damit komplimentierte von Mömpelgard die beiden dankbaren sonntäglichen Kanzleibesucher zur Türe hinaus. „I' hoab nämli noch was vor heut'!", entschuldigte er die etwas abrupt endende Audienz.

Rembert versuchte während des Heimweges zur Herberge mehrfach vergeblich, den Grafen um Einblick in das gerade empfangene Empfehlungsschreiben zu bewegen. „Das sehen wir uns gemeinsam im Quartier an", hatte Engelbert entschieden.

Nun saßen sie dort, umringt von ihren Gefährten, um das Geschriebene zu entziffern. Alle schauten zu, als er das gelbliche Schriftstück auseinanderfaltete und bestaunten das Siegel des Bischofs von Basel.

„Das ist ja ganz in Latein geschrieben", stellte Engelbert etwas enttäuscht fest.[200] „Gebt es her, Graf Engelbert", forderte ihn Rembert auf. „Das werde ich sofort übersetzen!" Nach einigen Minuten des Einlesens verkündete er in verständlicher deutscher Sprache den Inhalt:[201]

Der diesen Ausweis vorlegende

Graf Engelbert von der Mark

möge von allen weltlichen und kirchlichen Stellen,
auch offiziellen Institutionen im Reich
Unterstützung und Förderung erfahren,
insbesondere was Obhut und Pflege betrifft.
Er ist auf der Reise nach Livland,
um seinem feierlich gegebenem Gelübde gemäß
dort für unseren christlichen Glauben zu kämpfen.

Wie wir erfreut von der Curie zu Avignon aus zuverlässiger Quelle erfahren haben,
wurde der irrtümlich gegen ihn ausgesprochene Kirchenbann aufgehoben.
Gott segne den weiten Weg dieses braven Grafen!

Johann II.
Sven von Münsingen
Bischof von Basel

Basel am Tage des hl. Valentinus 1354

„Und daneben prangt", erläuterte Rembert, „das rote Bischofssiegel." Alle hatten gespannt zugehört. Sie wussten: Von nun an hatten sie nichts mehr zu befürchten. Sie standen ja unter dem Schutz des Bischofs Johann von Basel. Jede kirchliche Institution, ob es ein Kloster oder nur der Pastor eine Landpfarrei wäre, würde ihnen Unterkunft und zu essen wie zu trinken geben, bis sie wieder glücklich in der Heimat angekommen sein würden.

Am frühen Montagmorgen machten sie sich bis auf zwei Knappen auf, die zurückbleiben mussten, um die Pferde zu versorgen, um den Schiffer Nikolaus in Rheinstetten aufzusuchen. Nahe der Schiffslände fanden sie ihn im Gespräch mit einem Baumeister. Der hatte gemeinsam mit einem Zimmerermeister den Werksatz mit Rahmen, Stielen und Pfosten, Sparren, Aufschieblingen und dem wichtigsten und höchsten Fachwerkteil, dem Kaiserstiel, aufgezeichnet und die wahre Länge aller Bauteile durch Austragen ermittelt. Jede Schiftung war nach seinen präzisen Angaben mit passender Schnittfläche und Winkelangabe der ineinander zu fügenden Teile akkurat fertiggestellt worden. Es gab kein Werkstück, das nicht nach Plan mit eingeschlagenem Montagezeichen versehen gewesen wäre. Man hatte das Gefüge der Holzelemente sogar probeweise zusammengebaut, bevor die einzelnen Hölzer nun versandbereit auf dem Platz darauf warteten, sachgemäß in den Kahn des Nikolaus gestapelt zu werden. Da lag sie nun, schön geordnet nach ihren einzelnen Bauelementen, die künftige Vierungssturmpyramide. Ihre zur Verzimmerung bestimmten Bestandteile wirkten wie riesige Stäbe aus dem Zauberkasten eines Riesen.

Die Begrüßung durch den Schiffer Nikolaus war kurz, aber herzlich: „Seid willkommen, liebe Leute, besonders Ihr, Graf Engelbert. Planmäßig werden wir morgen gegen sechs in der Frühe ablegen. Besorgt euch reichlich zu essen und zu trinken, denn wir werden bis Breisach keine weiteren Stationen haben, wo wir anlegen können. Ab Breisach übernehmen Ochsenkarren die Fracht. Deshalb heißt es dann für euch wieder zu reiten. Ihr wolltet helfen, das Schiff zu beladen. Darüber freue ich mich, denn außer meinem Sohn braucht dann kein weiterer Helfer an Bord zu sein. Merkt euch genau, wie die Hölzer verstaut sind. Dann könnt ihr sie auch in der rechten Reihenfolge im Auge behalten für die Beladung des in Mannheim wartenden Schiffes. Wir werden hier die Schiffslast bis kurz nach Mittag verladen haben, vorausgesetzt, ihr wisst tüchtig zuzupacken." Das ließen sich die Märker nicht zweimal sagen. Bereits vor dem Mittagsgeläut hatten sie ihre Arbeit getan. Natürlich wollten sie wissen, was in Oppenheim mit den Hölzern gemacht werden sollte.

200 Lateinische Fassung des Briefes des Bischofs Johann II. von Basel:
   Engelbertus III. comes de Marca hoc documentum proponens ab omnibus, qui institutionibus ecclesiasticis, saecularibus, imperialibus praesunt, adiuvetur et angeatur; imprimis ei praebeantur omnia, quibus ad vivendum indiget: cibus, potio, tutela. Engelbertus peregrinus in Livoniam iter facit, ut vota solemnia solvens in illa terra pro fide nostra pugnet. Hodie a sancta curia Avenionensi per nuntium magno cum gaudio accepimus hunc comitem Engelbertum anathematibus errore dictis absolutum esse. Deus benedicat hunc comitem probum, qui peregrinus itertam longum et diutinum suscipit.
   † Johannes II.
   Sven de Munsingen
   episcopus Basileensis
   Basileae in die [festivo] Scti Valentini anno D. MCCCLIV
201 Dieser hochdeutsch wiedergegebene „Reisepass" des Bischof Johann II. von Basel wurde gesetzt in der mit „Gotisch" bezeichneten, damals üblichen Schreibschrift, die der Textura ähnelt und heute nach ihrem Schriftgestalter und Schriftgießer „Klingspor-Fraktur" genannt wird. Diese gotische Schreibschrift gilt als Vorläufer der später von Gutenberg für den Druck seiner Bibel um 1455 genutzten beweglichen Lettern.

„Das ist das komplette Gefüge der Vierung für St. Katharinen", erklärte ihnen der freundliche Baumeister. Mit meinem Mainzer Kollegen haben wir alle Maße festgelegt und jedes Holzteil zum Verzimmern fachgerecht fertiggestellt."

„Warum machen die Oppenheimer das denn nicht selbst?", fragte Graf Engelbert. „Das wird Euch besser als ich Herr von Mömpelgard erklären können", meinte der Baumeister. „Wir sind nur die Erfüllungsgehilfen der hohen Herren. Die bestimmen, was wir zu tun haben!"

„Auf Eure Frage, Graf Engelbert, habe ich fast schon gewartet", schaltete sich des Bischofs Sekretär ein. „Wir Baseler lösen mit der Holzlieferung ein Versprechen unseres Bischofs ein, das er dem Herrn Erzbischof Gerlach von Mainz auf dem letzten Provinzialkonzil in Freiburg gegeben hat. Die beiden Kirchenfürsten mögen einander sehr, sie pflegen sogar eine Art Vater-Sohn-Beziehung. Erzbischof Gerlach ist zwar wesentlich älter als unser Bischof Johann, doch beide sind weltlichen Genüssen, besonders dem Wein, recht zugetan. Der Mainzer Erzbischof hat uns Baselern sehr geholfen in der schlimmen Zeit der hier grausam Ernte haltenden Pest. Wir haben immer wieder nachgedacht, wie wir uns für seine großzügige Hilfe würden bedanken können. Da ergab ein Gespräch unter den Diözesanersten anlässlich des Konzils unserer Kirchen eine gute Gelegenheit, uns erkenntlich zu zeigen. Diese Kirchenprovinz erstreckt sich vorwiegend rechtsrheinisch vom Main bis an den Bodensee. Der Baseler Bischof gehört zwar nicht zu dieser Provinz. Doch laden sich die hohen Würdenträger der Kirche gern gegenseitig ein. Damals war Erzbischof Gerlach beglückt, dass das linksrheinische Oppenheim mit seiner erweiterten Katharinenkirche seiner vollendeten Schönheit wegen einen Kunstrang erreicht hätte, der dem des Straßburger Münsters gleichkäme. So hatte es der Kurfürst und Erzbischof Gerlach selbst ausgedrückt. ‚Nur eine schöne Vierungslaterne fehlt uns noch', hatte er gemeint. ‚Wir haben im Mainzer Dom zwar die schönste Vierung der Welt, aber St. Katharinen hätte auch eine verdient!'"

„Die schenken wir euch", hatte unser Bischof gesagt, „denn wir Baseler haben die besten Zimmerleute der Welt!"

Nun sollten die komplett gezimmerten Hölzer auf die Reise nach Oppenheim gehen. Von Mömpelgard hatte damit gehalten, was sein Bischof versprochen hatte!

Eine wunderbare Rheinreise beglückte Engelberts treue Mannschaft, als Schiffer Nikolaus seinen gewaltigen Kahn gen Kaiseraugst in die Strommitte steuerte. Von Mömpelgard und der Baumeister winkten ihm und den märkischen Passagieren zu und riefen: „Gute Fahrt, Schiffer Nikolaus und Euren lieben Fahrgästen!" Der Baumeister ergänzte die guten Wünsche mit einem eigenen: „Nikolaus, bitte nicht vergessen. Ihr verspracht mir zwei Dutzend Flaschen vom Oppenheimer Krötenbrunnen!"

Auf Reisen ohne Sattel und Sporen

Nach einer halben Stunde glitten die Reisenden an der ersten Rheininsel zwischen Bierburg und Birsfelden vorbei. Sie erlebten gleich danach vom Rhein her einen herrlichen Ausblick auf Basel. Einem Leuchtturm gleich, schien das Baseler Münster am Rheinknie darüber wachen zu wollen, dass der voll mit Menschen, Pferden und Hölzern beladene Kahn des braven Nikolaus auch den rechten Weg nach Norden fand. „Gleich verlassen wir das Hoheitsgebiet der Stadt Basel, um bei Friedlingen rechts des Rheines das badische Land und links das Elsaß an uns vorbeiziehen zu sehen", erklärte Nikolaus. Das Schiff lag im besten Fahrwasser dank des stets mit Sorgfalt geführten Ruders durch den erfahrenen Schiffer. Hätte Engelbert es geführt, würde er einen der elsässischen Rheinarme gewählt haben, erklärte er freimütig dem Schiffsführer. „Aber nicht mit diesem fast einhundertfünfzig Fuß langen Kahn!", korrigierte ihn Nikolaus. „Spätestens bei Moulin de Kembs hätten wir dann festgesessen und müssten die Hölzer huckepack weitertragen."

Mit mancherlei Späßen und Frotzeleien verging die Zeit wie im Fluge. Nach Bellingen und Neuenburg sahen sie bald Breisach mit seinem hoch auf dem Berge liegenden Münster. Bei Burkheim war die Fahrt mit Schiffer Nikolaus leider zu Ende. Hier ankerte er seinen Kahn und wartete auf das Eintreffen der drei bestellten Ochsenwagen.

„Warum fahren wir denn nicht weiter?", fragten Engelberts Gefährten den Sohn des Schiffers. „Es war doch eine so schöne geruhsame Fahrt mit herrlichen Blicken in die Landschaft des Oberrheintals!"

„Das liegt an dem sich ständig verändernden Bett dieses Flusses. Ein vielgliedriges Netz von kleinen und größeren Wasseradern fächert den großen Fluss hier hundertfältig auf. Die dicht über dem Wasser hängenden Zweige der Auwälder gestatten selbst kleineren Schiffen kein Durchkommen, so dass es eine durchgehende Schiffsreise auf dem Rhein nicht gibt.[202] Es wäre ja auch nicht möglich, in diesem versumpften Rheinabschnitt Treidelwege anzulegen, mittels derer Pferde- oder Ochsengespanne die Kähne wieder flussaufwärts gezogen werden müssen."

„Leute, Arbeit schändet nicht! Jetzt heißt es, in die Hände zu spucken und die Holzladung in der gewünschten Reihenfolge und Ordnung auf die Fuhrwerke umzuladen." Engelbert führte dabei Regie, während die Pferde grasend nun ihre schönsten Stunden auf den satten Uferwiesen verbringen durften. Ein Wagen nach dem anderen verließ den Burkheimer Hafenbereich in Richtung Mannheim. Als letzte brachen Engelberts Männer nach Norden auf. Über die rechtsrheinische Uferstraße trabten sie an der Burg Sponeck vorbei nach

---

202 Erst ab etwa 1815 war es möglich, den Rhein zwischen Burkheim und Mannheim für Schiffe mit größeren Ladungen zu nutzen. Heute ist dieser Strom infolge der eingeleiteten Ausbaggerungen der meist befahrene Strom Europas.

Neuried, wo sie einen Ruhetag einlegen wollten. Unterwegs wandten sie ihre Blicke immer wieder dem in der Sonne glänzenden Rhein zu, wenn er sich denn überhaupt zeigte. Bei Taubergießen glaubten sie schon, ein undurchdringlicher Urwald hätte ihn verschluckt, und zwischen Plobsheim und Neuried meinten sie, einen riesigen See vorzufinden. Hier hatte der Rhein eine solche Breite erhalten, dass man es nicht für möglich hielt, es sei noch der gleiche Fluss, dem sie bei Burkheim den Rücken zugekehrt hatten.

Schließlich tauchte rechts des Rheines die Stadt Kehl auf, und gleich erblickten sie auf der Westseite das turmreiche Straßburg. Sein Münster, ein gewaltiges Bauwerk, streckte den fertiggestellten gotischen Turm aus dem Häusergewirr empor.

Noch bis hinter Mannheim verfolgten die Märker reitend das scheinbar launenhafte Spiel des Rheines. Es schien ihm Spaß zu machen, immer und immer wieder neue Windungen zu erfinden, kleine und große Inseln zu bilden und mal hier mal dort die Anrainer mit neuen Wasserflächen zu überraschen, die sich stellenweise bis tief ins Land hinein erstreckten.

In Sandhofen unterhalb des verträumt auf der anderen Rheinseite liegenden Dörfchens Ludwigshafen sollte ein neuer großer Kahn für den Zimmerholztransport bereitliegen. Aber weder dieser noch die drei Ochsenfuhrwerke, die über viele Meilen den Transport übernehmen sollten, waren zu sehen, als die Reitergruppe des märkischen Grafen an der Einmündung des Neckars in den Rhein Ausschau hielt. Wieder hieß es zu warten. Das aber war eher erfreulich, denn hier bot man ihnen und ihren Pferden nicht nur gutes Quartier im „Gasthof zum Ochsen", sondern lud sie herzlich ein, an einer großen Hochzeitsfeier im Ort teilzunehmen.

Gegen Mittag des nächsten Tages gab es viel Arbeit für die Märker. Die Fuhrwerke waren wohlbehalten eingetroffen, der Rheinkahn nach Oppenheim lag gut vertäut am Ufer. Jetzt hieß es, die Ärmel aufzukrempeln und die Hölzer sorgfältig im Kahn zu verstauen. Auf die berechtigte mehrfach gestellte Frage Graf Engelberts, wer denn die Fuhrwerke sowie das Aus- und Entladen bezahlen würde, hörte er immer wieder die Antwort: „Das macht unser Erzbischof, der hat noch niemanden betrogen. Auf ihn ist Verlass." Wieder waren nur zwei Männer auf dem Kahn.

Als bei Karlsruhe die Dämmerung hereinbrach, fragte Engelbert den Schiffsführer besorgt: „Wollt Ihr die Fahrt tatsächlich bei Dunkelheit fortsetzen?"

„Wer nichts wagt, kann nichts gewinnen", antwortete der Schiffer Petrus. „Seid unbesorgt! Mein Bruder sitzt am Bug. Er wird mir Zeichen geben, wenn ich mit dem Ruder korrigieren muss! Auch eine Nachtfahrt hat ihre Reize! Wir haben heute prächtiges Mondlicht!"

Der Rhein war nicht mehr windungsreich. Im Schein des Vollmonds konnten alle den gewaltigen Dom von Worms, eine der wichtigsten Städte Deutschlands, in der mehr als hundert Reichstage stattgefunden hatten, ausmachen. Das Wormser Bistum gehörte schon lange zur Mainzer Kirchenprovinz.

„Speyer gehört wohl nicht dazu?", wollte Engelbert vom Schiffer Petrus wissen.

„Nein, lieber Graf, dort bildet der Rhein noch die Grenze des kurfürstlichen Herrschaftsgebietes. Erst hier beginnt wieder Erzbischof Gerlachs Reich! Es ist nicht weit bis zu unserem Zielort Oppenheim. Den möchte ich noch vor Eintritt der Dunkelheit erreichen. Vor Kornsand müssen wir höllisch aufpassen. Die Einfahrt in den Oppenheimer Hafen kann man nämlich leicht verpassen. Ohne zu staken, gelingt es oft nicht, in entscheidender Weise mit dem Schiff die Kurve zu kriegen. In seinem hier schmalen Bett ist die Strömung erheblich größer!" Die Bedenken des Kahneigners stellten sich als nichtig heraus. Als das Geläut der Oppenheimer Katharinenkirche ertönte, um den Abend anzukündigen, lag der Kahn des Petrus bereits fest vertäut an der linksrheinischen Landstraße zwischen Guntersblum und Oppenheim. Graf Engelbert lud die beiden Schiffer und seine gesamte Mannschaft zu Speis und Trank in einen Gasthof unterhalb der Burg Landskrone ein. Dort standen auch gute Schlafgemächer für die fröhlich zechenden Männer bereit. Sie alle durften ausschlafen, denn erst am übernächsten Morgen hatte man die Ankunft der Holzsendung in dieser herrlichen Weinstadt erwartet.

*

Ein sehr klarer, aber bedeutend kälterer Tag folgte auf die jahreszeitlich viel zu milde Zeit. Den Märkern gab er Gelegenheit, Oppenheim, seine großartige Katharinenkirche und auch die über der Stadt thronende Reichsburg Landskrone mit dem wunderbaren Ausblick auf den sich im Tal schlängelnden Rheinstrom zu erkunden. Oppenheim war durch Weinbau und Handel eine reiche und bedeutungsvolle Stadt geworden. Schon 1225 hatte sie Stadtrecht erhalten.

Mehr noch als die Klosterkirche der Franziskaner stellte die Oppenheimer Katharinenkirche eine der bedeutendsten Kirchen im Rheinland dar. In der zweiten Hälfte des 13. Jahrhunderts waren bereits ihr Chor- und Querhaus fertiggestellt. Teile über dem Hauptgesims folgten im 14. Jahrhundert. Das auffallend breite Langhaus mit eigentümlich angelegten Seitenkapellen hatte Erzbischof Gerlach in den Jahren 1330–1340 errichten lassen. Es war deutlich zu erkennen, dass man sich bislang bei diesem Bauwerk wenig mit dem Gedanken eines dazu passenden Turmbaues beschäftigt hatte. Die romanische Fassade war teilweise erhalten geblieben. Sie fand weniger Beachtung als die durch acht breite Südfenster zur Rheinseite liegende Langhausfassade mit ihren großartigen Rosettenfenstern und ihrem in zwei Etagen reich gegliederten Maßwerk oberhalb des tieferliegenden Kapellenkranzes. Das Innere der Kirche war durch eine angenehme Lichtfülle zu einem außergewöhnlich ansprechenden Sakralraum geworden. Erzbischof Gerlach war auf diese Kirche zu Recht stolz. Jetzt lag ihm der Bau eines Vierungsturmes

Oppenheim von Südosten. Kupferstich von Merian d. Ä.
Topographia Palatinatus Rheni (1645)
Die Katharinenkirche mit ihrer dominierenden Vierungslaterne ist links vom Burgberg mit der
ihn bekrönenden ehemaligen Reichsburg gut zu erkennen.

St. Katharinen von Nordwesten, links im Bild der Vierungsturm

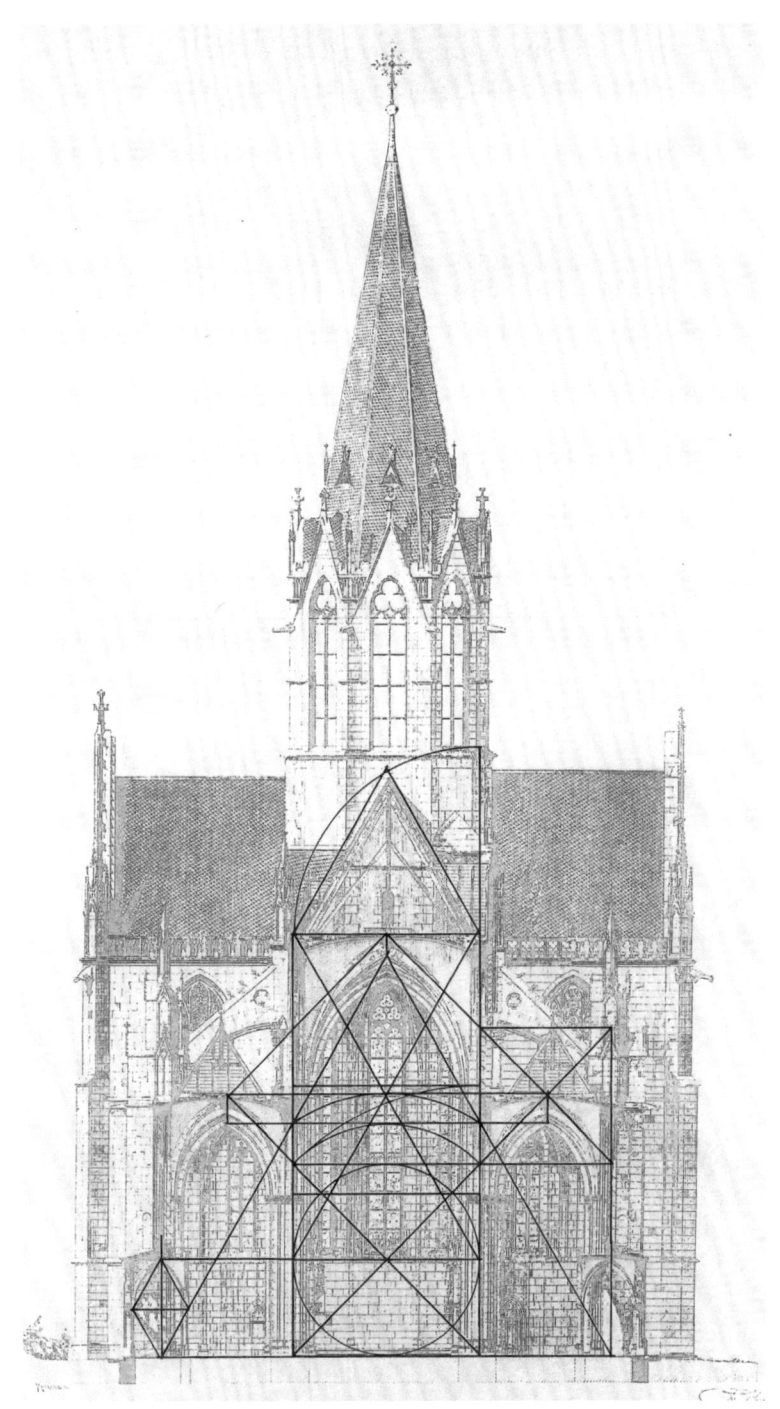

Querschnitt durch das Hauptschiff und die Seitenschiffe der Oppenheimer Katharinenkirche.
Dahinter über der quadratischen Vierung die achteckige Laterne,
deren Bau um 1350 begann.

am Herzen. Haupt- und Querschiff überragend, sollte er dem nur wenig Licht gegönnten Altarbereich eine zusätzliche Lichtquelle geben.

Die hierzu erforderlichen Konstruktionselemente lagen gemäß der Zusicherung des Baseler Bischofs abnahmebereit im Schoß des Kahns des Schiffers Petrus. Die Baukommission traf, von Mainz kommend, wie angekündigt ein. Sie überwachte die in einer ordnungsgemäß geführten Holzliste beschriebenen Konstruktionselemente. Absprachegemäß gingen Graf Engelberts Gefährten daran, das Ausladen aus dem Schiffsleib durchzuführen. Ein zusätzlich vereinbartes Entgelt sorgte auch für den Transport der Hölzer bis zum Kirchplatz, etwa dreihundert Fuß oberhalb des Hafens. Kirchenvorstand und Baukommission waren glücklich, in Engelberts Gefährten so tüchtige Helfer zu haben. Sie zeigten sich mit ihrer Einladung zu einem wohlschmeckenden Nachtessen und der Übernahme aller Übernachtungskosten für die Märker als dankbare Auftraggeber.

Nun hieß es am nächsten Morgen für die bisherigen Schiffsreisenden, wieder die Pferde zu besteigen und gen Mainz zu reiten, wie es mit Graf von Bolanden in Avignon vereinbart war. Den Ritt entlang des hier im wieder breiten Flussbett majestätisch dahinziehenden Rheines empfand jeder der märkischen Reitergruppe als unvergessliches Erlebnis. Sie ritten zunächst auf der Rheinuferstraße nach Nierstein, die hier „Liebfrauenstraße" genannt wurde. Sie wunderten sich über den „roten Hang" und den von Buntsandsteinresten rot gefärbten Rebenboden. Dann schwenkten sie vom Rhein nach Westen ab, um Bodenheim und Laubenheim zu durchqueren. Früher als gedacht, waren sie unterhalb der Burg Weisenau angelangt. Treffpunkt sollte aber das Kloster Weisenau sein. Deshalb ritt Rembert zunächst allein zur Burg, um dort die Quartierfrage zu klären. Engelbert stattete derweil den Klosterbrüdern einen Besuch ab und fragte nach dem Sekretär des Bischofs. Auch vergaß er nicht, dem Bruder an der Pforte sein Baseler Empfehlungsschreiben vorzulegen. Erstmals wollte er damit die Wirkung eines bischöflichen Siegels testen. Erwartungsgemäß wurde er herzlich empfangen und gebeten, seine Begleitung ebenfalls zu einem Willkommenstrunk in das Kloster zu führen. Das ließ sich seine Truppe nicht zweimal sagen. Es blieb allerdings ungeklärt, ob sich die Mönche mehr über das ihrem vorzüglichen Bier gespendete Lob freuten, oder ob sich die Märker vielleicht mit noch größerer Freude an diesem erstklassigen Erzeugnis mönchischer Braukunst gütlich taten.

Als Rembert zu seinen trinkfesten Kumpanen stieß, waren diese bereits reichlich „abgefüllt". Deshalb war ein Machtwort angebracht: „Alle mal herhören!", rief er. „Eure Quartiere sind im Burgkeller der Burg Weisenau. Dorthin müsst ihr auf schnellstem Wege. Ich habe Botschaft vom Herrn von Bolanden übermittelt bekommen. Graf Engelbert und ich sollen hier im Kloster auf ihn warten. Er will uns morgen beim Kurfürsten vorstellen. Alle anderen und deren

Pferde finden für einige Tage beste Unterkunft im Burgkeller der Weisenauer Burg. Ritter Dietmar von Hövel hat dafür zu sorgen, dass ihr euch als anständige Gäste benehmt. Er ist der Älteste unter euch und im Umgang mit feinen Leuten am erfahrensten."

Einer der Knappen erlaubte sich noch zu sagen: „Hört ihr, mit den ‚feinen Leuten' meint er uns!" Aber schon fuhr ihm eine derbe Ritterhand über die Backe. Der Grünschnabel hatte verstanden. In Mainz hatte man sich wohl ganz piekfein zu benehmen.

Im Kloster Weisenau

Als Johann von Bolanden im Weisenauer Benediktinerkloster eintraf, bemühten sich alle Mönche, insbesondere der Abt und der zu Besuch weilende Prior[203] der Zisterzienserabtei Eberbach[204], Engelbert ebenso würdevoll wie freundlich zu empfangen. Für kurze Zeit fühlten sich Graf Engelbert und Rembert von Greven allerdings wie entbehrlicher Ballast, denn man hatte die beiden allein im Refektorium der Laienbrüder zurückgelassen. Ihre bisherigen Gesprächspartner waren wie ein auffliegender Vogelschwarm beim Nennen des Namens des erzbischöflichen Legaten von Bolanden an die Klosterpforte geeilt. Erst als von Bolanden die Frage gestellt hatte: „Wo habt ihr denn den Grafen von der Mark versteckt?", besannen sich die Mönche, auch ihn zur Begrüßung des Sekretärs des Erzbischofs Gerlach in den Kapitelsaal zu bitten.

„Da seid Ihr ja schon, lieber Graf Engelbert, ich dachte, Eure Anreise würde noch gut acht Tage gedauert haben. Ich freue mich ganz außerordentlich, Euch schon jetzt in Mainz sehen zu können!"

Die Mönche waren maßlos erstaunt. Ihr hochgeschätzter Legat kannte also diesen ärmlichen Grafen, der sich noch vor drei Stunden als Unterkunft Suchender und um Unterstützung Bittender mit einem Schreiben des Baseler Bischofs ausgewiesen hatte! „Wir waren noch zu Weihnachten beim Heiligen Vater in Avignon", erklärte von Bolanden seinen Begleitern und den verblüfften Ordensgeistlichen. „Ich danke Euch, lieber Abt, dass Ihr mir unverzüglich Nachricht habt zukommen lassen, dass Graf Engelbert bereits eingetroffen ist. Auch Euch wird er viel zu erzählen haben von den heiligen Stätten, an denen unser Herr Jesus geweilt hat. Auch vom Katharinenkloster auf dem Sinai kann er berichten, denn dort hat er mit eigenen Augen sehen können, in welch großartiger Weise dort das Andenken an die Heilige Katharina gepflegt wird. Wer wissen will, wie es dort um den Mosesberg aussieht, darf ihn gewiss nach seinen Eindrücken befragen. Ich hoffe, es bringt etwas Abwechslung in das Weisenauer

203 Prior = lat. „der Vordere" von Zweien, hier Stellvertreter eines Abtes.
204 Zisterzienserkloster im Rheingau mit romanischer Basilika, bedeutsam für Weinbau und Weinhandel.

Klosterleben, wenn wir diesen Abend gemeinsam bei gutem Wein in Euren Mauern verbringen.

Dies ist übrigens mein engster Mitarbeiter in der Mainzer Bistumsverwaltung, Herr Graf von Falkenberg, dem auch die erzbischöfliche Schreibstube untersteht. Ihm möge Graf Engelbert einmal den Geleitbrief des Bischofs Sven von Münsingen zeigen. Ich bin selbst gespannt, wie man solche Schriftstücke in anderen Diözesen anfertigt."

Graf Engelbert verbeugte sich zum Gruße vor dem Grafen von Falkenberg, einem hochgewachsenen jungen Mann etwa in Engelberts Alter, und übergab ihm den gesiegelten Geleitbrief aus Basel. Dieses Schriftstück wanderte anschließend durch die Hände der Umstehenden. Anerkennend meinte von Bolanden, das Schreiben hochhaltend:

„Gute Arbeit, treffliches Latein und eine gute Empfehlung für die Baseler Schreibstube. Ich hoffe, lieber von Falkenberg, Eure Schreiber bringen Gleichwertiges zustande. Sonst müssten wir uns, lieber Abt Lorenz, einen Eurer Schriftkünstler ausleihen. Graf Engelbert zieht übrigens schon bald weiter. In Reval erwartet ihn der unter kaiserlicher Oberhoheit stehende Landmeister Goswin von Herreke[205], der Ordensmeister von Livland. Hoffentlich stören wir nicht den vorgesehenen Tagesablauf, lieber Abt Lorenz, wenn ich vorschlage, dass wir uns alle nach dem Abendessen im Refektorium der Mönche zusammenfinden, um einen Bericht über seine weite Reise ins Heilige Land und zum Sinai von Graf Engelbert zu hören. Ich erwarte einen aufschlussreichen und unterhaltsamen Abend."

„Selbstverständlich ist es uns Freude wie Ehre zugleich", antwortete der Abt, „diesen Tag gemeinsam mit Euch, lieber Graf von Bolanden, und den anderen Gästen unseres Klosters zu beschließen. Ja, in der Tat, wir dürsten ja manchmal geradezu danach, etwas von der Welt außerhalb unserer Klostermauern zu erfahren." Der Beifall seiner Ordensbrüder galt gewiss seinem letzten Satz.

✻

Von Bolanden und seine Begleiter zogen sich mit den beiden Märkern zu einem zwanglosen Spaziergang bis auf die Anhöhe des Kirchberges zurück. Von dort hatte man einen großartigen Rundblick auf die Mündung des Mains in den Rhein. Man konnte bis nach Kastell, dem rechtsrheinischen Brückenkopf der Stadt Mainz blicken, das im Norden lag, bis hin zu den Taunushöhen hinter Klarenthal, Rambach und Kelkheim. Auch den Lauf des Mains sah man zwischen Flörsheim und Kostheim im Abendlicht aufblitzen, dessen Wasser den breiteren Rheinstrom von Mainz an noch bereicherte.

Als munter plaudernde Vertreter des Adels aus mehreren deutschen Gauen war neben dem Sekretär des Erzbischofs und dessen geschätztem Schreibstubenleiter von Falkenberg, auch Johann von Sponheim-Starkenburg bei diesem

---

205 Goswin von Herrecke war Westfale. Er wird in einer Urkunde von 1347 (Dortmunder Urkundenbuch, Erg.-Bd. I. Nr. 851) als „magistir terrae dictae Lifland" genannt.

Abendspaziergang. Von Sponheims Brüder besaßen die südwestlich von Bingen liegende Grafschaft Sponheim und die Starkenburg bei Trarbach. Als weiterer, bisher nicht zu Wort gekommener Herr, war auch der militärische Berater des Erzbischofs Gerlach von Nassau[206], dabei. Er hieß Johann von Dillenburg und war ein Verwandter des Erzbischofs, der zugleich Kurfürst von Mainz war. Damit galt sein Herr als einer der sieben Königsmacher des Reiches. Johann von Dillenburg kommandierte die Reitertruppe. Er stammte aus der Otto'schen Linie der Nassauer Grafenfamilie.

Graf Engelbert hatte durch erfolgreichen Widerstand und Kampf gegen den Grafen von Arnsberg Aufmerksamkeit in den herrschenden Regentenkreisen erworben. Seine Verwandten, als weltliche Herrscher wie auch als einflussreiche Kirchenfürsten in Lüttich, Kleve, Jülich und Köln, bewirkten, dass er sich nicht als eine Art „Graf Soundso", sondern als „kommender Mann des Zeitgeschehens" erfreuen durfte. Darüber hinaus hatte er durch seine „Fahrt übers Meer" nach Jerusalem und dem Sinai gezeigt, dass er ein verlässlicher und Wort haltender Landesherr war.

*

Der Prior von Eberbach entstammte der Büdinger Linie des Grafenhauses von Ysenburg, war aber schon früh in ein Zisterzienserkloster eingetreten. Das Gespräch ergab, dass die Genannten bald voneinander wussten, mit wem sie es hier zu tun hatten.

„Schade, verehrter Prior, dass Ihr in Eurem Kloster in Eberbach nicht einen einzigen Turm habt, um mit einem wohlklingenden Geläut den Menschen des Rheingaues einen melodischen Beweis Eurer Existenz liefern zu können", scherzte von Dillenburg.

„Die Clunienser würden Euch gewiss einen ihrer vielen Türme abgegeben haben, wenn Ihr sie darum gebeten hättet", ergänzte Engelbert die frotzelnden Worte seines Vorredners.

„Was versteht Ihr schon, Graf Engelbert, von der Architektur der Klöster und den Regeln, nach denen wir zu leben und zu arbeiten haben!"

Diese plumpe Zurückweisung seiner Urteilsfähigkeit wollte Engelbert aber nicht hinnehmen. „Wart Ihr, lieber Prior, denn schon einmal in Cluny? Ich weiß, wovon ich spreche, denn diese großartige bauliche Schöpfung der Benediktiner habe ich mit eigenen Augen betrachten können. Noch ist die siebentürmige Abteikirche von Cluny der größte christliche Kirchenbau der Welt! Da kommen die ebenfalls reizvollen Bauten der Zisterzienser einfach nicht mit!"

„Das ist keine Frage des Könnens, sondern des Wollens", gab der Prior zu bedenken.

---

206 Gerlach von Nassau war von 1346 bis 1371 Erzbischof von Mainz. Sein Sohn Adolf I. von Nassau wirkte als Bischof von Speyer von 1372 bis 1390 und zugleich als bischöflicher Administrator der Erzdiözese Mainz von 1373 bis 1379, bis auch er die Mainzer Erzbischofswürde von 1379 bis 1390 errang.

„Ich weiß schon", fiel ihm Engelbert ins Wort, „jetzt deklamiert Ihr gewiss die Statuten Eures Ordens. Die meisten kenne ich sehr gut. Darin heißt es:

Keines Eurer Klöster soll in Städten, sondern möglichst in entlegenen Orten, fern vom Verkehr der Menschen liegen.

Es ist Euch verboten, in den Räumen Eurer Klöster Bilder oder Skulpturen zur Schau zu stellen, die der Mönche Aufmerksamkeit ablenken oder ihre Meditation stören könnten.

Eure Kirchen dürfen keine bunten Glasfenster haben, nicht einmal solche, die ein Kreuz oder Bilder zeigen. Dafür aber müssen Eure Kirchen stets einen kreuzförmigen Grundriss haben.

Ferner ist es Euch untersagt, steinerne Glockentürme zu bauen, und dies alles hat Bernhard von Clairvaux festgelegt, der Euch damit zur Armut Eurer Wirkungsstätten und zur Ablehnung aller schönen Künste hat bewegen können!"

Alle Anwesenden hatten ihre Gespräche unterbrochen. Sie waren gespannt darauf, was der Prior antworten würde.

„Zugegeben, ich habe Eure Kenntnisse über unseren Ordo Cisterciensis unterschätzt. Bernhard von Clairvaux hat uns damit auf das wirklich Wesentliche hingewiesen. Das ist eben nicht baulicher Pomp, sondern die in unserem Orden praktizierte Verbindung geistlichen Lebens mit mustergültiger Tagesarbeit, wo auch immer sie zu leisten ist. Doch haben unsere Brüder hervorragende Architekturschöpfungen zustande gebracht. Kennt Ihr etwa unser zweischiffiges von Mittelsäulen getragenes Mönchsdormitorium in Eberbach? Über die vollendete Wölbkunst seiner Kreuzrippengewölbe würdet Ihr staunen!"

„Ich weiß sehr wohl vom nachhaltigen Einfluss des Heiligen Bernhard, auch welchen Einfluss der Kirchenvater Augustinus auf ihn und damit auf das Erscheinungsbild Eurer Klöster und Abteikirchen hat. Schließlich vertrat Augustinus die fortschrittliche Auffassung, dass auch die Musik in ihrer vollkommensten Form den Menschen die theologische Wahrheit vermitteln könnte. Musik ist wie die Architektur mathematischen Proportionen unterworfen, in denen sich das kosmische Prinzip offenbaren kann. Nehmt also bitte zur Kenntnis, dass auch ich die Ernsthaftigkeit Eures Strebens zu schätzen weiß. Trotzdem bleibe ich dabei: Hätte der Heilige Bernhard Euch nicht untersagt, Türme zu bauen, wir wären erstaunt, welche großartigen Beweise des Einfallsreichtums der Zisterzienser und ihres mathematisch-konstruktiven Gestaltens wir heute bewundern könnten!"

Nach dem Nachtessen berichtete Graf Engelbert auf Wunsch des Grafen von Bolanden über seine Reise ins Gelobte Land. Er stellte es keineswegs als Paradies dar und bedauerte sehr die Vernichtung vieler bedeutsamer historischer Stätten. Er schonte dabei weder Muslime noch deutsche Ritterheere, die mit ihren Kreuzzügen kaum etwas von dem erreicht hätten, was ihnen zuvor vorgeschwebt hatte.

Bei seinen Erzählungen über seine Tage im Sinai geriet er fast ins Schwärmen. Fünfmal habe Moses auf dem Berg Horeb verweilt. Hier habe er die Gesetze für Juden, Christen und Muslime empfangen. Auch er, Engelbert, habe die dort errichtete Kapelle besucht und ebenfalls die dort erbaute Moschee gesehen. Sie erinnere daran, dass der Berg Horeb auch den Muslimen heilig sei. Der Aufstieg zum Katharinenberg, der westlich des Mosesberges liegt, habe ihm selbst trotz seines jungen und gut durchtrainierten Körpers außergewöhnlich viel abverlangt. Von seiner gewaltigen Höhe böte sich ein unvergesslicher Ausblick auf das Katharinenkloster. Auf diesem Berge habe man vor langer Zeit die Gebeine der Heiligen Katharina gefunden, nach der das dortige Kloster benannt worden sei. Der sogenannte Büßerweg beginne gleich hinter dem Kloster. Er führe über dreitausend Stufen aus roten Granitblöcken zu jener geschichtsträchtigen Stelle des Mosesberges, auf der vor ihm schon der römische Kaiser Justinian gestanden haben solle.

Die äußerst lebendige Schilderung dieses weltlichen Adelsvertreters hatte die Mönche vom Weisenauer Kloster wie ihre Gäste begeistert. Mit lebhaftem Beifall hatten sie gedankt.

Von Bolanden brachte das mit seinen Abschiedsworten anerkennend zum Ausdruck. Mit herzlichem Dank an den gastgebenden Abt erinnerte der Sekretär des Erzbischofs auch daran, dass gerade das Weisenauer Kloster viele bedeutende Kirchenmänner hervorgebracht habe. Als Beispiel verwies er auf Erzbischof Christian II. von Weisenau, der vor gut hundert Jahren für den Bau und die Ausstattung des Mainzer Domes wertvolle Anregungen und Beiträge geliefert habe.

Er bat Engelbert und Rembert, am nächsten Vormittag bei ihm im Bischofspalais vorzusprechen. Gern wolle er ihn seinem Erzbischof und Kurfürsten vorstellen, um ihm Wichtiges für seinen Weg nach Livland mitzugeben. Noch bevor sich von Bolanden an der Klosterpforte von Engelbert verabschiedete, hatte er ihn gefragt:

„Wie haben denn Eure Gefährten die lange Reise bis zum Sinai und zurück überstanden? Sind alle wohlauf oder habt Ihr Verluste erlitten?"

„Im Prinzip wollen wir sehr dankbar und zufrieden sein mit unserem gesamten Reiseverlauf. Allerdings haben wir unseren ältesten Ritter, den Widukind von Bredelaer, krank und noch bedenklich schwach bei den Brüdern des Deutschritterordens in Akkon zurücklassen müssen. Er war noch nicht ganz übern Berg, als wir das Schiff bestiegen. Die übrigen zwölf Männer sind mit mir wohlbehalten hier in Weisenau angekommen. Wenn man bedenkt, dass vier Knappen darunter sind, müssen wir besonders froh sein.

Für diese Jungen war die Reise schon eine große Herausforderung. Zwei von ihnen erwarten, wenn wir wieder daheim sind, den Ritterschlag. Es sind außergewöhnlich tapfere Jungmänner, die zudem noch äußerst klug sind."

„Wie heißen sie, sind sie beide auch ritterbürtig?"

„Ja, der eine heißt Ditz von Altenbögge und stammt aus einem alten Ritter-geschlecht bei Hamm. Er begleitet seinen Onkel auf unserer Fahrt, den Ritter Hendryk van Bönen. Der war schon ein bewährter Gefolgsmann meines Vaters.

Der andere scheint manchmal ein wenig verträumt zu sein, ist aber eifrig, gottesfürchtig und dabei geistreicher als alle anderen. Er wirkt einfallsreich und unterhaltsam. Bestimmt wird er kein großer Krieger, das muss er ja auch nicht sein! Ich finde, es gibt unter den Rittern zu wenige, die rechtzeitig nachzu-denken gewohnt sind. Dieser Volker von Eppenhausen gehörte vor drei Jahren noch zur Burgmannschaft des Grafen von Limburg an der Lenne. Dort fühlte er sich gar nicht wohl, wurde wohl auch zu oft gehänselt. Damals sah er auch etwas schwächlich aus. Ich habe ihn dann als Knappen übernommen und finde seine geistigen Anlagen so gut, dass ich ihn gerne durch den Ritterschlag in den Augen seiner Kameraden aufwerten möchte. Er hat übrigens einen Onkel in Livland. Er heißt Hinrik von Eppenhausen, ein bekannter Mann im deutschen Ritterorden."

„Würdet Ihr zustimmen, wenn unser Kurfürst die beiden zu Rittern schlagen würde?"

Engelbert zögerte ein wenig mit der von ihm erwarteten Antwort.

„Nun, sagt mir, wenn es Euch noch zu früh sein sollte oder wenn etwas dage-gen spricht", ermunterte von Bolanden den jungen Grafen.

„Nun", bekannte Engelbert etwas bedrückt, „zur Schwertleite gehört auch ein Schwert, das die neuen Ritter erhalten sollten. Das aber zu kaufen, erlaubt mein schwindsüchtig gewordener Geldbeutel nicht, obwohl wir stets sparsam wie nur möglich gewesen sind auf unserer Reise. Jetzt ist meine Zahlungsfähigkeit am Ende."

„Gut, dass Ihr mir Eure Situation geschildert habt! Wir werden sehen, was wir tun können. Sagt Euren Männern, sie sollen sich morgen Nachmittag um drei Uhr besuchsfertig vor dem kurfürstlichen Marstall einfinden, in den sie ihre Pferde stellen dürfen. Ich selbst werde, wenn eben möglich, auch dorthin kommen. Vielleicht hat unser Erzbischof und Kurfürst gegen vier Uhr in der St.-Gotthard-Kapelle unseres Domes etwas Zeit für Euch. Als ortskundigen Führer für den nächsten Morgen überlasse ich Euch den Herrn von Sponheim. Der mag Euch alles zeigen, was Ihr in Mainz zu sehen wünscht."

„Dieser Herr von Bolanden ist immer wieder für eine Überraschung gut", meinte Engelbert, als er seine Leute informierte, dass sie ja pünktlich mit blitz-blankem Schuhwerk und in sauberer Kleidung am nächsten Tage vor dem Mar-stallgebäude parat stehen sollten.

Im Mainzer Dom

Die Reisebegleiter hatten sich alle Mühe gegeben, Ihrem Grafen Engelbert keine Schande zu bereiten. Ihre Wämse und Hosen waren zwar stark strapaziert worden während ihres langen Aufenthaltes dies- und jenseits des Mittagsmeeres, aber ihr Lederzeug glänzte, als wäre es neu. Schon Graf von Sponheim war sehr angetan von diesen Männern, denen Dietmar von Hövel wohl tüchtig eingeheizt haben musste. „Wer morgen schlampig daherkommt, bleibt als Stallwache in der Burg!", hatte er gedroht. „Der Kurfürst soll einen guten Eindruck von uns Märkern bekommen. Putzt und wienert gefälligst, bis aus euch glanzvolle Gestalten geworden sind und kontrolliert euch gegenseitig!", war sein Rat gewesen.

Die Glocken läuteten die zehnte Morgenstunde ein, als die Reiter aus der Mark die Wormser Straße hinter sich gelassen hatten und linker Hand die mächtige Mainzer Stadtmauer mit dem turmbekrönten Holztor bestaunten. Es war ein mit roten Eckquadern und vier spitzen Ecktürmen versehenes Torbauwerk mit sechs Geschossen und hohem, verschiefertem Walmdach. Durch einen breiten Bogen konnte man die Stadt durch die Holzstraße erreichen. Rechter Hand lag ein umfangreicher Holzstapelplatz gleich neben den Hafenanlagen am linken Rheinufer. Sie ritten jedoch die Rheinstraße weiter, weil von Sponheim vorschlug, schneller durch das Eiserne Tor zum Marstall zu gelangen, um nach Einstellen der Pferde die engen Straßen und Gassen der Stadt besser zu Fuß zu durchstreifen.

„Ich hätte mehr Volk inmitten einer so schönen Stadt erwartet", meinte Engelbert zu ihm.

„Kein Wunder, dass Ihr das früher so blutvolle Leben der Mainzer vermisst", antwortete von Sponheim. „Schaut nur die Weinstube am Dom an. Sie ist seit Jahren verwaist. Früher war sie die Mainzer Nachrichtenbörse und von früh am Morgen bis zum späten Abend voller Leben. Vor gut drei Jahren sah es hier noch anders aus. Überall erklangen frohe Lieder und die Gaststätten waren voller Gäste aus dem ganzen Land. Sie ließen gern ihre Gulden[207] und Heller springen, weil zu jeder Jahreszeit guter Wein die Münder und Börsen fröhlich öffnete. Mehr als dreitausend brave Bürger hat die Pest dahingerafft. Zahlenmäßig wie prozentual sind dies nicht so viele wie in Basel, aber dieser Blutzoll der Bürgerschaft war erschreckend. Auch Köln hat unter den Auswirkungen dieser Seuche sehr gelitten. Das ehemals so fröhliche Treiben in den Straßen unserer großen Rheinstädte erwacht erst zögerlich wieder."

„Habt Ihr denn auch unter den bedeutenden Männern Eurer Stadt beklagenswerte Opfer gehabt?", wollte Engelbert wissen.

„Der schwarze Tod hat niemanden ausgenommen bei seiner großen Ernte. Besonders hart schlug er in den dicht besiedelten Quartieren zu. Da war die

207 Erzbischof Gerlach von Nassau (1346–1371) führt die Mainzer Goldgulden aus seiner Eltviller Münze ein.

Der Mainzer Dom. Ausschnitt aus einem Kupferstich von Matthäus Merian d. Ä. um 1645

Ansteckungsgefahr am größten. Da viele hochgestellte Männer die Stadt lange mieden – unser Kurfürst hatte sich ja auch auf seine Burg Nassau an der Lahn zurückgezogen – waren Handel und Wandel lange Zeit fast erloschen. Aber seit dem letzten Sommer haben wir kaum noch Todesfälle zu beklagen gehabt, die von der Pest ausgingen. Hier auf dem Marktplatz könnt Ihr sehen, dass es inzwischen wieder quirliges Leben gibt. Die Bauern und Händler des weiten Umkreises und aus der Pfalz müssen einfach versuchen, ihre Waren an den Mann zu bringen. Sie brauchen das Geld wie die Luft zum Atmen. Doch ist das Geld überall knapp, auch bei uns daheim im Nahetal."

„Dann wohnt Ihr, Graf Sponheim, gar nicht in Mainz?", wollte Engelbert wissen.

Jetzt schon, seit ich in den Diensten des Kurfürsten stehe. Ich will aber nicht verhehlen, dass mir das Leben auf unseren Burgen bei Kreuznach und Sobernheim lieber ist, vor allem im Sommer und zur Herbstzeit, wenn unsere köstlichen Trauben reifen." Schnellen Schrittes waren sie am Dom St. Martin und St. Stephan angelangt.

„Wir sind ein wenig zu früh am Dom angekommen. Hättet Ihr Lust, den Dom zu umschreiten und den schönen Kreuzgang an der Südseite anzusehen? Man ahnt auf dem geschäftigen Markt gar nicht, wie still und angenehm es auf der anderen Seite des Domes, besonders im Kreuzgang-Garten ist. Lasst uns noch ein paar Schritte bis zur Paradiespforte gehen. Von dort aus schauen wir uns zunächst den Hochaltar und den Martinschor im Westen des Langhauses an. Dann gehen wir durch das südliche Seitenschiff nach Westen in den Stephanuschor und schauen von dort in die Ost-West-Achse des Langhauses hinein. Flankiert von je zehn Pfeilern an beiden Seitenschiffen, erleben wir von ihm den besten Raumeindruck.

Auf jeden Fall solltet Ihr Euch am Marktportal des Domes die von Meister Berenger für Erzbischof Willigis gegossenen Bronzetüren ansehen. Sie enthalten in ihren oberen Feldern das der Stadt 1119 verliehene Freiheitsprivileg. Die Löwenköpfe als Türklopfer sind spätere Zutaten. Erzbischof Willigis[208] war es übrigens, der diesen ‚neuen Dom' – wie er noch heute genannt wird – bauen ließ. Da er aber am Vortage seiner Einweihung im Jahre 1009 abbrannte, wurde er von Willigis' Nachfolger Bardo wiederhergestellt und 1036 geweiht. Ich nehme an, Ihr wisst, dass Mainz der älteste deutsche Bischofssitz ist. Der Heilige Bonifatius hatte Mainz im Jahre 746 zur kirchlichen Metropole Deutschlands gemacht. Unter seinem Nachfolger Lullus wurde die Erzbischofswürde fest mit dem Mainzer Stuhl[209] verbunden."

„Wie kommt denn der Mainzer Erzbischof zur weiteren Würde eines Kurfürsten?", traute sich der Knappe Volker zu fragen.

„Als 1257 in Deutschland eine verhängnisvolle Doppelwahl durch die zur Königswahl berechtigten Reichsfürsten erfolgte und beide Erwählte sich nicht be-

208 Erzbischof Willigis von Mainz (975–1011)
209 Der Mainzer Bischofssitz führt das Ehrenprädikat „sancta sedes" = Heiliger Stuhl bis heute noch.

haupten konnten, ist der Entscheid von nur sieben Kurfürsten für die Königs-wahl entscheidend und seitdem rechtsgültig.[210] Diese Wahlmänner sind die Erz-bischöfe von Mainz, Trier und Köln, der Pfalzgraf bei Rhein, der Herzog von Sachsen, der Markgraf von Brandenburg und der König von Böhmen."[211] Eine knappere und präzisere Auskunft, als sie Graf von Sponheim gegeben hatte, würde keiner der Märker ihrem Knappen Volker gegeben haben.

„Jetzt wird es Zeit", meinte von Sponheim, dass ich euch die St.-Gotthard-Ka-pelle zeige. Sie liegt ganz im Norden des Domkomplexes, ist aber nur von ihm her zu erreichen. Sie gehört zu den ältesten Bauteilen des Dombezirks. In ihr liegt der Mainzer Erzbischof Adalbert[212] begraben, der diese Kapelle und das Langhaus des Domes errichten ließ. Unser Erzbischof Gerlach schätzt diesen etwas abgelegenen und daher besonders stillen Raum, um dort zu beten. Tretet deshalb leise ein!"

„Kommt nur näher, meine lieben Freunde aus der Grafschaft Mark!", schallte es ihnen mit tiefer, kräftiger Stimme entgegen. Als sich die Eingetretenen im nur spärlich durch kleine Rundbogenfenster und einigen Kerzen beleuchteten Raum umgesehen hatten, stand vor ihnen der großgewachsene Erzbischof im Kurornat. Er trug einen mantellangen Rock mit weiten Ärmeln und Armschlit-zen, aus dem ein breiter Hermelinkragen herausragte. Seinen Kurhut und seine violetten Handschuhe hatte er auf einem seitlich stehenden Tischchen abgelegt. Auf ihm lagen auch drei Schwerter. Die Herren von Bolanden und von Dillen-burg standen daneben.

„Ihr habt Euch über die Maßen verdient gemacht, indem Ihr beim Holztrans-port für den Turmaufbau unserer Oppenheimer Katharinenkirche zugepackt und uns die Mühen des Transports zur Kirche abgenommen habt. Dafür möch-te ich Euch danken, Graf Engelbert. Nehmt dies als Zeichen meiner Dankbar-keit an. Im Beutel sind goldgeprägte Abbilder des Mainzer Erzbischofs, die Euch helfen sollen, Euren weiten Weg bis zum baltischen Meer zu gehen und nach Eurem Dienst für den Bestand unseres christlichen Abendlandes getrost wieder in die Heimat zurückzukommen."

Graf Engelbert trat vor, nahm das Geschenk kniend entgegen und trat wieder in die Reihe seiner Gefährten zurück.

„Ich habe aber noch eine Pflicht zu erfüllen, und das tue ich hier sehr gern. Ich möchte euch, liebe Märker, danken für eure entbehrungsreiche Reise ins

210 Bereits 1198 gab es eine Doppelwahl, als die Anhänger der Staufer, den Herzog Philipp von Schwaben und nicht den vierjährigen Sohn Friedrich II. des verstorbenen Kaisers Heinrich VI. zum König wählten. Die welfische Partei erhob Otto IV., den Sohn Heinrichs des Löwen, zum König. Durchzusetzen vermochte sich zunächst König Philipp. Dieser wurde 1208 in Bamberg von Otto von Wittelsbach ermordet und später im Dom von Speyer beigesetzt. Im Jahre 1314 erfolgte erneut eine Doppelwahl deutscher Könige. Ludwig von Bayern wurde gewählter König und Friedrich der Schöne von Österreich wurde als Gegen-könig aufgestellt. Ludwig von Bayern blieb deutscher König bis 1328 und wurde 1328 Kaiser.
211 Das Reichsgesetz der „Goldenen Bulle" regelt ab 1356 auch die Reihenfolge der Stimmabgaben, die Un-teilbarkeit der Kurlande sowie die unbeschränkte Gerichtsbarkeit der Kurfürsten für ihr Territorium.
212 Erzbischof Adalbert von Saarbrücken wird auch Albrecht I. bezeichnet. Er stand dem Erzbistum Mainz von 1111 bis 1137 vor.

Heilige Land. Ihr habt sogar im Sinai das Grab der Heiligen Katharina besucht. Ich bin stolz darauf, dass ihr Männer aus dem westfälischen Lande dies in so vorbildlicher und gottesfürchtiger Weise getan habt. Zweien von euch möchte ich etwas Einmaliges auf den Lebensweg mitgeben. Ich tue es im Einvernehmen mit eurem Grafen Engelbert. Tretet vor, ihr Knappen Ditz von Altenbögge und Volker von Eppenhausen, und kniet nieder!

Wie ich erfahren habe, habt ihr das einundzwanzigste Lebensjahr vollendet und drei Jahre Knappendienst hinter euch. Ihr dürft behaupten, eurem Herrn Grafen Engelbert von der Mark, redlich und treu gedient zu haben. Es gibt nur wenige, die von sich sagen können, die Knappenpflichten so ernst genommen zu haben und zugleich unserem himmlischen Vater und seinem Sohn Jesus Christus den notwendigen Respekt erwiesen und ihren Glauben so gefestigt und unserem Herrgott und den Heiligen stets Ehre erwiesen zu haben. Damit habt ihr bewiesen, dass ihr die Tugenden eines gottergebenen und demütigen Ritters kennt."

Der Erzbischof nahm das größte der auf dem Tische bereit liegenden Schwerter in die Hand, berührte damit die Schulter des Ditz von Altenbögge und forderte ihn auf nachzusprechen: „Ich, Ditz von Altenbögge, verspreche, Zeit meines Lebens ein gottgefälliger, ehrlicher und Gerechtigkeit übender Ritter zu sein!" Dann nahm er sein prächtiges Schwert und legte es auf Volker von Eppenhausens Schulter mit der Aufforderung, den gleichen Verpflichtungssatz nachzusprechen, wozu Volker gern bereit war.

„Jetzt erteile ich euch beiden mit dem Schwert des Mainzer Kurfürsten den Ritterschlag." Mit der Breitseite des Kurschwertes erhielten beide einen fühlbaren Schlag auf ihre rechte Schulter. „Nun erhebt euch, Ritter Ditz und Ritter Volker! Ich gratuliere zu eurer neuen Würde und übergebe jedem von euch das nun euch gehörende Schwert. Das Schwert ist Symbol der Macht und Gerechtigkeit. Erhebt es zum Schlage nur, wenn es eure Ritterehre erfordert. Gott schütze euch und sei euch gnädig!"

Die beiden jungen Männer waren dankbar und stolz. Strahlend nahmen sie die Glückwünsche der Anwesenden entgegen. „Nun lasst uns alle gemeinsam für euch beten!" Der Erzbischof fand ergreifende Worte für alle Anwesenden und beendete die würdige Schwertleite, indem er allen Märkern eine gute Heimreise wünschte.

„Auch wir müssen reiten!" Damit forderte er von Bolanden und dessen Begleiter auf, sich rasch zur Reise nach Trier fertigzumachen. „Baldwin von Lützelburg, der Erzbischof von Trier ist verstorben. Jetzt tobt dort der Streit über seinen Nachfolger. Ich fürchte, für unseren Falkensteiner[213] ist die Zeit noch nicht gekommen."

Als die Märker ihre Pferde wieder im bischöflichen Marstall in Empfang nahmen, trat der junge Ritter Volker an den Grafen Engelbert heran, der mit Herrn von Sponheim ein lebhaftes Gespräch führte, indem er seinen Gefährten

---

213 Kuno von Falkenstein folgte tatsächlich erst 1362 seinem Rivalen Bohemund II. von Saarbrücken (1354–1362) auf dem Trierer Bischofsstuhl.

am Wams festhielt: „Wir möchten uns für Eure große Freundlichkeit bedanken, lieber Graf. Wir wissen wohl, dass Ihr dieses für uns so großartige Ereignis arrangiert habt. Wir werden Euch das nie vergessen!" Der Kurfürst und seine Untergebenen verließen die Kapelle schneller, als die Märker gehofft hatten.

„Schade, dass Herr von Bolanden fort musste. Ihm gebührt auch mein Dank. Er ist ein wirklich feiner Herr. Als er mir die Hand zum Abschied reichte, hat er mir noch diesen Brief gegeben mit den Worten: ‚Engelbert, wir sehen uns wieder, das weiß ich genau!' Den Brief habe ich bisher noch nicht geöffnet." Schon wollte er den Umschlag aufreißen, da riet ihm Rembert von Greven:

„Lasst ihn mich öffnen, ich habe ein feines Messer dafür!" Schnell gab er das aus dem Umschlag genommene Schriftstück an seinen Herrn zurück. „Es scheint in lateinischer Sprache abgefasst zu sein!"[215]

„Dann übersetze mir den Inhalt!" Rembert faltete das Pergament auseinander und las laut vor:

Wir, Kurfürst und Erzbischof von Mainz Gerlach von Nassau,

bestätigen hiermit dem diesen Ausweis vorlegenden

Grafen Engelbert von der Mark,

der im 24. Lebensjahre steht,

daß er mit wichtiger Botschaft an den Herrn

Erzbischof von Riga,

Graf Fromhold von Vyfhusen,

und an den

Ordenskomtur des Deutschen Ritterordens in Livland,

Herrn Goswin von Herreke,

unterwegs ist.

Da er gegenwärtig mittellos ist, wird er der Hilfe und Fürsorge
aller kirchlichen Einrichtungen, insbesondere Klöstern und Pfarreien anempfohlen,
damit er in der Lage ist, das unserem Papst Innocenz VI.
von Albert in Avignon gegebene Gelübde zu erfüllen,
das unseren Heiligen Vater veranlaßt hat,
ihn vom irrtümlich ausgesprochenen Kirchenbann zu befreien,
zumal dieser auf falschen Angaben ihn schädigen wollender Menschen beruhte.
Die Richtigkeit dieser Angaben bestätigte unser päpstlicher Legat
Johann Graf von Sponheim und Bolanden aus Mainz.

Ausgefertigt durch Sekretarius Johann von Sponheim-Starkenburg

Mainz, am Tage Petrus in cathedra anno 1354[214]

„Jetzt haben wir doch alles, was wir brauchen", bemerkte Rembert zum Grafen Engelbert. „Ihr habt einen unbegrenzt gültigen Quartier- und Verpflegungsschein, kein Pfaffe kann Euch etwas anhaben, weil Euer vom Papst verkündeter Bann gebrochen ist, und mit Reisegeld seid Ihr auch gut versorgt, nachdem Euch der Kurfürst so innig in sein Herz geschlossen hat. Wir anderen haben die ewige Reiterei langsam satt, und der Trieb nach Hause zu unseren Frauen und Familien zu kommen, wird von Tag zu Tag stärker. Wie stellt Ihr Euch die Rückreise in die Grafschaft Mark vor? Ich meine, spätestens in einer Woche könnten wir unsere Rundreise beendet haben, die nun schon mehr als acht Monate dauert. Unsere Reiselust ist inzwischen dahin."

„Du hast ohne jeden Widerspruch Recht. Aber fünf bis sechs Tage wird unsere letzte Etappe bis in die Heimat schon dauern. Wir wissen leider nicht, wie das Wetter wird. Bisher haben wir ja den Winter kaum gespürt. Auch ich möchte so bald wie möglich bei meiner Richarda sein. Wer weiß schon, was sich im letzten dreiviertel Jahr in der Mark ereignet hat? Mach dir bitte Gedanken über die geeignetste Strecke! Wir müssen die gefahrloseste Route wählen und immer bedenken, dass uns der Winter mit Schnee und Eis schnell einen Strich durch die Rechnung machen kann."

„Am angenehmsten wird es wohl sein, entlang des Rheines zu reiten, aber diese Strecke ist nicht gefahrlos. Es gibt dort viele Burgen, in denen Kerle hocken, die der Gedanke an Lösegeld antreibt, uns Fallen zu stellen und auszurauben. Über den Taunus und durch den Westerwald bis zur Kalteiche und von dort durchs Siegerland, das Biggetal bis Finnentrop zuzugehen, erfordert sehr viel Kraft von Mensch und Tier. Dort gibt es viele Berge, und bei starken Schneefällen sind wir schneller eingeschneit, als wir denken. Immerhin weisen gerade der Westerwald und das Wittgensteiner Land ganz beachtliche Höhen auf, wo sich der Schnee lange hält."

„Ich würde in Anbetracht der kalten Jahreszeit nach dem Übersetzen des Rheines bei Bacharach eher die Flüsse entlang reiten wollen. Da gibt es genügend Klöster und große Höfe, wo wir uns einquartieren können. Auf den Bergeshöhen pfeift natürlich der Wind am stärksten. Selbst wenn er keinen Schnee mitbringt, erwartet uns manches Ärgernis. Zuerst geht es daher rechtsrheinisch über Kaub bis nach Mülhofen und dann den Saynbach entlang nach Isenburg.

214 gemeint ist der 8. Februar 1354.
215 Der Brief des EB Gerlach von Nassau im ursprünglichen, lateinisch verfassten Wortlaut:
Nos Dei gratia archiepiscopus Moguntinus et elector sancti imperii Romani nationis Germaniae Gerlachus de Nassovia confirmamus
Engelbertum comitem de Marca viginti tres annos natum hoc documentum proponentem ad archiepiscopum Rigensem Fromholdum comitem de Vyfhusen et ad commendatorem ordinis Theutonicorum in Livonia sedem habentem Goswinum de Herreke iter facere. Quem, cum in praesenti pauper et egenus sit, omnibus qui institutionicis ecclesiasticis imprimus claustris et parochus praesunt, commendamus, ut votum Innocenti Sexto Papae nostro de Albreto Avenione votum solvere possit. Quo voto commotus pater noster sanctus eum anathemate errore dicto absolvit, quod dictum erat delationibus falsis eorum, qui id egissent, ut ei nocerent. Haec, quae scripta sunt, vera et recta esse testatur legatus Papae Johannes comes de Sponheim et Bolanden. Perscriptum ab Johanne de Sponheim Starkenburg secretario
Moguntiae in die sancti Petri in cathedra anno Domini MCCCLIV.

Von da erreichen wir die Klöster Marienstatt oder Marienthal, wo wir gutes Quartier finden könnten. Wenn wir dann ein Stück der Sieg folgen, geht es über Wissen, Morsbach und Freudenberg ins Biggetal bis Attendorn und Finnentrop. Von da an zeigt uns die Lenne bis zum Schwarzenberg und später unterhalb unserer Burg Altena den Weg in das Herz unserer Grafschaft. Die weiteren Wegestrecken von der Grüne bis nach Villigst, Schwerte oder Hörde sind wir so oft geritten, dass wir sogar im Schlaf den kürzesten Weg nach Hause finden."

„Ich staune, wie Ihr, Graf Engelbert, Euch in dieser unwirtlichen Gegend auskennt! Wart Ihr denn schon einmal hier?"

„Nein, das nicht, aber während unseres Aufenthaltes bei den Weisenauer Klosterbrüdern habe ich deren recht genau gezeichnete Landkarten studiert. Ich bin mir sehr sicher, dass ich die Route im Kopf behalte."

✳

Und so gelangten die Märker planmäßig bis Villigst, einer kleinen und halb verfallenen Burganlage am Ruhrübergang. Sie stand als klevisches Lehen im Besitz des Ritters Johann von Elbersfeld, mit dem Graf Engelbert III., wie schon sein Vater, befreundet war. Der Verwalter des Ritters begriff sofort, dass er alles, was zu einem guten Essen nötig war, aufzutischen hatte, wenn er sich die Gunst seines Herrn erhalten wollte. Hier erhob sich Graf Engelbert nach einem delikaten Abendessen mit reichlich Getränken zu einer Dankesrede.

„Liebe Gefolgsleute! Mein Dank für eure Treue soll nicht nur aus freundlichen Worten bestehen. Für euren Einsatz und eure Verdienste erhaltet ihr einen hübschen Anteil aus jenem Geldgeschenk, das mir der Mainzer Erzbischof als Dank für unsere Transportarbeiten in Oppenheim übergeben hat. Es erhalten je drei Dukaten alle vier mit auf die Reise gegangenen Knappen, darunter auch unsere neuen Ritter, die schon einige weitere Vergünstigungen in Empfang nehmen konnten.

Je fünf Dukaten erhalten alle Ritter, die mich so treu begleitet haben. Auch Widukind von Bredelaer wird sie bekommen, wenn er, was ich sehnlichst erhoffe, gesund die Heimat erreicht.

Rembert von Greven soll zusätzlich fünf Dukaten sein eigen nennen, denn er lieferte viele Beweise seiner Klugheit auf unserer Reise. Er hat sich als glänzender Übersetzer, nicht nur von lateinischen Urkunden, erwiesen. Ich möchte auch in Zukunft nicht auf seinen Rat und seine aktive Mitarbeit verzichten. Euch allen wünsche ich daheim einen frohen Empfang. Ihr habt mir ohne Ausnahme treu geholfen. Mein Dank ist euch für alle Zeit gewiss!"

„Drei Golddukaten, was sind die denn wert?", wollte einer der Knappen von Rembert von Greven wissen.

„Ein Gulden[216] des Mainzer Kurfürsten hat einen Wert von etwa zwanzig Kölner Silbermark oder zweitausend märkischen Denaren. Dafür bekommst

216 Gulden wurden später auch aus Silber geprägt. Goldgulden enthielten i. M. 3,5 g Gold.

du heute ein gutes Pferd und dazu fünf milchgebende Kühe!"

„Dann sind wir ja jetzt alle reich!", jubelten die Knappen.

Schon früh am nächsten Morgen machten sich alle auf den Weg zu ihren Familien. Die Lippe-Anrainer waren schon sehr früh aufgebrochen. Graf Engelbert, Rembert von Greven und der junge Ritter Volker starteten als letzte. Rembert hatte es nicht weit bis zu seinem Heimatort Holzwickede. Nur Volker machte einen unglücklichen Eindruck.

„Willst du denn nicht nach Eppenhausen?", fragte Engelbert.

„Da habe ich ja niemanden mehr. Meine Eltern sind beide tot, und meine Verwandten haben mir immer schon die kalte Schulter gezeigt!"

„Dann kommst du mit mir auf die Burg Hörde! Meine Frau wird sich freuen, einen so netten Beschützer wie dich in ihrer Nähe zu haben."

„Das ist aber wirklich wie ein Wunder für mich, Graf Engelbert! Ich weiß nicht, wie ich Euch dafür danken soll."

Als sie das Hörder Burghaus erreicht hatten, tönten aus dem Haupteingang wundersame Harfentöne. Bald darauf erscholl, noch bevor die Weitgereisten die Stufen zum Eingangsportal betreten hatten, vielstimmiger Gesang der bei der Gräfin zu Gast weilenden Clarissinnen.

„Du hörst es, Volker, wir werden mit Musik empfangen!"

*

„Dass du wieder da bist, das ist das größte Geschenk, das mir der Herrgott machen konnte!", rief Richarda und sprang ihrem Engelbert entgegen, der beinahe die Balance verloren hätte. „Du kannst dir nicht denken, wie sehr ich diesen Augenblick des Wiedersehens herbeigesehnt habe. Ich habe viel zu erzählen, aber zunächst bist du dran! – Aber wo ist denn unser Ritter Widukind? Ist ihm etwas passiert? Du kommst ohne ihn?" Die Bestürzung Richardas war riesengroß. Ihr Bangen um den liebenswürdigen alten Ritter war ihr anzusehen.

„Sei beruhigt, liebste Richarda! Früher oder später steht er wieder vor dir. Er genießt die allerbeste Pflege im Hospiz der Ritterbrüder von Akkon. Sie versprachen ihn aufzupäppeln und für eine gute Mitfahrgelegenheit auf einem Schiff zu sorgen. Statt Widukind bringe ich dir den jüngsten Ritter der Grafschaft Mark ins Haus. Das ist Volker von Eppenhausen, der kein Zuhause mehr hat. Ich hoffe, wir können ihm eine Stätte bieten, wo er sich wirklich wohlfühlt!"

Dann legten die Heimkehrer ihre Waffen und Monturen ab, wuschen sich, als wäre dies für sie ein ersehntes Fest und erfreuten sich am reichlich gedeckten Tisch am wärmenden Kaminfeuer und an den, wie beide meinten, „himmlischen Klängen" der Harfe spielenden Gräfin. Dann begann ein Erzählen, das kein Ende nehmen wollte, bis Volker vor Müdigkeit die Augen zufielen.

„Wie lange soll denn der junge Ritter Volker bei uns wohnen?", fragte Richarda ihren heimgekehrten Helden.

„So lange du es für richtig hältst und so lange er möchte", gab Engelbert zur Antwort.

„Dann müssen wir für ihn ein richtiges Bett anschaffen, wir haben ja nur eines für uns", war Richardas Idee.

„Gott sei Dank", meinte ihr Engelbert, „und danach habe ich mich gute acht Monate gesehnt, nicht nur, weil mein Lager mal hart, mal feucht, mal überhaupt nicht zum Schlafen geeignet war, sondern besonders, weil du mir einfach gefehlt hast und ich Sehnsucht nach dir hatte."

Richarda hatte gut vorgesorgt, damit ihr eichenes Himmelbett zu einem wohlriechenden Schlafparadies geworden war. Für angenehme Wohlgerüche in ihrer Bettstatt hatte sie auch gesorgt, war aber ein wenig unsicher, ob sie etwa zuviel des Guten oder zu wenig ihrer umfangreichen Blätter- und Blütensammlung in die Kissen gelegt hatte. Vom Frühling bis zum Herbst hatte sie geeignete Pflanzen gesucht. Die Düfte von Blütenblättern der Veilchen, Maiglöckchen und Rosen, aber auch von Himbeer- und Brombeerfrüchten sowie von Apfelschalen hatte sie in Töpfchen und Duftkissen aufbewahrt, in der Hoffnung, nach Rückkehr ihres Mannes von seiner weiten und anstrengenden Reise ein Umfeld zu bereiten, in dem die Liebe zweier zu einander gehörender Menschen wachsen, blühen und gedeihen könne.

Als das Grafenpaar die Tür ihrer Schlafkammer geschlossen und die mit bunten Blumen bestickten lichtdurchlässigen Voile-Vorhänge an den Seiten ihres bunt bemalten Baldachinbettes zugezogen hatten, sprach Richarda das aus, was sie schon, bevor sie Engelbert kennengelernt hatte, immer sehnlichst erhofft hatte: „Wie gut, dass wir nicht von unseren Eltern oder gar Einfluss nehmenden fremden Ratgebern zusammengeführt worden sind! Wir dürfen glücklich sein, uns selbst gefunden und zum gemeinsamen Leben entschlossen zu haben! Wohin wir nur schauen, sehen wir doch im Adel fast überall Ehen, die aus angeblicher Fürsorge für das Land von den Eltern des Brautpaares klug arrangiert oder sogar im Kindesalter der künftigen Ehepaare per Vertrag vereinbart wurden, ohne dass man den Hauptbeteiligten zuvor ein Wort gegönnt hatte!"

„Wie immer hast du Recht, meine liebe Frau, doch bin ich nicht mit dir ins Bett gestiegen, um darüber die halbe Nacht zu diskutieren! Ich habe dich ganz einfach lieb, und das sollte uns genügen!" Auch in dieser Hinsicht waren sich beide einig. Es gab ja auch wortlose Beweise dafür, wie glücklich sie sich jetzt fühlten.

*

„Lange bleiben darf ich nicht", hatte Engelbert seiner geliebten Frau am nächsten Morgen verkündet. „Du musst wissen, liebe Richarda, du hast in der vergangenen Nacht mit einem Gebannten geschlafen!"

„Vielleicht war es deshalb so schön", scherzte sie. „Doch erkläre mir das bitte genauer, wie kommst du darauf, dich als gebannt zu fühlen?"

Engelbert berichtete, wie er vom Bann des mittlerweile verstorbenen Papstes Innocenz VI. aufgrund verlogener Anschuldigungen bestraft und zur Ausgleichszahlung an die Kurie in Avignon verpflichtet worden war.

„Aber was ist schon ein verstorbener Papst gegen zwei lebende Bischöfe, die zu meinen Schutzengeln geworden sind!", rief er übermütig aus, als er ihr die Geleitbriefe aus Basel und Mainz vorlegte.

„Latein verstehe ich nicht!", wehrte Richarda ab. „Aber ich glaube dir. Wenn du nun drei Monate als Ordensritter in Kur- oder Livland kämpfen musst, dann bringe es schnell hinter dich! Ich warte und bete gern für dich." Damit schien das Thema für Richarda erledigt zu sein.

Schon wenige Stunden später klopfte Graf Konrad von Hörde aufgeregt an das Tor zur Hörder Burg. „Schön, dass Ihr wieder im Lande seid", begann er ohne Umschweife, „doch muss ich Euch etwas sagen, was mich ebenso beunruhigt wie meinen Abt im Dortmunder Franziskanerkloster. Er unterrichtete mich heute in früher Morgenstunde über eine Nachricht, die er von seinem Ordensprinzipal erhalten hat. Demnach seid Ihr mit dem Kirchenbann belegt. Mich interessiert nicht, warum und wann, die Hauptsache ist, Ihr bittet so schnell wie möglich um Vergebung und versprecht, Buße zu tun!"

„Bitte, lasst mich dazu Stellung nehmen! Ich will Euch alles erklären!"

„Nein, ich will keine Stellungnahme oder Rechtfertigung hören. Wenn Euch der Papst gebannt hat, seid Ihr ein Ausgestoßener. Im Übrigen irrt sich die Kirche nie und der Heilige Vater schon gar nicht!"

„Seid Ihr da so sicher? Als Mönch könnt Ihr sicher lesen, was mir zwei hochrangige Vertreter unserer Kirche schriftlich gegeben haben! Bitte, nehmt diese beiden Briefe und lest!" Widerstrebend nur nahm Konrad von Hörde die ihm gereichten Dokumente und überflog sie.

„Dann seid Ihr ja unschuldig! Das ist ja doppelt furchtbar. Diese Briefe könnt Ihr jedoch unmöglich allen Leuten zeigen, die Euch jetzt den Gehorsam verweigern werden. Ein Gebannter ist und bleibt ein Verfemter, gleich ob er schuldig ist oder nicht. Aber was lese ich da? Ihr habt versprochen, in Livland gegen die Ungläubigen zu kämpfen? Dann kann ja noch alles gut werden. Aber versäumt nicht, Euch doch möglichst schnell beim Landmeister zu melden. Wenn erst das Volk erfährt, dass Ihr ein Gebannter seid, habt Ihr als Graf keine Autorität mehr. Aber ich will sofort meinen Abt verständigen, was ich bei Euch gesehen und von Euch gehört habe!" Schon war der Graf in der Mönchskutte auf dem Wege in sein Kloster.

Kaum war die Mittagszeit vorbei, baten zwei andere Gäste um Gehör beim Grafen Engelbert. Es war ein ungleiches Paar, das um dringende Aussprache bat: Drost Gert von Plettenberg und Dominicus Altmann, Pfarrer an der Plettenberger Lambertuskirche. Schon gestern war der Pfarrer beim Drosten auf der Burg vom Schwarzenberg erschienen. Er hatte umständlich seinen schwarzen Hut in beiden Händen gedreht und vom Schlimmsten gesprochen, was dem Herrn Grafen und seinem Lande hätte widerfahren können. „Das kann ja gar nicht sein!", war des Drosten erste Stellungnahme gewesen. „Und wenn schon, sein Großvater hat das auch überstanden. Der Bann ist ihm sogar recht gut bekommen, denn seine Pilgerreise zur ‚Schwarzen Madonna' im schönen französischen Badeort Rocamadur hätte er sonst nie gemacht! Bevor Ihr, lieber Pastor, die Pferde scheu macht, reist Ihr mit mir zum Grafen Engelbert nach Hörde." –

„Und so sind wir nun hier, lieber Graf, um zu wissen, was wirklich an dieser Nachricht sei, die dem Pastor wie auch allen anderen Pastoren in der Grafschaft Mark von einem reitenden Boten des Erzbischofs von Köln übermittelt worden ist."

„Ich bin froh, dass Ihr beide zu mir gekommen seid", meinte Graf Engelbert. „Ich hätte Euch sonst meinen jungen Ritter Volker von Eppenhausen geschickt, um Euch um Euren Besuch zu bitten. Ich bin nämlich auf Euren Rat angewiesen. Doch lest bitte zuvor diese beiden Geleitbriefe. Sie sind in lateinischer Sprache von zwei hohen Kirchenfürsten abgefasst und besiegelt. Reicht Euer Latein noch, lieber Pastor Altmann? Dann übersetzt den Inhalt beider Briefe, so dass auch unser Drost einen ungeschminkten Eindruck bekommt."

Pastor Altmann gab sich große Mühe, die Geleitbriefe möglichst wortgetreu zu übersetzen. Danach atmete er erschöpft auf.

„War das ein Stoßseufzer, lieber Pastor, oder ein Zeichen spürbarer Erleichterung?", fragte Engelbert.

„Beides, beides gleichermaßen, lieber Engelbert, wenn ich das so sagen darf."

„Ihr sollt es sogar laut und überall sagen, denn ich bin mir keiner Schuld bewusst. Ich weiß aber, nachdem ich in Avignon hinter die Kulissen der Kurie geschaut habe, dass das sündige Babel nicht schlimmer hat sein können als dieses Nest voller frommtuender, heuchlerisch nur mit Mühe ihr unchristliches Tun und Denken verbergender Pfaffen in der Provence!"

„Aber so was dürft Ihr doch nicht von unserem lieben Heiligen Vater sagen", protestierte Altmann zaghaft.

„Doch, ich sage es, wann und wo ich will!" entgegnete Engelbert dem christlichen Erzieher aus seinen Jugendjahren. „Fragt meine Begleiter! Es sind zwölf an der Zahl! Sie alle stehen mit mir als Zeugen wie die vierzehn heiligen Nothelfer zur Wahrheit!"

„Und was gedenkt Ihr, Graf Engelbert, zu tun?", wollte Drost Gert wissen.

„Ich stehe zu meinem Wort. Ich gehe lieber in den Kampf gegen die Gottlosen als den Pfaffen in Avignon die geforderten zehntausend Silbermark als Bußgeld zu geben. Sobald ich hier das unbedingt Notwendige geklärt habe, mache ich mich auf den Weg nach Reval, denn ich möchte spätestens Ende Juli wieder bei Euch sein!"

„Das ist ein Wort, das Gott und die Menschen in unserer Grafschaft gerne hören werden!", gab Pastor Altmann von sich. Ich weiß nur nicht, was die

Mönche, insbesondere die Franziskaner[217], und die Stiftsdamen unserer Klöster darüber denken.

„Da müsst Ihr die Äbtissin des Hörder Clarissinnen-Klosters und Bruder Konrad von den Dortmunder Franziskanern fragen! Ich bin mir sehr sicher", erklärte der junge Graf, „die Menschen in unserem Lande haben einen ausgeprägten Sinn für Realitäten. Sie glauben eher mehr, was sie sehen, als das, was sie von anderen hören. Zeigt ihnen die Baseler Urkunde, damit sie begreifen, wie fehlbar selbst Päpste sein können! Den zweiten Brief des Mainzer Erzbischofs nehme ich für meine Anmeldung bei den Ordensrittern mit auf die Reise."

„Das seht Ihr richtig!", pflichtete ihm Gert von Plettenberg bei. „Lasst mich gleich berichten, was hier im Lande geschehen ist, seit Ihr Eure Reise in das Heilige Land angetreten habt".

„Ich brenne schon darauf, es von Euch zu erfahren, lieber Drost!"

Dann berichtete Gert von Plettenberg, was er für wichtig hielt. Die Grafschaft sei seit dem glücklichen Ende der Fredeburger Fehde gesichert gegen äußere Feinde und geschlossener in seiner Bevölkerung wie nie zuvor. Das zerstörte Rahde habe Gert von Plettenberg planmäßig wieder aufbauen lassen. Die ersten drei Straßen mit schmucken Fachwerkhäusern stünden schon gerichtet da. In Gevern habe sich seit der Zerstörung der Burg nichts mehr gerührt, und im oberen Lennetal sei Ruhe eingekehrt. Allerdings sei ihm vor einigen Tagen berichtet worden, dass sich arnsbergische Bauleute in der zwischen Balve und Neuenrade gelegenen Burgruine Gevern daran zu schaffen machten, diese Burg wieder aufzubauen. Der Unterbau aus Kalksteinquadern sei wohl noch brauchbar gewesen, als die Mannschaft unter dem Kommando des Altenaer Drosten die brennende Burg verlassen hätten. Jetzt erachtete Gert von Plettenberg es aber für notwendig, die Burg bis auf die Grundmauern zu zerstören[218] und die am Aufbau Beteiligten endgültig zu vertreiben. Graf Engelbert war damit einverstanden. Sein Rat war: „So schnell wie möglich!"

Die Bewohner von Bilstein und die Einwohner des Fredeburger Ländchens hätten, erklärte Gert von Plettenberg, den Grafen Engelbert seither richtig in ihr Herz geschlossen. Er gälte dort als Retter ihres Landes von arnsbergischer Fron. Im Bereich der Hönne sei mit der Errichtung der Burg Klusenstein ein Bollwerk gegen mögliche Übergriffe des Arnsberger Grafen entstanden. Engelbert müsse sich unbedingt anschauen, wie fest und drohend die aus Kalksteinquadern gebaute Burg über dem Hönnetal wache. Die Dortmunder hätten ihren unredlichen Beie aus der Stadt gejagt und die Ernte sei im verflossenen

---

217 Franziskaner sind die Mitglieder von Ordensgemeinschaften, die Franz von Assisi als Gründer und geistlichen Vater verehren, besonders die Angehörigen des „Ordens der minderen Brüder", des „Ordo Fratrum Minorum" (OFM). Sie gehören zur Gruppe der Bettelorden und tragen als Ordenskleidung braunen Habit mit Kapuze, weißem Strick und braunem Umhang, oft auch Sandalen. Sie widmen sich vornehmlich der Seelsorge, der Bildung und Wissenschaft sowie der Mission. Auch die Ordensgemeinschaft der Clarissinnen zählen im weitesten Sinne zum Franziskaner-Orden. Sie nennen sich nach ihrer Ordensstifterin, der Hl. Klara von Assisi, die schon im Jahre 1212 das Frauenkloster St. Damian zu Assisi gegründet hatte.
218 Die erneute Zerstörung der Burg Gevern erfolgte 1355. Sie wurde nie wieder errichtet.

Jahr unwahrscheinlich gut ausgefallen. Auch die Finanzen seien in Ordnung. Ludger vom Ende halte guten Überblick und verfolge jeden Außenstand mit wachem Auge. Aus der Sicht des Drosten könne der Graf völlig beruhigt ins Ordensland reisen. In seiner Grafschaft herrsche Ruhe und Frieden wie seit langem nicht.

So endete der erste Tag der Stippvisite des Grafen Engelbert in seiner Heimat für alle in dem guten Gefühl, dass die jetzt herrschende Ordnung Aussicht habe, viele Jahre anzuhalten.

Panzermacher bei der Arbeit
Aus dem Gedenkbuch des Mendelschen Zwölfbrüderhauses in Nürnberg (1. Band),
Mitte des 15. Jahrhunderts, Nürnberg, Stadtbibliothek

VIII. Unter Ordensrittern in Livland

Der Rat des Panzermachers

„Wen möchtet Ihr als Begleiter mitnehmen, Graf Engelbert?", wollte Gert von Plettenberg wissen, als sich Pastor Altmann mit Richarda zu einem kleinen Rundgang durch das Clarissinnenkloster Hörde aufgemacht hatte.

„Noch bin ich mir nicht ganz klar darüber", bekannte Engelbert. „Mir ist bekannt, dass künftige Ordensritter in der Vergangenheit mit mindestens einem zuverlässigen berittenen Begleiter, einem Knappen und zwei Pferden erwartet werden. Rembert scheidet für meine Begleitung aus. Er ist hier in der Mark wichtiger als in Livland. Dir sollte er in erster Linie zur Seite stehen. In der gegenwärtigen Situation bin ich des Banns wegen schon in Verruf geraten. Ich muss die Leute davon überzeugen, dass ich nichts Unrechtes getan habe. Rembert ist Zeuge von allem, was wir erlebt haben. Mit seinen umfassenden Kenntnissen in der Kirchenhierarchie, in der lateinischen Sprache und seiner Erfahrung bei der Geistlichkeit wird er dir eine große Stütze sein. Er kennt viele uns wohlgesonnene Persönlichkeiten und versteht es, Hilfe von außen zu organisieren, wenn es einigen Fanatikern oder dem Klerus einfallen sollte, einen Aufstand zu inszenieren. Im Übrigen ist Rembert viel zu edelmütig, als dass er zu dem eher rauen als feinfühligen Rittern im fernen Osten passen würde.

Da dachte ich schon eher an Hendryk van Bönen. Der ist ein echter Haudegen, geht keiner Rauferei aus dem Wege und weiß, kraftvoll zuzuschlagen, wenn ihm jemand dumm kommt. Er ist selbst keineswegs empfindlich wie etwa unser junger Ritter Volker. Auch dachte ich daran, einen weiteren, wenn auch noch etwas unerfahrenen Mann mitzunehmen. Er sollte kein Knappe mehr sein, sondern ein ritterbürtiger Streiter, der sich nirgendwo unterbuttern lässt. In Ditz von Altenbögge glaube ich, diesen geeigneten Recken zu sehen, den man im Umgang mit Ritterbrüdern und ihren Gegnern braucht."

„Ist das nicht der Neffe vom alten Hendryk?", wollte Drost Gert erfahren.

„Ja, das ist er! Seit dem frühen Tode seiner Eltern hat er bewiesen, dass er sich durchzuschlagen weiß."

„Mit beiden hättet Ihr eine gute Wahl getroffen. Ich nehme an, sie werden sich hochgeehrt fühlen, wenn Ihr sie zur gemeinsamen Fahrt noch Ostland einladen würdet."

„Ich werde Volker morgen zu ihnen schicken, damit wir uns bald gemeinsam neu ausstaffieren. Unsere Ringelpanzer sind inzwischen vom vielen Schweiß und Regen rostig und lückenhaft, unsere Kapuzen nicht minder. Da werde ich wohl bei Berthold vor der Porten in Iserlohn einen großen Einkauf machen müssen. Es wäre mir sehr wichtig, wenn du, lieber Gert, übermorgen dazukommen würdest. Vielleicht kannst du auch unseren neuen ‚märkischen Bankier' mitbringen."

„Ihr meint damit Ludger vom Ende? Es gäbe keinen, der sich besser für die Verwaltung unserer Finanzen eignen würde. Mit mir liegt er zwar oft im Streit, weil ich in seinen Augen zu viel Geld verbaue. Aber er ist einsichtig und weiß sogar immer wieder, neue Geldquellen zu erschließen. Er weiß auch, dass ich keine Silbermark für mich selbst haben will. Ihr habt mir die Sicherung der Mark gegen äußere Feinde zur Aufgabe gemacht. Ich denke, unsere Ostflanke ist bald so gesichert, dass von dort kein Unheil mehr droht."

„Ja, lieber Gert, ich freue mich schon jetzt darauf, gemeinsam mit dir Klusenstein und Neuenrade anzusehen. Zurzeit erscheint es mir jedoch wichtiger, dafür zu sorgen, dass ich vom Bann befreit, den eigenen Leuten wie unseren Neidern beweisen kann, dass ich pflichtschuldig und getreu zum gegebenen Wort stehe und beweise, dass ich vor niemandem Angst habe."

„Gewiss, das ist wichtiger! Ich werde baldmöglichst zurück zum Schwarzenberg eilen, Ludger verständigen und den Pastor wieder im Dreiflüssedorf[219] absetzen. Ah, da kommt er ja schon mit Eurer Frau. Sie hat sich übrigens prächtig erholt, hat rote Wangen bekommen und ist nicht mehr so spindeldürr wie noch vor Jahresfrist. Ich freue mich für Euch, Graf Engelbert, dass sie wieder auf den Beinen ist. Sie wird zusehends schöner! Wir sehen uns übermorgen gegen Mittag bei Berthold vor dem Westertor von Iserlohn!"

✳

„Gott grüß' Euch, lieber Graf! Wie schön, dass Ihr heil aus dem Gelobten Lande zurück seid! Noch in der letzten Woche war Euer Schwiegervater hier, um neue Bestellungen aufzugeben. Ich soll Euch grüßen, sobald Ihr wieder aufgetaucht seid!" So wurde Engelbert in Iserlohn begrüßt.

„Danke, lieber Berthold, ich muss dich um eine neue Ausstattung bitten!"
„Soll's denn gleich losgehen? Ich hörte gestern vom unverständlichen Bannfluch des Papstes. Mir leuchtet's schon ein, dass der Herrgott ihn danach schleunigst zu sich gerufen hat. Wer weiß, wer sonst noch alles ein Opfer seiner Geldgier geworden wäre."
„Da staune ich aber, wie schnell sich Nachteiliges 'rumsprechen kann! Ich bin bestrebt, diesen Bann ebenso schnell abzustreifen, wie es mein Großvater tat! Nächste Woche hoffe ich, die Reise nach Livland antreten zu können."

✳

Berthold blickte erstaunt zum Tor seiner Werkstatt. Dort hörte er Geräusche von Pferdehufen und das Schnauben von einem angehaltenen Gespann. Durch das Tor traten Hendryk und sein Neffe Ditz. Sie gingen schnurstracks auf den Grafen zu, als wollten sie ihn umarmen.

---

219 Gemeint ist Plettenberg, wo sich drei kleine Flüsse (Else, Oester und Grüne) vereinigen, um gemeinsam in die Lenne zu münden.

„Volker richtete uns aus, hierher zu eilen. Stimmt es wirklich, dass Ihr uns beide auf die große Reise mitnehmen wollt?" Hendryk schien sich unverkennbar über diese Aussicht zu freuen.

So ist es!", war die kurze Antwort des Grafen. „Und wenn ihr zustimmt, sucht euch gleich bei Meister Berthold neue Panzer und Kapuzen aus."

„Die besten, die du hast", fiel Ludger vom Ende ein, der mit Gert von Plettenberg plötzlich hinzugetreten war. „Für eure Ausrüstung ist genug Geld in unserer Kasse!"

Als die künftigen Ordensritter geeignete Ringelpanzer für sich und auch ihre Pferde ausgesucht hatten, ging es in der heimeligen Wohnstube des Panzermachers gemütlich zu. Es gab Heißewecken[220], Wurstbrötchen[221] und Fruchtsäfte, Geselchtes und obergäriges Bier. So manches lustige Wort sprang zwischen den Gästen und Gastgebern hin und her.

„Jetzt hole ich mal unsere Kleinen herein", kündigte die zwölfjährige Tochter Bertholds an. „Es sind sieben putzmuntere Welpen, denen unsere Leda vor acht Wochen das Leben geschenkt hat."

Während das Mädchen das Kistchen mit den Hunden holte, erzählte Berthold, wie es zu diesem Ereignis gekommen war. „Diese Hunde sind ein Sonntagsgeschenk unserer alten Hündin Leda und des von mir an einem schönen Herbsttag besuchten Freundes, des Schäfers Jakob vom Heidufer bei Gerlingsen – besser gesagt, nicht von ihm selbst, sondern von seinem Hirtenhund, einem äußerst klugen und verlässlichen Rüden. Nach neun Wochen konnten wir die Bescherung, die sie angerichtet hatte, sehen: Sieben Welpen, darunter zwei Hündinnen. Die Hundeprinzessinnen hat Jakob inzwischen schon adoptiert. Jetzt suchen wir Abnehmer für drei Welpen. Wir selbst können höchstens zwei bei uns behalten. Wenn einer von euch einen gebrauchen kann, bitte, dann meldet euch!"

Plötzlich kam Leben in die Stube. Zwanzig zusätzliche Beine im Raum sorgten für mehr Bewegung, als der Hausfrau lieb war. „Raus mit den Hundekindern!", rief sie laut und zog ihre Tochter an einem ihrer langen Zöpfe. „Wie kannst du nur alle auf einmal hereinlassen!"

„Das fand ich gerade großartig!", tönte Engelberts Bass zu den hell quiekenden, zu lautem Bellen noch nicht fähigen Vierbeinern. „So kann man sich doch von seinen künftigen Hausgenossen ein klares Bild machen! Ich würde gern zwei von ihnen erwerben. Meine Frau soll während meiner Abwesenheit tüchtige Beschützer haben!" Kräftig packte er mit beiden Händen zu. Schon hielt er ein fast schwarzes Wollknäuel in der einen und ein beinahe weißes in der anderen Hand. „Wollt ihr mit nach Hörde?", fragte er sie, ohne jedoch eine Antwort zu erwarten. „Diese beiden nähme ich gern!"

---

220 Heißewecken sind aus Weizenmehl gebackene Rundbrötchen mit glänzender Oberfläche, die in Westfalen nur in der Fastenzeit verzehrt werden.

221 Wurstbrötchen enthalten im Brotteig eingebackene kleine Würstchen. Auch sie gibt es nur zur Fastenzeit, in der man eigentlich auf Fleisch verzichten sollte.

„Bitte, nehmt sie als Geschenk von uns mit zu Eurer Gattin. Wenn sie Freude daran hätte, wäre es für uns eine Ehre, ihr dazu verholfen zu haben!"

„Dann pack sie gleich mal ein, Ritter Ditz! Ich hoffe, du kannst sie gut bändigen!"

„Wie wollt Ihr sie denn nennen, Graf Engelbert?" Berthold stellte diese Frage, weil ihm die Zukunft der Hunde als dem bisherigen Rudelführer wichtig zu sein schien.

„Ich nenne sie Castor und Pollux!", stellte der Graf fest. „Immer wenn ich in den kommenden Monaten zum Sternenhimmel blicke und das Sternbild der Zwillinge in der Nähe des großen Wagens entdecke, muss ich an diese beiden ungleichen Gesellen und meine liebe Richarda daheim denken!"

„Dann sollten wir die beiden gleich taufen", meinte Berthold. „Wir alle sind ja zu Taufpaten geworden! Darauf trinken wir einen gehörigen Schluck Bockskämper[222]!"

✳

Der anregende Trank bewirkte, dass das Gespräch bald wieder um die bevorstehende Reise des Grafen und seiner Begleitung nach Livland ging.

„Ich habe da einen Gedanken, den ich Euch nahebringen möchte", begann Berthold bedächtig. „Gestern hatte ich Besuch von Baldwin Praël, einem Fernhandelskaufmann aus Schwerte. Seine Familie macht gute Geschäfte mit den Ländern an der Ostsee. Er erzählte mir, wie risikoreich es zurzeit sei, seine Kaufmannswaren sicher bis Lübeck zu bringen. Allzu oft seien die Transporte überfallen worden. Hieltet Ihr es für möglich, ihn und seine beiden Wagen von Schwerte bis Lübeck zu begleiten? Ihm wäre das gewiss ein paar hundert Schilde[223] wert! Sein Sohn Ortwin reist übrigens mit. Er will die Waren bis zu seinem Bruder nach Reval bringen. Die Praëls haben dort eine Handelsniederlassung, die ein Onkel von Ortwin leitet. Ich würde an Eurer Stelle diese Gelegenheit wahrnehmen, im größeren Verband sicherer als allein zu reisen. Dazu könnte ja auch noch ein hübsches Sümmchen für Euch abfallen. Praëls sind morgen Abend wieder bei mir. Sie müssen Ringharnische für den Ordenskomtur von Riga abholen, die er bei mir schon vor Monaten geordert hat."

„Dann sind wir morgen gegen sechs wieder hier, oder wir reiten auf der Rückreise noch in Schwerte vorbei. Ich wollte sowieso in Holzwickede bei den von Grevens mal nach dem Rechten sehen", schlug Graf Engelbert vor. Zustimmend und zufrieden nickten die beiden Ritter.

✳

Es kam selten vor, dass zehn Füße die Freitreppe vor dem Hörder Grafenhaus in tiefer Nacht herauftappten. „Wir sind wieder da – alle drei!", rief Engelbert seiner Richarda entgegen, als sie die Tür öffnete. „Diese beiden Kleinen sind ein Himmelsgeschenk für dich, liebe Richarda! Sie heißen Castor und Pollux und

<hr>

222 ein geschätzter Alt-Iserlohner Branntwein
223 Märkische Denare mit dem typischen Wappenschild

sollen dich bewachen, wenn ich demnächst auf dem Wege zur Ostsee bin oder im fernen Livland kämpfen muss."

„Castor und Pollux, das sind doch griechische Sagengestalten", wandte Richarda ein. „Der Castor, ein Sohn der Königstochter Leda, wurde zum Rossebändiger und Pollux ein tüchtiger Faustkämpfer. Diese griechischen Zwillinge galten in ihrem Volk als Helfer in Schlachten und bei Seenot. Selbst die Römer sollen diese sagenhaften Kämpfer durch schöne Skulpturen[224] verehrt haben."

„Du kannst mir viel erzählen", antwortete Engelbert. „Ich kenne diese Zwillinge nur am Himmel. Levold von Northof hat sie mir mehrfach gezeigt. Hauptsache bleibt aber, sie sind wachsame Hüter unseres Herdes. Sieh nur! Sie hocken sich schon neben deinen Sessel! Gute Anlagen sollen sie ja angeblich haben, aber jetzt überzeugen sie mich eher vom Gegenteil. Schau an, sie pinkeln synchron! Jeder hat an einem Bein deines Sessels eine kleine Pfütze hinterlassen. Das ist doch ein Beweis ihrer Zuneigung zu dir! Ihr werdet euch gewiss gut miteinander verstehen!"

Im Dienst der Hansekaufleute

„War das ein schöner Abend gestern bei Euch, Graf Engelbert! Ich danke Euch auch im Namen von Ditz dafür, dass wir Euren Geburtstag mit Euch feiern durften. So ein leckeres Essen werden wir wohl bis Ende Juli 1354 nicht mehr vorgesetzt bekommen, von dem schönen Wein, den Herr Konrad aus altem Bestand spendierte, und der herrlichen Harfenmusik der Gräfin ganz zu schweigen! Wie gut, dass wir vorgestern noch in Schwerte bei Praëls vorgesprochen haben! Andernfalls hätten wir seinen Abreisetermin möglicherweise verpasst. Heute heißt es noch mal tüchtig zuzupacken, um alle Waren gut in beiden Wagen zu verstauen. Morgen soll es ja in aller Frühe bis Soest gehen. Wie lange rechnet Ihr bis Lübeck?"

„Nun, lieber Hendryk, unser Begleitauftrag gilt für fünfzehn bis vierundzwanzig Tage reine Reisezeit. Die von uns zurückzulegende Wegestrecke ist mindestens sechzig Meilen lang, wenn wir die Länge einer Meile so zugrunde legen, wie Praël es tut[225]. Er sagte mir, aus seiner Erfahrung schafft sein Kaufmannszug täglich etwa fünf Meilen. Das bedeutet bei je einem Ruhetag in der Woche etwa fünfzehn Tage Reisezeit! Allein reitend, würden wir die Strecke bei normalem Tempo in rund zehn Tagen schaffen können. Bedenke aber: Je länger wir unterwegs sind, umso mehr Tagegeld können wir erwarten. Bei zwanzig Silbermark pro Kopf und Tag würde jeder von uns in fünfzehn Tagen dreihundert Silbermark verdienen können!"

„Ein hübsches Sümmchen für jeden von uns dreien", meinte Hendryk. „Von mir aus braucht die Reise gar nicht so schnell vonstatten zu gehen!".

224 In Marmor gehauen, schmücken sie bis heute den Quirinalsplatz und das Kapitol in Rom.
225 Die damalige Meile war umgerechnet auf heutige Verhältnisse rd. 7,4 Kilometer lang.

„In Praëls Sinn wäre das nicht. Je schneller er seine Waren an den Mann bringt, umso weniger Transportkosten hat er. Berücksichtige auch: Wir sind nicht sein einziges Personal! Für zwei Wagen benötigt er mindestens zwei Kutscher. Dazu kommen der Fuhrmeister, zwei Knechte und Praëls Sohn dazu, mithin insgesamt sechs seiner Leute und dazu noch wir drei. Alle Begleiter und auch ihre Pferde futtern ganz schön was weg! Da fallen fünf oder gar sieben Reisetage deutlich gewinnmindernd ins Gewicht!"

Gerade ritten die drei frisch engagierten Reisebegleiter des Kaufmanns Baldwin Praël durch Holzwickede. Schon von weitem hatten sie einen großgewachsenen Mann mit einem bunten Tuch winken sehen. Es war Rembert von Greven, der stolz seinen neugeborenen Sprössling im Arm hielt. Schon vorgestern hatten sie von dem Glück gehört, dass seine Frau ihm während seiner langen Reise einen gesunden Stammhalter geschenkt hätte, der auf den Namen Gerold hören sollte. Rembert hatte es sich nicht nehmen lassen, Praëls Reisebegleitern zu Beginn ihrer Beschützertätigkeit zuzuwinken und ihnen für die weite Reise viel Glück zu wünschen.

Als sie sich in Schwerte vor dem Praël'schen Anwesen von ihren Rössern schwangen, standen beide Planwagen schon halb beladen vor der Deelentür der Scheune. „Schön, dass ihr uns beim Beladen helfen wollt!" begrüßte auch der junge Praël die kampfbereiten Reisegefährten. „Je früher wir mit dem Beladen fertig sind, umso zeitiger können wir morgen starten. Ich denke, wir brechen Punkt fünf Uhr auf. Dann schaffen wir die gut sechs Meilen bis Soest bis zum frühen Nachmittag. Schlafen könnt ihr in unserer Scheune. Eure Pferde könnt ihr im Stall festmachen, wenn ihr sie nicht, wie wir es mit unseren machen, heute noch auf den Ruhrwiesen grasen lassen wollt."

Vor den Planwagen lagen schon gestapelte Waren. Der größere Dreispänner sollte die fest bestellten Güter aufnehmen, die für bestimmte Abnehmer in Lübeck vorgesehen waren. Es waren vorwiegend „Breitewaren" aus dem Ennepetal: Schaufeln, Sensen, Sicheln, Forken und Pflugscharen, alles recht schweres Eisenzeug. Daneben standen aber auch Pfannen, Töpfe, Näpfe, Messer, Löffel und große Fleischgabeln, ferner Haushaltsgeräte, wie Besen, Schrubber, Reiben und besonders sorgfältig in Kisten verpackte Tontöpfe und Becher. Die Schwerter Erzeugnisse hatte Praël schon am Vortage geordnet als erste auf dem Wagenboden verstaut. Es waren drei Dutzend Schwerter, die der Bruder Baldwins in Reval schon vor Wochen für die Ordensritter in Auftrag gegeben hatte. Für sie waren auch die Helme sowie jene Panzerhemden und -kapuzen bestimmt, die Baldwin am Vortage selbst von Berthold abgeholt hatte.

Praël hatte zudem von seinem Iserlohner Freund Giselher gestern noch Waren geliefert bekommen: einige Drahtrollen und weitere typische Erzeugnisse aus der Mark – Ketten für Hunde und Ziegen, Trensen mit Leinen und Beschlägen, Steigbügel, Nägel, Angelhaken und Schnallen mit verschieden langen und breiten Riemen. Diese beiden Händler machten schon seit vielen Jahren gute Geschäfte miteinander. Schließlich waren sie auch ordentlich gewählte Bürgermeister: Giselher von Iserlohn und Praël senior in Schwerte, das sich allerdings noch nicht Stadt nennen durfte. Auch Handwerkszeug wie Hämmer, Zangen vielerlei Art und Seile unterschiedlicher Stärke führten sie mit. Über alle besonders schweren Sachen stapelten Praël und seine Helfer Stoffballen und Säcke, bis der Wagen so beladen war, dass nichts mehr hineinpasste. Jetzt wurde die Plane darübergezogen, festgeschnallt und zusätzlich mit dicken Hanfseilen gesichert.

Eines wunderte den Grafen allerdings. Die große Plane, die den Wagen umschließend abdeckte, wies oben in der Mitte einen langen Schlitz auf. Als er diese Vorrichtung näher untersuchen wollte, sprach ihn Ortwin Praël an, um Engelbert einzuweihen: „Das ist mein Bett. Durch den Schlitz steige ich ein und aus. Stets freue ich mich darüber, wenn ich durch ihn bei nächtlicher Fahrt die Sterne funkeln sehe." Engelbert staunte. „Ein romantischer Sohn musste das sein", dachte er bei sich, sagte dazu aber weiter nichts mehr.

Auch der zweite, allerdings nur zweispännige Wagen wurde ähnlich reisefertig gemacht. In ihm sollten Gerätschaften mitgeführt werden, die man unterwegs und an der Ostsee gut gebrauchen konnte. Sie waren auch nicht vorbestellt. Von ihrem Verkauf versprachen sich die Praëls zusätzliche Gewinne. Dabei ging es um Drahtrollen mit unterschiedlichen Drahtstärken. Die Feindrähte nahmen am wenigsten Platz ein, da sie auf Spulen aufgerollt waren. Mittelfeine Drähte waren in Ringen zusammengelegt, die mit ölgetränkten Lappen umwickelt waren. Auch einige Ringe mit recht dicken Drähten waren zu verstauen gewesen. Diese hatten einen Durchmesser von bis zu eineinhalb oder gar zwei Fuß. Als Engelbert diese Drahtwaren sah, wollte er möglichst genau wissen, wie lang die mittelfeinen Drähte an den Rollen wohl wären. „Die mittelfeinen mit Klinkenmaß fünf bis siebeneinhalb sind in jeder Rolle um die tausend Ellen lang."

„Und was kostet so eine von ihnen? Ich nehme auch angerosteten Draht", ergänzte Engelbert.

„Wenn Ihr so was haben wollt, dann schenke ich Euch das. Wir haben davon viel zu viel am Lager, können und wollen es sowieso nicht verkaufen. Seid Ihr mit fünf Rollen einverstanden? Gut, dann nehmt die Dinger mit und ladet sie auf!"

Keiner der Zuhörenden konnte sich erklären, warum sich Graf Engelbert für verrosteten Draht interessierte. Grafen können eben manchmal recht eigenwillige Menschen sein!

„Warum bepackt Ihr denn den zweiten Wagen mit soviel Kram?", befragte Engelbert den Alten. „Ach, lieber Graf, man kann nie wissen, wie lange man irgendwo mit dem Transport liegen bleibt. Mal sind die Flüsse über die Ufer getreten, mal die Brücken gesperrt oder die Fährleute nicht da. Es gibt auch

Schnee-, Eis- und Regentage! Dann packen wir, meist in den Städten, unsere Waren aus und stellen sie zum Verkauf. Für die äußersten Preise haben wir Preis- und Warenlisten dabei. Darin eingetragene Preise dürfen keinesfalls unterschritten werden. Im Zweifel laden wir wieder ein, was wir nicht loswerden können. Erfahrungsgemäß machen wir aber mit diesen ‚Ausstellungen' beste Geschäfte. Zunächst bieten wir zu Höchstpreisen an, dann sehen wir, wie die Kunden darauf reagieren. Wir verkaufen aber nie ‚unter Preis'. Manchmal bringt uns dieses ‚Verkaufen ab Wagen' mehr Gewinn ein als der ganze Erlös aus vorbestellten Waren, und wenn wir unterwegs etwas ganz preiswert bekommen können, nehmen wir es oft mit, zum Beispiel ausgefallene Textilien, Bürsten, Knöpfe, selbst Reinigungsmaterial, wie Putzlappen oder Aufnehmer. Man soll nicht glauben, was die Leute uns dafür bezahlen, weil sie es gerade dringend brauchen.

Auf unserer letzten Fahrt haben wir sogar zwei Ambosse zu verschwindend niedrigem Preis erworben. Sie waren sauschwer! Nach kaum fünfundzwanzig Meilen weiter waren wir sie schon wieder los und hatten das Fünffache des Einkaufspreises in unserer Tasche! Für Geschäfte muss man eben eine gute Nase haben. Wenn wir nicht mit den Menschen ins Gespräch kämen, würden wir ja nie erfahren, was sie brauchen und was sie dafür zu zahlen bereit sind. Oft kann ein unfreiwilliger Aufenthalt für uns großen Segen zur Folge haben."

Schon am späten Nachmittag des „Rüsttages" waren die Vorbereitungen zur Kaufmannsfahrt abgeschlossen. Als die Abendglocke der Viktorskirche läutete, saßen alle Fahrtbeteiligten im großen Raum des Praël'schen Lagerschuppens und löffelten die ihnen von Praëls Hausgeistern bereitete Suppe. Zuvor hatte der Alte ein Gebet gesprochen und alle ermahnt, immer aufmerksam zu sein. Noch letzte Woche hätten Räuber den Warentransport eines Dortmunder Kollegen zwischen Celle und Uelzen überfallen, die Begleitmannschaft ausgeraubt und schwer verwundet. Deshalb solle diesmal die Reiseroute geändert werden. Ortwin und der Fuhrmeister würden vorsichtshalber ihre Armbrüste und genügend Pfeile mitnehmen, um etwaigen Wegelagerern zu zeigen, dass mit ihnen kurzer Prozess gemacht würde.

Nun habe aber das Schicksal es gut mit den Kaufleuten gemeint. Es habe ihnen drei kampferprobte Begleiter geschickt: den Grafen Engelbert von der Mark und zwei tapfere Recken. Voll beladen sei der kleinere Wagen zwar nicht ganz, doch hätten sie in Soest noch eine größere Ladung frisch gebackenen Schwarzbrots abzuholen. Die Lübecker hätten so oft nach Pumpernickel und westfälischem Schwarzbrot gejammert, dass sich Praël entschlossen habe, es den zum großen Teil aus Westfalen stammenden Feinschmeckern in der Hansestadt zum Kauf anzubieten. Da sich Schwarzbrot lange halte, könne Ortwin ruhig einen übrig gebliebenen Teil dieser Brote mit nach Reval nehmen. Auch da vermisst mancher das geliebte schwarze Brot.

Es gab noch einen erfrischenden Labetrunk; danach hieß es: „Geht rechtzeitig schlafen, Leute. Der nächste Tag verlangt viel von euch." Dann ritt der alte Praël auf seinem schönen Fuchs nach Dortmund. Die Kaufleute der freien Reichsstadt waren zu einer gemeinsamen Sitzung geladen worden. Praël und sein Schwager Molderpas gehörten seit langem zu den Hansekaufleuten dieser Vereinigung, die in London und anderen wichtigen Handelsplätzen Läger und ständige Vertretungen hatte. Gerade Fernhandelskaufmänner hatten ständig auf dem Laufenden zu sein.

❊

Keine Minute später, als der Alte es angekündigt hatte, konnte sich am Morgen des 22. Februar der Praël'sche Transportzug in Richtung Unna über Holzwickede gen Ostland in Bewegung setzen. Wichtig war die Instruktion über die Marschordnung gewesen. Ortwin Praël hatte den Grafen gebeten, seine Dispositionen nach eigenem Gutdünken zu treffen. Engelbert hatte gemeint, den kleineren, nur mit zwei Pferden bespannten Planwagen an der Spitze zu haben. Rechts und links davon sollte je ein Berittener den Reiseweg und die Flanken im Auge behalten, jedoch nicht immer parallel und im Tempo der Planwagen reiten, sondern sich je nach Geländeart und Wegeführung ständig abwechseln. Dem Fuhrmeister und Hendryk van Bönen war es recht, diese Positionen einzunehmen. Ditz von Altenbögge und Engelbert selbst würden den Zug nach hinten absichern und vorwiegend beiderseits des dreispännigen Planwagens reiten. Je einer der für die Transportarbeiten mitfahrenden Knechte solle neben den Kutschern auf dem Bock Platz nehmen. Der Rechtshänder mit einem bereitgehaltenen Schwert rechts, der Linkshänder links vom jeweiligen Kutscher. Ortwin solle es sich in seinem „Hochbett" im größeren Wagen so bequem wie möglich machen. Er müsse dort oben für einen festen Stand sorgen, ständig umherspähen und gegebenenfalls von seiner Armbrust Gebrauch machen, wenn sich ein erkannter Feind an einen der Wagen heranmachen wolle. Notfalls würde auch Ditz oder der Fuhrmannchef mit einer Armbrust umzugehen wissen.

So trottete die Mannschaft über Unna nach Soest, wo sie unmittelbar vor der Stadtmauer in der Nähe des Osthoventores ihren ersten Tagesmarsch beendete und die beim Bäcker bereitliegenden Brote als Zuladung im Zweispänner verstaute. Die Nacht war klar und trocken. Die Kaufleute und ihre Begleiter konnten sich weder über das Wetter noch den Straßenzustand beklagen, zumal sie bis Salzkotten ja einen gut ausgebauten Abschnitt der ersten Straße des Reiches benutzten, die bereits Karl der Große genutzt hatte. Es war jene viel befahrene Strecke, die Europa in östlicher Richtung bis Elbing und in westlicher Richtung bis Santiago di Compostela[226] an der Westküste Spaniens verband. Planmäßig erreichten sie als zweites Tagesziel Rietberg auch ohne besondere Vorkommnisse.

226 Santiago di Compostela, Endpunkt des Jakobsweges, war bereits im Mittelalter einer der bedeutendsten Wallfahrtsorte. Hier wurde vor allem der Apostel Jacobus verehrt.

So ging es weiter nach Gütersloh und Bielefeld. An beiden Orten wurde der kleine Planwagen mit Ballen von Linnen beladen. Auch bunt bestickte Bänder kaufte Ortwin Praël dort noch ein. Dann durchfuhren sie Herford und Minden, wo sie die Weserbrücke nutzen konnten, um zügig am Abend des siebenten Reisetages Nienburg zu erreichen. Während der bisherigen Reise waren ihnen zahlreiche Wagen anderer Kauffahrer entgegengekommen. Einige hatten sie überholt, nur wenige waren schneller als die Praël'schen Wagen weitergekommen.

„Wartet lieber, bis zwei oder drei Wagen im gemeinsamen Konvoi mit Euch reisen. Wegelagerer trauen sich selten, größere Kolonnen anzugreifen", hatte die Nienburger Stadtwache Engelbert geraten. „Ihr seid, wenn Ihr morgen früh losfahrt, für längere Zeit die ersten Fahrzeuge, die den Weg durch das Lichtenmoor und die Ostheide in Richtung Schwarmstedt nutzen. Auf dieser Strecke durch sehr dünn besiedeltes Heide- und Moorland könnt Ihr kaum mit Unterstützung durch andere rechnen."

„Aber gerade weil diese Strecke wenig bekannt ist und nur selten von Kaufmannsgut führenden Gespannen benutzt wird, haben wir diese Route gewählt", erklärte Ortwin Praël den besorgten Nienburgern, die es gut mit den Schwerter Gespannen meinten. „Im Übrigen können wir uns sehr gut wehren!"

„Ihr müsst das selbst beurteilen! Wir haben Euch jedenfalls gewarnt!"

„Für uns heißt es jetzt, doppelt gut aufzupassen!" Engelbert zeigte keinerlei Furcht. Das gab allen übrigen Mut und Zuversicht. Tatsächlich erreichten sie nach gut siebeneinhalb Meilen unangefochtener Fahrt Schwarmstedt und danach Buchholz. Über Wietze nach Celle mussten sie durch den Wietzenbruch, aber auch hier waren die Straßen gut befahrbar und die Reise bei schönstem Vorfrühlingswetter höchst angenehm. Sie stimmten Lieder an und erfreuten sich am hellen Sonnenschein. Celle war erneut ein einwandfrei erreichtes Etappenziel. Hier legten sie einen Ruhetag ein, der ihnen jedoch durch erfolgreiche Verkäufe mitgeführter Waren einen erfreulichen Verkaufserlös einbrachte.

Das nächste Etappenziel sollte die Stadt Uelzen sein. Von Celle bis dorthin waren vorwiegend durch die Südheide fast acht Meilen zurückzulegen. Hier verkehrten relativ viele Fahrzeuge und Reiter auf einer guten Fahrstraße.

Uelzen war mit dem Turm seiner Marienkirche schon von Vreeßen aus zu sehen, da brach ein Rad des großen Planwagens. Ortwin Praël war mit seinen Männern sofort fix dabei, ein mitgeführtes Ersatzrad einzusetzen, dass die Märker Hochachtung vor der Geschicklichkeit der Praël'schen Mannschaft bekamen.

Bei Dunkelheit noch in die alte Hansestadt einzufahren, war Praëls Leuten nicht recht. Man suchte eine geeignete Lagerstätte auf gut befahrbarem Grund und fand sie auch schnell. Alle wollten es sich gerade bequem machen und am Lagerfeuer ein warmes Abendessen zubereiten; da hatte sich die Gesellschaft jedoch in Graf Engelbert getäuscht.

„Nicht einer nimmt ein Stück Brot oder eine Schüssel Suppe, bevor nicht die Wagen so stehen, wie ich es anordne." Recht widerwillig brachten die Kutscher ihre Wagen nach Engelberts Wunsch in unmittelbar benachbarte Parallel-stellung, so dass sich jeweils nur ein Mann mühsam durch den gebildeten Zwischenraum zwängen konnte. Die Deichseln der Fahrzeuge zeigten in ent-gegengesetzte Richtungen. Jetzt ließ Engelbert zwei Drahtrollen mittelfeinen Drahtes entrollen und in Steinwurfweite um die Fahrzeuge ringartig auslegen. Nur an wenigen Stellen wurden Pflöcke in die Erde geschlagen, um den Draht, der teilweise in lockeren Schleifen auf dem Boden lag, ein wenig anzuheben. Jetzt erst gab Engelbert der Mannschaft Gelegenheit, das Essen, am Lagerfeuer sitzend, einzunehmen.

„Ditz, wir beide essen später, wir übernehmen die erste Wache. Wir müssen damit rechnen, dass sich jemand anschleicht, um unsere Situation auszukund-schaften." Die zweite Doppelwache war noch nicht auf den ihnen angewiese-nen Plätzen, als ein dumpfer Fall hörbar wurde. Im Scheine des Feuers war nur schwer auszumachen, wer da über die gespannten Drähte gestolpert war. Aber schon hastete ein Unbekannter zurück in die benachbarte Waldung. „Höchste Alarmbereitschaft, Leute!" Engelbert wies Ortwin und den Fuhr-mannsältesten an, die Wagen zu erklettern, um von dort Ausschau zu halten und ihre Armbrüste zu spannen. Diese Zeit der absolut einzuhaltenden Stille zerrte an jedermanns Nerven. Wie lange würde es dauern, bis die Räuber sich nähern würden? Hendryk wusste in solchen Situationen Bescheid. Er grölte und schimpfte, dass den anderen angst und bange wurde. Dann lallte er laut: „Verdammte Kerle, vertragt ihr denn gar nichts? Ich gehe noch kerzengrade, während ihr alle besoffen 'rumliegt. Ich will jetzt auch schlafen. Meint der Chef etwa, ich würde noch Wache schieben? Soll er doch selbst die Augen offenhal-ten. Ich jedenfalls gehe pennen!"
Alle seine Gefährten hatten verstanden, was er vorhatte. Auch sie wälzten sich, Trunkenheit vortäuschend, teils sich schlafend stellend, zuweilen laut rülpsend und schimpfend auf dem Boden. Schließlich hörte man sie laut und vernehmlich schnarchen. Dann trat absolute Stille ein.
Es war kurz nach Mitternacht, als Zweige im Unterholz des Waldes knack-ten und flüsternde Laute einer ganzen Schar von unheimlichen Gestalten auf die zusammengeschobenen Wagen zuging. Schon fluchte einer von ihnen, weil er zu Fall gekommen war, dann zwei weitere, die infolge des gespannten Drahtes zu Boden gepurzelt waren. Als einer dieser ungebetenen Gäste den inneren Bannkreis der provisorischen Verteidigungsinsel überschritten hatte, surrte Ortwins erster Armbrustpfeil so zielgerecht in dessen Oberschenkel, dass er laut aufschrie. Das war das Signal für die gesamte Praël-Mannschaft aufzuspringen und auf die Angreifer einzudreschen. Engelbert hatte sich vor-behalten, dazu das Kommando zu geben. Gerade hatte er einen hünenhaften Kerl gesehen, der auf ihn zustürmen wollte, da saß schon Engelberts Lanze im rechten Oberarm des laut aufschreienden Banditen. Wilde Flucht aller seiner Kumpane war die Folge. Mit wenigen Handgriffen hatten Engelberts Gefolgs-

leute den Verletzten die Waffen entwunden und sie so mit Seilen gefesselt, dass sie wie wehrlose Bündel auf dem Boden lagen.

Der Überfall war damit glänzend abgewehrt. Jetzt erst konnten die ersehnten „Wässerchen" von den Märkern genossen werden. An Schlafen war aber kaum zu denken. Viel früher als geplant, gingen die Männer um Ortwin Praël und Graf Engelbert auf Weiterfahrt. Am Uelzener Stadttor hielten sie an und lieferten der überraschten Stadtwache ihre Gefangenen aus. Beide hatten viel Blut verloren und stöhnten zum Gotterbarmen. Wenig später erschien Uelzens Bürgermeister. Er ließ sich Bericht erstatten und sah sich die Gefangenen genau an.

„Sieh an, da ist er ja wieder, unser altbekannter Raufbold und Unruhestifter, der vor einem halben Jahr mit anderen Gefängnisinsassen aus dem Verließ entflohen ist. Jetzt bleibt er in Ketten, und zwar mindestens acht Jahre! Ihr aber, liebe tapfere Leute aus der Grafschaft Mark, ihr seid für drei Tage Gäste der Stadt Uelzen. Unterkunft und Verpflegung sowie reichlich zu Trinken ist unser Dank für eure gute Tat!"

„Dürfen wir, Herr Bürgermeister, während dieser Zeit unsere Waren auf Eurem Markt zum Kauf anbieten? Wir haben erstklassige Waren dabei. Lieber überlassen wir sie Euren Bürgern als solchen Ganoven wie denen, die wir größtenteils in die Flucht schlagen konnten!", betonte Ortwin Praël.

„Dazu habt Ihr meine ausdrückliche Genehmigung. Die Stadtwache wird in dieser Zeit aufpassen, dass Euch nichts gestohlen wird! Stellt Eure Wagen aber nicht gerade vor unser neues Rathaus[227], das von allen Besuchern unserer Stadt bewundert wird."

„Vielen Dank, Herr Bürgermeister!", rief Ortwin. Leise aber flüsterte er Engelbert zu: „Lieber Graf, das wird ein Mordsgeschäft werden. Wie gut, dass Ihr bei uns seid!"

An Bord der „Augusta" nach Reval

Vor ihnen lag im Morgenlicht nun die Hansestadt Lübeck,[228] die Perle der westlichen Ostsee. Die Slaven hatten sie schon „Die Liebliche" genannt. Einer funkelnden Stadtkrone glich sie mit den zum Himmel strebenden Türmen ihrer fünf prächtigen Gotteshäuser, deren vergoldete Spitzen das heller werdende Sonnenlicht widerspiegelten. Es waren der gotische Dom, St. Jakobi, die Kirche der Seeleute, St. Petri und St. Ägidien, die Pfarrkirchen der Handwerker, und die Marienkirche, ein Glanzstück gotischer Backsteinarchitektur mit vierzig Meter hohem

227 Das Rathaus der selbstbewussten Hansestadt Uelzen a. d. Ilmenau war 1347 fertiggestellt worden.
228 Um 1294 wurde in Lübeck die Städte-Hanse gegründet, ein Interessenverband zum Schutz und zur Förderung des Handels. „Hanse" bedeutet Schar, Genossenschaft. Mitglieder wurden Seestädte, wie Lübeck, Wismar, Rostock, Stralsund und Riga, aber auch viele Binnenstädte, wie z. B. Lüneburg, Köln, Soest und Dortmund. Im Ausland entstanden Kontore der Hanse, z. B. im russischen Nowgorod der Peterhof, im skandinavischen Bergen die Deutsche Brücke und in London der Stalhof = Stapelhof.

Mittelschiff und zwei flankierenden, einhundertfünfundzwanzig Meter hohen Türmen.

„Bald sind wir am Ende unserer Reise mit unserem Kaufmannszug", kündigte Graf Engelbert seinen Begleitern an. „Bin mal gespannt, ob sich ein geeignetes Schiff findet, das uns mit unseren Pferden aufnimmt und recht bald nach Livland bringt."

„Wenn nicht, könnten wir doch auch reiten", schlug Ditz vor. „Mit unseren Pferden sind wir ja viel schneller als mit den trödeligen Planwagen, denen wir uns bisher im Tempo anpassen mussten."

„Hast du dir mal die Strecke klargemacht, die bis Reval noch vor uns liegt?" Engelbert war bestrebt, seinem jüngsten Ritter die Weite der auf dem Landwege zurückzulegenden Strecke vor Augen zu führen. „Sicherlich wäre es reizvoll, die schönen Hansestädte Wismar, Rostock und Stralsund auf dieser Reise kennenzulernen. Aber was erwartet uns dann? Eine höchst gefahrvolle Strecke durch das Land der einstigen Piastenfürsten zwischen Oder und Bug. Dieses Gebiet zerfiel in heillos zerstrittene Teilfürstentümer. Nur mit Mühe ist es König Wladyslaw Lokietek gelungen, sie zu einen. Man munkelt sogar, die Polen planten, mit den Litauern gemeinsame Sache zu machen, mit jenem Volk also, gegen das wir in Livland in den Krieg ziehen sollen."

„Dann nehmen wir eher eine gefahrvolle Schiffsreise in Kauf.", meinte Hendryk. „Schlimmer als auf der Fahrt nach Akkon kann es ja kaum kommen. Zunächst bin ich erst einmal auf Lübeck gespannt, die Stadt, die wir gleich kennenlernen werden."

Der letzte Abschnitt ihrer Begleitschutzaufgabe war bald geschafft. Ortwin Praël führte seine Wagen zielsicher vom Mühlentorplatz über die Mühlenbrücke in das Zentrum Lübecks, bog dann aber, anstatt die Breite Straße zu nutzen, nach Westen über die Marlesgrube zum Ostufer der Stadttrave ab. Dort ließ er halten.

Er suchte hier einen ihm bekannten Handelsmann auf, um in dessen Hof einen Teil der Pferde unterzubringen. Sein Vorhaben gelang. Engelbert und seine Begleiter konnten ihre Pferde unterstellen und zuverlässig versorgen lassen.

Dann ging die Planwagenfahrt weiter am Holstenhafen entlang zum Hansahafen an die Nordwestspitze der wie ein Schiff vom Wasser der Trave umschlossenen Stadt. Gleich an der Untertrave entdeckte Ortwin nahe des Burgklosters seinen wichtigsten Geschäftspartner. „Gute Fahrt gehabt, Ortwin?", hatte er von weitem gerufen.

„Erzähl ich dir später! Ich muss erst unsere Lebensretter verabschieden. Ohne den Grafen von der Mark hätte unsere Reise hierher schon bei Uelzen fast ein tragisches Ende genommen."

Ortwin winkte die Märker zu sich. „Ich weiß, Graf Engelbert, Ihr habt es eilig, nach Livland zu kommen, aber noch eiliger habe ich es, mich bei Euch für Eure Umsicht und Hilfe zu bedanken. Wir hatten vor Antritt der Fahrt ausgemacht, jedem von Euch einen Gulden pro Tag zu zahlen. Das wären bei vierundzwanzig Tagen genau zweiundsiebzig Gulden. Damit Ihr seht, wie dankbar wir für Eure Dienste sind, verdoppele ich diese Summe und runde sie auf einhundertfünfzig Gulden auf. Ich hoffe, Ihr seid damit zufrieden."

„Das sind wir sehr, doch wenn Ihr uns noch einen Gefallen tun wollt, helft uns bei einer günstigen Schiffspassage."

„Sehr gern, Kommt heute Abend gegen sieben Uhr wieder hierher. Ich will mein Möglichstes tun."

Schon als sie durch die ersten Straßen geritten waren, spürten die Märker: Dies ist eine Stadt, in der die vornehmen Kaufleute das Sagen hatten. Sie staunten über die vielen neuen, meist gotischen Backsteinbauten, die recht schmalen, dafür aber sehr hohen Speicherhäuser am Hafen, die stattlichen Wohnhäuser der über Generationen reich gewordenen Handelsherren, die Gebäude wohltätiger Institutionen wie das Heilig-Geist-Spital[229] und vor allem über die von den mächtigen Zünften erbauten Kirchen. Ein Baugerüst fiel ihnen besonders auf. Es war für den im Bau befindlichen Turm der Petrikirche[230] bestimmt. Ein kleiner Beweis dafür, dass Lübeck noch größer und schöner werden wollte! Ohne Zweifel war es die Hanse, die Lübeck nach Köln zur größten Stadt im damaligen Deutschland hatte werden lassen.

Gehandelt wurde vorwiegend mit Salz, das über die Salzstraße aus Lüneburg angefahren wurde, aber auch aus Burganeuf und Brouage in Frankreich stammte.[231] Salz wurde von hier aus in großen Mengen nach Skandinavien verschickt, wo es zum Einsalzen von Heringen gebraucht wurde. Auch mit Tuchen aus Flandern und sogar mit Obst und anderen Handelsgütern aus Italien handelten die Lübecker Großkaufleute.

Über Jahrhunderte hinweg blühte der Handel mit jungen Fassweinen aus Bordeaux. Die Lübecker schafften sie in ihre Lagerhäuser, zogen sie auf Flaschen und ließen sie mit offenbar ausgezeichneten Ergebnissen heranreifen zum „Lübecker Rotspon"[232]. Der war zwar nichts anderes als an den Ufern der Trave gealterter Bordeauxwein, gehörte aber seit jeher zu den herausragenden Spezialitäten der Hansestadt. Mit den erzielten Überschüssen ihres regen Handels entwickelte sich Lübeck zum kulturellen Mittelpunkt des westlichen Ostseeraumes.

Hier bot sich den Märkern ein Bild erfreulichen Lebens in einer ganz und gar friedlichen Welt. Wie lange noch würde dieser Frieden anhalten? Die willkommene Gelegenheit, durch die Stadt zu bummeln, nutzten die Märker weidlich aus. Durch das nahe Burgtor[233] schlenderten sie am Heilig-Geist-Spital und an

---

229 Der Ziegelbau des Heilig-Geist-Spitals ist das bedeutendste und besterhaltene seiner Art in Deutschland. Er entstand bereits um die Mitte des 13. Jahrhunderts. Das Spital wurde 1276 gegründet.

230 Die Lübecker Petrikirche hatte eine lange Bauzeit (13./14. Jh.).

231 Orte in der Haute Marche in der Nähe von Limoges

232 Mit Rotspon wird im Spanischen ein Holzfass bezeichnet.

233 Gemeint ist hier der Vorgänger des heutigen Burgtores, eines spätgotischen Ziegelbaues von Stadtbaumeister Nikolaus Peck. Dieses neue Burgtor wurde erst 1440 fertiggestellt.

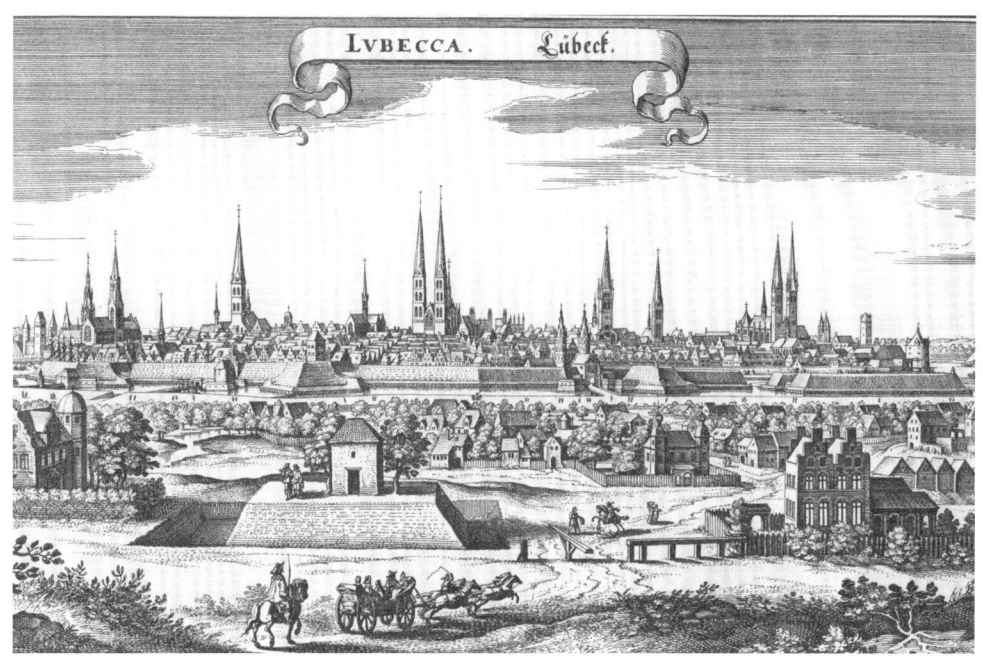

Silhouette der Hansestadt Lübeck. Kupferstich von Matthäus Merian d. Ä. um 1650

Alte Stadtbefestigungen von Reval

265

der Jakobikirche vorbei zum Haus der Schiffergesellschaft. Engelbert hoffte, dort Kontakt zu Leuten zu finden, die ihm und seinen Männern eine gute Mitreisegelegenheit auf einem der gen Livland fahrenden Schiffe verschaffen konnten.

Da Mittagszeit war, nahmen sie in diesem Hause auch ein gutes Mahl ein. Gespräche mit anderen Gästen und dem Wirt eröffneten ihnen zunächst zahlreiche Offerten. Als sie jedoch erklärten, sie hätten vier Pferde dabei, blieb nur noch eine von Wert. Die „Augusta", eine große Kogge, würde übermorgen nach Danzig ablegen und von dort nach Riga und Reval weiterfahren. Der Wirt erbot sich, beim Kapitän, der ein guter Bekannter von ihm sei, ein gutes Wort einzulegen und einen christlichen Preis herauszuschlagen. Gleich gegen zwei Uhr, wenn die Küche schlösse, würde er alles regeln. Die Herren dürften bis dahin gern ein paar „Terpentin"[234] auf Rechnung des Hauses zu sich nehmen. Hatte er darauf gehofft, sie würden bei seiner Rückkehr nicht mehr ganz im Besitz ihrer Sinne sein?

Als er mit der von ihm so glücklich genannten Botschaft zurückgekommen war, erklärte er: „Zweihundert Gulden ist der Pauschalpreis, und der ist vor Antritt der Fahrt zu zahlen."

„Fast meine ich, am Mittelmeer zu sein!", war Engelberts Antwort. „Ich gebe Euch morgen Bescheid. Einstweilen danke ich verbindlichst!"

Die gute Laune der Märker war angesichts der unerwartet hohen Kosten für die Schiffsreise schnell verflogen. Etwas missmutig fanden sie den Weg zum Markt, bewunderten das schöne Rathaus und besuchten die Marienkirche und den Dom. Jetzt waren sie an der Südspitze und damit am südlichen Ende der Nord-Süd-Achse der Innenstadt angelangt. Von hier wanderten sie zurück zum Abladeplatz der Praël'schen Fahrzeuge.

Es war noch früh am Nachmittag, doch Ortwin rief ihnen schon von weitem zu: „Unsere Weiterfahrt kann schon übermorgen vonstatten gehen. Ich habe gleich für Euch mitgebucht. Die ‚Augusta'[235] erwartet Euch und Eure Pferde schon morgen Abend. Die Mitfahrt kostet für jeden von Euch einschließlich Pferd fünfundvierzig Gulden, das vierte Pferd nimmt er für zehn weitere Gulden mit."

„Danke Ortwin! Das soll ein Wort sein! Dann reisen wir also gemeinsam mit Euch bis Reval!"

„Wartet noch eine knappe Stunde, dann seid Ihr meine Gäste im Ratsweinkeller!"

„Tolle Kerls, diese Kaufleute!", meinte Ditz. „Da haben wir also fünfundfünfzig Gulden gespart."

„Nein, mein Junge, die hätten wir zuviel gezahlt", erwiderte der Graf. „Merke dir, ab heute sollten wir mit Wirten keine Geschäfte mehr machen."

---

234 Lübecker hochprozentiger Branntwein
235 Augusta = die Erhabene, ein Frauenname, der römischen kaiserlichen Familien verliehen wurde. Erst Ehrenname, dann Titel der Gemahlin des regierenden römischen Kaisers.

Beim Rotspon erfuhren die Märker von Ortwin und dem Wagenmeister mehr über die Geschäfte der Praëls. Sie gehörten zur Gemeinschaft der Dortmunder Fernkaufleute, die mit den Hanseleuten aus ganz Europa gute Kontakte pflegten. Die Dortmunder gehörten zum Kölner Quartier dieser auf genossenschaftlicher Basis von west- und norddeutschen Kaufleuten gegründeten und von der Mitte des 12. Jahrhunderts an immer stärker wachsenden, wenn auch nur locker verbundenen Handelsorganisation. In London, Brügge, Köln, Lübeck, Bergen und im russischen Nowgorod bestanden Handelskontore der Hanse. Sie sorgten für Verteilung und Verschickung wichtiger Handelsgüter, und zwar vorwiegend auf dem Seeweg.

Ihre Koggen und Holks transportierten alle nur denkbaren Waren. Koggen waren einmastige dickbauchige Schiffe mit Rahsegel und beweglichem Heckruder. Sie hatten unterschiedliche Größe und verfügten über ein erstaunliches Fassungsvermögen. Die Maßeinheit für die Ladefähigkeit einer Kogge hieß Last[236]; sie entsprach ursprünglich der Roggenmenge, die ein vierspänniger Wagen transportieren konnte. Eine Kogge von fünfzig Last leistete als Transportgerät also soviel wie ein Zug von fünfzig Pferdewagen herbeizuschaffen vermochte, nur viel schneller und preisgünstiger.

Ortwin hatte sich am nächsten Tage schon früh auf den Weg gemacht, um für seine Abnehmer in Reval Seile zu beschaffen. Sie waren aber auch in der Mark sehr gefragt. In diesen Stunden lernten die Märker das bunte Marktleben vor dem Lübecker Rathaus kennen. In seinen Bogengängen[237] hatten Handwerker und Geldwechsler ihre Stände eingerichtet. Die Verkaufstische der Händler waren über den großen Platz verteilt. Sie bestanden aus leicht auf- und abbaubaren Auslagetischen, die vielfach mit Regenschutz bietenden Planen überdeckt waren. Die Händler boten nicht nur Lebensmittel wie Fleisch, Fisch, Käse und Butter, Brot, Obst und Gemüse feil. Auch Tuche, Seidenerzeugnisse, Hüte, Schmuck und Gewürze, sogar lebendiges Geflügel, Ziegen, Lämmchen und Hunde waren in diesem riesigen Angebot. Die Märker wurden zu staunenden Betrachtern, denn hier schien es einfach alles zu geben: Messer- und Scherenschleifer und sogar einen Bader, der sich erbot, kranke Zähne zu entfernen und für schmerzlosen Gebrauch der „noch guten" zu garantieren.

Was Engelbert besonders auffiel, war die trotz des Gekreisches der Marktfrauen und der sich durch die Marktgänge zwängenden vielstimmigen Menschenmenge gesittete Weise, in der die große Verkaufsveranstaltung vonstatten ging. Er bemerkte auch die beiden Wächter, die mit ihrem unübersehbar bunt umwickelten Marktstock zwischen den Ständen patrouillierten. Im Schatten der Rathausarkaden saß in unmittelbarer Nähe des Prangers der Marktvogt. Seine Aufgabe war es, Diebe, Ruhestörer und Betrüger stante pede einer gerechten Strafe zuzuführen.

236 Das waren etwa 2 t.
237 Die Renaissancelaube des Rathauses entstand erst 1570/72.

„Da sieht man wieder", kommentierte Graf Engelbert, „ohne Aufsicht und Androhen von Strafen können sich die Menschen nicht friedlich verhalten! Es gibt niemals eine Zusammenkunft unterschiedliche Meinungen Vertretender, die ohne Regeln und Gesetze auskommen können." Die beiden Ritter nickten zustimmend. Hendryk meinte: „So ist das Volk eben!"

„Nein, Hendryk, ich meine nicht nur das einfache Volk! Ich denke mindestens genauso intensiv an diejenigen, die sich allzu oft ihrer Bildung brüsten, besonders an die Fürsten. Wenn ich bedenke, wie in dieser Zeit in Geldern verwandte Vertreter des Adels um die Vorherrschaft in ihrem Lande ringen, sehe ich dieses Marktleben mit großer Freude. Weil viele tapfere Männer durch ungezügelten Geltungsdrang und launenhaftes Verhalten allein des Herzogs Johann von Brabant sterben müssen bei den von ihm vom Zaun gebrochenen Kämpfen, zweifle ich an seinem Verstand. Gerade die zu hohem Dienst an ihren Mitmenschen Berufenen sollten mehr Einsicht besitzen!"

„Wir kennen so etwas gottlob in unserer Mark nicht!", bekannte Hendryk, bevor Engelbert fortfuhr:

„Wie friedvoll und auf das Wohl des Landes und seiner Leute bedacht sind dagegen unsere Amtmänner und Drosten in der Mark! Sie denken nicht an eigenen Reichtum, sondern sehen als höchstes Ziel, die ihnen gestellten Aufgaben gewissenhaft zu erfüllen. Denkt nur an Gert von Plettenberg, der jetzt an meiner Statt die Geschicke unserer Mark zu leiten hat. Ich zweifle nicht im geringsten daran, dass er wie einst dein Vorfahr, der Ritter Rudolf von Bönen, handelt, der uns die Burg Blankenstein erhielt. Ich denke auch an die beiden Dietmars von Altena, Vater und Sohn, sowie ihren Verwandten, den Altenaer Amtmann Rutger. Sie haben meinem Großvater und meinem Vater treue Dienste geleistet. Ungezählte andere gaben unserer Grafschaft in Friedens- und Kriegszeiten Beispiele ehrenhafter Gesinnung und vorbildlicher Verantwortungsbereitschaft. Wenn wir aus Livland zurück sind, wollen wir es ihnen daheim gleichtun!"

Als die Märker mit ihren Pferden zum Ankerplatz der „Augusta" kamen, waren die für Livland bestimmten Waren bereits in derem Bauch verstaut. Ortwin hatte sich von seinen Gefährten gerade verabschiedet. Er hatte ihnen noch geraten, vom Seilwinder weitere Taue und Tampen zu erwerben. Praëls sollten stets einen möglichst großen Vorrat davon haben. Die übrige Rückfracht der Planwagen bestand aus zehn Fässern Heringen, Stockfischen, Seehundsspeck und Teer. Auch mit Harz, Honig und Wachs aus dem Samland sowie Pelzen und Fellen aus Russland hatten sie ihre Wagen beladen.

Dem Fuhrmeister hatte Ortwin zwölf schöne Bernsteinketten anvertraut. Zwei sollten für ihn, die übrigen für Ortwins Eltern sein. Die wüssten dann schon, wem sie diese goldgelb leuchtenden Schmuckstücke mit einem Gruß von ihrem Sohn zu übergeben hätten.

Endlich kam Ortwin schnellen Schrittes auf die am Kai des Hansehafens wartenden Märker zu: „Bis auf euch und die Pferde sind alle Sachen bereits auf der ‚Augusta‘ verstaut. Jetzt warten wir auf einen Prahm, mit dem wir zur ‚Augusta‘ übersetzen. Die dickbauchige ‚Augusta‘ kann mit ihren sechzig Last Laderaum nämlich nicht an der Kaimauer anlegen. Sie hat zuviel Tiefgang. Mit einer Seitenhöhe von zwölfeinhalb Fuß gehört sie zu den größten Koggen der Lübecker Hanse. Jetzt legt man hier sogar noch größere Schiffe, die Holks, auf Kiel. Die haben noch mehr Fassungsvermögen.“

Die Pferde sträubten sich sehr, die feste Erde mit dem schwankenden Boden des Schiffes vertauschen zu müssen. Schließlich war auch deren Transport auf die „Augusta“ gelungen. Als die Märker mit Ortwin auf der vorderen Kastellplattform über dem runden Schiffsbug standen, fiel Engelbert etwas siedendheiß ein: „Sind meine Drahtringe auch an Bord?“, lautete seine besorgte Frage.

„Aber sicher“, gab Ortwin zur Antwort. „Ihr müsst wissen, auf uns könnt Ihr Euch genauso verlassen, wie wir es auf Euch bei unserer Fahrt nach Lübeck konnten. Ich will nur hoffen, dass die fünf Schweden, die wir als Begleiter für die Rückfahrt engagieren konnten, ebenso tapfer und vorausschauend sein werden, wie Ihr es wart, Graf Engelbert!“

Während sie das Schiff musterten und auf dem größeren Achterkastell ein kurzes Gespräch mit dem Kapitän führten, versank die Sonne am westlichen Horizont.

„Sobald sie wieder aufgeht, lasse ich Anker lichten und Segel setzen“, erklärte der Kapitän. „Legt euch bald schlafen, denn so ruhig wie jetzt wird es in den nächsten Nächten nicht sein!“ Diesem Rat folgten alle gern.

*

„Wir fahren ja schon!“, rief Ditz, der zum ersten Male eine Schiffsreise machte. Er war schon auf dem Achterdeck gewesen, als sich das riesige rotweiß gestreifte Segel der „Augusta“ unter dem ablandigen Wind aufblähte. Die anderen rollten sich noch schlaftrunken auf dem Unterdeck, als sie den fröhlichen Jungmann erzählen hörten. „Blauer Himmel, Wind von Südwest und jetzt eine von den leckeren Wecken, die wir frisch aus der Backstube des Bäckers mitgenommen haben! Was will man mehr?“ Zügig und unerwartet schnell glitten sie auf der Trave zur offenen See. Vorbei ging es an Sandbänken und kleinen Inseln im Fluss. Seitlich der Trave grüßten sie unentbehrliche Türme auf beiden Uferseiten, die ihnen durch Seezeichen oder Blinkfeuer den Weg zu weisen hatten.

Als sie das offene Meer erreicht hatten, wussten die Märker, was der Kapitän gemeint hatte, als er ihnen geraten hatte, rechtzeitig die Zeit zum Schlafen zu nutzen. Die Kogge krängte nun stark zur Leeseite. Aus Westen herrschte steifer Wind, und die „Augusta“ nahm mächtig Fahrt auf.

„Nun, meine Herren“, begrüßte der Kapitän seine Gäste, „ich hoffe, alle sind wohlauf.“ Das waren sie auch. Voller Interesse verfolgten sie die mecklemburgische Küste, an der entlang sie gen Osten fuhren. „Wir halten so lange wie eben möglich Sichtkontakt zum Land“, erklärte der Kapitän. „Wenn ihr wollt, schaut mal durch mein Glas!“

Da sahen sie das langgestreckte Ufer des Klützer Winkels. Deutlich bemerkten sie auch, wie sich der Abstand zum Ufer ständig vergrößerte, als sie auf die Insel Poel zuhielten. Dann passierten sie querab auch die Halbinsel Wustrow. Hiddensee lag schon ziemlich weit steuerbord.

„Da sehe ich schon die weißen Klippen von Rügen, von denen Ihr mir erzählt habt", freute sich Ditz. Aber es war noch nicht soweit.

„Das ist erst das Ufer von Mövenort. Gleich haben wir Kap Arkona erreicht, doch dann kannst du wirklich die hohen Kreidefelsen der Rügener Halbinsel Jasmund bewundern."

Daraus wurde aber nichts, denn der Himmel hatte sich verdunkelt, Schneeschauer beeinträchtigten die bisher so gute Sicht. Die Wellen schlugen immer heftiger gegen die verklinkerten Bordwände der „Augusta".

Wie es der Kapitän geschafft hatte, noch vor Mittag am zweiten Tag auf See sein Schiff sicher und völlig unbeschädigt im Danziger Hafen anlegen zu lassen, blieb den Märkern ein Rätsel. Sie jedenfalls hatten den ersten Teil der Seereise gar nicht so gut überstanden. Sie waren froh, in Danzig wenigstens ein paar Schritte auf der vertrauten Erde gehen und tüchtig durchatmen zu können, denn unter Deck hatte ein mörderischer Mief geherrscht.

*

Das Aus- und Einladen im Danziger Hafen dauerte kaum zwei Stunden. Da der eisige Westwind etwas nachgelassen und nun auf Südwest gedreht hatte, entschloss sich der Kapitän, ihn zu nutzen und die Ausfahrt aus der Weichselmündung umgehend vorzunehmen. Gern hätte sich Engelbert das seit 1308 zum Deutschen Ritterorden gehörende Danzig näher angesehen. Die Stadt gehörte zwar noch nicht zur Hanse[238], doch war es eine aufstrebende Handelsstadt mit lübischem Recht[239], deren Bewohner seit zehn Jahren dabei waren, ihre Hauptpfarrkirche, die Marienkirche,[240] fertigzustellen. Die nur mit Mühe überstandene Seekrankheit hatte auch Engelbert lustlos und matt werden lassen.

*

Zur Freude aller kam der Wind nun mehr aus südlicher Richtung. Von daher brachte er wärmere Luft mit. Auch der Kapitän schien nun freundlicher in den Tag zu schauen. Zu den Passagieren gewandt, sagte er: „Das Schlimmste habt ihr Landratten überstanden, jedoch kann ich euch nicht ersparen, bevor wir nach Reval kommen, ein weiteres Land im Norden kennenzulernen."

„Ihr meint Schweden?", wollte Engelbert wissen.

„Nein, dort anzulegen, kommt mir keinesfalls in den Sinn. Ich meine die größte Ostseeinsel Gotland, deren Hafenstadt Visby wir jetzt ansteuern. Ihr

---

238 Danzig wurde erst 1361 Stadt der Hanse.

239 Lübisches, nach der Stadt Lübeck genanntes gesprochenes Recht war nach dem Magdeburger das wichtigste mittelalterliche deutsche Stadtrecht. Es hatte im ganzen Ostseeraum bis nach Reval und Narva Geltung.

240 Die Bauzeit der Danziger Marienkirche währte von 1343 bis 1502.

habt vielleicht bemerkt, dass wir gerade auf Nordwestkurs gegangen sind, um den günstigen Wind zu nutzen. Vor uns liegt die zweite Hälfte des Wasserweges nach Reval. Bisher habt Ihr von Lübeck bis Danzig die erste überstanden."

„Wir fahren demnach nicht nach Riga, wie wir es zunächst vorhatten?", fragte Engelbert erstaunt.

„Nein, ich habe die Route geändert. Der für uns Schiffer so allgewaltige Aiolos[241] hat mir den guten Rat gegeben, den Kurs nach Norden einzuschlagen. Es gibt aber auch noch einen weltlichen Herrscher, der mich nach Visby beordert hat, nämlich den Komtur von Visby. Eigentlich wollte ich erst auf der Rückreise, von Reval kommend, dort anlegen. In Danzig erfuhr ich aber, dass man uns in Visby möglichst schnell braucht. Die Ordensritter sind ja unsere wichtigsten Partner. Sie können sogar recht ungemütlich werden, wenn etwas nicht nach ihren Wünschen geht. Jetzt muss Riga bis zur Rückreise warten. Der Umschlag im Hafen ist dort ohnehin geringer geworden, seit die Liven sich wieder gegen die Ordensritter erhoben haben."

„Dorthin sollen wir aber", warf Ditz von Altenbögge ein.

„Soweit ich weiß", antwortete der Kapitän, „habt Ihr einen Auftrag, Euch beim Landmeister Goswin von Herreke zu melden, und der sitzt in Reval."

„Das stimmt!", bestätigte Engelbert. „Der wird uns schon sagen, in welchem Teil Livlands wir zum Einsatz kommen sollen."

„Livland ist groß", ergänzte der Kapitän. „Sogar sehr groß, wenn man diesen geographischen Begriff weit auslegt. Historisch gesehen, gehört das ganze Gebiet an der baltischen Küste der Ostsee, das früher von der Nordspitze Kurlands bis an die Düna vom Volksstamm der Liven besiedelt war, zu Livland. Heute unterscheiden wir Kurland deutlich vom größeren Begriff Livland. Kurland umfasst nur den südlichen Teil des kurländischen Landes. Mit Kurland, Estland und auch dem Stift Ösel ist Livland sehr weitläufig.

Was wir allerdings heute unter Livland verstehen, ist kleiner. Es umfasst nur das vorwiegend nördlich der Düna gelegene Gebiet um Riga. Dieses Land hatte der Rigaer Bischof Albert schon vor mehr als hundert Jahren mit Hilfe des von ihm gegründeten Schwertbrüderordens[242] erobert und christianisiert. Landmeister des Deutschen Ordens in Livland ist seit 1345 Goswin von Herreke[243]. Ich habe ihn kennengelernt, als ich bei ihm, dem damaligen Hauptmann von Reval, vor zehn Jahren vorsprach. Von Herreke ist übrigens aus Euerm Lande Westfalen. Er stammt, soviel ich weiß, aus Opherdicke bei Unna!"

„Das ist ja gleich in der Nachbarschaft von uns", unterbrach Ditz von Altenbögge den Kapitän, nachdem er seinen Onkel Hendryk von Bönen mit dem Ellenbogen angestoßen hatte.

---

241 Aiolos gilt gemäß griechischem Mythos als Gott der Winde.

242 Der Schwertbrüderorden Fratres militiae Christi in Livonia wurde 1201 gestiftet und 1237 mit dem Deutschen Orden vereinigt.

243 Der Aufstieg Goswins von Herreke wurde durch sein energisches Einschreiten beim Estenaufstand im Jahre 1343 begünstigt. Nach Rücktritt Burkards von Dreileben wurde er zum Wunschkandidaten der livländischen Gebietiger für das Meisteramt und vom Hochmeister am 14. Dezember 1345 als Meister von Livland. Goswin von Herreke starb am 10. Sept. 1359.

„Es gibt viele Westfalen unter den Ordensbrüdern", fuhr der Kapitän fort, „die können bekanntlich nicht nur gut reiten, sie wissen auch gut draufzuschlagen, wenn es nötig ist. Ihr seht mir auch so aus!" Die Märker widersprachen nicht, sie grinsten nur.

✳

Dank des raumen Windes[244] lag die „Augusta" bald im Hafen von Visby. Schon aus der Ferne fiel der Besatzung und ihren Gästen die gewaltig lange Stadtmauer mit ihren vierundvierzig Türmen auf, die Gotlands Hauptstadt kreisförmig umringte. Visby hatte schon bessere Tage gesehen. Inzwischen hatte sie ihren unangefochten ersten Rang als Hafen- und Handelsplatz an Lübeck abtreten müssen.[245]

Die Ab- und Beladezeit dauerte hier länger als geplant. So früh hatte man die „Augusta" in Visby nämlich nicht erwartet. Deshalb mussten Boten vom Hafenmeister ausgesandt werden, um Abholer und Lieferanten schleunigst herbeizuholen. Der Kapitän nutzte die Wartezeit, mit den Visbyer Fischern ins Gespräch zu kommen. Als Ergebnis seiner Plaudereien wurde ein Dutzend Fässer mit eingepökelten Fischen, vorwiegend Lachsen, Heringen aber auch Aalen an Bord genommen.

„Auch der Käpt'n weiß wohl, wie man gute Geschäfte macht", kommentierte Engelbert dessen Rückkehr an Bord, als die Fässer im Stauraum der „Augusta" verschwunden waren.

Der vorwiegend aus Süden kommende Wind machte es der „Augusta" leicht, Reval in einem Tage zu erreichen. Für die Jahreszeit war es viel zu warm. Die Märker registrierten es voller Dankbarkeit, als die ersten Eisschollen an den Schiffsrumpf polterten. Revals Hafen war aber gottlob eisfrei. Das hatte man in früheren Jahren ganz anders erlebt!

„Macht's gut, Leute, und kommt heil wieder nach Westfalen!", rief der Kapitän den Märkern zu, als sie ihre treuen Vierbeiner von der Dunkelheit im Bauch der „Augusta" befreit hatten. Nun hieß es für die Märker wieder: reiten!

Die Vorstellung

„Zunächst wollen wir uns und unseren Pferden ein wenig Entspannung nach dieser Koggenfahrt über das weite Meer gönnen. Es wird uns guttun, wenn wir auf den Domberg reiten und dort eine ausgiebige Rast machen." Engelberts Vorschlag fand bei Ditz wenig Gegenliebe.

---

244 Raumer Wind ist in der Seemannssprache vorwiegend achterlicher Wind, der die Segel weit aufbläht und das Schiff schnellste Fahrt machen lässt.

245 Visby wurde 1361 von den Dänen erobert und gebrandschatzt, kam 1398 bis 1408 jedoch in den Besitz des Deutschen Ordens, bis es wieder von Dänen und Schweden beherrscht wurde.

„Gleich wieder auf einen Berg?", fragte er. „Ich dachte, wir wollten ein wenig verschnaufen!"

„Eben das können wir dort am besten. Den Aufstieg schaffst du ohne Mühe, denn er liegt unmittelbar neben der befestigten Altstadt und ist mit seinen Befestigungswerken geradezu ein Teil dieser Stadt, die schon 1230 lübisches Recht erhielt, seit 1285 zur Hanse und seit wenigen Jahren dem Deutschen Orden gehört." Nach wenigen Minuten waren sie schon, am Kanonenturm „Kiek in de Kök" vorbei, am Ziel angelangt. Die Stadt mit der Bucht von Reval lag unter ihnen.

„Ich liebe es, Städte, wenn eben möglich, aus der Vogelschau zu betrachten. Deshalb machte es mir immer große Freude, auf Kirchtürme zu steigen oder Bergeshöhen zu erklimmen, von denen man einen weiten Blick hat. Hier liegt alles zum Greifen nahe vor uns: die Türme der Stadtbefestigung, die Reval in reicher Zahl als wehrhafte Stadt ausweisen, die Domkirche, eine dreischiffige Basilika, die Pfarrkirche St. Nikolaus, die kürzlich erbaute Heiliggeistkirche, die ebenfalls dreischiffige Olaikirche und das schöne Rathaus.

Revals vorteilhafte Lage am Südrand des Finnischen Meerbusens mit den vorgelagerten beiden Inseln Naissaar und Aegna hat schon König Waldemar II. von Dänemark angeregt, hier eine Stadt zu bauen, die sich rund um den Dom-hügel schmiegt. Durch die Hanse und neuerdings als Hauptstadt des Deutschen Ordens hat Reval eine herausragende Stellung unter den Seestädten Livlands" – hier verbesserte sich Engelbert sogleich – „ich meine Livland im weiteren Sinne, wie es der Kapitän der ‚Augusta' ausdrückte."

„Vielleicht ist dies für uns heute das letzte Mal, dass wir den Frieden einer wohlhabenden Stadt genießen können", warf der nachdenklich gewordene Hendryk van Bönen ein. „Vielleicht sind wir in wenigen Tagen schon im Kampf mit den Aufständischen, die von der Herrschaft der Schwertbrüder ebenso we-nig beglückt waren wie jetzt vom Joch der Ordensritter!"

„Ja", antwortete Graf Engelbert, „du magst Recht haben. Drum wollen wir das Geschäft mit dem Klerus möglichst bald hinter uns bringen. Wir reiten jetzt zur Burg, um uns beim Ordensmeister zum Kriegsdienst für die Chris-tenheit zu melden!"

✳

„Bedaure sehr, edle Herren, der Ordensmeister weilt zurzeit in Riga beim Erzbischof Fromhold[246]. Möglicherweise hält er sich aber gerade in des Exzel-lenz' Residenz Wenden auf. Wenn ihr ihn persönlich sprechen wollt, müsstet ihr dorthin reiten." Der den Märkern die Tür öffnende Ordensmann bedauerte, den von so weit her Angereisten eine für sie enttäuschende Auskunft geben zu müssen.

---

246 Fromhold von Vyfhusen war von 1348 bis 1369 Erzbischof von Riga.

„Lass die Männer doch erst einmal eintreten!", tönte es aus dem nächsten Raum, zu dem die Tür offen stand. „Wer eine so weite Reise angetreten hat, wird ohne Stärkung mit Speis und Trank nicht weitergeschickt. Warte, ich nehme mich des Besuchs an." Der freundliche Ordensritter stellte sich vor: „Ich bin Lender von Sponheim, und wer seid ihr?"

„Wir kommen aus der Grafschaft Mark im westfälischen Lande. Ich bin Engelbert, ein zur Buße verpflichteter Graf von der Mark, das sind die mich begleitenden Ritter Hendryk van Bönen und Ditz von Altenbögge. Am besten scheint mir, Ihr lest, was in diesem Briefe steht."

„Dann schickt euch mein lieber Vetter aus Mainz. Wie geht es ihm? Setzt euch nieder, ich glaube, wir haben uns viel zu erzählen. Ihr seid nicht die ersten, die uns von Mainz geschickt wurden, um, statt schamlos von den Blutsaugern in Avignon ausgenommen zu werden, euer Kriegshandwerk gegen die Liven unter Beweis zu stellen. Ich selbst habe unter gleichen Bedingungen den Weg nach hier gemacht. Ich habe es aber nie zu bereuen gehabt. Herr von Herreke ist ein großartiger Vorgesetzter, für den man gern durchs Feuer gehen möchte, wenn es denn sein muss."

Ähnlichkeit habt Ihr aber keine mit dem Herrn Legaten des Erzbischofs", erwiderte Engelbert.

„Nein, er ist ja auch ein Vetter zweiten Grades von mir. Wir Sponheimer stammen von einer Burg bei Kreuznach an der Nahe. Aber da muss ich gleich einen anderen Ritterbruder hinzurufen. Er kommt ebenfalls aus Westfalen und soll morgen mit neuen Nachrichten zum Landmeister reiten. Er heißt Eberhard von Ohle. Sein Heimatort muss ebenfalls in der Nähe von Arnsberg liegen."

„Nein, bitte nicht Arnsberg!", unterbrach ihn Engelbert. „Dem Grafen von Arnsberg haben wir noch vor kurzem gezeigt, dass wir uns nicht die Wurst vom Brot nehmen lassen. Greven, Fredeburg und Bilstein sind nicht mehr sein Besitz. Das ist jetzt wohl Nebensache. Wichtiger ist, dass Ohle nur eine Wegstunde lenneabwärts von meiner Burg auf dem Schwarzenberg in unserer Grafschaft liegt! Da bin ich nun sehr gespannt, wen ich bei Euch kennenlerne."

Wenig später trat Eberhard von Ohle ein. Er war ein Mittdreißiger, mithin ein Jahrzehnt älter als Graf Engelbert. Er freute sich ebenso wie der Graf, Landsleute zu treffen. Er entstammte dem Gut des kinderreichen Ritters von Ohle, dessen Anwesen zwischen Werdohl und Plettenberg liegt.

„Dann habt Ihr, Ritter Eberhard, genauso gern in Eurer Jugend in der Lenne gespielt und nach Fischen geangelt wie ich." Schon mit diesen Worten hatte Engelbert seinen etwas älteren „Nachbarn" für sich eingenommen.

„Kommt", forderte von Sponheim alle Anwesenden auf, „das muss würdig begossen werden. Wozu haben wir eine Burgschänke? Dort gibt's auch was Vernünftiges auf den Teller!" Dieser Einladung folgten alle gern.

∗

Es war spät geworden, als sie sich von ihren Plätzen in der Schänke erhoben hatten, um die ihnen zugewiesenen Schlafquartiere aufzusuchen. Aber gerade dieses offene Gespräch unter Männern hatte den Märkern die Augen geöffnet über die schwierige Lage des Deutschen Ordens in Livland. Schon vor einer Woche hatten die Liven im engen Verbund mit den Polotschanen und einigen polnischen Stammesfürsten Dünaburg[247] angegriffen und den Bewohnern dieser Stadt rechts der Düna[248] riesigen Schaden durch Raub und Brandschatzung bereitet. Dünaburg, nach Riga wohl größter Ort in Livland, war eine bereits 1278 vom Deutschen Orden mit Magdeburger Stadtrecht ausgestattete Ansiedlung. Durch ihren Erfolg ermutigt, durchstreiften seither zahlreiche Kriegshorden brandschatzender und plündernder Liven und Polotschanen das Land an der Düna. Diesem Treiben Einhalt zu gebieten, war Goswin von Herreke von Reval aufgebrochen, um Hilfstruppen zur Verstärkung der schwachen Ordensritterstandorte aus Dorpat, den Ordensburgen Fellin, Wenden, Fredeland und aus Segewold an die Düna zu beordern.

Schon immer war von Herreke dafür eingetreten, dass die im Deutschen Orden völlig voneinander getrennt agierenden Landesspitzen des „Ordensstaates Preußen" und des „Ordenszweiges Livland" unter ein Kommando gehört hätten. Zwar gehörten auch Kurland und Semgallen, also Landesteile Livlands noch zum Gebiet, das von Herreke als Landmeister unterstand, doch waren diese links der Düna liegenden Gebiete so dünn besiedelt und ohne jede Wirtschaftskraft, dass von ihnen keine Hilfe für die rechts der Düna gelegenen Ordensburgen Ascheraden und Kokenhusen erwartet werden konnte.

Die Entfernung zwischen den Hauptorten der preußischen Ordenskräfte und den jetzt von Liven und Polotschanen heimgesuchten Landstrichen[249] nördlich der Düna war ohnehin zu groß, als dass Herreke von dort schnelle Hilfe für möglich gehalten hatte. So hatte er beschlossen, selbst die weite und gefahrvolle Strecke[250] zwischen Reval und Riga zu reiten, um sich selbst in Riga um die Aufstellung eines Heeres gegen die Aufrührer zu kümmern.

Inzwischen waren aus dem vorwiegend von Esten besiedelten nördlichen Teil Livlands, so aus Dorpat, Fellin und Wenden reitende Ordensritter nach Riga unterwegs. Im Gebiet von Letgallen hatte es Schwierigkeiten gegeben, entsprechende Kontingente zur Verfügung zu stellen. Hier rechnete man nämlich auch mit Angriffen vagabundierender Liven und ihrer Hilfsvölker.

Die geplante Zusammenführung all dieser relativ kleinen Kampfeinheiten an von Herreke zu übermitteln, sollte die Aufgabe Eberhards von Ohle in den nächsten Tagen sein. Nur wenige Begleiter waren für seine Mission vorgesehen. Da aber von einem gemeinsam gewünschten Einsatz möglichst aller Ordensritter im Lande viel, wenn nicht das ganze Gelingen eines kraftvollen Gegenstoßes

247 heißt heute Daugavpils
248 heute Daugava
249 ca. 1.100 km Luftlinie!
250 ca. 700 km Luftlinie!

abhing, erklärten sich Engelbert und seine beiden Ritter sofort bereit, Eberhard von Ohle zu begleiten. Sie waren ja ohnehin gehalten, sich in Riga beim Erzbischof wie bei dem dorthin geeilten Landmeister zu melden. Berücksichtigte man die nicht gerade idealen Wege- und Geländeverhältnisse sowie die um den hier späten Frühlingsanfang unvorhersehbaren Witterungsverhältnisse, war mindestens mit einem vierwöchigen Ritt bis Riga zu rechnen.

*

In Segewold sowie wenige Meilen ostwärts von Riga waren sie zwei Gruppen von je dreißig Ordensrittern mit ihrer Begleitung begegnet. Nach kurzer Beratung mit den jeweiligen Anführern wurde beschlossen, gemeinsam zur Ordensburg Ascheraden zu reiten. Nur Engelbert und seine Begleiter wollten ihrer Order gemäß nach Riga, also in nordwestlicher Richtung reiten, um sich nach Meldung bei Erzbischof und Landmeister danach so schnell wie möglich gemeinsam mit zusätzlichen Kräften aus der Bischofsstadt Riga wieder mit den bei Ascheraden stationierten Ordensbrüdern zu vereinigen.

Eberhard von Ohle war schon einen Tag früher von der Burg Segewold auf kürzester Strecke nach Riga geeilt. „Ein gefährliches Wagnis, durch dieses Land allein zu reiten", hatte Engelbert warnend eingewandt. Eberhard war sich aber seiner Sache sicher gewesen und ritt los!

Sie sahen schon in der Ferne den hoch in den Himmel ragenden Turm der Petrikirche und glaubten sich bald am Ziel ihres langen Ritts, da stutzte Hendryk und zeigte auf ein seitwärts der Fahrstraße aufgestelltes Kreuz. Die Märker ritten näher und sahen voller Grauen, wie grausam man ihren Landsmann Eberhard von Ohle, Jesus Christus gleich, an ein Kreuz geschlagen hatte. Er war seiner Stiefel und Kleider bis auf ein Lendentuch beraubt. Die Augen hatte man ihm ausgestochen und eine Dornenkrone aufgesetzt. Von seinem Pferd war keine Spur zu entdecken. An den seitlichen Enden des waagerechten Kreuzbalkens wehten Teile seines weißen Waffenrocks. Das Kreuz aus seinem Herrenmantel hatte man herausgetrennt und an einem Band um seinen Hals gelegt.

Das noch nicht getrocknete Blut des landmeisterlichen Boten ließ den Schluss zu, dass sich die entsetzliche Tat vor nicht mehr als zwölf Stunden ereignet haben müsse. Die Märker waren erschüttert und schwiegen betreten. Da ertönte, durchaus noch von den um Eberhard Trauernden hörbar, in nicht allzu weiter Entfernung ein mehrstimmiges hässliches Lachen. Erschrocken fuhren die Freunde herum. Darauf hörten sie Geräusche sich entfernender Pferde. Man hatte sich an ihrer Trauer geweidet!

„Christenpflicht wäre es, Eberhard sofort zu begraben. Wichtiger noch erscheint mir, dem Landmeister so bald wie möglich über diesen Vorfall zu berichten, zumal er den Boten erwartet hat." Engelbert sprach diese ihm schwerfallenden Worte. Stumm, mit wehem Herzen und ohnmächtigem Grimm trabten die drei Märker dem Palais des Rigaer Erzbischofs zu. Jede Stunde, die sie früher dort waren, zählte jetzt. Es ging nicht mehr darum, einen guten Eindruck zu hinterlassen. Hier stand mehr auf dem Spiel: Sieg oder Niederlage für ein Land, das seit 1330 unter der Oberhoheit des Deutschen Ordens stand.

*

„Seine Exzellenz, den Herrn Erzbischof wollt Ihr sprechen? Da könnte ja jeder kommen. Wer seid Ihr überhaupt, Ritter unseres Ordens seid Ihr jedenfalls nicht." Engelbert war auf einen solchen Empfang vorbereitet gewesen. Wortlos übergab er dem überheblichen Türvorsteher seinen Mainzer Geleitbrief. Der Wachhabende nahm ihn in Empfang. „Ist in Latein geschrieben. Wer kann das lesen?", fragte er andere „Weißmäntler".

„Große Klappe, aber nicht mal Grundkenntnisse in Latein!" Engelbert waren diese Typen zuwider. „Dann schaut euch wenigstens das Siegel an, das Siegel des Mainzer Kurfürsten! Aber sofort, wenn ich bitten darf und dann damit zum Erzbischof!"

„Der hat keine Zeit, berät gerade mit dem Landmeister. Wir dürfen nicht stören!"

„Gerade um diese Beratung geht es ja, ihr Deppen!" Engelberts Geduld war am Ende. Seine Stimme überschlug sich fast, als er laut rief: „Ist euch das Blut eurer Brüder denn gar nichts wert? Man sollte euch in die Wüste schicken, dort könntet ihr wenigstens kein weiteres Unheil anrichten!"

„He, he, du kleiner Schreihals, hier bestimmen wir, und wir setzen dich jetzt an die Luft!"

*

In diesem Augenblick öffnete sich die Tür des Raumes, in dem die so wichtige Besprechung stattfand und heraus trat der Landmeister Goswin von Herreke.

„Was gibt es hier für ein Geschrei?", wollte er wissen. Ehe die Wache ein Wort herausbrachte, trat Engelbert vor. „Ich bring Euch Grüße vom Kurfürsten Gerlach von Nassau aus Mainz und noch Wichtigeres, was die Lage und Absicht Eurer Feinde angeht, aber diese Herren in Weiß lassen mich nicht zu Euch. Meinen Geleitbrief haben sie mir abgenommen, anstatt ihn Euch, Landmeister von Herreke zu geben." So schnell hatten Hendryk und Ditz ihren Herrn noch nie sprechen gehört. „Lesen konnten sie ihn nicht einmal, aber das ist jetzt nicht wichtig. Wir haben Euren Boten Eberhard von Ohle tot vor den Toren Rigas gefunden, schandbar zugerichtet und gekreuzigt. Er wollte vorausreiten, fiel dann aber einer Horde von Unmenschen in die Hände. Wir wissen jedoch, was er Euch berichten sollte. Dies Euch mitzuteilen, ist unsere Aufgabe, die uns Herr von Sponheim in Reval übertrug."

„Kommt bitte herein! Aber ihr, Leute, werdet noch von mir hören!" Den letzten Satz hatte von Herreke zu seinen inzwischen vor ihm duckenden Rittern gesagt, noch ehe er die Tür ganz geschlossen hatte. Engelbert sah den Erzbischof, sein Ornat wies ihn aus. Ohne eine Vorstellung durch den Landmeister abzuwarten, trat Engelbert mit einer tiefen Verbeugung vor ihn und sprach ohne Scheu vor diesem bejahrten Oberhirten der Kirche in Riga die Worte: „Hochwürdigste Exzellenz, Euch habe ich Grüße Eures Amtsbruders Gerlach von Nassau aus Mainz zu überbringen. Ebenfalls Euch" – und damit wandte er sich wieder von Herrreke zu – „hochverehrter Herr Landmeister. Ich bin Engelbert, Graf von der Mark, und melde meine und meiner beiden Ritter Bereitschaft, Euch im Kampf gegen die Liven und ihre Helfershelfer beizustehen. Für ganze drei Monate stehen wir zu Eurer Verfügung. Alles weitere steht im Geleitbrief, den der Herr Landmeister in seinen Händen hält."

„Donnerwetter, Graf Engelbert, Ihr habt aber Schwung in Euren Worten! Wenn Ihr mit dem Schwert genauso flott umzugehen wisst, würde es uns freuen. Seid herzlich gegrüßt in Riga. Leute wie Euch können wir gebrauchen! Wen habt Ihr denn noch mitgebracht, einen Ritter und einen Knappen?"

„Gestattet, hochwürdigste Exzellenz, dass ich Euch diese beiden treuen Gefährten vorstelle. Es sind Ritter Hendryk van Bönen – er war schon treuer Gefolgsmann meines Vaters – und dazu sein Neffe, der vom Kurfürsten von Mainz kürzlich in seiner St.-Gotthard-Kapelle zum Ritter geschlagene Ditz von Altenbögge. Seht nur sein mit dem roten Rade auf weißem Grund versehenes Schwert, das ihm der Mainzer Erzbischof zum Geschenk gemacht hat!"

„Dann müsst ihr ja ein außergewöhnliches Trio sein", meinte freundlich schmunzelnd der Erzbischof Fromhold von Vyfhusen zu Engelbert." Der antwortete ohne zu zögern:

„Euch, Exzellenz, zu widersprechen, würde ich nie wagen!" Kaum einer im Raum konnte nach dieser Erklärung ein amüsiertes Lächeln unterdrücken.

„Doch nun möchte ich zu den dringendsten Dingen kommen, hochverehrte Herren. Euer euch gesandter Bote, Ritter Eberhard, ist leider nicht mehr in der Lage, euch über eure inzwischen eingetroffenen Truppen zu informieren. Deshalb tue ich dies: Bei Ascheraden warten bereits eure Ritter, um sich mit weiteren zu vereinen. Die bisher Eingetroffenen aus Dorpat, Fellin und Wenden dürften mit den Ordensrittern aus Ascheraden zurzeit etwa siebzig sein. Von den Abordnungen aus Dorpat, die die weiteste Anreise haben, fehlt noch Nachricht. Aus dem Gebiet von Letgallen, insbesondere aus Vredeland sind kaum Kräfte zu erwarten, da dort ebenfalls schon räuberische Einfälle gemeldet wurden. Wir schlagen vor, mit euren Kämpfern aus Riga und Umgebung gemeinsam die Düna aufwärts zu ziehen. Noch vor Ascheraden werden wir mit Räuberbanden Feindberührung bekommen, um nach Vereinigung mit den bei Ascheraden Bereitstehenden weiter zur Ordensburg Kokenhusen zu reiten. Diese Burg scheint ein Angriffsziel der Feinde zu werden. Deshalb dürfte Eile geboten sein!"

„Nicht schlecht, Euer Plan", nickte von Herreke zustimmend, „aber woher habt Ihr diese Kenntnisse über Orte und Feindabsichten, Graf Engelbert?"

„Im Arbeitsraum Eures Mitarbeiters Lender von Sponheim hängt eine recht gute Landkarte. Die habe ich, als wir bei ihm waren, studiert. Wenn Ihr wollt, kann ich sie Euch aufzeichnen. Wenn man das, was Eberhard von Ohle und

Lender von Sponheim uns mitgeteilt haben, und unsere Beobachtungen während des Rittes zusammenzählt, kommt man zu meinen Schlussfolgerungen."

„Gut denn, genug geplaudert!", stellte von Herreke fest. „Wir brechen morgen in aller Frühe auf und versuchen, sobald es möglich ist, die Burg Ascheraden zu erreichen. Aus der Komturei Riga stehen etwa sechzig Kämpfer bereit. Stärkt euch mit Essen und Trinken, schlaft gut und seid morgen um sechs Uhr hier zum Abmarsch bereit!"

„Kämpfen" heißt für uns „Siegen"!

Die abendlichen Gespräche mit den Ritterbrüdern, insbesondere mit dem Landmeister Goswin van Herreke, ließen Graf Engelbert lange nicht einschlafen. Er hatte viel von den Liven und ihrem Lande erfahren, was ihm bisher unbekannt geblieben war. Bereits im Jahre 1207 hatte der deutsche König Philipp von Schwaben Livland als Reichslehen dem Bischof Albert von Riga geschenkt. Der unterwarf und christianisierte es durch den Schwertbrüderorden. Damals wären die ihre Heimat verteidigenden Liven vertrieben und ausgerottet worden, wenn sie nicht versprochen hätten, christlichen Glauben anzunehmen. Mit der Urbarmachung und Kultivierung der eroberten Gebiete durch angesiedelte deutsche Bauern, Handwerker und Bürger schuf der Deutsche Orden gleichzeitig für seinen Ordensstaat Preußen die wirtschaftliche und militärische Grundlage zum Ausbau eines kraftvollen Staatsgebildes.

Anders als in diesem Ordensland Preußen vermochte der Orden in Livland jedoch keine unangefochtene Stellung zu erreichen, zumal Livland durch das südlich benachbarte Litauen vom Ordensstaat Preußen getrennt war.[251] Livland wurde deshalb nur durch einen Ordenszweig vom Deutschen Orden verwaltet.

Die Bestrebungen Litauens, Livland in seinen Machtbezirk einzuschließen, wurden durch die Einfälle litauischer Heere in Livland vor allem in den Jahren 1322/23 deutlich. Sie zwangen den Orden 1323 zu einem Waffenstillstand. Von 1327 bis 1343 fanden erneut heftige Kämpfe zwischen dem Deutschen Orden und den mit den Polen verbündeten Litauern statt. Bei Plowce musste die Ordensarmee eine deutliche Niederlage hinnehmen, was zu wiederholten Aufständen der Liven und Esten Anlass gab. Samland und Livland wurden im Jahre 1345 von einem Heer der Litauer gründlich verwüstet.

Fortwährende kriegerische Auseinandersetzungen hatten inzwischen zu Grausamkeiten schlimmster Art auf beiden Seiten der Kämpfenden geführt. Der ursprünglich hier beheimatete Volksstamm der Liven wurde dabei so dezimiert, dass mit der Zeit nicht mehr jene, sondern in weit größerem Maße

---

251 In frühen Berichten über die Tätigkeit Engelberts bei den Ordensrittern, z. B. von Meibom, Gert von Schuren, Kuno von Hattenstein, Joh. Dietrich von Steinen wird als Ziel seiner Reise Preußen angegeben, wohl aus Unkenntnis, dass Livland weiter ostwärts liegt als das Ordensland Preußen.

der der Litauer, oft unterstützt von Polen, zum eigentlichen Kriegsgegner des Deutschen Ordens in Livland wurde.

All dies ging Engelbert durch den Kopf, als er mit den Rigaer Ordensrittern dünaaufwärts zog. Er hatte Erzbischof Fromhold gebeten, für den so grausam hingerichteten Eberhard eine Messe zu lesen und für ein Grab in geheiligter Erde zu sorgen. Der Erzbischof begleitete deshalb die Ordensleute bis zu jener Stelle, wo die Märker Eberhard von Ohle gekreuzigt vorgefunden hatten. Der Erzbischof ließ den Toten vom Kreuz abnehmen und sprach ein alle Reisenden tief beeindruckendes Gebet. Es galt nicht nur dem Verewigten, sondern gleichermaßen den in den Kampf Ziehenden und schenkte ihnen Kraft und Zuversicht.

Die vereinigten Kampfgefährten kamen unangefochten bis Ascheraden, wo sie sich mit etwa siebzig weiteren, dort auf sie wartenden Ordensbrüdern vereinigten. Kurz vor Kokenhusen, einer Ordensburg rechts der Düna, wurden sie wiederholt aus dem Hinterhalt von gegnerischen Reitern mit Bogenschüssen angegriffen. Das führte zu langsamerem Vorgehen, was offensichtlich das Ziel dieser Angriffe der Gegner war. Mit der Burg Kokenhusen war das Tagesziel der Ordensstreitmacht zunächst erreicht.

Erst am nächsten Morgen sollte es weiter in Richtung Dünaburg gehen. Aber die litauische Streitmacht hatte bereits weit vor Dünaburg eine strategisch günstige Verteidigungsstellung bezogen. Hier kam es zu erbitterten Kämpfen unter den Reitern beider Parteien, bis die offensichtlich aus Litauen stammenden Gegner von den unaufhörlich angreifenden Ordensleuten zur Flucht gezwungen wurden. Engelbert und seine Begleiter hatten nur verhältnismäßig spät in die Schlacht eingegriffen, weil sie am Ende des Kriegszuges geritten waren. Immerhin hatte Engelbert einen stürmisch anreitenden Polotschanenfürst mit seinem Spieß vom Pferde geholt, als dieser gerade dabei war, auf ihn zuzustürmen. Engelbert hatte Mühe, seine geliebte Wurfwaffe aus dem Körper des Toten zu ziehen. Ritter Ditz half ihm und rief erfreut: „Onkel Hendryk hat gleich drei dieser Wüstlinge über seine Klinge springen lassen!“ Als Hendryk beim Versuch, einem gegnerischen Schwerthieb eines Gegners auszuweichen, vom Pferd stürzte, hatte er sich schnell auf die Kraft seiner Linken besonnen und damit nacheinander drei Männern mit seinem bewährten Schwert den Rest gegeben.

Nach dem Sammeln zählte man zuerst die eigenen Toten und Verwundeten. Zwei Ordensbrüder waren auf dem Schlachtfeld zu Tode gekommen, fünf hatten mehr oder weniger schwere Hieb- und Stichverletzungen erlitten. Die Gegner mussten fünfzehn Krieger als Tote auf dem Schlachtfeld zurücklassen. Sie hatten auch zehn ihrer Pferde eingebüßt. Die sieben verwundeten Gegner

252 Polozk ist eine Stadt im Norden Weißrusslands an der Düna. Seit 862 war es das Zentrum des Siedlungsgebietes der Polotschanen, im 10. Jh. Hauptstadt eines zum Kiewer Reich gehörenden Fürstentums, das im 12. und 13. Jh. Fürstentum Polozk hieß. Es fiel 1307 an Litauen und behielt bis 1385 eine gewisse Autonomie. Damals hieß es litauisch Pôtula. Heute hat die russische Stadt mit Namen Polatsk etwa 80.000 Einwohner. Die Dortmunder Kaufleute Ermbrecht und Alberecht hatten schon 122 Handelsverträge mit den Fürsten von Polozk geschlossen und damit den Russlandhandel auf rechtlicher Basis begründet.

wurden verbunden und verhört. Es ergab sich, dass sie zu einer in Polozk[252] stationierten litauischen Reitertruppe gehörten. Offensichtlich war das Gros der Litauer die Düna entlang weiter auf dem Wege nach Südwesten. Engelbert vermutete ihren Rückzug in die befestigte Stadt Polozk.

∗

Bei den Mitstreitern des Landmeisters Goswin von Herreke machte sich nach dem erfolgreich bestandenen Kampf eine gewisse Lustlosigkeit bemerkbar. Nur wenigen lag daran, die Verfolgung der Fliehenden erneut aufzunehmen, nicht aber Graf Engelbert von der Mark.

„Landmeister", rief er von Herreke zu, „Wir folgen den Kerlen bis in ihre Schlupfwinkel." Ehe von Herreke etwas äußern konnte, rief er den unermüdlichen unter den siegreichen Ordensrittern zu: „Wer noch Mut und Kraft hat, der folge mir! Wir reiten den grausamen Teufeln nach und schlagen sie, wo wir sie finden. Das sind wir unserem Eberhard von Ohle schuldig. Kämpfen heißt für uns Siegen! Wer von euch gut und schnell reiten kann, der ist mir als Gefährte willkommen!"

Über von Herrekes Gesicht ging ein Leuchten: „Wer will, der folge dem Grafen! Meinen Segen habt ihr!"

Er zählte wohl an die fünfzig Recken, die sich Engelbert angeschlossen hatten, als er sich beim Losreiten umschaute.

„Hendryk und Ditz, ihr bleibt bitte stets in meiner Nähe! Habt ihr auch die Drahtrollen dabei?"

„Ja, zwei, Graf Engelbert! Jeder von uns hat eine am Sattel festgezurrt!"

„Gut so, die werden wir brauchen können."

∗

Die Litauer und Polotschanen einzuholen, war keine leichte Aufgabe, aber die Ordensritter blieben ihren Feinden auf der Spur, auch als sie Dünaburg längst hinter sich gelassen hatten. Da es zu dunkeln begann, legten sie in einem Weiler bei Kraslava eine Ruhepause bis zum Hellwerden ein. Der Tag graute noch, da saß Engelbert mit seinen Leuten wieder auf dem Pferderücken. Kurz vor Polozk sahen sie, wie ihre Feinde sich vor dieser Stadt neu positionierten. Sie hatten ihre Verfolger erkannt. Engelbert ließ halten. Er versammelte alle seine Kämpfer im Schutze nicht einsehbarer Krüppelwaldung.

„Man hat uns gesehen und will uns offensichtlich einen heißen Empfang bereiten. Wir gehen aber nicht in ihre Falle. Im Gegenteil, wir locken sie zu uns heraus!" Unverständiges Kopfschütteln unter seinen Gefolgsleuten zeigte, dass man Engelbert kaum Glauben schenkte. „Die Hälfte von euch täuscht jetzt Ratlosigkeit für die Feinde vor. Diese Schar muss den Polotschanen führerlos und unentschlossen erscheinen! Indessen rollen Hendryk und Ditz ihre Drahtrollen ab und befestigen die teils locker in Schlaufen liegenden Drähte in jener Waldschneise an den benachbart stehenden Bäumen. Auch Stolperdrähte sind zu spannen. Sie müssen ganz knapp über dem gefrorenen Boden gespannt sein, damit sich die Hufe ihrer Pferde darin verfangen. Seitlich in den Baumkulissen postieren sich Armbrust- und Bogenschützen. Dann reitet mit mir eine zwanzig bis dreißig Mann starke Gruppe schneller und gewandter Reiter zunächst auf die in der Ferne deutlich sichtbaren Feinde zu, stoppt plötzlich auf mein Zeichen, scheinbar vor Schrecken, und reitet wie in einer Flucht zurück. Aber achtet auf den verdrahteten Engpass! Keiner darf dort hindurchreiten. Aber kurz dahinter müssen wir uns wieder den Feinden deutlich zeigen.

Ich wette, sie folgen uns nach und geraten dabei in unsere Falle! Sobald sie mit ihren Pferden in das Geflecht der Drähte geraten, nein, besser schon kurz vorher, wendet ihr eure Pferde und macht jeden nieder, der euch vor die Spieße und Schwerter kommt! Zuvor aber sollten unsere seitlich verborgenen Schützen möglichst die Anführer mit Armbrüsten und Bogenschüssen niederstrecken!"

„Ein wahrhaft teuflischer Plan", meinte einer der Ordensritter, „aber genial ist er!" Und wie geplant ereignete sich das in die Geschichte eingegangene „Treffen bei Polozk".

Engelbert ritt zunächst scheinbar fliehend voran, machte dann mit seinem Arco plötzlich kehrt und ritt, gefolgt von den Ordensrittern auf die anstürmenden Feinde zu. Diese hatten nur Augen für die ihnen entgegenreitenden Ritter. Da surrten schon die Pfeilschüsse in den Kader der Polotschanen. Etliche sanken vom Pferd, und wie auf ein Kommando strauchelten viele, deren Pferdebeine oder Hufe sich im Geflecht der märkischen Eisendrähte verfangen hatten. Engelberts Mannschaft hatte leichtes Spiel mit den vom Pferde gestürzten Feinden, obgleich diese zahlreicher als die Ordensstreitmacht selbst gewesen waren. Vierzig tote Feinde, zumeist durch Stürze ihrer Pferde wehrlos zu Boden gefallen, zählten die Ordensritter, als sie dem Kampfplatz den Rücken kehrten, um sich baldmöglichst bei ihrem Landmeister als Sieger zurückzumelden. Nicht einer von ihnen war gefallen oder verwundet worden! Sie alle waren sich einig in der Meinung: „Graf Engelbert ist ein Teufelskerl!"

Als sich die Streiter nach mühsamem Ritt, jetzt allerdings weit langsamer reitend, als zu Beginn ihrer Verfolgungsjagd, in der Ordensburg Kokenhusen bei ihrem Landmeister zurückmeldeten, war Graf Engelbert in ihren Augen ein Held. Er hatte gezeigt, dass er reiten und kämpfen konnte, klug zu denken und erfolgreich zu planen wusste. Sein Kampfruf „Kämpfen heißt für uns Siegen!" wurde von den Ordensrittern in Livland übernommen.

Enttäuschungen

In der gleichen Gewissheit, wie auf eine dunkle Nacht wieder ein heller Tag oder der Donner auf einen Blitz folgt, erwarteten die Ordensbrüder von Riga ein feierliches Nachtessen vom Sieger des Gefechtes bei Polozk. Schon während des Rückrittes zur Burg Kokenhusen begannen ihre recht deutlichen Frotzeleien, dass nun aber ein Siegesfest fällig sei. Als die gen Dünaburg und Kraslava Gerittenen unmittelbar nach ihrer Rückkehr ein mageres Mehlsüppchen mit Krude[253] löffelten, trösteten sich alle bei dem Gedanken, in aller Kürze ein reichliches und schmackhaftes Mahl mit herrlichem Bier genießen zu können. Das war eigentlich immer so gewesen. Selbst bei recht geringen Erfolgen der Ritter, auch wenn beispielsweise ein Späher der Feinde gefangen werden konnte oder eine wilde Schießerei zwischen Räuberbanden und Ordensrittern ohne eigene Verluste abgelaufen war, hatte es solche Festessen gegeben. Nach einem so großen Erfolg, wie er vor den Toren von Polozk möglich gewesen war, würde es gewiss einen diesem Ereignis würdigen Empfang geben müssen.

„Wer lädt denn dazu ein", wollte Engelbert wissen, „der Erzbischof oder vielleicht der Landmeister?"

„Aber die doch nicht, die haben ja selbst kein Geld! Einladepflicht hat immer der Sieger und das seid jetzt Ihr! Wenn Ihr wollt, könnt Ihr ja beide dazu bitten, doch ob sie kommen, das weiß man vorher nie!"

„Und wie viele Gäste muss ich da erwarten?"

„Wer kommt, der kommt! Sicher gut die Hälfte aller, die beim Marsch entlang der Düna dabei waren. Mit sechzig Leuten müsst Ihr schon rechnen." Die eifrigsten „Drängler" zu dieser Veranstaltung entstammten übrigens jener Gruppe der Ordensritter, die Engelbert nicht bis Polozk gefolgt waren. Deshalb wunderte sich Engelbert gar nicht darüber, dass er in Riga von jenem Wachmann des Erzbischofs angesprochen wurde, der ihn, als er den Landmeister dringend zu sprechen gewünscht hatte, so brüsk zurückgewiesen hatte.

„Der Landmeister lässt mich Euch fragen, wann und wo Ihr das Siegesfest steigen lassen wollt. Ich soll Euch helfen, es vorzubereiten."

„Nun ich denke, wir feiern in der Burgschänke."

„Wo denkt Ihr hin, Graf Engelbert, da haben ja höchstens dreißig Leute drin Platz. So ein Ereignis muss man im ‚Goldenen Bären' feiern. Der Wirt hat uns schon wissen lassen, sein Festsaal für hundert Gäste stünde zur Verfügung, doch müsse er bis zum Abend Bescheid haben, da sonst eine andere Gesellschaft darauf reflektiere."

Für mich kommt das etwas überraschend", hatte Engelbert geantwortet. „Zunächst muss ich wohl erst den Landmeister fragen und ihn auch, wie es sich gehört, dazu einladen."

„Der ist heute nicht da, kommt erst morgen Nachmittag wieder. Er erwartet Besuch vom Hochmeister. Da wäre es doch eine schöne Geste, beide am Abend an Eurer Tafel zu wissen!"

„Eigentlich habt Ihr Recht, dann meldet uns für den morgigen Abend beim Wirt an. Er kann ja schon die Suppe vorbereiten."

„Suppe? Herr Engelbert, ich habe Euch wohl nicht recht verstanden? Suppe

---

253 Krude = Beimischung zur Verpflegung in Kriegszeiten, bestehend aus zahlreichen süßen Dörrfrüchten nebst Gewürzen wie Anis und Koriander.

ist etwas für arme Leute oder als Feldverpflegung für Kämpfer im Kriege! Jeder erwartet ein schönes Stück Fleisch auf dem Teller und Beilagen sowie Bier und Schnaps dazu!"

„Gut, dann sagt dem Wirt, es soll Rindfleischbraten geben."

„Das wäre angemessen. Ich bitte dann nur noch um eine Anzahlung, die der Wirt immer verlangt."

„Wie viel denn?", fragte Engelbert in Anbetracht seiner geringen Barschaft zurück.

„Mit fünf Scot für jeden Gast müsst Ihr rechnen. Das wären bei achtzig Gästen vierhundert Scot.

„Scot habe ich aber nicht, höchstens Dukaten. Aber davon nur noch einhundert."

„Das muss erst einmal reichen. Ich werde mit dem Wirt schon einig werden."

Graf Engelbert zählte seine hundert Dukaten auf den Tisch. Der hilfreiche Bote nahm sie und verschwand.

„Gebt mir spätestens heute Abend Nachricht, dass alles wie besprochen abläuft!", war Engelberts abschließendes Wort.

＊

Der Abend war schon weit fortgeschritten, als Engelbert unruhig wurde. Er hatte noch nicht erfahren, ob der Wirt einverstanden gewesen war. So machte er sich selbst auf den Weg zum „Bären". Der Wirt und seine Mannschaft waren eifrig dabei, Fleisch und Gemüse für das Essen am nächsten Tage vorzubereiten.

„Ich sehe, lieber Wirt, Ihr seid tüchtig dabei, dass mein Fest morgen ein schönes Ereignis für die Ordensritter wird!"

„Es ist alles geklärt, lieber Graf Engelbert, wir erwarten Euch und Eure Gäste!" Engelbert war zufrieden.

Am nächsten Morgen stand der Wagen des Landmeisters vor dem Palast des Erzbischofs. Engelbert hatte gesehen, wie er vorgefahren war. Dann müsste von Herreke doch früher wiedergekommen sein. Geschwind machte er sich fertig, den Landmeister zum Festessen einzuladen.

„Das ist aber eine Freude für mich, Euch zu sehen, Graf Engelbert. Eure Einladung ehrt mich sehr, sie aber anzunehmen, bin ich leider nicht in der Lage. Warum habt Ihr denn nicht zu einem kleinen Umtrunk in die Burgschänke eingeladen? Das hätte vollauf genügt. Ich wäre auch gern dort dabei gewesen. Doch ich hoffe, Ihr versteht mich nicht falsch, das Haus des Bärenwirts werde ich nicht betreten! Dafür gibt es viele Gründe. Aber grüßt Eure Mitstreiter herzlich. Ich reise morgen früh nach Reval zurück. Viel Glück und Gottes Segen für Euch!"

„Merkwürdig", dachte Engelbert, „für einen kleinen Umtrunk wäre er gekommen, aber nicht zu einem guten Essen?" Er war den ganzen Tag auf der

Gelage
Lavierte Federzeichnung von Giovanni de Luteri, genannt Dosso Dossi,
die Ende des 15. Jh. entstand und in den Uffizien von Florenz aufbewahrt wird.

Suche nach seinem Berater in Sachen „Festessen" gewesen, aber nirgendwo konnte er ihn entdecken.

Dann kam der Abend im „Bären" näher. Rechtzeitig hatte er sich mit Hendryk und Ditz dorthin begeben, um seine Gäste pünktlich zu begrüßen und zu empfangen. Aber seine Gäste – es waren fast hundert – waren schon da! Sie empfingen ihn mit lautem Hallo und Vivatrufen. Das Essen war delikat, das Bier würzig und kühl, die Gäste in bester Stimmung. Was hätte man als Gastgeber mehr gewünscht? Als Engelbert, einer der Letzten dieses rauschenden Festes, das Gasthaus verließ, fragte ihn der Wirt: „Soll ich die Rechnung gleich fertig machen?"

„Nein, das hat Zeit bis morgen. Kommt mit der Abrechnung ins Bischofspalais, aber nicht vor zehn!"

„Recht so, wird gemacht Herr Graf", dienerte der Wirt in serviler Haltung mit einer tiefen Verbeugung.

„Leute, was haben wir gestern geprasst!" Engelbert begrüßte am Morgen seine beiden Ritter, die offenbar ein dringendes Anliegen hatten.

„Draußen wartet der Wirt auf die Bezahlung seiner Rechnung.

„Soll er doch reinkommen", meinte Engelbert. Der Wirt trat ein, überreichte eine Zusammenstellung und machte eine Handbewegung, als erwarte er die umgehende Aushändigung der von ihm in Rechnung gestellten Summe von achthundertachtzig Scot.

Graf Engelbert stutzte, wurde blass und stotterte ein wenig herum: „Und wo ist die Gutschrift der von mir geleisteten Anzahlung von einhundert Dukaten?" Jetzt war der Wirt um Worte verlegen.

„Eine Anzahlung habe ich weder gefordert noch bekommen. Wem habt Ihr denn dieses Geld gegeben?"

„Dem Ordensritter von der Erzbischofswache", antwortete Engelbert entgeistert. „Heilige Katharina hilf!", entrang sich ihm ein Stoßseufzer, wohl in Gedanken an den Rat seiner Tante in Essen, die ihm gesagt hatte: „Fasse selbst kein Geld an. Damit umzugehen, hast du nicht gelernt. Ein Graf hat dafür eben einen geschulten Berater!"

Engelbert war dem plumpen Versuch eines Ordensritters im weißen Gewande mit schwarzem Balkenkreuz auf der Brustpartie des Waffenrocks zum Opfer gefallen, den märkischen Grafen um eine Unmenge Geldes zu erleichtern. Fast seine ganze Barschaft hatte Engelbert verloren. Nach und nach stellte sich der entstandene Schaden in voller Höhe heraus.

Einhundert Dukaten hatten regulär zweitausend Scot entsprochen. Diese Summe war weg, und zwar endgültig, denn der angebliche Ritterbruder war nichts anderes als ein ohne Sold dienender Knappe eines Ritters, der sich beim Erzbischof als dessen Schreiber verdingt hatte. Beide waren am Vortage aus den Diensten des Erzbistums wegen unredlicher Machenschaften entlassen worden.

Sie hatten die toten und verwundeten Litauer aus dem Gefecht bei Ascheraden ihrer Habseligkeiten beraubt, was bekanntlich unter Strafe stand.

Der Wirt verlangte für die Ausrichtung der Feier achthundertachtzig Scot, das war eine stolze Summe, über die Engelbert nicht mehr verfügte. Sie hätte fünfundvierzig Dukaten entsprochen. Hendryks und seines Neffen Barschaft ergab mit den Graf Engelbert verbliebenen Dukaten einen gerade ausreichenden Betrag, um des Wirtes Forderung zu erfüllen. Das erforderliche Geld für die Heimreise war aber so zusammengeschmolzen, dass die Märker Sorge hatten, damit nach Hause zu kommen.

*

Erst am späten Abend gelang Engelbert ein müdes Lächeln, als er erfuhr, dass der Herr Lender von Sponheim im Hause des Bischofs abgestiegen war. Als dieser vom Geschehen in den vergangenen fünf Wochen erfahren hatte, stürmte er in Engelberts Schlafgemach, um ihm zu gratulieren und zugleich über den Verlust seines Geldes hinwegzutrösten. „Noch habt Ihr keinen Sold erhalten für Euren Dienst in unserem Lande. Es bleiben Euch ja noch mindestens sechs weitere Wochen, in denen Ihr Euch mit Euren Leuten nützlich machen könnt. Gern helfe ich Euch aus Eurer gegenwärtigen Verlegenheit heraus. Hier, nehmt von mir vorerst zweihundert Scot an. Kauft dafür aber nicht gleich ein Pferd! Gebt mir das Geld erst zurück, wenn ich Euch den verdienten Sold ausgezahlt habe."

Das war buchstäblich „Hilfe in der Not" für die Märker!

Für die nächsten Wochen führte Graf Lender die Geschäfte des Landmeisters in Riga. Damit war er auch Engelberts unmittelbarer Vorgesetzter. Er beauftragte die Märker mit planmäßigen Landkontrollritten rund um Riga. „Haltet dabei die Augen offen, wenn Euch undurchsichtige Gesellen begegnen sollten. Wir müssen mit ausgesandten Kundschaftern im ganzen Lande rechnen, denn Eure Aktion bei Polozk wird unsere Feinde nicht ruhen lassen, bis sie durch neue Raubzüge ihre Schmach getilgt zu haben glauben!"

Halunkenfang in Riga

„Waas? – Ihr seid von Aphrodite eingeladen worden?", rief Lender von Sponheim erstaunt und zugleich betroffen aus, als Engelbert ihm mitgeteilt hatte, dass er am nächsten Freitag durch ein höfliches Schreiben der Äbtissin vom Rigaer Tertiarierinnenkloster herzlich zu einem Besuch bei ihren netten Schwestern gebeten worden sei.

Wieso Aphrodite?", hatte er wissen wollen. „Ich denke, die Äbtissin ist eine geborene von Schwarzensee und heißt mit Vornamen Laurentia. Sie müsste demnach eine ‚Lorbeergeschmückte‘ und keine ‚aus dem Meer Gestiegene‘ sein!“

„Das trifft zu, aber in Riga kennt man sie mehr unter dem Namen ‚Aphrodite‘. Wenn Ihr sie kennengelernt habt, werdet Ihr verstehen, warum man sie so nennt.“

„Dann ist sie demnach besonders schön, vielleicht sogar sehr begehrenswert. Das behauptet man ja von der griechischen Göttin gleichen Namens, der Göttin der Liebe, der Schönheit und der Verführungskunst, die in der griechischen Mythologie einen festen Platz hat.“

Lender staunte über die Einstufung dieser Frau durch einen Vertreter des westfälischen Adels, der seiner Ansicht nach sonst nur wenige gebildete Menschen hervorgebracht hatte. Kenntnisse aus der Sagenwelt kulturtragender Mittelmeervölker hatte er den zahlreichen Westfalen im Kreise seiner Ordensbrüder bisher kaum zugetraut. Dieser junge Graf von der Mark überraschte ihn wieder aufs Neue.

„Nun“, meinte dieser mit einem verschmitzten Lächeln, „die göttliche Aphrodite Griechenlands nennt man ja deshalb ‚die Schaumgeborene‘, weil sie dem Schaum[254] des Meeres entstiegen sein soll. Ich glaube kaum, dass mich Eure Aphrodite zu einem gemeinsamen Schaumbad bewegen möchte, obwohl so etwas ja recht reizvoll sein könnte.“

„Das ist keinesfalls unmöglich!“, konterte Graf Lender. „Ihr erinnert Euch: Die göttliche Aphrodite ist bekanntlich mit ganz anderen Männern fertig geworden! Denkt nur an ihren Gemahl, den kunstreichen Hephästos, den sie mit Ares, dem Stärksten unter den Göttern, betrogen haben soll. Diese Aphrodite liebte sogar auch die Sterblichen wie Anchises und Adonis! Warum sollte unsere Rigaer Aphrodite ausgerechnet mit Euch eine Ausnahme machen wollen? Ihr seid das Idealbild eines tapferen, erfolgreichen und wirklich gutgewachsenen jungen Mannes. Adonis könnte Euch ähnlich gesehen haben!“

„Jetzt müsst Ihr mir doch etwas Nachhilfe in griechischer Mythologie geben! Wer waren denn diese beiden Recken? Hörte ich richtig? Anchises blieb mir bisher unbekannt, und Adonis – hatte der außer seiner angeblichen Schönheit denn noch andere Vorzüge?“

„Vorzüge wohl eher weniger, aber den Nachteil, dass der auf ihn eifersüchtige Ares einen Eber auf ihn hetzte. Der hat den schönen Jüngling bei der Jagd dann auch prompt mit seinem Gewaff getötet. Den bildhübschen Anchises, auf den es Aphrodite so sehr abgesehen hatte, besuchte sie sogar auf dem Berge Ida, wo Anchises seine Herden weidete. Sie schlug ihn ganz in ihren Bann. Homer hat die traute Zweisamkeit dieser beiden Liebenden in seiner Dichtung besungen, denn der berühmte Äneas wurde beider Sohn.“ Nach einer Pause kam sein ernst gemeinter Rat: „Ich warne Euch! Hütet Euch vor der sterblichen Aphrodite aus Riga. Sonst könnte sie Euch womöglich einen Elchhirsch mit riesigen Schaufeln

254 Schaum = griechisch Aphros, daher Aphrodite

288

schicken oder Euch in Lappland die Rentiere weiden lassen, ohne dass Ihr Euch dort vor ihr sicher wähnen könntet!"

„Ihr wisst doch, Lender, ich bin bereits in festen Händen. Vor Göttinnen und Hexen bin ich somit gefeit!"

„Sagt das bitte nicht zu früh! Auch ich habe meine Erfahrungen mit Aphrodite hinter mir. Nur durch Zufall, nicht durch eigene Tugend habe ich mich aus ihrem Bannkreis davonschleichen können.

Aber was ist mit Eurem Ritter Ditz los? Mir wurde gemeldet, er treibe sich auffallend oft in der Kneipe des ‚Nauticus‘[255] am Hafen herum. Die Damen dort sind keinesfalls der rechte Umgang für ihn. Bitte, warnt ihn rechtzeitig, bevor er mit unheilbaren ‚Gliederschmerzen‘[256] und Hautausschlägen vergeblich um Reue bettelt. Da lobe ich mir Euren Hendryk schon eher! Der schaut sich das Treiben am Hafen aus gesicherter Entfernung vom Schanktisch aus an!"

„Dann haltet Ihr uns demnach ständig unter Kontrolle?", fragte Engelbert sein Gegenüber etwas ungehalten.

„Keine Spur von Argwohn, lieber Engelbert! Meine Aufgabe ist es nun einmal, in und um Riga für Sicherheit und Ordnung zu sorgen. Und wer das tut, erfährt allerlei von seinen Informanten." Diese Aussage veranlasste Engelbert zu der Entgegnung:

„Auch wir sind, getreu dem uns erteilten Auftrag bestrebt, mehr zu erfahren, als man gemeinhin sehen kann. Allerdings erfahren wir das weniger auf den Patrouille-Ritten, die Ihr uns auszuführen aufgetragen habt. Deshalb wundert Euch nicht, wenn wir Euch eines Tages Dinge berichten werden, die Ihr im Leben nicht für möglich gehalten hättet! Selbstverständlich treten wir dafür auch den Wahrheitsbeweis an!"

„Da bin ich aber sehr gespannt, was Ihr mir Neues zu bieten gedenkt!", schloss von Sponheim die etwas unerfreulich werdende Debatte. „Dann wünsche ich Euch recht viel Spaß bei ‚Aphrodite‘." Das war sein spöttisch gemeinter Rat, bevor Lender von Sponheim die Burgschänke verließ.

＊

Engelbert nahm sich viel Zeit für den Weg in die am Hafen liegende Kneipe „Nauticus". Er hatte es ja auch gar nicht eilig. Insgeheim schmunzelte er über den wohlgemeinten Rat des Herrn von Sponheim, der Äbtissin des Nonnenklosters mit aller Vorsicht zu begegnen. Längst hatte er erfahren, dass ihre Nonnen auf dem besten Wege waren, den Tempeldirnen von Korinth nachzueifern. Die hatten einst ihre Liebesdienste unverhohlen Männern angeboten, wenn sie dafür gutes Geld zu zahlen bereit waren.

Engelbert hatte die Äbtissin des Rigaer Frauenklosters mit seinen in ähnlicher Funktion tätigen Tanten verglichen, allen voran mit der von ihm hochver-

---

255 Nauticus = lat. Seemann, Schiffer
256 Gemeint sind die Folgen der damals weit verbreiteten, nur selten heilbaren Syphilis.

ehrten Äbtissin Katharina des Essener Reichsklosters. Aber auch die beiden anderen Tanten, sie standen dem Überwasserkloster in Münster und dem adligen Frauenstift in Fröndenberg vor, und ebenso die so opferbereite Äbtissin Elisabeth des Hörder Clarissinnenstifts, die Gemahlin des Herrn Konrad von Hörde, gehörten zu einer ganz anderen Klasse wirklich vornehmer und untadeliger Frauen.

Laurentia von Schwarzensee schien ihm in erster Linie eine allem Weltlichen zugewandte Dame zu sein. Er fand das ihm bereits aus Lüttich bekannte Vorurteil über die Tertiarierinnen, bestätigt, wonach diese Ordensschwestern, die zum Ritterorden zählten, ihr Gelübde nicht sonderlich ernst zu nehmen schienen.

Ganz im Gegensatz zu ihnen waren die Elisabethinerinnen, fromme Nachfolgerinnen der Heiligen Elisabeth von Thüringen[257], hoch angesehene Ordensschwestern. Sie legten erst ihr Ordensgelübde ab, um danach zu allen Zeiten Beispiel für Wohltätigkeit und Krankenpflege zu sein. Ebenfalls fühlten sich die Hospitaliterinnen zur Pflege von Armen und Kranken berufen. Sie hatten wie die „Grauen Schwestern"[258] aber recht unterschiedliche Auffassungen vom Klosterleben. Trotzdem zählte man alle diese Schwesterngruppen offiziell zu den „Regulierten Tertiarerinnen". Sie standen unter der Aufsicht des Minoriten-Provinzials von Paris.

Wie unterschiedlich derartige Klöster besetzt und geführt waren, zeigte schon die Art, wie sie finanziert wurden. Die „Zellenschwestern"[259] lebten nur von Almosen. Sie besuchten die Kranken außerhalb des Klosters und pflegten sie, so gut sie konnten. Die „Mantelschwestern"[260] hüllten sich beim Ausgehen in ihren weit geschnittenen Mantel. Sie zählten zunächst zu den „Grauen Schwestern". Sehr vermögend waren die eigentlichen „Hospitaliterinnen". Sie besaßen eigene Häuser, in denen sie Kranke und Arme aufnahmen. Zunächst waren sie in ein graues Gewand gekleidet gewesen. Sie vertauschten es aber bald, jeweils mit der Mode gehend, mit einem weißen, schwarzen oder dunkelblauen Mantel. Diese verschiedenen Arten der drei Ordenskongregationen mögen zu der für sie alle geltenden Bezeichnung der „Regulierten Tertiarierinnen" geführt haben. Verschiedene Päpste hatten sich, zuletzt Nikolaus IV. 1289 durch eine besondere Bulle mit den Ordensregeln der Tertiarier einverstanden erklärt. Sie besagte, dass jede, ohne Unterschied des Standes und der Geburt, in den Orden aufgenommen werden könne, die unbescholten und nicht durch eheliche Bande davon abgehalten wäre. Das nach bestandenem Probejahr von den Eintretenden abzulegende Gelübde enthielt keinen Klosterzwang. Eine unglaubliche Menge Menschen aus allen Ländern hatte sich unter den ausgesprochen liberalen Bedingungen in den Orden aufnehmen lassen. Auch

257 Elisabeth von Thüringen (1207–1231) wurde schon kurz nach ihrem Tode im Jahre 1235 heilig gesprochen.
258 Graue Schwestern hießen offiziell „hospitalières, Sœurs grises".
259 Zellenschwestern hießen „Sœurs de la celle" – in der französisch geführten Amtssprache der Tertiarerinnen.
260 Mantelschwestern wurden amtlich als „Sœurs de la faille" bezeichnet.

Äbtissin Laurentia verspürte keinen Mangel an interessierten Novizinnen für ihr Kloster. Eine bekannte Regel: „Wie der Herr, so's Gescherr!" konnte gewiss auch auf die Rigaer Ordensschwestern der Hospaliterinnen und ihre Äbtissin Laurentia von Schwarzensee zutreffen.

Dies und den Umgang dieser Damen genauer herauszufinden, hatte sich Engelbert vorgenommen. Dabei war nicht etwa nur die Neugier seine entscheidende Antriebsfeder gewesen, sondern mehr ein geheimnisvoller Adliger, der Rendevouz' dieser Klosterdamen mit zahlreichen Ordensrittern zu vermitteln wusste. Engelbert hatte seine beiden Begleiter in sein Vorhaben eingeweiht. Er vermutete nämlich, dass jener Graf Fulko, den Goswin von Herreke gerade mitsamt seinem „Knappen" unehrenhaft aus dem Ritterorden entlassen hatte, zu jenen Informanten zählte, die den Litauern und ihren Verbündeten jede Truppenbewegung der Deutschen Ordensritter unverzüglich übermittelten.

Dem jungen Ritter Ditz war dabei die Aufgabe zugefallen, sich unter dem Vorwand, sich einen weißen Rittermantel mit Kreuz beschaffen zu wollen, an jene Damen heranzumachen, die intensiven Umgang mit dem Kneipenwirt des „Nauticus" und dem Grafen Fulko pflegten.

Der etwas bärbeißige Hendryk eignete sich nicht so sehr für Erkundungen im Umfeld der lockeren Damen. Er trank in der Seemannskneipe ein Bier nach dem anderen, notierte allerdings dabei mit Strichen und Zeichen das Eintreffen und Verschwinden bestimmter Kneipengäste und Besucherinnen.

Die Äbtissin aufs Korn zu nehmen, hatte sich Engelbert selbst vorbehalten. Die unverkennbare Neugier der Äbtissin und ihrer Klosterfrauen, mehr von Engelberts tapferem Gefecht bei Polozk zu erfahren, gab Engelbert Gelegenheit, seinerseits diesen Damen auf den Zahn zu fühlen.

Schon gleich nach der äußerst freundlichen Begrüßung durch die Äbtissin war Engelbert der ungewohnt süßliche Duft in ihrem Wohnbereich aufgefallen. Sein erstauntes Schnuppern entging Äbtissin Laurentia nicht. Es veranlasste sie sogar zu der Frage, ob Engelbert dieses anheimelnde Aroma zusage.

„Ganz angenehm, mir aber völlig fremdartig vorkommend", war sein Kommentar gewesen. Die an der Seite der Äbtissin weilenden Ordensschwestern trugen reichen Schmuck und boten dem jungen Grafen einen wohlgefälligen Anblick. Gern berichtete er vom Ausritt mit den Ordensrittern zur Ordensburg Ascheraden und den Städten Dünaburg und Polozk, allerdings ohne die eigenen Verdienste zu erwähnen.

„Dabei muss sich ja besonders der Graf Fulko hervorgetan haben!" wandte eine hübsche junge Nonne ein.

„Ach ja, ich vergaß, es zu erwähnen", ergänzte Engelbert. „Wer hat Euch denn von seiner Heldentat erzählt?"

„Sein Knappe war ganz begeistert, wie sich Graf Fulko geschlagen hat."

„Ja, jetzt erinnere ich mich", pflichtete Engelbert der begeisterten Dame bei. „In die Büsche geschlagen hat er sich, als es zu kämpfen galt, und zwar mitsamt seinem angeblichen Knappen! Fulko und sein Helfer witterten die für sie günstige Gelegenheit, den Gefangenen und Toten ihre Wertgegenstände abzunehmen. Der angebliche Knappe hat mich dann auch, ob allein oder gemeinsam mit dem Bärenwirt, weiß ich noch nicht, betrogen und fast meiner ganzen Barschaft beraubt! Einen feinen Bekannten habt Ihr in ihm, meine Gnädigste! Ich sage nur: Pfui! Schimpf und Schande über solche Leute, die dem Deutschen Orden weder nützen noch Ehre machen! Gott sei Dank hat der Herr Landmeister beide Betrüger sogleich davongejagt!"

Ein mehrstimmiges Raunen ging durch den Empfangsraum der Äbtissin: „Wer hätte das gedacht? Nein, dieser immer so feinsinnige und galant wirkende Graf Fulko! Ob das auch wahr ist?" Diese Äußerungen wichen allgemeinem Entsetzen, als Engelbert wieder das Wort nahm, um Näheres über die offensichtlich zauberkundige Äbtissin zu erfahren.

„Wer verfügt denn in Eurem Kloster über so profunde Kenntnisse, dass Ihr, verehrte Äbtissin, so angenehm anregende Düfte in Eurem Hause habt?", wollte er wissen.

„Dann gefallen sie Euch offensichtlich doch", schlussfolgerte die Äbtissin aus dieser Frage. „Ich gebe Euch gern ein Fläschchen mit, wenn Ihr wollt! Ja, man sagt mir nach, dass ich die wohl umfassendsten Kenntnisse von Heilpflanzen und Gewürzen besitze."

„Das vermutete ich schon", bestätigte Engelbert das unverkennbare Eigenlob seiner Gesprächspartnerin. „Dann verfügt Ihr, liebe Äbtissin, gewiss auch über Zauberkräfte und das nötige Wissen, Alraunen einzusetzen, um dadurch wirksame okkulte Kräfte zu wecken?"

„Ihr meint die Wurzeln der Mandragora officinarum, eines bekannten Nachtschattengewächses, das zur Steigerung der geheimen Antriebskräfte nützlich ist?"

„Wie dieses Zeug heißt, weiß ich zwar nicht, aber bei meinem Aufenthalt in Palästina hörte ich vom erstaunlichen Lustgewinn durch Liebestränke, denen Alkohol, Rindenteile des Yohimbebaumes und Extrakte aus Quebracho- und Rauwolfia-Wurzeln beigemischt sein sollten."

„Sehr interessant, lieber Graf, dass Ihr über solche Kenntnisse verfügt, doch entscheidend ist stets die genau abzuwägende Menge solcher Bestandteile!"

„Davon verstehe ich leider nichts, doch meine ich, dass die segensreiche Wirkung solcher Mittel mehr auf Aberglauben als auf Erfahrungswissen beruht!"

„Was experimentell zu testen wäre! Was haltet Ihr davon, die Wirkung meiner Erzeugnisse auszuprobieren? Ich mache Euch gern dieses Angebot. Ihr müsst nur ‚Ja' dazu sagen."

„Heute leider nicht, vielleicht später", antwortete Engelbert, „aber ich möchte schrecklich gern noch ein Bad nehmen. Der Wirt der Burgschänke hatte mir zugesagt, mir dafür heute Abend ausreichend warmes Wasser zu überlassen."

„Ein Bad hätte ich Euch mit Freuden auch hier bereitet, sogar ein angenehm prickelndes Schaumbad, was bei Herren Eures Standes besonders beliebt ist. Dann kommt bald einmal wieder zu uns. Meine Ordensschwestern und ich selbst werden Euch den Besuch zum Fest werden lassen!"

Engelbert hatte genug gehört. Er dankte verbindlich für den Empfang und die wissenschaftlichen Erläuterungen und stellte in Aussicht, bald wiederzukommen!

Gerade als er das Kloster verlassen wollte und die Haustür geöffnet hatte, sah er drei Gestalten vor dem Portal. Zwei hatten ihr Schwert gezückt. Sie hielten einen jämmerlich um Erbarmen bittenden, recht gut gekleideten Herrn zwischen sich fest. Es war der bewusste „Graf Fulko", den die beiden märkischen Ritter dabei ertappt hatten, als er frech vom Wirt des „Nauticus" fünfzig Scot gefordert hatte, weil er dessen Gästen fünf edle Jungfrauen aus dem Kloster der Rigaer Tertiarierinnen für eine vergnügliche Nacht zugeführt hätte.

Der Wirt hatte dagegen gehalten: „Wenn du dieses Geld von mir forderst, berichte ich Graf Lender, wer den Litauern die Standorte der Ordensritter ausgekundschaftet und gemeldet hat."

Der „Biertrinker" Hendryk war nach diesen Worten aufgesprungen, hatte sein Schwert gezückt und gemeinsam mit seinem Neffen Ditz den angeblichen „Grafen" Fulko abgeführt, um ihn zunächst seinem Grafen Engelbert vorzustellen.

„Alle drei mitkommen!", befahl dieser. „Jetzt gehen wir gemeinsam zum Grafen Lender von Sponheim. Lasst bloß den verbrecherischen Verräter nicht laufen. Der kommt erst einmal in den Kerker!"

Tatsächlich! Die Klosterfrauen hatten ein Erlebnis wie lange nicht. Dieser Graf Engelbert war wirklich ein ganz toller Kerl!

Lender von Sponheim war total überrascht, dass Graf Engelbert den angekündigten Wahrheitsbeweis über das, was Lender nie für möglich gehalten hatte, so schnell antreten würde.

„Ich werde gleich morgen seiner Exzellenz, dem Herrn Erzbischof, hierüber Bericht erstatten, über alles Weitere reden wir dann morgen. Gute Nacht, ihr tüchtigen Märker!"

In bester Gesellschaft

Der Erzbischof und der Landmeister des Ordenszweiges Livland der Deutschen Ordensritter waren noch am gleichen Abend, von Dorpat zurückkommend, in Riga eingetroffen. Am frühen Morgen hatte ihnen Lender von Sponheim über die Ereignisse der Vortage berichtet.

„Bittet die Märker, mich gleich nach der Messe aufzusuchen", hatte der Erzbischof Lender von Sponheim aufgetragen. „Und gegen sechs erwarte ich Euch, lieber Herreke, gemeinsam mit dem Grafen Lender und unseren märkischen

Riga, die an der Dünamündung gelegene Hauptstadt Lettlands, besitzt einen wertvollen historischen Stadtkern mit seinem mächtigen Dom, zahlreichen ehrwürdigen Kirchen und Resten des Schlosses der Deutschen Ordensritter aus dem frühen 14. Jh. sowie das berühmte Schwarzhäupterhaus von 1334.
Hier die aus dem 13. Jh. stammende St. Petrikirche. Riga wurde schon 1255 Erzbistum.
Die Stadt trat 1282 der Hanse bei, kam 1561 unter polnische Herrschaft, ging 1621 an Schweden, 1710 an Russland und ist seit 1918 Lettlands Hauptstadt.

Helfern beim Abendessen in meinem Speisezimmer als meine Gäste."

Die Messe hielt der Erzbischof selbst im Dom St. Marien neben dem erst 1330 erbauten Ordensschloss.

Graf Lender hatte es sich nicht nehmen lassen, seinen märkischen Gast selbst aufzusuchen, um ihm die Einladung zur Messe und zur Abendtafel seiner Exzellenz zu überbringen. Selbstverständlich besuchten sie gemeinsam die Messe. Doch bemerkte von Sponheim, dass sich Engelbert merkwürdig unruhig und fast einsilbig verhielt. Als sie in der Kirchenbank Platz genommen hatten, sprudelte es besorgt aus Engelbert heraus:

„Ich fürchte, heute hat sich etwas Ungewöhnliches ereignet", vertraute er seinem Begleiter an. „Zum ersten Male weiß ich nicht, was meine beiden Ritter treiben. Ditz soll schon vor sieben seinen Onkel geweckt haben. Beide hätten sich heimlich wie Diebe aus dem Hause geschlichen, teilte mir der Wirt der Burgschänke am Sonntagmorgen mit. Es ist absolut ungewöhnlich, dass beide nicht ordentlich gefrühstückt haben. Sie haben auch noch nie in der Messe gefehlt." Gerade als der Erzbischof sich von seinem Prunksessel im Dom erhob, um die Messe zu zelebrieren, fügte Engelbert hinzu: „Ich mache mir schon große Sorgen um die beiden!"

Heute wolle er die Gelegenheit nutzen, an zwei Männer zu erinnern, denen die Christenheit großen Dank schulde, begann Erzbischof Fromhold von Vyfhusen seine Predigt. Beide trügen ja den gleichen Vornamen, nämlich Albert. Beide seien deutsche Menschen von Adel gewesen. Der eine, der am heutigen Tage vor genau 200 Jahren geboren sei, habe anno 1207 aus den Händen des Kaisers Otto IV. Livland als Reichslehen erhalten. An seinem Geburtstage seiner zu gedenken, sei der Livländer und erst recht aller Ordensritter Pflicht.

Der andere Albert sei in die Weltgeschichte eingegangen als Albertus Magnus.[261] Dieser Albert der Große sei aus dem Land an der Donau gekommen. Er habe in Padua studiert und als Dreißigjähriger den Orden der Dominikaner gegründet. Gelehrt habe er an Schulen zu Hildesheim, Regensburg und Köln, wo der ebenso berühmte Thomas von Aquin sein Schüler gewesen sei. Trotz Erhebung zum Rektor seiner Kölner Schule und zum Provinzial seines Ordens, ja sogar nach der Ernennung zum Bischof von Regensburg, habe er später wieder seine Mönchszelle in Köln aufgesucht, um hier, ganz den Wissenschaften zugeneigt, zu leben. Auf den Spuren berühmt gewordener Griechen[262] wandelnd, sei Albertus zum hochverehrten Patron der Naturforscher geworden.

Engelbert rutschte während der außergewöhnlichen Ehrung dieser beiden bedeutenden Persönlichkeiten durch den Erzbischof unruhig auf seinem Platz hin und her. In Gedanken war er bei seinen beiden ihm bisher so treu zur Seite stehenden Rittern.

261 Albertus Magnus lebte von 1193 bis 1280.
262 besonders des Aristoteles, dessen Weltbild er verteidigte.

Als die Messe beendet war und sich die Gläubigen im Rigaer Dom von ihren Plätzen erhoben hatten, trat Lender von Sponheim auf Engelbert zu.

„Dies ist ein wirklich würdiger Ort, lieber Graf von der Mark, an dem wir uns, die wir uns so gut verstehen, jetzt und fürderhin mit vertrautem Du ansprechen sollten. Lieber Engelbert, ich werde immer dein Freund sein!"

„Lender, ich danke dir! Wir werden gewiss noch manches Mal zusammen sein. Schade, dass wir uns in der nächsten Woche trennen müssen. Meine Verpflichtungszeit in Livland geht heute nämlich zu Ende. Vor drei Monaten habe ich mich bei dir in Reval gemeldet. Für mich waren es drei ereignisreiche Monate. Ich danke dir für deine immer wieder gewährte Hilfe und deine mir bewiesene Freundschaft. Unsere Mark wartet darauf, dich als ihren Gast zu verwöhnen!"

Sie waren unter den Letzten gewesen, die den Dom verlassen hatten. Plötzlich entdeckten sie die vermissten Ritter Hendryk und Ditz auf dem Domplatz. Wieder hatten sie offenbar einen Halunken fest im Griff; Ditz hatte ihn sogar an seine linke Hand gekettet.

„Lieber Herr Graf", erklärte Hendryk, „als ich heute schon früh am Hafen war, um zu erkunden, wann wir mit einem Schiff in die Heimat fahren könnten, habe ich diesen geldgierigen Spitzbuben entdeckt. Er machte sich im Kontor des Hafenmeisters zu schaffen. Ich habe ihn zunächst dort eingeschlossen und dann mit Hilfe von Ditz gefesselt. Ist er es nicht, der mit Euren Gulden für das Festmahl durchgegangen ist? Wir wollten ihn Graf Lender vorführen, damit dieser böse Bube seine gerechte Strafe erhält. Der Graf von Sponheim aber war nicht anzutreffen. Deshalb mussten wir den Gauner länger zwischen uns dulden, als uns lieb war."

Der gemeinsame Weg führte nun alle geradewegs zum Stadtgefängnis. Der Wachhabende sperrte den lang Gesuchten sofort bei Wasser und Brot in eine Zelle. Dort sollte der Bösewicht nun „gesiebte Luft" atmen. Anschließend meldeten sich Graf Lender und die Märker beim Sekretär des Erzbischofs zur befohlenen Audienz.

„Ich darf jetzt noch nicht stören", erklärte der ihnen. Vor wenigen Minuten erst seien hier der Landmarschall des livländischen Ordens, Herr Andreas von Steinberg[263], und der Komtur von Reval, Herr Dietrich von Warnsdorf[264], eingetroffen. Beide hätten dringlichst seine Exzellenz und den livländischen Landmeister Goswin von Herreke zu sprechen gewünscht. Die wären jetzt beim Erzbischof.

Leise sprechend, wandte sich der Sekretär dem Grafen Lender zu und informierte ihn über den Grund der Anwesenheit der beiden Besucher: „Es geht wieder um die Besetzung des frei gewordenen Bischofsstuhls in Dorpat", flüsterte

263 Andreas von Steinberg war von 1345 bis 1375 Landmarschall des livländischen Ordensterritoriums.
264 Dietrich von Warnsdorf war von 1352 bis 1359 Komtur von Reval.

er. „Da scheint schon reichlich viel Geld geflossen zu sein, um den angeblich Richtigen und seine Befürworter in eine ertragreiche Position zu bringen!"

Engelbert hatte mitgehört, worum es hoch im Nordosten Livlands ging. „Immer wieder das Gleiche", murmelte er vor sich hin. „Macht, Geld und Frauen, diese drei Begriffe scheinen die Menschen überall in der Welt zu allem zu befähigen, sogar zu Verrat, Betrug und Mord. Da machen nicht einmal Päpste, Kaiser und Könige eine Ausnahme." Graf Lender nickte stumm.

Schließlich öffnete sich die Tür zum Empfangssaal. Erzbischof Fromhold trat heraus, klatschte in beide Hände und rief:

„Hereinspaziert, ihr tüchtigen Männer aus der westfälischen Mark! Seid mir von Herzen willkommen. Euch heute zu danken, ist mein innigster Wunsch. Ihr seid von weit her gekommen, um uns zu helfen, in diesem Land an der Ostsee Gutes und Wichtiges zu tun. Euer Mut und euer Einsatz sind in aller Munde. Ihr habt gekämpft wie die Löwen, konntet klug beweisen, dass ihr mit dem Wort und dem Schwert der Wahrheit eine Gasse schlagen konntet. Ich danke euch im Namen jenes Landes, das Albert von Riga einst zum kaiserlichen Lehen erhielt. Vergesst uns nicht, wenn ihr wieder in eurer schönen Heimat sein werdet!

Gerade noch rechtzeitig erfuhr ich, dass ihr mit erstaunlichem Spürsinn und großer Beharrlichkeit zwei verräterische Kreaturen, die unserem Lande und seinen Menschen Schaden zufügen wollten, das Handwerk gelegt habt. Lasst mich nun am Ende eurer vorgesehenen Dienstzeit den Dank meiner ganzen Erzdiözese aussprechen. Ich hörte, wie man euch betrogen und bestohlen hat, Nehmt nun als Ausgleich diese für euch bestimmten Beutel entgegen. Sie enthalten keine Scots, sondern Silbergeld aus unseres Kaisers Karl IV. Münzstätten, das man überall gern in Zahlung nimmt."

Die Märker verbeugten sich und nahmen den ihnen zugedachten Ehrensold des Erzbischofs dankbar entgegen. „Ich erwarte euch zum abendlichen Essen wieder hier zu Beginn des Abendläutens. Die Petersglocke von St. Marien wird euch sagen, wenn es soweit ist."

Jetzt trat auch der Landmeister Goswin von Herreke auf den Grafen Engelbert zu. Er gab ihm die Hand und sagte anerkennend: „Ihr seid wie ich aus dem Land der stämmigen Eichen. Ich danke Euch und gratuliere zu Euren Erfolgen!" Auch den Rittern Hendryk und Ditz drückte er zum Zeichen seiner Wertschätzung die Hand. Den übrigen Herren zugewandt, die im Raum standen, gab er mit einem kurzen, aber tief aus seinem Herzen kommenden Spruch kund:

> „Westfalen und die Grafschaft Mark
> die haben Männer treu und stark:
> Wie seine Eichen stehn sie da,
> auch ich steh diesen Menschen nah!"

Die so eindeutig klärenden Worte des oft so verschlossen wirkenden Landmeisters der Ordensritter Livlands hörten die Märker voller Stolz. Unter dem

Beifall aller Umstehenden verließ das märkische Trio das erzbischöfliche Schloss. Graf Lender war an der Seite seines Landmeisters im Raum zurückgeblieben.

*

Als die ersten tief dröhnenden Glockenklänge vom vierkantigen Backsteinturm des Rigaer Domes den Sonntagabend einläuteten, erschienen die märkischen Streiter wieder im Schloss des Erzbischofs. Sie hatten sich, so gut sie es vermochten, herausgeputzt. Ein jeder von ihnen trug einen riesigen rot-weißen Blumenstrauß in der Hand. Damit hofften sie, den Erzbischof zu erfreuen.

Im Treppenhaus des Schlosses hatte Engelbert am Mittag schon zu seinen Gefährten gesagt, als sie gerade den Empfangssaal verlassen hatten: „Habt ihr die großen Vasen im Raum gesehen? Drei Stück stehen leer und traurig dort, typisch für einen Haushalt, in dem die fürsorgliche Hand einer liebenden Frau fehlt! Wir sorgen dafür, dass sie, mit Blumensträußen gefüllt, dem Abend einen besonderen Glanz geben!" Kaum eine Stunde später hatte Ditz diese Sträuße besorgt.

„Ich habe sie mit kaiserlichen Silbermünzen bezahlt, die uns Exzellenz Fromhold gerade überreicht hat!", hatte er stolz verkündet.

Graf Engelbert hatte die Zeit des Weges zum Schloss genutzt, seinen Rittern letzte Informationen für das Benehmen an der erzbischöflichen Tafel zu geben.

„Ihr greift bitte erst zum Besteck, nachdem dies der Erzbischof getan hat! Denkt daran: Vor dem Trinken putzt ihr mit der Serviette euren Mund ab – aber erst, wenn ihr den letzten Bissen hinuntergeschluckt habt und euer Mund ganz leer ist! Eure Hände bleiben immer oberhalb der Tischfläche! Sattessen müsst ihr euch da nicht! Immer nur kleine Portionen auffüllen oder euch anreichen lassen. Wenn Seine Exzellenz mit dem Essen fertig ist, kommt nichts mehr auf eure Teller! Ist das klar?

„Wenn wir aber noch Hunger haben?", wollte Ditz wissen.

„Dann esst ihr später in der Burgschänke noch etwas", erklärte Engelbert unerbittlich.

Mehr verschüchtert als in Vorfreude auf die zu erwartenden leckeren Speisen betraten Engelberts Ritter mit ihm den Empfangsraum, in dem schon etliche Gäste versammelt waren. Die Ritter wussten nicht recht, was sie mit ihren Blumensträußen, die sie von einer Hand in die andere gaben, anfangen sollten. Da zuckten sie beim Aufschlagen des Maître de Table mit seinem silberbeschlagenen Stock zusammen. Der Erzbischof trat, gefolgt vom Landmeister der Ordensritter und Graf Lender von Sponheim, in den Raum. Die Gäste klatschten. Einen nach dem anderen der Geladenen begrüßte der Erzbischof mit Handschlag unter Nennung des Namens dieses Geladenen.

Die Märker hatten sich zurückgehalten. Jetzt trat Exzellenz von Vyfhusen auf Engelbert zu. Ehe der Erzbischof seine Hand zur Begrüßung ausstreckte, erhob Engelbert nach einer tiefen Verbeugung seine Stimme:

„Hochwürdigste Exzellenz, wir Märker möchten Euch für diese Einladung mit großem Respekt danken. Wir bringen Euch mit den rot-weißen Dahlienblüten unserer Sträuße einen Gruß in den Farben unserer Grafschaft. Wir würden uns glücklich schätzen, damit die Vasen dieses schönen Raumes füllen zu dürfen!"

Die huldvolle Geste des Gastgebers mit seiner Rechten zeigte den Blumenträgern, dass sie dem Erzbischof mit ihren Sträußen sichtlich eine große Freude bereitet hatten.

„Nun wende ich mich aber erst einmal euch zu, ihr lieben Märker", begann der Erzbischof seine kurze, aber herzliche Ansprache. „Ihr habt Wort gehalten, habt drei ganze Monate unserem Lande und seinen christlichen Bewohnern gedient, eine siegreiche Schlacht geschlagen und viele unserer Feinde unschädlich gemacht. Das alles tatet ihr, ohne jemals nach dem euch gebührenden Sold zu fragen. Das nenne ich gewissenhafte Pflichterfüllung und vorbildliches sittliches Verhalten! Für eure großen Verdienste erhaltet ihr, und zwar jeder von euch, den einem Deutschen Ordensritter gebührenden Sold. Nach dem Essen wird ihn euch Graf Lender auszahlen. Graf Engelbert erhält von mir als Zeichen des Dankes aller Christen in unserem Lande den Ehrenring des Rigaer Erzbischofs. Sein eifriger Mitstreiter Hendryk van Bönen bekommt einen kostbaren Bernsteinfund mit eingeschlossenem Insekt und der jüngste der märkischen Ritter, Ditz von Altenbögge, soll in Erinnerung an seinen Einsatz in Livland diesen Ordensmantel mit dem eingestickten schwarzen Balkenkreuz erhalten." Er nahm die Geschenke aus der Hand des Grafen Lender und übergab sie den überraschten Beschenkten.

„Jetzt wird es aber Zeit, sich zu Tisch zu setzen. Eure Plätze sind ausgewiesen. Ich wünsche allen Gästen einen schönen Abend bei süffigem Wein und unserem traditionellen Fasanenessen!" Nachdem er das Tischgebet gesprochen und seinen prachtvollen Silberpokal ergriffen hatte, begann mit fröhlichem „Prosit" ein lebhaftes Gespräch aller am Tisch Sitzenden.

Graf Engelbert saß, flankiert vom Landmeister Goswin von Herreke und Graf von Sponheim, direkt dem Gastgeber gegenüber, eine Ehrbezeigung, die der junge Graf wohl zu schätzen wusste. Seitlich des Erzbischofs saßen rechts und links die zur Mittagszeit eingetroffenen Gäste aus Dorpat. Die Ritter Hendryk und Ditz waren sehr mit ihren Plätzen am Ende der Tafel zufrieden. Sie saßen zwischen Adjutanten und jüngeren Ordensrittern aus der Mannschaft des Landmeisters Herreke. Am anderen Tischende unterhielten sich lebhaft zwei Großgebietiger und zwei Komture mit einem Ordensgeistlichen.

Der Erzbischof war sehr um das Wohl seiner Gäste bemüht. „Wie hat Euch, Graf Engelbert, der Fasan geschmeckt?"

„Nun, geschmacklich finde ich ihn vortrefflich zubereitet", lobte Engelbert. „Aber meiner schien schon in die Jahre gekommen zu sein", fügte er dann hinzu.

„Woran erkennt Ihr denn das Alter eines Fasans?", wollte Seine Exzellenz wissen.

„An den Zähnen", antwortete Engelbert dem verblüfften Erzbischof.

„Aber ein Fasan hat doch gar keine Zähne", stellte dieser fest.

„Er nicht, hochwürdigste Exzellenz, aber ich!"

Diese unerwartete, wenngleich auch etwas ungebührliche Erklärung ließen nicht nur den Erzbischof, sondern alle Gäste, die das Zwiegespräch von Erzbischof und Graf Engelbert angehört hatten, laut und schallend auflachen. Auch von anderen Tischgästen hörte man witzige Bonmots. Viele Geistesblitze und lustige Einfälle sorgten für beste Unterhaltung, so dass alle Gäste dankerfüllt die gastliche Tafel verließen, als die Turmuhr von St. Marien das Ende der elften Stunde verkündete.

Graf Lender bat die Märker, als sie aufbrechen wollten, noch kurz „zum Geschäftlichen" in einen Nebenraum. Jeder der Märker erhielt seinen Sold ausgezahlt. Die Summe ließ sich sehen. Für zweiundneunzig Tage erhielten die Ritter je drei Scot pro Tag. Das ergab abgerundet zweihundertfünfundsiebzig Scot. Der märkische Graf erhielt mit fünfhundertfünfzig Scot das Doppelte. Schließlich war er standesgemäß zu besolden. Verabredungsgemäß gab er sogleich seinem neuen Freund Lender die ihm vor Wochen geliehene Summe zurück. Zinsen, die Engelbert anbot, lehnte von Sponheim ab. Zinsen zu nehmen, sei allenfalls Sache der Juden. Er aber habe das verliehene Geld als einen Freundschaftsbeweis angesehen. Engelbert könne sich ja gern revanchieren, wenn von Sponheim im nächsten Jahr in der Mark aufkreuzen würde und dann finanzielle Sorgen hätte. Aber etwas sehr Wichtiges hätte Lender dem Grafen Engelbert noch auszuhändigen. Das sei die Bestätigung der höchsten livländischen Würdenträger, dass Graf Engelbert sein Versprechen treu erfüllt habe. Niemand würde ihn künftig mehr als Gebannten der Kirche bezeichnen oder behandeln.

„Ist dieses Testat lateinisch abgefasst?", fragte Engelbert seinen neuen Freund Lender.

„Bedaure, lieber Engelbert, in Latein war ich nie gut, deshalb habe ich diese Urkunde deutsch abfassen lassen."

„Gott sei gedankt, lieber Lender. Ich leide nämlich unter der gleichen Schwäche! Die Abneigung gegen Latein ist etwas, was uns erneut verbindet." Die beiden Grafen umarmten sich lachend, bevor die Märker in die dunkle Nacht hinaustraten. –

„Dort oben müssen sie sein!", rief Engelbert seinen Gefährten zu. „Seht ihr sie auch so klar und deutlich am Sternenhimmel des Monats Juli?"

„Was meint Ihr damit, Graf Engelbert?", fragte der schon etwas angeheiterte Ditz. Ritter Hendryk hatte schneller geschaltet: „Klar, Graf Engelbert, sie freuen sich mit uns, dass es bald wieder nach Hause geht, aber bellen hört man Eure Hunde noch nicht!"

„Ja, ihr habt meine Andeutung richtig verstanden: Dort oben am Himmel tummeln sich gar nicht weit vom Orion entfernt, die Zwillinge Castor und Pollux, die Himmelhunde, auch wenn wir sie jetzt nicht sehen können!"

Den Argonauten gleich

„Lasst mich heute mal eine Weile allein", hatte Engelbert seine beiden Ritter gebeten. „Es ist der letzte Tag vor unserer Abreise aus Livland. Ich brauche ihn, um intensiv nachdenken zu können." Für diesen Wunsch hatten sie Verständnis.

Gerade hatte Hendryk berichtet, was er vom Hafenmeister erfahren hatte. Das nächste Schiff, das sie nach Lübeck bringen könne, würde erst in etwa zwei Wochen in Riga anlegen. Der einst so lebhafte Fracht- und Personenverkehr sei spürbar zurückgegangen, nachdem Gotland zum Mittelpunkt des Interesses der Ordensritter geworden sei. Doch werde noch in der Nacht zum Dienstag eine ältere Kogge, aus Reval kommend, am Kai festmachen. Sie würde schon in der Frühe des Mittwochs, spätestens aber gegen neun Uhr ihre Fahrt nach Danzig fortsetzen. Der Hafenmeister empfahl, dieses Schiff zu nehmen. In Danzig gäbe es ja jede Menge Mitfahrgelegenheiten nach Lübeck. Engelbert nahm diese Nachricht erfreut entgegen. Er bat Ritter Ditz, Graf Lender zu verständigen, dass die Märker am Mittwoch Riga verlassen wollten. Er selbst würde sich freuen, Lender vor der Abreise noch einmal am Hafen zu sehen.

Dann gab er seinem Arco die Sporen und schlug den kürzesten Weg nach Saulkrasti ein. Dieser führte immer am Ostufer des Rigaischen Meerbusens entlang. Engelbert war sich noch nicht darüber klar, wie er den Fluss Gauja überqueren könne, der etwa zwei Wegstunden vor Saulkrasti in die Ostsee mündete. Eigentlich hätte er gern Windau aufgesucht, aber diese von der Hanse wie von den Deutschen Ordensrittern sehr geschätzte Stadt mit ihrem großen und eisfreien Hafen in Kurland war zu weit von Riga entfernt. Windau zu erreichen, hätte mindestens zwei Reisetage erfordert. Deshalb hatte er sich entschlossen, nordwärts nach Saulkrasti zu reiten, einer kleinen lettischen Hafenstadt, in der es zahlreiche kunstfertige Bildschnitzer geben sollte. Hin- und Rückreise waren gut an einem Tage zu schaffen. Der von Westen kommende leichte Seewind und die angenehme Sommersonne versprachen einen Ausritt bei besten Wetterbedingungen.

Schon weit vor Mittag saß Engelbert auf der Hafenmauer des beschaulichen Dörfchens und ließ sich einen gerösteten Ostseefisch gut schmecken, den ihm ein Wirt über die Uferstraße hinweg mit einem Steinkrug frischen Bieres gebracht hatte. Ob er dem schönen Apfelschimmel auch eine Hafermahlzeit bereiten dürfe, radebrechte er. Engelbert nickte erfreut. Wenige Minuten später erschien der gesprächige Gastwirt mit einem gefüllten Hafersack, den er Arco geschickt umhängte. Beide, Reiter wie Pferd, machten einen zufriedenen Eindruck. Ob der Wirt einen geschickten Bildschnitzer wisse, wollte Engelbert von ihm erfahren.

„Ja, gäwiss, liebär Härr, wir habben hier sähr viele! Am bästen, ich gähe gläich mit Eich zu einem, där mäin Freind ist. Er gilt als bästär Schnitzär wäit und bräit!"

„Dann ist er auch wohl der Teuerste", meinte Engelbert. Das schien der bejahrte Wirt aber gar nicht gehört zu haben. Er führte Arco, ohne eine weitere Debatte abzuwarten, mit seiner Rechten am Kopfgestell in den Schatten einer großen Linde. Dort band er ihn mit langer Leine am vergitterten Gastraumfenster fest. „Wir gähän nur wännige Schrittä", tröstete er den erstaunten, aber über die unerwartete Hilfeleistung erfreuten Engelbert. Sie betraten schon bald das Haus des berühmten Holzbildhauers. Es mutete an wie ein Museum. Von der Decke herab schwebte eine ganze Armada großer und kleinerer Schiffe über den Köpfen der staunenden Besucher. Gewaltige Bären, Seeungeheuer, Mädchenköpfe mit zu Schnecken gesteckten Zöpfen, Ritter in Harnischen mit Schwertern und Lanzen, Sonnenräder und Fische jeder Größe und Art, sogar Netze ziehende Fischer. All diese vornehmlich aus Lindenholz geschnitzten Figuren und Tiernachbildungen bewiesen das große Können des schnitzenden Meisters, der sich nicht einmal von seinem Schemel erhob, sondern unaufhörlich weiterschnitzte, als der Wirt mit Engelbert seine Stube betreten hatte.

„Schaut Eich nur in allär Ruhä um. Ich wärde kommen gläich, wänn Ihr wollt wissen was von mirr!"

Das tat Engelbert dann auch mehr als eine Viertelstunde lang, ohne ein Wort zu sagen. Was erregte nun sein Interesse am meisten? Richtig! Es waren die geschnitzten Pferde! Wild und doch voller Anmut hatte sie der Bildschnitzer aus unterschiedlichen Hölzern zu echtem Leben erweckt. Um eines dieser großartig gelungenen Rosse war Engelbert immer wieder herumgegangen, als wäre er mit diesem rassigen Vierbeiner in lautloser Zwiesprache. Dann fasste er das Tier an, streichelte es behutsam und hob es schließlich hoch über seinen Kopf, als wolle er seine Gangart und den Sitz seiner Hufeisen prüfen.

„Gefällt's Eich?" fragte der Schnitzer und äugte schelmisch von seinem Hocker zu dem zum Rossebändiger gewordenen Grafen empor.

„Kann man es kaufen?", fragte Engelbert.

„Freilich kännt Ihr käufen dieses Pfärd! Wenn Ihr soviel Geld haben tut, fir zweihundert Scot kännt Ihr's habben!"

Engelbert schien den Preis gar nicht gehört zu haben. Wie verzaubert betrachtete er die fliegenden Mähnenhaare und den hochgeworfenen Schweif des

Tieres, sah in die sich blähenden Nüstern und blickte in seine vertrauensvoll geöffneten Augen. Engelbert war kein Kunstkenner, auch kein Experte, der Meisterwerke der Schnitzkunst zu beurteilen wusste, Engelbert war nur Reiter. Aber er war einer, der Pferde über alles liebte, und dieses temperamentvolle Wesen aus Lindenholz hatte er auf den ersten Blick in sein Herz geschlossen.

„Was sagtet Ihr, soll es kosten?"

„Weil Ihr es säid, der Pfärdevärstand hat und viel Liebe zu Pfärden zäigt, sollt Ihr es haben für äinhundertsächzig Scot."

„Einverstanden", sagte Engelbert nur und griff zu seiner Börse unter seinem Lederwams.

Der Bildschnitzer schien enttäuscht, als Engelbert die einhundertsechzig Scots auf den schön geschnitzten Holzteller inmitten der wunderbaren Ausstellungsstücke legte. Anstelle zu danken, sagte er nur: „Der Härr haben ja gar nicht gehändelt! Ihr misst wirklich äin fäiner Härr säin! So was ist sähr sältän. Aber dafür schänke ich dem Härrn noch etwas Kläines dazu. Es ist äin Fohlen, kläiner und bravär als der Hängst ist, den der Härr ausgewählt hat. Ich danke sähr und winsche gutte Reise wäiter! Aber warten bittä, ich packe die Rösslein äin. Sie sind läicht zärbrächlich. In Holzwollä sollen sie gut und warm schlafän, bis der Härr zuhause wird säin!"

„Typisch für einen Reiter", sagte Engelbert zu sich selbst, als er gerade dabei war, die Tür zu öffnen, um die kleine Bildschnitzerwerkstatt zu verlassen. „Fast hätte ich das Geschenk für meine Rika vergessen!" Er machte auf dem Absatz kehrt und ging wieder auf den Ausstellungstisch mit Schatullen und Kästchen, Bechern und Dosen zu. „Eine ganz besonders schöne Schmuckschatulle möchte ich noch erwerben für meine liebe Frau daheim", erklärte er dem Schnitzer.

„Da habe ich etwas janz Besonderes für Eich! Jerade ist sie färtich jeworden! Äin Bernstäinkästchen mit Intarsienarbäit auf dem Däckel. Välläicht kanns der Härr jebrauchn, kostet äinhundertfünfundsiebzig Scot."

Engelbert war überrascht. Es war eine ganz besondere Schatulle, groß genug, darin eine der dicksten Bernsteinketten aufzubewahren, wie sie Ortwin Praël dem Fuhrmeister vor seiner Rückreise nach Schwerte gezeigt hatte. Der Deckel dieser Schatulle gefiel Engelbert vor allem deshalb, weil er mit abwechselnd angeordneten hellgelben und dunkelbraunen Quadraten verziert war, die, in drei Reihen übereinander angeordnet, dem dreifach geschachten Wappen der märkischen Grafen ähnelten. Jeder der in heraldischen Fragen gebildeten Betrachter würde annehmen müssen, diese Schatulle sei eine Auftragsarbeit für den Grafen Engelbert, die wohl ein äußerst sorgfältig arbeitender Bernsteinkünstler für ihn hergestellt haben musste.

„Für hundertfünfzig Scot würde ich sie mitnehmen", lautete sein Angebot an den Hersteller dieses kleinen Kunstwerks aus Millionen von Jahren altem Harz, das vom Meer rechtzeitig freigegeben war, um in vollendet schöner Gestalt Bewunderung zu erregen.

„Sagen wir hundertfinfunsechzig Scot", antwortete bereitwillig der Schnitzer.

„Nein, dann werde ich gewiss etwas Ähnliches zu günstigerem Preise noch woanders finden", meinte Engelbert bedauernd und wandte sich wieder zur Tür.

„So wartet doch bitte, wärter Herr. Warum wollen Se denn jleich aufjäben. Ich
denke, bei äinhundertsechzig kennen wir uns äinijen!"

„Gut, dieses Angebot nehme ich an!" Ein zufriedenes Lächeln glitt über sein
Gesicht, als er die sorgfältig verpackte Schmuckschatulle entgegennahm und
den Kaufpreis in die Hand des Bildschnitzers gleiten ließ.

„Sähens, jetzt habens das Fäilschen jelärnt und äine scheen Schatulle dazu
billich erworben. Beehrens mich bitte bald wieder – und härzlichen Dank und
jute Räise!"

Engelbert war überglücklich, er hatte etwas einmalig Schönes für seine gute
Richarda erstanden und gewiss auch das richtige Geschenk für Lender erwor-
ben. Morgen wollte er es ihm zum Dank für alles übergeben, was er für die
Kämpfer aus der Grafschaft Mark getan hatte.

Als Engelbert Saulkrasti hinter sich gelassen hatte und am Gauja-Ufer stand,
spähte er vergebens nach dem Schiffsmann aus, der ihn am Morgen mitsamt
seinem Arco so freundlich auf seiner Fähre übergesetzt hatte.

Die Sonne hatte den größten Teil ihres Himmelsweges bereits hinter sich
gelassen und schien bereit, bald in die Fluten der Ostsee einzutauchen.

„Welch schönes und friedliches Land ist doch dieses Livland", dachte Engelbert, und wie reich hatte ihn das Schicksal damit beschenkt, dass er hier Zeit und
Muße gefunden hatte, den bevorstehenden Sonnenuntergang zu erleben, während sein Arco in aller Ruhe die leckersten Pflanzen auf der sattgrünen Wiese
am Flussufer suchen und genießen konnte. Am Himmel zeigten sich viele kleine
Schäfchenwolken. Fast fühlte sich Engelbert wie ein Schäfer, der glücklich darüber war, über Gott und die Welt in aller Ruhe nachdenken zu können.

Er hatte gar nicht bemerkt, dass der Fährmann inzwischen am anderen Ufer
ausgemacht hatte, dass Kundschaft auf ihn wartete. Erst dessen „Hallo"-Ruf
hatte Engelbert wieder auf die Erde zurückgebracht. Noch am südlichen Gauja-
Ufer träumte er auf Arcos Rücken weiter, als die Sonne schon längst nicht mehr
zu sehen war.

Glücklich und erfüllt vom Erlebnis dieses Tages, kehrte er zur letzten Nacht in
die Burgschänke ein. Der Wirt hatte ihm einen gefüllten Leinenbeutel mit Brot,
Schinken und Wurst für die Heimreise übergeben. Gemeinsam hatten sie dann
einen Krug mit obergärigem Bier geleert. Vorsorglich, denn Wirte stehen selten
früh auf, hatte er Engelbert schon am Abend eine gute Heimreise gewünscht
und sich für Engelberts großzügige Entlohnung von Herzen bedankt.

Als Engelbert beim Frühstück in Riga aus dem Fenster schaute, sah er, wie
eine Kogge auf die Hafeneinfahrt zuhielt. Er holte seinen Arco aus dem Stall
des Erzbischofsschlosses, packte sein Gepäck zusammen und ritt zum Hafen.
Dort fand er seine beiden Ritter im Gespräch mit dem Hafenmeister und dem
Wirt des „Nauticus".

„Die Kogge, die uns nach Danzig bringen soll, heißt ‚Argo‘“, meldete Hendryk seinem Herrn.

„Ist das kein Schreibfehler?“, fragte Engelbert zurück. „Vielleicht heißt sie in Wirklichkeit Cargo, denn so bezeichnet man bekanntlich eine Schiffsladung. Das ‚C‘ könnte vielleicht inzwischen verblasst oder übermalt worden sein.“

„Nein“, wandte der Hafenmeister klarstellend ein, „ich kenne die ‚Argo‘ und ihren Kapitän schon seit vielen Jahren. Schaut doch auf ihren Bug, wo ihr Name zu lesen ist. Ihr Name beginnt gleich hinter dem Bugspriet.[265] Da wäre kein Platz für ein ‚C‘ gewesen.“ Engelbert machte seine Gefährten mit seinen Gedanken vertraut!

„Wenn es demnach beim Namen ‚Argo‘ bleibt, sind wir selbstverständlich, sobald wir an Deck sind, die Argonauten. So hießen übrigens nach der griechischen Mythologie auch jene Helden, die unter der Führung Jasons auf einem Schiff mit Namen ‚Argo‘ nach Kolchis am Schwarzen Meer fuhren, um dort mit Hilfe Medeas[266] das von einem Drachen bewachte Goldene Vlies[267] nach Griechenland zu holen. Im Übrigen ist Argo der Name eines Sternbildes am südlichen Himmel.“

„Der Mann hat wie immer Recht!“ Diese Feststellung traf ein eilig zur Gruppe der Disputanten gestoßener Herr, den die meisten kannten. Es war Graf Lender von Sponheim, der den Märkern eine gute Heimreise wünschen wollte. Die waren hocherfreut, dass er sich dafür Zeit genommen hatte.

„Hast du inzwischen das Diplom gelesen, das ich dir vorgestern Abend zugesteckt habe?“, fragte er Engelbert. „Was für ein Diplom?“, wollte der wissen.

„Unter Diplom verstehen nicht nur Diplomaten, sondern auch andere kluge Leute ein gefaltetes Schreiben von ganz besonderer Bedeutung.“

„Ach, die Bestätigung unseres dreimonatigen Einsatzes, die ist noch genauso zusammengefaltet, wie du sie mir gegeben hast. Ich wollte sie bei der Überfahrt nach Danzig eingehend studieren.“

„Dann mache das auch! Bin gespannt, ob du mit dem Text zufrieden bist!“

„Damit auch du etwas auszupacken hast, lieber Lender, nimm bitte dieses Paket. Es soll ein Zeichen meines Dankes an dich sein. Du hast uns Märkern den Aufenthalt erträglich gemacht und sogar zu einem freudvollen Erlebnis werden lassen. Es ist ein Gruß meines Arco an dich!“

Damit hatte Lender nicht gerechnet. Er war über Engelberts Absicht, auch ihm eine Freude zu machen, tief gerührt. Er bezähmte allerdings seine Neugier, indem er sagte: „Vielen Dank, lieber Engelbert, aber verstehe mich bitte nicht falsch, wenn ich dieses Paket erst auspacke, wenn ich genügend Zeit habe, seinen Inhalt richtig schätzen zu können. Ich muss jetzt schleunigst in die Kanzlei. Sei-

---

265 Bugspriet heißt die über den Bug hinausragenden Spiere eines Segelschiffes.

266 Medea war nach der Mythologie der Griechen eine berühmte Zauberin, Tochter des Aietes, Sohn des Helios und der Hecate, einer Schwester der Circe.

267 Das Goldene Vlies war nach der griechischen Mythologie das Fell des goldenen Widders Chrysomeles, der fliegen und sprechen konnte. Im antiken, goldreichen Kolchis, dem jetzigen Georgien am Kaukasus, verwendeten die Goldsucher Schaffelle, um den Goldstaub aus den Flüssen zu waschen.

ne Exzellenz erwartet mich schon. Euch aber wünsche ich eine gute Reise, euch Argonauten!"

Der Hafenmeister hatte, als er vom inzwischen vertäut am Kai liegenden Schiff zurückkam, mit dem Kapitän der Argo alles Notwendige geregelt. Die Märker sollten mit ihren Rössern unverzüglich an Bord kommen. Die Überfahrt nach Danzig koste sie übrigens keinen Häller[268]. Die Bezahlung hätte im Voraus der Nauticus-Wirt vorgenommen. „Weil sie mich vom Blutsauger Fulko befreit haben und verschwiegen genug waren, mir ein unvermeidliches Verhör zu ersparen", hätte ihm der Wirt erklärt.

„Nun denn, bringen wir zunächst unsere treuen Vierbeiner, dann unser Gepäck und schließlich uns selbst in der ‚Argo' unter!", schlug Engelbert vor. Eine gute Stunde später blähte ein hilfreicher Ostwind die Segel der „Argo" weit auf. Die Wellen wurden immer größer, je mehr sie der Irbestraße[269] näher kamen, und die Türme der Stadt Riga schrumpften in Windeseile, bis auch der massige Backsteinturm des Marien-Domes für die „Argonauten" nicht mehr erkennbar war. „Jetzt sagt uns bitte doch, was in diesem Diplom steht, von dem Graf Lender gesprochen hat", bat Ditz, der als Jüngster vor Wissbegierde bald platzen wollte. Engelbert entfaltete das säuberlich beschriebene Pergament und las vor:

Wir, Graf Fromhold von Vyfhusen,
Erzbischof von Riga seit dem Jahre 1348
und
Magister Goswin von Herreke,
Meister des Ordenszweiges von Livland seit dem Jahre 1345,
vormaliger Hauptmann von Reval,
bestätigen hiermit dem Grafen Engelbert von der Mark,
daß er getreu seinem Gelübde drei volle Monate des Jahres 1354
vorbildlich Dienst im livländischen Ordensritterheer geleistet hat.
Durch Klugheit, persönliche Tapferkeit und Beharrlichkeit
hat er der christlichen Kirche und den vom Deutschen Kaiser
für Livland eingesetzten Bevollmächtigten lobenswerte Erfolge bereitet,
wofür wir ihm und seinen ihn begleitenden Rittern
Hendryk van Bönen und Ditz von Altenbögge sehr zu danken haben.

Gott schütze diese tüchtigen Männer aus der Grafschaft Mark!
Wir wünschen ihnen und ihrem Lande Mark viel Glück und Erfolg.

Diese Urkunde wurde unterschrieben und gesiegelt
im Auftrage des Landmeisters von Livland
Goswin von Herreke
und seiner Exzellenz Fromhold von Vyfhusen
Erzbischof von Riga
durch deren Sekretarius
Lender Graf von Sponheim
in Riga, am 17. ante calendas augusti anno 1354

„Lest Ihr da gerade Euren Freibeuterbrief vor?" Diese Frage kam vom Kapitän der Argo, der unbemerkt hinter die Ritter getreten war. „Ein wirklich schönes Schriftstück, das muss man schon sagen! Ich gratuliere Euch! Vielleicht ist es angebracht, auf diese wunderbare Urkunde hin ein Glas Portwein zu trinken. Seid hierzu herzlich eingeladen. Ihr seid meine Gäste!"

*

Als die Märker wieder unter sich waren, stieß Ditz seinen Onkel leicht mit seinem Ellbogen in die Rippen: „Hast du das gesehen? Sogar wir beide sind in diesem Diplom genannt. Gehören wir jetzt zu den Diplomaten?" Hendryk musste laut lachen.

„Nein", sagte er zu seinem Neffen, „Diplomaten sehen anders aus als wir! Aber wir sind schon etwas ganz Besonderes!"

„Und was sind wir jetzt?", wollte Ditz wissen. Mit dem Brustton der Überzeugung antwortete der Onkel: „Hast du nicht zugehört? Graf Engelbert hat es doch deutlich gesagt: Wir sind jetzt Argonauten!"

*

Der Wind hatte leicht auf Südwest gedreht, kam also günstig von Nordosten und schob die Argo mit der Riesenkraft ihres rotweiß gestreiften Segels in Richtung auf die Danziger Bucht zu. Der Himmel war völlig wolkenfrei, so dass die auf dem Vorschiff stehenden Märker den Eindruck haben konnten, das über ihnen funkelnde Sternenzelt sei eigens für sie aufgespannt worden.

„Sterne, das sind unsere zuverlässigsten Wegweiser, wenn wir über die Meere kreuzen", meinte der Kapitän, als er merkte, dass seine Passagiere mit großem Interesse den Himmel betrachteten.

„Dann könnt Ihr mir, lieber Kapitän, gewiss helfen, meine Zwillinge Castor und Pollux wiederzufinden. Seit etwa zwei Monaten kann ich sie nicht mehr entdecken. Das Sternbild der Gemini[270] ist eigentlich recht gut zu erkennen, wenn man die beiden größten Sterne des Orion mit einer Linie verbindet und diese nach Osten verlängert. Jetzt sehe ich aber auch vom Sternbild des Orions nichts."

„Das ist auch nicht verwunderlich, denn von der Erde aus haben wir den Eindruck, als seien die Sterne am Himmelszelt in steter Bewegung. Mitte Juli sieht der Sternenhimmel eben ganz anders aus als noch im März! Vor drei bis vier Monaten war das Sternbild der Gemini mit Castor und Pollux noch sehr gut um diese Abendzeit zu sehen. Inzwischen sind die beiden durch die Erddrehung unserem Blick völlig entschwunden. Wartet bis zum November, dann kommen die Zwillinge schnell wieder aus dem östlichen Teil des Sternenhimmels hervor.

268 Häller (Heller): Bezeichnung einer Pfennigmünze, die unter Kaiser Friedrich I. im ausgehenden 12. Jh. in der Reichsmünzstätte Hall (heute: Schwäbisch Hall) eingeführt wurde. Deshalb auch die Bezeichnung Haller oder Häller.

269 Irbestraße heißt die Meerenge zwischen Kolkas rags, dem nördlichsten Zipfel der kurischen Halbinsel und der weiter nördlich liegenden Insel Ösel.

270 Gemini = Zwillinge, Sternbild, bestehend aus 9 Sternen am nördlichen Himmel.

Auch der Orion, der sagenumwobene Himmelsjäger, ist von November bis April von unseren Breiten aus gut zu sehen. Er gehört eben zum südlichen Teil des Sternenhimmels. Habt Ihr etwa Verwandte, die Castor und Pollux heißen, oder gar eigene Söhne?"

„Nein, so heißen unsere Hunde, die mich in gut zwei Wochen daheim erwarten. Aber ich habe noch eine Frage an Euch, da Ihr Euch ja mit den Sternen auskennen müsst. Wo steht das Sternbild des Argo? Das werdet Ihr uns doch wenigstens zeigen können!" meinte Engelbert.

„Bedaure sehr, Euch zu enttäuschen, auch Argo, das Sternbild des Schiffes, ist am Südhimmel zu Hause, der zurzeit nicht uns auf der Erde zugewandt ist!", antwortete der Kapitän. „Dieses Schiff Argo soll übrigens der Sage nach mit Hilfe der Göttin Athene gebaut worden sein. Vielleicht hat es gerade deswegen die legendären Argonauten vollzählig und gesund wieder in die Heimat zurückgebracht!"

„Das erhoffen wir uns, lieber Herr Kapitän, auch von Euch und Eurem Schiff! Spielen wir also einmal die Rolle von Argonauten aus unserer Zeit!"

„Ich wünsche es mir genauso", beschloss der Kapitän die angeregte Unterhaltung über Sternbilder und Schiffe.

Der achterliche Wind ließ die „Argo" Danzig in Rekordzeit erreichen. Auch eine andere Kogge hatte vom günstigen Wind profitiert. Sie lag schon im Hafen, als die Argo festmachte. Irgendwie kam dieses Schiff den Märkern bekannt vor. Es war die „Augusta" unter dem ihnen bekannten Lübecker Kapitän.

Selbstverständlich dürft Ihr an Bord kommen!", antwortete er auf die Frage Engelberts. „Wir legen aber schon morgen in aller Frühe ab. Am besten macht Ihr es Euch und Euren Pferden gleich auf der ‚Augusta' bequem. Wir wollen den herrschenden Ostwind so lange es geht nutzen. Wenn ich wieder an Bord bin, müsst Ihr mir von Euren Erlebnissen erzählen. Ihr wart das doch, der das Gefecht bei Polozk so siegreich überstanden hat! In Visby erzählte man uns schon von Euren Heldentaten!"

Die Reise von Danzig nach Lübeck verging wie im Fluge. Der Ostwind hatte nicht nur der „Augusta" ein wahres Himmelsgeschenk gemacht. Auch die Argonauten aus der Grafschaft Mark genossen die geradezu idealen Sichtverhältnisse. Sie ließen sich vom Kapitän die am südlichen Horizont erahnten Städte zeigen. Nachdem sie mit etwas Mühe die Ostspitze der Halbinsel Hela hinter sich gelassen hatten, reihten sich viele bekannte Hafenstädte wie Perlen einer Kette aneinander, zunächst die kleineren: Stolpmünde, Rügenwalde, Großmöllen, Kolberg, Cammin und Swinemünde, dann die bedeutend größeren wie Greifswald, Rostock, Wismar und schließlich Lübeck, die Königin unter den Hansestädten.

Auch hier war ihnen das Glück hold. Am Hansehafen fanden sie einen Kaufherrenzug, der Beschützer gegen Banditenüberfälle gut gebrauchen konnte. Als Bewacher hatten die Kauffahrer nämlich nur drei Schäferhunde mit. Das schien dem Chef der drei Planwagen, der Kurs auf Soest nehmen wollte, etwas zu wenig. Allerdings war die Fahrtroute anders als bei Praëls Wagentransport. Die Märker mussten einen Umweg über Mölln, Schwarzenbek und Geesthacht nach Lüneburg und Soltau in Kauf nehmen, weil in diesen Orten Zuladungen erfolgen sollten. Die Fahrzeuge hatten in Lübeck nur wenig Fracht geladen, was sich aber vorteilhaft für das schnelle Fortkommen herausstellte. Die Reise verlief bis Soltau ohne jegliche Schwierigkeiten. Zwischen Soltau und Fallingbostel schlugen auf dem nächtlichen Rastplatz jedoch die Hunde derart laut an, dass alle Männer, wie auf geheimen Knopfdruck hin, in wenigen Minuten mit ihren Waffen auf den Beinen waren, um die in räuberischer Absicht sich anschleichenden Gestalten in die Flucht zu schlagen.

„Da seht ihr mal", sagte Graf Engelbert zu seinen Begleitern, „Wie wertvoll Hunde für die Sicherheit der Menschen sind." Wahrscheinlich dachte er dabei auch an Castor und Pollux, die auf seine Richarda aufpassen sollten.

In Soest verabschiedeten sich die Reiter schon vor dem Osthoventor von ihren freundlichen Auftraggebern, die hier einen längeren Aufenthalt mit viel Plackerei beim Um- und Aufladen vor sich hatten.

Entlang des Hellwegs ritten sie noch gemeinsam bis Hemmerde, wo die beiden Ritter nach Norden abbiegen wollten, um nach einem etwa einstündigen Ritt Bönen und Altenbögge ostwärts der märkischen Handelsstadt Kamen zu erreichen. „Aber eine dringende Bitte habe ich noch an euch", meinte Engelbert beim Abschiednehmen. „Besucht den Pfarrer der Hammer St.-Laurentius- und St.-Georgskirche und fragt ihn, ob er bereit ist, am nächsten Sonntag, also in genau sieben Tagen, in seinem Gotteshaus einen Dankgottesdienst zu halten. Wir drei und auch jene Gefährten, die mit mir ins Heilige Land gezogen sind, verspüren die Verpflichtung, dem Herrgott dafür zu danken, dass er uns unversehrt – allerdings mit Ausnahme Widukinds – die Heimat hat wiedersehen lassen. Wir alle kommen gewiss gern nach Hamm in die wunderschöne Kirche – auch wenn sie noch nicht ganz fertig ist. Eine Spende bringen wir auch mit."

„Und wie soll Euch der Pfarrer seine Entscheidung übermitteln?", fragte Ritter Ditz.

„Wer dumm fragt, weiß zumeist – falls er schlau ist – schon die Antwort", entgegnete Engelbert. „Sagt der Pfarrer zu, so reitest du spornstreichs zu mir. Ihr wisst doch, auch die Jerusalemfahrer und Gert von Plettenberg müssen noch rechtzeitig benachrichtigt werden. Erzählt dem Pfarrer ruhig von unseren Erlebnissen! Die Urkunden aus Basel, Mainz und Riga werde ich anlässlich des Hochamtes in Hamm öffentlich ausstellen lassen! Ich verlasse mich auf euch!"

Graf Engelbert hatte nach einer weiteren Stunde endlich seine Burg Hörde erreicht.

Mit jeder Meile, die ihn näher an seine geliebte „Rika" heranführte, wuchs die Sehnsucht, sie in seine Arme zu schließen. Er brauchte nicht einmal vom Pferd zu steigen, um an die Türe seiner Burg klopfen zu können. Als hätte

Richarda sein Kommen erahnt, erblickte sie ihn schon von weitem. Hoch zu Ross strebte er dem Burghof zu. Fast gleichzeitig riefen die beiden Eheleute aufgeregt den Namen des jeweils anderen. Sie waren, wie sie es so lange erhofft hatten, nun wieder glücklich vereint.

Als sich Richarda aus der innigen Umarmung ihres Ehemanns gelöst hatte, seufzte sie, als hätte sie eine schwere Last zu tragen: „Lieber Engelbert, leider haben wir unseren guten Onkel Konrad während deiner Abwesenheit beerdigen müssen. Er war einer der besten Menschen, den ich in meinem Leben habe kennenlernen dürfen. Er ruht jetzt in geheiligter Erde. Ich habe dich sehr vermisst, als er von uns gegangen ist. Eines seiner letzten Worte war: „Freue dich, Richarda, bald wird dein Engelbert wieder bei euch sein. Er ist tapfer, klug und voller Liebe zu dir!" Engelbert nickte nur stumm.

„Ich habe aber auch noch eine Überraschung für dich, mein Engelbert, nein, es sind sogar zwei unerwartete, aber glückliche Umstände, mit denen du dich abfinden musst!"
„Umstände?", fragte Engelbert ungläubig.
„Ja, auch Umstände! Wir erwarten nämlich das so sehnlichst erhoffte Kind. Diesmal muss es ja gelingen! Schließlich ist es das dritte Mal, dass wir uns so darauf gefreut haben. Ich habe diesmal aber ein sehr gutes Gefühl und freue mich unbändig darauf!"
„Und das zweite Ereignis, was hat es damit auf sich?"
„Das ist ebenfalls erfreulich. Widukind von Bredelaer ist vor einem guten Monat heimgekommen, völlig gesundet und mit fröhlichem Herzen. Ist das nicht schön?"

Kogge unter vollen Segeln
von Hans Holbein 1470–1524, Städelsches Kunstinstitut, Frankfurt

IX. Zurück in der Mark

Endlich wieder daheim

Nach einer scheinbar endlos langen Reise wird es jedem, der monatelang fern der Heimat gewesen ist, ein dringendes Anliegen, schnell ein gründliches Bad zu nehmen. Graf Engelbert erging es nicht anders, als er seine lang entbehrte Frau wieder in seine Arme hatte schließen dürfen. Der August des Jahres 1354 war sonnenreich und warm, so dass Engelbert nicht auf die Zubereitung heißen Wassers für ein erfrischendes Reinigungsbad zu warten brauchte. Der tiefe Brunnen der Hörder Burg lieferte reichlich Wasser von kühler Temperatur, wie Engelbert es sich seit vielen Wochen gewünscht hatte.

Als er aus dem Baderaum im Untergeschoss der Burganlage in den Speisesaal emporstieg, fühlte sich Engelbert von der Frische des Brunnenwassers neu belebt. Seine Richarda hatte die Tafel für das Abendessen geradezu verführerisch reich gedeckt.

„Wer wird denn kommen, um hier mit uns zu tafeln?", wollte Engelbert wissen.

„Wir sind voraussichtlich zu sieben am Tische! Seit Herr Konrad verstorben ist, bin ich es gewohnt, dass seine Frau, die Äbtissin Elisabeth einmal in der Woche zu mir zum Abendbrot kommt, Widukind und Volker sind ständige Hausgäste. Höchstwahrscheinlich kommen auch, obwohl nicht eingeladen, zwei unterhaltsame Esser zu uns, der Pastor von Hörde und der Prior des Dortmunder Franziskanerklosters. Mit uns beiden ergibt das die heilige Zahl sieben. Für den Fall, dass auch der Abt der Franziskaner erscheint, halte ich noch einen Stuhl und ein weiteres Gedeck bereit."

„Aber allzu spät sollte es nicht werden heute! Ich bin nämlich hundemüde und außerdem mit einer der schönsten Frauen im ganzen Lande verheiratet, nach der ich mich lange genug gesehnt habe!"

Überlasse das nur mir, das so zu regeln, dass wir beide uns nicht als Belagerte fühlen müssen!"

Tatsächlich erschienen alle Gäste, an die Richarda beim Decken der Tafel gedacht hatte. Die geistlichen Herren hatten es sich schon seit Wochen zur lieben Gewohnheit werden lassen, einen Abend in der Woche im Hörder Burghaus zu einem ausgiebigen Plausch außerhalb der Klostermauern zu verleben. Hier waren sie fern der Aufsicht ihrer Haushälterinnen, konnten sich gründlich satt essen und dabei leckere Weine kosten. Häufig genug waren diese Kostproben auch sehr ausgedehnt ausgefallen.

Heute wollten alle aber aus dem Munde des Grafen erfahren, was er auf seiner weiten und wohl auch anstrengenden, möglicherweise sogar recht gefährlichen Reise erlebt hatte. Ein redseliger Berichterstatter, der seine eigenen Taten wortreich auszuschmücken verstand, war Engelbert jedoch nie gewesen. Aber die Schilderungen seiner Eindrücke von Land und Leuten in Livland beeindruckten seine Zuhörer auch trotz der zumeist nüchternen Darstellung. Alle Tischgäste hingen geradezu an seinen Lippen, besonders als er von seinen Erlebnissen an der Düna erzählte, der er bis vor die Tore von Polozk flussaufwärts gefolgt war. Auch die Schilderung der Städte Reval und Riga gelang ihm so anschaulich, dass seine Zuhörer fast glaubten, mit Engelbert dort gewesen zu sein. Besonders eindrucksvoll fanden sie natürlich den Ehrenring des Rigaer Erzbischofs und sein „Diplom", das ihm zum Ende seines Einsatzes in Livland vom Erzbischof Fromhold von Vyfhusen in seinem prachtvollen Schlosse ausgehändigt worden war.

„Was war denn in Euren Augen das schönste Erlebnis in Livland?", wollte der Abt des Dortmunder Franziskanerklosters schließlich aus Engelberts Mund hören.

„Gut, dass Ihr danach fragt", war Engelberts Antwort, „doch ich befürchte, dass Ihr jetzt daran gedacht habt, dass ich gleich Euch nun zufrieden bin, weil mein Dienst dem Herrn im Himmel wohlgefällig gewesen sein muss. Da muss ich Euch jedoch enttäuschen. Wir – und damit spreche ich auch für meine braven Ritter, die mich auf Schritt und Tritt unterstützt und vor Unheil aus Feindeshand bewacht haben – haben nur die uns aufgebürdete Pflicht zu erfüllen versucht. Dass dabei viele unserer Gegner ihr Leben verloren haben, bedaure ich mehr, als es mich stolz macht. Schöne Erlebnisse waren unsere Kämpfe nie!

Glücklich und zufrieden hat mich allein der letzte Tag vor unserer Abreise gemacht, als ich ganz allein die Rigaer Bucht bis zu einem Künstlerdorf namens Saulkrasti in Richtung Salacgriva geritten bin, um dort für meine geliebte Richarda ein Andenken zu erwerben, das sie immer an mich denken lassen soll. Ihr müsst verzeihen, dass ich dieses Zeichen meiner Zuneigung erst noch aus meinem Gepäck holen muss, um es meiner lieben Frau heute zu überreichen." Mit dieser Ankündigung ließ er die Gäste in der Hörder Burg allein. Auch Richarda bat die Gäste, für einen kurzen Moment auf ihre Gesellschaft zu verzichten, denn auch sie habe etwas zu holen, was ihr Engelbert noch nicht erblickt hätte. Dann erschienen beide fast zur gleichen Zeit wieder bei der Tischrunde. Richarda hatte eine wunderschöne Bernsteinkette mit einundzwanzig aufgereihten Bernsteinkugeln um ihren schlanken Hals gelegt. Eine war schöner als die andere. Sie strahlten Wärme und Anmut aus. Ihre zunächst hellen, dann ins dunkle Honigbraun wechselnden Farbspiele sowie ihre unterschiedliche Größe nahmen von Richardas Nacken, den blonde Locken umspielten, zu bis an die tiefste Stelle ihres Kleidausschnittes. Alle Augen waren auf dieses wunderbare Schmuckstück gerichtet, als die junge Gräfin wie ein bezauberndes Porträt eines begnadeten Malers in den Kreis ihrer Gäste zurückgekehrt war.

„Dann haben Praël und sein Fuhrmeister doch Wort gehalten", entfuhr es Engelberts Lippen. „Fast hätte ich dich, liebe Rika, schon danach gefragt."

„Du wolltest doch nie „Rika" zu mir sagen, wenn andere Leute dabei wären",
erinnerte sie ihren Mann.

„Ja, leider habe ich unseren schon in Jülich gefassten Vorsatz nicht beachtet.
Wer aber hier um diesen Tisch sitzt, der gehört nicht zu den ‚anderen Leuten'.
Ihr alle", und damit sah er jedem seiner Gäste tief in die Augen, „ihr alle seid ja
nicht nur unsere besten Freunde, ihr gehört eben zu unserer Familie!"

Diese Erklärung gab willkommenen Anlass, einander zuzuprosten. Jeder
nahm einen ordentlichen Schluck des guten Weines zu sich, den Richardas
Eltern bei ihrem letzten Besuch in Hörde abgeliefert hatten, um sie über die
unvorhergesehene Verlängerung von Engelberts Reise hinwegzutrösten.

Jetzt wartete jeder auf das Öffnen eines Paketes, das Engelbert geholt und
bisher unbeachtet auf den Tisch neben sich gelegt hatte. War es etwa ein Relikt
jener Nadelbäume, die in längst vergangenen Zeiten dort gestanden hatten,
wo jetzt die Ostsee ihre Geheimnisse nur schrittweise an ihrer samländischen
Küste preisgab? Vielleicht beinhaltete es gar etwas Glänzendes aus Metall oder
eine kunstvoll geschnitzte Kostbarkeit? Für alle am Tische war es spannend
zuzusehen, wie sich erst wenige, dann ein wachsendes Häuflein feiner Holz-
späne aus der Verpackung lösten, bis eine goldgelbe Schmuckschatulle und ein
geschnitztes Fohlen aus Lindenholz daraus zum Vorschein kamen.

„Die Schatulle ist für deine wunderschöne Bernsteinkette bestimmt, das kleine Fohlen aber ein kühner Vorgriff auf das, was uns beide bald zu glücklichen
Eltern werden lässt. Diese Geschenke habe ich für dich erworben vom Ehrensold, den ich für meinen Einsatz in Livland vom Erzbischof erhalten habe."
Engelberts Worte wurden vom Beifall der Gäste begleitet.

„Das kleine Pferd bleibt vorerst wohlbehütet in seinem Stall. Wir lassen es erst
ins Freie, wenn unser Wunsch Wirklichkeit geworden ist." Die Gäste schauten
sich verwundert an. Dann fuhr Engelbert fort: „Es ist für unser erstes Kind bestimmt, das wir gottlob in Kürze erwarten dürfen." Diesmal standen alle Gäste
bei noch lauterem und längerem Händeklatschen auf. Sie sahen beglückt, wie
verliebt sich das Grafenpaar küsste.

Leicht hätte es ein nicht enden wollendes Gelage werden können, so sehr war
allen die Freude anzusehen, mit der die Gäste die letzten Worte des jungen Grafen gehört hatten. Aber die Klosterleute hatten ein feines Gespür für den rechten Augenblick des Abschieds, als der Franziskanerabt erklärte: „Schöner als
in diesem Augenblick kann heute keine einzige Minute mehr für uns werden!
Wir danken für diesen schönen Abend und wünschen der jungen Grafenfamilie
alles Glück, das ihr diese Erde bieten kann!"

„Wenn alle Tage so schön enden würden, wie dieser erste im Monat August",
meinte Engelbert, als er mit seiner Rika die Treppe zur Kemenate emporstieg,
„dann wäre es ja auf dieser Erde nicht auszuhalten." –

„Ich brauchte nicht einmal zu gähnen, um unsere Gäste nach Hause zu schicken", ergänzte Richarda die gleichen Gedanken an die seit langem so sehr von
beiden ersehnte gemeinsame Nacht.

„Weißt du denn, was mein innigster Wunsch war, wenn ich hier allein in unserem Himmelbett lag?"

„Da bin ich aber sehr gespannt", rätselte Engelbert, obwohl er sich denken konnte, was seine Richarda damit hatte ansprechen wollen. „Vielleicht dachtest du an das Schönste, was ein sich liebendes Paar gemeinhin wünscht?"

„Ja, richtig, lieber Engelbert, du weißt ja, was ich immer so sehnsuchtsvoll genossen habe, wenn wir in unserem frisch überzogenen Bett lagen. Es war das Kuscheln, das uns beide glücklich sein ließ, und jetzt habe ich wieder dieses unbeschreibliche Glücksgefühl!"

„Ich dachte schon, du hättest wieder von jenem Glück gesprochen, was wir uns selbst bereiten durften, als wir uns unsere Liebe gestanden haben."

„Das ist überhaupt das Größte für uns in unserem bisherigen Leben gewesen", erwiderte Richarda, „dass wir keine der unter Fürsten üblichen Ehen aus Gründen der Staatsraison führen müssen, bei der gegenseitige Achtung die Liebe zu ersetzen hat. Es war doch allein unser beider Entschluss, künftig untrennbar zusammen zu sein. Er war es einzig und allein, der unsere Liebe hat erblühen lassen!"

Pfarrer Paul Panthenius

Paul Panthenius war ein tiefgläubiger Mensch. Er glaubte allerdings längst nicht alles, was ihn andere Menschen glauben machen wollten. Als Hendryk im Hammer Pfarrhaus nach ihm fragte, wies die resolute Haushälterin des Pfarrherrn auf den im Bau befindlichen Turm der erheblich erweiterten St.-Georgs-Kapelle, die inzwischen so an Format gewonnen hatte, dass sie bis auf den noch unvollendeten Turm das Ausmaß einer großen dreischiffigen Hallenkirche angenommen hatte.

„Er turnt schon wieder auf den Gerüsten herum. Er kann es eben nicht lassen, den Zimmermann zu spielen, der er einst war, bevor er sein Theologiestudium begann. Jetzt diskutiert er dort oben in der Glockenstube wieder mit dem Baumeister über die von ihm vorgeschlagene Turmhelmgestaltung. Wenn Ihr warten wollt …, aber ich sage Euch gleich: Es kann lange dauern! Dann tretet mal ein. In seiner Studierstube ist genug Platz zum Warten."

So kam es, dass Ritter Hendryk eine geschlagene Stunde auf den Pfarrer der Hammer Pfarrkirche St. Laurentius und Georg warten musste. Diese Zeit war aber bei Betrachtung der interessanten Turmmodelle und Werksatzplänen an den Wänden schneller vergangen, als er zuvor gedacht hatte. Hier schien ein Architekt sein Zuhause zu haben. Mit großer Präzision hatte jemand zahlreiche Portale, Maßwerkfenster und Strebepfeiler auf Pergament gezeichnet. Auch sah Hendryk einen offenbar noch in Arbeit befindlichen Grundrissplan, in dem schwach ein kleiner Kapellenbau inmitten der kraftvoll gezeichneten Schiffe der inzwischen erweiterten Kirche zu sehen war. Klar erkannte Hendryk, dass in diesem Plan das Langschiff fünf Joche[271] und ein Chor-Vorjoch vor dem siebenseitigen Abschluss des Chores aufwies. Die Querschnittzeichnungen belehrten ihn, dass diese Kirche keine Basilika wie die meisten älteren Kirchen war, sondern in ihren recht hohen Seitenschiffen fast die gleiche Raumhöhe zeigte wie das Hauptschiff. Schon als Hendryk sein Pferd auf dem Marktplatz festgemacht hatte, waren ihm riesige Gerüste aufgefallen. Sie standen noch, obwohl die Außenwände und Dächer der Seitenschiffe längst fertiggestellt waren.

„Ihr wartet schon lange?", fragte Panthenius den Ritter. „Was habt Ihr denn auf dem Herzen? Wenn ich Euch helfen kann, bin ich gern dazu bereit."

„Ich selbst habe keinen Wunsch. Mich schickt mein Herr, der Graf Engelbert von der Mark, Euch, hochwürdiger Herr Pfarrer, ein Anliegen vorzutragen …"
Panthenius unterbrach ihn:
„Der Graf Engelbert? Das kann wohl kaum sein, denn der ist doch noch im fernen Livland!"

„… und gestern ist er mit mir und dem Ritter Ditz heimgekehrt", vollendete Hendryk den von ihm begonnenen Satz.

„Dann wart Ihr mit ihm drei Monate dort und habt gegen die Ungläubigen gekämpft?"

Jetzt war es Panthenius, der viele Fragen stellte, die Hendryk eine nach der anderen zu beantworten wusste.

„Bevor wir uns bei Hemmerde trennten, trug der Graf mir auf, Euch zu bitten, am nächsten Sonntag in Eurer Kirche einen Dankgottesdienst wegen seiner glücklichen Heimkehr zu veranstalten. Ich soll ihm noch heute Bescheid geben, ob das möglich ist."

„Möglich ist vieles, doch könnt Ihr mir ja allerlei erzählen. Zunächst werde ich mir selbst ein Bild davon machen, ob dieser Wunsch tatsächlich vom Grafen Engelbert selber kommt. Jetzt weilt er in seiner Burg Hörde? Dann werde ich ihn also treffen, wenn ich mich gleich auf den Weg mache. Begleitet Ihr mich?"

„Selbstverständlich, Hochwürden! Glaubt Ihr etwa, ich flunkere Euch etwas vor? Aber das eine sage ich Euch: Wenn Ihr jetzt noch kneifen wollt und glaubt, Bedingungen stellen zu können, dann macht Euch auf einen anderen Ort für diesen Gottesdienst gefasst!"

„Ach wo", beschwichtigte Panthenius den Ritter, „Ihr ahnt ja gar nicht, was dieser Wunsch Eures Herrn für mich bedeutet. Ich suche nämlich einen Bundesgenossen gegen einen Ignoranten, und den hoffe ich im Grafen Engelbert zu finden.

---

271 Mit Joch bezeichnet man das einzelne Gewölbefeld eines Bauwerkes zwischen den Stützen. Mehrere Joche hintereinander ergeben das Kirchenschiff.

Gebt mir ein paar Stullen mit, Frau Martha!", rief er laut in den Hausflur zur Haushälterin. „Ich reite sofort nach Hörde. Bin vielleicht erst morgen Mittag zurück!"

So begann einer der unterhaltsamsten Ritte, die Hendryk jemals mit einem Vertreter der Geistlichkeit unternommen hatte. Panthenius berichtete, wie er, ein gelernter Zimmermann, als spät berufener Diener Gottes erst in reiferem Alter Theologie studiert habe. Vor einigen Jahren sei er von seinem Bischof mit der verwaisten Pfarrstelle von Hamm betraut worden, um bei der Erweiterung der alten St.-Georgs-Kapelle tatkräftig zu helfen. Eine traumhafte Aufgabe wäre es wohl gewesen, erklärte Panthenius, wenn er nicht vom Bischof einen verknöcherten Baumeister an die Seite gesetzt bekommen hätte, der sich mehr als Verwaltungsmann denn als Praktiker erwiesen hätte. Alles, was früher stümperhaft und wenig schön entstanden sei, hätte er erhalten wollen. Soweit es annehmbare Architektur gewesen sei, wie der frühgotisch gestaltete Chor der ehemaligen Kapelle, sei das ja akzeptabel gewesen. Aber welcher Kämpfe es bedurft hatte, die Portale und Fensterformen in gleicher gotischer Formensprache auszuführen, damit ein einheitlicher Gesamteindruck hatte entstehen können, das könne niemand nachfühlen.

Er, Panthenius sei dafür eingetreten, den nach Westen fortschreitenden Langhausbau mit viel Licht spendenden Fenstern zu versehen und das neue Westportal dem Langhausfenstermaßwerk anzugleichen.

„Aber dafür haben wir doch kein Geld!", hatte der allem Künstlerischen abholde Baumeister immer wieder als Hinderungsgrund angeführt. Der habe ja nicht einmal einen von Frankreichs großen Kirchenbauten gesehen! Erst als er ihm als weitgereister Zimmermann seine zeichnerischen Vorlagen zur Genehmigung beim Bischof mitgegeben habe, habe der Zauderer zähneknirschend seine Zustimmung in Aussicht gestellt.

Heute wäre der Streit um die Form der Schallöffnungen im obersten Turmgeschoss erneut entbrannt, nachdem er nur mit Mühe das Turmfenster des Westportals in ähnlichem Maßwerk wie beim westlichen Langhausfenster hatte durchsetzen können. Über den Turmhelm und seine endgültige Form gäbe es aber immer noch Meinungsverschiedenheiten. Nach wie vor vertrete er die Idee eines hohen schlanken Turmhelms, der „elende Ignorant" aus Paderborn jedoch einen viel zu flachen pyramidalen Turmabschluss.

Nun käme ihm die Gelegenheit gerade recht, den Grafen Engelbert um Unterstützung zu bitten. Der habe doch, wie er gehört habe, niederländische und französische Bauwerke in Hülle und Fülle zu sehen bekommen und gewiss auch den Wunsch, auch Hamm, die Hauptstadt seiner Grafschaft, mit einer Pfarrkirche geschmückt zu sehen, die ihm und seiner Grafschaft Ehre mache.

Seine Pfarrgemeinde wisse ihn voll und ganz hinter sich. Überhaupt sei, seit Graf Engelbert die Regierung übernommen habe, diese Stadt Hamm von Jahr zu Jahr ansehnlicher geworden. Seine Pfarrgemeinde sei enorm angewachsen.

Schließlich lägen innerhalb des ellipsenförmigen Stadtmauerrings heute fast sechshundert Haus- und Hofstätten, die sich auf vier Stadtbezirke verteilten. In der Mitte der Stadt kämen dem Marktplatz mit dem Rathaus und an dessen Westseite seiner Kirche die größte Bedeutung aller Baulichkeiten zu. Damit wolle er keineswegs etwas gegen die weiteren Kapellen, insbesondere nichts gegen die alte Burgkapelle St. Agnes oder das Franziskanerkloster sagen.

Jetzt war es an Hendryk, den Redefluss des Pastors zu bremsen:

„Das tut Ihr, Hochwürden, besser auch nicht, denn der Onkel unseres Grafen, Herr Konrad, war ja ein glühender Verehrer und gegen Ende seiner Tage Mitglied des Dortmunder Franziskanerklosters. Es könnte sonst soweit kommen, dass der Dankgottesdienst vom Prior der Franziskaner in der Hörder Klosterkirche abgehalten wird anstatt von Ihnen in Hamm."

„Gut, dass Ihr mir das rechtzeitig gesagt habt", war des Pfarrers schnelle Entgegnung. „Ich werde so etwas künftig zu verhindern wissen!"

*

Wenige Minuten später erreichten die beiden Reiter die Hörder Burg. Sie sahen, wie davor der junge Graf mit seinen Hunden spielte. Alle hatten ihre Freude daran: der Graf, seine Besucher und am meisten Castor und Pollux.

Seht, Herr Graf, wen ich mitbringe: Herrn Pastor Paul Panthenius aus Hamm. Bei ihm kam wohl der alte Saulus wieder durch. Er müsse sich erst ein Bild machen von Euch, bevor er seine Zusage gebe, in der Hammer Pfarrkirche den von Euch erbetenen Dankgottesdienst zu halten. Mich hat er wohl für einen Aufschneider gehalten."

„So ist das nicht gemeint gewesen, Graf Engelbert. Aber insofern stimmt es, was Euer Bote gesagt hat. Bevor ich nicht selbst mit Euch gesprochen hätte, wollte ich keine bindende Zusage machen."

„Recht so! Der Satz hätte von mir stammen können! Doch kommt bitte herein! Drinnen könnt Ihr auch meine liebe Frau begrüßen. Sie wird uns ein schönes Abendbrot bereiten."

Mit Engelberts Einladung begann ein langes, für alle Beteiligten erfreuliches Gespräch, an dem sich auch der Prior des Franziskanerklosters lebhaft beteiligte. Graf Engelbert legte dem Pfarrer seine Geleitbriefe und die Abschlussbestätigung der livländischen Ordensleitung vor.

„Von zwei Erzbischöfen mit solchen Schreiben belohnt?", staunte der Pfarrer aus Hamm. „Das kann kaum einer nachweisen!"

„Ja", meinte am späten Abend Graf Engelbert, „dabei hat sich bekanntlich, wie Papst Gregor VII.[272] zu berichten wusste, die Kirche nie geirrt und wird sich auch nie irren!"[273]

272 Papst Gregor VII. stand von 1073 bis 1085 an der Spitze der gläubigen Christen. Er forderte die Unterordnung des weltlichen Herrschers unter den Papst.

273 Das kirchenpolitische Glaubensbekenntnis, das wir unter dem Namen „DICTATUS PAPAE" kennen, wird auf Papst Gregor VII. zurückgeführt. Es enthält 27 Lehrsätze, die an Maßlosigkeit des päpstlichen Anspruchs alles Denkbare übertreffen.

Lasst uns darüber aber, liebe Freunde, des lieben Friedens wegen, bitte nicht mehr diskutieren. Ich bevorzuge das kürzere Sprichwort: ‚Erare humanum est‘ – ‚Irren ist menschlich‘. Das erkannte schon der ältere Seneca[274]. Aber der wusste ja nicht, dass aus dem kleinen hässlichen Mönch Hildebrand einmal ein Papst, zugleich aber auch ein sehr schwacher Mensch werden würde."

Der Prior der Franziskaner sagte zu, alle in der Mark gelegenen Klöster über die glückliche Heimkehr des Grafen aus Livland zu verständigen. Mit Pfarrer Panthenius war er übereingekommen, dass von allen Kirchen und Klöstern der Mark am Sonntagmorgen die Glocken als Signale der Freude über den heimgekehrten Grafen läuten sollten.

Pfarrer Paul Panthenius und Ritter Hendryk ritten erst am nächsten Morgen nach einem ausgiebigen Frühstück, das die Gräfin Richarda für sie bereitet hatte, wieder heim. Hendryk hatte es übernommen, seine Reisegefährten zum gemeinsamen Dankgottesdienst in Hamm einzuladen. Volker von Eppenhausen war schon in aller Frühe auf dem Wege zu Gert von Plettenberg und anderen Gefolgsleuten des Grafen, die gebeten wurden, ebenfalls nach Hamm zu kommen.

Ein Turm für Hamms Pfarrkirche

An jenem Sonntag, den man „Transfiguratio Domini"[275] nannte, wussten alle Einwohner der Grafschaft, dass ihr junger Graf unversehrt und glücklich heimgekehrt war. Schon das unplanmäßige, aber von jedermann wahrgenommene Glockengeläut hatte die Menschen neugierig gemacht und bald die frohe Kunde verbreitet. In allen Kirchen und Klöstern wurde von den Kanzeln verkündet, dass Graf Engelbert mitsamt seiner Gefährten, von allen, auch den höchst fragwürdig verordneten Beschränkungen der Heiligen Kirche befreit, wieder im Lande sei und von den Bewohnern des ganzen märkischen Gebietes herzlich willkommen geheißen werde. Aus Dankbarkeit für Gottes Schutz und erfreut über das glückliche Ende seines ihm vom Papst in Avignon auferlegten Kampfes gegen die Ungläubigen in Livland, habe er in der Hammer Pfarrkirche um einen Gottesdienst nachgesucht. Das sei ein eindeutiges Zeichen seiner christlichen Gesinnung.

In der noch von Baugerüsten umgebenen Kirche Hamms zelebrierte Pfarrer Paul Panthenius eine Messe, wie er sie immer schon hatte halten wollen. Sein Gotteshaus war geschmückt mit Blumen aller Art. Besonders die prachtvollen Dahlien fielen jedem Besucher ins Auge, der die Pfarrkirche, die den Heiligen Laurentius und Georg geweiht war, durch das Westportal betrat. Das Kircheninnere hatte bisher noch nie so viele Gläubige beherbergt.

274 Lucius Annaeus Seneca d. Ä., römischer Schriftsteller (um 55 v. Chr.–40 n. Chr.)
275 Transfiguratio Domini (lat.) = Verwandlung des Herrn

Neben der Bevölkerung von Hamm und seinem Umland waren viele märkische Ritter erschienen, ebenso zahlreiche Ordensbrüder, auch Schwestern des Klosters Kentrop und verschiedener Franziskanerorden. Alle warteten gespannt auf das Vorfahren des Grafenpaares in ihrem Aufsehen erregenden Jagdwagen, der diesmal von livrierten Kutschern gelenkt wurde. Er hielt genau vor dem Westportal der Kirche, wo Pastor Panthenius das Grafenehepaar begrüßte und feierlich in den Chorraum der Kirche geleitete. Hier nahmen Gräfin Richarda und Graf Engelbert im Chorgestühl Platz. Sie waren keineswegs modisch oder prunkvoll gekleidet, sondern schlicht, aber ansprechend gewandet.

Ein Bläserkorps eröffnete mit einer feierlich gespielten Entrade die kirchliche Feier. Dann sprach Pfarrer Panthenius einführende Worte, der Chor des Kentroper Klosters ließ seine wunderbaren Frauenstimmen erklingen, und ein gemeinsames Gebet vereinte alle Kirchenbesucher zu gleichartigen Gedanken im Hinblick auf die Allmacht des Herrgotts und die Geringfügigkeit der Menschen, die sich ohne seinen Segen hilflos und verlassen fühlen müssen.

Dann kam die Sternstunde für Pastor Panthenius. Er berichtete von den Reisen des Mannes, dessen Namen auch er tragen dürfe, vom christlichen Heidenapostel Paulus aus Tarsos[276]. Vier weite Missionsreisen habe dieser unvergleichlich erfolgreiche Verkünder der christlichen Botschaft nach seiner Bekehrung im Jahr 33 n. Christi Geburt unternommen. Seit dem Jahre 45 nach der Geburt Christi sei er nach Zypern, Pisidien und Galatien[277] gereist, habe Makedonien, Athen, Korinth und Rhodos, besucht, Ephesus und Jerusalem kennengelernt, sei als Schutzhäftling nach Rom gebracht worden und schließlich mit dem Schiff nach Spanien gefahren, um überall die gute Botschaft unseres Herrn zu verkünden. Er habe Städte wie Damaskus, Antiochia, Korinth, die Inseln Kreta und Rhodos gesehen. Ungezählte Briefe habe er abgefasst und an die Römer, die Korinther, die Galater, die Philipper, die Thessaloniker und andere abgesandt. Diese Briefe seien heute im Buch der Bücher, in unserer Bibel, zu wichtigen Bestandteilen geworden.

Wir wundern uns, welche weiten Reisen er in seinem Leben zurückgelegt habe, seit er in Antiochia im Jahre 43 nach Christi Geburt seine Missionstätigkeit in vielen Ländern am Mittelmeer und darüber hinaus ausgeübt habe, bis er zum zweiten Male in römische Gefangenschaft geraten sei. Unter der Herrschaft des römischen Kaisers Nero sei er ein weiteres Opfer der Christenverfolgung geworden und nach einem furchtbaren Martyrium ums Leben gekommen.

Er, der Pastor Paul Panthenius, habe nachgedacht, wer in seinem Leben eine weitere Reise hinter sich gebracht habe, der Apostel Paulus oder der Graf

---

276 Stadt in Kilikien, aus der einst der frühere Pharisäer und Schriftgelehrte Saulus stammte, bevor er durch sein Damaskuserlebnis zum Anhänger Jesu wurde und fortan den Namen Paulus trug.

277 in Kleinasien gelegene Länder. Die kriegerischen Pisider aus der Nähe von Antalya konnten weder von den Persern noch von Alexander dem Großen besiegt werden. Galatien, um Ankara gelegen, wurde unter Augustus nach 25 v. Chr. römische Provinz.

Engelbert von der Mark, der heute zu diesem Dankgottesdienst Anlass gegeben habe. Er sei zu dem Ergebnis gelangt, dass der inmitten seiner Untertanen in dieser Kirche weilende Graf von der Mark in weniger als eineinhalb Jahren mehr Meilen geritten sei als der hochverehrte Apostel Paulus in der dreizehnfachen Zeit. Auch Graf Engelbert habe viele große Städte wie Lüttich, Löwen, Ypern, Aachen, Kleve, Köln, Regensburg, Cluny, Akkon, Jerusalem, die Sinai-Halbinsel sowie bekannte Orte wie Avignon, Basel, Mainz, Uelzen, Lübeck, Danzig, Reval, Riga und Visby auf seinen Reisen gesehen.

Nun sei er mit seinen treuen Gefährten wieder in der Heimat. Er könne behaupten, allen Entbehrungen und falschen Anschuldigungen zum Trotz den Beweis erbracht zu haben, dass auf ihn Verlass sei. Er habe sogar eine Reise in das Land der Deutschen Ordensritter unternommen, um alle Schmach abzuwaschen, die ihm von sonst Gott ergebenen Mitgliedern der Kurie wider besseren Wissens zudiktiert worden sei. Graf Engelbert habe Buße geleistet, obwohl er wie die Vertreter der Kurie wusste, dass deren Anschuldigungen haltlos gewesen seien. Dass ihn und mit ihm all seine treuen Begleiter gesund und wohlbehalten die Heimat hatten wiedersehen dürfen, sei der Grund dieser feierlichen Versammlung in der größten Kirche der Hauptstadt der Grafschaft Mark.
Als Pfarrer habe er dafür zu danken, dass Graf Engelbert eine beträchtliche Summe seines Vermögens geopfert habe, diese noch im Bau befindliche Kirche baldmöglichst fertigzustellen, und zwar so, wie es sich gehöre, damit dieses Gotteshaus allen Besuchern und Einwohnern der Stadt Hamm zur Ehre gereiche. Aus diesem Grunde sei der Erlös der heutigen Kollekte bestimmt für die Vollendung des noch im Bau befindlichen Kirchturms und zur Beschaffung der fünf vorgesehenen Glocken, die in diesem von Gottes Ehre und dem Dank der Menschen dieses Landes künden sollten.
Der Bitte des Pfarrers um eine reichliche Kollekte folgten alle Besucher dieser von Pastor Panthenius gestalteten Dank- und Lobesfeier ohne Ausnahme.

Wer den Nachweis der untadligen Handlungsweise des Grafen Engelbert mit eigenen Augen zu sehen wünsche, der sei darauf hingewiesen, dass schriftliche Zeugnisse über die Verdienste des Grafen allen Betrachtern in der Sakristei zur Einsicht vorgelegt seien, wobei für diese Vergünstigung jeder Sakristeibesucher um einen märkischen Schild gebeten würde. Es seien die Urkunden der Herren Erzbischöfe von Mainz und Riga sowie Dokumente, die für das untadelige Verhalten des Grafen von der Mark sprächen.

Nach diesen Worten erhob sich Graf Engelbert und dankte allen, die so unverbrüchlich an seine Unschuld geglaubt hatten. Er wünschte, dass diese nun bald vollendete Kirche ein Hort christlichen Glaubens und Denkens bleiben möge, solange Menschen in diesem Lande wohnen würden. Vor allem habe diese Kirche einen stattlichen Turm verdient, der bisher noch fehle.

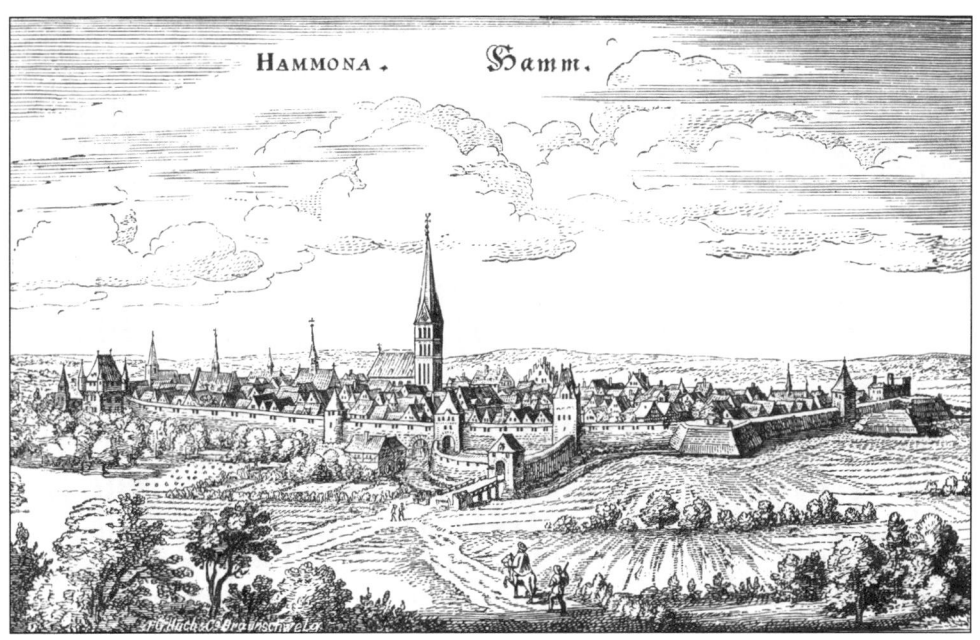

Hamm, die Hauptstadt der Grafschaft Mark, nach Merian 1647

Hierzu schrieb Matthäus Merian: „Hamm ist eine Hanse-Stadt in der westfälischen, zu den jülichschen Ländern gehörigen Grafschaft Mark, zwischen Werne und Lippe, drey Meilen von Soest, und an den münsterischen Graentzen gelegen. Ist ein fürnehmer Paß über den Lippestrom ins besagte Stift Münster; und kompt da der Bach Ahse in die Lippe. Das Land herumb ist sehr fruchtbar. Hat nach ihres Herrn, deß letzten Herzogen zu Jülich und Cleve, Johann Wilhelms Tod viel ausstehen und von solcher Zeit an eine Besatzung unterhalten müssen."

Ein vergrößert dargestellter „Iserlohner Denar", der in der Münze Iserlohn unter Graf Adolf von der Mark (1328–1347) geprägt wurde.
Er zeigt den märkischen Schachbalken in einem Wappenschild.
Unter Graf Engelbert III. wurde dieser Wappenschild mit einem Kordelrand versehen.
Im Volksmund bezeichnete man diese Silbermünzen auch als „Schilde".

Es schloss sich nun das feierliche Abendmahl an, das an das letzte Mahl Jesu mit seinen Jüngern erinnerte, bei dem Jesus ihnen Brot und Wein als seinen Leib und als sein Blut gereicht hatte. Mit einem gemeinsam gesungenen Loblied endete diese ungewöhnliche Messe. Ungewöhnlich blieb auch das Ergebnis der Kollekte dieses Tages. Pfarrer Panthenius freute sich über eine Turmbauspende von umgerechnet dreitausend märkischen Denaren. Ständig hatten ihm die Worte des Paderborner Federfuchsers in den Ohren geklungen: „Dafür ist kein Geld da!" Sein Turm sollte so werden, wie es Pfarrer Paul Panthenius wünschte, und tatsächlich wurde er so vollendet.

Diese schöne Begegnung am Augustsonntag war längst noch nicht beendet, als die Besucher die Hammer Pfarrkirche verlassen hatten. Jagdwagen und Kutschen, Planwagen und Reitpferde standen auf dem Marktplatz bereit, um die geladenen Gäste dieser Dankmesse gemeinsam mit dem Chor der Zisterzienserinnen zunächst nach dem Hause Kentrop und danach zu einem fröhlichen Festausklang zur Urzelle der Grafschaft Mark in das noch weiter westlich von Hamm und Haus Kentrop gelegene Kirchdorf Mark zu bringen. Auch wer keine Fahrgelegenheit hatte nutzen können, war dort ein gern gesehener Gast. Im Auftrage der gräflichen Familie hatte Pfarrer Panthenius vor seinem Ausgangssegen alle Kirchenbesucher darauf hingewiesen, dass jeder willkommen wäre.

Alle drei Orte, die Stadt Hamm, das Zisterzienserinnenkloster Kentrop und der bereits 1198 vom Vater des Grafen Adolf I. von der Mark für seinen Sohn käuflich erworbene Oberhof Mark gehörten untrennbar zur frühen märkischen Geschichte. Graf Adolf I. hatte sich schon 1202 in einer Urkunde als „ADOLFUS PUER COMES DE MARKE[278] bezeichnet. Das offenbaren die von ihm gesiegelten Urkunden. Dieser kraftvolle Spross aus dem Altenaer Geschlecht hatte damit schon vor der entscheidenden Ächtung seines Vetters den Namen Mark für sich verwandt. Nach der Verurteilung und Hinrichtung des angeblichen Mörders des Erzbischofs in Köln hatte Adolf I. von der Mark alles daran gesetzt, die einst dem Urheber des Adelsaufstandes gegen den Kölner Erzbischof Engelbert gehörenden Gebiete zwischen Lippe und Ruhr an sich zu binden, um sich künftig mit vollem Recht Graf von der Mark nennen zu können.[279] Es gelang ihm, die Burg Altena als Stammsitz seiner Familie zu erhalten und früher von seinem Vetter Friedrich von Isenburg beherrschte südlich gelegene Landesteile seinem eigenen Herrschaftsgebiet zuzuschlagen.

Schon früh war in der von Adolf I. von der Mark am 4. März 1226 gegründeten Stadt Hamm der „Marienhof" eingerichtet worden, den Graf Engelbert I. von der Mark im Jahre 1290 ostwärts vor die Hammer Stadtmauern verlegt hatte. Dort lag der gräfliche Haupthof Kentrop zwischen der aufstrebenden Stadt

278 Westf. Urkundenbuch VII.14 zu 1202 vgl. Heinz Stoob, Grundrissbild und Entwicklung der Altstadt von Hamm, Hrsg. von H. Zink
279 E. Dossmann: Auf den Spuren der Grafen von der Mark, Iserlohn 1983, S. 33

Hamm und der uralten Wasserburg Mark. Dessen Ländereien und verschiedene Gebäude machte Engelbert I. den Zisterzienserinnen zum Geschenk. Die Burg Mark blieb Jahrhunderte hindurch Sitz der märkischen Burgmannschaft. Sie führte sogar ein eigenes Wappen[280], das unter dem Grafen Adolf I. mit seinen dreifach übereinander angeordneten, später rot-weiß dargestellten Schachfeldern zum Wappen der märkischen Grafen wurde.

Die Bauernschaft Mark mit ihrem gräflichen Oberhof besaß bereits vor der Wende zum zweiten nachchristlichen Jahrtausend eine eigene Kirche. Sie steht unter dem Patronat des heiligen Pankratius und besitzt eine wunderbare Apsisausmalung in Form eines Abendmahlbildes[281]. In dieses Gotteshaus luden deren Pfarrer und der Hammer Pastor Paul Panthenius die nach Mark gekommenen Festteilnehmer zu einer kurzen Besichtigung ein. Sie ist ein einfaches Gotteshaus mit einschiffigem Grundriss und einem Querhaus und einem Chorjoch vor dem Chor aus dem frühen 14. Jahrhundert. Dargestellt ist in der Marker Kirche St. Pankratius auch das Jüngste Gericht und die Majestas Domini mit Maria, den Heiligen Johannes Baptist und Martin. Weitere Malereien am Gewölbe zeigen Evangelistensymbole und an den Wänden Apostel und verschiedene Heilige. Mit Fug und Recht durfte der örtliche Seelsorger stolz sein auf diesen inzwischen mindestens vierhundertjährigen Kirchbau, den viele der Dankgottesdienst-Besucher zuvor noch nie gesehen hatten.

Die Burgmannschaft der Markaner hatte Zelte, Tische und Sitzbänke aufgestellt und dem Platz neben der alten Kirche mit Girlanden, Grün und Blumenschmuck ein freundliches Gepräge gegeben. Hier wurde eine kräftige Suppe als Mittagsmahl ausgegeben. Backwaren aller Art und erfrischende wie anregende Getränke sorgten an diesem hellen Sonnentag für munteres Treiben am Ufer des Flusses Ahse, der bei Hamm in die Lippe mündet. Dieses dörfliche Fest behielten alle, die dabei gewesen waren, in bester Erinnerung. Sie lernten dabei ihren Grafen und auch dessen hübsche Frau als Menschen kennen, die sich fest vorgenommen hatten, ihren Untertanen gerechte und freundliche Vorbilder für ihr eigenes Leben zu sein.

Dunkle Wolken über dem Westen des Reiches

Wieder in Hörde angekommen, sah Graf Engelbert III. seine wichtigste Aufgabe darin, innerhalb seiner Grafschaft allen hier wohnenden Menschen Ruhe und dauerhaften Frieden zu sichern. Sein Drost Gert von Plettenberg hatte alles in seiner Macht Stehende daran gesetzt, die Ostflanke der Grafschaft gegen Angriffe des Grafen Gottfried IV. von Arnsberg[282] abwehrbereit zu machen.

---

280 ebenda, S. 152 Siegel mit Fahne aus dem Jahre 1272
281 In der bildenden Kunst blieb die Darstellung des Abendmahls zunächst selten. Die Spannung zwischen der Einsetzung des Sakraments und dem Augenblick des Verrats durch Judas Ischariot hat kein Künstler großartiger auszudrücken verstanden als Leonardo da Vinci im Mailänder Kloster Maria delle Grazie. Dies Abendmahlsbild entstand in den Jahren 1495 bis 1497.

Mit Freude und unverkennbarem Stolz führte er seinen Herrn zur Burg Klusenstein, die am westlichen Hönne-Ufer über der Schlucht der Hönne thronte. Von hier aus hatte man die den Fluss begleitende Talstraße ständig im Blick. Dietrich von Werminchusen, der aus einem ostwärts der Stadt Iserlohn gelegenen Rittergut stammte, wurde mit dieser Grenzfeste belehnt.

Noch imponierender war für den heimgekehrten Grafen der Eindruck, den der anstelle der alten Siedlung und der Burg Rade entstandene Ort Neuenrade machte. Er war überwältigt vom baulichen Zustand der an drei parallel laufenden Hauptstraßen errichteten, rund siebzig neuen Gebäude. Die Wohnhäuser waren zwar noch nicht alle fertiggestellt und bezogen, dennoch machten sie den Eindruck, als sei Neuenrade eine in sich geschlossene mit Wällen und Wassergräben gegen äußere Feinde gesicherte Ortschaft. Graf Engelbert förderte die Entwicklung Neuenrades sein ganzes Leben lang. So verkaufte er an Neuenrader Bürger zahlreiche Grundstücke, die vor Jahren in den Besitz seiner Familie gekommen waren. Schon 1355 erhielt Neuenrade von ihm Stadtrechte nach Dortmunder Recht. Im Jahre 1360 erhielt Neuenrade sogar eine neue Kapelle mit Tauf- und Begräbnisrecht. Sie war zunächst eine Tochterkirche von Werdohl, wovon sie dann aber bald abgepfarrt wurde.

So erfreulich die Strukturveränderungen innerhalb seiner Grafschaft waren, so beunruhigend waren Hiobsposten aus den westlich des Rheins gelegenen Nachbargebieten. Kaum war Engelbert wieder in seiner Grafschaft angelangt, ereilte ihn die Nachricht, dass im Gelderland ein heftiger Bruderkrieg zwischen den Söhnen Rainalds II. von Geldern und dessen zweiter Gemahlin Eleonore von England ausgebrochen sei. Herzog Rainald III. und sein jüngerer Bruder Eduard stritten sich über das Erbe ihres Vaters. Das hier seit 1339 entstandene Herzogtum an der oberen Maas begann sich aufzulösen. Eduard ging seinen Vetter Engelbert von der Mark um Hilfe an und erbat Truppen und Geld. Engelbert wollte ihm dies nicht abschlagen, doch zog sich die Auseinandersetzung der Brüder sehr lange hin, ohne dass Engelbert für seine Großzügigkeit irgendeinen Vorteil, ja nicht einmal ein Zeichen des Dankes für seine Opfer erhielt. Zwar wurde die Geldrische Fehde zunächst 1355 durch einen Vergleich beendet, doch flammte der Bruderstreit hier erneut auf, bis Eduard von Geldern bei Tiel 1361 einen eindeutigen Sieg errang. Rainald wurde gefangen genommen. Zehn Jahre lang musste er bis zu seines Bruders Tod 1371 in dessen Haft bleiben.

Ein anderer Unruhestifter im Westen des Reiches war Herzog Johann von Brabant. Er hatte den damaligen Lütticher Domschüler Engelbert von der Mark nach dessen Reitersieg huldvoll empfangen, nicht aber sein Ziel erreicht, ihn in seine Machenschaften hineinzuziehen. Es hatte wohl keinen anderen Fürsten

282 Siehe: Dieter Stievermann: Neuenrade. Die Geschichte einer sauerländischen Stadt von den Anfängen bis zur Gegenwart. Herausgegeben von der Stadt Neuenrade 1990

im Westen des Kaiserreichs gegeben, der so zahlreiche Verträge gebrochen und so viele Kriege gegen seine Nachbarn vom Zaun gebrochen hatte. Den Lütticher Bischöfen war Johann III. von Brabant seine ganze Lebenszeit hindurch ein unberechenbarer und zu allem fähiger Nachbar gewesen. Noch 1356 hatte er mit dem Grafen von Flandern dem Herzog Wenzel von Luxemburg[283] einen Streit um die Stadt Mechelen angezettelt, der immer größere Ausmaße annahm und dazu führte, dass der sich getäuscht fühlende Graf von Flandern mit einem riesengroßen Heer in Brabant einrückte. In diese kriegerische Auseinandersetzung hatte sich der Herzog von Berg, nicht aber der Graf von der Mark hineinziehen lassen. Es war zu Kriegswirren gekommen, die kein Ende zu nehmen schienen und ungeheure Opfer an Menschen bei beiden Gegnern forderten. Die benachbarten Fürsten standen bald auf dieser, bald auf jener Seite, wie es gerade ihre Sonderinteressen für wünschenswert erscheinen ließen. Diese Streitigkeiten hielten auch dann noch an, als der Herzog Johann III. von Brabant am 5. Dezember 1355 gestorben und in Villers im Mönchsgewand begraben worden war.[284]

Seine Tochter Johanna[285] führte nämlich den von ihrem Vater begonnenen Streit mit gleicher Heftigkeit weiter, gleich nachdem eine unvergleichlich prunkvolle und kostspielige Totenmesse für den Verstorbenen abgehalten worden war. Die Vielzahl der Fehdeerklärungen, Volksaufstände und gebrochenen Zusagen in dieser Zeit lassen sich im gesamten Raum des späteren Königreichs Belgien kaum schildern, so verworren waren die unerfreulichen Auseinandersetzungen zu Beginn der zweiten Hälfte des 14. Jahrhunderts in den Niederlanden.

Wie friedvoll ging es dagegen in der Grafschaft Mark zu! Graf Engelbert und seine liebe Rika erwarteten voller Ungeduld, gleichzeitig aber in großer Freude die Geburt ihres ersten Kindes. Ob es ein Junge oder ein Mädchen würde, war ihnen gleich, die Hauptsache war, dass es gesund und fröhlich in die Welt schauen würde! Gewiss hätte Graf Engelbert vor Glück laut aufgeschrien, wenn Richarda ihm einen strammen Stammhalter geschenkt hätte. In Anbetracht zweier Fehlgeburten war er jedoch zurückhaltend bei seinen Erwartungen und Äußerungen gewesen. Als dann der erste Lebensschrei einer neuen Erdenbürgerin in der Hörder Burg ertönte, waren ihre Eltern glücklich wie selten. Ihre Tochter erhielt den gleichen Vornamen Margareta wie Engelberts Mutter. Der Graf wäre auch mit dem Vornamen seiner Schwiegermutter, der Gräfin Johanna von Jülich, einverstanden gewesen, doch Richarda wollte ihm mit der Wahl des Namens Margareta beweisen, dass sie, nun eine Gräfin von der Mark,

283 Dieser regierte von 1353 bis 1383. Er war ein Stiefbruder des Kaisers Karl IV.

284 Herzog Johann III. von Brabant stand von 1312 bis 1355 an der Spitze seines Landes. Siehe Levold von Northof: Die Chronik der Grafen von der Mark – übersetzt und erläutert von Hermann Flebbe, Münster/Köln, 1955, S. 147

285 Johanna von Brabant regierte ihr Land von 1355 bis 1404. Im Jahre 1396 trat sie das Land Limburg an den Herzog Philipp II (gen. der Kühne) von Burgund ab.

darauf bedacht war, die Tradition des märkischen Grafenhauses weiterzuführen. Schließlich gehörte die Heilige Margareta zu den vierzehn Nothelfern! Richarda sah in die Zukunft. Gerade bei Geburten bot die hochgeschätzte Heilige ihre Hilfe an. Wer weiß, wie oft Richarda gerade ihren Beistand noch würde erbitten müssen!

✳

Am 19. September 1356 war es bei Poitiers zu einer entscheidenden Schlacht zwischen dem siegreichen König von Frankreich gegen den Sohn des Königs von England gekommen, der selbst wie zahlreiche seiner ihn unterstützenden Fürsten und Edelleute gefangen genommen wurde. Ungezählte Menschen fanden in dieser Schlacht den Tod. Es sollte noch mehr als achtzig Jahre dauern bis zum Ende des „Hundertjährigen Krieges" zwischen England und Frankreich, der mit einer Invasion der Engländer schon im Jahre 1339 begonnen hatte.

Großes Leid über die Stadt Basel und seine Umgebung brachte erneut ein schreckliches Erdbeben im Jahre 1356 mit sich, das dort zehn Tage anhielt und viele Kirchen und Häuser zerstörte. Dieses traurige Schicksal traf die schöne Stadt am Oberrhein, in der die Pest wenige Jahre zuvor schon so grausam zugeschlagen hatte.

Erfreulich war dagegen der Entschluss des Kaisers Karl IV. (1346–1378), zu Weihnachten in der Stadt Metz einen feierlichen Reichstag abzuhalten, der von zahlreichen hochgestellten Persönlichkeiten, auch des Auslandes, besucht wurde. So waren dort des päpstlichen Stuhles Kardinallegat[286] und der Sohn des französischen Königs neben vielen Erzbischöfen, Bischöfen, Äbten, Fürsten, Grafen, Freiherren und Edelleuten erschienen. Der Kaiser ließ zahlreiche, von ihm erlassene, sehr nützliche Gesetze verkünden.

Darunter war auch jenes, das betrügerische Fehdeansagen und daraus entstehende Auseinandersetzungen zu vermeiden suchte. Es hieß darin unter anderem sinngemäß: „Fehdeansagen, die den Befehdeten irgendwelche Schäden durch Brand, Raub oder Plünderung antun, seien sie schon erfolgt oder sollen sie noch ausgesprochen werden, gelten in Zukunft nicht, wenn sie sich gegen Herren oder Personen richten, mit denen man in Gemeinschaft, in der Familie oder in beliebiger Art ehrenhafter Freundschaft gelebt hat. Die Ansage einer Fehde sei ungültig, wenn sie nicht drei natürliche Tage lang dem zu Befehdenden persönlich oder an dem Ort, an dem er gewöhnlich wohnt, öffentlich übermittelt wird und eine solche Anzeige durch gültige Zeugen voll glaubhaft gemacht werden kann. Wer diesen Anordnungen zuwider handelt, soll wie ein Verräter von allen Richtern mit den gesetzlichen Strafen gezüchtigt werden." Dieses schon bei einem Reichstag in Nürnberg in Teilen angekündigte Gesetz[287] war bereits bei der Fehde gegen den Grafen von Arnsberg vom Grafen Engelbert beachtet worden.

286 Helias Talleyrand von Périgord
287 Kapitel XVII. der sog. „Goldenen Bulle"

Diese in Metz verkündete Gesetzessammlung, die außer den Regelungen für Fehden noch viele Fragen der Staatsverfassung regelte, stellte ein Reichsgrundgesetz dar, das bis 1806 das wichtigste Verfassungsgesetz des Deutschen Reiches blieb. Seines Goldsiegels und der damit versehenen Urkunde wegen hat es die Bezeichnung „Goldene Bulle" erhalten.

Auch die vorgeschriebene Wahl des deutschen Königs durch die sieben Kurfürsten wurde in diesem Gesetz bestätigt. Es setzte ferner die Unteilbarkeit der Kurlande und die Primogenitur[288] fest, regelte sogar die Reihenfolge der Stimmabgaben. Als letzter und damit ausschlaggebender Stimmabgeber wurde der jeweilige Erzbischof von Mainz bestimmt. Außerdem verbot dieses Gesetzeswerk alle Bündnisse, es sei denn, sie bezögen sich auf den Landfrieden.

Im Jahre 1356 wurde Richardas Vater, bisheriger Markgraf von Jülich, zum Herzog von Jülich ernannt, ein Anerkenntnis seines Ranges. Unter den deutschen Fürsten zählte er schon seit langer Zeit zu den beliebtesten Herrschern der Lande westlich des Rheines.

✳

Graf Engelbert von der Mark richtete vor Fastnacht 1357 in Werden einen glänzenden Hoftag aus. Hier wurde seine Schwester Margarete mit dem Grafen Johann I. von Nassau-Dillenburg[289] vermählt. Engelbert hatte den neuen Schwager schon im Jahre 1354 als Berater des Erzbischofs Gerlach von Nassau in Mainz kennengelernt.

Ohne Zweifel gehörte Engelbert, Graf von der Mark nun, was sich mit dieser verwandtschaftlichen Verbindung erneut gezeigt hatte, zu den wichtigsten Persönlichkeiten aus anerkannten Adelsfamilien des westlichen Deutschland.

In Geldnot

Engelberts finanzielle Lage war selten so ausgeglichen, dass er hätte zufrieden sein können. Erträge aus gehorteten Geldvorräten zu erzielen, war ihm selten vergönnt, weil er ihm zufließende Gelder schneller ausgab, als er sie wieder zu beschaffen wusste.

Hatte er in den ersten Jahren seiner Regentschaft als Graf von der Mark wie seine Vorfahren seit 1326 von den Herzögen von Brabant noch jährlich vierhundert Pfund Silber erhalten, um ihnen im Kriegsfalle Gefolgschaft zu leisten, so versiegte diese bisher so sichere Geldquelle, nachdem Engelbert die Krieg-

---

288 Mit Primogenitur wird das Alleinerbfolgerecht des Erstgeborenen bezeichnet. Diese wurde an den Fürstenhäusern eingeführt, um eine Zersplitterung des Hausvermögens zu verhindern.

289 Johann I. von Nassau-Dillenburg regierte von 1351 bis 1416.

führung der Brabanter Herzogin Johanna gegen den Grafen von Namur nur unzureichend unterstützt hatte. Er selbst hatte sich damals im Gegensatz zum Grafen von Berg nicht an ihrem Feldzug beteiligt, sondern nur ein bescheidenes Kontingent von Kriegern abgestellt, die statt seiner vom Grafen Wilhelm von Berg in den Kampf geführt worden waren.

Auch die bisher den Grafen von der Mark vom französischen Königshaus zugeflossenen Gelder waren seit 1357 nach der für Frankreich erfolgreich verlaufenen Schlacht von Poitiers ausgeblieben.

Umso mehr musste sich Graf Engelbert bemühen, alle sich in seinem eigenen Lande anbietenden Gelegenheiten zu nutzen, Gelder zu mobilisieren. Dabei erschien es ihm vernünftig, seinen nach Unabhängigkeit lechzenden Städten Angebote zu machen und ihnen Wünsche zu erfüllen, wenn sie dafür zu zahlen bereit waren. So gelang es der Stadt Hamm, eine Reihe von Rechten, die bisher auszuüben dem Grafen Engelbert vorbehalten war, gegen Geldzahlung zu erwerben.[290] Der Graf verpfändete der Stadt das Aufsichtsrecht und die Verwaltung der Schulen, gewährte ihr das Fischrecht für den Stadtgraben, erließ ihr den Pachtzins für landwirtschaftlich nutzbare Flächen und befreite sie von der Zollbelastung für die in Hamm umgesetzten Waren. Im Jahre 1376 gewährte er der Stadt Hamm das Recht, jährlich einen vom Landesherrn unabhängigen Rat zu wählen. Er räumte diesem Rat wenige Jahre später sogar ein, dass der dortige landesherrliche Amtmann, der sich zugleich als Stadtrichter und „Gaugraf" bezeichnete, sein Amt erst dann antreten dürfe, wenn hierzu der Rat der Stadt sein Einverständnis bekundet habe.

Auch Iserlohn, das zu Zeiten Engelbert III. als ausgesprochen wohlhabende Stadt galt, handelte mit dem Grafen eine größere Anzahl von Verträgen aus. Sie offenbarten die immer wieder eingetretenen pekuniären Schwierigkeiten des Grafen. Am 25. Mai 1356 verpfändete Graf Engelbert den Bürgern von Iserlohn die ihm zustehende Hälfte an den „Bierpfennigen", einer für Iserlohn geltenden Biersteuer in Höhe von zweihundert Mark Silber. Doch behielt er sich vor, den Handel für den Fall rückgängig machen zu dürfen, sobald er diesen Betrag zurückzahlen würde.[291]

Ob Graf Engelbert die erwogene Erstattung vorgenommen hat, ist nicht überliefert, wohl aber eine erneute Verpfändung der ihm zustehenden Hälfte

---

290 Wilhelm Ribhegge, Die Grafen von der Mark und die Geschichte der Stadt Hamm im Mittelalter, Münster 2002, S. 123

291 Was damals zweihundert Mark bedeuteten, sagt uns sogar noch deren heutiger Silberwert: Eine Mark entsprach einem Gegenwert von zweihundertvierunddreißig Gramm Feinsilber. Zweihundert Mark waren daher fast siebenundvierzig Kilogramm Silber wert. Heute hat dies einen Wert von etwa neuntausend Euro, aber daraus hätte man zu Lebzeiten Engelberts neununddreißigtausend Iserlohner Silberdenare prägen lassen können.

Ernst Dossmann, Das bewegte Leben des bedeutsamen Grafen Engelbert III. von der Mark und sein Verhältnis zur Stadt Iserlohn (1347–1391); in: Beiträge zur Heimatkunde für Iserlohn und den märkischen Raum, Bd. 18, Iserlohn 2006, S. 18–20

an den Bierpfennigen gegen Zahlung von diesmal zweihundertvierunddreißig Mark am 26. November 1364. Des Grafen Finanzlage muss auch in den folgenden Jahren nicht viel besser gewesen sein. Dafür spricht die Verpfändung des ihm zustehenden Teiles der Iserlohner Weinakzise unter dem Vorbehalt des Wiedererlöses in Höhe von einhundert Mark am 13. Mai 1370.

Vielleicht war es der stete Geldmangel, der den Grafen Engelbert auch veranlasste, in Fehden einzutreten, die außerhalb seiner Grafschaft aufloderten. Wie ist es sonst erklärlich, dass er dem gerade in das Amt des Kölner Erzbischofs eingeführten Grafen Friedrich von Saarwerden und Moers[292] in Köln entgegentrat?
Auf Erzbischof Engelbert von Köln (1364–1369) war dessen zeitweiliger Vertreter Friedrich von Saarwerden (1370–1414) gefolgt. Als Günstling des Kaisers hatte er sich bald nach seiner Amtseinführung mit der Stadt Köln angelegt, indem er die ihr zuvor zugestandenen Rechte und Privilegien arg beschnitt. Das ließ sich die Stadt Köln jedoch nicht bieten. Sie erklärte ihm den Krieg.
Der junge Erzbischof versicherte sich sogleich der Unterstützung durch den Herzog von Brabant[293], der ein Stiefbruder des Kaisers Karl IV. war, sowie der Hilfeleistung durch die Stadt Aachen. Den Kölner Bürgern gelang es dagegen, den Grafen Engelbert von der Mark als Bundesgenossen zu gewinnen, nachdem er aus ihrer Stadtkasse die geforderten sechzehntausend Goldgulden erhalten haben soll. Engelbert war klug genug, nicht die Kölner, sondern einige seiner Freunde[294] bei seiner Fehdeankündigung gegen den Erzbischof Friedrich von Saarwerden anzugeben. Ihnen zuliebe sei er gezwungen, den Krieg zu erklären.

Daraufhin verwüstete Graf Engelbert zwischen dem 30. September und dem 2. Oktober die im Kölner Stift gelegenen Städte Lechenich und Gymnich und brandschatzte verschiedene Dörfer und Höfe, was den Erzbischof veranlasste, mit einer weitgehend aus Bonner Bürgern bestehenden Streitmacht gegen den Grafen von der Mark vorzurücken. Es kam aber zu keinem Gefecht, weil der Erzbischof seine Truppen zurückbeorderte mit der Begründung, er habe nicht den in Westfalen geschlossenen Landfrieden verletzen wollen.
Die Amtleute und Statthalter des Erzbischofs im Kölner Stift griffen nun aber in die Kriegshandlungen ein und verheerten die im Grenzgebiet der Grafschaft Mark gelegenen Orte um Recklinghausen und Hardinghausen. Im Februar des Jahres 1377 belagerte Engelbert daraufhin die Burg Botzlar im kurkölnischen Kreise Lüdinghausen und zerstörte sie und eine Reihe von Häusern. Die Empfehlungen von Schiedsrichtern und Räten beider Parteien führten dann zu einem Friedensvertrag, der dem Streit mit dem Kölner Erzbischof ein Ende setzte. Aber diese Fehde Engelberts mit dem Kölner Erzbischof sollte nicht die letzte bleiben.

292 Levold von Northof, Chronik, S. 170 f.
293 Herzog Wenzel 1355–1383
294 Gemeint waren der Kölner Vogt Gumpert und dessen Schwiegersohn Graf Johann von Neuenahr, siehe Levold von Northof, Chronik S. 171.

Von märkischen Städten

Von einem Weltenbummler kann man nicht erwarten, dass er zum Stubenhocker wird, auch dann nicht, wenn er eine noch so anziehende Frau an seiner Seite hat, es sei denn, er nähme sie auf seine Reisen mit. Graf Engelbert war zwar kein Globetrotter, doch hatte er schon in jungen Jahren mehr von der Welt gesehen als die meisten Landesherren seiner Zeit. Es waren nicht nur Abenteuerlust und Forscherfreude gewesen, die ihn in viele fremde Länder getrieben hatten. Von frühester Jugend an gewohnt, mit wenig Gepäck kreuz und quer bis an die Grenze des europäischen Kontinents und sogar darüber hinaus zu gehen, hatte er seine Aufenthaltsorte ständig verändert, bis er die von ihm selbst gesetzten Ziele erreicht hatte. Ohne zu übertreiben, durfte er von sich behaupten, in seinem Leben mehr Wegestrecken reitend hinter sich gebracht zu haben als die Erde an Umfang aufweist. Er hatte viele Städte besucht, manche ihrer Kunstschätze bewundernd angesehen und oftmals auch die Eigenarten ihrer Bewohner kennengelernt.

Wenn er aufrichtig hätte bekennen sollen, ob er mit gleichem Eifer auch die weit weniger spektakulären Städte seines eigenen Landes besucht und ihre Bürger mit ihren Gewohnheiten und Wünschen, ihren Hoffnungen und Sehnsüchten richtig einzuschätzen bestrebt gewesen wäre, hätte er diese Frage zunächst bedauernd verneinen müssen. Bisher hatte er sich bei allem, was er plante und tat, weitgehend auf seine ihm als erfahren und hilfreich bekannten Ratgeber verlassen. Seit er aus Livland zurück in seine Grafschaft Mark zurückgekommen war, empfand er den Mangel, viel zu wenig von seinem Land und seinen Leuten zu wissen, selbst als einen deutlichen Nachteil. Er war bestrebt, diese von ihm empfundene Lücke so bald wie möglich auszugleichen. Gemeinsam mit seinem Drosten, den zuständigen Bürgermeistern, mit Pfarrherren und Burgvögten, auch den auf ihren Herrensitzen weilenden Rittern besichtigte er nun die wichtigsten Orte der Mark.

Soweit seine Frau Richarda Reisefreude verspürt hatte, begleitete sie ihn dabei gern. Ihr Interesse beschränkte sich allerdings weitgehend darauf, Messen in den Kirchen des Landes zu besuchen und geistliche wie weltliche Persönlichkeiten bei gemeinsamen Tafelfreuden kennenzulernen. Werktags hatte sie im Burghaus alle Hände voll zu tun, um den geregelten Gang des Wirtschaftsbetriebes, die Arbeit in der Burgküche sowie die rechtzeitige Bevorratung und Versorgung der vielen in der Hörder Burg vorsprechenden Gäste sicherzustellen. Es genügte ihr, wenn Engelbert ihr am Abend eines ereignisreichen Tages berichtete, was er erlebt, gesehen und in die Wege geleitet hatte. Ihre Tochter Margareta war das einzige Kind ihrer Ehe mit dem Grafen geblieben. „Leider", wie dieser viel zu häufig erklärte. Dass der ersehnte Stammhalter ausblieb, schmerzte ihn mehr, als er zuzugeben bereit war.

Bedauerlicherweise spürte dies auch Margareta, zumal Graf Engelbert die Meinung vertrat, dass die Erziehung von Töchtern eine ausgesprochene Pflichtaufgabe der Mütter sei! Mit Missmut empfanden Mutter wie Tochter das recht geringe Interesse des Vaters an häuslicher Geborgenheit. Viel lieber war dem Grafen offenbar das ungestörte Zusammensein mit rauflustigen Rittern, Ränke schmiedenden Ratsherren, weitgereisten Kauffahrern oder wenig zimperlichen Jagdgenossen.

Deshalb hatte sich Richarda damit abfinden müssen, ihren Mann oft tagelang nicht zu sehen oder auch oft genug unvermutet von ihm mit dem Wunsch überfallen zu werden, „einmal ganz schnell" eine ansprechende Abendtafel für die von ihm mitgebrachten Gäste herbeizuzaubern. Bei seinen verschiedenen Reisen in die märkischen Städte hatte sie ihn gern begleitet. Aus Hörde war sie bisher kaum herausgekommen. Solche Gelegenheiten hatte es nur gegeben, wenn Engelbert sie zu offiziellen Empfängen oder Veranstaltungen mitgenommen hatte.

Dabei hatte sie dann einen guten Einblick in das Gesellschaftsleben gewinnen können. Verglichen mit ihrer Heimatstadt Jülich schnitt jedoch Hamm als ungefähr zweitausend Einwohner zählende Kleinstadt weniger gut ab. Diese Stadt war nicht harmonisch gewachsen, sondern „planmäßig" im Mündungswinkel zwischen den beiden Flüssen Lippe und Ahse erbaut worden. Das war erforderlich geworden, als die etwa eine Meile lippeabwärts gelegene Stadt Nienbrügge Opfer eines Angriffs des Grafen Friedrich von Isenberg geworden war.

Einen kleinen Trost hatte es für die Bewohner der zerstörten Stadt Nienbrügge gegeben. Als Urheber des 1225 verübten Überfalls auf den Kölner Erzbischof, Engelbert von Berg, war der Isenberger nach dem durch ihn verursachten Tode des Erzbischofs geächtet und in Köln öffentlich gevierteilt worden.
„Wie ist deine Hauptstadt eigentlich entstanden?", hatte Richarda ihren Mann gefragt. „Sie hat ja kaum Häuser, die aus älterer Zeit stammen und mehr als hundert Jahre alt sind, wie sie in Jülich zu sehen sind."

„Hamm entstand auf einem ellipsenförmigem Stadtgrundriss. Es wird von Wasserläufen, Wällen, Mauern und Türmen mit vier Toren umgeben und liegt in der westfälischen Tieflandbucht an der Grenze zwischen dem inneren Münsterland und der fruchtbaren Hellwegzone. Der Stadtgründer war Graf Adolf I. von der Mark. Dieser meiner Ahnherren gilt als Begründer des märkischen Grafengeschlechts. Ursprünglich hatte es über Altena an der Lenne auf seiner dortigen Stammburg auf der Wulfsegge gesessen. Etwas kleiner als Hamm sind mit je eintausendfünfhundert Einwohnern die südlich von Hamm liegenden Städte Unna und Iserlohn. Ich habe übrigens unserer Hauptstadt Hamm gleich nach meinem Regierungsantritt das Recht freier Ratswahl zugestanden."

„Aber die benachbarten Städte Unna und Kamen sind doch auch wichtige märkische Städte, besonders ihrer Märkte wegen."

„Ja, Unna, diese Stadt inmitten der fruchtbaren Hellwegbörden, ist schon seit 1132, anlässlich der Übergabe einer Kirche, bekannt. Diese Stadt erhielt als eine der ersten in der Grafschaft Mark eine Stadtmauer. Allerdings musste mein Vorfahr Engelbert I. dem Kölner Erzbischof im Jahre 1265 versprechen, keine weiteren Befestigungsmaßnahmen durchzuführen. Das Unnaer Stadtsiegel sagt seit 1290 aus, dass es den Rechtsstatus einer Stadt besitzt. Als Münzstätte und Hansestadt zählt Unna neben Hamm zu unseren wichtigsten Städten. Seit 1210 besitzt sie ein eigenes Kornmaß. Sie wacht darüber, dass alle An- und Verkäufe von Weizen, Roggen, Gerste und Hafer nach dieser Maßeinheit vorgenommen werden. Wehe dem, der beim Betrug erwischt wird!

Die etwas kleinere Nachbarstadt Kamen ist ihrer leistungsfähigen Schuh- und Leinenerzeugnisse wegen bekannt. Schon unter dem Grafen Engelbert I. ist sie im Jahre 1265 zu einem gern besuchten und befestigten Marktort zwischen Unna und Hamm geworden. Von hier aus wurde früh der umfangreiche Fernhandel mit den Städten Lübeck, Stockholm, Rostock und Danzig betrieben. Kamens Pauluskirche mit ihrem unverwechselbaren, weil schiefen Turmhelm soll bereits 1105 errichtet worden sein. Dies sagt jedenfalls eine mit Jahreszahl versehene Bleiplatte des Turmdaches aus."

„Und welche Bedeutung misst du Iserlohn zu, wo du dich so gern aufhältst? Ist es das Bier, das du dort so schätzt, was dich immer wieder dorthin zieht?"
Engelbert musste lachen und berichtete: „Iserlohn wurde, nachdem Graf Otto von Altena, ein Sohn des ersten Grafen von der Mark, die Verlegung der im oberen Baartal gelegenen Ansiedlung Loon auf das Plateau des Bilsteinfelsens veranlasst hatte, zu einer befestigten Stadt. Den Kölner Erzbischöfen gab das immer wieder Anlass, Iserlohns Stadtbefestigung zu beanstanden. Als bedeutende Münzstätte der märkischen Grafen und einzige Stadt des ganzen märkischen Sauerlandes, die auf den Landtagen vertreten war, hat sie durch ihre begehrten Eisen- und Metallerzeugnisse, besonders durch ihre ‚Panzerwaren', einen weit über das europäische Festland hinaus bekannten Namen erworben. Mit Ausnahme seiner Kirchen besitzen Iserlohns Häuser und Werkstätten leider nur leicht brennbare Strohdächer. Das ist der Grund für die häufigen Brände in dieser Stadt, zumal ihre Häuser innerhalb ihres Mauerringes dicht aneinandergedrängt stehen.[295] Iserlohns Bürger ließen sich jedoch nicht davon abhalten, ihre Stadt immer wieder aufzubauen. Iserlohner Kaufleute treiben erfolgreich Handel mit den hier aus fein geknüpften Eisendrahtringen hergestellten ‚Ringelpanzern'. Diese das Leben verlängern könnenden Panzerhemden

---

295 Achtmal wurde Iserlohn bis zum Jahre 1712 durch große Stadtbrände in seiner Entwicklung zurückgeworfen.

und Kapuzen wurden sogar in viele ‚Länder jenseits der Meere' ausgeführt.[296] Iserlohns im eingeschnittenen Baartal gelegene Pankratiuskirche gehört zu den ältesten Taufkirchen des Sauerlandes."

„Und welche Bedeutung besitzen die weiter westlich und südlich von Iserlohn gelegenen Städte?", wollte Richarda wissen, „zum Beispiel Bochum, Hattingen und Lüdenscheid.?"

„Alle drei von dir genannten Orte sind märkische Handelsstädte. Bochum ist seit 1321 ‚Oppidum' – also eine Stadt – wie eine Urkunde meines Großvaters, des Grafen Engelbert II. bezeugt.[297] Bochum ist ein Haupthandelsplatz für Getreide und ein bekannter Umschlagort für Tuche, Woll- und Spinnereierzeugnisse.[298]

Hattingen entstand am Ufer der Ruhr in der Nähe eines Königshofes, den Kaiser Heinrich II. im Jahre 1005 dem Kloster Deutz geschenkt haben soll. Seine Sankt-Georgskirche wird bereits 1019 als Deutzer Besitz urkundlich erwähnt. Diese Stadt hat sich neuerdings nach lebhaftem Handel mit Eisen- und Stahlwaren als Einkaufsplatz für Waffen und Schneidwaren entwickelt. Woll- und Tucherzeugnisse bot man dort schon immer an. Hattingen habe ich – wie du weißt – im Jahre 1350 seiner wachsenden Bedeutung wegen zur Freiheit erhoben. Sie ist auf gutem Wege, eine vollgültige Stadt zu werden.[299]

Lüdenscheid ist seit 1287 eine märkische Stadt mit Dortmunder Recht. Sie ist neben Altena und Iserlohn eine der bekannten ‚Drahtstädte' unserer Mark. Für den Handel mit dem Rheinland, insbesondere nach Köln und auch nach Nord- und Ostdeutschland – hier zumeist über die Stadt Soest – bringt es wichtige Voraussetzungen mit, weil es an der beliebten Handelsstraße zwischen Köln und der Soester Börde liegt. Bereits im 11. und 12. Jahrhundert wurde in den Waldschmieden um Lüdenscheid Eisen erzeugt und als Osemund zu Draht und Drahterzeugnissen verarbeitet. Lüdenscheid ist seit langem Sitz eines bedeutenden Gerichtes."[300]

Natürlich gibt es noch außer diesen bisher genannten sieben sogenannten ‚Hauptstädten' noch weitere kleinere Städte mit recht bedeutsamen Eigenschaften. Da ist zunächst unser geliebtes Hörde, das gleich in der Nähe unserer Burg liegt. Es wurde 1340 im Einvernehmen mit meinem Vater von unserem lieben

---

296 Noch heute sind solche Erzeugnisse (z. B. im Londoner Tower mit dem eingearbeiteten Hersteller- und Stadtnamen) zu besichtigen.

297 Erst nach des Grafen Engelbert III. Tod entstanden hier Unternehmen des Bergbaues sowie der Eisen- und Stahlindustrie.

298 Über vier Jahrhunderte galt das Bochumer Getreidemaß von 1372 bis 1829 für ganz Südwestfalen als maßgeblich!

299 Später wurde Hattingen mit Stadtmauer und Türmen bewehrt. Seine Bürger waren stolz, ihren Wohnort dann als ‚Oppidum' bezeichnen zu dürfen.

300 Über Jahrhunderte hinweg entstammten der im gebirgigen Süderland der Mark gelegenen Stadt Lüdenscheid viele kluge und erfolgreiche Persönlichkeiten, die im Wirtschaftsleben, aber auch in der Kunst, den Wissenschaften und der Politik erfolgreich wirkten.

Konrad von Hörde zur Stadt erhoben. Hier stellte man schon früh vielfältige Eisen- und Schmiedeerzeugnisse her. [301] Mein Großvater, Engelbert II. hat hier bereits im Jahre 1317 einem Dortmunder Brüdertrio das Recht zum Abbau von Steinkohle verliehen. Seitdem ist hier in Hörde die Zunft der Schmiede aufgeblüht.

Lünen, bereits gegen Ende des 12. Jahrhunderts eine Bauernschaft mit einer Kirche nördlich der Lippe, darf seit 1195 stolz sein auf seinen von altersher bezeugten Markt, auf dem man ‚nach Lüner Maß‘ verfuhr. Gegen den Widerspruch des Kölner Erzbischofs wurde Lünen[302] an uns, die Grafen von der Mark, verpfändet. Mein Urgroßvater Eberhard II. sicherte sich damit einen wichtigen Übergang über die Lippe ins Münsterland. Er verlegte die Stadt auf das andere Lippeufer in das Hoheitsgebiet des Kölner Erzbischofs. Diese neue Stadt erhielt 1341 ihr besonderes Stadtrecht und auch eine neue Burg mit ständiger Burgmannschaft. Noch sind Mauern und Gräben nicht ganz fertiggestellt. Aber ich sorge schon dafür, dass dies bald geschieht.[302]

Zu den kleineren Städten der Mark zählen Altena, Schwerte und auch Breckerfeld. Altena kennst du bereits. Es liegt unterhalb unserer auf der Wulfsegge thronenden märkischen Stammburg unmittelbar an der Lenne.[303]

Schwerte ist schon seit 962 unter dem Namen ‚Sverte‘ und ‚Hohensverte‘ durch einen dort bestehenden Oberhof bekannt. Dieser gelangte 1226 in den Besitz von Adolf I. von der Mark, der schon 1242 seine Befestigung betrieb.[304]

Auch das weit westlich von Altena nahe am Gebiet der Grafen von Berg gelegene Breckerfeld soll bald Stadtrechte bekommen.[305] Breckerfeld hat sich durch seine Stahlwaren und Schmiede-Erzeugnisse einen über das ganze Reich hinaus bekannten Namen gemacht. Breckerfelds Produkte aus Stahl- und Messerschmieden sind in Antwerpen, London und Nowgorod begehrt. Meine Vorfahren ließen schon in der ersten Hälfte des 13. Jahrhunderts in Breckerfeld Münzen prägen.“[306]

301 Die Kohleförderung war später ein Grund für die Entstehung der hier errichteten Hochöfen und die weitere Eisenverarbeitung. Sie hat in Hörde eine fast siebenhundertjährige Tradition.
302 Im Jahre 1362 waren Mauern, Wälle, Gräben und drei Stadttore erstellt. Leider wurde Lünen mehrfach ein Opfer bedauernswerter Stadtbrände.
303 Altena wurde erst 1367 durch eine Urkunde Engelbert III. zur „Vryheyd“ erhoben. Der Ort besaß allerdings schon in früherer Zeit (1221) erzbischöflich bestätigte Rechte, so dass des Grafen Engelberts „Erhebung“ zur Freiheit mehr als Bestätigung denn als „Beförderung“ anzusehen ist.
304 Erst im Jahre 1397 – also nach dem Tode des Grafen Engelbert III. – erhielt Schwerte das begehrte erweiterte Stadtrecht nach Iserlohner Vorbild durch den Grafen Dietrich von der Mark.
305 Breckerfeld wurde 1396 Stadt durch den vom Grafen Dietrich von der Mark ausgestellten „Freiheits- und Gnadenbrief“. Erst in den beiden folgenden Jahrhunderten erlebte diese Stadt den Höhepunkt ihrer Geschichte. Ein hier ansässiger märkischer Droste und ein neuerlich installiertes Stadt- und Gogericht sowie selbstbewusste Zünfte und Gilden bestimmten bald das Leben in der Stadt.

„Von denen du, lieber Engelbert, leider nie genug bekommen kannst", unterbrach Richarda den Redefluss ihres Gemahls.

„Das wird sich ändern", entgegnete Engelbert. „Mein Iserlohner Monetarius ist sehr sparsam mit der Anfertigung unserer Denare. Er hält mir immer vor: ‚Je mehr Münzen wir prägen, umso weniger Wert haben sie!'. Er weigert sich, die Produktion zu erhöhen. Deshalb habe ich schon Vorkehrungen getroffen, demnächst auch in Schwerte Münzen herstellen zu lassen."[307]

Graf Engelbert III. hatte seinen Vorsatz, nach seiner Rückkehr aus Livland alle bedeutsamen Orte in seiner Grafschaft zu besuchen und die dort einflussreichen Männer kennenzulernen, in kürzester Zeit in die Tat umgesetzt. Das von ihm entwickelte Melde- und Kontrollsystem trug wesentlich dazu bei, den Kontakt zwischen dem Herrscher auf dem Grafenthron und der märkischen Bevölkerung aus Stadt und Land zu festigen. Die Leute in der Mark schätzten ihren Grafen, was beileibe nicht viele Potentaten von sich und ihren Untertanen sagen konnten.

Die Reichsstadt Dortmund lockt

Nach Köln nahm Dortmund schon drei Jahrhunderte vor der Geburt des Grafen Engelbert von der Mark als größte Stadt im Nordwesten des Reiches zwischen Rhein und Weser einen bevorzugten Platz unter ihren Städten ein. Der durch Dortmund führende Hellweg verband als entscheidende Verkehrslinie den Rhein mit dem Harz, wo das deutsche Königtum seine stärksten Stützpunkte besaß. Diese „Königstraße" war zur bedeutendsten Verkehrsverbindung in der Zeit zwischen 900 und 1100 n. Chr. geworden. Unter den am Hellweg gelegenen Orten waren Soest und Dortmund von besonderer Bedeutung, weil hier bedeutende Handelsstraßen von Norden und Süden den Hellweg kreuzten. Als Reisestation am Hellweg, die den Reisenden Quartiere und Verpflegung bot, war Dortmund schon früh beliebt, weil es nicht nur einen der üblichen Königshöfe besaß, sondern auch eine feste Burg. Fast Jahr für Jahr hatte Dortmund den königlichen Hof in seinen Mauern gesehen. Hier wurden zahlreiche Reichsversammlungen, Hoftage und Synoden abgehalten. Als Marktort hatte Dortmund bald eine beherrschende Stellung. Seine rührige Kaufmannschaft entwickelte ein vorbildlich ausgeprägtes Kaufmannsrecht, das schon im 10. Jahrhundert beispielgebend war.[308]

Zwar ging die politische Bedeutung Dortmunds in den siebziger Jahren des 11. Jahrhunderts zurück und mit ihm auch die des Hellwegs. In den vorherge-

306 Graf Gerhard von der Mark belebte die ehemalige Münzherstellung ab 1418 erneut.

307 Tatsächlich wurde Schwerte unter Graf Engelbert III. zur neuen Münzstätte. Sie blieb es bis zum Jahre 1417, als Adolf IV. Graf von Kleve-Mark zum Herzog von Kleve ernannt wurde.

308 Urkunden belegen, dass Dortmunder Recht schon im 10. Jh. in Marsberg, Helmarshausen an der Diemel und sogar Gandersheim galt. Das später entwickelte Dortmunder Stadtrecht lässt den Schluss zu, dass auch das Dortmunder Kaufmannsrecht in Städte wie Paderborn, Warburg, Höxter, Minden und Osnabrück übertragen wurde. (s. Albert K. Hömberg, Westfälische Landesgeschichte, Münster 1967, S 120 f.)

henden einhundertfünfzig Jahren hatte es nur Zuwächse für den Handel und Wandel gegeben. Die Ursache für die Bedeutungsminderung war die Tatsache, dass Kaiser Heinrich IV.[309] seine bisherige Machtstellung verloren hatte. Auch hatte sich das deutsche Königtum unter den Staufern fast ganz nach Süddeutschland zurückgezogen. Doch in der zweiten Hälfte des 13. Jahrhunderts kam es zu einer beachtenswerten Belebung, als die wagemutigen und erfolgreichen Dortmunder Kaufleute aus den Geschlechtern der Berswordts, Südermanns, Kleppings, Lembergs und Brakes in großem Umfange am englischen Woll- und Zinnhandel verdienten und sogar zu Geldgebern des englischen Königs wurden, der ihnen nicht nur einmal als Sicherheit die englische Königskrone verpfändete[310]. Mit Fug und Recht konnte Dortmund davon sprechen, unter Kaiser Karl IV. eine neue Blütezeit erreicht zu haben.

Dortmunds Bürger traten selbstbewusst auf. Im Gegensatz zu vielen anderen Handelsleuten in größeren Städten des Reiches waren sie nicht einem adligen Herrn mit eigennützigen Bestrebungen oder gar Launen ausgeliefert. Sie entschieden selbst, in welchem Maße sie, notfalls sogar wehrhaft, aufzutreten wünschten. Aus eigener Initiative entschlossen sie sich zu genossenschaftlichem Handeln. Ihren wachsenden Reichtum verdankten sie den führenden Männern ihrer Bürgerschaft. Selbst Kaiser und Könige waren für das Volk in Westfalen allenfalls mythische Herrscher. Herren des Dortmund umschließenden Landes waren die Grafen und Dynasten sowie Kirchenfürsten, die ihre Bistümer nicht nur kirchlich, sondern höchst weltlich leiteten.

Die immer selbstbewusster auftretenden Städte empfanden jegliche Einmischung fremder Herren in ihre Belange als unangemessen. Sie waren gewohnt, ihre Bürgermeister und Räte selbst zu wählen. Deshalb war es auch für auf dem Lande wohnende Menschen, die bisher der Macht gräflicher, klösterlicher oder anderer Befehlshaber unterstanden, zu einer immer stärker werdenden Verlockung geworden, Bürger einer Stadt zu werden. Die Devise „Stadtluft macht frei!" wurde zum Motor, der ständig neue Menschen in den Sog der Glück verheißenden Städte spülte.

Mit einem Umzug eines bisher Hörigen in eine Stadt verbesserte sich seine Rechtsstellung erheblich. Er konnte Eigentum erwerben und war nicht mehr Verpflichtungen und Willkürakten seines Dienstherrn ausgeliefert. Zu Engelbert III. Zeiten begann allerdings das Wachstum der Städte abzunehmen. Der einträgliche Osthandel und der bisher günstige Einfluss des Deutschen Ordens waren durch die Kriege und Erfolge polnisch-litauischer Heerführer

309 Heinrich IV. König seit 1056, Kaiser 1084 bis 1105
310 Die Dortmunder Kaufleute Johann und Konrad Klepping hatten 1340 mit zweien ihrer Kollegen dem englischen König Eduard III. Vorschüsse von 22.100 Pfund Sterling geleistet. Im Jahre 1342 verpfändete der König seine große Krone, 1343 seine Kronjuwelen an drei Dortmunder Kaufleute. Im Jahr 1346 konnte Tiedemann Lemberg in Brügge die zweite englische Krone als Pfand übernehmen. Dem gleichen Tiedemann Lemberg wurde ein Jahr später der Schlagschatz sämtlicher Zinnbergwerke in Cornwall auf drei Jahre verpfändet. S. C. Rübel, Dortmund, in „Festschrift zum Gedächtnis der 300-jährigen Vereinigung mit Brandenburg-Preußen, (hrsg. A. Meister) Dortmund 1909," S. 128

geschwunden. Gerade aus Westfalen stammende junge Männer und Familien waren seit Generationen dem Ruf der Ostseestädte gefolgt. Viele jüngere Bauernsöhne, denen das Erbe ihrer Väter versagt blieb, fanden in den an die Ostsee grenzenden Landstrichen neue Betätigungsfelder und wurden damit zu Herren auf eigener Scholle. Auch hatten die Pest und andere Seuchen die Einwohnerzahl der Städte, in denen sich Krankheiten schnell und verhängnisvoll ausbreiten konnten, stellenweise stark reduziert. Über Ruhr und Lippe hinweg hatte der „Schwarze Tod" bis zur Mitte der fünfziger Jahre des 14. Jahrhunderts in Westfalen freilich nur mäßig Ernte gehalten. Die Folge dieser skizzierten Entwicklung war das Stagnieren des bisher ungestümen Städtewachstums zwischen Rhein und Weser und beiderseits von Lippe, Ruhr und Ems in der zweiten Hälfte des 14. Jahrhunderts.

Um einen Vergleich über die Größe mittelalterlicher Städte in der Mitte des 14. Jahrhunderts zu ziehen, sei darauf verwiesen, dass nur eine Stadt nördlich der Alpen über rund einhunderttausend Einwohner verfügte. Das war Paris, die Metropole der dort regierenden Könige[311] Frankreichs.

Die größte deutsche Stadt war im Mittelalter Köln, das zur Zeit seiner größten Blüte etwa vierzigtausend Einwohner gezählt haben mag. Städte wie Lübeck und Nürnberg kamen auf zwanzig- bis fünfundzwanzigtausend Einwohner, Frankfurt am Main, eine über Jahrhunderte bedeutende Messestadt, kam auf etwa zehntausend, Soest und Münster könnten zur Zeit Engelberts von der Mark etwa zehn- bis zwölftausend Bewohner gehabt haben. Etwas geringer waren mit knapp zehntausend Menschen die Einwohnerzahlen von Dortmund und Osnabrück.

Die Neubildung städtischer Siedlungen ging ab etwa 1350 spürbar zurück. Ab 1400 verringerte sich die Einwohnerzahl auch der Städte Soest und Dortmund. Münster konnte einen Gleichstand verzeichnen, Osnabrück im 15. Jahrhundert sogar einen deutlichen Zuwachs.[312] In der vorwiegend ländlich strukturierten Grafschaft Mark blieb die Bevölkerung während der Regierungszeit Engelberts III. im wesentlichen konstant. Hier hatten die von den märkischen Grafen verliehenen Markt- und Stadtrechte seit 1335 bisherigen Landbewohnern spürbaren Anreiz gegeben, sich in kleineren Städte wie Lünen, Hörde, Wetter, Herdecke und Altena als Handwerker oder Gewerbetreibende niederzulassen.

*

Graf Engelbert selbst konnte sich jedoch den Verlockungen der Stadt Dortmund nicht entziehen. Träumte er davon, diese freie Reichsstadt einmal als Sitz seiner gräflichen Regierung erwerben zu können? Dortmund hatte etwa fünfmal mehr Einwohner als seine Hauptstadt Hamm und wäre so günstig von

---

311 Das waren:
　1328 bis 1350 Philipp VI., 1350 bis 1364 Johann II., gen. der Gute, 1364 bis 1380 Karl V., gen. der Weise u.
　1380 bis 1422 Karl VI., gen. der Wahnsinnige – alle aus dem Hause Valois (Nebenlinie der Kapetinger).
312 Albert K. Hömberg, Westfälische Landesgeschichte, Münster 1967, S 177 f.

seinem angestammten märkischen Territorium umgeben gewesen wie keine andere Stadt in der Mark bisher.

Zweifellos war es in seinen Augen mehr als ein Schönheitsfehler, dass die eigenständige Reichsstadt Dortmund mit der sich nach Norden bis zur Emscher erstreckenden Dortmunder Grafschaft den Weg zwischen den märkischen Orten Castrop und Lünen mehr als dreifach verlängerte, weil das Umgehen des Dortmunder Gebietes über Hörde keine andere Wahl ließ, wenn man auf märkischem Gebiet bleiben wollte.

Bedrohlich wirkte auch die geradezu gefahrvolle Nähe Dortmunds zu seiner Stadt Hörde und damit zu seinem eigenen Wohnsitz, der Hörder Burg. Wie leicht könnte eine nur wenig stärkere Streitmacht der Dortmunder die zahlenmäßig geringe Burgmannschaft aus Hörde vertreiben können, um auch den Landesherrn der Mark zu überrumpeln oder gar gefangen zu nehmen!

Schon wenige Monate nach seiner Rückkehr aus Livland hatte Engelbert Besuch von seinem „Bankier" Isaak[313] und dessen Sohn Jakob erhalten. Engelberts Vater hatte dem Juden Isaak seine Geldgeschäfte lebenslang anvertraut und ihm auch die Aufsicht über seinen Iserlohner Münzmeister[314] übertragen. Graf Adolf II. hatte sich zeitlebens auf Isaaks Loyalität verlassen können, so dass Engelbert keinen Hinderungsgrund gesehen hatte, Isaak und auch dessen Sohn Jakob wie bisher mit der Herstellung der märkischen Münzen und den laufenden Geldgeschäften zu betrauen. Getreu den vom Grafen gegebenen Anweisungen hatte Isaak es seit Jahren verstanden, aus silberreichen Münzen anderer Prägeherren Iserlohner Denare zu formen, die dann einen höheren Geldwert besaßen als sie beispielsweise die eingeschmolzenen französischen Tournosen hatten.[315]

Dass Isaak bei seinen märkischen Münzen das vorgeschriebene Gewicht stets leicht nach unten korrigiert hatte, musste dem Landesherrn durchaus bekannt gewesen sein. Da sich Isaaks Wirken für Engelbert als vorteilhaft erwiesen hatte, beschränkte sich die Ermahnung des Landesherrn zur präzisen Einhaltung der Denargewichte eines „Schildes" von eineinviertel Gramm darauf, Isaak zu raten „es nicht zu doll zu treiben und diesen ‚Zugewinn' nicht ständig zu erwirtschaften."

Als ihm die beiden Juden gemeldet waren, hatte Engelbert geglaubt, es hätte eben dieser untergewichtigen Münzen wegen neuen Ärger gegeben.

„Noi, noi" hatte ihn Isaak gleich beruhigt, „ik komm wejen janz was anderes: Mei Söhnchen Jakob war jestern bei mei' Schwester in Dortmund, wo man will nehmen wech ihr scheenes Haus. Auch andere Jüden sollen roimen ihre Behausenge,

---

313 Isaak bedeutet in hebräischer Sprache: man wird lachen.

314 Das war der „Monetarius" der märkischen Münze in Iserlohn.

315 In der zwischen Loire und Cher liegenden Stadt Tours wurden besonders silberreiche und schwere Münzen, die Tournosen, hergestellt. Nach diesen Vorbildern prägte man im 14. Jh. auch in den Grafschaften Berg und Jülich sowie in Nassau Münzen. Aus Tournosen ließen sich vergleichsweise viele Denare (Pfennige) und Häblinge mit höherer Kaufkraft herstellen. Iserlohner Denare wiesen zumeist weniger als 1,20 gr. und Häblinge weniger als 0,50 gr. auf.

weil der Stadtrat will vertreiben alle Jüden wie in andere Städten. Ik un mäine Schwester wollen jäben Euch, lieber Graf, das Haus für janz wänich Jeld. Aber machens uns zu Schutzjuden von Euch, Herr Graf, bitte schäin!"

Engelbert hatte schnell begriffen, worum es ging. Er zeigte sich äußerst entgegenkommend, als er antwortete: „Isaak, du bestimmst den Preis des Anwesens deiner Schwester. Ich zahle dir oder ihr die genannte Summe, und zwar so schnell wie möglich. Ich bürge auch für euren Schutz. Ihr könnt eure Verwandten in die Grafschaft Mark kommen lassen."

Und so geschah es. Isaak und seine Schwester betrieben den Verkauf des Dortmunder Hauses an Graf Engelbert von der Mark. Alle Beteiligten, nicht aber die Stadt Dortmund, waren zufrieden. Dort nannte man Engelbert einen Judenfreund. Dagegen hatte er jedoch selbst nichts. Doch wurde der Druck der Dortmunder auf die in ihrer Stadt lebenden Juden immer größer und für diese bald unerträglich. Wieder sprach Isaak bei seinem Grafen vor, um ihn zu bitten, weitere Häuser von Freunden und Glaubensbrüdern käuflich zu erwerben, damit die aus Dortmund vertriebenen Juden nach ihrer Flucht wenigstens über Geld verfügen könnten. Bei einigen Besitzungen gelang es, wie Isaak es sich vorgestellt hatte. Doch schnell erließ der Rat der Stadt Dortmund ein Verbot für nicht in Dortmund wohnende Kaufinteressenten. Sie durften nicht mehr als zwei Häuser erwerben. Diese Maßnahme zielte haargenau auf den Grafen von der Mark, der den Dortmundern als Eigentümer von Immobilien in ihrer Stadt unerwünscht und als benachbarter Territorialherrscher verhasst war, zumal die unliebsamen Juden nicht müde wurden, dessen Gutherzigkeit und Großmut zu preisen.

Wenig später traten andere Kaufinteressenten in Dortmund in Erscheinung, vielleicht „Strohmänner" des Grafen, wie die Dortmunder vermuteten. Aber zu diesen, insbesondere die Juden in vielen deutschen Städten treffenden Misshelligkeiten trat bald ein anderes, alle Menschen bedrohendes Unglück: die Pest, die erneut reiche Ernte, besonders unter den Stadtbewohnern, hielt und die Menschheit in Angst und Schrecken versetzte. An manchen Orten Deutschlands kam es zu schrecklichen Übergriffen gegen die Juden, weil, oft angefeuert von bösartigen Menschen, beispielsweise durch die Sekte der Flagellanten,[316] gerade die Juden als Ursache für die Ausbreitung der um sich greifenden Seuche hingestellt wurden.[317] Völlig unbegründet warf man ihnen vor, sie seien die Mörder Christi, was zur Steigerung von Hass und Pogromen gegen die Nichtchristen führte. Solch unsinnige Begründungen für das Auftreten der Pest waren ebenso dumm wie falsch. Schließlich waren Jesus und seine Anhänger selbst Juden gewesen. Der Messias war auch nicht von Angehörigen seines Volkes,

316 Flagellanten nannte man die Geißelbrüder. Das waren Angehörige einer frommen Laienbewegung, die in ganz Europa öffentlich Selbstgeißelung übten im Glauben, dadurch den Zorn Gottes abwehren zu können.

317 In Wahrheit waren Ursache dieser Erkrankung die mangelhaften hygienischen Verhältnisse, in denen sich Nagetiere, insbesondere Ratten wohlfühlten und sich in so riesigen Mengen vermehrten, dass man sie weder durch Aufstellen von Fallen noch durch Hauskatzen auszurotten vermochte. Infizierte Rattenflöhe sorgten für die Ausbreitung der Beulen- und Lungenpest, an denen die Menschen tödlich erkrankten.

sondern von den Römern verurteilt und hingerichtet worden, und die Mehrheit der Landsleute hatte Jesus noch vor seiner Festnahme freudig zugejubelt. In der grenzenlosen Verwirrtheit jener Zeit starben unendlich viele Juden in ganz Europa, besonders in Köln und Florenz.

Aber auch in Dortmund waren die Juden, wie der Dominikaner Johann Nederhoff in seiner etwa einhundert Jahre später entstandenen Chronik vermerkt[318], höchst unerwünscht. Wenn sie hier auch nicht verbrannt wurden,[319] so wurden sie doch unter dem Verdacht, Quellen und Brunnen vergiftet zu haben, aus der Stadt getrieben. Als Schutzvogt der Juden hatte Engelbert von der Mark zunächst versucht, den Juden in ihrer Not beizustehen, doch vereinbarte er mit der Stadt Dortmund schließlich, dass beim Fortzug aus der Stadt oder ihrer Vertreibung das von den Juden zurückgelassene Eigentum zwischen ihm und der Stadt Dortmund aufzuteilen sei. Die Übergriffe auf das Eigentum der Juden in Dortmund veranlassten den Kölner Erzbischof, die Stadt mit einer Kirchenstrafe zu belegen. Das bewog die Dortmunder, gemeinsam mit dem Grafen gegen diese Forderung des Erzbischofs anzugehen. Erst zwei Jahrzehnte nach der Vertreibung durften die Juden nach Dortmund zurückkehren.[320] Dort vertrat man die Meinung, der Graf von der Mark habe sich bei der Vertreibung der Dortmunder Juden am von ihnen zurückgelassenen Eigentum bereichert. Man verschwieg aber, dass Graf Engelbert III., als von den Juden selbst gewählter Schutzvogt, ihnen zunächst mit viel Geld und Verhandlungsgeschick Hilfe hatte angedeihen lassen.

Natürlich hatte Graf Engelbert durch den mit der Stadt Dortmund geschlossenen Vertrag über die Aufteilung des hinterlassenen Besitzes der vertriebenen Juden einen nicht zu unterschätzenden Beweis seiner angeblichen Raffsucht geliefert und damit eine Mitschuld an den den Juden zugefügten Nöten und Leiden glaubhaft werden lassen. Ob er oder die Stadt Dortmund nach Rückkehr der überlebenden Juden in die Stadt Dortmund durch Geldzahlungen oder andere Arten der Unterstützung eine reuevolle oder wenigstens bedauerte Wiedergutmachung versucht oder tatsächlich geleistet haben, ist nicht bekannt geworden.

Aus der Westhoff'schen Chronik[321] geht hervor, dass sich Graf Engelbert III. häufiger in Dortmund aufhielt, was einleuchtend ist, zumal er in dieser Stadt Haus- und Grundbesitz sein eigen nannte. Insgeheim mag er viele Jahre seines Lebens dem Traum nachgehangen haben, dass Dortmund einstmals seine Residenzstadt werden würde. Dieser Gedanke war ja auch zu verlockend, als dass er ihn leicht hätte aufgeben können.

318 Wilhelm Ribhegge: Die Grafen von der Mark und die Geschichte der Stadt Hamm im Mittelalter, Münster 2002, S 114 f.

319 Das belegt der Dominikanermönch Nederhoff in seiner „Cronica Tremoniensium" nach Darstellung von Eduard Roese als Herausgeber einer 1880 erschienenen Schrift über Nederhoffs „Cronica".

320 Torsten Fremer/Ingo Runde: Die Juden der mittelalterlichen Stadt Dortmund von den Anfängen bis zu den Pestprogromen des 14. Jahrhunderts im Spiegel der Reichs- und Territorialpolitik, in: Beiträge zur Geschichte Dortmunds und der Grafschaft Mark 85/86, Dortmund 1994/95, S. 57–84

321 Wilhelm Ribhegge: Die Stadt Hamm und die Grafen von der Mark, Münster 2002, S. 115

X. Spannungen und heftige Fehden

Die Arnsberger Burg brennt

„Wir müssen jederzeit abwehrbereit sein", riet Gert von Plettenberg, als er mit Graf Engelbert an dessen Wohnsitz Hörde strategische Überlegungen anstellte. „Wir haben inzwischen in allen Teilen der Mark feste Burgen, auch Städte und Freiheiten, aus denen wir Verteidigungskräfte zu Brennpunkten beordern können, wenn ein Angriff aus benachbarten Gegenden drohen sollte. Entscheidend dürfte in erster Linie die Geschwindigkeit sein, mit der wir die notwendigen kampfbereiten Männer an den entscheidenden Stellen zusammenziehen können. Eine richtige Armee zu unterhalten, ist uns zu unseren verhältnismäßig begrenzten Territorien nicht möglich. Dazu fehlt uns im Gegensatz zu Städten wie Dortmund auch das nötige Geld."

„Da stimme ich dir zu. Auch ich habe mir Gedanken gemacht, wie wir es schaffen können, innerhalb weniger Tage eine schlagkräftige Truppe zu bilden, um aus dem Norden, Osten oder Süden feindliche Angriffe in kürzester Zeit abwehren zu können. Gern erläutere ich dir meine Vorstellungen anhand eines Planes, in den ich unsere festen Plätze, Burgen und Städte eingezeichnet habe: Abgesehen von den fremden Gebieten um Dortmund und Limburg, die beide Pfähle im Fleische unserer Mark darstellen, gleicht unsere Grafschaft einem großen Länderdreieck. Die nördliche Begrenzung wird durch den Lauf von Lippe und Emscher gebildet. Sie stellt die größte Seitenlänge jenes Dreiecks zwischen unserer Stammburg Mark und dem Stift Essen dar, für dessen Schutz die märkischen Grafen seit langer Zeit einzustehen haben.

Die Ostseite unseres Gebietes grenzt an das Herzogtum Westfalen, von dessen machtlüsternen Entscheidungsträgern wir nicht viel Gutes erwarten können. Denke nur an den Grafen Gottfried IV. 73 Arnsberg! Weiter südlich grenzen an märkisches Gebiet die Vogtei Elspe-Hundem sowie die Herrschaften Bilstein-Fredeburg und Waldenburg.

Die westliche und damit dritte Seite des Gebietsdreiecks unserer Mark wird im Wesentlichen vom Herzogtum Berg begrenzt. Von dort aus haben wir aufgrund unserer verwandtschaftlichen Beziehungen und unserer seit langer Zeit bewährten freundschaftlichen Verhältnisse kaum Böses zu erwarten. Da sieht es im Norden schon wieder schlechter aus! Jenseits der Emscher erstreckt sich das kölnische Vest Recklinghausen, mit dem wir in der Vergangenheit schon häufiger Grenzstreitigkeiten austragen mussten. Viel schlimmer bewerte ich noch die Bestrebungen der Reichsstadt Dortmund und des Hochstifts Münster, beides Territorien, die schon meinem Vater Adolf großen Kummer bereitet haben, als sie ihre Grenzen über die Emscher und die Lippe hinweg nach Süden in unser Land zu verschieben versuchten.

Lieber Gert, du hast völlig recht, wir müssen gewährleisten, verteidigungsbereite Kräfte innerhalb weniger Tage von der Lippe an die Hönne oder an die obere Lenne, die Bigge oder die Agger und umgekehrt zusammenführen zu können."

„Voraussetzung ist dazu allerdings ein gut funktionierendes Meldesystem innerhalb unseres eigenen Hoheitsgebietes", warf Gert von Plettenberg ein.

„Und eben ein solches Netz von Meldereitern schwebt mir vor", antwortete der Graf. „Entscheidend dürfte hierbei für unsere Eilboten die Kenntnis von Wegestrecken und geeigneten Flussübergängen, ja sogar von etwa notwendigen Umwegen und Abkürzungsmöglichkeiten sein. Nur wenn die Meldereiter diese örtlichen Verhältnisse ausreichend kennengelernt haben, können wir uns im Ernstfalle darauf verlassen, dass unsere Anweisungen und Befehle sicher und rechtzeitig an die richtigen Stellen gelangen.

Ich halte ab sofort die Einweisung solcher Meldereiter für unerlässlich. Ihre Beobachtungen gestatten auch uns, schnell die notwendigen Schlüsse zu ziehen."

„Aber das dauert doch viele Monate, unsere Kundschafter und Melder mit allen Landstrichen unserer Grafschaft bekannt zu machen."

„Deshalb gehe ich vor nach dem alten römischen Spruch: ‚Divide et impera!' – ‚Teile und herrsche!' Ich denke an sieben Meldestrecken, die sich durch unsere Grafschaft ziehen sollen. Wöchentlich sollten sie zunächst einmal von bis zu drei Reitern zwischen wichtigen Stationen beritten werden.

Als Beispiel nenne ich dir zunächst die von mir geplante ‚Nordroute'. Sie hat den längsten Weg südlich von Lippe und Emscher zur Aufgabe. Die Meldereiter starten möglicherweise von unserer Burg Mark aus, nehmen Aufträge unserer gräflichen Verwaltung in Hamm entgegen, reiten weiter zu unseren Städten Kamen, Unna und Lünen, erstatten mir dann, falls notwendig, in Hörde Bericht und umreiten das Gebiet Dortmunds, um danach Castrop, die Burg Strünkede, die Orte Eickel, Gelsenkirchen und schließlich Essen zu erreichen. Die Rückreise bis nach Hamm erfolgt in Begleitung eines Reiters aus Essen, damit auch er Wege- und Ortskenntnisse erwirbt. Im Ernstfalle könnte es entscheidend sein, uns frühzeitig genug feindliche Aktionen zu melden, um ausreichende Verteidigungsmannschaften rechtzeitig zusammenrufen zu können."

„Und wie gedenkt Ihr, Graf Engelbert, die weiter südlich gelegenen Gegenden zu schützen?", wollte Gert von Plettenberg hören.

„In gleicher Weise müssten Meldereiter dort eingesetzt werden, und zwar immer so, dass sie bestimmte Kommandostellen aufsuchen, von denen aus die Nachrichten beiderseits der Meldereiterrouten nach Hamm und zu den Burgen Hörde, Altena, Wetter, Schwarzenberg bis hin zur Burg Neustadt weitergeleitet werden können.

Es müsste dazu zwei Mittelrouten in Ost-West-Richtung geben, eine nördliche von Unna, Fröndenberg, Schwerte, Burg Hörde nach Bochum und Essen sowie eine südliche, die von Hörde aus über Syburg, Westhofen, Herdecke, Burg Wetter und Hattingen bis Werden führt.

Die vierte Route folgt meist dem Flusslauf der Lenne, wird daher ,Lenneroute' genannt. Sie verbindet Iserlohn, die Burgen Altena und Neuenrade und geht dann weiter über Werdohl und Plettenberg zum Schwarzenberg.

Eine spezielle ,Süderlandroute' führt durch sehr bewegte Berg- und Waldzonen. Sie sollte von der Burg auf dem Schwarzenberg über Herscheid, Valbert, Meinerzhagen, Kierspe und Halver nach Lüdenscheid und wieder nach Plettenberg zurückführen.

In Richtung auf das Bergische Land sollte es dann noch die sechste, nicht ganz leicht zu bewältigende weil gebirgige Strecke von der Burg Altena über Breckerfeld, Schwelm, Gevelsberg zu den Burgen Blankenstein und Wetter an die Ruhr gehen.

Sozusagen als Querspange, die alle vorgenannten Routen kreuzt, muss natürlich eine Hauptroute von Norden nach Süden und zurück eingerichtet werden. Diese Meldelinie erfasst damit die Knotenpunkte der zuvor beschriebenen Städte, nämlich Hamm, Hörde, Wetter, Altena, Iserlohn, die Burg Schwarzenberg und am südlichsten Punkt unseres Landes endlich die Burg Neustadt."

„Damit habt Ihr, Graf Engelbert, eine ausgezeichnete strategische Meisterplanung erbracht! Das Geflecht der von Euch vorgesehenen Stationen garantiert ein dichtes Netz, mit dem wir nicht nur raubende Banden, sondern auch Verräter und Betrüger aufspüren, einfangen und dingfest machen können.

Und wen wollt Ihr mit der Einrichtung dieses Meldesystems betrauen? Etwa mich?"

„Richtig geraten, lieber Gert! Ich wüsste keinen Besseren dafür als dich, denn keiner kennt die Grafschaft besser als du und weiß hierzu die geeigneten Männer auszuwählen."

„Euer Auftrag ehrt mich sehr, doch brauche ich dafür gewiss drei bis vier Monate Zeit!"

„Die sollst du haben, zumal du ja noch andere Aufgaben zu erledigen hast."

„Lasst mich aber noch von etwas Wichtigem berichten, was mir schwer auf der Seele liegt. Da ist Euch zunächst zu melden, dass es die Burg Gevern, wie von Euch befohlen, nicht mehr gibt. Meine Neuenrader Kampfgefährten haben im Herbst 1355 ganze Arbeit geleistet und die verstärkte Burgmannschaft des Grafen von Arnsberg aus den Ruinen von Gevern in alle Richtungen vertrieben. Leider scheint Graf Gottfried erneut aufzurüsten. Er wird gewiss bald zum Gegenschlag ausholen. Unsere nächste Fehde zeichnet sich daher schon heute als notwendig ab."

„Dann wird es Zeit, unsere Jagdfreunde zu einer umfangreichen Jagdveranstaltung einzuladen. Ich plane eine Großwildjagd im Gebiet der Herrschaft Bilstein-Fredeburg. Vielleicht könnten die Burgen auf dem Schwarzenberg oder in Bilstein geeignete Standquartiere dieser größeren Jagdgesellschaft sein, zumal wir seit unserer Eroberung der Burg Bilstein dort noch kein Jagen durchgeführt haben!"

„Vorsicht, Graf Engelbert!" Mit diesem Einwand ging Gerts Kopf wie von Bedenken beschwert hin und her. „Wir müssten von Schwarzenberg aus die Herrschaft Waldenburg durchqueren, wenn wir auf kürzestem Wege über die Bigge zur Burg Bilstein gelangen wollen. Leicht kann es dadurch zu Verstimmungen mit dem Grafen von Sayn und anderen Landesherren kommen."

„Das verstehe ich nicht. Was haben denn diese Grafen von Sayn, deren Hauptburg doch im Sayntal nördlich von Koblenz liegt, im Sauerland zu suchen?"

„Die Herrschaft Bilstein ist seit Jahrhunderten ein Lehen des Sayner Grafenhauses, das schon früh ehemals pfalzgräfliche Rechte übernahm. Diese Lehnsabhängigkeit besteht immer noch! Selbst wenn man davon ausgehen will, dass seit dem Tode des Sayner Grafen Heinrich III. das frühere Sayner Grafenhaus 1247 erloschen ist, betrachten die Sayner Bilstein als ihren verbrieften Besitz! Es gibt aber trotz erfolgter Erbteilungen noch Erbberechtigte, die Verletzungen der ehemals Waldenburger und Bilstein'schen Rechte zu ahnden wissen. Auch Graf Gottfried IV. von Arnsberg wird alles daran setzen, diese Sayner Rechte zu erwerben. Johann II., Edelherr von Bilstein gedenkt, seine Herrschaft seinem Schwiegersohn Balduin von Steinfurt zuzuwenden. Mit der Verletzung der verwickelten Rechtsansprüche dieser Adelshäuser riskieren wir, bei einem Einfall in das Waldenburger Land gleich mehrere einflussreiche Herrschaftshäuser als gefährliche Gegner gegen uns auf den Plan zu rufen."

„Da habe ich einen ganz anderen Gedanken", erklärte Graf Engelbert. „Ich werde dir Bescheid geben, wenn meine Vorstellungen in die Tat umzusetzen sind. Mach dich inzwischen an die Arbeit, unser Meldesystem zu verwirklichen. Wir werden es im Kampf gegen Arnsberg erproben." Damit war Gert von Plettenberg entlassen.

Graf Engelbert hatte ganz richtig erkannt, dass auch Graf Gottfried von Arnsberg und dessen Gemahlin, das war ja seine Tante Anna von Kleve, größtes Interesse am Erwerb der Sayn'schen Lehnsrechte haben müssten. Hätte Engelbert sich mit seiner Tante und ihrem kinderlosen Gemahl Gottfried gutgestellt, würde er vielleicht ohne kriegerische Auseinandersetzungen als Erbe in den Besitz der Arnsberger Grafenfamilie kommen.

Eingedenk seines eigenen Vorgehens im Jahre 1352, als er mit seinen Leuten die seinem Oheim Gottfried IV. von Arnsberg[322] gehörenden Burgen Gevern, Fredeburg und Bilstein erobert hatte, glaubte Engelbert jedoch nicht mehr an seine Einsetzung als Erbe durch das Arnsberger Grafenpaar.

Deshalb erwarb er durch Kauf auf schnellstem Wege im Jahre 1359 die althergebrachten Lehnsrechte der Sayner Grafen. Er scheute sich auch nicht, weitere Anspruchsteller in Gestalt der Edelherren von Steinfurt zu verdrängen, denen

---

322 Gottfried IV. von Arnsberg regierte seine Grafschaft von 1338 bis 1368.

Grabmal des Grafen Gottfried IV. von Arnsberg im südlichen Chorumgang des Kölner Domes in seiner Rüstung mit Kettenhemd und Ringelpanzerhalsschutz. Er verstarb 1372, nachdem er seine Grafschaft im Jahre 1368 zu erstaunlich niedrigem Preis an den Erzbischof von Köln verkauft hatte. Sein Neffe, Graf Engelbert III. von der Mark, hatte ihn zuvor während der „Arnsberger Fehde" in arge Bedrängnis gebracht und seine Burg in Arnsberg zerstört.

inzwischen die Edelherren zu Bilstein ihre Herrschaft als Rechtsnachfolger zugesagt hatten.

Nicht zufrieden nur mit dem Erwerb von Bilstein, erhob Graf Engelbert gleichzeitig auch Ansprüche auf das Fredeburger Land, das zwar früher zu Bilstein gehört hatte, vor etwa fünfzehn Jahren aber schon in den Besitz des Grafen von Arnsberg gelangt war.

Da dieser jedoch die Abtretung des Landes Fredeburg verweigerte, kam es im Jahre 1366 erneut zum Krieg zwischen den feindlichen Nachbarn Mark und Arnsberg. Der kriegserfahrene und militärisch überlegene Graf von der Mark nahm Burg und Stadt Arnsberg ein, ließ die Arnsberger Burg in Flammen aufgehen und zwang den Grafen von Arnsberg 1367 zur Abtretung von Burg, Stadt und Land Fredeburg. Seine auf schnelles Eingreifen trainierten Kämpfer zwangen die Arnsberger in einem Überraschungsangriff nieder.

Graf Gottfried fürchtete, bald auch die ganze Grafschaft Arnsberg an seinen ihm verhassten märkischen Neffen zu verlieren. Er erbat die Unterstützung des Trierer Erzbischofs Kuno von Falkenstein[323] und erhielt sie, ohne lange darum bitten zu müssen. Kuno wurde nämlich als derzeitiger Vertreter des Kölner Erzbischofs mit dem Arnsberger Grafen schnell handelseinig über den Kauf der gesamten Arnsberger Grafschaft mit all ihren Rechten und dem gesamten Zubehör. Der Kaufbrief wurde am 25. August 1368 ausgestellt. Diese Neuerwerbung übergab Kuno von Falkenstein dem Kölner Stift.

Kuno von Trier stellte als Vertreter des Kölner Erzbischofs dem Arnsberger Grafen noch zwei weitere Vergünstigungen in Aussicht. Gottfried IV. durfte als neuen Wohnsitz das Schloss Brühl bei Bonn beziehen und über dessen Einkünfte voll verfügen. Auch erhielt er die Zusage, nach seinem Tode im Chor des Kölner Domes als einziger weltlicher Herrscher beigesetzt zu werden und dort ein würdiges Grabmal zu erhalten.[324] Außerdem wurde Gottfried IV. eine jährliche Rente in Höhe von zehntausend Goldgulden zugesichert.

Engelberts Zorn über den glänzenden Coup des Stellvertreters des Kölner Erzbischofs mit dem Arnsberger Grafen war grenzenlos. Er hatte ein als sicher geltendes Erbe verloren und erfahren müssen, dass sein Vorgehen bewies, wie unterentwickelt sein eigenes Verhandlungsgeschick doch gewesen war.

323 Dieser war bestellt zum Stellvertreter und Verwalter des kranken und abwesenden Erzbischofs Engelbert von Köln, der seit 1364 von Lüttich nach Köln gewechselt hatte.
324 Dort ist sein in Stein gehauenes Denkmal noch heute zu bewundern. Graf Gottfried IV. von Arnsberg ist mit angelegtem Ringelpanzer dargestellt.

Märkische Donnerbüchsen

Ein wunderschöner Herbsttag erwartete die kleine Jagdgesellschaft, die sich seit einigen Tagen in der Burg auf dem Schwarzenberg einquartiert hatte. Zum vierten Male war Lender von Sponheim einer Einladung des Grafen Engelbert von der Mark gefolgt, um fern aller ihn so oft einengender Etikette die Wälder des Ebbegebirges zu durchstreifen. Diesmal sollte es in ein Jagdrevier gehen, das südwestlich des Lennelaufs zwischen Plettenberg und Werdohl liegt und, von den Tälern der Oester, der Verse und der Ahe umschlossen, als ein Paradies für passionierte Jäger galt.

Graf Lender war mit zwei Jagdfreunden aus dem Nahetal und seinem Kreuznacher Leibjäger angereist. Der Jagdherr Engelbert hatte seinen Schwarzenberger Burgvogt gebeten, ihn mit ein paar Männern zu begleiten, die im Umgang mit Sauspießen erfahren waren. Wiederholt hatten die Bauern von Stottmert, Stöplin und Schönebecke über die in diesem Jahr unerträglichen Wildschweinschäden geklagt und darum gebeten, die Schwarzkittel möglichst bald zu dezimieren. Engelbert hatte zugesagt, noch im November eine Treibjagd abzuhalten, um der Schwarzwildplage Herr zu werden.

Diesen herrlichen Oktobertag hatte er auserkoren, um sich mit den Geländeverhältnissen im Gebiet von Verse und Ahe vertraut zu machen. Bisher hatte sein jagdliches Interesse mehr den weiter ostwärts gelegenen Waldgebieten der Homert gegolten. Rund um die Sorpequelle kannte er sich seit der Fredeburger Fehde besser aus als im angestammten märkischen Süderland, wo sein Vater so erfolgreich als Nimrod tätig gewesen war. Die noch sehr kalte Morgenluft empfanden die Männer, die vor das Burgtor getreten waren, köstlich nach herbstlichen Blättern der Buchen und Eichen riechend. In diesen Tagen konnten diese Bäume ihre Früchte kaum tragen. Aus der Ferne ertönten immer wieder Kampf- und Liebesschreie der Hirsche.

„Sollten wir nicht zu den Brunftplätzen am Mattenhagen oder bei Hohenwibbecke am Ruthenberg aufbrechen?", meinte Lender zu Engelbert gewandt. „Mir scheint, da ist jede Menge Rotwild zu Hause, das auf uns wartet."

„Hab Geduld, Lender", antwortete Engelbert, „erst morgen beginnen die ‚heiligen zehn Tage', an denen sich ein echter Waidmann zur Pirsch auf Hirsche aufmacht. Heute habe ich Pflichtaufgaben zu lösen. Ich muss prüfen, ob die Klagen der Bauern über die Wildschweinschäden berechtigt sind und feststellen, ob der Bestand tatsächlich so groß ist, dass ich in einem Monat zwischen Marlin und Danklin zu einer ertragreichen Drückjagd einladen kann. Schon lange wollte ich auch zur Pulvermühle in der Nähe von Hervel. Wenn wir Glück haben, erleben wir dort etwas ganz Ungewohntes."

Worum es sich hierbei handelte, wollte er wohl noch nicht verraten. Da Lender seinen Jagdherrn zu kennen glaubte, fragte er auch nicht weiter.

„Hörst du auch das ferne Donnern?", fragte Lender von Sponheim seinen Freund, als beide Grafen von Plettenberg aus mit ihren Jagdhelfern im Oestertal kurz vor Kiesbert Rast gemacht hatten.

„Ja, da knallen sie wieder mit ihren Pulverrohren. Es hört sich an, als würde es donnern. Warte nur noch eine gute halbe Stunde, dann sind wir am Herveler Kopf.[325] Das ist eine kleine, aber in der Umgebung bemerkenswerte Anhöhe vor der Nordhelle[326], die dir gleich auffallen wird, wenn wir Reblin erreicht haben."

„Dann müssen wir also gar nicht erst nach Herscheid, wo man als Schutzpatron den Heiligen Cyriakus[327] verehrt, dem die dortige hübsche Kirche geweiht ist?"

„Schon vor Herscheid biegen wir nach Reblin ab und reiten auf die Pulvermühle[328] zu, die westlich des Gutes Becke dort liegt, wo ein Gewässer vom Märzenbecherbruch in den Bach ‚Verse' einmündet. Südlich des Baches liegt die ‚Pulverwiese', auf der die Pulvermacher ihre Schwarzpulvermischungen ausprobieren. Das ist natürlich nicht ohne fürchterliche Knallerei möglich. Etliche Menschen haben schon bei meinem Drosten Klage darüber geführt, dass ihre erschrockenen Pferde durchgegangen und Schäden an Fahrzeugen und Frachtgut entstanden seien. Das ist übrigens der Anlass, dich heute Morgen in diese gottverlassene Gegend zu führen."

Schon von weitem sahen sie Männer mit schweren Hakenbüchsen, die nur zu zweien zu tragen waren, auf der Pulverwiese. Man war gerade dabei, ein großes quadratisches Ziel aufzurichten, das aus Brettern auf einem Holzrahmen bestand und mit schwarzen Ringen bemalt war. Als sie die nahende Reitergruppe bemerkt hatten, schienen sie sich verbergen zu wollen, doch schon hatte Engelbert sie gerufen.

„Wir wollen zu euch, Leute! Lauft nicht weg! Vielleicht können wir ins Geschäft kommen!"

Das ließen sich die schwarzen Gesellen nicht zweimal sagen, doch erschraken sie nicht wenig, gleich zwei Grafen vor sich zu haben.

„Wie mischt ihr denn eure Ladungen?", wollte Engelbert wissen.

„Das kommt ganz darauf an", antwortete der Pulvermüller. „Das Mischungsverhältnis ist nicht immer gleich, weil die Zutaten in ihrer Qualität wechseln. Besonders die Salpeterlieferungen, die wir aus unterschiedlichen Quellen beziehen, verändern die Qualität des Schießpulvers immer wieder. Deshalb sind ja unsere Erprobungen so wichtig!"

„Gilt denn die alte Regel noch", fragte Engelbert gezielter, „sieben Teile Salpeter, fünf Teile Kohle und fünf Teile Schwefel?"

325 Der Herveler Kopf ist ein uralter Burgberg, der mit 547 m ü. NN. rund 120 m hoch über der Landstraße liegt.

326 Die Nordhelle ist mit 663 m ü. NN. eine der höchsten Erhebungen im märkischen Sauerland. Sie liegt zwischen den Orten Herscheid und Attendorn.

327 Die heutige Apostelkirche war schon 1072 als St.-Cyriakus-Kirche bekannt.

328 Mitteilungen des Heimatforschers Martin Alberts, Eppstein „Zur Familienforschung der Familien Alberts, Over der Becke und von Affeln", Eppstein 1995

„Das ist ein schon vor hundert Jahren empfohlener Mittelwert, wir aber experimentieren, wie man durch Veränderungen der Mischungsverhältnisse die Durchschlagskraft der Geschosse zu steigern in der Lage ist. Da spielt es schon eine Rolle, welcher Art die Kohle ist, auch wie fein sie gepulvert und wie rein der Schwefel ist. Schließlich kommt es auch auf das Pressen, Zerkleinern und Sieben der Mischungen an. Wir variieren die Mischungen ständig. Siebzig bis achtzig Teile Kaliumnitrat, zwölf bis zwanzig Teile Holzkohle und nur wenig Schwefel, davon aber mindestens drei und höchstens vierzehn Teile."

„Dann schießt uns mit euren Hakenbüchsen mal etwas vor. Bin gespannt, auf wie viel Schritte ihr euer Ziel treffen könnt!"

Da ließen sich die Pulvermacher nicht lange bitten. Mit lautem Getöse lösten die Männer ihre Schüsse aus und trafen tatsächlich auf einhundert Schritt mit beiden Büchsen das aufgestellte Ziel. Der gelbliche Pulverqualm war so stechend, dass sich die Schützen die Augen reiben mussten. Beeindruckender aber als das Treffen ihrer Steinkugeln war für die Grafen die völlig unerwartete, aber furchterregende Geräuschentwicklung. Sie war es, von der sich Graf Engelbert für künftige kriegerische Aktionen am meisten versprach. Mit diesen Feuerwaffen konnte man den Gegner demoralisieren.

„Ihr kennt Drost Gert von Plettenberg? Meldet euch bei ihm und meinem Rentmeister Jakob vom Ende, wenn ihr mir fünf bis sechs Männer schicken könnt, die uns im Falle der nächsten Fehde mit euren Schießeisen und geeigneten Steinkugeln helfen können, das Nest unserer Feinde auszuräuchern. Euer Schade soll's nicht sein. Bei gutem Erfolg zahlen wir gern und reichlich!"

Über die geschwärzten Gesichter der Rebliner Pulvermüller ging ein strahlendes Leuchten. „Wir danken Euch für Euren Besuch, Graf Engelbert! Gern sind wir Euch zu Diensten!"

„Aber nur mir! Ich hoffe, ihr habt mich verstanden! Wehe, wenn ihr anderen Landesherren von eurem Können berichtet oder euch in deren Dienste begebt, dann verstehe ich keinen Spaß!"

„Ihr könnt Euch auf uns verlassen!"

„Dann sehen wir uns bald wieder!" waren Engelberts Abschiedsworte, als er mit seiner Begleitung in Richtung Herscheider Mühle davonritt.

Engelbert winkte den Schwarzenberger Burgvogt zu sich heran, um mit ihm vermutlich die geplante Drückjagd zu besprechen. Lender ließ die beiden vorreiten und wandte sich seinen Landsleuten zu: „Wir waren ja gestern und vorgestern vom Jagdglück belohnt. Du, Henner, warst ja mit deinem ‚Wusperl' besonders erfolgreich. Gleich zwei Haselhähne erlegt und noch eine Henne dazu! Hast du so etwas schon mal erlebt?"

„Nein, Herr Graf", räumte der angesprochene Jäger von der Nahe ein, „mein Pfeifchen hat eben Wunder vollbracht. Seine Töne haben die Hähne so schnell zum Zustreichen veranlasst, dass ich es selbst nicht recht glauben konnte. Und dann habe ich eben meinen erstklassigen Bogen benutzt."

„Ich denke, in den nächsten Tagen geht es auf die Pirsch, um wenigstens einen kapitalen Hirsch zu erlegen. Heute hat unser Jagdherr nun mal die Knallerei im Kopf gehabt. Dass es in der Homert genügend Rotwild gibt, habt ihr ja heute Morgen gehört!"

Plötzlich hielten Engelbert und der Burgvogt ihre Pferde an. Anscheinend suchten sie etwas, das auf dem Wege lag, der entlang der Verse führte. Ja, es war eindeutig: Hier sahen sie Schwarzwildlosung, und zwar nicht zu knapp.

„Schnell absteigen, die Pferde bleiben hier! Jost übernimmt darüber die Aufsicht! Die satte Wiese jenseits der Verse dürfte eine Einladung an sie sein, hier in aller Ruhe zu grasen. Wir anderen machen uns so leise es nur geht, mit unseren Waffen auf, um eine Suhle zu umstellen, in der sich die Wildschweine nach Herzenslust wälzen. Unser Burgvogt kennt ihren Lieblingsplatz. Er liege am Vogelsang, wo sich ein kleiner Bach von Osten her in die Verse ergießt."

Äußerst vorsichtig, jedes Geräusch vermeidend, schlichen sich die Jäger und ihre Treiber an die Schlammbadestelle der Schwarzkittel. Schon hörten sie die Tiere grunzen und schmatzen.

„Hört ihr das?", fragte Engelbert den Jäger Lenders. „Mir scheint, die Tiere suhlen sich in einem Schlaraffenland."

„Das stimmt haargenau", erklärte der Burgvogt. „Ich hatte den Bauern von Alfrin und Marlin schon im Frühjahr empfohlen, in der Nähe der Suhle Kirrungen[329] anzulegen, um damit Wildschäden auf den Feldern zu vermindern."

Da leichter Ostwind wehte, standen die Jäger günstig, so dass die voll mit sich selbst beschäftigten Sauen keine Witterung ihrer Verfolger aufnahmen. Jetzt kam es darauf an, die Schützen schnell, aber lautlos in Form eines Halbkreises um die Suhle zu postieren. Auf Engelberts Handzeichen hoben sie Spieße, Speere und Armbrüste und gingen in die für jeden günstigste Schussposition. Atemlose Stille herrschte bei erwartungsgeladener Anspannung der Jäger. Da brach plötzlich vom jenseitigen Ufer des Waldbaches ein mächtiger Keiler durch das Uferdickicht. Er verhielt plötzlich, als hätte er die Lage erkannt. Aber zur Flucht blieb ihm keine Zeit. Der mit äußerster Kraft von Lender geschleuderte Wurfspeer durchschlug die Schwarte des Keilers. Das etwa drei Zentner schwere Tier wurde dadurch auf die Seite geworfen. Welch ein Glück, dass gleich zwei Männer mit ihren Saufedern zustoßen konnten, bevor der Keiler Gelegenheit hatte, sich zu erheben.

Die Rotte, die sich bisher in der Suhle gewälzt hatte, brach nach allen Seiten aus, als sie gemerkt hatte, dass Gefahr im Verzug war. Aber unter den Jägern waren mehrere treffsichere Schützen. Ihre Strecke war beachtlich. Drei gut entwickelte Bachen, zwei Überläufer und ein noch sehr junger Keiler, der etwa vier Jahre alt sein mochte, bildeten die Strecke. Jost, der jüngste Jagdteilnehmer

---

329 Kirrungen = Futterplätze für Wildschweine, wo Mais und Eicheln ausgelegt werden, um die Tiere hierher zu locken.

wurde beauftragt, beim nächstgelegenen Bauernhof einen Streckenwagen[330] zum Abtransport der erlegten Tiere zu holen.

Inzwischen hatten die Jäger die gestreckten Tiere sorgfältig nebeneinander gelegt, zuerst den kapitalen Keiler, den Graf Lender mit dem Wurfspeer erlegt hatte, danach die drei starken Bachen, schließlich die beiden Überläufer und den noch als jugendlich zu bezeichnenden Keiler, zusammen also „sieben Stück Schwarzwild", wie sich die Jäger auszudrücken pflegten. Graf Engelbert nahm seinen Hut ab und hielt eine kurze, manch deftige Jagdausdrücke enthaltende Ansprache, und steckte jedem erlegten Tier einen Bruch ins Gebrech.[331] Alle Umstehenden nahmen ebenfalls ihre Kopfbedeckungen ab, bis der Jäger des Grafen Lender von Sponheim die Strecke verblasen hatte. Ein jeder der andächtig im Halbkreis Stehenden empfand diese zum Nachdenken anregende Zeremonie sowohl mit geheimer Jagdfreude als auch mit demutsvoller Geste vor der Natur und ihrem Schöpfer.

Der Kreuznacher Trompeter verstand es mit seinen Signalen vortrefflich, der abendlichen Stunde eine ebenso würdige wie fröhliche Stimmung zu verleihen. Uraltem Waidmannsbrauch entsprechend, ertönte zunächst das Signal „Sau tot". Graf Lender kannte sogar den Text dazu und sang laut mit:

„Seht, da liegt der schwarze, borstige Urian. Dieser Basse hat nun ausgegrimmt, nimmt nicht mehr die Hunde und den Jäger an. Sau tot! Sei nun fröhlich angestimmt. Halali, halali!"

Gab der Gesang seines Freundes dazu Anlass oder entsprach es ebenfalls üblichem Jägerbrauch, dass Graf Engelbert noch einmal vortrat, um den Umstehenden etwas zu erläutern? „Diese Worte gelten dir, lieber Graf Lender! Du bist heute ein König geworden, unser Jagdkönig. Du hast das edelste und größte Tier dieser Strecke erlegt. Dazu gratulieren wir alle von Herzen. Dieser Keiler, ein ungewöhnlich stark entwickeltes Tier, starb durch deinen meisterlichen Speerwurf. Altem märkischen Brauch folgend, schmücke ich diesen Keiler mit einem Fichtenzweig als dem Inbesitznahmebruch. Dieses Tier gehört dir!"

Danach erklang noch einmal das Jagdhorn mit dem Signal „Jagd vorbei". Den Abschluss dieses unvergesslichen Jagderlebnisses bildete das „Waidmannsheil" des Grafen Engelbert, das mit dem Gegengruß „Waidmannsdank" aller Jagdteilnehmer beantwortet wurde.

Der Heimritt führte die Jäger über Herscheid, Himmelmert und Plettenberg zur Burg auf dem Schwarzenberg zurück. Graf Lender war begeistert, heute als Jagdkönig die Getränke der Tafel beisteuern zu dürfen.

„Weißt du", zwinkerte er schelmisch seinem Freunde Engelbert zu, „Was ich am liebsten heute erschallen lassen möchte?"

„Ein neues Lied etwa?", riet Engelbert.

---

330 eine Art Leiterwagen, mit dem die erlegten Tiere zum Auskühlen auf Stangen transportiert werden können, damit sie nicht „stickig" werden.
331 Gebrech = Schnauze der Schweine.

„Nein, ich wünschte, jetzt könnten noch einmal die Donnerbüchsen ihre Stimme erheben. So laut wie sie knallen, so groß ist die Freude, die du mir mit diesem Jagderlebnis gemacht hast!"

Engelbert antwortete längere Zeit nicht. Seine Gedanken waren nämlich schon woanders. „Ja, diese Donnerbüchsen ..., ich denke, du wirst schon bald mehr von ihnen erfahren. Demnächst werden sie wirken wie die Posaunen von Jericho!"

Harmonie und Misstöne

Graf Engelbert hatte damals den wohlgemeinten Vorschlag seiner Freunde, seine nun dreißig Jahre während Regentschaft mit einem großen fröhlichen Fest zu feiern, entschieden zurückgewiesen. Seiner Richarda ging es nicht gut. Seit Jahren litt sie an Blutarmut, wie zahlreiche Ärzte angesichts ihrer Bleichsucht und sichtbaren Schwäche nach vielen Untersuchungen bedauernd mitgeteilt hatten. Selbst der Genuss von kräftigendem Rotwein und das Einnehmen eisenhaltiger Präparate aus der Apotheke hatten keine Besserung ihres schlechten Allgemeinzustandes bewirkt. Es war anzunehmen gewesen, dass ein anstrengendes Fest, das großes öffentliches Interesse auslösen würde, ihrer Gesundheit keinesfalls förderlich sein könnte. Das Gegenteil war eher zu befürchten. Auch für die Finanzierung eines großen Festes fehlten im gräflichen Haushalt notwendige Mittel. Deshalb hatten Freunde und Vertraute der Grafenfamilie volles Verständnis, dass Engelbert ein eher bescheiden ausfallendes, doch umso harmonischer erwartetes Zusammensein im engeren Kreise allen möglichen öffentlichen Veranstaltungen vorgezogen hatte.

Draußen war es in der zweiten Aprilhälfte noch zu kalt und unbeständig, als dass man des Grafen nun drei Jahrzehnte dauernde Regentschaft mit einem Gartenfest hätte feiern können. Die Hörder Burg bot jedoch mit ihrem Grafensaal, der von zwei großen Kaminfeuern gut erwärmt werden konnte, einen respektablen Rahmen für die geplante Veranstaltung im kleinen Kreise.

*

Es entsprach nicht Graf Engelberts konsequenter Einstellung, einer möglicherweise unerfreulich werdenden Begegnung auszuweichen. So hatte er, wie in den Vorjahren üblich, auch am Sonntag nach Ostern gemeinsam mit seiner Frau die Hammer Pfarrkirche zu einem ganz normalen Gottesdienst aufgesucht. Ihr Turm war inzwischen fertiggestellt, die Glocken mit den Namen VERITAS, FIDES, AMOR, SPES und GRATIA[332] waren im Glockenstuhl aufgehängt, und auch der vergoldete Hahn grüßte von der Spitze des schlanken, hoch in

---

332 Wahrheit, Glaube, Liebe, Hoffnung und Gnade.

den Himmel aufragenden Turmhelms. Ganz nach der Vorstellung des früheren Pfarrers Paul Panthenius überragte die Hammer Pfarrkirche alle übrigen Hausdächer der Stadt.

Panthenius war leider schon verstorben, doch Engelbert dachte immer wieder gern an diesen zielstrebigen und aufrechten Kirchenmann, dem er keine Bitte hatte abschlagen können. Als dieser Engelbert nahegelegt hatte, die noch fehlenden Glocken als Zeichen gräflicher Zuneigung zu seiner Hauptstadt und zu ihrer größten Kirche zu spenden, hatte Engelbert voller Freude zugestimmt. Jedoch hatte er die Bitte geäußert, die Glockennamen selbst bestimmen zu dürfen.

Paul Panthenius hatte natürlich schon eigene Vorschläge parat gehabt, doch war er klug genug gewesen, Zurückhaltung zu üben, als es darum ging, den wichtigsten Teil seines Vorhabens nicht zu gefährden. „Warum wollt Ihr denn gerade die Glockennamen aussuchen?", hatte er vorsichtig den opferbereit scheinenden Spender damals gefragt.

Engelbert erinnerte sich des Gesprächs, das er begonnen hatte:

„Fünf Worte sind Leitworte meines Lebens: WAHRHEIT ist in unserer Zeit ein selten gewordenes Gut! Lüge, Betrug, Täuschung und falsche Behauptungen gibt es viel zu viel in der Welt. Wir wollen mit der tief klingenden Stimme unserer größten Glocke der Wahrheit eine breite Gasse bahnen durch alle Schwindeleien, Entstellungen und Täuschungen hindurch, mit denen viele Menschen sich und anderen etwas vormachen wollen. Zum GLAUBEN müsstet aber Ihr, lieber Pastor eher etwas sagen."

„Das tue ich sehr gern", hatte Panthenius geantwortet, „denn es wäre auch mein Vorschlag gewesen, eine Glocke so zu taufen. Ich sage mit Markus:[333] ‚Alles ist möglich, dem der glaubt.‘"

„Dann könnt Ihr gleich auch so Treffendes zur LIEBE sagen", hatte er, Engelbert, den Pfarrer aufgefordert.

„‚Wer der Gerechtigkeit nachjagt, den hat Gott lieb!‘[334] Besser aber noch dürfte sich eignen: ‚Gott ist Liebe. Wer in der Liebe lebt, der lebt in Gott, und Gott lebt in ihm.‘"[335]

„Sehr einverstanden mit dieser Aussage!", hatte er erklärt. „Für mich hätte ich Euren ersten Vorschlag gewählt, doch dürften die meisten unserer Gemeindemitglieder den zweiten Vorschlag aus dem Brief des Paulus an Johannes für angemessener halten.

Jetzt zur HOFFNUNG: Da sage ich mit dem Psalmisten:[336] ‚Befiehl dem Herrn deine Wege und hoffe auf ihn, er wird's wohlmachen!‘ Viel schwieriger ist es, zur GNADE Treffliches zu sagen, was kurz und bündig ist."

333 Im Evangelium nach Markus 9,23
334 Die Sprüche 15,9 im Alten Testament
335 Brief des Paulus an Johannes 4,16
336 Psalm 37,5

„Da bietet sich ein Satz aus dem Brief des Paulus an die Epheser an", hatte Panthenius spontan vorgeschlagen. „Er heißt: ‚Eure Rettung ist nicht euer eigenes Verdienst, sondern ein Geschenk Gottes.'"

„Dann werdet Ihr mir meine Bitte erfüllen?", hatte Engelbert herausfordernd gefragt.

„Selbstverständlich", war das erwartete Wort des Pfarrers gewesen, „zumal ..."

Jetzt war der Gottesmann vom Grafen unterbrochen worden. Der hatte den von ihm erwarteten Satz ergänzt: „... zumal Ihr lieber Pastor, damit gleich zweimal den von Euch so sehr verehrten Paulus ins Gespräch gebracht habt. Ich bin sicher, Euch fällt noch etwas aus seinen Schriften zur Wahrheit ein!"

„Das will ich nicht ausschließen", hatte Panthenius geantwortet, „doch halte ich einen ganz kurzen Psalm[337] für am besten: ‚Fahre hin mit Glück für die Sache der Wahrheit und für das Recht!' Ich meine, dieser Spruch wäre für Euch, lieber Graf, wie geschaffen! Wir werden die heute gefundenen Zitate in die jeweilige Glocke als bandartige Umschrift gleich unter ihrer Glockenschulter einarbeiten lassen. Größer und einprägsamer, auch für den flüchtigen Betrachter, sollten die jeweils auf jeder Glocke weiter unten anzubringenden Inschriften sein: WAHRHEIT, LIEBE, GLAUBE, HOFFNUNG und GNADE!"

„Da werde ich aber diesmal, was die Wortwahl angeht, widersprechen!", hatte er mit erhobenem Zeigefinger gedroht. „Diese für jeden Christen gültigen Begriffe sollen alle in lateinischen Worten auf den Glocken stehen! Es soll der Beweis dafür sein, dass mir mein Lehrer Levold von Northof die lateinische Sprache nicht ganz erfolglos eingetrichtert hat! Ihr habt dafür gesorgt, dass unsere Hammer Kirche jetzt Pauluskirche heißt. Ich sorge dafür, dass ihre Glocken lateinische Namen bekommen!"

Bei entscheidenden Fragen, dachte der Graf, als er dem Geläut seiner Glocken lauschte, hatten der Pfarrer Panthenius und er eigentlich immer die gleiche Meinung vertreten. Darauf war Graf Engelbert ein wenig stolz, gerade auch bei dem Gedanken, wer in diesem Gotteshaus wohl auf Anhieb wie er würde sagen können: Dieser wohlklingende Basston stammt von der „Wahrheit", jener beschwingte und frohlockende Klang von der „Liebe", die markige Sprache stammt vom „Glauben", die helle Stimme ist ein Ausruf der „Hoffnung"! Die zartesten, aber glückselig machenden Töne sind Klangzeichen göttlicher „Gnade"!

Das Schönste an diesem Geläut war gewiss ihre vollendete Harmonie im Zusammenwirken von fünferlei Stimmlagen. Solche Akkorde können nur Glocken aus edlem Metall, kaum aber menschliche Chöre zustande bringen![338]

Auch den Gleichklang der spitzbogigen Maßwerkfenster dieser Kirche verdankt unsere Gemeinde dem seligen Pfarrer Paul Panthenius, kam es dem Grafen Engelbert in den Sinn, als er wieder mit seinem Jagdwagen auf der Heim-

337 Psalm 45,5
338 Das wohlklingende Geläut bestand aus zwei Glocken mit tiefem Klang (cis, fis) und die drei weiteren mit den helleren Tönen (gis, a und h).

reise zu seiner Hörder Burg war. Für ihn und seine leider von schwerwiegender Krankheit gezeichnete Richarda waren gegenseitige Achtung, Gleichklang der Herzen und Harmonie ihrer Seelen immer kostbare Geschenke gewesen, die sie zeitlebens als Gnadenbeweise ihres Gottes angesehen hatten. Gewiss, beide waren im Laufe ihrer Ehe stiller und abgeklärter geworden. Auch diese mit zunehmendem Alter fortschreitende Entwicklung schrieben sie ohne jeden Zweifel dem Wohlwollen Gottes zu.

Solche, man möchte sagen, erbaulichen und zugleich besinnlichen Reflexionen verschwanden jäh aus den Köpfen des Grafenpaares, als sie bemerken mussten, dass ein dunkler Reisewagen mit geschlossenen Fenstern, von einem Doppelgespann gezogen, vor ihrer Burgtreppe vorgefahren war. An den Schlagtüren beider Seiten war eine kleine goldene Kaiserkrone nicht zu übersehen.

Sie hatten noch nicht ganz die sieben Stufen zum Eingangspodest der Burg überwunden, als Widukind schon die Haustür öffnete und dem Grafen zuraunte: „Kaiserliche Beauftragte sind da und fordern die sofortige Zahlung der jährlichen Abgaben für die staatliche Obrigkeit. Wir hätten die spätestens zum 1. April zu entrichtende Jahrestaxe für das laufende Jahr noch nicht bezahlt. Gestern waren sie schon in Hamm, um bei Eurer gräflichen Verwaltung vorzusprechen. Dort sei aber kein Verantwortlicher gewesen, auch von Greven nicht. Sie drohen jetzt mit Pfändung."

„Immer schön langsam!", antwortete Engelbert. „Die Herren möchte ich mir erst einmal ansehen!" Aber da standen sie schon vor dem Grafenpaar, als dies in die Eingangsdiele trat. „Soviel ich weiß, hat unser Rentmeister Jakob vom Ende den Betrag bereits vor zwei oder drei Wochen, und das war vor dem Fälligkeitstag, persönlich nach Dortmund gebracht, um sie beim kaiserlichen Beauftragten selbst abzuliefern", erklärte der Graf.

„Dieser Beauftragte bin ich, der Kaiserliche Rat van Bergen", antwortete der Angesprochene. „Ich halte, mit Verlaub, Herr Graf, Eure Erklärung für wenig glaubhaft. Wie bekannt, wird in diesem Jahre Kaiser Karl IV. der Stadt Dortmund einen Besuch machen. Ich bin beauftragt, mit den Herren des Dortmunder Rates den feierlichen Besuch vorzubereiten. Von diesen Rechtsleuten erfuhr ich, dass es um die Finanzen Eurer Grafschaft nicht zum Besten bestellt ist. Es wundert mich deshalb nicht, Eure Ausflüchte zu hören. Der Zahlungstermin ist eindeutig überschritten. Da merkwürdigerweise in Eurer Hammer Renteiverwaltung weder der verantwortliche Herr Rembert von Greven, noch sein Rentmeister vom Ende anwesend waren, habe ich mich entschließen müssen, Euch selbst, Graf Engelbert, hier aufzusuchen, um von Euch die sofortige Auszahlung der ausstehenden Jahresrate zu erbitten – natürlich einschließlich der fälligen Zinsen und der Kosten für die Reiseaufwendungen, die allein durch Eure Säumigkeit oder die Eurer Beauftragten entstanden sind und sonst nicht erforderlich gewesen wären."

„Und wie hoch ist dieser von Euch geforderte Betrag?", wollte Graf Engelbert wissen.

„Eure Frage verrät schon ohne jeden Zweifel, dass Ihr, Herr Graf, diese angeblich auf den Weg gebrachte Geldsumme nicht einmal kennt! Die Zinsverpflichtung stellt sich zusätzlich auf zehn Prozent des ausstehenden Betrages. Habt Ihr nun dieses Geld und seid Ihr bereit, es mir auszuhändigen, oder muss ich schärfere Maßnahmen einleiten?"

Unter den bereits im Grafensaal befindlichen Gratulanten wurde eifrig geraunt. Dabei tat sich der anwesende Hörder Pastor in befremdlicher Weise wichtigtuerisch und belehrend hervor, als er laut ein Bibelwort zitierte: „‚So gebt dem Kaiser, was des Kaisers ist und Gott, was Gott gehört!' So steht es schon im Neuen Testament! Kein anderer als der Evangelist Matthäus[339] hat diesen Ausspruch unseres Herrn Jesus niedergeschrieben!"

„Wer sagt denn, lieber Herr Pastor, dass unser Graf dem Kaiser etwas vorenthält oder gar verweigert?", fragte Volker von Eppenhausen. „Mir scheint, Ihr folgt dem Beispiel jener Pharisäer, die den Herrn Jesus gern am Kreuze hängen sehen wollten, obwohl bisher nicht einmal die Frage seiner Schuld erörtert worden war." Der Pastor tat erschrocken. Hatte er etwa wieder einmal in eines der berühmten Fettnäpfchen getreten? Da kam ihm der Gedanke, noch ein wenig mehr Öl ins Feuer zu gießen. Er zeigte sich damit als Fürsprecher der Weltlichkeit, als er das Römerwort[340] zitierte: „Weil die Staatsgewalt im Dienst des Guten steht, müsst Ihr auch Steuern zahlen!"

Das war dem Herzog von Jülich-Geldern nun aber wirklich zuviel: „Jetzt ist es aber genug mit Euren Misstönen, die Ihr, obgleich Pastor, hier als Gast dieses Hauses fortwährend erzeugt! Wir alle, die hier versammelt sind, zahlen Steuern und das wahrlich nicht zu knapp. Auch wenn es uns manchmal sauer wird, beherzigen wir stets, was Sirach[341] einmal treffend ausdrückte: ‚Zeig ein heiteres Gesicht bei jeglicher Leistung, und weihe den Zehnten mit Freuden!' Wir, da spreche ich auch für meinen Schwiegersohn Engelbert von der Mark, sind dem Kaiser noch nie etwas schuldig geblieben!"

Der Wortwechsel hatte bei bereits im Burghaus Eingetroffenen Aufsehen erregt, so dass sich immer mehr Gäste um die im heftigen Zwiegespräch Diskutierenden, den Grafen Engelbert und den Steuereintreiber, scharten. Als ranghöchster griff der Herzog von Jülich in die Debatte ein:

„Wie ich höre, habt Ihr, verehrter Kaiserlicher Rat, auf besondere Empfehlung von Dortmunder Herren, Euch gerade den heutigen Feiertag des Grafen von der Mark – er begeht den dreißigsten Jahrestag seiner Regierung – ausgesucht, ihm in Anwesenheit seiner Gäste eine Szene zu machen. Da Ihr dies nun ausgiebig geschafft habt, nennt endlich die von Euch im kaiserlichen Auftrage zu erhebende Summe, aber schnell, wenn ich bitten darf! Damit wird Euer Auftritt rasch been-

339 Matthäus 22,21
340 Römer 13,6
341 Sirach 35,11

det sein." Van Bergen schaute in sein Buch und erklärte: „Es handelt sich um genau zweitausendachthundertachtzig Denare für die Grafschaft Mark wie es mit Graf Adolf II. von der Mark seit 1333 vereinbart ist. Dazu kommen siebenhundert Denare für die sieben Städte der Grafschaft mit mehr als eintausend Einwohnern. Zusammen macht das dreitausendfünfhundertachtzig Denare. Hierauf ist ein Säumniszuschlag fällig von zehn Prozent. Das sind dreihundertachtundfünfzig Denare, mithin beträgt die Geldschuld dreitausendneunhundertachtunddreißig Denare oder bei einhundertsechzig Denaren zu einer Mark Silber, eine Gesamtschuld von vierundzwanzig Mark Silber, vier Schillingen und achtzehn Denaren."

„Gestattet, Herr van Bergen, dass ich die von Euch genannte Summe erst einmal nachrechne", wandte Graf Engelbert ein. „Die Grundsumme von dreitausendneunhundertachtunddreißig Denaren lege auch ich zugrunde, ebenfalls zehn Prozent Zinsen für ein ganzes Jahr bei Nichtzahlung. Heute aber haben wir erst den fünfzehnten April, das sind maximal fünfzehn Tage nach dem Fälligkeitstermin! Mithin wäre der Säumniszuschlag berechtigt für fünfzehn von dreihundertfünfundsechzig Tagen bei zehn Prozent Zinsen. Das ist aber nicht ein Zuschlag von dreihundertachtundfünfzig Denaren, sondern bereits aufgerundet von höchstens fünfundzwanzig Denaren als den angemessenen Zinsanteil. Somit stellt sich Eure berechtigte Forderung nur auf dreitausendsechshundertfünf Denare!

Wir Märker rechnen nämlich, ohne kaiserliche Aufschläge einzukalkulieren, genau auf den letzten Denar ab, wie wir es in der Schule gelernt haben. Ihr bevorzugt wohl andere Methoden!"

Jetzt klatschte der durch verschiedene weitere Besucher im Grafensaal größer gewordene Kreis der Umstehenden laut Beifall, was dem Kaiserlichen Rat wenig zu gefallen schien. Der zuletzt Hinzugetretene rief laut in die Runde: „Herr Graf, diese Summe ist längst doch bezahlt! Hier ist die Quittung!" Der Zwischenrufer war Rembert von Greven. Er hatte noch mehr zu berichten:

„Rentmeister Jakob vom Ende hatte den Auftrag, die dem Kaiser geschuldete Jahreszahlung an den Herrn van Bergen in Dortmund zu überbringen. Ich bat ihn, den Weg über Iserlohn zu wählen, weil er mit dem dortigen Monetarius noch andere Geschäfte zu klären hatte. Bei Barendorf scheute sein Pferd. Es warf den Reiter ab, der seitdem im Spital zum Heiligen Geist in Iserlohn gesund gepflegt wird. Um keine Zeit zu versäumen und um der kaiserlichen Kasse den geschuldeten Betrag pünktlich zu überbringen, ritt ich selbst nach Dortmund. Da der Kaiserliche Rat jedoch dort nicht anwesend war, übergab ich einem seiner Bediensteten die volle Summe gegen diese Quittung. Sie wurde unterzeichnet von einem Herrn Basilius am 27. März des Jahres 1377. Hier überzeugt Euch!"

„Von dir, Basilius?", fragte erzürnt Herr van Bergen seinen Begleiter, der sich gerade aus dem Staube zu machen versuchte.

„Ich wusste ja nicht, dass dies das Geld des Grafen von der Mark war!“, stammelte der bereits von Rembert an der Kehle Gepackte.“

„Ja, dies ist der Mann, dem ich das Geld übergeben habe! Ich erkenne ihn wieder!“, beteuerte Rembert.

„So ehrliche Mitarbeiter habt Ihr also, verehrter Herr van Bergen?“, fragte jetzt der Herzog von Jülich-Geldern den mit hochrotem Kopf dastehenden Kaiserlichen Rat. „Diese Frage werde ich der Kaiserlichen Majestät bei nächster Gelegenheit auch vorlegen! Verlasst Euch darauf!“ Vergeblich versuchte der kaiserliche Geldeintreiber Verständnis für seine missliche Lage zu erbitten. Die helle Empörung der Gäste des Grafen war nur zu verständlich.

„Sagtet Ihr nicht“, fragte Graf Engelbert ihn eindringlich, „Euch wäre von Dortmunder Ratsleuten geraten worden, das Euch in der Kasse fehlende Geld schleunigst bei mir einzutreiben, mich notfalls sogar zu pfänden? Wer hat Euch diesen Rat gegeben? Wenn Ihr lebend aus diesem Hause kommen wollt, sprecht jetzt und sagt ohne Umschweife dessen Namen!“

„Das kann ich jetzt nicht mehr genau sagen“, versuchte sich van Bergen herauszureden. Aber dann sah er die auf ihn gerichtete Spitze des gräflichen Schwertes, die sich Stück für Stück näher auf seinen Hals zu bewegte. In letzter Sekunde entrang sich seiner Kehle das Wort: „Basilius.“

„Das dachte ich mir doch!“, rief Graf Engelbert. „Du Kanaille bist also einer der Dortmunder, die mir schon immer Übles anhängen wollten. Wenn du dich noch einmal hier blicken lässt, wirst du sofort zur Hölle fahren! Und jetzt hinaus mit euch, die ihr mir diesen Tag im Namen des Kaisers verderben wolltet!“

Das ließen sich die Geldeintreiber nicht zweimal sagen. Sie verließen stante pede die Hörder Burg.

Hier wurde nach ihrer Abreise doch noch tüchtig gefeiert.

Der Besuch des Kaisers Karl IV. in seiner Reichsstadt Dortmund war für die Bewohner dieser Stadt ein bedeutsames Ereignis. Mit einer Prozession, in deren Mitte das Reliquiar mit den Gebeinen des Dortmunder Stadtpatrons von den Ratsmitgliedern der freien Reichsstadt getragen wurde, zog man dem Kaiser entgegen. Zu Gebet und Andacht geleitete man Karl IV. in die Reinoldikirche. Danach ging es in das Dortmunder Rathaus. Am folgenden Tage öffnete der Bürgermeister nach der Morgenmesse den Reliquienschrein des Heiligen Reinoldus, um dem Reichsoberhaupt Reliquien nach seiner Wahl zum Geschenk zu machen.[342] Der Kaiser erwählte einen Schienbeinknochen, der noch heute im Schatz des Prager Veitsdoms aufbewahrt wird. Aus der Hand des Dortmunder Bürgermeisters empfing der Kaiser beglückt diese Reinoldusreliquie.

Als Kaiser Karl IV. die Stadt Dortmund am 24. November 1377 verlassen hatte, freuten sich ihre Bewohner über die von ihm bestätigten Privilegien einer freien Reichsstadt, der einzigen, die es in Westfalen gab.

---

342 Kaiser Karl IV. galt als besonders frommer Mann. Er war ja vom Papst Klemens VI. höchstpersönlich erzogen worden, weshalb ihn manche Zeitgenossen heimlich „Pfaffenkönig“ nannten. Sein größtes Hobby war das Sammeln von Reliquien, die er, wo eben möglich, aufkaufen, ja sogar stehlen ließ.

An der „Westen-Porte" wartete auf den Kaiser und sein Gefolge Graf Engelbert von der Mark samt seiner fünfzigköpfigen Reiterschar, um den Kaiser bis Lütgendortmund, einen westlich der Reichsstadt gelegenen märkischen Ort, zu begleiten. Dort wünschte Graf Engelbert dem höchsten Repräsentanten des Heiligen Römischen Reiches deutscher Nation gute Weiterreise nach Paris. „Mit hoechster reverenz sampt wunschung allen glucks und heils."[343]

Die Stadt Dortmund hatte mit dieser Veranstaltung ihre Bedeutung bewiesen. In Kaiser Karl IV. glaubten sie, einen verlässlichen Gönner gewonnen zu haben. Sie hatte aufzeigen wollen, dass nicht allein der himmlische Patron Reinoldus als göttliche Institution, sondern gleichermaßen der Kaiser als Dortmunds weltlicher Herr ihr wohl gewogen sei. Kaiser Karl IV. bewies jedoch wenig Dankbarkeit. Ein Jahr nach seinem Besuch verpfändete er seine Reichsstadt Dortmund an den Erzbischof von Köln, der ja bei der Kaiserwahl ein bedeutsames Mitspracherecht hatte.

Nur eineinhalb Jahre währte das Leben des Kaisers noch, der sich zeit seiner Regierung so sehr um den Frieden in seinem Reich bemüht hatte, nach seinem Besuch in Dortmund. Am 29. November des Jahres 1378 starb er, nachdem er es nur mit großer Mühe und erheblichem Kapitaleinsatz geschafft hatte, die Kurfürsten im Jahre 1376 zur fast einstimmigen Wahl seines ältesten Sohnes Wenzel zum deutschen König zu gewinnen.

Der Kaiserbesuch blieb für Dortmund und den Grafen von Berg nicht ohne nachteilige Folgen. Wie Graf Engelbert hatte sich am 22. November auch Graf Wilhelm von Berg mit einer größeren Reiterschar aus der Ostenporte Dortmunds zur Begrüßung der Kaiserlichen Majestät eingefunden. Abweichend von der dem Märker zugestandenen Begleitung ihres Grafen durch fünfzig Reiter, hatte der Rat der Reichsstadt den Bergischen jedoch nur vierzig berittene Gefolgsleute zur Teilnahme an den Feierlichkeiten anlässlich des Kaiserbesuches gestattet. Ungehalten, ja zutiefst empört über diese Herabsetzung gegenüber dem märkischen Landesherrn, kehrte Wilhelm von Berg der Stadt Dortmund den Rücken „in hogester ungunst und heftigem torne". Wilhelm von Berg hatte sich vorgenommen, den Dortmundern bei sich bald bietender Gelegenheit zu zeigen, wen sie durch ihr Verhalten beleidigt hatten. Dabei musste er wohl vergessen haben, dass er selbst vor gar nicht allzu langer Zeit den Dortmundern durch ungewöhnliche Zölle und Missachtung ihres Eigentums großen Ärger und viel Verdruss bereitet hatte.

---

343 Wilhelm Ribhegge, Die Grafen von der Mark und die Geschichte der Stadt Hamm im Mittelalter. Münster 2002, S. 117

Friede auf Erden?

Anlässlich der Heirat seiner einzigen Tochter Margareta am Stephanistag[344] des Jahres 1387 in der Hammer Pfarrkirche hatte Graf Engelbert wie so oft am Ende der Heiligen Messe vom Pfarrer aus dem Lukas-Evangelium gehört: „Ehre sei Gott in der Höhe und Friede auf Erden und den Menschen ein Wohlgefallen". Nie zuvor hatte er daran gedacht, dass dieses Wort der himmlischen Heerscharen, die Gott für die Geburt Jesu laut singend lobten, gerade für ihn eine besondere Bedeutung haben sollte. War es nicht seine ureigenste Aufgabe, als erster und Befehlsgewalt ausübender Mann der Mark dafür zu sorgen, dass Friede herrsche? Er sollte sowohl den Menschen seiner Grafschaft als auch denen in anderen Territorien, die er bei seinen Streifzügen betrat, Wohlgefallen an ihrem Leben, für Ihre Mitmenschen und für ihr Menschenwerk bescheren.

Am Hochzeitstag seiner Tochter mit dem Grafen Philipp von Falkenstein hatte er mehr als sonst gespürt, dass Harmonie und Frieden für ihn größere Bedeutung besaßen, als er bisher geglaubt hatte. Er war ja auch ständig unterwegs gewesen, um seine und seiner Grafschaft Vorteile zu mehren. Für seine langjährig schwache und kränkliche Frau, die er vor acht Jahren verloren hatte, und seine jetzt aus dem Haus gehende Tochter hatte er, wie er nun selbst erkennen musste, in den vergangenen Jahren viel zu wenig Zeit gehabt. Gewiss, er hatte sich immer sehr gefreut, wenn seine Damen ihre Gäste vortrefflich bewirtet und mit Gesang und Saitenspiel unterhalten hatten. Den erstrebenswerten häuslichen Frieden hatte er aber nur selten genießen können. Fehden und Streitigkeiten aller Art hatten in seinem Leben einen weit größeren Raum als der Friede eingenommen. Da waren die Herren von Falkenstein, Bolanden und Reipoltskirchen von den Burgen Falkenstein, Hohenfels, Münzenberg und Lich von ganz anderem Naturell als er, den man mittlerweile überall „Engelbert den Streitbaren" nannte. Die saßen auf ihren Burgen bei Kreuznach an der Nahe und im Taunus zwischen Wiesbaden und Homburg vor der Höhe, um ihre ererbten Positionen zu behaupten. Sie ließen den Herrgott gute Tage machen und liebten den Wein, möglichst von eigenen Rebhängen. Auch genossen sie Wildbretbraten aus den Wäldern des Taunus. Ja, sie verstanden die Feste zu feiern, wie sie fielen.

Mit seinem Schwiegersohn war er nicht unzufrieden. Er war der Sohn des 1373 verstorbenen Grafen Philipp VI. von Falkenstein, dem die Burg Münzenberg gehört hatte. Er residierte jetzt als der siebente Graf dieses Namens auf der ererbten Burg in der Wetterau. Engelbert mochte dessen Art, das Leben leicht zu nehmen. Er bedauerte sogar, nicht in gleicher Weise unbekümmert sein zu können. Auch hatte er sich über die fröhliche Gesellschaft, die Philipp zur Hochzeitsfeier mitgebracht hatte, gefreut. Leider war der Graf Johann von Bolanden-Starkenburg nicht erschienen, obgleich er zunächst zugesagt hatte.

344 Das war am 2. August 1387.

Sein Vorgesetzter war längst nicht mehr der bereits 1371 verstorbene Erzbischof von Gerlach, sondern ein Verwandter von ihm, der seit 1373 Bischof von Speyer war. Zunächst zum Administrator des Erzbischofs von Mainz berufen, sollte Adolf I. von Nassau nun endlich und zwar ausgerechnet am Tage der Hochzeit der jungen Margareta von der Mark mit einem seiner Neffen in Mainz als Erzbischof inthronisiert werden.[345] Den vergleichbaren Landesherren war es ja kaum anders gegangen als Engelbert selbst. Eine Fehde hatte die nächste abgelöst, trotz immer wieder beschworener und besiegelter Beteuerungen. Nunmehr solle endgültig Friede herrschen!

Aus tiefster Seele hatte Engelbert stets den Frieden ersehnt. Genauso wichtig erschien es ihm aber, seine Grafschaft gegen jeden nur möglichen Feind zu verteidigen. Vielleicht hatten schon die mehr als hundert Jahre vor ihm lebenden Landesherren ähnliche Gedanken gehabt wie er.

Nach dem im Jahre 1253 auf der Lippebrücke bei Werne stattgefundenen Gefecht hatten die benachbarten Landesherren und die vier Städte Dortmund, Münster, Soest und Lippstadt schon ein „ewiges Bündnis" geschlossen, um sich gemeinsam vor den Fehden benachbarter Fürsten, anderen Friedensbrechern und räuberischen Elementen zu schützen. Bisher hatte der Adel allein die landespolitischen Entscheidungen getroffen. Von nun an traten fürstliche Landesherren und Städte gemeinsam auf den Plan, allen voran die Reichsstadt Dortmund,[346] um Fehden und kriegerische Auseinandersetzungen zu verhindern. Auch Osnabrück und kleinere westfälische Städte schlossen sich diesem auf Friedenserhalt bedachten Städtebund an, der aus der Landfriedensbewegung hervorgegangen war. Ihre Mitgliedschaft zielte auf totale Friedenspflicht hin. Angestrebt wurde eine stete Erweiterung ihrer Bündnismitglieder.

Schon 1298 hatten der Kölner Erzbischof, der Bischof von Münster sowie der Graf Eberhard II. von der Mark mit den westfälischen Städten Dortmund, Münster und Soest einen auf fünf Jahre gültigen Landfrieden vereinbart. Schnell hatte sich gezeigt, dass nicht die aufstrebenden Städte, sondern die Landesfürsten Gründe dazu lieferten, den gerade noch erstrebten Frieden im Lande zu brechen.

Schon ein Jahr nach der feierlichen Erklärung des Landfriedens kam es zwischen dem Bischof von Münster, Eberhard von Diest,[347] und dem märkischen Grafen Eberhard zu einer heftigen Auseinandersetzung.[348] Weitere Fehden unter den Frieden suchenden Bündnispartnern folgten. Eine der folgenschwersten

345 Adolf I. von Nassau war von 1372 bis 1390 Bischof von Speyer und von 1373 bis 1379 Administrator des Erzbistums Mainz gewesen, bevor er von 1379 bis 1390 Erzbischof von Mainz wurde.
346 Seit König Heinrich VIII. wurde Dortmund „civitas nostra Tremoniensis imperialis" genannt.
347 Eberhard von Diest war Bischof von Münster von 1275 bis 1301.
348 Levold von Northof: Die Chronik der Grafen von der Mark, übersetzt und erläutert von Hermann Flebbe, Münster/Köln 1955, S 107 f.

veranlasste 1323 der münstersche Bischof Ludwig von Hessen, als er in die Grafschaft Mark einfiel, letztlich aber nach einem Gefecht vor der Hammer Zugbrücke gefangen genommen wurde und auf der Burg Altena ins Gefängnis kam, aus dem er nur durch eine hohe Lösegeldzahlung wieder freikam. Beide kriegerischen Streitfälle zwischen den Landesfürsten von Münster und der Mark zeigten, dass es in erster Linie nicht die Städte, sondern die Landesfürsten waren, die den Frieden gebrochen hatten.

Trotz solch unerfreulicher Ereignisse wurden Verträge über die Einhaltung eines, wenn auch zeitlich und regional begrenzten Landfriedens immer wieder aufs Neue geschlossen. Zumeist waren die Verträge auf eine Dauer von nur fünf Jahren angelegt. Die Landesfürsten nutzten die Fristen als günstige Gelegenheiten, ihre Interessen mit Gewalt gegen solche Städte durchzusetzen, die gerade wirtschaftlich oder in ihrer Verteidigungsmöglichkeit geschwächt waren, sobald die Verträge abgelaufen waren.

Im Jahre 1376 hatte der Kölner Erzbischof Friedrich von Saarwerden[349] gemeinsam mit den Bischöfen von Münster und Paderborn, dem Grafen Engelbert III. von der Mark und den wichtigen Städten in Westfalen; Münster, Osnabrück, Soest und Dortmund ein neues Landfriedensbündnis geschlossen. Kaum ein Jahr später war Dortmund das Ziel einer Belagerung und Beschießung durch den Grafen Wilhelm von Berg, der gemeinsam mit dem Herzog von Jülich und dem Grafen von Kleve vor den Toren der Reichsstadt erschien. Anlass dieser Fehde im Jahre 1377 war die Gefangennahme eines klevischen Grafen vor den Toren Dortmunds durch Angehörige der reichsstädtischen Wachsoldaten gewesen. Bezeichnend war, dass keiner der Landfriedenspartner des Bündnisses von 1376 der in Not geratenen Stadt zu Hilfe kam. Die Dortmunder konnten aber von Glück sprechen, dass Wilhelm von Berg infolge fehlender Finanzmittel gezwungen war, die erklärte Fehde abzubrechen. Er zog sich unverrichteter Dinge zurück.

Wieder waren es Landesfürsten, die Streit vom Zaune gebrochen hatten. Dabei hatten sie größtenteils nicht nur eine christliche Erziehung genossen. Sie sollten stets als geistige und religiöse Vorbilder für ihre Untertanen sein! Gewiss hatte nicht jeder von ihnen einen so weitsichtigen und gütigen Lehrer gehabt wie Engelbert von der Mark. Oft musste Graf Engelbert an Levold von Northof denken, der nun schon seit fast zwei Jahrzehnten auf dem Friedhof bei der Altenaer Katharinenkirche seine Ruhestätte gefunden hatte. Engelbert erinnerte sich an diesen umfassend gebildeten Menschen, der ständig bemüht gewesen war, ihm Einsichten für eine vorbildliche sittliche Haltung für sein Leben zu vermitteln. Dabei bediente Levold sich nicht nur der Heiligen Schrift, sondern auch der Mahnungen weiser Männer sogar aus der Zeit vor Jesu Geburt. An einen dieser

---

349 Graf von Saarwerden war Erzbischof von Köln von 1370 bis1414.

Ratschläge hatte Engelbert immer denken sollen. Er stammte aus dem zweiten vorchristlichen Jahrhundert und war von Jesus Sirach:[350]

„Stifte kein Unheil,
weder im Kleinen noch im Großen,
und sei nicht Feind, wo du Freund sein könntest!"

MEMENTO MORI!

„Bedenket, dass Ihr sterben müsst!", hatte Paul Panthenius einmal zum Grafen Engelbert gesagt, als dieser sich zu einem Angriff auf Dortmund aufmachte. Das war in jenen Tagen gewesen, als er sich entschlossen hatte, die Reichsstadt anno 1376 gemeinsam mit dem Grafen von Berg anzugreifen.

„Bedenket, wie viel Unschuldige Euer Vorgehen mit ihrem Leben bezahlen müssen! Druck erzeugt Gegendruck! Ihr mögt davon träumen, dass Ihr und Eure Streitmacht den Sieg bereits fest in der Hand habt, doch täuscht Euch nicht, Euer Schicksal kann sehr schnell eine andere Wendung nehmen, so dass Ihr so manchen Eurer liebgewordenen Mitstreiter verliert.

Es gibt Menschen, die den Schmerz eines Verlustes erst dann begreifen, wenn ihre liebsten Angehörigen bleich und leblos vor ihnen liegen. Zu spät sehen sie ein, dass sie selbst, die den Streit begonnen hatten, diese Entwicklung hätten vermeiden können. Deren stumme Anklage dringt tief ins Innere der oft unbedacht einen Krieg riskierenden Streiter ein."

Damals hatten diese warnenden Worte des Hammer Pfarrers, der sein Freund geworden war, dazu geführt, dass Graf Engelbert Abstand genommen hatte von seinem Vorhaben, das ungestüme Vorgehen seines bergischen Grafenkollegen zu nutzen, die vielversprechende Beute mit ihm zu teilen. Graf Wilhelm von Berg hatte im Stillen gehofft, von Engelbert wenigstens bei den unvermeidlichen Kriegskosten entlastet zu werden. Der aber hatte seine in Aussicht gestellte Beteiligung, nachdem ihm Panthenius ins Gewissen geredet hatte, nicht mehr wahrhaben wollen. Die ehemals so unverbrüchlich erscheinende Waffenbrüderschaft der Grafen von Berg und von der Mark hatte dadurch einen empfindlichen Bruch bekommen. Wilhelm von Berg hatte die Belagerung Dortmunds ohne jeden Erfolg aufgeben müssen.

Engelbert hatte wochenlang der seiner Meinung nach „vertanen Chance" nachgetrauert. Bei ihm nahm immer mehr das Gefühl Oberhand, dass beide Grafen mit ihrer gemeinsamen Streitmacht in der Lage gewesen wären, ihre Ziele zu erreichen. Ein paar Tote auf beiden Seiten hätte man dabei schon in Kauf nehmen müssen.

---

350 Verfasst von Jesus Sirach um 190 v. Chr., wurde seine Sammlung religiös motivierter Weisungen von seinem Enkel um 130 v. Chr. ins Griechische übersetzt.

Die Bedenken und Besonnenheit auslösenden Worte „memento mori" hatten ihn wiederholt an des befreundeten Pfarrers Mahnung erinnert, als er die kleine Kirche von Syburg mit ihrem alten Friedhof besucht hatte. Gleich ein Dutzend jahrhundertealter Grabsteine aus Ruhrsandstein machten dort mit Totenschädeln und gekreuzten Knochensymbolen auf die Vergänglichkeit des menschlichen Lebens aufmerksam, einige davon auch mit den beiden lateinischen Worten „memento mori", die die Lebenden an die Endlichkeit ihres Erdenlebens erinnern sollten.

Als Engelbert seine geliebte Ehefrau Richarda nach einem längeren Ritt durch die Grafschaft bleich und stumm in der Hörder Burg aufgebahrt vorgefunden hatte, waren ihm die Worte von Panthenius wieder in den Sinn gekommen.

Auch der Pfarrer war längst aus seinen gern übernommenen Dienst für seine Mitmenschen abberufen worden. Nicht einmal Castor und Pollux hätten Engelberts Trübseligkeit verscheuchen können. Auch sie deckte seit vielen Jahren der kühle Rasen seines Burggartens. Es war still geworden in der Hörder Burg, besonders nachdem Engelberts Tochter in der ersten Augustwoche des Jahres 1387 von ihrem jungen Ehemann, dem Grafen Philipp von Falkenstein, auf dessen Burg entführt worden war. Engelbert versuchte sich zu erinnern und stellte bestürzt fest, dass die Stille, die ihn seit wenigen Wochen umgab, für ihn etwas völlig Ungewohntes war. Von Jugend auf war er im Kreise lebhafter Gefährten gewesen. Er hatte sich in der Gesellschaft anderer Menschen immer wohlgefühlt, gleich, ob sie seiner Meinung waren oder andere Ansichten vertreten hatten. Stets war er ihnen ein gefragter Gesprächspartner gewesen. Zum Nachdenken über ihm so fern liegende Themen wie Leben und Tod war er, der von Natur aus jede Frage, die von der Gegenwart gestellt wurde, zu beantworten wusste, selten gekommen. Jetzt aber, in der plötzlich empfundenen Stille des Alleinseins, bedrängten ihn Fragen dieser Art und schockierten ihn.

Wie oft hatte ihn seine Richarda gemahnt, rechtzeitig an das Ende seiner Erdentage zu denken und „etwas für die Ewigkeit" zu tun! Gemeinsam hatten sie aus diesem Grunde zwei Kapellen bauen lassen, eine im Kirchspiel Werdohl, eine andere in Brechten bei Lünen. Engelbert hatte seine Frau wiederholt auf seine nicht geringen Ausgaben für die Erweiterung der Hammer Pfarrkirche mit dem großen Turm und dem kostspieligen Bronze-Glockengeläut hingewiesen. Trotzdem forderte sie ihn häufig auf, weniger Geld für die Ausstattung seiner Burgen und die Ausrüstung seiner Kampfgefährten zu verwenden. Stattdessen sollte er lieber den Gotteshäusern und ihren geistlichen und weltlichen Dienern mehr zukommen lassen.

„Was ich gespendet habe", war seine stete Begründung gewesen, „das dürfte reichen, mich sehr bald nach meinem Tode selig zu sprechen! Ich finde, jetzt ist erst einmal die Kirche daran, mir was Gutes zu erweisen! Was ich von den

Päpsten halte, dürfte dir ja inzwischen bekannt sein. Ich habe mit eigenen Augen sehen müssen, wie in Avignon säckeweise Geld der Ärmsten von unseren deutschen Schwestern und Brüdern angeliefert wurde, Geld, von dem keine unserer Pfarrgemeinden je einen Gulden zurückerhalten hat. Alle Gemeinden in unserer Grafschaft werden von der Kurie wie Kühe behandelt, die durch ihre Helfershelfer bis auf den letzten Tropfen ausgemolken werden!"

„Umso mehr solltest du, mein lieber Engelbert, zu Opfern für unsere Landsleute und ihr Seelenheil bereit sein! Wenn unsere Kirchen im Lande Not leiden, können wir ihnen durch unsere Opfer ein wenig helfen. Denke vor allem daran, was du Pastor Altmann versprochen hast, bevor er seine Augen für immer schloss. Du hattest ihm zugesagt, im Burghof auf dem Schwarzenberg eine Kapelle zu errichten, weil den Bewohnern der Burg und deinen Burgmannen der Weg zur Lambertuskirche in Plettenberg zu weit ist. Bis zur Stunde hast du dort noch keinen einzigen Stein für diese Kapelle setzen lassen!", hatte Richarda ihn ermahnt.

Was ich versprochen habe, werde ich auch halten.", hatte Engelbert seiner Richarda zugesichert.[351] „Aber alles muss hübsch der Reihe nach gemacht werden! In einer Zeit, in der die Dortmunder kräftiger denn je aufrüsten und sogar englische Bogenschützen unter Vertrag nehmen, ergreife ich kein Kreuz, um zu beten, sondern mein Schwert, um mein Recht zu wahren!"

Die Große Dortmunder Fehde

Spätestens seit dem unerfreulichen Besuch des Kaiserlichen Rates von Bergen in der Hörder Burg hatte sich im Kopf des Grafen Engelbert ein an Hass grenzender Groll gegen die aus Dortmund kommenden Aktionen angestaut. Schon vor dem Besuch Kaiser Karls IV. in der von seinen Vorgängern häufig mit Privilegien bedachten Reichsstadt hatte es arge Verstimmungen zwischen der Stadt Dortmund und der Grafschaft Mark gegeben. Dieser Kaiser hatte den mit der Stadt verbundenen Reichshof gleich zweimal an die Mächtigen im Lande verpfändet. Er wollte sich dadurch Hilfe in Kriegszeiten sichern und Unterstützung für die künftige Kaiserwahl seines Sohnes verschaffen.

So hatte der Kaiser den Dortmunder Reichshof sowohl dem Kölner Erzbischof als auch dem Grafen von der Mark zugesprochen.[352] Graf Engelbert dachte nicht daran, die Ansprüche seinerseits zurückzustellen. Vergeblich hatte

351 Die Kapelle im Burghof auf dem Schwarzenberg wurde 1385 fertiggestellt. siehe: Zeittafel zur Geschichte der Stadt Plettenberg, in: Horst Hassel, Lexikon der Stadt Plettenberg, Herscheid 2008
352 C. Rübel, Dortmund, in: A. Meister (Hrsg.), Die Grafschaft Mark, Festschrift Dortmund 1909, S. 129

er versucht, Dortmund durch einen Überraschungsangriff einzunehmen. Er belagerte die Stadt anschließend. Um aus der Dortmunds Handel störenden Umklammerung herauszukommen, bot die Stadt Dortmund dem Grafen an, seinen Anteil am Reichshof anzukaufen. Dies kam ihm sehr gelegen. Dennoch ließ Engelbert III. seinen Plan, Dortmund irgendwie in seinen Besitz zu bringen, nicht fallen.

Hierzu verbündete er sich mit seinem bisherigen Erzfeind, dem Kölner Erzbischof Friedrich von Saarwerden, und weiteren fünfundvierzig Fürsten aus dem ganzen Reich,[353] die sich an der im Februar 1388 beginnenden Großen Dortmunder Fehde mit mehr als tausend Rittern beteiligten.[354] Aber auch Dortmund hatte sich auf den bevorstehenden Waffengang gut vorbereitet. Es warb Söldner an, hatte schon in den verflossenen zwei Jahrzehnten seine Befestigungsanlagen verstärkt und eine tatkräftige Bürgerwehr aufgebaut, die sich im Waffenhandwerk ständig geübt hatte.

Diese Vorsichtsmaßnahmen waren notwendig geworden, weil Graf Engelbert nicht nur seine Burg und die benachbarte Stadt Hörde stärker befestigt hatte. Auch durch die mit seiner Hilfe angelegten, in einem Halbkreis um Hörde herum errichteten zehn festen Adelshäuser und die im Umfeld von fünf Kilometern mit Wassergräben gesicherten Burgen hatte Engelbert ein weitmaschiges Verteidigungssystem geschaffen.[355] Befreundete Hansestädte liehen Dortmund bereitwillig Geld. Bekannte Ritter aus dem Münsterland wie die von Vischering und Raesfeld, eilten zur Verstärkung herbei, und bald bot sich, nachdem der Belagerungsring um die Reichsstadt fest geschlossen war, für die Belagerer wie Belagerte die Gelegenheit, ihre neuen Feuerwaffen zum Einsatz zu bringen. Auf Dortmunder Seite waren es vor allem englische Hakenschützen und Angehörige der Dortmunder Schützengesellschaft, die ihre großen und kleinen Geschütze zur Verteidigung der Reichsstadt in Stellung gebracht hatten, um damit ihre Gegner zu vertreiben. Der Graf von der Mark hatte seine eigenen Donnerbüchsen zur Beschießung der Stadt mit schweren Steinkugeln aufgeboten. Obgleich seine Herscheider Pulverspezialisten unermüdlich tätig waren und Freund wie Feind das Schrecken verbreitende Getöse der Schwarzpulvermannschaft aus dem Süderland kaum ertragen zu können glaubten, waren die märkischen Erfolge mehr als mäßig. Auf der Wahlstatt blieben keine toten Dortmunder zurück, die von den neuartigen Waffen getroffen waren. Als einziges Opfer des ersten Feuergefechts im Westen des Reiches war nur eine von Steinkugeln getroffene Kuh zu beklagen.

353 Die fast vollständige Aufzählung aller Bündnispartner des Grafen Engelbert ist abgedruckt in Johann Diederich von Steinens „Westphälische Geschichte", Dortmund 1749 auf S. 230 f.
354 Wilhelm Ribhegge, Die Stadt Hamm und die Grafen von der Mark, S. 119
355 Ingo Fiedler, Iserlohn und Dortmund: in 25 Jahre Förderkreis Iserlohner Museen e.V., Iserlohn 2004., S 20 f.

Streifzüge, die von den Dortmundern nach der wenig Schäden verursachenden Beschießung durch die Belagerer unternommen wurden, fügten den Märkern allerdings vor allem in der Stadt Hörde und bei der Verteidigung der Hörder Burg spürbare Verluste zu. Auch der Kölner Erzbischof musste die völlige Zerstörung seiner Rovenburg beklagen, die vor dem Dortmunder Burgtor eine ständige Bedrohung der Reichsstadt dargestellt hatte.

Schon im Juni 1388 begannen, als die Kämpfe heftig tobten, Verhandlungen, um weitere kriegerische Auseinandersetzungen und Zerstörungen in der belagerten Stadt zu vermeiden. Seitens des Kölner Erzbischofs wurden Entschädigungszahlungen in Höhe von einhundertzwölftausend Mark Silber gefordert, eine Summe, die jedoch von der Stadt Dortmund zurückgewiesen wurde. Erst am 21. November 1389 beendete ein Abkommen zwischen den Krieg führenden Parteien die mit großer Härte und Donnergetöse geführte Auseinandersetzung. Dortmund erklärte sich schließlich zur Zahlung von je vierzehntausend Goldgulden an beide Gegner bereit.[356] Als Gegenleistung sagten die Empfänger ein künftiges Freundschaftsbündnis zu. Diese finanzielle Belastung konnte die Reichsstadt nur schultern, weil die Hansestädte Lübeck, Stralsund, Zwolle und Deventer Gelder zur Verfügung stellten und Anleihen zu äußerst hohen Zinsen von Bürgerinnen und Bürgern – nicht nur aus Dortmund – gegeben wurden.

Um die städtische Schuldenlast abstoßen zu können, wurden den Dortmunder Bürgern in den Jahren 1393 bis 1396 zusätzliche Steuern auferlegt.[357] Die Wirtschaftskraft der Stadt war durch die Große Dortmunder Fehde so geschwächt, dass sie für Jahrhunderte in ihrer Entwicklung zurückfiel.

Die alte Reichsstadt hatte jedoch das für ihre Bürger Wichtigste erreicht. Sie hatte einer beachtlichen Übermacht ihrer Feinde tapfer standgehalten. Aus jener Zeit stammt das noch heute geläufige Wort: „Sau faste as Düörpm! – So fest wie Dortmund!"[358]

Ungeklärt blieb jedoch, ob eine mehrfach niedergeschriebene Behauptung der Wahrheit entspricht, dass ein Schmähgedicht aus Dortmund dem Grafen Engelbert von der Mark Anlass gegeben habe, mit Waffengewalt gegen diese Stadt vorzugehen. Glaubwürdiger erscheint, dass diese Reime erst aus einem Gefühl der Rache nach der Belagerung der Stadt entstanden sind. Der westfälische Geschichtsschreiber Johann Diederich von Steinen hat dieses Gedicht in

---

356 C. Rübel, Dortmund., S. 130
357 Die versprochenen Zinsen lagen zwischen 8 und 11 Prozent der Anleihen.
358 Karl Prümer, Dortmund 1891: „Düörpm hiet sik dapper holln, et hiet im ganzen därtig Mann verluoren.
   Op sine Wälle und Müren konn dä Feind nit. Und das half het es van dage noch: Sau fast as Duorpm."

seiner „Westphälischen Geschichte, besonders der Grafschaft Mark",[359] abdrucken lassen. Es lautet:

> *„Graf Engelbert van der Marke*
> *Mackt sick mit frömdem Gude starke*
> *Hey het nein hilgen Henden*
> *Hey let niet liggen of hangen an den Wenden,*
> *Hey doet tho den Vogelen int Nest griepen*
> *Fraget nit darna off sy schreyen off pipen*
> *Met siner Hand Mund und Segel*
> *Dar en helt hey niet mit Regel.*
> *Ey Verrader iß hey im Grunde*
> *Ein heylig Engel in dem Munde*
> *Hey wolde gern twie hebben verraden Dortmunde*
> *Averst Gotts Barmhertigkeit em des nit gonde*
> *Got was der Dortmundischen Front alleine*
> *Darum hatte hey Ehr und Rohmes keine*
> *Hey hefft syn Land mit Ruten und Rowen bekomen*
> *Met Gewalt mangen dat syse affgenomen.*
> *In seinem Herten steckt ydel Schelmerey*
> *Syn alde hovet ist voll Buverey*
> *Gott will en geweldig noch richten*
> *Darmit beslute ick myn Gedichten."*

Rechtzeitig vorsorgen

Ohne jeden Zweifel hat es der ideenreiche Graf Engelbert III. von der Mark wiederholt verstanden, seine Aktionen gründlich zu planen und sie durch begleitende Maßnahmen zu stützen, ohne sich von anderen, die Bedenken äußerten, von seinen Zielen abbringen zu lassen. Wenn man sich vorstellt, welch umfangreicher Verhandlungen es bedurft hatte, anlässlich des vorgesehenen Angriffs auf die Stadt Dortmund in kürzester Zeit so viele Landesfürsten auf seine und des Kölner Erzbischofs Seite zu bringen, ist man erstaunt über Engelberts diplomatische Energie und sein Geschick. Graf Engelbert selbst bewirkte die Vertragsabschlüsse zum Kampf gegen Dortmund mit zahlreichen Landesherren. Dies waren keine unbedeutenden, sondern recht angesehene und einflussreiche Partner,[360] die dem Grafen Engelbert dazu Bereitschaft erklärt hatten.

359 Es ist im I. Stück seines Geschichtswerks unter dem Titel „Geschichte der Grafen von Altena und Mark" Cap. X., zu lesen, das 1749 in Dortmund auf S. 228 erschienen ist. Wiedergegeben auch in: Wilhelm Ribhegge, Die Grafen von der Mark und die Geschichte der Stadt Hamm im Mittelalter, Münster 2002., S. 120
360 Der Bischof Heinrich von Münster, der Herzog Otto von Braunschweig, der Graf Otto von Tecklenburg, die Herren Otto und Friederich von Rietberg, Graf Otto von Holstein und Schaumburg, die Herren Heinrich von Homberg, Balduin von Steinfurt und Jan von Solms, ferner der Burggraf Johann von Stromberg.

Natürlich war es für den weit höherrangigen Erzbischof von Köln erheblich leichter, weitere Bündnispartner zu finden, zumal die Erzbischöfe von Mainz und Trier und die Bischöfe von Regensburg, Augsburg, Bamberg, Paderborn und Osnabrück und auch die Herzöge von Bayern, Jülich und Berg kleinere Territorialherren veranlassten, sich ebenfalls an den kriegerischen Aktionen gegen die Stadt Dortmund zu beteiligen.[361]

Graf Engelbert hatte viele mit ihm bekannte und befreundete Männer des Adels dazu bewegen können, diese erstaunlichen Bündnisse zustande zu bringen. Wenn die genannten Persönlichkeiten auch nicht in das unmittelbare Kampfgeschehen mit eigenen Truppen eingegriffen haben, war doch ihre Unterstützungsbereitschaft von großem Vorteil für den Grafen von der Mark und den Kölner Erzbischof. Ihre Fehdebriefe trafen gemeinsam in Dortmund ein. Genauso weitschauend und Risiken abwägend verhielt sich Graf Engelbert auch bei der Verwendung der Gelder, die ihm nach Beendigung der großen Dortmunder Fehde zuflossen. Bevor er die ihm zugefallene enorme Geldsumme ausgab, testete er, inwieweit die Dortmunder zu einem erneuten „Verbündniß" mit ihm bereit wären. Die Reichsstädter begrüßten es sogar sehr. Allerdings sollte diese künftige Verbindung nach Erklärung der Stadt Dortmund ausschließlich für das Verhältnis zum Grafen von der Mark gelten, keinesfalls aber auf den Kölner Erzbischof Anwendung finden.

So kam es zum Abschluss eines Beistandsvertrages Engelberts mit der Stadt Dortmund. Der Kölner Erzbischof, langjähriger Gegner, zuletzt aber Bundesgenosse Engelberts, nahm ihm die freundschaftliche Annäherung an Dortmund übel. Weitere Zwistigkeiten wegen des Austausches von Gefangenen veranlassten Engelbert, seinem früheren Verbündeten, dem Erzbischof Friedrich von Saarwerden, klarzumachen, dass Engelbert nicht ein Vasall des Erzbischofs sei.
Das ihm von Dortmund gezahlte Geld nutzte er, die Befestigungsanlagen zweier seiner Burgen zu verbessern und ihre schon altersschwachen Gebäude auszubauen. Als erste Baumaßnahme war ihm die am Ruhrübergang gelegene Burg Villigst wichtig. Er wusste aus Erzählungen seines Vaters, dass die seichte Ruhr nördlich der Siedlung Villigst eine Schwachstelle in der Verteidigungslinie zwischen Fröndenberg und Westhofen darstellte. Schon im Jahre 1243 hatte sein Vorfahr Adolf I. von der Mark hier einen entscheidenden Sieg gegen den Grafen von Limburg erfechten können. Mitten im Flusse Ruhr soll dieses Treffen stattgefunden haben, wie Levold von Northof berichtete.

Von Ritter Johann von Elbersfeld hatte der wohlhabende Engelbert von Sobbe 1366 dessen ganzen Besitz gekauft. Ritter Sobbe stand in der Gunst des

361 Johann Diederich von Steinen, Westphälische Geschichte, Lemgo 1797, S. 230 f.

Grafen von Kleve. Mit dem Grafen Engelbert III. war man übereingekommen, dass dieser die alte Burg von Villigst zu einer wehrhaften Stütze im Verteidigungssystem der Mark ausbauen möge.

*

Jetzt stand Engelbert am Steilabfall der südlich des Flusses gelegenen Ruhrterrasse, umgeben vom märkischen Burgvogt Volker von Eppenhausen und einigen Bauleuten, die er hierher beordert hatte, um ihnen seine Aufträge zu erteilen. Auch seinen Rentmeister Jakob vom Ende und seinen Drost Rembert von Greven hatte er zur Entgegennahme seiner Ausbauwünsche hinzugebeten.[362]

„Zunächst wird das brandgefährdete Burgdach durch eine feste Schieferbedachung ersetzt. Dann werden zwei Zimmer in zwei Geschossen am Westgiebel angebaut, damit Volkers zahlreicher Nachwuchs gute Schlafmöglichkeiten bekommt. Dann sind die Sicht behindernden hohen Bäume westlich der Burg zu entfernen, damit man von der Burg aus die Ruhrbrücke mit dem Fahrweg von Ergste nach Schwerte gut beobachten kann.

Was fehlt dir denn am nötigsten für deine Burg, Ritter Volker?", fragte Graf Engelbert.

„Ein Turm, von dem aus ich in gleicher Höhe wie vom Turm der Schwerter St.-Victor-Kirche die ganze Ruhraue zwischen Geisecke und Wandhofen überblicken kann."

„Richtig, das ist auch mir besonders wichtig. Es muss ein Beobachtungsturm werden, kein Verteidigungsturm mit dicken Wänden. Er könnte auch aus Holz gebaut werden. Es wäre müßig, bereits jetzt seinen Standort festzulegen. Erst müssen die Bäume fallen, die den Blick nach Westen behindern." Zu Rembert gewandt, forderte Engelbert ihn auf, gemeinsam mit Ritter Volker den geplanten Standort innerhalb von vier Wochen festzulegen.

„Dann bin ich wieder hier und erteile den Bauauftrag. Macht euch inzwischen Gedanken, wie der Turm oder Ausguck konstruiert werden kann. Vielleicht könnte ein gut getarnter Ausblick in der Krone von einem der dort stehenden Bäume entstehen. Um schnell dorthin zu kommen, müssten Leitern oder Seilaufzüge angeschafft werden. Stimmt die notwendigen Kosten mit Rentmeister Jakob ab. Ich möchte auch noch ein zusätzliches Gebäude bauen lassen, eine Scheune."

„Die haben wir doch schon!", fiel Volker dem Grafen ins Wort.

„Ich denke an keine gewöhnliche Scheune, sondern an eine, wie ich sie haben will! Diese Scheune soll zwar Korn, Stroh und Heu aufnehmen können, auch von außen so erscheinen, wie eben Scheunen sind. Aber dieses Bauwerk soll so stehen, dass man aus seinen hoch liegenden Giebelfenstern – das dürfen jedoch

---

362 Damals existierte die schöne klassizistische Hofanlage, die gut gruppiert heute das Herrenhaus umgibt, noch nicht. Erst 1819 wurde sie anstelle der alten Burg vom Baumeister Engelbert Kleinhanz errichtet. Wesentlich erweitert, beherbergt sie heute die Evangelische Akademie Haus Villigst.

nur schmale Schlitze wie Schießscharten sein – in beide Wegerichtungen der Uferstraße blicken kann. Notfalls soll man aus ihnen auch das Feuer auf Fuhrwerke oder Kerle eröffnen können, die hier nichts zu suchen haben. Im Erdgeschoss muss Platz bleiben zum Unterstellen von etwa dreißig Pferden. Darüber sollten Schlafgelegenheiten liegen für ebenso viele Reiter.

Die Burg Villigst ist einer der wichtigsten Stützpunkte südlich von Schwerte. Wenn hier eine Verstärkung der Burgmannschaft nötig sein sollte, müssen wir diese Leute auch gut unterbringen können. Aber merkt euch: Der Bau muss das Aussehen einer Scheune erhalten." Die Bauleute staunten und freuten sich auf einen lohnenden Auftrag.

„Jetzt geht es weiter! Aufsitzen! Wir müssen noch vor dem Dunkelwerden in Wetter sein." Rembert und Jakob beeilten sich zu folgen, denn Graf Engelbert trabte schon flussabwärts. Viel Zeit zum Diskutieren hatte er noch nie gehabt.

∗

„Eine elende Bruchbude ist Villigst inzwischen geworden", klagte Engelbert auf dem Wege nach Wetter seinen Begleitern. „Hier hätten wir schon längst etwas anlegen müssen, aber wo nichts ist, hat ja selbst der Kaiser sein Recht verloren. Endlich haben wir Mittel, die uns so lange gefehlt haben!" Rembert und Jakob nickten verständnisvoll. Es sollte jedoch noch viel Zeit vergehen, bis des Grafen Ausbauwünsche Wirklichkeit wurden. Erst 1390 war Engelberts Ziel erreicht, nachdem man sich zu einem völligen Neubau durchgerungen hatte und das „Nyehos to Velliste" erbaut war.

„Da oben seht ihr schon den runden Turm unserer Burg!", rief Engelbert aus, als sie gerade die Wasserburg Werdringen hatten rechts liegen lassen und in Mühlenfeld vor Wetter die zweigeteilte Ruhr auf kurzen Brücken überwanden.

„Der Turm der Burg Wetter muss aufgestockt und mit neuem Dach versehen werden. Mir schwebt da eine Fachwerkbekrönung vor, wie ich sie ähnlich bei der Burg Lynn habe sehen können. Von unserer Burg Wetter müsste man von dort die Ruhrschleife in Richtung Wengern nach Westen und auch in Richtung Werdringen und Herdecke den Ruhrverlauf nach Osten überblicken können.

Eigentlich ist die Burg ja noch ganz gut erhalten. Ich habe mir vorgenommen, sie etwas wohnlicher herzurichten, als wir es von der Hörder Burg her gewohnt sind. Wenn ich dich, lieber Rembert darum bitte, die Aufsicht über die Bauarbeiten selbst zu übernehmen, hoffe ich nicht, dich damit zu überfordern."

Als die Reitergruppe im Burghof abgesattelt hatte, nahmen alle Beteiligten einschließlich des alten, schon sehr in die Jahre gekommenen Burgvogts eine eingehende Besichtigung aller Räumlichkeiten vor.

„Den gewünschten Ausblick über die Ruhr bis Wengern kann ich leider nicht bieten", bedauerte der Burgkommandant, „aber der Blick in Richtung Volmarstein ist doch auch recht reizvoll! Seht doch, Graf Engelbert, von dort lacht uns ebenfalls die Mittagssonne entgegen! Darüber hat sich unser leider vor wenigen Wochen verstorbener Drost immer so gefreut!"

„Ja, Ihr habt Recht, auch meine Knochen wollen häufig nicht mehr so, wie ich möchte. Da tut Wärme immer gut. Macht mir alles schön gemütlich!", rief er seinen Begleitern zu. „Ich reite noch heute Abend zurück nach Hörde. Bis zur nächsten Woche möchte ich die erforderlichen Kosten für den Umbau der Burg Wetter schriftlich vor mir sehen. Eventuell muss ich auf das eine oder andere in meinen Plänen verzichten, denn die Kampfbereitschaft unserer Truppe darf nicht darunter leiden, weil zu ihrer Ausstattung das nötige Geld fehlt!"

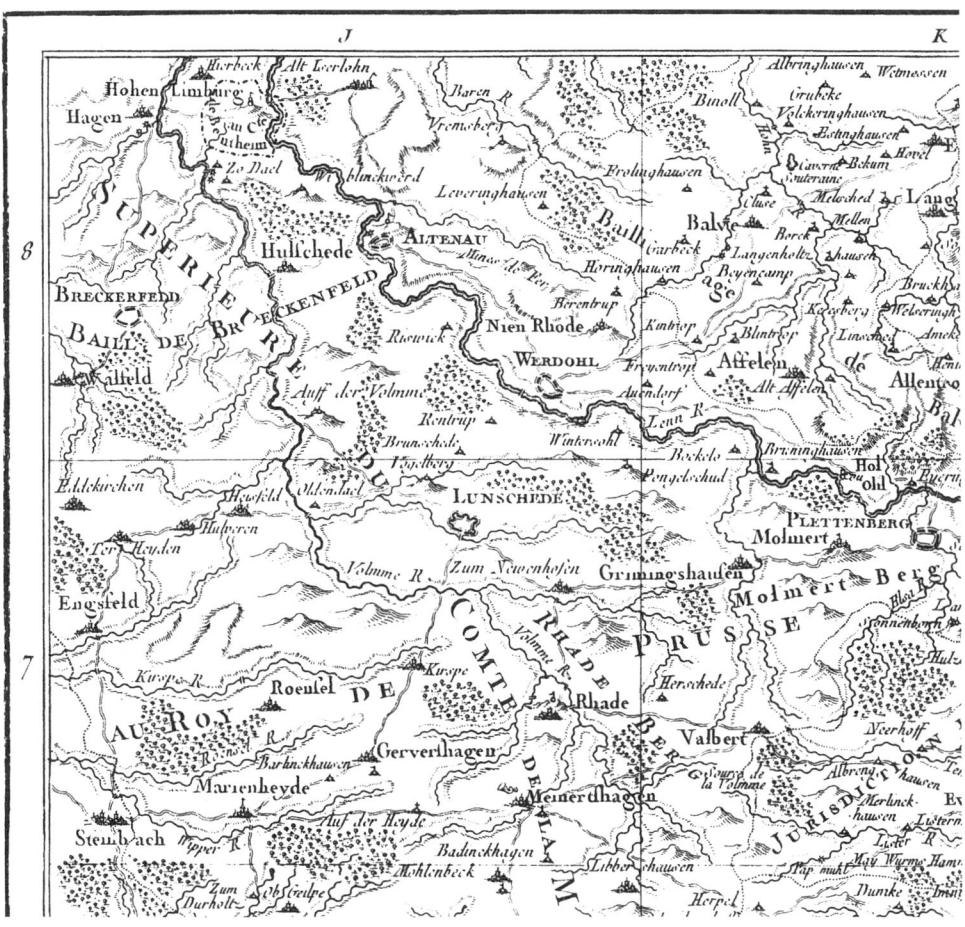

Kartenausschnitt des südlich von Iserlohn gelegenen Teiles der Grafschaft Mark der Westdeutschlandkarte des Venizianers Ricci Zannoni, gestochen um 1758. Altena ist als Altenau, Lüdenscheid als Lunschede eingetragen.

XI. Einflussreiche Verbindungen

Dringende Empfehlung

„Du solltest wieder heiraten!", riet Lender von Sponheim seinem Freund. „Seit du deine liebe Richarda begraben musstest, bist du nicht mehr der Engelbert von der Mark, den ich immer so geschätzt habe. Das soll kein Vorwurf sein! Es ist sogar verständlich, dass ein Mann, der eine so feinfühlige, warmherzige und kluge Frau besessen hat, immer über den Verlust nachdenkt, den er mit ihrem Tode erlitten hat.

Auch ich denke immer wieder an Richarda, ihre Musikalität, ihre Freude an Literatur, Blumen, Malereien und die einmalige Stimmung, die alle erfasste, die an ihrer Tafel sitzen durften. Ich bin nie verheiratet gewesen. Insofern kann ich deinen Schmerz zwar verstehen, doch nicht in seiner ganzen Schwere nachempfinden. Was ich dagegen immer mehr spüre, ist deine sichtbare und auch von jedermann spürbare Veränderung, und die macht mir wahrlich große Sorgen! Glaubst du denn wirklich, du dürftest aus dem Gefühl unendlicher Trauer heraus nicht mehr lachen? Was warst du früher für ein angenehmer, an allem Schönen und Erfreulichen lebhaft Anteil nehmender Gesellschafter! Du tust mir von Herzen leid, weil du so sichtbar leidest. Und aus diesem Gefühl des Leidens erwachsen dir mitunter Gedanken, die auch anderen Menschen, sogar deinen besten Freunden, Leid zufügen.

Mit Bitterkeit habe ich miterleben müssen, wie wenig du dich über die Hochzeit deiner einzigen Tochter Margareta gefreut hast. Du solltest dem jungen Paar ruhig einmal mehr gesagt haben, dass du sehr froh darüber bist, dass du einen so netten Schwiegersohn wie den Grafen von Falkenstein bekommen hast. Aber was machst du? Von Selbstmitleid und grenzenlosem Kummer gebeugt, glaubst du, mit deinem zweifellos vorhandenen strategischen Denkvermögen anderen Landesherren schaden zu müssen.

Das ist keine Anklage, wenn ich dir dies so geradeheraus sage. Ich fühle mich aber verpflichtet, dich vor einem tiefen Absturz zu bewahren, der unweigerlich folgen muss, wenn du weiterhin nur in die Tiefe schaust, anstatt dem Himmel dankbar zu sein, dass er dir Sonne, Licht und Luft spendet, damit du wieder Lebenslust verspüren kannst. Ich bin dir ja schon von Herzen dankbar, dass du mich bisher dies alles hast aussprechen lassen, doch du selbst musst dein Leben und Denken ändern. Ich kann dir nur raten und versuchen, dich wachzurütteln!"

Lender machte eine Pause. Er erwartete irgendeine Reaktion, gleich, ob sie zurückweisend oder zustimmend wäre. Sein Freund Engelbert blieb jedoch stumm. Er erhob sich von seinem Sessel, sagte nur: „Ich wünsche dir eine gute Nacht." Und verschwand in seinem Schlafzimmer, ohne das vor ihm stehende gefüllte Weinglas auch nur angesehen, geschweige zu einem freundlichen

„Prost" erhoben zu haben. Lender war tief enttäuscht. Hatte er zuviel gesagt? Waren seine Worte doch als Vorwurf verstanden worden und nicht als das, was sie doch sein sollten: ein freundschaftliches Wachrütteln, um einen bösen Traum schnell zu vergessen?

✳

Als sich Lender nach einer fast schlaflos verbrachten Nacht dem Frühstückstisch näherte, fand er dort einen erstaunlich gesprächsbereiten Engelbert vor, der sich, als er den Freund erblickte, erhob und für Lender erlösend wirkende Worte sprach:

„Lender, ich danke dir! Ich habe gründlich nachgedacht. Du hast mir die Augen geöffnet. Ich glaube, es wäre nicht in Richardas Sinn, dass ich mich der Trauer zu sehr hingebe. Du hattest mir gestern vorgeschlagen, euch möglichst bald auf eurer Kauzenburg in Kreuznach zu besuchen, Wenn du willst, reite ich gemeinsam mit dir in deine Heimat. Ich muss nur noch Rembert von Greven einweisen in seine neue Drostenaufgabe als meinen Stellvertreter. Gert von Plettenberg hat mir leider angedeutet, dass ihm die nötige Gesundheit fehle, um die ihm übertragenen Aufgaben weiterhin lösen zu können. Wenn ich wieder zurück bin, möchte ich mich Gert gegenüber als dankbarer Landesherr zeigen. Ich habe vor, ihn im Rittersaal der Burg Altena feierlich im Kreise aller Amtmänner und Ritter zu verabschieden. Da wird es meine Aufgabe sein, allen Anwesenden zu zeigen, dass wir getrost in die Zukunft schauen. Und genau das habe ich auch vor. Einen missmutigen Grafen soll dabei kein einziger erleben!"

„Das soll ein Wort sein, lieber Engelbert. Ich möchte nur nicht zu lange warten, mit meinem Aufbruch, denn gestern erfuhr ich, dass es auch meinem Vetter, dem dir bekannten Sekretär des Mainzer Erzbischofs, nicht gut ginge. Es hörte sich so an, als ob er nicht mehr viel Zeit auf unserer Erde verleben könne."

„Das täte mir sehr leid, denn Johann von Sponheim-Starkenburg verdanke ich unendlich viel. Wenn ich dich begleiten darf, möchte ich ihn besuchen, um ihm nochmals zu danken. Als wir uns anno 1352 plötzlich in Mainz trennen mussten, blieb dafür keine Zeit. Von mir aus können wir schon morgen reiten, denn Rembert will schon heute Nachmittag zum Gespräch bei mir sein."

„Ich hoffe nur, lieber Engelbert, dass uns der schwerkranke Johann keinen Strich durch unser geplantes Maifest macht. Ich möchte den von meinen Vorfahren geübten Brauch wieder aufleben lassen, in der Mitte des schönsten Monats des Jahres Freunde und Verwandte auf der Burg unserer Ahnen zu versammeln, um alte Kontakte aufzufrischen und neue Verbindungen zu knüpfen. Mein jüngerer Bruder, der heute dort Burgherr ist, hat mich ermuntert, mit ihm gemeinsam dort zu feiern."

„Dann kann ich mich ja auf allerlei fröhliche Leute aus den Tälern von Nahe und Glan freuen", bemerkte Engelbert. „Ich glaube, etwas Abwechslung tut mir gut, und Rembert kennt ja meine Vorstellungen, so dass er sich von den Dortmundern nichts vormachen lässt."

Schon den nächsten Abend verbrachten die beiden Grafen auf dem Schwarzenberg, der ihnen bei so mancher Jagd ein angenehmer Aufenthaltsort war.

Dann ritten sie durch das Bergische Land und den Westerwald auf das Rheinstädtchen Vallendar zu, um den östlichen Rheinarm zur Rheininsel Niederswerth zu überqueren. Hier fanden sie ein prächtiges Nachtquartier in den Mauern des alten Königshofes. Sie besuchten dort auch neben dem Stift die alte Kirche, für die Einhard, der Baumeister und Schwiegersohn Karls des Großen, im Jahre 836 wertvolle Reliquien der heiligen Märtyrer Marcellus und Petrus gestiftet hatte.

Ein bereitwilliger Schiffer nahm die Freunde am nächsten Tage auf seinem Kahn mit bis zur Moselmündung bei Koblenz, so dass sie ohne Schwierigkeiten den Koblenzer Deutschritterhof erreichen konnten, wo sie mit vorbildlicher Gastlichkeit verwöhnt wurden. Lender hatte hier viele Bekannte, die ihn noch aus seiner Rigaer Zeit in bester Erinnerung hatten.

„Es ist gut, wenn man viele Freunde hat", bestätigte Lender dem erstaunten Engelbert, als der festgestellt hatte, wie beliebt dieser Graf selbst im weit von seinem Heimatort entfernt liegenden Koblenz war. Aus dem römischen Kastell „apud Confluentes" nahe dem Zusammenfluss von Mosel und Rhein war eine blühende Handelsstadt geworden. Lender drängte sehr zu baldigem Aufbruch, denn von Koblenz bis Kreuznach waren links des Rheines noch drei anstrengende Tagesritte nötig. Als sie hinter Bacharach den Binger Wald rechts hinter sich hatten liegen lassen, legten sie in Münster-Sarmsheim eine Ruhepause am Rheinufer ein, bevor sie die letzte Reitetappe in die an Nahe und Ellerbach liegende Heimatstadt Lenders hinter sich gebracht hatten. Als sie in die Stadt Kreuznach einritten, grüßte sie die hoch auf dem Berge liegende Stammburg der Grafenfamilie von Sponheim.

„Dorthin reiten wir morgen früh. Erst sollst du, lieber Engelbert sehen, wo ich mein Bett aufgeschlagen habe, nachdem ich aus Livland zurückgekehrt bin. Ich bewohne eines der berühmten Brückenhäuser auf der Nahebrücke. Diese wichtige Verbindung über den Fluss sorgte dafür, dass die beiderseits der Nahe gelegenen Stadtteile nun innig miteinander verbunden sind. Kreuznach, das alte Römerkastell ‚Crucimiacum' nutzten meine Ahnen, hier über der Einmündung des Ellerbachs in die Nahe unsere Kauzenburg zu bauen. Zu ihren Füßen entwickelte sich jene ansehnliche Ansiedlung Kreuznach, die 1290 von Rudolf von Habsburg Stadtrechte erhielt."

Von seiner romantisch gelegenen Wohnung hatte Lender seinem märkischen Freund noch nie erzählt. Aber für Engelbert war das Wohnen auf einem Brückenpfeiler hoch über einer viel benutzten Straße und dem munter dem Rhein zueilenden Fluss ein echtes Erlebnis. Es führte ihn von seinen Trauergedanken um die geliebte Richarda weg geradewegs in dieses ihm bisher unbekannte Ländchen mit seinen liebenswürdigen Menschen.

Die Morgensonne ließ die Kauzenburg in hellem Licht erstrahlen, als die beiden Freunde auf den Burgberg ritten. Einem Zinnsoldaten gleich salutierte ein

Kreuznach von Südosten gesehen.
Ausschnitt aus dem Kupferstich von Matthäus Merian d. Ä. aus dem Jahre 1645. Die Grafen von
Sponheim verliehen der Stadt bereits 1270 das Stadtrecht. Wahrzeichen der Stadt Kreuznach sind
bis heute ihre Brückenhäuser auf der achtbogigen Nahebrücke und die Kauzenburg.
Diese wurden 1631/32 von den Schweden erobert. – Der Kupferstecher Merian stellte diese
Eroberung dar. Im Jahre 1689 wurde die Kauzenburg wie auch Schloss Heidelberg von den
Franzosen gesprengt. Der obige Bildausschnitt zeigt den die Stadt umgebenden Mauerring mit
dem „Butterfass", einem Turm am Ufer der Nahe.

freundlicher Wächter, der einen blanken Topfhelm trug, als sie sich anschickten, vom Pferd zu steigen, um die Tiere am Halfter in den Burghof zu führen.

„Da seid ihr ja endlich, Bruderherz!", rief Volker von Sponheim, nachdem er den Helm abgenommen hatte. „Ich habe Euch schon gestern Abend erwartet, als mir gemeldet wurde, ihr wäret im Brückenhäuschen verschwunden." Zum freudigen Wiedersehen umarmten sich die Brüder herzlich.

„Das ist mein Freund Engelbert von der Mark", stellte er den bisher Unbekannten vor. An Engelbert gewandt, erklärte er mit überzeugenden Worten: „Hier wirst du dich wohlfühlen auf unserer Stammburg, denn hier leben die Edelsten und Besten aus meiner ganzen Sippe!"

Die Gräfin Edeltrud lud beide zum Frühstück ein, das Graf Lender und Graf Engelbert von der Terrasse den herrlichen Blick in das Land bis Bingen und die fernen Rheingauer Höhen hinter Rüdesheim und Geisenheim genießen ließ. Als ein einsamer Reiter in den Burghof geritten kam, wurde Volker von Sponheim diskret aus der fröhlichen Runde gerufen. Mit gesenktem Kopf kam er zurück. Er berichtete:

„Leider kommen wir zu spät, um Johann noch einmal in seinem Krankenzimmer bei den barmherzigen Schwestern vom Disibodenberger Kloster[363] besuchen zu können. Sie lassen uns mitteilen, dass Johann in der vergangenen Nacht die Wanderung in die Ewigkeit angetreten hat." Alle waren tief betroffen und schwiegen lange, bis Engelbert seinen Gedanken freien Lauf ließ mit den Worten:

„Kein Stundenschlag ertönt, kein Tropfen Blut verflutet, wo nicht ein Menschenherz im Todeskampf verblutet. Und wir alle, die wir Johann gekannt, geschätzt und ihm viel zu verdanken haben, gedenken seiner in tiefer Trauer. Wir haben Johann geliebt, weil er uns fürsorglich den Weg wies, den wir einschlugen. Wir werden ihm unsere Liebe bis zu unserer letzten Stunde bewahren. Das sind wir ihm schuldig!"

*

Volker hatte seinen Bruder gebeten, die traurige Nachricht an ihre gemeinsame Schwester weiterzugeben, die auf Burgsponheim am Ellerbach bei Waldböckelheim residierte und dort die beiden Sponheimer Mühlenbetriebe, die Brauchsmühle und die Braunsmühle, verwaltete. Engelbert ritt mit. Die leicht hügelige Landschaft gefiel ihm.

Elisabeth von Sponheim hatte die traurige Nachricht schon befürchtet, da sie ihren Vetter Johann noch vor knapp einer Woche im Kloster Disibodenberg besucht hatte. In das Gespräch der Geschwister mischte sich Engelbert nicht ein. Erst als sie zu Mittag am Tisch saßen, schien er aufzutauen, und plötzlich sprudelten so viele Worte des Dankes für den Verstorbenen aus seinem Munde, dass Lender aus dem Staunen nicht herauskam.

---

363 Das Kloster Disibodenberg liegt eine gute Wegstunde südwestlich von Bad Münster am Stein nahe Odernheim an der Glan.

Das Burghaus war eher bescheiden, aber die Gräfin, eine resolute Enddreißigerin, kam Engelbert wie eine bezaubernde Fee vor. Als sich die beiden Grafen verabschiedeten, fragte Engelbert die Gräfin:

„Sehen wir uns einmal wieder?"

„Bestimmt", war ihre Antwort. „Nicht nur bei der Trauerfeier in Sobernheim, und die ist ja schon am kommenden Sonnabend."

Eine kleine Burgenreise

„Es gibt nur wenig Edle dieses Formats", waren Johann von Dillenburgs[364] Worte gewesen, als er sich mit Graf Engelbert nach der Beisetzung des Johann von Sponheim-Starkenburg zum Gehen gewandt hatte. Eine große Trauergemeinde war noch am frischen Grabe zurückgeblieben, darunter auch Lender von Sponheim und dessen Schwester Elisabeth. Beide verspürten die Verpflichtung, sich ausgiebig um die angereiste Verwandtschaft zu kümmern.

Die beiden Grafen wohnten während ihres Besuchs im Kreuznacher Brückenhaus. Johann war ebenfalls auf Einladung der Grafen von Sponheim gekommen, um das schon vor langer Zeit angekündigte Fest auf der Kauzenburg mitzufeiern. Infolge des Sterbefalles in dieser Familie war es aber nun in den Herbst verschoben worden. Engelbert und Johann hatten sich vorsorglich schon gleich nach den Beisetzungsfeierlichkeiten von Lender verabschiedet. Sie wollten gemeinsam in ihre Heimat reiten: Johann über die Burg Nassau und Dillenburg nach Siegen, Engelbert zunächst bis zu seiner Burg auf dem Schwarzenberg bei Plettenberg.

Engelbert hatte während seines Aufenthalts an der Nahe mehr über die verwandtschaftlichen Verhältnisse der Grafen von Sponheim und auch der Grafen von Nassau erfahren. Die Grafen von Nassau hatten sich nach dem Tode Heinrich des Reichen, einem der bekanntesten Nassauer Herrscher, im Jahre 1249 in zwei Linien aufgespalten: in die Walramische Linie, deren Nachkommen später Besitzungen in Wiesbaden, Weilburg und Sonnenberg verwalteten, und in die Otto'sche Linie, deren Nachkommen zumeist im Siegener Schloss gelebt hatten, später aber auch auf ihren Burgen in Dillenburg, Beilstein und Hadamar saßen.

Johann von Dillenburg wollte seine Rückreise nach Siegen nutzen, um seinen Vettern und Bekannten einen kurzen Besuch abzustatten. Engelbert hatte sein Angebot, mitzukommen, sehr gern angenommen.

„Allerdings möchte ich morgen der Gräfin Elisabeth auf Burgsponheim noch meine Aufwartung machen. Wenn du mitmachst, begleite ich dich anschlie-

---

364 Johann von Dillenburg-Nassau entstammte der Otto'schen Linie der Grafen von Nassau, war von 1351 bis 1416 regierender Graf von Dillenburg. Von 1351 bis 1362 fungierte seine Mutter, die Frau Ottos II. als Vormünderin, weil ihr Sohn Johann noch nicht großjährig gewesen war.

ßend bei deinen weiteren Abstechern zur einen oder anderen Burg. Andernfalls würde ich meine Nachtquartiere wieder durch Vermittlung von Klöstern und Pfarrherren auf dem Heimritt gesucht haben."

„Wozu hat man denn Verwandte?", hatte Johann geantwortet. „Bei uns kommen ja auch ständig reisende Verwandte vorbei, um sich gut ausschlafen zu können und sich herrlich beköstigen zu lassen. Selbstverständlich komme ich gern mit nach Burgsponheim. Übrigens hatte ich mir schon gedacht, dass dir die schöne Elisabeth nicht gleichgültig sein würde. Du hast dich ja gestern so angeregt mir ihr unterhalten, dass ich erstaunt war, wie sie dir trotz des Todes ihres Vetters begeistert zugehört hat. Ihre blauen Augen blitzten immer wieder auf, wenn du sie angesprochen hast."

„Ja, die Elisabeth ist eine sehr begehrenswerte Frau", antwortete Engelbert. „Ich weiß nur nicht, warum sie nicht längst verheiratet ist."

„Sie hat doch gleich zweimal die ihr sehr zugetanen Verehrer durch tragische Unglücksfälle verloren. Der erste war ein Graf Philipp von Münzenberg, der bei einem Schauturnier so unglücklich vom Pferd gestoßen wurde, dass er sich infolge seiner unförmigen Panzerung und seines schweren Helmes beim Aufschlag auf den Burghof das Genick brach.

Einem Jagdunfall fiel auch vor etwa zehn Jahren ihr späterer Verlobter zum Opfer. Es war ein Graf von Dietz aus der älteren Sayn'schen Linie. Das geschah eine Woche vor der umfänglich vorbereiteten Hochzeitsfeier! Elisabeths Brüder haben ihr daraufhin eine verantwortungsvolle Aufgabe übertragen. Sie verwaltet seither die Sponheimer Mühlenbetriebe und wohnt in ihrer Nähe auf Burgsponheim am Ellerbach."

*

Die beiden Grafen waren schon früh am nächsten Morgen aufgebrochen, so dass sie schon vor zehn Uhr auf Burgsponheim eintrafen.

„Ein wunderschöner Rosenstrauß ist das, den du mir mitgebracht hast, Engelbert", war ihre Begrüßung gewesen, als sie die Herren in ihren von der Morgensonne durchfluteten Empfangsraum bat. Da hast du dich gewiss vom Namen dieser Burg verleiten lassen, um mir Rosen zu verehren. Sie heißt nämlich schon seit Menschengedenken ‚die Rosenburg'. Ich hatte schon befürchtet, ihr beiden Grafen wäret abgereist, ohne euch von mir verabschiedet zu haben."

„Da kennst du aber Graf Engelbert schlecht!", meinte Johann von Dillenburg-Nassau. Der hat mir fortwährend etwas von dir vorgeschwärmt, seit wir Sobernheim verlassen haben."

Engelbert und Elisabeth sahen sich mit roten Köpfen an.

„Das will ich keinesfalls abstreiten." war Engelberts Kommentar.

„Ich hoffe, wir sehen uns im Herbst wieder!" meinte die Gräfin. „Dann werden wir mit Freude nachholen, was wir jetzt mit Rücksicht auf die traurigen Umstände aufschieben mussten. Darf ich euch zum Mittagessen einladen?"

„Das zu hören, ist sehr verlockend, doch wir haben noch mindestens acht Reitetappen vor uns, bis wir Siegen erreicht haben. Für heute hatten wir geplant, über den Ort Sponheim und das Guldental bis zur Burg Stromberg zu reiten."

Johann mahnte zum Aufbruch, doch Engelbert hatte noch eine ihn stark beschäftigende Frage. Er wollte wissen, wie sich die Begriffe der ‚Vorderen' und ‚Hinteren' Grafschaft erklären ließen.

„Um 1233 wurde die ehemals Sponheimer Grafschaft in zwei Territorien geteilt: in Sponheim-Starkenburg/Mosel, das war die ‚Hintere Grafschaft' und in Sponheim-Kreuznach, unsere ‚Vordere Grafschaft'", erklärte Elisabeth. „Im Jahre 1277 teilte Graf Johann der Lahme die Vordere Grafschaft mit seinen Brüdern, von denen Heinrich den Bezirk Böckelheim erhielt, ihn aber unter Missachtung des seinem Bruder zustehenden Vorkaufsrechts gleich an den Erzbischof Werner von Mainz weiterverkaufte. Eine daraus entstandene Fehde zwischen dem Sponheimer Grafen Johann und dem Erzbischof wurde in einer Feldschlacht bei Sprendlingen 1270 zugunsten des Erzbischofs entschieden. Kreuznacher Bürgersoldaten sorgten jedoch dafür, dass Graf Johann heil aus dem Schlachtgetümmel herauskam. Sein Enkel gleichen Namens war übrigens der verstorbene Sekretär des Mainzer Erzbischofs, den wir vorgestern begraben haben."

Nach diesem genealogischen Kurzvortrag machten sich die beiden Grafen auf ihren weiten Ritt ins Siegerland.

„Spätestens im Herbst sehen wir uns wieder!", riefen sie Elisabeth von Sponheim zu.

„Gott möge euch beschützen, dass es wahr werde", entgegnete sie und winkte ihnen noch lange nach, bis sie hinter den Mauern des Benediktinerklosters verschwunden waren.

⁕

Auch die Stromberger Burg – man nannte sie Fustenburg – hatte einen besonderen Beinamen. Sie lag über dem schönen Guldenbachtal und wurde von den Grafen viel früher erreicht als gedacht. Mehrfach war die Burg zerstört und wieder aufgebaut worden. Sie stand im Eigentum der Pfalzgrafen. Da das Wetter angenehm war, beschlossen die beiden Freunde, ihren Tagesritt erst in Rheinböllen zu beenden. Der Ort bildete mit anderen umliegenden Dörfern zusammen das „Alte Gericht", einen Bezirk der Pfalzgrafen. Bei einem freundlichen Bauern konnten sie sich mit einem ausgiebigen Abendbrot stärken, um am nächsten Morgen wieder früh auf dem Rücken ihrer Pferde durch ein kurvenreiches Seitental des Rheines zur alten Stadt Bacharach zu reiten. Bacharach war zur Hauptstadt und Residenz der Pfalzgrafen bei Rhein geworden, seit 1194 auf Burg Stahleck die heimliche Hochzeit der Staufentochter Agnes mit dem Welfen Heinrich, dem Sohn Heinrichs des Löwen, stattgefunden hatte.

Damit war die langersehnte Aussöhnung der Welfen und Staufen möglich geworden. Bacharach, ein bekannter Lager-, Umschlag- und Weinhandelsplatz, hatte sich schnell zur meistbesungenen Stadt am mittleren Rhein entwickelt. Ihren Wohlstand verrieten die Pfarrkirche St. Peter, eine romanische dreischiffige Emporenbasilika, und die turmreiche Stadtmauer der Stadt.

Die Grafen Engelbert und Johann wären gern noch ein wenig in dieser schönen Stadt geblieben. Sie nutzten jedoch die sich ihnen bietende Gelegenheit, um mit einem Boot kurz nach Mittag auf die rechte Rheinseite übergesetzt zu werden. Hier boten sich ihnen faszinierende Landschaftsbilder, als sie vom Rheinuferweg aus eine Burg nach der anderen auf der linken Stromseite liegen sahen: Zunächst die mitten im Rhein auf einer Insel von König Ludwig dem Bayern 1327 erbaute Zollburg Kaub, die den Namen „Gutenfels" trug. Dann folgten in kurzen Abständen die auf den Höhen links des Rheins liegende „Engelsburg" bei Langscheid, die „Schönburg" oberhalb der Stadt Oberwesel und die Burg Rheinfels bei St. Goar.

Rechts des Rheines erblickten sie, als sie unterhalb der Loreleyhöhe die engste Stromstelle mit ihren aus dem Flussbett herausragenden tückischen Felsspitzen, passiert hatten, zwei weitere Burgen bei St. Goarshausen: vor dem Ort liegend, die Burg „Maus" und rheinabwärts dahinter die Burg „Katz".

Jetzt verließen sie das Rheinufer und trabten, nach Nordosten abbiegend, über Singhofen auf Nassau zu. Hier, wo die Straße von Mainz nach Wiesbaden die Ufer der Lahn wechselte, lag schon in fränkischer Zeit eine Straßensicherung mit dem Königshof Nassau. Die heutige burgartige Hofstelle war daraus entstanden. Seit 1255 war sie in gemeinsamem Besitz der Brüder Walram und Otto von Nassau. Walrams Sohn Adolf war übrigens einmal deutscher König,[365] und vier seiner Nachkommen wurden Mainzer Erzbischöfe.

Engelberts Begleiter Johann von Dillenburg-Nassau konnte stolz sein auf so viele bedeutende Männer aus seiner Ahnenreihe. Deren Nachfahren saßen – soweit sie wie Johann der ottonischen Linie entstammten – jetzt in Siegen, Dillenburg, Beilstein, Hadamar und Diez sowie in den Niederlanden und im Großherzogtum Luxemburg.[366] Der Ort Nassau hatte 1348 Stadtrecht erhalten. Er war mit seiner mächtigen Burg Stammsitz der Grafen gleichen Namens. Der fünfeckige, tief unterkellerte Bergfried mit seitlich angefügtem Treppenturm erregte natürlich das besondere Interesse der beiden Grafen, obschon diese Reste der einst so imponierenden Burganlage nicht mehr bewohnt waren.

---

365 Adolf von Nassau war deutscher König von 1292 bis 1298.
366 Ein Zweig der Nassauer erbte das Fürstentum Orange (Oranien) an der Rhône. Wilhelm I. von Oranien wurde zum Befreier der Niederlande. In weiblicher Linie regieren Nachkommen der ottonischen Linie noch heute in den Niederlanden und aus der walram'schen Linie im Großherzogtum Luxemburg.

Beide Reiter konnten eine gewisse Enttäuschung nicht verbergen, als sie in Nassau vergeblich ein Quartier suchten. Sie hatten gehofft, hier von zwei bisher unbekannten Verwandten freundlich aufgenommen zu werden. Statt eines standesgemäßen Nachtquartiers mussten sie schließlich mit einer wenig einladenden Kammer im achteckigen Grauen Turm der nassauischen Stadtbefestigung vorlieb nehmen.

Etwas missmutig brachen sie am nächsten Morgen nach Montabaur auf, das nur zwei Reitstunden nördlich von Nassau liegt. Die früher schon hier liegende Burg hatte Erzbischof Dietrich III. von Wied wieder aufbauen lassen. Er nannte sie nach dem im Kreuzzug von 1212 umkämpften Berg Tabor „Mons Tabor". Daraus wurde später Montabaur. Auch diese zu Füßen der Burg liegende Siedlung hatte schon 1291 von König Rudolf Stadtrechte erhalten. Sie konnte sich an der uralten vom Rhein nach Thüringen führenden Straße zu einer blühenden Stadt entwickeln, wurde aber von Stadtbränden mehrfach in ihrem Aufblühen zurückgeworfen wurde.[367]

In Montabaur fanden sie beim Pfarrer der Kirche „St. Peter in Ketten" freundliche Aufnahme. Es war ein Gotteshaus im Übergangsstil von der Romanik zur Gotik. Der Pastor erwies sich als kundiger Erzähler der Orts- und Schlossgeschichte. In beiden Grafen fand er geduldige Zuhörer und dankbare Gäste. Sie wussten die von ihm aufgetischten Speisen mit Recht dankbar zu würdigen. Der freundliche Geistliche konnte ihnen auch einiges über die Orte Westerburg und Gemünden berichten, die sie am nächsten Tag aufsuchen wollten. Das interessierte vor allem Engelbert. Ihm lag daran zu erfahren, „aus welchem Nest im Westerwalde" der Kölner Erzbischof Siegfried von Westerburg[368] stamme. Ausgerechnet im Jahre seiner bittersten Niederlage vor den Toren Kölns bei Worringen, als die Kölner Bürger diesen Erzbischof aus ihrer Stadt gewiesen hatten, erhielt dessen vermutlicher Geburtsort 1288 Stadtrecht, allerdings nicht vom Erzbischof, sondern durch die Herren von Runkel. Die alte Burg der jüngeren Stadt Westerburg war früher Sitz der Vögte des Stiftes Gemünden gewesen. Der Umweg über Westerburg und Gemünden hatte sich jedoch kaum gelohnt.

Über Rennerod ritten sie weiter in die hübsche Stadt Herborn an der Lahn, wo sie die vom Deutschen Orden geschenkte Pfarrkirche St. Peter ansehen wollten. Am Kornmarkt waren sie in einem sauberen Gasthaus untergekommen. Die ursprüngliche Stadtbefestigung mit ihren zwölf Mauertürmen war nicht besonders gut unterhalten worden. Allenfalls waren die vier Rundtürme mit ihren schiefergedeckten Kegeldächern in brauchbarem baulichen Zustand. Insgesamt gesehen, machte das Stadtbild jedoch einen erfreulichen und sogar

---

367 Das heutige Schloss enthielt mit seinem Hauptturm noch mittelalterliche Bestandteile. Es wurde in späteren Jahrhunderten wesentlich erweitert.

368 Siegfried von Westerburg hatte als Erzbischof von Köln (1275–1297) dem westfälischen Adel und besonders Engelberts Großvater Eberhard II. von der Mark viel Kummer gemacht. Dieser Erzbischof hatte die Befestigung der märkischen Städte verboten. Er verlor nach der Schlacht von Worringen 1288 seine bisherige Machtstellung.

recht malerischen Eindruck, was auf eine fürsorgliche Regierung durch die Grafen von Nassau schließen ließ.

Nicht ganz so positiv sahen die Grafen die Verhältnisse im benachbarten Dillenburg, das sie am nächsten Tag besuchten. Hier hatten die Grafen von Nassau-Dillenburg seit 1303 ihren Herrensitz gehabt. Doch ein Brand im Jahre 1340 hatte einen großen Teil des ehemaligen Schlosses zerstört. Dillenburg durfte sich seit 1344 Stadt nennen.

Hier wurden die reisenden Grafen so herzlich aufgenommen, als gehörten beide lange schon zur Familie des hier wohnenden Vetters. Man hatte sich so viel zu erzählen! Engelbert bedauerte, dass der Wiederaufbau des zerstörten Schlossflügels so lange auf sich hatte warten lassen müssen. Die Herren von Nassau hatten weniger an sich als an das Wohl ihrer Landeskinder gedacht. Allgemein galten sie als ausgesprochene Realisten. Ihnen lagen blühender Handel, Betriebsamkeit in ihren Mühlenbetrieben und die Gewinnung und Verhüttung von Erzen mehr am Herzen lag als repräsentative Bauten.

Von Dillenburg aus bedurfte es noch einmal größerer Anstrengungen für die beiden Reiter und ihre Pferde, um die Höhe des Kalteiche-Rückens[369] vor Wilnsdorf zu überwinden. Von Wilnsdorf nach Siegen zu reiten, war für die Wald und Forst liebenden Grafen eine Wohltat. Für diese Wegstrecke hatten sie kaum zwei Stunden gebraucht. Jetzt sattelten sie in der Burg der Nassauer Grafen, dem sogenannten „Oberen Schloss"[370] ab, wo Johann von Nassau seine gräfliche Befehlszentrale hatte. Er war nicht Alleinbesitzer dieses Gebäudes. Schon 1224 hatte der Erzbischof Engelbert von Köln die Hälfte der neu errichteten Stadt von den Grafen von Nassau erworben. Im Jahre 1303 war Siegen das Soester Stadtrecht verliehen worden, doch dauerte die Köln-Nassauische Doppelherrschaft nicht mehr lange.

Die Nassauer Grafen verstanden es, die seit alters her bekannten Eisenerzvorräte abbauen zu lassen. Deren Verhüttung sowie die hervorragende Lederverwertung waren solide Grundlagen für die wirtschaftliche Unabhängigkeit ihres nicht etwa zum märkischen oder kurkölnischen Sauerland gehörenden Territoriums.

Nach gemütlichem und wohlschmeckendem Abendessen und ungezählten Gläsern köstlichen Naheweines aus Johanns Schatzkammer sanken beide Freunde in tiefen Schlaf.

Der Abschied am nächsten Morgen war kurz, aber herzlich. Engelbert war bass erstaunt über den von Johann geäußerten Wunsch:

„Vergiss ja nicht, mich zur Hochzeit mit Elisabeth einzuladen! Mir ist weder der Weg an die Ruhr noch an die Nahe zu weit! Du darfst mich sogar als Trau-

---

369 Kalteiche wird ein bis zu 579 m ü. NN gelegener Höhenzug genannt, der zwischen Haiger und Wilnsdorf liegt. Er gilt als Wasserscheide zwischen dem Siegerland und dem Hessischen Oberland.

370 Das „Untere Schloss" gehörte noch zum Territorium des Kölner Erzbischofs. Es wurde erst zu Lebzeiten des Grafen Johann Moritz von Nassau-Siegen († 1679) zum repräsentativen Gegenpol zur mittelalterlichen Burg auf der Bergspitze.

zeugen engagieren!" Engelbert lächelte ein wenig, als er auf sein Pferd stieg und für Johann kaum hörbar drei Worte sprach: „Schön wär's ja!"

Dann gab er seinem Pferd die Sporen. Er wollte noch rechtzeitig vor Eintritt der Dunkelheit in seiner Burg auf dem Schwarzenberg sein, um dort in der Abenddämmerung von seinem Engelbertstuhl in sein eigenes Land schauen zu können. Schon als kleiner Junge hatte er das gern getan. Von all den vielen Burgen, die er auf dieser Reise hatte kennenlernen und bewundern können, war ihm keine so vertraut und begehrenswert vorgekommen wie seine Burg auf dem Schwarzenberg!

Zur Nahe – nicht nur des Weines wegen!

Wie ein Lauffeuer hatte es sich herumgesprochen, dass Graf Engelbert wieder im Lande war. Gleich am Morgen nach seiner Ankunft auf dem Schwarzenberg hatte er nach einem ausführlichen Bericht des Burgvogts Boten ausgesandt an seine wichtigsten Ritter und Drosten, um ihnen eine Einladung zu einem Gedankenaustausch am nächsten Wochenende auf Burg Altena zu übermitteln. Ein Herrenabend mit zünftigem Wildbretmahl, Bier und Wein sollte sich anschließen.

Mit dem Altenaer Drosten Dietmar hatte er auf der alten Stammburg der Mark alle notwendigen Vorbereitungen durchgesprochen. Dietmars Koch galt als erstklassiger Zubereiter erlesener Speisen. Er freute sich sehr, seine Kunst den wichtigsten Männern der Grafschaft präsentieren zu können. Nur wegen des Weines hatte er Bedenken angemeldet. Der vorhandene sei sauer wie Essig. Selbst unter reichlicher Zugabe von Honig sei er kaum genießbar. Engelbert bat um eine Kostprobe, die er gleich nach dem ersten Schluck angewidert wieder ausspie.

„Ungenießbar!", lautete sein Urteil. Das etwa sollte Wein sein? Noch waren seine Gedanken bei jenen Kreszenzen, die ihm Johann von Dillenburg-Nassau beim Abschied in Siegen vorgesetzt hatte. Sein Wein hatte wie der von der Nahe geschmeckt, wo die Winzer die Kunst des Weinbaues und der Zubereitung edler Rebensäfte vortrefflich verstanden. Schon damals hatte er sich vorgenommen, sein Tagesquantum an Bier künftig gegen Wein zu tauschen.

„Dann serviert wenigstens gut gekühltes, wohlschmeckendes Bier!", hatte er entschieden für sein Treffen mit den besten Gefolgsleuten aus seiner Grafschaft.

*

Nicht einer der Geladenen fehlte, als Engelbert sie im Altenaer Burghof begrüßte. Sie waren gespannt, was ihr Graf Neues zu berichten hatte. Aus allen märkischen Burgen und den wichtigsten Städten waren die Gäste erschienen.

Wer aber geglaubt hatte, nun gleich etwas von Engelberts Erlebnissen mit dem Grafen von Sponheim zu erfahren, war zunächst enttäuscht.

„Ich habe euch zusammengerufen, um von jedem einen anschaulichen Bericht zu hören über eure Städte, den Zustand der Burgen, auch über etwaige Grenzverletzungen, böse Störenfriede und eure Vorstellungen, was nach eurer Meinung verbessert werden sollte."

Danach hörte er, ohne dass sich die Berichterstatter jedoch in Einzelheiten verloren hatten, recht unterschiedliche Vorträge seiner Männer. Er stellte Fragen, wenn ihre Schilderungen unvollständig oder unklar geblieben waren. Er lobte, wo er mit getroffenen Entscheidungen der Verantwortlichen besonders zufrieden war. Am späten Nachmittag fasste er das ihm wichtig Erschienene aus allem Gehörten noch einmal zusammen:

„Demnach befindet sich unsere Grafschaft derzeit in einem guten Stand. Unsere Bewohner sind bis auf wenige Ausnahmen zufrieden mit ihrem Los. Die Erzeugnisse der Landwirtschaft sind in diesem Sommer erwartungsgemäß gut. Der Handel floriert. Was mir etwas Sorgen bereitet, ist die Verteidigungsbereitschaft einiger Burgen, insbesondere an der Grenze zum Hochstift Münster und zu Dortmund. Der Verteidigungshalbkreis ostwärts dieser Stadt ist inzwischen dank der befestigten Rittersitze, wie von mir erwartet, fertiggestellt. Doch mir macht die fortwährende Aufrüstung der Reichsstadt immer größere Sorgen. Wenn ich höre, dass sie seit Wochen eine englische Bogenschützengruppe in ihren Mauern hat, die ihre Stadtmannschaft im Gebrauch von Großbögen unterweist, frage ich mich, ob dies nicht eher eine Angriffsvorbereitung als eine gesellige Freundschaftsveranstaltung ist. Wir werden die Dortmunder ständig im Auge behalten und um Bundesgenossen für einen möglichen Krieg suchen müssen.

Doch dies weiter zu erörtern, ist heute noch kein Anlass gegeben. Ich habe euch allen zu danken für vieles, das ihr in der Zeit meiner Abwesenheit und auch schon früher geschafft habt. Einer von euch hat diesen Dank in erster Linie verdient. Es ist der Älteste in diesem Kreise der Treuesten unter meinen Treuen. Ihm möchte ich meinen und der ganzen Grafschaft Dank bekunden. Bitte tritt hervor, lieber Drost Gert von Plettenberg! Du selbst batest um deine Ablösung. Schon vor Beginn meines Grafenamtes hast du meinem Vater treu gedient. Er wie auch ich haben uns immer auf dich verlassen können. Du hast Burgen an der Grenze zum Arnsbergischen geschaffen und gestärkt, hast auch den Dortmundern schon zeigen können, dass wir uns zu verteidigen wissen. Mit viel Verstand und Einsatz hast du all deine Vorhaben im vollen Einverständnis mit anderen Bevollmächtigten in unserem Lande selbstlos zu klaren Erfolgen werden lassen.

Zum Dank dafür habe ich von einem Silberschmied eine silberne Kette mit einer Elfenbeinschnitzerei anfertigen lassen, die ich dir heute umlege mit der Bitte, sie künftig bei unseren Zusammenkünften zu tragen." Engelbert legte dem greisen Drosten dieses wunderschöne Schmuckstück mit einem märkischen Wappen im Eichenkranz um. Alle hatten sich zu Ehren des Geehrten erhoben. Sie klatschten Beifall, während Gert von Plettenberg mit Tränen der Rührung kämpfte.

„Aber das ist nicht alles, was ich heute zu verkünden habe. Rembert von Greven führt die Drostengeschäfte mit Gert von Plettenbergs Unterstützung schon eine Weile. Heute ernenne ich dich, lieber Rembert, zu Gerts Nachfolger. Ab heute bist du Erster Drost unserer Grafschaft."

Jedem der Erschienenen war längst klar, dass nur Rembert, der gewiss Kenntnisreichste im Kreise der hier versammelten märkischen Ritter, diese Ernennung verdient hatte.

„Und auch du, lieber Rembert, erhältst einen Wappenorden. Er soll dich gegenüber jedermann als meinen ständigen Vertreter ausweisen. Dieser Anhänger mit unserem märkischen Schachbalken ist jedoch nicht aus fein geschnitztem und daher leicht zerbrechlichem Elfenbein wie der, den Gert gerade erhielt. Es ist eine saubere Silberschmiedearbeit, nicht ganz so künstlerisch und wertvoll gestaltet wie der Elfenbeinanhänger für unseren lieben Gert. Du sollst ihn ständig, selbst bei streitigen Auseinandersetzungen tragen als Zeichen deiner Würde. Deshalb wurde er aus Erz geschaffen. Da du das Lateinische so vorbildlich beherrschst, weißt du, was ich meine, wenn ich mit diesem dir übergebenen Amtszeichen zwei Worte an dich richte. Sie sollen Dank und Erwartungen zugleich ausdrücken, kraftvoll und beständiger sein als ein noch so schön gestaltetes Kunstwerk. Unsere Freundschaft soll lebenslang sein. Ich sage nur:

,AERE PERENNIUS' – dauerhafter als Erz!"[371]

Hatten die märkischen Drosten, Amtsleute und Ritter bisher im Rittersaal im Ostflügel der Altenaer Burg getagt, so forderte sie Graf Engelbert nun auf, im sogenannten Festsaal des „Alten Palas" an vorbereiteter Tafel Platz zu nehmen.

„Dort werde ich euch später von meiner Reise an die Nahe erzählen. Zunächst aber möchte ich euch alle mit einem Spruch meines Vaters, den Gert von Plettenberg und Hendryk von Altenbögge wohl schon oft gehört haben müssen, zur festlichen Tafel einladen:

,Nemt guet und vil des essens ein,
so wird fol lobs das reden sein!'"

*

Auf dem Tisch und an den Wandarmen spendeten zahlreiche Kerzen festliches Licht. Es versetzte die Männer in staunende Erwartung, nachdem sie sich vor dem Mahl, wie es üblich war, die Hände gewaschen hatten. Mägde hatten

371 Ein Begriff für ewige Treue, entnommen aus dem Werk CARMINA 3.30.1 von Horaz (65–8 v. Chr.)

im Vorraum Wasser in Schüsseln bereitgestellt und den Gästen Tücher zum Abtrocknen ihrer Finger angereicht.

Linnene weiße Tücher bedeckten die aneinander geschobenen schweren Eichentische. An jedem Essplatz lag ein frisch gescheuertes Holzbrett. Daneben standen tönerne Bierhumpen. Aufgeschnittenes Brot stand in kleinen Weidenkörbchen auf dem Tisch bereit. Als alle Platz genommen hatten, wurden zwei große Schüsseln mit dampfendem Hirschfleisch hereingetragen.

Nach seinem herzlichen Willkommenstrunk, den alle Gäste dankend erwiderten, ergriff Graf Engelbert mit einer großen Gabel als erster ein Fleischstück aus einer der großen Schüsseln. Er schob das gewählte Stück aufs Brett und nahm dann ein stilettähnliches Instrument, das bereits daneben gelegt war. Damit trennte er den Knochen vom Fleisch. Mundgerechte Fleischstücke spießte er damit auf. Eine Gabel war nur zum Tranchieren sehr großer Fleischstücke vonnöten. Messer hatte jeder Gast selbst dabei.

Was auf den Tisch kam, wurde vornehm von allen mit drei Fingern in die Hand genommen. Brot aus den Körbchen wurde in kleinere Stücke gebrochen. Es diente zum Nachschieben und Auftunken der Bratensoße. Teller gab es nicht. Diese waren angesichts der sauberen Holzbretter auch nicht nötig. Alle Schüsseln, Becher, Salzschälchen, Bierkrüge und Kannen waren aus gebranntem Ton gefertigt.

Nach dem Essen wurden die fettigen Finger an um den Hals gebundenen Mundtüchern oder an den Tischtüchern abgeputzt.

Auch Suppe stand in Bechern bereit. Sie wurde aber nur von wenigen genommen. Schließlich waren Suppen alltägliche Nahrung, die daher den meisten der Gäste wenig begehrenswert erschienen. Auch Gemüse – es gab Zwiebel- und Lauchspeisen sowie Erbsenbrei – war anscheinend weniger gefragt.

Jeder der zufriedenen Gäste war eifrig bemüht, seinem Nachbarn durch fröhliches Schmatzen und Rülpsen kundzutun, wie sehr es ihm schmeckte. Keiner nahm etwa verärgert oder erstaunt übel, wenn die gierig verschlungenen Speisen bald dafür sorgten, dass sich auch andere Töne und Gerüche vielfach bemühten, ihrem Freiheitsdrang Raum zu geben.

Die Mägde räumten nach dem Mahl erst die Brettchen und übrig gebliebenen Speisen, dann auch die Becher, Schüsseln und Platten ab. Sie brachten Schalen mit gewärmtem Wasser zum Reinigen der Hände. Frisch gezapftes Bier wurde in neuen Krügen serviert. Dann verschwanden die Mägde nach anmutigem Knicks, als der Küchenmeister unter dem Beifall der Gäste fragte, ob ihnen dieses Mahl geschmeckt habe.

*

Jetzt verspürte Engelbert Lust, von seiner jüngsten Reise zu den Grafen von Sponheim zu berichten. Das tat er gern und ausgiebig, bedauerte aber, dass gerade in jenen schönen Tagen an der Nahe sein hochverehrter Gönner Johann von Sponheim-Starkenburg verstorben war. Das hatte zur Absage des bereits angekündigten Festes auf der Kauzenburg hoch über der Nahe und dem in sie einmündenden Ellerbach geführt. Zwei Dinge hätten Engelbert an der Nahe besondere Freude gemacht: die überall auf den Sponheimer Burgen reichlich vorhandenen Rosen mit ihrer überschäumenden Blütenpracht und der köstliche Wein von den Nahehängen.

Ab sofort sollten auch in der Grafschaft Mark die Burgen reich mit Rosen aller Art und Farbe geschmückt werden. Eine der Sponheimer Burgen heiße deshalb sogar die Rosenburg. Wichtiger sei jedoch, dass der an der Nahe wachsende Wein einen unerreicht angenehmen Geschmack habe. Nie sei ihm klarer geworden, dass Wein und Leben sich wundervoll ergänzende Begriffe seien.

Nicht umsonst habe Jesus Wein und Blut bei seinem letzten Abendmahl einander gleichgesetzt. Wein und Blut seien symbolhaft verbrüdert, Wein und Liebe sogar innig miteinander verbunden. Er verstehe, warum die Winzer einen eigenen Schutzheiligen haben müssten. Wie sonst könnten sie ein so gesundes, bekömmliches und fröhlich machendes Getränk aus den göttlichen Rebsäften herstellen. Es bedürfe unsäglicher Arbeit und steten Fleißes, die Weinberge anzulegen, die Reben vor Frost und Ungeziefer, Kälte und zerstörerischen Niederschlägen zu bewahren, um schließlich aus den Trauben einen guten Wein anbieten zu können.

Bier sei gegen den unverkennbaren Adel des Weines als vulgär zu bezeichnen. Ein lateinisches Sprichwort erkläre schon, warum Wein ein Lebenssaft sei. „In vite vita" heiße diese wichtige Erkenntnis, was soviel bedeute wie „In den Reben reift das Leben" oder „Im Weine haben wir das Leben."

Engelbert hatte sich in Begeisterung geredet, da ertönte ein Zwischenruf: „Warum hast du uns denn keinen Wein mitgebracht?"

„Hendryk, das ist einfach zu beantworten: Ihr habt mir als Begleiter gefehlt! Wie hätte ich sonst allein mit meinem Pferd so viele Flaschen dieses Göttergetränks transportieren sollen? Ich lade euch deshalb ein, sofern ihr Lust und Gelegenheit habt, im Herbst mit mir dieses begnadete Land zu besuchen. Einen ganzen Wagen voller Wein könnt ihr dann in die Mark mitbringen. Vielleicht holen wir sogar noch viel mehr von dort!" Engelbert hütete sich zu verraten, was er mit „noch viel mehr" gemeint hatte.

Seine Gäste waren ohnehin kaum noch aufnahmefähig für weitere Erklärungen. Deshalb schloss er seinen Reisebericht mit den Worten:

„Was ich sonst noch erlebt habe – ich denke an die Besuche und Eindrücke von vielen Burgen an Rhein und Lahn –, das erzähle ich euch ein anderes Mal. Wir wollen, da einige von euch noch heute wieder bei ihren Familien zu sein wünschen, nun diesen schönen Tag beschließen. Überlegt euch, wer Anfang Oktober mit mir an die Nahe reisen möchte – nicht nur des Weines wegen!"

Spätere Heirat nicht ausgeschlossen

Wer eine größere Reise antreten will, ist gut beraten, rechtzeitig die nötigen Vorbereitungen zu treffen, und da Graf Engelbert versprochen hatte, seine wichtigsten Helfer rheinaufwärts in das Land seiner Träume zu führen, erschien es ihm besonders wichtig, den Reisenden eine bequeme Anreise zu bieten. Der mehr als fünfzig Jahre alte Gesellschaftswagen der Grafen von der Mark war kaum geeignet, selbst wenn er noch einmal gründlich überholt sein würde, den Ansprüchen der älteren, nicht mehr ganz so reitfreudigen Gästen zu genügen. Diese Karosse stand verstaubt, teils angerostet und mit brüchigem Riemenwerk seit Jahrzehnten unbenutzt in der Remise der Burg auf dem Schwarzenberg. Der elegante Jagdwagen, den einst die Jülicher Burgleute dem jungen Grafenpaar zum Hochzeitsgeschenk gemacht hatten, zeigte ebenfalls vielerlei Gebrauchsspuren. An ihm waren nicht nur die Farben der Wappen abgeblättert und die Eisenreifen an den Radaußenkanten infolge der geschwundenen Hölzer zu locker, als dass man eine mehrwöchige Reise damit hätte unternehmen können. Jakob vom Ende hatte dem Grafen erklärt:

„Wenn die Reise kein Fiasko werden soll, müssen zwei neue Gesellschaftswagen her. Ich werde mich bei zwei Wagenbauern umsehen, um zu erfahren, was sie kosten." Graf Engelbert hatte nur kurz genickt. Für Jakob hieß das, sofort zu handeln.

Nach wenigen Tagen erstattete er schon Bericht. Ein Wagenbauer aus Lüdenscheid und ein weiterer aus Iserlohn hätten gemeint, dass ein solcher Wagen, der sechs Personen im Inneren und auf dem Bock zwei Wagenlenker aufnehmen könnte, kaum weniger als einhundertfünfzig Goldgulden kosten würde. Entscheidend für den Preis sei aber die gewünschte Ausstattung des Inneren mit Sitzkissen, Fußmatten, Vorhängen, Haltegriffen und Anschnallgurten sowie die Federung des Aufbaues über dem Fahrwerk. Bei einer Galaausführung könnten bis zu einhundertfünfzig weitere Gulden aufzuwenden sein.

Noch war Jakob mit seinem Bericht nicht ganz fertig, da fuhr ein eleganter Zweispänner mit einem solchen Wagen, wie er Engelbert wünschenswert erschienen war, in seinen Hörder Burghof ein. Die Wagentüren zeigten den Limburger Löwen.

„Was will denn der bergische Besuch hier?", fragte Jakob den Grafen verwundert.

„Das ist der Limburger Löwe, Jakob! Der bergische Löwe ist zwiegeschwänzt, wie die Wappen von Düsseldorf und Burg an der Wupper beweisen."

„Wo finde ich den Grafen Engelbert?", rief der ältere der vom Bock steigenden Herren. „Dann müsst Ihr Euch zu mir bemühen", antwortete der Graf.

„Ach, da sehe ich ja auch den Herrn Rentmeister, der kürzlich bei mir vorsprach. Ich bin Wilhelm Wahle, Wagenbauer aus Iserlohn. Ich möchte den Herren meinen gerade fertig gewordenen Wagen für den Grafen Dietrich V. zeigen. Ich habe mit ihm gerade die Jungfernfahrt gemacht. Übermorgen werde ich dieses Fahrzeug in Limburg beim Grafen abliefern."

Jetzt waren die beiden besuchten Herren nicht nur überrascht, sondern hellauf begeistert, als sie dieses Gefährt bewundern konnten. Der Wagen war dunkelgrün, hatte zinnoberrot verzierte Linien um Türen, Fenstern und auf den Speichen. Die Naben erstrahlten signalfarben und das Verdeck war aufrollbar, so dass die Insassen bei gutem Wetter Luft und Sonne genießen konnten. Auch die ledernen Sitzpolster waren im gleichen Dunkelgrün ausgeführt. Die Türbeschläge waren aus Messingguss hergestellt wie auch die zahlreichen Kugelaufsätze an den Dachseiten. Hieran konnte man Lederriemen befestigen, für die das Gepäck abdeckenden Planen oder Netze.

„Und so etwas hat der junge Dietrich bestellt? Kann er das auch bezahlen?"

„Das glaube ich schon, er war sehr großzügig. Schon bei der Bestellung zahlte er ein Drittel des Preises an, dann sofort nach der ersten Probefahrt ohne den noch nicht fertiggestellten Aufbau das zweite. Bei der Übergabe wird die Restzahlung fällig. Graf Dietrich sieht mir nicht wie ein Hochstapler aus. Ich habe von ihm den allerbesten Eindruck."

„Und was soll das komplette Gefährt kosten, wenn ich ein gleiches bestelle, natürlich mit unserem Wappen und für eine Viererbespannung?"

„Das kommt auf den Liefertermin an", klärte Wahle den Grafen auf. „Bis zum ersten Oktober habe ich noch zwei Wagen fertigzustellen. Danach würdet Ihr den gleichen Preis zahlen wie Graf Dietrich. Wenn ich aber schon bis zum ersten September liefern soll, würde ein Aufschlag von fünf bis zehn Prozent dazukommen, das wären dann insgesamt dreihundertfünfundzwanzig Gulden."

„Dann kann ich Euch den Auftrag leider noch nicht zusagen", bedauerte der Graf. „Ein anderer Anbieter kommt morgen zu mir. Dessen Angebot will ich erst abwarten. Aber wenn Euer Wagen nicht bis spätestens zum 10. September geliefert werden kann, wird aus unserem Geschäft sowieso nichts. Wäret Ihr denn an der Auffrischung meines Jagdwagens interessiert? Er steht drüben im Stallgebäude."

„Das kommt darauf an, wann er fertig sein soll. Ich sagte ja schon: Wir haben gute Aufträge und stehen derzeit unter Termindruck."

Sie öffneten die Stalltür und schoben gemeinsam den Jagdwagen hinaus.

„Ein wahrhaft schönes Stück, dieser Jagdwagen! Es ist ein sehr solide gebauter Innenlenker, der auch vom Bock gefahren werden kann. Solche Fahrzeuge sieht man selten. Und der soll generalüberholt werden?"

„Ja, einschließlich neuer bequemer Kissen, eventuell mit neuen Radreifen, die ruhig etwas breiter sein könnten als bisher. Ich muss leider zumeist sehr schlechte Wege fahren. Vielleicht sollte ich auch ein Reserverad mitnehmen."

„Diese Karosse ist ein großartiges Fahrzeug. Ihr Lederzeug müsste jedoch total erneuert werden. Wollt Ihr mir den Wagen in Zahlung geben? Ich wäre bereit, dafür einhundertvierzig Gulden zu zahlen."

„Daran habe ich nicht gerade gedacht, denn beide Wagen benötige ich für eine sehr weite Reise, die schon Ende September beginnt."

„Gut, dann mache ich Euch einen Festpreis für die Erneuerung in bester handwerklicher Facharbeit. Ich denke, mit neunzig Gulden habe ich Euch ein faires Angebot gemacht."

„Fertigstellung bis zum 1. September?"

„Ja, das geht. Wenn ich zusätzlich den großen Wagen für Euch bauen kann, ebenfalls zum 1. September, mache ich Euch ein Gesamtangebot von vierhundert Gulden, einschließlich der Kosten für je ein Reserverad."

„Und wie ist es mit den Raten?"

„Ihr zahlt, Graf Engelbert, wenn ich beide Wagen abliefere, die Gesamtsumme!"

„Das ist ja großzügig, lieber Wahle, wenn ich aber dann nicht zahle?"

„Dann bekommt mein alter Kunde, dem ich versprochen habe, seine Bestellung bis zum 1. September fertiggestellt zu haben, eben den zunächst für euch bestimmten Gesellschaftswagen. Den überholten Jagdwagen, behalte ich dann mit Freuden sehr gern für mich." Jetzt sah Jakob, wie sich Graf Engelberts Miene verfinsterte. Dieser Wahle schien ein gewiefter Kaufmann zu sein.

„Wenn wir Euch jetzt eine Anzahlung von einhundert Gulden machen, ermäßigt Ihr unter dieser Voraussetzung auf dreihundertsiebzig Gulden?"

„Nein, auf dreihundertsiebzig nicht, allenfalls beträgt der Festpreis dann dreihundertachtzig Gulden."

„Das soll ein Wort sein!", erklärte Graf Engelbert und streckte Wahle seine Rechte hin, und der schlug ein.

„Darauf trinken wir ein Glas gut gekühltes Bier, kommt mit ins Haus. Ein schönes Schinkenbrot wird Euch auch schmecken."

„Erst möchte ich mit meinem Kutscher Euren Jagdwagen reisefertig machen. Wir nehmen ihn im Nachspann schon heute mit, denn an ihm wollen wir bereits morgen mit der Überholung beginnen."

Beim Bier rückten alle näher zusammen. Jakob zahlte die vereinbarten Gulden für die Anzahlung aus und ließ sich die vorbereitete Quittung unterzeichnen. Dann reiste der Iserlohner Wagenbauer mit seinem Gehilfen ab.

„Dieser Wahle, der weiß schon, was er will", meinte Jakob vom Ende zum Grafen. „Ich werde zwischendurch häufiger mal in seiner Werkstatt auftauchen. Ich möchte nämlich herausbekommen, ob er tatsächlich zwei dieser schönen Gefährte in Auftrag hat."

„Wie viel Zusagen haben wir eigentlich für die Reise zur Burg des Grafen von Sponheim?", wollte Engelbert von seinem Rentmeister wissen.

„Bisher haben sich nur sechs fest entschieden, mitzukommen. Drost Gert von Plettenberg und sein Nachfolger werden nicht können, Gert aus Gesundheitsgründen und Rembert wie auch ich selbst werden das Wohl und die Geschäfte der Grafschaft im Auge zu behalten. Hendryk von Bönen scheint auch sehr unter dem Zipperlein zu leiden, aber da sind zwei Knappen, die spekulieren sehr darauf, die freigewordenen bequemen Sitze im neuen Wagen besetzen zu dürfen."

„Kommt überhaupt nicht in Frage!", wehrte Engelbert ab. „Wenn der junge Eppenhauser und der ältere der beiden Söhne von Altenbögge mitreisen wollen, dann sollen sie meinen Segen haben, aber sie haben zu reiten. Ich habe selbst schon daran gedacht, einem von ihnen meinen Rappen Amadeus anzuvertrauen, wenn ich den Jagdwagen fahre."

„Wollt Ihr vielleicht getrennt von den anderen reisen?", wollte Jakob wissen.

„Ja, ich erwäge, eventuell mit dem Zweispänner und zwei oder drei Herren einige Tage früher anzureisen. Ich habe da noch einiges zu erledigen, bevor die Festlichkeit auf der Kauzenburg steigt. Da denke ich gerade daran, dass du mir etwas abnehmen könntest."

„Selbstverständlich, das tue ich doch gern!"

„Aber kein einziges Wort darüber zu einem anderen, auch nicht an deinen Bruder! Hast du verstanden?"

„Das wisst Ihr doch, Graf Engelbert, ich kann schweigen wie ein Grab!"

„Besorge mir von einem Gold- oder Silberschmied eine kostbare Brosche oder einen wertvollen Anhänger. Ich brauche das Schmuckstück noch vor Reisebeginn. Es sollte etwas Besonderes sein, aber auch unser märkisches Wappen zeigen."

„Lasst mir ein paar Tage Zeit. Ich will mit dem Iserlohner ,Drahtstapler' überlegen, was man da machen könnte. Ich denke an ein Wappen mit kleiner Grafenkrone darüber. Es sollte an einer Silberkette um den Hals getragen werden. Die Wappensteine könnten aus kleinen Brillanten und Rubinen bestehen. Diamanten kann keiner preisgünstiger als Bürgermeister Giselher aus Amsterdam beschaffen. Da er aber bestimmt nicht dichthalten wird, werde ich behaupten, die Edelsteine seien für mich. In Lüdenscheid kenne ich einen taubstummen Silberschmied, der naturgemäß verschwiegen ist. Ich berichte Euch gleich nach meinen Gesprächen mit den beiden Männern!"

„Da hast du einen wirklich guten Gedanken gehabt! Herzlichen Dank für deine Vorschläge!"

„Darf ich denn einmal fragen, wer die glückliche Empfängerin sein wird?"

„Wenn du wirklich schweigen kannst, sage ich es dir gern. Es ist die Gräfin Elisabeth von Sponheim auf Burgsponheim. Ich glaube, sie mag mich genauso wie ich sie mag."

„Dann ist spätere Heirat also nicht ausgeschlossen?"

„Nein, die ist nicht ausgeschlossen, wenn sie will."

„Das genügt mir zu wissen. Euch, lieber Graf, wünsche ich recht viel Glück, denn seit dem Tode Eurer lieben Richarda, macht Ihr manchmal einen sehr freudlosen Eindruck! Ich kann Euch gut verstehen und hoffe, dass sich alles so fügt, wie Ihr es Euch wünscht!"

Überraschungen

Graf Engelberts Reisegesellschaft war voller Erwartung. Der herrschaftliche Gesellschaftswagen hatte alle Vorstellungen übertroffen, und der gräfliche Jagdwagen glänzte, wie es sich gehörte. Waren die Farben der Fahrzeuge auch sehr dezent, so erhöhten die feinen Linien, die auf dem dunklen Grün aufgetragen waren, den vornehmen Eindruck sowohl des Jagdwagens als auch des Gesellschaftsfahrzeugs. Wie verabredet hatte der Wagenbauer Wahle dem größeren, von vier Pferden zu ziehenden Gefährt mit zinnoberroten Konturlinien ein Aussehen verpasst, das jeden Kenner zu Begeisterungsrufen verführen musste. Das gräfliche Gefährt aus Jülich hatte ähnlich verlaufende Konturen, allerdings aus echtem Blattgold erhalten. Verabredungsgemäß hatte Wahle die Fahrzeuge auf Burg Altena an den Rentmeister Jakob übergeben und für seine pünktlichen und erstklassigen Handwerksarbeiten zweihundertachtzig weitere Goldgulden einstecken können.

Beide Fahrzeuge standen seit Tagen in der abgeschlossenen Wagenremise der Burg, als die Reiseteilnehmer, einige mit Pferden und Burschen, andere in Kutschen gegen acht Uhr reisefertig erschienen waren. Im oberen Burghof warteten sie auf den Grafen, der sich anscheinend verspätet haben musste. Die zur Reise bereiten Herrn musterten sich gegenseitig. Sie zählten heimlich die Köpfe der Erschienenen und wunderten sich über drei in prächtigem Wichs erschienene Herren, die jeder ein Signalhorn mit sich führten. Ihre steifen schwarzen Hüte waren mit einem rotweiß geschachten Band geschmückt. Als sie zu den an die Burgmauer gelehnten Peitschen gingen, um sie zu prüfen, war aber geklärt, dass sie Kutscher waren. Dann stand noch ein den meisten unbekannter Geistlicher am Rande der wartenden Gruppe. Er schien nicht zu wissen, ob er mitreisen oder vor Beginn der siebentägigen Hinreise ein Gebet sprechen sollte.

Da sprengte ein flotter Reiter durch die Vorburg in den Burghof. Es war der Drost Rembert von Greven, der den Auftrag hatte, die Reisegesellschaft auf den Weg zu bringen. Die drei uniformierten Kutscher erhielten Stationspläne und Angaben über die Reiseroute ausgehändigt, und Jakob vom Ende ließ sie die Fahrzeuge aus der Remise in den Burghof schieben und die Pferde anschirren, die von Reitknechten nach dem Einritt des Drosten am Halfter in den Burghof geführt worden waren.

„Der Herr Graf bedauert, anderweitig verpflichtet zu sein. Er wird nicht mitreisen, wünscht aber durch mich eine angenehme Fahrt mit den neuen Wagen", erklärte Rembert von Greven den Anwesenden. Im Jagdwagen, den der livrierte Kutscher Anton führt, nehmen Platz: Jakob vom Ende, dessen Mitreise der Graf ausdrücklich angeordnet hat, der Herr Pfarrer Franz Niedergriese aus Werden und der Knappe Winold von Eppenhausen.

Mit dem Gesellschaftswagen reisen die beiden Kutscher Bertram und Christian und im Fond die Ritter Dietmar von Altena, Hendryk van Bönen, Ditz von Altenbögge, Dietrich von Werminchusen und Burkhard von Bochum.

Die Knappen Winold von Eppenhausen und Knut von Altenbögge sorgen sich abwechselnd um die mitgeführten Trosspferde. Sie sollen die übrigen Mitreisenden unterstützen, wo sie nur können, zum Beispiel beim Auf- und Abladen des Gepäcks. Haben alle verstanden?"

„Aber ich reise ja gar nicht mit", wandte Jakob vom Ende ein. „Ich bin doch gar nicht darauf vorbereitet."

„Das ist eben Euer Pech! Der Graf hat mir ausdrücklich aufgetragen, darauf zu achten, dass Ihr dabei zu sein hättet. Hier ist übrigens Euer Bündel, das mir Eure gute Frau für Eure Reise mitgegeben hat. Ich denke, im Jagdwagen ist Platz genug dafür. Aber jetzt darf ich Herrn Pastor Niedergriese bitten, ein Fürbittegebet für unseren Grafen und alle, die ihr diese Reise unternehmt, zu sprechen. Der Graf war sehr um Euren geistlichen Schutz besorgt. Deshalb hat er einen seiner früheren Lehrer gebeten mitzureisen. Faltet die Hände, Pfarrer Niedergriese, bitte nehmt das Wort!"

✳

Wie viel Neuigkeiten hatten die Herren in diesen letzten zehn Minuten erfahren! Aber angesichts der ansehnlichen Gruppe tüchtiger Männer aus der Grafschaft Mark – auch Pfarrer Niedergriese durfte sich als geistliche Amtsperson aus dem Stift Werden völlig integriert fühlen – war jeder zuversichtlich, gesund und hoffte, durch viele Erlebnisse bereichert, in drei bis vier Wochen wieder zu Hause sein zu können.

Erst als die Wagen das Burgtor hinter sich gelassen hatten, ritt Rembert zur Lenne hinab. Er wollte noch am gleichen Tage auf der Burg Wetter nach dem Rechten schauen, ob die vor Monaten angelieferten Rosen gediehen wären. Er hatte den Grafen zwar gewarnt, dass man so spät im Jahre keine Rosen mehr pflanzen solle, aber Graf Engelbert hatte sich nicht dreinreden lassen.
„Ich will aber aus der Burg Wetter eine Rosenburg machen!", hatte er trotzig gesagt. Da war Rembert nichts anderes übriggeblieben, als des Grafen Befehl auszuführen.

✳

Die beiden Wagen hatten das Rahmedetal hinter sich gelassen. Sie strebten der Stadt Lüdenscheid und dem Volmetal zu. Da wurde Jakob sehr unruhig. Man fuhr doch nicht die übliche Strecke, die man sonst in Richtung Mainz nutzte. Er erbat vom Kutscher Anton die vom Drosten ausgehändigte Fahrtroutenanweisung und staunte nicht wenig, als er des Grafen handschriftliche Bemerkungen sah.

| Dort stand: | „Fahrt nach Sponheim/Nahe |
| An Rentmeister Jakob | Für Quartier, Essen und Trinken in gut Quartier nie mehr als 1 Gulden/Mann zahlen. Für Pferde unterstellen mit Pflege und Hafer je Pferd und Tag höchstens 1 Gulden! |

Stationes:

I. Niestat	In märkisch' Burg melden bei Vogt Wendelin! Quartier und Essen sind bestellt und bezahlt.
II. Abtey Marienstatt Westerwald	Basilika noch im Bau. Mönche zumeist sehr gastfrey. Dort Quartier erbitten!
III. Sayn	Quartier in Pfalzgreflicher Burg rechts vom Rhein oder in Abtey St. Maria und Johannes in Bendorf erbitten. Bei Graf Johann von Sayn Grüße von mir bestellen.
IV. Goarshausen oder St. Goar	Hier über den Rhein auf die linke Seite durch Schiffer am Ort. Danach rheinaufwärts! Bei Quartierwahl vor Übersetzen in St. Goarshausen für nächsten Morgen Überfahrt fest vereinbaren! Besser ist Quartier links-rheinisch.
V. Oberwesel	Schöne Stadt mit Mauer und vielen Türmen. Gute Herbergen dort. Wo Quartier angenehm, da auch speisen! In Oberwesel große Auswahl bester Weine vom Rhein!
VI. Bretzenheim	Wo des Hl. Antonius Klause war, im Winzerhof St. Kilian Quartier machen, dort auch Speis und Trank einnehmen! Sehr leckere Naheweine!
VII. Kreuznach Jagdwagen	auf Nahebrücke halten und bei Graf Lender von Sponheim im Brückenhaus oder, wenn nicht da, auf Kauzenburg melden! Quartier ist auf Burgsponheim!
Gesellschafts-wagen	bis zur Kauzenburg fahren, bei Graf Volker von Sponheim melden, Quartier in Ebernburg im Schloss Rhein-Grafenstein vorgesehen.
An alle	Recht gute Reis!"

*

Die erste Etappe der Reise war mit Erreichen von Bergneustadt geschafft. „Niestat"[372], so hatte es Graf Engelbert im Verzeichnis der vorgeschlagenen „Stationes" geschrieben, ist ein schon damals zigfach verwendeter Städtename. Graf Engelberts „Niestat" war dem heutigen Oberbergischen Kreis zugehörig

---

372 Die heutige Stadt Bergneustadt im Oberbergischen Kreis

und mit Wipperfürth, Lüdenscheid und Lennep wohl erste Stadt der bergisch-märkischen Städtegründungen im 13. Jahrhundert.

Graf Engelbert II. von der Mark hatte den Ort Niestat im äußersten Süd-zipfel seines Landes durch seinen Amtmann Rutger von Altena im Jahre 1301 zu einer stark befestigten Stadtburg mit doppeltem Mauerring ausbauen lassen. In den Jahren von 1302 bis 1335 hatte er den Ort mit umfangreichen Markt- und Stadtrechten ausgestattet. Drost Gert von Plettenberg hatte während der Abwesenheit Engelberts im Zuge der östlichen Festungslinie Klusenstein–Neuenrade–Plettenberg gegen Arnsberg, Kurköln, Berg und Sayn auch Niestat als den südlichen Eckpfeiler der Grafschaft Mark noch stärker auf Verteidigungsbereitschaft ausgerichtet.

Mit dieser von ihm vorgeschriebenen Reisestation hatte Graf Engelbert seinen Getreuen, die Niestats Befestigungsanlage bisher kaum kennengelernt hatten, Gelegenheit geben wollen, sich mit den dortigen Verhältnissen vertraut zu machen. Er hatte dem Burgvogt vor Antritt der Reise genaue Anweisungen gegeben, wie seine Gäste unterzubringen und zu beköstigen seien. Da eine Folge von böigen Schlechtwettertagen das Reisen wenig angenehm machte, waren die Gäste sehr dankbar, am Kaminfeuer mit wärmenden Getränken begrüßt zu werden. Ein kurzer Vortrag des Burgvogts über die Geschichte und die Verteidigungsmöglichkeiten des südlichen Teils der Mark war für alle lehrreich. Man erfuhr, dass dieses Gebiet und die weiter südlich gelegene Tallandschaft der oberen Leppe einschließlich des Schlosses Gimborn[373] im 13. Jahrhundert den Stiftsherren von St. Geron in Köln gehört hatte, bevor es durch erfolgreiche Tauschverhandlungen an die Grafen von der Mark gekommen war.

✻

Graf Engelbert war inzwischen bei seinem Freund Lender im Kreuznacher Brückenhaus angekommen.

„Schon da, lieber Engelbert? Ich hatte zwar erst in einer Woche mit dir gerechnet, aber umso mehr freue ich mich, dass wir Zeit für einander haben! In der Kauzenburg herrscht Hochbetrieb bei den Vorbereitungen für das Herbstfest. Ich schlage vor, wir lassen uns erst am Wochenende dort sehen. Für dein Pferd habe ich noch eine freie Box im städtischen Marstall frei. Mein Stallknecht wird dafür sorgen, dass es deinem treuen Hengst an nichts fehlt."

„Deine Fürsorge und Gastfreundschaft kenne ich lange genug. Deshalb möchte ich dir mein Anliegen rechtzeitig unterbreiten."

„Nanu, ist es etwas Ernstes?", fragte Lender verwundert. „Ich kenne dich bisher nur als einen Menschen, der nicht lange fragt, was erlaubt ist, sondern geradewegs auf sein Ziel lossteuert, ohne dass ihn ein anderer davon abhalten kann."

---

373 Gimborns erster Schlossherr fiel als kaiserlicher General im Türkenkrieg. Sein Sohn Adolf heiratete Margarethe von Wolf-Metternich und wurde in den erblichen Adelsstand erhoben. Er bewirkte 1621 die Belehnung mit Schloss Gimborn und 12 Bauerschaften im Aggertal. Im Jahre 1681 erreichte er die Reichsunmittelbarkeit seines hiesigen Besitzes trotz erbitterten Widerstandes von Sayn und Mark.

„Das mag so scheinen, aber diesmal handelt es sich um eine heikle Frage."

„Eine heikle Frage? Das musst du mir näher erklären."

„Ja, deshalb bin ich hier. Was würde deine liebe Schwester wohl sagen, wenn ich sie bitte, meine Frau zu werden? Ob sie mich, einen Mittfünfziger, noch als Gemahl akzeptiert? Sie wirkt so selbstständig und ist mit Burgsponheim und euch allen hier so fest verwachsen, dass ich Bedenken habe, ihr einen Antrag zu machen!"

„Zuerst bin ich sehr überrascht, dass du dir meine mahnenden Worte gegen eine drohende Vereinsamung so einsichtig und schnell zu Herzen genommen hast. Dann darf ich dir sagen, dass ich keinen Menschen kenne, den ich lieber als Schwager hätte als dich.

Schließlich habe ich zum Dritten schon einmal ähnliche Bedenken anhören müssen von jemand, der mich ebenfalls in dieser für ihn ‚heiklen Frage' um meine Meinung befragt hat. Das ist noch gar nicht so lange her und geschah hier im Brückenhaus über der Nahe, nachdem die Trauergäste anlässlich der Beisetzung unseres Vetters Johann abgereist waren und eine gewisse Leere in unserem Inneren eingetreten war."

„Dann gibt es also noch einen Bewerber?" Engelbert stellte diese Frage ebenso entrüstet wie kampfbereit. „Kenne ich ihn etwa?"

„Ob und inwieweit du dich selbst kennst, musst du, lieber Engelbert, entscheiden. Aber mehr zu sagen, verbietet mir die Höflichkeit."

„Dann werde ich mich wohl daran machen müssen herauszufinden, wer dieser Gegenspieler meiner Interessen ist. Ich denke, er ist von Adel und auch Graf, vielleicht sogar ein einflussreicher Landesherr?"

„Alles, was du sagest, trifft zu. Am besten wäre es wohl, du wartest nicht zu lange. Sonst könnten deine Chancen nur sinken!"

„Dann reite ich gleich morgen in aller Frühe los und versuche, mein Glück zu machen."

„Viel Erfolg wünsche ich dir dabei!", waren die letzten Worte in dieser Sache, die Engelbert immerhin darin bestärkt hatten, dass er in Lender einen verlässlichen Verbündeten hatte.

＊

Der Ritt über Waldböckelheim nach Burgsponheim kam Engelbert endlos lang vor. Als er den hohen Bergfried von Burgsponheim vor der Waldkulisse des Kronenbergs auftauchen sah, fiel ihm ein, dass er ohne Blumen zu seinem Antrittsbesuch kam. Er hatte vergessen, rechtzeitig einen besonders schönen Strauß roter Rosen zu beschaffen. „Egal", dachte Engelbert, „ich bin ja nicht auf den Mund gefallen!"

Als er durch das Burgtor geritten war, entdeckte er, dass er nicht der einzige Besucher war. Eine Zweispännerkalesche mit Kutscher stand bereits im Burghof. War ihm der Mitbewerber trotz der frühen Stunde zuvorgekommen?

„Die Gräfin hat wichtigen Besuch", erfuhr er von der jugendlichen Gesellschafterin, die Engelbert die Tür geöffnet hatte und ihn bat, es sich in der Diele bequem zu machen, bis sie die Gräfin stören könne. Sie hatte ausdrücklich darum gebeten, in der nächsten Stunde erst dann angesprochen zu werden, wenn ihr Besuch gegangen wäre.

Da hörte Engelbert plötzlich erregte Stimmen.

„Bedaure sehr", waren Elisabeth von Sponheims energische Worte, „auch ich habe meine Prinzipien. Warum sollte ich gerade Euch entgegenkommen? Zweiundzwanzigtausend Silbermark und keinen Deut darunter! Schließlich lag das Angebot eines anderen Herrn auch schon bei zwanzigtausend. Ich entscheide mich noch heute. Deshalb rate ich Euch, schnell zu handeln! Fahret wohl! Ich wünsche eine gute Reise!" Jetzt öffnete sich die Tür zwischen Diele und Rittersaal. Heraus traten Gräfin Elisabeth und ein mächtig aufgeputzter Herr.

„Da seid Ihr ja schon, lieber Graf. Ich glaube, wir werden uns sehr schnell einig!" Während ihrer Engelbert verwirrenden Worte verließ der scheidende Herr die Gräfin. An der Burgpforte hielt er aber die Tür fest in der Hand. Er schien zu überlegen und wandte sich dann noch einmal der Gräfin zu mit den Worten:

„In Gottes Namen, Gräfin, dann bin ich einverstanden! Bitte, gebt mir Euer Wort, dass der Handel zu Euren Bedingungen vonstatten gehen kann."

„Gut, wir sehen uns übermorgen um zehn Uhr beim Notar. Ich denke, die Kosten übernehmt Ihr!"

„Ja, selbstverständlich, ich bin ja der Käufer." Mit diesen Worten schloss er die Tür.

Jetzt erst löste sich die Anspannung bei Engelbert. Der Besucher war nur in geschäftlichen Dingen mit der Gräfin im Gespräch gewesen. Also müsste noch ein weiterer Bewerber im Spiel sein. Aber was war das für eine riesige Summe, von der da die Rede gewesen war! An Elisabeth richtete er dann die Worte:

„Leider komme ich ohne Rosen, die ich dir habe schenken wollen. Nimm mich bitte als Ersatz dafür, denn ich bin bereit, mich dir zu schenken." Elisabeth ging auf diese Ankündigung jedoch nicht ein. Sie schien Wichtigeres sagen zu wollen.

„Entschuldige, lieber Engelbert, dass ich dich wie einen Fremden behandeln musste und auf das vertraute ‚Du' verzichtet habe. Du kamst als Retter in letzter Minute zu mir. Jetzt hat der alte Gauner unter Zeugen meine Forderung zu erfüllen versprochen. Ich bin gerade dabei, die beiden Mühlenbetriebe mitsamt den zugehörigen Wasserrechten zu verkaufen. Die Scherereien mit den Pächtern haben mich dazu gebracht. Meine Brüder Volker und Lender haben kein Interesse, die Mühlen zu übernehmen. Bitte tritt ein, mach's dir bequem und erzähle, was es Neues gibt!"

Erleichtert berichtete Engelbert von seinem gestrigen Besuch bei ihrem Bruder Lender. Er kam sofort auf sein Anliegen zu sprechen:

„Ich möchte dich als meine Rosenkönigin auf meine Burg Wetter an der Ruhr heimführen dürfen. Sage es mir gleich und ohne alle Umschweife, ob du bereit bist, mich zu heiraten!" Bange Minuten des Schweigens folgten. Elisabeth schien mit ihren Worten zu kämpfen. Würde sie sich zu einem „Ja" durchringen können? Erwartungsvoll starrte Engelbert sie an. Dann hörte er ihr mit bewegter Stimme gehauchtes: „Ja, Engelbert, von ganzem Herzen ja! Ich habe lange gehofft, dass du mir diese Frage stellen würdest. Auch Lender habe ich gefragt, ob er mir helfen würde, dich zu sehen. ‚Warte nur bis zum Herbstfest', hat er mir geantwortet, ‚Engelbert hat zugesagt, dann wieder in der Kauzenburg zu sein.' – Und jetzt wird alles gut!" Beide umarmten und küssten sich innig, sie benahmen sich wie zwei glückliche Kinder.

Beim improvisierten Mittagsmahl auf der sonnigen Terrasse meinte Elisabeth zu Engelbert: „Mit der gerade vereinbarten Kaufsumme bin ich dir gewiss eine gute Partie!"

„Auch wenn du nur das Sonnenkind wärest, in das ich mich beim ersten Zusammensein verliebt habe, und du keinen einzigen Gulden mitbringen würdest, wäre ich glücklich und zufrieden gewesen, dich heimführen zu dürfen. Aber was wird aus eurer Burg, wenn du mit mir kommst?"
„Die Burg bleibt Sponheimer Familienbesitz! Einer der Söhne von Volker wird sie verwalten, wie auch ich sie gut in Schuss gehalten habe."

Der sonnige Herbsttag lud sie zu einem Spaziergang durch die Weinberge um die Burg ein. Bevor sie aber die Burg verließen, legte Engelbert der Gräfin die silberne Kette mit dem märkischen Anhänger um den Hals. Das ist mein Verlobungsgeschenk, zukünftige Gräfin von der Mark!", erklärte er mit einer galanten Verbeugung.

Hand in Hand schritten sie bald durch die dichten Rebenreihen, deren Trauben reif und goldschwer darauf warteten, ihren köstlichen Saft darzureichen. Die schön gezackten Blätter der Rieslingtrauben schirmten das glückliche Paar ab vor neugierigen Blicken derer, die im benachbarten Wingert schon dabei waren, die Weinernte einzubringen. Über Steingeröll und durch Felsklüfte stiegen sie zur Höhe des rebenumstandenen Vulkanfelsens empor, um von dort das muntere Wellengekräusel des Ellerbaches zwischen den Wogen der Weinberge an der Nahe-Weinstraße zu verfolgen.

„Und wann bist du bereit, mich zu heiraten?", fragte Engelbert. Diesmal kam die Antwort freudig und schneller als erwartet: „Bald, sehr bald, am liebsten noch heute!"

Viel Glück und Gottes Segen

Inzwischen hatte sich auch im Nordwesten des Rheinlandes das Wetter gebessert. Die Reisegruppe der Märker hatte bei hellem Sonnenschein St. Goar auf der linken Rheinseite erreicht und in der mächtigen Burg Rheinfels Quartier bezogen. Sie blickten über den breiten Strom und sahen von den Festungsmauern ihrer gastlichen Station am anderen Ufer die Burgen Katz und Maus mit dem zwischen beiden liegenden Ort St. Goarshausen und den Loreleyfelsen jenseits des von zahlreichen Schiffen befahrenen Rheines.

Überall waren sie freundlich aufgenommen und reichlich bewirtet worden, hatten auch miteinander gute Gespräche geführt, so dass ein vertrautes, ja sogar freundschaftliches Verhältnis zueinander gewachsen war.

Während sie sich in der Burgschänke zu einem wahrlich aussichtsreichen Abendessen eingefunden hatten und von dort die Boote auf dem Strom interessiert verfolgten, saßen Graf Engelbert und seine Braut beim Pfarrer der kleinen romanischen Kirche von Sobernheim[374] und trugen ihm ihre Absicht vor, am übernächsten Sonnabend von ihm getraut zu werden. Gräfin Elisabeth hatte gewünscht, hier von diesem ihr seit Jugendtagen vertrauten Pfarrer getraut zu werden. Sie wollte keine Prunkhochzeit, sondern eher eine Trauung im kleinen Kreise bester Freunde und Verwandter in eben jener ihr seit ihrer Umsiedlung nach Burgsponheim liebgewonnenen Kirche.

Engelbert hatte schon Pläne geschmiedet, die Hochzeit feierlich in der schönsten Kirche seiner Grafschaft in Hamm zu begehen. Ebenso gern war er aber dem Vorschlag seiner Braut gefolgt.

„Das geht mir ein wenig zu schnell", hatte Pfarrer Obermann in Sobernheim gemeint, als die beiden Brautleute vor ihm saßen. Zwar wäre sein Erzbischof kein Freund langer Aufgebotsfristen, aber ihm, dem Sobernheimer Pfarrer, wäre es zur Pflicht geworden, sich bei der Heimatpfarrei der Hochzeiter ausgiebig zu erkundigen und die Trauzeugen hinsichtlich ihrer Eignung zu überprüfen. Das sei innerhalb der verbleibenden sieben Tage bis zum Hochzeitstermin kaum zu schaffen, zumal der Bräutigam in einem fernen Lande wohne.

Verständlicherweise wurde Graf Engelbert bei solchen Bedenken etwas ungeduldig. Entsprechend fiel seine Entgegnung aus:

„Hochwürden, das dachten wir ebenso wie Ihr. Um Euch einen so weiten Ritt zur eingehenden Erkundigung zu ersparen, der Euch möglicherweise eine wunde Sitzfläche bescheren könnte, habe ich vorgesorgt. Einer meiner Lehrer, der Pfarrer der Benediktiner-Abteikirche St. Ludger aus Werden bei Essen ist schon auf dem Wege hierher. Er wird mein Trauzeuge sein.

Falls Euch jedoch Gräfin Sponheim ähnliche Bedenken bescheren sollte, könnte mein Freund Niedergriese – so heißt dieser mich von Jugend auf kennende Pfarrer – selbstverständlich auch die Zeremonie der Trauung übernehmen. Seine Kirche gehört zu meiner Vogtei, ihre Vorgängerkirche wurde schon 804 vom heiligen Ludger geweiht. Falls Euch jedoch der bürgerliche Name des Pfarrers stören sollte, dürft Ihr wissen, dass ich bei Fragen des Charakters durch höchste Repräsentanten unserer Heiligen Kirche und hochadlige Wür-

---

374 Die ehemalige St.-Matthias-Kirche war schon um 1000 n. Chr. entstanden. Aus ihr erwuchs die spätere, 1482 vollendete spätgotische Hallenkirche.

denträger mehr enttäuscht worden bin als von schlichten Menschen, die Gott lieben und fürchten!"

Elisabeth sah zu Boden, als ihr Engelbert so deutliche Worte gesprochen hatte.

„Ihr dürft gern bei meinen Brüdern nachfragen, Hochwürden, zumal auch sie zu unseren Trauzeugen zählen!"

„Das ist ja dann alles nicht mehr nötig. Eure Erklärungen haben mich vollauf befriedigt. Darf ich die Namen der Trauzeugen notieren?" Jetzt antwortete Elisabeth zuerst:

„Volker Graf von Sponheim zu Kreuznach auf Kauzenburg und Lender Graf von Sponheim zu Kreuznach." Engelbert ergänzte:

„Jetzt erst ein Bürgerlicher: Es ist Franz-Jakob Niedergriese, Pfarrer zu Werden, und als Zweiter: Graf Johann von Dillenburg-Nassau zu Siegen. Der zuletzt Genannte weiß zwar noch nichts von seiner bevorstehenden Aufgabe. Da er aber über ein gutes Gedächtnis verfügt, wird er die Einladung des Grafen Volker zu dessen Herbstfest bestimmt nicht versäumen."

„Ich darf ihn aber schon in die Heiratsurkunde namentlich aufnehmen?", kam eine bedenkenvolle Bemerkung des Pfarrers.

„Ihr dürft!", war die klare Anweisung Engelberts.

„Haben die Brautleute schon eine Vorstellung von einem ihnen genehmen Trautext?"

Elisabeth und Engelbert sahen sich an, denn darüber hatten sie noch gar nicht gesprochen.

„Ich meine", antwortete Engelbert etwas gedehnt mit einer kleinen Pause nach diesen Worten, „dafür werdet Ihr gewiss zu sorgen wissen. Ein guter Prediger hat davon hunderte im Kopf. Doch rate ich Euch, einen Text ohne Hintergedanken auszuwählen, wenn Ihr mir eins auswischen wollt! Die Trauzeugen werden sich rechtzeitig bei Euch melden, damit Hochwürden deren Eignung überprüfen können.

Um Euch in der kurz bemessenen Vorbereitungszeit Eurer Predigt allzu viel Mühe beim Suchen eines Trauspruches zu ersparen, möchte ich Euch auf Sirach 26, Vers 3–4 aufmerksam machen: ‚Eine gute Frau ist eine gute Gabe: sie wird dem Gottesfürchtigen zuteil, sei er reich oder arm – sein Herz wird fröhlich und sein Angesicht heiter zu jeder Zeit.'"

Elisabeth schaute Engelbert voller Stolz und Achtung an. Ja, meinte sie im Stillen, das ist der richtige Mann für mich!

*

Die Tage der Hochzeitsvorbereitungen vergingen wie im Fluge. Trotz Lenders Bedenken, seinen Bruder Volker mit seiner Mannschaft zu stören, besuchten die Brautleute und Lender am Abend nach dem Besuch beim Sobernheimer Pfarrer den regierenden Grafen Volker und seine Frau. Es waren sehr harmonische Stunden, die ganz im Zeichen der Vorbereitung der Festlichkeiten standen.

Bis zum Herbstfest waren es nur noch vier Tage. Knapp eine Woche später sollte schon die Hochzeit stattfinden.

„Die Ringe für euch, liebe Elisabeth und lieber Engelbert, möchten wir euch als Hochzeitsgabe schenken dürfen", erklärte Lender in Anwesenheit seiner Verwandten.

„Aber die Ringe bitte nicht vergessen, sonst stehen wir unberingt in der Kirche", mahnte Elisabeth ihren Bruder.

„Und das Brautkleid ist meine Gabe zu eurem Fest!", ergänzte Volkers Frau. „Aber Engelbert darf es vor dem Besuch der Kirche keinesfalls sehen. Das brächte nämlich Unglück", verriet sie zum besseren Verständnis der Herren.

„Kommt Johann von Dillenburg-Nassau auch zum Herbstfest?", erkundigte sich Engelbert.

„Habe noch nichts von ihm gehört", war Volkers Antwort. „Aber er dürfte ein so passionierter Jäger sein, dass er sich die Jagd – diesmal findet sie im Forst der Ebernburg statt – bestimmt nicht entgehen lassen wird."

„Er soll mit euch beiden Sponheimer Grafen und meinem Werdener Prediger unser Trauzeuge sein. Elisabeth hat sich eine kleine, aber ganz besonders feine Hochzeit gewünscht und daher die kleine Sobernheimer Matthias-Kirche gewählt."

„Rückblickend auf unsere Hochzeit, lieber Volker, komme ich auch zu dem Ergebnis, dass eine gediegene Trauung mit wenigen, aber besonders geschätzten Gästen für alle hierzu Geladenen und erst recht für das Hochzeitspaar viel erstrebenswerter ist."

„Ja, das meine ich auch", bestätigte Engelbert, „es wäre mir eine kaum zu stemmende Bürde gewesen, wenn ich meine Brüder mit ihrem ganzen Anhang hätte einladen müssen. Die kleine Matthias-Kirche könnte keinesfalls ausreichend Platz bieten und vielen der angereisten Gäste könnte man bei einer Riesenhochzeit kaum ein Wort gönnen!"

✳

Die Kauzenburg glich schon am Freitagnachmittag einem Heerlager. Vor der Zugbrücke über dem Graben hatten Schausteller ihre Buden aufgestellt. Feuerspucker, Weissager und Jongleure zeigten ihr Können. Im Burghof standen Bänke und Tische bereit, um die Gäste dort mit Backwaren aller Art sowie Speisen und Getränken zu versorgen. Als ein Bläserkorps seine Melodien über die Dächer von Kreuznach schmetterte, und die Fahnenschwinger mit Kraft und rhythmischen Bewegungen die Gunst der Zuschauer erworben hatten, wollte Graf Volker gerade eine kurze Begrüßung vornehmen. Pferdegetrappel und Peitschenknallen hielten ihn aber davon ab, denn in diesem Augenblick traf der Gesellschaftswagen der märkischen Gäste ein. Es gab viel Hallo und freudige Begrüßungen. Dietmar von Altena ging auf den Gastgeber Graf Volker zu und meldete seine Wagenmannschaft nach angenehmster Anreise an, um zu erfragen, wo seine Mitfahrer und Reiter ihr Quartier finden könnten. Der

Jagdwagen sei verabredungsgemäß beim Grafen Lender in der Stadt geblieben. Dort wurde er schon von Engelbert erwartet, um ihn nach Burgsponheim weiterzuleiten. Graf Volker gab den Märkern einen berittenen Boten zur Burg Rheingrafenstein mit. Er bat Dietmar, zum Abendessen mit seinen Leuten um acht Uhr wieder im Rittersaal der Kauzenburg zu erscheinen. Bis dahin würden auch die anderen Jagdgäste eingetroffen sein.

*

Als Jakob vom Ende und Pfarrer Niedergriese gemeinsam mit den Grafen Lender und Engelbert sowie dem Knappen Winold Burgsponheim vor sich liegen sahen, bemerkten sie auf der Fahnenstange am Bergfried die mit weiß-rot geschachten Balken versehene Wappenfahne der „Vorderen Sponheimer Grafschaft".

„Eine gewisse Ähnlichkeit mit dem märkischen Wappen ist unverkennbar", meinte Winold.

„Vielleicht wird die Verbindung zwischen den Sponheimern und den Märkern ja noch enger", fügte Jakob vom Ende hinzu.

Als sie im Burghof angelangt waren, trat ihnen auf der schwungvoll gestalteten Treppe vor dem Haupteingang die Gräfin Elisabeth entgegen. Sie hieß ihre Gäste herzlich willkommen. Jakob wollte sich schon die Augen reiben, um besser sehen zu können. Aber das war nicht mehr nötig. Ganz eindeutig erkannte er den mit Diamanten und Rubinen geschmückten Silberanhänger, den sie um den Hals trug. Er blickte den Grafen Engelbert an, als ob er ihn nach etwas fragen wollte. Der aber nickte nur und erklärte ihm:

„Alles wunschgemäß verlaufen. Am nächsten Sonnabend treten wir vor den Altar, und ihr seid meine Gäste!"

*

Wenige Stunden später waren alle Märker im Rittersaal der Kauzenburg versammelt bis auf den Grafen Engelbert und die Gräfin Elisabeth.

„Wir kommen erst nach dem Essen dorthin", hatte Engelbert angekündigt. „Ich hoffe, dass bis zehn Uhr auch die übrigen Gäste dort eingetroffen sind!" Dabei hatte er besonders an Johann Graf von Dillenburg-Nassau gedacht. Engelbert war enttäuscht gewesen, dass er bis jetzt noch nicht gekommen war.

Als die Teller und Speisereste abgeräumt waren, bat Graf Volker um Gehör und begrüßte die Anwesenden, die sich beim Nennen ihres Namens und Ranges erhoben hatten. Danach gab er den Bläsern ein Zeichen für die vorgesehene Begrüßungsfanfare. Für Graf Engelbert und seine Braut war das der Augenblick, in den Saal zu treten. Alle Anwesenden begrüßten die beiden laut Beifall klatschend. Wieder nahm Volker das Wort:

„Wer kennt sie nicht, meine liebe Schwester Elisabeth und ihren Begleiter, den Grafen Engelbert von der Mark. Sie geben uns Anlass, die Kontakte zwischen den Grafschaften Mark und Sponheim noch lebendiger zu gestalten. Dieses schöne Paar wird am kommenden Sonnabend in Sobernheim den Bund der Ehe schließen. Wir wünschen ihm dazu viel Glück und Gottes reichen Segen!"

Stürmischer Jubel brauste nach diesen Worten auf, und das glückliche Brautpaar schaute nur in freudig überraschte Gesichter. Jetzt war auch dem letzten der Märker klar geworden, warum ihr Graf früher als geplant abgereist und vorausgeritten war!

Die Gräfin Elisabeth war eine bezaubernde Erscheinung. Sie trug ein tiefblaues Kleid, auf dessen Mieder der Brautschmuck herrlich im Schein der Kerzen funkelte. Engelbert wandte sich nun seiner Reisegesellschaft zu:

„Ihr wisst doch, was diese Nachricht bedeutet? Nein? – Dann sage ich es euch klar und deutlich: Eure Anwesenheit am nächsten Sonnabend ist unbedingt erforderlich. Wir feiern unsere Hochzeit auf Burgsponheim und ihr seid unsere Gäste!"

Pfarrer Franz-Jakob Niedergriese schmunzelte verständnisvoll, als Jakob vom Ende ihn ansprach: „Und Ihr habt das alles gewusst?" Seine Antwort war:

„Ja, wer Vertrauen erhalten will, muss schweigen können – so wie auch Ihr, lieber Rentmeister!" Darauf umarmten sich beide, und jeder wusste vom anderen: „Auf den kann man sich verlassen!"

Der Abend im Rittersaal fand bald ein Ende, denn der Beginn der Jagd im Forst der Ebernburg war für zehn Uhr angesagt.

„Gut, dass wir dort einquartiert sind", meinte Hendryk zu seinem Neffen Ditz von Altenbögge, „dann brauchen wir nicht so früh aus den Betten!" Die livrierten Kutscher hatten die Wagen fahrbereit abgestellt. Das Brautpaar war bereits verschwunden, als die letzten Märker ihre Fahrzeuge bestiegen. Der Mond zeigte nur eine schmale Sichel, als Ditz von Altenbögge seinen Onkel Hendryk und seinen Sohn Knut am Ärmel fasste und zum Sternenhimmel zeigte:

„Seht ihr dort oben Castor und Pollux? Sie sind heute sehr gut zu sehen. Wahrscheinlich wollten sie zuschauen, was es heute Neues gab. Die sind schlauer, als ich dachte."

✻

Die Herbstjagd im Ebernburger Forst stand unter einem guten Stern. Die Jagdgesellschaft brach programmgemäß und vollzählig zum Ausgangspunkt der Jagd auf und fand sich nach Überqueren der Alsenz nach einer halben Stunde oberhalb der Ebernburger Mühle in einem prächtigen Hochwald. Graf Volker hätte für den Beginn der Jagd keinen besseren Ort finden können.

Nach dem Jagdsignal „Begrüßung" hatte der Jagdleiter das Wort. Als Berufsjäger der Herren von Sponheim bat er um äußerste Disziplin bei dieser Gesellschaftsjagd, um Unfälle zu vermeiden. Besonders wies er auf die notwendigen Abstände hin und beauftragte den „Obertreiber", auch die Treiber keinesfalls vermeidbaren Gefahren auszusetzen. Dann gab es strenge Anweisungen für die

Hundeführer, die ihre Tiere nur zur Nachsuche zu schnallen hätten. Den Gästen galt sein herzliches Waidmannsheil. Er teilte sie in zwei Gruppen ein, über deren Zugehörigkeit das Los mit farbigen Nummern entschied.

Bei dieser Waldtreibjagd kam es besonders auf die gleichmäßigen Abstände beim Anstellen der Schützen an und auf das Verstellen bestimmter Pässe und Wechsel. Da insbesondere Rotwild gejagt werden sollte, war bei den hier vorhandenen Althölzern und den lichten Beständen das Augenmerk der Jäger mit dem Gesicht zum Treiber erwünscht. Dann ertönte das Signal „Aufbruch zur Jagd". Schon begann das Anblasen des ersten Treibers mit der Aufforderung der Hörnerstimmen:

> „Treiber geht langsam voran!
> Immer in Reih Mann für Mann.
> Treiber nur langsam voran, langsam voran!"

Es war erstaunlich, wie Jäger und Treiber aus den unterschiedlichsten Landstrichen die verschiedenen Hornsignale zu deuten verstanden und ihr Verhalten danach ausrichteten. Die Treiber trugen das erlegte Wild zum Sammelplatz, aber erst nachdem das Signal „Wild ablegen" ertönt war.

Nach einer kräftigen Suppe auf einer Waldlichtung erfolgte am Nachmittag das zweite Treffen, diesmal vom Zuckerberg aus in Richtung auf das Alsenztal nach Westen. Wieder hatten die Treiber zahlreiche Jagdbeute zum Sammelplatz zu schleppen. Für die Hunde begann jetzt die Hauptarbeit mit der Nachsuche in den Dickichtzonen. Sie musste wegen verschiedener Waidwundschüsse von einigen Hundeführern noch bis zu Beginn der Dämmerung fortgesetzt werden.
Gegen achtzehn Uhr wurde das zweite Treiben abgeblasen, kurz danach kamen die Hornsignale zum Sammeln der Jäger und zum Ablegen des erlegten Wildes. Das hatten eifrige Treiber schon vorbereitet. Die Hochwildstrecke war beachtlich:

an Rotwild:	3 Kapital- oder Haupthirsche
	5 jagdbare Hirsche
	2 angehende Hirsche
	4 Hirschkälber
	2 Damhirsche
	2 Damtiere
an Schwarzwild:	3 Keiler
	2 Bachen
	3 Überläufer
	2 Frischlinge
an Rehwild:	3 Rehböcke
	1 Ricke und
	2 Schmaltiere

Füchse, Hasen, Kaninchen und Federwild wurden gar nicht gezählt. Es war ja eine Hochwildjagd! Erfolgreichste Schützen waren mit gleichem Ergebnis der Jagdherr selbst und Hendryk von Bönen mit jeweils einem kapitalen Hirsch, zwei jagdbaren Hirschen und einem Keiler.

Aber auch Dietrich von Werminchusen und der junge Knut von Altenbögge hatten sich als ausgezeichnete Jäger erwiesen mit je zwei Hirschen, je einem Überläufer sowie einer Ricke.

Altem Jagdbrauch entsprechend, ertönten die Jagdhörner beim Verblasen der Strecke. Die Bläser, Treiber, Schützen und Hundeführer verharrten auf ihren zugewiesenen Plätzen, bis der Jagdherr Volker von Sponheim die Brüche vergeben und seinen Dank an die sich waidgerecht gezeigten Teilnehmer ausgesprochen hatte. Er lobte die Arbeit des Jagdleiters und der Treiber. Dann lud er die ganze Jagdgesellschaft zum auf einundzwanzig Uhr festgesetzten Schüsseltreiben in den Rittersaal der Kauzenburg ein.

Alle Teilnehmer waren sich einig in ihrem Urteil: Diese Jagdveranstaltung war ein Erlebnis, das sie wohl so bald nicht wieder haben würden. Organisation, die Disziplin aller, die dabei waren, und die außergewöhnlich große Strecke bei nur zweiunddreißig Schützen waren ein Ereignis von allerhöchstem Erinnerungswert.

✳

Lender von Sponheim und Engelbert von der Mark hatten an der Jagd nicht teilgenommen. Sie mussten für einen reibungslosen Betrieb des Herbstfestes auf der Burg sorgen und Vorbereitungen für das nächste Wochenende treffen, an dem die Hochzeit in Sobernheim stattfinden sollte mit dem anschließenden Festmahl auf der Rosenburg Burgsponheim.

Pfarrer Niedergriese war kein Jäger. Er nutzte den Tag, um seinem Amtsbruder in Sobernheim einen Besuch zu machen. Die beiden Geistlichen mussten sich wohl sehr gut verstanden haben. Der Werdener Pfarrer kam erst gegen Mitternacht in sein Gastzimmer auf Burgsponheim zurück. Er hatte auf dem Heimweg laut und vernehmlich gesungen, was die noch auf andere Gäste wartenden Brautleute mit viel Vergnügen zur Kenntnis genommen hatten. Es waren aber keine Kirchenlieder gewesen, sondern Studentengesänge, die vom edlen Wein und schönen Frauen handelten.

✳

Die warme Oktobersonne, die freundlichen Gastgeber, das leicht wellige Land mit seinen Weinbergen und der Nahewein, den es überall zu kosten gab, ließen Engelberts Gefährten glauben, sie seien im Schlaraffenland. Als das Herbstfest auf der Kauzenburg vorüber war, packten sie beherzt zu, Tische und Bänke im Burghof abzuräumen, den Hof und den Eingangsbereich der Burg zu säubern und unaufgefordert das zu tun, was den Veranstaltern nach einem derartigen Volksfest stets ein Gräuel war. Volker von Sponheim sah mit Erstaunen, wie selbst der Betagteste von Engelberts Leuten, der Ritter Hendryk van Bönen, zufasste und seine Kameraden hierhin und dorthin scheuchte, um dafür zu sorgen, dass sich die Burg und auch die Auffahrt schnell wieder in bestem Zustand zeigten.

*

Das hatte Volker ermuntert, jeweils nachmittags Planwagenfahrten anzubieten für diejenigen seiner eifrigen Helfer, die Lust und Laune hatten, Land und Leute seiner Grafschaft kennenzulernen. So fuhren seine Gäste zu den Salzstollen und den historischen Bergbaustätten von Münster am Stein, sie wanderten durch das Guldental und besuchten Winzer, die Keller und Fässer für die neue Weinernte herrichteten.

*

Selbstverständlich halfen die Märker auch, die Räumlichkeiten und den Burghof von Burgsponheim zu schmücken. Sie schleppten Bänke, Schanktische und Blumenkübel herbei bis Burgsponheim einer einladenden Gaststätte ähnelte. Zur Hochzeitsfeier ihres Grafen und der Gräfin Elisabeth war in kürzester Zeit alles gerichtet, ohne dass die Hochzeiter hatten selbst Hand anlegen müssen. Dennoch, der für die Trauung vorgesehene Sonnabend kam schneller, als sie gedacht hatten.

Fahnen- und Wimpelschmuck waren gerade noch rechtzeitig fertig geworden, als das Brautpaar vom livrierten Kutscher vor der Matthias-Kirche im Jagdwagen vorfuhr, um durch das Spalier der bereits Erschienenen in die Kirche zu schreiten. Vor dem Kirchenportal trat Graf Volker zu den Brautleuten, spannte seinem Freunde Engelbert die Braut aus und geleitete sie hinter ihm, den Graf Lender begleitete, unter Glockengeläut ins Kircheninnere bis zum Altar, vor dem der Pfarrer beide Brautleute erwartete. Er forderte sie auf, kniend auf der obersten Altarstufe Platz zu nehmen. Lederne Sitzkissen auf den Steinplatten im Chor sorgten für eine gewisse Bequemlichkeit.
Nach der Begrüßung durch den Sobernheimer Pfarrer bewies der Kinderchor seiner Gemeinde den Kirchenbesuchern mit einem fröhlichen Lied sein Können. Ein geschickter Kantor verstand es, mit den glockenhellen Stimmen der Dorfkinder für eine großartige Stimmung zu sorgen.
Engelbert riskierte einen forschenden Blick in den bis auf den letzten Platz gefüllten Kirchenraum. Zu seiner Freude bemerkte er den Grafen Johann von Dillenburg-Nassau, der neben Graf Lender von Sponheim saß. Auch Pfarrer Franz-Jakob Niedergriese saß, diesmal in feierlichem Ornat eines Kirchenmannes, neben dem gräflichen Paar aus der Kauzenburger Grafenfamilie. Mehrmals noch blickte Engelbert zurück. Er schien auffallend nervös zu sein.
Dann verkündete der Pfarrer den Predigttext, der ganz unter dem Eindruck des Trauspruchs stehen sollte. War es der, den Engelbert dem Pfarrer vor einer

Woche vorgeschlagen hatte? Nein, den hätte der Pfarrer ohnehin nicht verwendet! Aber der Pfarrer hatte auch aus dem Spruchreichtum des Jesus Sirach geschöpft:[375]

> „Wer eine gute Frau gewinnt, der macht den höchsten Gewinn:
> eine Hilfe, die zu ihm passt, eine Säule, die ihn stützt."

Nun vollzog der Pfarrer die Trauung, nachdem beide Brautleute klar und überall verständlich ihr „Ja, ich will" bekundet hatten. Die vier vorgesehenen Trauzeugen standen zu je zweien seitlich der Brautleute. Verzog sich da nicht Engelberts Gesicht voller Verzweiflung? Er hatte doch keine Ringe! Aber schon hatte Lender verstanden, was Engelbert so bedrückte. Auf das Stichwort des Pfarrers öffnete er die mitgebrachte Schatulle, reichte sie mit den Ringen dem Pastor, und der war es dann, der dem nun gesegneten Paar die Ringe zum Anstecken an den Ringfinger anbot.

Engelbert war gleich zweifach erlöst: Sein Trauzeuge Johann von Dillenburg war gerade noch rechtzeitig gekommen, ebenso die von ihm herbeigesehnten Eheringe.

Jetzt konnte nichts mehr schief gehen! Ein strahlendes Grafenpaar schritt durch den Mittelgang zwischen den festlich geschmückten Kirchenbänken in die gemeinsame Zeit ihrer Ehe, gesegnet vom Pfarrer und ebenso beschenkt von Petrus, der ihrem Hochzeitsfest die allerschönste Herbstsonne zum Beginn eines allseits erhofften harmonischen Zusammenlebens geschickt hatte.

✳

Als sie durch die nun weit geöffnete Kirchentür in den leuchtenden Herbsttag blickten und die jubelnden Gratulanten vor der von Sonnengold durchwirkten Kulisse der Rebenhänge in Richtung Burgsponheim sahen, ging von diesen beiden glücklichen Menschen eine Welle der Freude und Sympathie aus. Sie erfasste alle zur Begrüßung der Hochzeitspaares Erschienenen. Da stand neben ihrer beliebten Gräfin ein gut gewachsener, schlanker Mann, noch in den besten Jahren. Sein lockiger hellblonder Haarschopf über seinem frischen Gesicht schmückte ihn ebenso wie der kleine silberne Myrtenzweig am Revers seines dunkelblauen Samtanzuges mit dem schneeweißen Seidenhalstuch.

Für die meisten Gäste und ausnahmslos für die weiblichen Zuschauer war das schlichte weiße Hochzeitskleid der entzückend wirkenden Gräfin die Attraktion, über die man in Sobernheim noch tagelang sprach.

Die Kutschenfahrt des Hochzeitspaares und seiner Gäste zur gräflichen Burg glich einem Triumphzug, dem die übrigen Kirchenbesucher und Dorfleute so lange nachwinkten, bis das Gefährt hinter einem Hügelvorsprung jenseits des Ellerbaches verschwunden war.

375 Sirach, 36,26

Reiselust

Das Hochzeitspaar hatte, ohne dass es die in der Rosenburg untergebrachten Gäste bemerkt hatten, bereits am frühen Morgen, bevor es hell wurde, die Burg verlassen. Das Gepäck hatten sie schon rechtzeitig durch Ditz von Altenbögge in ihren Jagdwagen bringen lassen. Mit den Rittern Hendryk und Ditz hatten sie das Notwendige schon am Tage vor der Hochzeit geklärt. Hendryk hatte es übernommen, all das, was der Gräfin wichtig erschien, mit einer ihrer Zweispännerwagen zur Hörder Burg zu schaffen. Er war ein wenig erstaunt gewesen, dass es in einen verhältnismäßig kleinen Wagen passte. An Mobiliar hatte sie offenbar kein großes Interesse gehabt. Aber kostbares Geschirr, darunter sogar zwei Schüsseln aus chinesischem Porzellan, Geschenke ihres verunglückten Verlobten, und reichlich Besteckteile aus Silber sowie eine Menge an Gewändern, Tischdecken, kostbaren Vorhängen und Bettwäsche hatten insgesamt doch ein beachtliches Gewicht ergeben, das ein kräftiges Gespann für den sehr solide gebauten Reisewagen erfordert hatte, zumal Graf Engelbert seinem Hendryk noch den livrierten Kutscher Anton zugeordnet hatte.

So konnte Hendryk sich im Wagenlenken mit einem im Transportwesen Erfahrenen abwechseln. Der Gesellschaftswagen sollte an der Auffahrt zur Kauzenburg warten, damit beide Gefährte die Rückreise gemeinsam antreten konnten. Natürlich gab es in Bretzenheim beim Gasthof des Winzers Kilian noch einen zeitraubenden Zwischenstopp, weil hier die Fässer mit edlem Nahewein aufzuladen waren, die in der Mark schon sehnlichst erwartet wurden.

Graf Engelbert hatte bereits vor der Hochzeit alle Dispositionen für die Rückreise seiner Hochzeitsgäste getroffen. Ganz besondere Verantwortung hatte das frisch vermählte Paar dem Rentmeister Jakob zugemutet. Er sollte mehr als die Hälfte der für die Mühlenbetriebe erzielten Kaufsumme sicher nach Hörde bringen, denn der Ausbau der Burg Wetter zum neuen Wohnsitz des Grafen Engelbert und seiner Gräfin Elisabeth erforderte weit mehr Bares, als zuvor veranschlagt war. Leider war der Umbau der alten Burg noch längst nicht abgeschlossen. Graf Engelbert hatte seiner Frau zwar etwas von ihren neuen Gemächern vorgeschwärmt, doch waren sich beide einig geworden, vorerst in Hörde zu wohnen. Schließlich würde es dem Grafenpaar viel Freude machen, den Innenausbau und die Möblierung der Burg Wetter gemeinsam zu gestalten. Der Graf hatte die Hoffnung geäußert, dass Jakob vom Ende die beauftragten Handwerker zu zügigem Arbeiten anhalten würde, damit der Umzug von Hörde nach Wetter noch vor dem Weihnachtsfest vonstatten gehen könne. Aber zaubern konnte er auch nicht. Wenn Frost und Schneefall diesmal früher als sonst eintreten würden, müssten die Bauarbeiten eingestellt werden.

Als die beiden Gespanne der Märker in Bretzenheim abfuhren, hatte der Jagdwagen des Grafen schon das Doppelstädtchen Idar-Oberstein erreicht.

Ditz von Altenbögge liebte die schnelle Gangart der Pferde wie sein Herr. Oberstein war als kurtrier'sches Lehen in den Besitz der Herren von Stein und nach deren Aussterben an Wirich von Daun gefallen. Seine Nachkommen nannten sich nach der Burg „Herren von Oberstein", nachdem sie eine höher gelegene Burg hinzugebaut hatten. Idar hatten die Grafen von Sponheim aus Kurtrier erworben. Die benachbarten Burgbesitzer waren befreundet und hatten das Zusammenwachsen der beiden Orte mit Wohlwollen gefördert.

„Warum haben deine Verwandten denn nicht versucht, den Herren von Oberstein klarzumachen, dass sie nach Ankauf durch die von Sponheims, falls nötig auch mit Gewalt, dem Besitz beider Burgen und der zugeordneten Freiheiten einer Sponheimer Herrschaft zuzustimmen hätten?", hatte Engelbert seine Elisabeth befragt. Sie war ein wenig überracht, ja sogar etwas besorgt, solche Vorstellungen aus dem Munde ihres Mannes zu hören.

„Gemeinsam an einem Strang zu ziehen, ist eben förderlicher als einen unnötigen Streit vom Zaune zu brechen. Seit mehr als einem Jahrhundert gräbt man an beiden Orten erfolgreich nach Achat. Der Idarbach treibt zahlreiche Achatschleifen an. Die ersten Schleifer kamen aus Böhmen. Sie beherrschen die Kunst des Schleifens von Achaten zu prächtigen Anhängern, Schmuckstücken und Schmuckelementen für Kronen, Armreifen und Pokale. Später siedelten sich an den hiesigen Achatfundorten auch holländische Diamantschleifer sowie Gold- und Silberschmiede an. Sie sorgen für kostbare Fassungen der Halbedelsteine. Handel und Wandel gedeihen im friedlichen Miteinander eben besser. Neider und Krieger bringen bekanntlich nur Ärger und Zwietracht unter die Menschen."

Da hatte eine kluge Frau ihrem Gatten eine wahrhaft lehrreiche Lektion erteilt! Die Auffassung der Pfälzer war wohl doch anders als die der Märker aus dem Westfalenland!

Die in der Schmuckstadt lebenden Menschen wollte Engelbert eingehender kennenlernen. Ein sauberer Gasthof lud zu einer Rast und einer Übernachtung in den Mauern von Idar ein. Als die Reisenden in der heimelig wirkenden Gaststube beisammen saßen, kamen sie schnell zu einem übereinstimmenden Urteil: Wahrscheinlich lag es am Wein, der die Menschen ausgeglichener und fröhlicher werden lässt, als es das Bier je vermocht hätte!

✳

Über Thalfang schafften sie es, am nächsten Tage die Berghöhen des Hunsrücks zu überwinden und bei Neumagen in das Moseltal zu kommen. Wieder eine Übernachtung in einem urigen Winzerhaus! Der hier ausgeschenkte Wein war nicht besser oder schlechter als der von der Nahe; aber er schmeckte eben doch anders. Von Neumagen und dem benachbarten Dhron aus sollen nach den Erzählungen in der Weinstube schon die Römer hier angebaute Trauben und auch leckere Weine moselabwärts bis nach Köln, Xanten und sogar Rotterdam geschickt haben.

Moselaufwärts ging es dann im Jagdwagen entlang einer langen Flussschleife in Richtung Trier. Schon bevor sie die von den Treverern gegründete spätere Kaiserstadt Augusta Treverorum erreicht hatten, wusste Engelbert seiner Frau einiges über diesen römischen Kaisersitz zu erzählen. Für die westliche Reichshälfte hatte Trier in den Jahren 293 bis 395 große Bedeutung gehabt. Sie staunte über Engelberts geschichtliche Kenntnisse, auch über den Einfluss der Trierer Erzbischöfe bei der Wahl von Königen und Kaisern des Heiligen Römischen Reiches deutscher Nation. Nicht ohne Grund hatten drei Trierer Erzbischöfe in den Jahren 1308 bis 1314 die Würde eines Erzkanzlers für Burgund erhalten. Begründer des Kurfürstentums Trier war der Erzbischof Balduin von Luxemburg[376] gewesen.

Als sie in die Stadt hineinfuhren, staunte das Grafenpaar über die mehr als tausend Jahre alten römischen Bauten in dieser ehemals römischen Residenz. Sie war von den Franken und Alemannen weitgehend zerstört worden. Von Constantius Chlorus, dem Mitkaiser Diokletians, war sie jedoch noch größer und schöner wieder aufgebaut worden. Im 4. Jahrhundert sollten in Trier schon etwa siebzigtausend Menschen gewohnt haben. Wegen der immer wieder in die Stadt einfallenden Germanen wurde die römische Residenz um 375 nach Mailand und die Präfektur nach Arles verlegt. Das dadurch stark entvölkerte Trier erholte sich nur langsam wieder. Die zu groß angelegte römische Stadtmauer wurde als Baumaterial für neue Häuser genutzt und nach und nach abgerissen. Erst das zielstrebige und erfolgreiche Vorgehen des Erzbischofs Balduin ließ die Stadt wieder erstarken. Die um 300 errichtete „Aula palatina" Kaiser Konstantins war zur Merowingerzeit Sitz der Gaugrafen. Sie wurde 1198 die Residenz des Trierer Erzbischofs.

Imponierend empfand das Grafenpaar das ehemals römische Stadttor, die sehr beeindruckende Porta Nigra, und die mehr als tausend Jahre alte Römerbrücke über die Mosel, die auf massiven Steinpfeilern errichtet worden war.

Von Ditz ließ sich das Grafenpaar noch am Abend durch die Stadt fahren, um die unter Kaiser Konstantin errichteten Kaiserthermen, die Reste der Barbara-Thermen und den Trierer St.-Peter-Dom zu bewundern, der anstelle der zunächst flachen Langhausdecke schon im Jahre 1235 mit Deckengewölben ausgestattet worden war. Gern wäre Elisabeth noch einen weiteren Tag in dieser kunstreichen Stadt geblieben, doch Engelbert trieb zur Eile.

„In Frankreich kannst du noch viel schönere und größere Kirchenbauten ansehen als hier in Trier", tröstete er sie, als sie am nächsten Morgen am linken Moselufer flussaufwärts fuhren.

In dem Ort Igel ließ er halten. Er erkundigte sich nach einem höchst ungewöhnlichen Bauwerk, von dem sein Lehrer Levold geschwärmt hatte. Er suchte hier die berühmte „Igeler Säule" und fand sie bald seitlich der Fahrstraße, umgeben

---

376 Er stand von 1307 bis 1354 dem Erzbistum Trier vor.

Die Igeler Säule
Ein 23 m hohes römisches Pfeilergrabmal aus Sandstein
mit Reliefs aus der Zeit um 250 n.Chr. im Dorfe Igel unweit von Trier.

von später in ihrer Nachbarschaft errichteten Bauernhäusern. Sie stellte ein Grabmal für zwei römische Offiziere aus einer reichen Tuchhändlerfamilie dar. Mehr als fünfundsiebzig Fuß über dem Platz stehend, war sie um 250 n. Chr. errichtet worden. Ihre Sandsteinreliefs zeigten an allen Seiten abwechselnd Themen aus der Mythologie und dem Leben der zu ehrenden Brüder. Kopfschüttelnd stieg Engelbert wieder in seinen Jagdwagen, nachdem er dieses im wahrsten Wortsinne „merkwürdige" Bauwerk bestaunt hatte.

„Für ein Grabmal", erklärte er seiner Frau, „so viel Geld auszugeben, käme mir nie in den Sinn. Doch eines muss man den Erbauern lassen: Die Namen der früh verstorbenen Römer sind nach mehr als elfhundert Jahren noch gut lesbar. Damit sind Lucius Secundinius Aventinus und Lucius Secundinius Securus mindestens für diese Zeit unvergessen geblieben!"

Die Stadt Luxemburg, wo sie die nächste Nacht verbringen wollten, hat sie allerdings mehr geärgert als erfreut. Das lag nicht an den dort Lebenden, auch nicht an den früher hier bestimmenden Persönlichkeiten, sondern an den tief in die Täler eingeschnittenen Flüssen Alzette und Pétrusse. Sie zwangen die Besucher der Stadt, die engen Straßen mit zahlreichen Kurven zu benutzen. Die gebirgige Landschaftsform verlangte dem Kutschenführer allergrößte Sorgfalt ab. Auch die Pferde konnten nur mit größter Anstrengung die schwierigen topografischen Verhältnisse bewältigen.

Luxemburg war erst 1354 Herzogtum geworden, zwei Jahre früher, als der Kaiser Engelberts Schwiegervater Wilhelm zum Herzog von Jülich ernannt hatte. Engelbert behagte die Sprache der „Lëtzebuerger" überhaupt nicht. „Das ist ein Kauderwelsch, das weder ein Franzose noch ein Deutscher verstehen kann", schimpfte Engelbert, als sie endlich wieder normale Terrainhöhe erreicht und ein einigermaßen Vertrauen erweckendes Nachtquartier gefunden hatten.

Über Thionville, St. Dizier und Vitry erreichten sie nach weiteren drei Tagen Troyes und damit die Seine. Troyes erwies sich als eine betriebsame Stadt mit romantisch wirkender Altstadt, zahlreichen Kirchen und einer riesigen gotischen Kathedrale, an der man seit mehr als hundert Jahren immer noch baute. Elisabeth hätte die Stadt gern eingehender besichtigt, doch ihr Engelbert mahnte wiederum zur Eile.

„Warte bis Paris, da siehst du weit bedeutsamere Kirchen als hier in der Grafschaft Champagne!"

Er schien die Ungeduld in Person zu sein. Aber so war er eben: Hatte er einmal ein Ziel ins Auge gefasst, ruhte er nicht eher, bis er es erreicht hatte! An der Nahe hatte er noch so ausgeglichen und ruhig auf sie gewirkt! Sie machten doch ihre Hochzeitsreise, da sollte es auf ein paar Tage mehr wirklich nicht ankommen!

Aufgeschlossener zeigte sich Engelbert, als sie in Fontainebleau im Südosten von Paris angekommen waren. Hier erregte ein Jagdschloss aus dem

12. Jahrhundert[377] sein Interesse. Es lag inmitten des herrlichen Waldgebietes mit einem wunderschönen See. Der Zauber der großartigen Wald- und Seenlandschaft begeistert ihn, zumal er beim Durchfahren des königlichen Besitzes auf Anhieb eine größere Anzahl reich mit Geweihschmuck ausgestatteter Hirsche beobachten konnte. War Engelbert etwa vom Jagdfieber ergriffen?

Als ihn der Inhaber der Herberge auf den verhältnismäßig kurzen Weg nach Chartres aufmerksam gemacht hatte, schlug er seiner Frau vor, die dortige Kathedrale zu besuchen.

„Warum denn jetzt noch einen Umweg?", hatte sie jetzt gefragt. „An einem Reisetag könnten wir doch schon in Paris sein!"

„Die Kathedrale von Chartres ist einmalig. Die muss man gesehen haben! Sie ist einer der ersten rein gotischen Kirchenbauten, schlechthin das Hauptwerk der französischen Gotik! Sie wurde 1260 begonnen und in einem Zuge fertiggestellt, also nicht lange Zeit unvollendet liegengelassen wie der Kölner Dom! Ihr reicher Figuren- und Reliefschmuck an den Portalen hat weitreichende Wirkung auf die französischen und die deutschen Plastiken des 12. und 13. Jahrhunderts gehabt. Chartres ist übrigens das antike Autricum und seit dem 10. Jahrhundert Hauptstadt einer bekannten Grafschaft!"

„Dann wird unsere Hochzeitsreise doch, wie ich es mir immer gewünscht habe, zu einer ergötzlichen Kunstreise!", jubilierte Elisabeth. „Mich hat, seit wir in diesem Wagen sitzen, eine unbändige Lust am Reisen ergriffen!"

Als sie die alle Gebäude von Chartres überragende Kathedrale am Horizont auftauchen sahen, waren beide froh, diesen Abstecher gemacht zu haben. Ein überschwängliches Glücksgefühl erfasste sie aber erst beim Anblick der farbenprächtigen Glasfenster, als sie im Inneren der mächtigen Kathedrale standen. Engelbert hatte Recht behalten, als er darauf bestanden hatte, lieber das Beste zu wählen, wenn es darum ging, sich unter vielem Guten zu entscheiden.

✳

Von Versailles waren sie enttäuscht. Hier hatten sie kein Schloss wie in Fontainebleau vorgefunden.[378] Nicht einmal ein angenehmes Gasthaus konnten sie hier aufsuchen. Deshalb entschlossen sie sich, am linken Seine-Ufer flussaufwärts bis zum Champ de Mars weiterzufahren, wo sie in der Nähe des Seine-Knies einen hübschen Ausspann mit Gartenwirtschaft fanden. Dort bot man gutes Quartier für die Reisenden und ihre Pferde, hielt sogar eine Kutsche für Stadtfahrten bis zum Jardin des Plantes ostwärts der Île St. Louis und zurück bereit.[378] Ditz von Altenbögge und die treuen Zugpferde seines Gefährts hatten Grund, sich auf ein paar geruhsame Tage zu freuen. Als Engelbert den Gastwirt

---

377 Das heute weltberühmte Schloss Fontainebleau wurde an gleicher Stelle erst 1528 erbaut. Es gilt nach den Worten Napoléon I. als „Werk der Jahrhunderte" und „Heimstatt der Könige". Von Ludwig VII. bis Napoléon III. haben Frankreichs Herrscher hier gelebt und Zeugnisse ihrer großen Baufreudigkeit hinterlassen.

378 Die berühmten Schlossbauten von Versailles wurden erst in den Jahren 1661 bis 1710 vom „Sonnenkönig" Ludwig XIV. zum äußerst repräsentativen Residenzschloss der französischen Könige umgestaltet.

fragte, ob es sich denn lohne, für wenige seiner Gäste eine Stadtkutsche mit einem Doppelgespann bereitzuhalten, antwortete der, ohne lange zu überlegen:

„Mais certainement, Monsieur le Comte, sans doute! Wir abben in den schönnen Jahreszeiten sehr viel Besuch von interessierten Leuten, die unsere französische Metropole sehen und erleben wollen. Statt einen ,Fiacre' zu bemühen, der erst aus der Cité anreisen muss und meistens erst sehr spät eintrifft, steht mein Wagen fahrbereit vor der Tür. Der Fiaker verlangt auch das Geld für die Rückfahrt, obwohl der Gast nichts davon hat. Unsere ,Aurige'[379] aber fährt hierher zurück und nimmt den Gast gern mit, ohne dass es mehr kostet. Fiaker verlangen – wie auch wir – immer den Preis für Hin- und Rückfahrt, was ja verständlich ist.

Wir aber bieten ,Déclarations précisements'[380] zu Straßen, Gebäuden, Palais' und Kirchen und sind firm in der Geschichte unserer Stadt. Meine beiden Töchter – ja, da ist schon Madeleine – beherrschen gleichermaßen gut die englische und die deutsche Sprache. Ihre Fahrgäste kommen immer begeistert zurück."

„Herzlich willkommen in Paris, Madame et Messieurs", schaltete sich die erwähnte Tochter ein, „sagt uns, wann und wohin Ihr wollt, wir fahren Euch dorthin und bringen Euch auch wieder gut zurück."

„Prima", akzeptierte Graf Engelbert das Angebot. „Der frühe Vogel fängt den Wurm! Wenn Ihr einverstanden seid, würden wir um halb zehn zu Euch in den Wagen steigen. Ihr zeigt uns, was Paris zu bieten hat. Meine liebe Frau ist schon ganz gespannt. Ritter Ditz kann mitreisen, wenn er will. Von mir aus hat er für drei volle Tage Urlaub, also Zeit zu seiner eigenen Verfügung."

∗

Diese drei Tage in der größten Stadt des europäischen Kontinents waren voller ungewöhnlicher Erlebnisse. Hier gab es ungezählte Sehenswürdigkeiten, prägende Eindrücke vom Leben der französischen Bevölkerung in Gassen, parkartigen Waldgebieten in und um die Capitale Paris und an der Seine, auf der Île de la Cité, in den Einkaufsstraßen, den Cafés, Läden und Vergnügungsstätten.

Die erste Droschkenfahrt machte auch Ditz mit. Madeleine, die ältere der Wirtstöchter, begann schon mit ihrer geschichtlichen Einführung, als sie die ersten Hausreihen am Quai de Grenelle entlang trabten.

„Ihr werdet es nicht glauben, Caesar hat die keltische Stadt ,Lutetia Pansiorum' bereits im Jahre 53 v. Chr. zerstört, wie er selbst im 6. Buch seines Werkes ,de bello Gallico' beschrieb. An ihrer Stelle entstand danach die gallo-römische Stadt Lutetia, die 360 n. Chr. vom römischen Kaiser Julian Apostata nach ihren Bewohnern Parisil, in ,Parisia' umbenannt wurde. Nach erfolgreichen Feldzügen gegen die Alemannen im Westen und gegen die letzten römischen Herr-

---

379 Aurige = Kutsche
380 genaueste Erklärungen

Das Herz von Paris: Die Kirche Notre-Dame auf der von der Seine umflossenen Insel
Kupferstich von Gabriel Perelle (1603–1677)

Lebhaftes Treiben auf der Seine: Blick auf den Pont-Neuf und die Île de la Cité.
Kupferstich von Gabriel Perelle (1603–1677)

scher in Nordfrankreich wählte der fränkische König Chlodwig[381] Paris zu seinem Königssitz. Als die Karolinger Herrscher wurden, die Aachen als ihre Hauptstadt ansahen, wählte der französische König Hugo Capet unser Paris zur Hauptstadt seines Königreiches. Er war der erste König der Kapetinger, die später Begründer der Einheit Frankreichs wurden.

König Philipp II. August[382] ließ um 1200 den Louvre als Schutzburg der Residenzstadt Paris errichten, und König Ludwig IX., den wir den Heiligen[383] nennen, verstärkte hier seine machtvolle Stellung gegenüber dem Feudaladel. Er richtete das ‚Parlement‘, ein oberstes Hofgericht, in Paris ein. Seinen Bürgern aus seiner Hauptstadt erlaubte er sogar, eine eigene Wachmannschaft anstelle der bisherigen königlichen Wache einzurichten, um die Stadt vor unlauterem Gesindel zu schützen.

Wir fahren heute Morgen die Seine aufwärts immer am Fluss entlang bis zur ältesten Keimzelle von Paris, der Seine-Insel ‚Île de la Cité‘. Sie bleibt das Herz unserer Stadt. Wir sehen während unserer Fahrt viele Brücken, die zur Verbindung mit den beiderseits der Seine liegenden Stadtteilen nötig sind. Die beiden ältesten Holzbrücken, die zwischen Châtelet und Conciergerie lagen, wurden kürzlich durch den Pont-au-Change ersetzt. Die älteste der Pariser Brücken ist übrigens der Pont-Neuf. Er ist auch die längste Brücke mit seinen fünf Bögen allein über dem rechten Seine-Arm.“

„Und wie erreicht man die Île de la Cité?“, wollte Elisabeth wissen.

„Da gibt es mehrere Möglichkeiten: Da der Pont-Neuf die Westspitze der Cité mit Hilfe seiner insgesamt zwölf Brückenbögen beide Seine-Ufer verbindet, wäre dies die erste Gelegenheit, auf die Insel zu gelangen. Zwei andere Brücken verbinden das Mittelstück der Cité weiter ostwärts mit dem Nord- und dem Südteil der Capitale. Schließlich kann man auch von der Île St.-Louis im Osten der Cité auf die Île de la Cité kommen. Wo sich heute der Justizpalast erhebt, stand bis vor wenigen Jahren noch der Königspalast Ludwigs IX., des Heiligen. Im Jahre 1358 hatten ihn Aufständische aus der Kaufmannschaft von Paris gestürmt. Danach zogen die französischen Könige in den Louvre.“

„Könnten wir hier einen kurzen Inselbesuch einschieben?“, unterbrach Engelbert die unaufhörlich plappernde Madeleine.

„Das wollte ich gerade vorschlagen, denn rund um die Île de la Cité findet das städtische Leben statt. Die Bürger von Paris und ebenso die vielen Stadtbesucher spazieren über die hier in nur kurzen Abständen liegenden Brücken von der Süd- zur Nordseite der Seine und umgekehrt. Sie finden hier die unterschiedlichsten Waren, die zum Kauf ausgelegt sind. Sie treffen Bekannte, hören Musik vieler vornehmlich auf den Brücken Musizierender und bestaunen Bilder

---

381 König Chlodwig bestimmte Paris im Jahre 508 n. Chr. zu seinem Herrschersitz.
382 König Philipp II. August regierte von 1180 bis 1223.
383 König Ludwig IX., der Heilige, förderte Paris von 1226 bis 1270.

ungezählter großer und kleinerer Maler. An den dicht gedrängten Buden und Bratständen werden reichlich Speisen und Getränke angeboten. Solches Leben und Treiben ist typisch für unsere Stadt!"

„Und was können wir auf der Cité alles sehen?"

„So klein diese Insel auch ist, sie bietet viele Kostbarkeiten, die von den Besuchern kaum erwartet werden: Da ist zunächst das alte Schloss, das zum Palais de Justice umgebaut wurde, dann die früher zur ehemaligen Königsburg gehörende großartige Sainte Chapelle, von der die meisten Menschen nur die Turmspitze[384] sehen. Aber diese Kapelle, in der berühmte Reliquien aufbewahrt werden[385], enthält übereinander angeordnet, gleich zwei Kapellen: die niedrige Chapelle basse[386], die einst für die Dienerschaft bestimmt war, und die lichtdurchflutete obere Kapelle mit ihrem wunderbaren Gewölbe. Vierzehn Strebepfeiler von zweiundzwanzig Metern Höhe tragen es, als wäre es schwerelos. Hier stand einst jener Reliquienschrein, zu dem nur die französischen Könige einen Schlüssel besaßen. Sie benutzten ihn nur einmal im Jahr am Karfreitag, um dem versammelten Hofstaat die hier bewahrten Schätze zu zeigen. Die Sainte Chapelle gilt als Meisterwerk gotischer Wölbkunst. Sie wurde im Auftrag Ludwigs IX., des Heiligen, in weniger als dreiunddreißig Monaten in den Jahren von 1245 bis 1248 erbaut.

Wesentlich früher, nämlich 1163, wurde mit dem Bau der riesigen Kathedrale Notre Dame begonnen, die im Südosten der Île de la Cité am imposantesten von der linken Seine-Seite aus zu bewundern ist. Notre Dame erforderte eine Bauzeit von mehr als einhundertfünfzig Jahren. Dadurch erhielt sie Elemente aus allen Stilphasen der gotischen Kirchbaukunst Frankreichs.

Der Chor und das eine Länge von einhundertdreißig Metern messende Langhaus sind frühgotisch, die Westfassade stammt aus der Zeit zwischen 1200 und 1220. Reinste Hochgotik zeigen dann die Querhäuser aus der Zeit von 1250 bis 1260. Diese wohl bekannteste Kathedrale im Herzen Frankreichs wurde fünfschiffig errichtet. Über der berühmten Rosette an der Westfassade erheben sich zwei bis heute unvollendete Türme. Es scheint, dass sie immer noch auf ihre hoch in den Himmel ragen wollenden Turmspitzen warten. Weitere Meisterwerke von Notre Dame sind die herrlichen farbigen Glasfenster, wenngleich mir die bunten Glasbilder von der Kathedrale in Chartres wesentlich besser gefallen."

„Diese großartige Schöpfung französischer Baukunst konnten wir vorgestern bewundern", ergänzte Ditz, der sich bisher in Fragen der Kunst auffallend zurückgehalten hatte. „Ich muss bekennen, für Kirchbauten habe ich bisher kein Auge gehabt. Jetzt aber, Graf Engelbert, habt Ihr mir die Augen für die

384 La flèche heißt die Turmspitze, sie ist 76 m hoch. Die Giebel der Kapelle haben eine Gesamthöhe von 42 m.
385 Ein Splitter vom Kreuz Christi, ein Zweig seiner Dornenkrone und ein Nagel vom Kreuz (heute in der Schatzkammer von Notre Dame zu besichtigen).
386 Unterkapelle

Stilmerkmale und Schönheiten der französischen Kirchen geöffnet. Es ist eine wahre Lust für mich, Euch auf dieser Reise begleiten zu dürfen. Lasst mich dies hier einmal dankbaren Herzens bekennen!"

„Das freut uns beide sehr", antwortete Elisabeth für ihren Mann. „Wir werden in den nächsten Tagen wieder herkommen und auch einen der Türme von Notre Dame besteigen. Von dort aus soll ein großartiger Rundblick möglich sein."

Da der Kutscher bereits seit längerem auf die Fortsetzung der Stadtrundfahrt wartete, kehrten sie zur Aurige zurück. Über eine Brücke erreichten sie die Île Sainte Louis. Hier fanden sie zahlreiche gepflegte Lokale vor. Eines lag im Untergeschoss eines herrschaftlichen Hauses. In dessen Kellergewölbe nahmen sie ein stilvolles Diner ein, zu dem Graf Engelbert auch den Kutscher und Mademoiselle Madeleine einlud.

„Wie kommt es eigentlich", fragte sie, „dass Ihr, verehrter Graf, absolut akzentfrei französisch sprecht?"

„Ja, das ist schon lange her, dass ich geradezu gezwungen worden bin, mich in dieser Sprache auszudrücken. Ich kam in jungen Jahren zur Ausbildung nach Lüttich, Ihr sagt Liège, wo mein Großonkel Erzbischof war. Damals hatte ich große Mühe, mich verständlich zu machen. Aber jetzt fühle ich mich glücklich, Dolmetscher meiner lieben Frau sein zu können!"

Elisabeth sah ihn ebenso dankbar wie voller Stolz an. Sie hatte schon vor Jahren von ihrem Bruder gehört, dass Engelbert die französische Sprache ganz vorzüglich beherrsche. Darum hatte sie ihn ja auch gebeten, als Ziel der Hochzeitsreise Paris zu wählen.

„Wo ist denn hier die berühmte Sorbonne?", wollte Engelbert wissen. Madeleine erklärte es:

„Wir werden auf der Rückreise vom rechten Seine-Ufer einen Blick in das alte Stadtgebiet werfen, wo diese Alma Mater[387] der Theologen Frankreichs einst gegründet wurde – übrigens von einem einflussreichen Domherrn namens Robert de Sorbon. Er war der Beichtvater des Königs Ludwig IX. Mit seiner Unterstützung konnte er 1257 ein Kolleg einrichten, in dem mittellose Theologiestudenten auf seine Kosten wohnen und studieren durften. Die Sorbonne ist heute eine der begehrtesten Hochschulen Frankreichs."

Die Fahrt im offenen Kutschwagen die Seine abwärts war für alle Insassen eine Wohltat, die sie zu genießen wussten. Die Oktobersonne sandte den Märkern ihre noch angenehm wärmenden Strahlen. Die Wellen der Seine ließen sie rotgolden erglänzen, als ob sie hätten sagen wollen: „Kommt bald wieder her nach Paris. Hier ist es eine Lust zu leben!"

387 Universität

Die drei für den Parisbesuch vorgesehenen Tage vergingen wie im Fluge. Täglich ließ sich das Grafenpaar in die Stadtmitte chauffieren. An jedem Tag erlebten sie etwas Neues, was ihnen bisher unbekannt gewesen war. Sie lernten die Bastille[388], also jene kleine Bastion kennen, die schon früh das den Parisern verhasste Festungsgefängnis im Osten der Stadt enthielt. Der Bau war noch nicht ganz vollendet, als Engelbert ihn betrachtete. Er wollte auch das Hôtel de Cluny[389] sehen. Anfang des 14. Jahrhunderts hatte die Benediktinerabtei von Cluny das Baugelände erworben für ein repräsentatives Domizil ihrer Äbte.

Auch das Quartier Latin war ein begehrtes Besuchsziel, das vom Grafenpaar mehrmals voller Neugierde durchwandert wurde. Engelbert bestaunte die vielen in diesem Stadtgebiet vorhandenen Schulen und Ausbildungsstätten, das von den Franzosen als ihr „Panorama der Gelehrsamkeit"[390] bezeichnet wurde.

*

Als sie am vierten Tage in aller Frühe das angenehme Gasthaus am Champ de Mars verließen, weinte der Himmel. Die leuchtenden Tage in Frankreichs Hauptstadt waren vorbei. Ganz besonders grämte sich darüber Ditz von Altenbögge, der sich in die jüngere Tochter des Wirtes verliebt hatte. Das Grafenpaar hatte schon früh bemerkt, dass Ditz ein Auge auf das hübsche Mädchen geworfen hatte. Deshalb hatte es den Ritter auch nicht erneut aufgefordert, an ihren weiteren Kutschfahrten teilzunehmen. Die traurigen Augen von Elise hatten die Annahme bestätigt, dass auch ihr der Abschied von ihrem märkischen Schwarm sehr schwerfiel.

*

Als sie Paris verlassen und die sumpfigen Marne-Niederungen bei Châtillon sur Marne überwunden hatten, steuerten sie zügig auf die Krönungsstadt Reims zu. Sie war als nächste größere Stadt in der Umgebung von Paris Sitz eines Erzbischofs und Standort einer weiteren weltbekannten Kathedrale. Sie wurde ebenfalls „Notre Dame" genannt. An ihr baute man seit 1211. Obwohl noch nicht ganz vollendet, galt sie als die Krönungskirche der französischen Könige. Sie selbst krönte auch diesen wichtigsten Ort der französischen Weinregion Champagne, wo bekanntermaßen hochwertige Schaumweine aus trockenen Traubensäften erzeugt wurden.

Lag es vielleicht an einer inzwischen erfolgten Sättigung durch viele hochwertige architektonische Leckerbissen, wie das Grafenpaar beim Anblick einer zweiten „Notre Dame" während ihrer Lustreise feststellte, oder lockte sie der Genuss einiger Gläser prickelnden Inhalts aus den berühmten Weinkellereien

388 Unter König Karl V. in den Jahren 1370 bis 1382 erbaute Festungsbastion, die am 14. April 1789 erstürmt wurde, was die Französische Revolution auslöste. Seit 1989 steht dort die neue Volksoper mit 2.700 Sitzplätzen.
389 Heute Museum in der Nähe des ehemaligen römischen Thermenpalastes in der Nähe der Metro-Station Saint Michel.
390 Dieses Studienviertel ist auch heute noch ein touristischer Anziehungspunkt.

der Stadt Reims so unwiderstehlich, dass es sich für die Perlen im Glase entschieden hatte, anstatt einen ausgiebigen Besuchs der Kathedrale vorzunehmen? Ditz stellte lakonisch fest:

„Kirchen haben wir nun satt, aber unser Durst muss dringend bekämpft werden!"

Ohne jeden Zweifel war Paris der Höhepunkt ihrer Frankreichreise gewesen. Elisabeth und Engelbert stellten es, Rückschau haltend, übereinstimmend fest, als sie die Stadt Namur erreichten, wo nun die Meuse den weiteren Heimatkurs der Märker bestimmte. Engelbert bestand zwar darauf, „sein" Lüttich noch einmal kurz zu sehen, doch genügte ihm eine kurze Stadtfahrt um festzustellen, dass ihm diese Stadt früher besser gefallen hätte. Seine Domschule, die er Elisabeth hatte zeigen wollen, war leider geschlossen. Irgendwie kam sie ihm sehr viel kleiner vor als in seiner Schulzeit! Ein kurzer Aufenthalt in der Lambertus-Kathedrale weckte Gedanken an seinen ersten Besuch in Lüttich an der Hand seines Vaters. Der lag nun schon seit 1347 in seinem Grab in der Fröndenberger Stiftskirche.

Da die ersten Novembertage recht unfreundlich waren, zog es die reisenden Märker mit Macht in ihre Heimat. Die Fahrt durch die Ardennen war verregnet. Daher konnte die an sich wunderschöne Waldlandschaft ihre Stimmung nicht aufbessern. Selbst eine kurze Rast in Aachen, wo sie den Königsstuhl im Obergeschoss des Doms bestaunt hatten, konnte sie nicht zu längerem Verweilen in der deutschen Kaiserstadt begeistern. Nach der Fahrt durch Krefeld und Moers ließen sie sich bei Duisburg über den Rhein setzen. Wäre Engelberts Tante Katharina noch am Leben gewesen, hätte Engelbert keinen Moment gezögert, sie in ihrem Essener Reichsstift zu besuchen. So aber entschloss er sich, eine Rast in Werden einzulegen, um dort nachzufragen, ob Pfarrer Niedergriese gut aus der Pfalz heimgefunden hatte.

Den überkam natürlich riesige Freude, als er die Tür des Pfarrhauses öffnete und das mit seiner Hilfe frisch vermählte Grafenpaar und dazu Ritter Ditz in seine Räume bat. Nach dem Genuss einiger Gläser köstlichen Weines übernachteten die Reisenden an der Stätte, wo einst der heilige Ludgerus so erfolgreich gewirkt hatte.

„Ihr wollt also gleich morgen nach Wetter weiter reisen, um Euer neues Zuhause in Wetter zu beziehen?", war Niedergrieses neugierige Frage an Engelbert.

„Nein, leider geht das noch nicht. Die Um- und Anbauten sind frühestens kurz vor Weihnachten fertig. Wir müssen deshalb zunächst zu unserer alten Hörder Burg, bis unsere neue Bleibe hoch über der Ruhr in solchem Zustand ist, wie ich ihn mir für Elisabeth gewünscht habe. Anfang des nächsten Jahres möchten wir dich, lieber Franz, sehr gern als unseren lieben Gast begrüßen."

Mit dem Versprechen, möglichst bald nach dem Dreikönigstag einen An-trittsbesuch in der neuen Residenz des Grafen von der Mark zu machen, trenn-te sich das Grafenpaar von seinem Freund und Trauzeugen in Werden an der Ruhr. Die Lustreise war vorbei, aber beide Ehegatten waren sich darin einig: Gemeinsam zu reisen ist das Schönste, was Menschen, die sich gut verstehen, beschieden sein kann!

Der Königsstuhl im Dom zu Aachen aus dem Ende des achten Jahrhunderts

XII. Wandlungen in turbulenter Zeit

Der neue Wohnsitz

Engelberts Burg in Hörde sollte vorübergehend, vielleicht für einige Monate, Elisabeths Wohnsitz werden. Bis die von ihrem Gemahl in so bunten Farben geschilderte Burg in Wetter einzugsbereit hergerichtet wäre, würde es wohl noch einige Zeit dauern. Mit jeder Meile, mit der sich Elisabeth der kleinen Stadt Hörde in ihrem Jagdwagen näherte, wuchs ihre Neugier. Das Grafenpaar hatte seine Fahrtroute dem Lauf der Ruhr entlang gewählt. Nachdem sie Werden verlassen hatten, fuhren sie zunächst an der Burg Altendorf vorbei. Sie hielten sich hier aber nicht lange auf. Sie überquerten wenig ostwärts der Burg auf einer wenig Vertrauen erweckenden Holzbrücke bei Dahlhausen die Ruhr.

„Dann sind wir doch in unmittelbarer Nähe von Wetter", meinte Elisabeth. „Da bietet sich doch ein Abstecher an, um zu sehen, wie weit die Bauarbeiten dort gediehen sind!"

„Da hast du schon Recht", antwortete Engelbert, „bedenke jedoch, die Tage werden täglich kürzer. Wenn wir Hörde noch vor Einbruch der Dunkelheit erreichen wollen, müssen wir uns mächtig sputen. Einen Aufenthalt selbst von nur einer Stunde können wir uns heute nicht leisten. Du wirst schon früh genug sehen, wo unser neues Zuhause sein wird. Denke daran, dass wir in Hörde unsere Bleibe erst noch durch Kaminfeuer wärmen müssen!"

Der Gedanke an den Einzug in ein ungemütliches Gemäuer, das monatelang nicht beheizt gewesen war, ließ Elisabeth fröstelnd erschauern. Ditz tat als Kutschenführer sein Möglichstes, die Pferde zu schnellem Vorankommen anzutreiben.

Bei Sonnenschein und mildem Wetter wäre die Fahrt für das Grafenpaar recht reizvoll gewesen. Das feuchtkalte und teilweise sogar mit Nieselregen aufwartende Spätherbstwetter entsprach gar nicht Elisabeths Erwartungen. Sie tröstete sich in der Vorstellung, sich bald an einem Herd- oder Kaminfeuer aufwärmen zu können.

Über Wiemelhausen, Langendreer, Eichlinghofen und Brüninghausen erreichten sie gerade noch vor Eintritt der Dunkelheit ihr Tagesziel Hörde. Als sie die schützende Burg- und Klostermauer hinter sich gelassen hatten und innerhalb des Hofbezirks vor dem Bruchsteinsockel der alten Burg anhielten, kam Leben in den Burghof. Hunde hatten schon früh angeschlagen, so dass sich gleich mehrere der Anwohner und Burgbewohner veranlasst gesehen hatten, nachzuschauen, wer durch das Burgtor eingefahren war. Als sie den Jagdwagen des Grafen erkannten, war ihre Freude groß.

„Herzlich willkommen, Frau Gräfin", rief eine fröhlich wirkende dralle Mittfünfzigerin, die einen Brotlaib und einen ganzen Salzkasten aus der Küche entführt hatte, um der neuen Herrin nach westfälischem Brauch zu wünschen, dass das Brot in ihrem Heim nie ausgehen und das Salz alles Unglück fernhalten möge.

„Das ist unsere fleißige Lena!" Mit diesen Worten stellte Graf Engelbert seiner Frau die gute Seele vor, die ihn seit dem Tode seiner Richarda bekocht und mit allem verwöhnt hatte, um ihm die Zeit der Einsamkeit so angenehm wie möglich zu machen.

„Jetzt aber an die Arbeit, Graf Engelbert!", rief Lena ihm zur Freude der Umstehenden lauthals zu. „Die Pforte Eurer Burg wartet, dass Ihr Eure hübsche Frau über die Schwelle in ihr neues Zuhause tragt. Drinnen haben wir bereits vorgeheizt, weil wir Euch schon seit Tagen erwarten."

„Und wo bleibt der Schnaps?", fragte Ditz von Altenbögge, als er einem Knecht die bereits ausgespannten Pferde übergab, damit sie im Burgstall ihr Quartier kennenlernen sollten.

Schon kam der alte Ludwig mit kleinen Tonbechern und einer offensichtlich gut gefüllten Kanne, um dem Grafenpaar den „Guten Alten" anzubieten, den er selbst schon unter dem Herrn Konrad mit vielen Früchten in verschiedenartigen Geschmacksrichtungen so vortrefflich in jedem Jahre hatte zubereiten dürfen.[391]

„Dann schenke aber bitte allen ein, die uns hier so fröhlich empfangen haben", ermunterte Graf Engelbert den Alten. Der übergab einem Jüngeren den schweren Krug, weil der gute Ludwig mit seinen zitternden Händen befürchten musste, etwas von seinem guten Tropfen zu verschütten. Als alle, die zur Begrüßung herbeigeeilt waren, einen glänzend braun lasierten Becher mit Korn in der Hand hielten, rief Graf Engelbert seinen Trinkspruch aus:

„Leute der Mark,
der Schnaps macht uns stark.
Das soll er ja auch.
Bei uns ist's so Brauch.
Prost, ihr lieben Frauen und Männer!"

Alle erwiderten seine Worte mit einem artigen: „Na dann Prost, lieber Graf!"

Als Elisabeth den ersten zaghaften Schluck gewagt hatte, musste sie tief Luft holen.

„Jetzt begreif ich auch, warum man dieses Getränk als Medizin bezeichnet. Das brennt ja fürchterlich! Und so etwas trinkt man hier?"

„Ja, liebe Elisabeth, das tun wir, denn so etwas passt zu uns, und zwar vortrefflich! Kriege ich noch einen?"

---

391 Den bekannten Kornbranntwein aus Westfalen gab es damals noch nicht. Der Branntwein wird erst im 15. Jahrhundert erstmals – allerdings als Medizin AQUA VITAE – als Lebenswasser erwähnt.

Elisabeths Gesichtsausdruck schwankte zwischen Erstaunen und Entsetzen, aber nicht sehr lange, denn schon hatten Engelberts kräftige Arme seine Elisabeth gepackt, um sie, so gut es eben ging, fast galant die Stufen der Eingangstreppe hinaufzutragen, um sie erst wieder abzusetzen, als er die Diele erreicht hatte.

„Hier bist du nun zu Hause, Gräfin Elisabeth von der Mark!", rief er so laut er vermochte, damit auch die draußen stehenden Hofleute diese Ankündigung möglichst gut verstehen konnten. Sie jubelten und riefen nach einer freundlichen Ermunterung durch Ritter Ditz begeistert die gleichen Worte, die der Graf gerade gesprochen hatte.

„Das war ja ein stürmischer Empfang!", stellte Elisabeth fest, als sie sich von diesen neuen Eindrücken ein wenig erholt hatte. Schon stand Lena erneut dienstbereit vor dem Grafenpaar.

„Darf es zuerst ein zünftiges Schinkenbrot sein, um den ärgsten Hunger zu befriedigen? Danach bringe ich Hühnerfleisch in der Suppe, wenn's recht ist."

„Mir würde es schmecken!", antwortete Graf Engelbert. „Aber was sagt meine liebe Gräfin?"

„Was ich sage, gilt nicht nur für dieses leckere Angebot: Was der Graf Engelbert mag, das mag auch ich – selbst wenn es ein Fuhrmannsschnaps ist!" So begann die erste Stunde des Grafenpaars in ihrer Hörder Burg. Elisabeths Wunschdenken während der Fahrt durch die nasskalte Ruhrlandschaft war in Erfüllung gegangen. Sie fühlte die wohlige Wärme, die sie unerwartet in der alten Burg umgab, und ebenso die Herzenswärme der Märker, die ihren Grafen offenbar sehr gern haben mussten. Natürlich hatte sie ihren Engelbert am liebsten, und das sagte sie ihm dann auch, als sie die Kemenate bezogen hatten.

*

„Was ist das nur für ein entsetzlicher Lärm?", wollte Elisabeth von ihrem Mann am Morgen wissen. „Man meint fast, man schliefe in einer Fabrik!"

„Ja, Hörde ist eine betriebsame Stadt, und die Märker sind fleißige Leute, die früh aufstehen und viele notwendige Dinge aus Eisen und Draht herstellen. Was du hörst, ist der Lärm aus einer benachbarten Nagelschmiede. Hördes Erzeugnisse werden geschätzt. Sie sind wertvoll. Meine selige Richarda hatte zunächst auch Kummer mit diesen Geräuschen, aber nach wenigen Tagen hatte sie sich daran gewöhnt. Du brauchst diesen Lärm ja nur bis zu unserem baldigen Umzug nach Wetter zu ertragen!"

„Da war mir die Stille meiner Rosenburg über dem plätschernden Ellerbach eine Wohltat, die ich erst heute richtig zu schätzen weiß", erklärte Elisabeth rückblickend.

„Unsere Mark ist eben ein Eisenland", fuhr Engelbert fort. „Überall in den Tälern nutzen die Menschen die Wasserkraft, um Eisen zu schmieden und zu nützlichen Geräten zu formen. Auch Steinkohlen und Eisenerze sind Reichtümer der Mark. Sie abzubauen, sie zu schmelzen und schmiedbar zu machen, das verstehen die Märker vortrefflich! Man muss sie nur werkeln lassen! Immer wieder haben findige Köpfe unter ihnen neue Ideen und danach ungezählte brauchbare Dinge gefertigt."

„Und was macht man mit Kohlen?", wollte Elisabeth wissen.

„Das fragte ich auch als kleiner Junge schon meinen Vater. Geantwortet hat er mir damals: ‚Hüte stets diese bisher nur wenigen bekannten Schätze der Mark! Alles in der Erde unseres Landes gehört den Fürsten, also auch dir, wenn ich einmal nicht mehr lebe. Schon dein Großvater, der Graf Engelbert II., hat einem Brüderpaar aus Dortmund einmal einen Hof in Schüren mitsamt aller Gerechtsamkeiten an Kohlen und Steinbrüchen verkauft. Heute lassen deren Enkel die Kohle planmäßig abbauen. Sie verkaufen sie an Schmiede und Erzschmelzer – nicht nur in unserem Lande. Sie verdienen daran in jedem Jahr mindestens das Doppelte von dem, was dein Großvater von ihren Vorfahren als Kaufpreis gefordert hat[392], um einen Ausgleich für den von ihm verkauften Hof zu erhalten.'"

„Und die Nagelmacher aus Hörde brauchen auch solche Kohlen?"

„Ja, es wird eine Zeit kommen, in der die Kohlen in unseren Bergen, vielleicht auch in tiefen Schluchten und Gängen unter unseren Füßen eine völlig neue Entwicklung herbeiführen. Wer sieht, wie selbst der Staub und Ruß solcher Bodenschätze gleißende Feuer mit hohen Temperaturen entfacht, ja sogar Donnerbüchsen zu Feuer speienden Waffen werden lässt, ahnt schon, dass eines Tages sogar Kriege um Kohlen- und Erzläger geführt werden."

„Das macht mir große Angst, was du sagst! Leben wir hier deshalb in einer sehr gefahrvollen Gegend?"

„Mach dir keine Sorgen darüber. Bis es soweit ist, dass man sich fürchten müsste, vergehen noch Jahrhunderte!"

„Dann wollen wir erst einmal gemeinsam in Ruhe frühstücken!", schlug Engelberts Frau vor. Sie nahm seinen Arm, um gemeinsam mit ihm danach zu sehen, was die tüchtige Haushälterin Lena auf den Tisch gebracht hatte.

＊

Engelbert hatte abgewartet, bis ihm ein strahlend schöner Wintersonntag signalisiert hatte, dass es keine bessere Gelegenheit gäbe, als gerade jetzt gemeinsam mit seiner Elisabeth zur Burg Wetter zu reiten. Die Luft war kalt, die Dächer der Häuser und die Wiesen waren vom silbern in der Morgensonne glänzenden Reif überzogen. Doch schon nach wenigen Stunden wich die eisige Pracht. Es schien so, als wollte auch die Sonne der Gräfin im märkischen Land einen liebevollen Empfang bereiten. Wie auf der Fahrt nach Hörde wählte Engelbert für die Reise nach Wetter den kürzesten Weg. Über Berghofen ging es zum Kamm des Ardeygebirges zunächst zum Höchsten und dann über Holzen nach Syburg. Hier beeindruckte Elisabeth der herrliche Ausblick auf die wald-

---

392 Den Brüdern Witstrate aus Dortmund hatte Graf Engelbert II. von der Mark im Jahr 1317 urkundlich einen Hof in Schüren mit allen Gerechtigkeiten für Abbau und Verkauf von Kohlen und Steinmaterial für 130 Mark Silber überlassen.

reichen Berge jenseits der Ruhr und beiderseits der Lenne, die sich am Fuße des Burgberges der alten Sigiburg Wittekinds in die gen Westen ziehende Ruhr ergoss. Sie nutzen die kleine Rast in der Nähe der alten Syburger Peterskirche, sie zu besuchen. Bereits unter Karl dem Großen sollte sie der Papst Leo III. geweiht haben. Danach bevorzugte das Grafenpaar den Höhenweg über Westende, bis sie das Ruhrtal zwischen Gedern und Oberwengern erreichten, um aus dem Tal der Ruhr wieder den kürzeren, aber sehr steilen Aufstieg zur märkischen Burg Wetter anzugehen.

Die Burg Wetter lag recht beherrschend auf der Anhöhe zwischen den beiden Siedlungsschwerpunkten von Wetter. „Kerkwetter" nannte man die im Westen liegende Siedlung um die Pfarrkirche herum. Die Burg lag weiter ostwärts mit ihrer „Freiheit", die sich zu ihren Füßen als Wohn- und Handwerkerquartier gebildet hatte, seit der Isenburger Zweig der Altenaer Grafen hier mit dem Burgenbau begonnen hatte. Von jeher hatten die Grafen von der Mark, die ursprünglich der Burg Altena entstammten, den für sie wichtigen westlichen Burgbesitz mit einem Drosten besetzt. Da der letzte in der Reihe der Burggrafen und Drosten vor einiger Zeit verstorben war, hatte Graf Engelbert diese Burg, die fast im Mittelpunkt seiner Lande lag, als seinen künftigen Wohnsitz ausgewählt.

Wichtigster und weithin die Verteidigungsbereitschaft verkündender Bestandteil der Burg war von jeher der mit dicken Bruchsteinmauern rund ausgeführte mächtige Bergfried, gewesen. An ihn schlossen sich flankierend steinerne zweigeschossige Gebäude an, die einen Hof umschlossen. Aus ihren oberen Geschossen glitt der Blick weit in das Tal der Ruhr und darüber hinaus bis zu den bewaldeten Bergeshöhen jenseits des Flusses. Die Berge südlich von Wetter umschlossen einen Talkessel, an dessen Rand die Siedlungen Oberwengern, Grundschöttel und das Bauerndorf Vorhalle lagen. Die Waldkulisse der weiter südlich liegenden Berge wirkte an diesem Tage wie mit Zucker bestreut. Ein zarter Schneehauch schien sie im rechten Augenblick anlässlich des Besuchs der neuen Gräfin von der Mark festlich herausgeputzt zu haben.

Während sich Elisabeth an den Blicken ins Ruhrtal erfreute und auch allein einen kleinen Spaziergang zur nahe gelegenen Pfarrkirche in Kerkwetter unternahm, inspizierte ihr Engelbert die Arbeiten an der Burganlage. Er überprüfte insbesondere die bisher gut fortgeschrittenen Baumaßnahmen. Wenn der Winter Milde walten lassen würde, wäre der Einzug des Grafenpaars spätestens Anfang Mai hier gesichert. Aber es war noch viel zu tun! Nach Beendigung ihres Erkundungsganges erlebte Elisabeth eine vielversprechende Führung durch die Räume der Burg. An fantasievollen Ideen über das, was man noch schöner und vollkommener würde gestalten können, hatte es Engelbert dabei nie gefehlt. Wie zur Bestätigung seiner Visionen, wies er seine Frau auf das Umfeld der auf der Anhöhe liegenden Gebäude hin.

„Hast du gesehen, was da überall wächst?", hatte er gefragt. Aber vom Obergeschoss der Burg konnte man nur schwer erkennen, was da alles angepflanzt war.

„Das ist wohl Gestrüpp", hatte sie geantwortet. Engelbert war fast beleidigt. Trotzig erklärte er:

„Dafür habe ich nun so viel Geld ausgegeben – für Gestrüpp? Da sollen dich im Sommer mehr als tausend Rosensträucher erfreuen!"

„Rosen? Ist das wirklich wahr? Das alles sind Rosen?"

„Ja, Rembert hat mir gesagt, sie seien sehr kostbar, dennoch aber winterhart. In allen Farbspielen von weiß über gelb, rosa und dunkelrot sollen diese Rosen für dich in jedem Jahr aufs Neue blühen!"

„Dank dir, lieber Engelbert! Du bist ab heute ein echter Rosenkavalier! – und diesen mir Rosen schenkenden Kavalier habe ich viel lieber als den Krieger, der immer so begehrlich in Richtung Dortmund blickt!"

Auf der Rückfahrt nach Hörde schwieg Engelbert sehr lange. Elisabeth hatte ihn nachdenklich werden lassen. Zweifelte sie etwa daran, dass erfolgreiche Krieger zugleich angenehme Kavaliere sein können? –

Engelberts Brüder

Es war schon lange her, dass sich alle vier Söhne des Grafen Adolf II. von der Mark in Avignon getroffen hatten.[393] Graf Engelbert, der älteste von ihnen, war damals in tiefe Depression versunken, weil er gerade erfahren hatte, dass er von dem bauwütigen, inzwischen jedoch verstorbenen Papst mit dem Kirchenbann belegt worden war, weil er ohne die damals übliche Genehmigung des Papstes eine Wallfahrt zu den heiligen Stätten in Palästina unternommen hatte. Seine jüngeren Brüder Adolf, Dietrich und Eberhard waren von Levold von Northof über Avignon, die Residenzstadt der Päpste zur Universität Montepellier in den Süden Frankreichs geschickt worden, um dort zu studieren. Levolds Freund Johann von Bolanden, damals Sekretär des Mainzer Erzbischofs Gerlach von Nassau, hatte sich erfolgreich für alle märkischen Prinzen eingesetzt, ohne dass dies ihnen damals bekannt geworden war. Engelbert spürte das Wohlwollen und die willkommene Hilfe dieses Grafen von Bolanden noch, als er nach ereignisreicher Reise seine märkische Burg auf dem Schwarzenberg erreicht hatte. Selbst als Engelbert, auf sich und sein Glück vertrauend, in Riga das Wohlwollen des dortigen Erzbischofs erworben hatte, glaubte er, die schützende Hand des Grafen von Bolanden über sich und seinen Begleitern auf dem Wege nach Livland zu wissen.

✳

Engelberts Brüder, allen voran sein nur um gut ein Jahr jüngerer Bruder Adolf, waren für geistliche Führungsaufgaben bestimmt. Sie durften nach ihrem Studium der Rechte in Montpellier ausnahmslos einflussreiche kirchliche Positionen erwarten.

393 Dieses mehr zufällige Zusammensein war in den letzten Tagen des Jahres 1352 in einer recht bescheidenen Unterkunft vor den Toren Avignons gewesen.

Eberhard, der jüngste unter ihnen wurde Stiftsherr in Köln und Lüttich sowie Propst von Schildesche.

Adolf, Engelberts jüngerer Bruder, konnte auf Vermittlung Levolds schon 1348 Domherr von St. Gereon in Köln, dann 1351 Domherr in Lüttich und später auch Domherr in Münster werden. Adolf hatte als einziger unter den märkischen Prinzen in Montpellier das Bakkalaureat[394] im Kirchenrecht erworben. Er wurde schon mit fünfundzwanzig Jahren am 6. November 1357 zum Bischof von Münster ernannt, nachdem der bisher dort wirkende Bischof Ludwig II. Landgraf von Hessen im August 1357 das Zeitliche gesegnet hatte. Dieser Bischof hatte den dortigen Bischofsstuhl von 1310 an über achtundvierzig Jahr innegehabt.

Am 6. November des folgenden Jahres hielt Adolf feierlich Einzug in sein Bischofsamt in Münster. Unter den geladenen Gästen waren auch Graf Engelbert III. und seine Frau Richarda gewesen. Sie und mit ihnen große Teile der märkischen Bevölkerung empfanden diesen Tag als Wendepunkt der bisher so unerfreulichen Auseinandersetzungen zwischen dem märkischen Grafenhaus und dem früheren Bischof von Münster. Ludwig II. Landgraf von Hessen war sich nie zu schade gewesen, selbst als Anführer seiner Truppen in die Mark einzufallen. Er hatte dadurch viel Schaden im Lande beiderseits der Lippe angerichtet. Im Jahre 1225 hatte er die Stadt Nienbrügge an der Lippe restlos zerstört. Auch Lüdinghausen, ein alter märkischer Ort nördlich der Lippe, war durch ihn mit Gewalt in sein Hochstift Münster eingefügt worden.

Engelberts Bruder Dietrich nannte sich zunächst Herr von Dinslaken. Er wurde Domherr in Köln, Lüttich und Worms, danach Propst in Xanten, Dompropst in Köln und mehrfach Bistumsverweser, nicht aber Bischof in Osnabrück[395].

Adolf von der Mark gelang es, nach sechsjährig geführtem Bischofsamt in Münster im Jahre 1363 Erzbischof von Köln zu werden. Dieses Amt hatte seit langem sein Onkel Engelbert angestrebt, der 1345 Bischof „nur" in Lüttich geworden war. Adolfs strategischem Spürsinn gelang es, nachdem er den Erzbischofsstuhl in Köln freigemacht hatte, seinen bisher in Lüttich als Bischof amtierenden Onkel Engelbert 1364 als seinen Nachfolger mit dem erzbischöflichen Stuhl in Köln betrauen zu lassen. Diese im Westen des Reiches so bedeutungsvolle Würde hatte Erzbischof Engelbert von der Mark bis zu seinem Tode im Jahre 1368 inne, seit 1366 unterstützt von einem Koadjutor. Er füllte sein Amt allerdings nicht sehr vorbildlich aus, da er sich oft krankheitsbedingt bei den von ihm geschätzten Ärzten in Paris aufhielt. Zurückgezogen auf Schloss Brühl, starb er früh im Alter von zweiundsechzig Jahren.

394 Bakkalaureus = ein mit akademischem Grad Ausgezeichneter. Seit dem 13. Jh. konnte an mittelalterlichen Universitäten das Bakkalaureat erworben werden.
395 Ribhegge: Die Grafen von der Mark und die Geschichte der Stadt Hamm im Mittelalter. Münster 2002, S. 110

Der laisierte ehemalige Erzbischof Adolf von der Mark regierte von 1368 an als Adolf I. die Grafschaft Kleve. Er heiratete im Jahre 1369 die Gräfin Margarete von Jülich-Berg und Ravensberg. Nach dem Tode seines Bruders Engelbert III. konnte er von 1391 bis 1393 auch die Regierungsgeschäfte der Grafschaft Mark als deren Regent Adolf III. übernehmen.

*

Es hatte von jeher dem Streben der Grafen von Altena-Mark entsprochen, Vertreter ihrer Familie in wichtige kirchliche Positionen zu bringen. So war bereits vor Adolf von der Mark (1363–1364) und Engelbert von der Mark (1364–1369) Graf Adolf I. von Altena (1193–1205) Erzbischof von Köln gewesen.

Graf Engelbert III. hatte sich einer großen Zahl treuer und ihm ergebener Freunde rühmen können. Sie entstammten sowohl hochadeligen Familien als auch dem niederen Adel. Unter den Letztgenannten waren es vor allem die von ihm zu Drosten berufenen Gefolgsleute gewesen, die ihm fast alle bedingungslos zu folgen bereit waren.

Wie wichtig dies für einen Landesfürsten sei, hatte Levold von Northof bereits in seiner Chronik der Grafen von der Mark ausgeführt. Er forderte die Grafen darin ausdrücklich auf, dem Rat ihrer Lehnsleute und Amtmänner zu folgen. Den künftigen Grafen solle bewusst bleiben,[396] dass keiner der märkischen Drosten oder Amtsleute jemals in die eigene Tasche gewirtschaftet hätte.

Als leuchtende Beispiele unverbrüchlicher Treue stellte er die Drosten Ludolf von Bönen, den Ritter Rutger von Altena und Gerhard von Plettenberg heraus. Keiner von ihnen hätte in der Zeit seiner Amtsführung ein Schloss für sich gebaut, wie es heutige Amtsleute täten, die dann die Burgen ihres Herrn oft einstürzen und verfallen ließen. Wenn Graf Engelbert in die Runde seiner Vertrauten und Freunde schaute, wusste er, auf jeden von ihnen war Verlass, auch, wenn einer von ihnen mal eine andere Ansicht vertreten hatte. Gerade in turbulenten Zeiten brauchte man verlässliche Freunde.

Levold von Northofs Vermächtnis

„Was du alles kennst und kannst, ist geradezu abenteuerlich", erklärte Elisabeth ihrem Manne eines Abends, als er von einem Inspektionsritt ins mittlere Lennetal zurückgekommen war.
„Du bist ja nun schon fast sechzig Jahre alt, dennoch nimmst du es offensichtlich gleichzeitig mit zwei halb so alten Männern auf! Du rittest heute

---

396 H. Flebbe: Levold von Northof: Die Chronik der Grafen von der Mark, Münster/Köln 1955, S. 5 f.

geschwind in einem Ritt bis ins entfernte Plettenberg, führtest dort wichtige Gespräche, schautest bei diesem oder jenem Ritter, Burgvogt oder Bürgermeister herein, schliefst nur sechs Stunden, und das wie so oft in irgendeinem einfachen Nachtquartier, und kehrtest frohgemut ohne zu klagen am nächsten Morgen auf einer anderen, gleich langen Strecke über andere Orte wieder hierher zurück. Ich nenne dein Verhalten jedoch selbstherrlich und rücksichtslos! Wo warst du denn heute noch?"

„Heute Morgen habe ich mir Levold von Northofs ehemalige Besitzungen bei Dresel an der Lenne angesehen, habe den Drosten Dietmar von Altena besucht, einiges in dem von ihm auf der Burg Altena verwahrten Buch gelesen und bin danach lenneabwärts bis zur Ruhr und diese entlang zu dir, meiner süßen Frau, geritten. Meine beiden Begleiter stöhnten zwar, weil ihnen die Sitzflächen wehtaten, aber ich bin ja wohl auf dem Pferderücken zur Welt gekommen. Mir fehlte nichts – außer dir!"

„Natürlich freue ich mich, dich heute wieder bei mir zu haben. Sage aber selbst: Geht dein Tagwerk nicht so vonstatten wie in der Zeit, als du noch allein auf deiner Hörder Burg gesessen hast? Meinst du wirklich, dass es mit der Eroberung einer Frau getan ist? Bist du dir nie klar darüber geworden, dass deine Frau ein Anrecht darauf besitzt, mehr als nur die Nächte mit dir zu teilen? Du tust das nicht einmal regelmäßig, sondern nur dann und wann! Solange du zur Verteidigung deines Landes und deiner Rechte gehalten bist, mit deinen Leuten Krieg zu führen oder für Ordnung im Lande zu sorgen, habe ich volles Verständnis für dein unstetes Leben, doch heute muss ich dir einmal deutlich sagen, dass ich mir unsere Ehe anders vorgestellt habe."

Engelbert senkte seinen Kopf, als hätte er auf diese ebenso klugen wie eindringlichen Vorhaltungen keine Antwort parat. Das gab Elisabeth Gelegenheit, für ihre drängenden Fragen noch etwas nachzulegen:

„Was haben denn deine Erkundigungen in Dresel und auf der Altenaer Burg ergeben? Du könntest mir doch sicher etwas Wissenswertes darüber berichten! Aber tust du das? Glaubst du vielleicht, ich sei ein dummes Weiblein, das alles fraglos hinnimmt, was ihr Mann nur nach seinem Gutdünken tut, ohne mit seiner Frau seine Pläne, Gedanken und Vorhaben abzustimmen? Du vergisst, dass ich eine von Sponheim bin! In wirtschaftlichen Dingen gräflicher Verwaltung habe ich zwei Jahrzehnte lang Erfahrung sammeln können!

Also noch mal: Erzähle mir zum Beispiel mehr über Levold von Northof, als dass er einer deiner Lehrer war. Was hat dich an ihm so begeistert, dass du offenbar ihm zuliebe gern und tüchtig gelernt und nach höheren Zielen gestrebt hast?"

Erst jetzt erschien Engelbert die Gelegenheit günstig, den Redefluss seiner Eheliebsten zu unterbrechen:

„Levold war ein grandioser Mann, dessen Wissen meines bei weitem überstieg. Er diente unserer Familie, wie und wo er nur konnte. Mein Großonkel Adolf, der im Jahre 1313 den Bischofstuhl von Lüttich besetzen konnte, verdankte dem diplomatischen Geschick Levolds von Northof die Bischofsweihe ebenso wie mein Onkel Engelbert, der dort 1341 nachfolgender Bischof [397] wurde. Levold von Northof war anno 1279 in der Nähe von Pelkum bei Hamm geboren worden. Er hatte früh schon seine Eltern verloren. Von seinem Vormund Rutger von Altena wurde er jedoch so gefördert, dass er, erst fünfzehn Jahre alt, sein Studium an der Domschule in Erfurt beginnen konnte. Nach längerem Aufenthalt in der Grafschaft Mark bei seinem tüchtigen Onkel, der zwölf Jahre lang märkischer Drost war, besuchte Levold die 1303 gegründete Universität Avignon.

Nach dem Tode meines Urgroßvaters Eberhard II. von der Mark, wurde mein Großvater, Engelbert II. von 1308 bis 1328 regierender Graf der Mark. Dessen jüngerer Bruder, der spätere Bischof Adolf I. von Lüttich, förderte Levold sehr und verschaffte ihm ehrenhafte Anstellungen in Boppard und Worms. Als mein Großonkel Adolf im Jahre 1313 Bischof wurde, zog er Levold als seinen Berater zu sich nach Lüttich. Levold begleitete ihn auf vielen Reisen, wurde bald Domherr in Lüttich und zeitweise sogar Vertreter des Bischofs sowie Abt des Klosters Visé. Er begleitete auch meinen Großvater zum päpstlichen Hof in Avignon. Als mein Großvater 1328 starb, reiste er mit seinem Bischof Adolf nach Westfalen. Dort kaufte er in Dresel an der Lenne das dortige Anwesen mit zwei Höfen und einer Mühle, über deren Erträge er noch vier Jahre nach seinem Tode verfügen durfte. Über diese Besitzungen traf Levold schon 1341 eine letztwillige Verfügung, in der er drei Testamentsvollstrecker namentlich bestimmte.

Als Bischof Adolf 1344 gestorben war, folgte ihm sein Neffe Engelbert, doch bestand zwischen Levold und dem neuen Lütticher Bischof Engelbert nicht das gleiche Vertrauensverhältnis wie zum Bischof Adolf. Levold diente unentwegt seiner märkischen Grafenfamilie. Er erzog mich und meine drei Brüder, die er 1353 zum Hochschulstudium nach Montpellier entließ. Besonders stolz war er, dass er erleben durfte, wie zwei meiner Brüder Bischöfe wurden. Nach Levolds Tod wurde Adolf sogar Erzbischof von Köln. Wir verdanken Levold auch die Chronik über die Grafen von der Mark, die er 1358 noch kurz vor seinem Tode abschließen konnte. Die Niederschrift widmete er mir. Er hatte vor, sie mir bei unserem nächsten Treffen auf der Burg Altena zu übergeben. Dazu kam es leider nicht mehr, denn am 3. Oktober 1359 ereilte ihn der Tod. Levolds Ruhestätte ist die Altenaer Pfarrkirche, die der Heiligen Katharina gewidmet ist.

Ich denke, liebe Elisabeth, jetzt verstehst du, warum ich Levolds letzte Wirkungsstätte, das Gut Dresel mit den von ihm geschaffenen Fischteichen und

---

397 Engelbert von der Mark war von 1345 bis 1364 Bischof von Lüttich und wurde danach 1364 bis 1361 Erzbischof von Köln.

dem Fischhaus, aufgesucht habe. Ich konnte Einsicht in des Verstorbenen Testament nehmen, das mir Dietmar von Altena gestern zugänglich gemacht hat."

„Und was hat Levold dir vererbt?", wollte Elisabeth wissen.

„Keine irdischen Güter, die mich hätten reich machen können! Die Liegenschaften in Dresel bleiben, wie von meinen Vorfahren bestimmt, nach Levolds Tod im Besitz unserer Grafschaft. Seine nicht unerheblichen Gelder hat er sorgfältig verteilt, an die Katharinenkirche zu Altena, für die Armen in der Altenaer Kirchengemeinde, für Messen zum Andenken an liebe Verstorbene und die Grafen von der Mark sowie für Kirchen in Werdohl und Lüdenscheid. Ferner hat er Zuwendungen für die Nonnen von Drolshagen, die Minoriten von Dortmund und das Iserlohner Hospital, sogar für seine Predigerbrüder in Soest und die Augustinerpatres in Lippstadt bestimmt."

„Ein sehr weiser und weit in die Zukunft denkender Mann muss dieser Levold gewesen sein!", stellte Elisabeth fest.

„Mir hat er mehr gegeben als irdische Güter an Werten hätten haben können!", fuhr Engelbert fort. „Er hat mir in seinem Fürstenspiegel[398] eine Reihe wertvoller Vorschläge für das Wirken eines rechtschaffenen Regenten gemacht. Er gab mir klare Anweisungen für eine gerechte Regierung des Landes, für die Wahrung von Frieden und Sicherheit im Inneren wie auch mit unseren Nachbarn, für die Auswahl von Räten und Beamten und für ihre Behandlung, sogar für die von mir alltäglich zu lösenden Aufgaben, die mir nach dem Tode meines Vaters als Fürst erwachsen sind.

Er warnte mich vor unüberlegten Unternehmungen, vor unverantwortlichen Ratgebern und vor leichtsinnigem Schuldenmachen. Oberstes Ziel müsse die Unversehrtheit des Herrschaftsgebietes sein oder, wenn möglich, sogar dessen Ausweitung zu noch größerer Machtentfaltung. Niemals sollten nach seiner Meinung märkische Grafen einer Teilung der Grafschaft zustimmen. Vielmehr sollte sie stets ungeteilt an die ältesten Nachkommen weitergegeben werden."

„Dann hast du, lieber Engelbert, deine Pflicht gewiss ganz im Sinne deines von dir so verehrten Lehrers erfüllt. Du hast mir mit deiner Schilderung einen Einblick in dein Leben und Streben gegeben, wie nie zuvor! Ich danke dir, dass du mich heute an deinen Gedanken hast teilnehmen lassen!"

Streiten ohne Ende

Verfolgt man kritisch den Lauf der Geschichte, muss man notabene zu dem Schluss kommen, dass das Ende des 14. nachchristlichen Jahrhunderts eine Zeit war, in der die Herrscher der Völker, Volksstämme, Länder und Landesteile keine Gelegenheit ausließen, die Menschheit mit kriegerischer Gewalt zu zwingen, sich den Vorstellungen einiger weniger zu fügen. In ganz Europa wurde gestritten und gekämpft.

398 Levolds „Fürstenspiegel" ist eine Art Einleitung für seine Chronik der Grafen von der Mark.

Im Osten dieses Kontinents horchte man schon auf, als Großfürst Jagiello von Litauen zum Christentum übergetreten war. Im Jahre 1386 hatte er dann Jadwiga, die Königin von Polen, geheiratet.

Als Wladislaw II. Jagiello[399] bestieg er den polnischen Thron und betrieb von nun an eifrig die Christianisierung Litauens. Das hatten sich vor ihm schon die Schwertbrüder und danach die Deutschen Ordensritter zur Aufgabe gemacht. König Wladislaw setzte, um sein ehrgeiziges Ziel durch persönlichen Einsatz zu erreichen, seinen Cousin Witold als Regenten für Polen ein.

Nach dem „Hundertjährigen Krieg" zwischen Venedig und Genua hatten die Kontrahenten nach dem Sieg der Seerepublik Venedig 1381 das Mittelmeer unter sich in wirtschaftliche Einflusszonen aufgeteilt. Venedig griff ins Hinterland und beherrschte das östliche Mittelmeer, während sich Genua auf den Westen konzentrierte.

Auf dem Amselfeld im Kosovo-Becken wurden 1389 die den Türken entgegentretenden Truppen aus christlichen Ländern vernichtend geschlagen, ebenso eine serbische Streitmacht unter dem Prinzen Lazar. Sultan Murad I. (ca. 1326-1389) war bisher strahlender Sieger gewesen, doch er fiel in dieser Schlacht. Das Blutgericht seines Sohnes Bajezid war schrecklich. Er ließ den größten Teil des serbischen Adels hinrichten. Serbien wurde fortan dem Sultan tributpflichtig und blieb es bis 1878.

In der Schlacht von Sempach im Kanton Zürich waren die eidgenössisch-luzernischen Truppen dem österreichisch-habsburgischen Ritterheer weit überlegen gewesen. Herzog Leopold III. von Österreich fiel in diesem Kampf. Die Entscheidung für eine weitere Loslösung der Schweizer von der habsburgischen Herrschaft und für die Unabhängigkeit der eidgenössischen Städte war damit endgültig.

Im Westen des deutschen Reiches überschritt Graf Engelbert III. von der Mark am 29. August 1391 mit einem kampfbereiten Heer den Rhein, um dem Kölner Erzbischof und den Menschen in seinem ihm ergebenen Erzstift erheblichen Schaden zuzufügen. Dieser befremdlichen Aktion waren Warnungen vorausgegangen, die den märkischen Grafen jedoch nicht davon hatten abhalten können, seinem verhassten Nachbarn im Westen, dem Erzbischof von Saarwerden, erneut Fehde anzusagen.

Als Rembert von Greven seinem Herrn von erneuten Unruhen und Kämpfen der Stadt Köln gegen ihren früheren Herrn, den jetzt im Schlosse Königsdorf weilenden Erzbischof, berichtet hatte, war des Grafen Engelbert alte Kampfeslust erneut aufgeflammt. Rembert wollte ihn vor unüberlegten Schritten

---

399 Die Jagiellonen-Dynastie herrschte über Polen und Litauen bis 1572.

bewahren und riet von einem Waffengang ab, doch Engelbert setzte seinen Entschluss durch.

„Die Kölner Bürger haben mich schon früher um Hilfe gebeten, mir sogar eine Menge Goldgulden zukommen lassen. Jetzt ergibt sich die Gelegenheit für mich, erneut Kasse zu machen und unsere Finanzen zu verbessern", hatte er geantwortet. Remberts Bedenken schob Graf Engelbert beiseite, auch als sein ihm so ergebener Freund deutlicher wurde:

„Wenn Ihr unbedingt wollt, beauftragt einen geeigneten Heerführer damit, Eure Ziele zu erreichen. Ich aber kann nur warnen. Wir Märker sind von Natur friedliebend. Was gehen uns die Kölner Händel an! Ich jedenfalls widersetze mich Euren Plänen, sich dort einzumischen, nur um ein paar Tausend Gulden Belohnung für einen fragwürdigen Einsatz zu bekommen und fette Beute heimzubringen."

Solche Worte hatte Graf Engelbert noch von keinem seiner Untertanen hören müssen. Er schickte Rembert nach Hamm und befahl:

„Sorge dafür, dass im Lande Ruhe und Ordnung herrscht! Ich ziehe mit einem Heer über den Rhein." Danach hatten sich die einstigen Freunde grußlos getrennt.

Gräfin Elisabeth merkte am Abend schnell, dass irgendein Ärgernis ihren Mann hatte schweigsam werden lassen. Sie wäre keine echte von Sponheim gewesen, wenn sie nicht in kürzester Zeit den Grund der Verstimmung ihres Mannes herausgefunden hätte.

„Rembert ist im Recht!", hatte sie gesagt. „Wir leiden keine Not, haben genug Geld, um uns und das Land in erfreulichem Zustand zu halten. Uns fehlt nur die nötige Zeit, das Leben in rechter Weise zu genießen. Schon deine Fehde gegen die Stadt Dortmund hat gezeigt, dass Kriege unnütz viel Geld und viel Blut kosten. Über das Elend, das Kriege hinterlassen, können auch Goldgulden die Hinterbliebenen der Toten nicht hinwegtrösten!"

„Davon verstehst du nichts", war der einzige Satz gewesen, den Engelbert für seine Elisabeth als Antwort übrig gehabt hatte.

Schon am frühen Morgen des nächsten Tages bestieg er sein Pferd, um seine Streitmacht zusammenzurufen.

„Wohin willst du so früh?", fragte seine Frau verängstigt. „Hast du dich für Köln entschieden?", war ihre bange Frage.

„Seine Antwort lautete: „Nein, nicht für Köln, ich kämpfe gegen Köln. An meinem Namenstag bin ich wieder hier."

„Aber vorher kommen doch deine Tochter Margareta und ihr Mann, der liebenswürdige Graf von Falkenstein, zu uns. Wir hatten sie doch eingeladen! Was soll ich denen sagen, wenn du schon wieder fort bist?"

„Sage ihnen, was du willst. Ich habe schon Boten ausgesandt. Meine Männer warten auf mich. Bis bald!" Damit hatte Engelbert seine ihn inständig um Einsicht bittende Frau zurückgelassen. Der Streit erfasste nun auch die Freunde

Engelberts. Von ihnen hatte zuvor keiner angenommen, dass sie sich plötzlich und unerwartet von ihrem bisher so weitsichtigen Grafen würden trennen können.

*

Schon im September sickerten vereinzelt Nachrichten aus dem Kölner Erzstift in die Mark. Neun Tage und Nächte hatte Graf Engelbert III. von der Mark im Kölner Erzstift für große Unruhe gesorgt. Der Erzbischof hatte sich klug zurückgezogen und einen offenen Kampf vermieden. Am ersten dieser neun Tage lagerte Engelbert mit seiner rauflustigen Heerschar bei der Stadt Uerdingen, am zweiten bei Zons, am dritten und vierten zwischen der Stadt Köln und dem Schloss Brühl, am fünften in Brauweiler, am sechsten und siebenten Tage in Friesheim zwischen Lechenich und dem Dorf Zülpich, dann in Frimmersdorf bei der Burg des Grafen von Reiferscheid und am neunten wieder am Rhein vor der klevischen Stadt Orsoy. Dem Kölner Erzbischof wurde mächtiger Schaden zugefügt, denn bei Engelberts Dreißig-Meilen-Marsch durch das Kölner Erzstift verheerten seine Streiter Bauernhäuser und Dörfer durch Brennen und Plündern. Graf Engelbert sollte, wie man sagte, dadurch für achttausend Goldgulden Beute gemacht haben. Für die Auslösung seiner Gefangenen hätte er weitere zehntausend Gulden erzielt. Das Schloss Königsdorf des Erzbischofs westlich von Köln konnte er mitsamt dem erzbischöflichen Zollhaus zerstören. Unbekannt blieben jene Gelder, mit denen sich viele Städte und Dörfer in der Gegend von Tomberg sowie die Länder um Neuenahr und Moers und auch das Land von Lynn und Kempen beim Grafen Engelbert losgekauft hatten, um nicht zerstört zu werden. Was viel schwerer wog als die erstrittenen Gelder und sein fragwürdiger Tatenruhm, hatte Engelbert selbst jedoch zerstört: den Ruf eines bisher rechtschaffenen und mit Edelmut regierenden Grafen.

Elisabeths Abschied

An seinem Namenstag, dem 7. November 1391, wollte Engelbert wieder auf seiner Burg Wetter eingetroffen sein. Das hatte er bei seinem Abschied von seiner Frau Elisabeth gesagt. Dieser Tag sollte ein Tag des Wiedersehens mit seinen Verwandten und Freunden werden. So hatte er es mit seiner Frau beschlossen. Graf Lender von Sponheim hatte seinen Besuch wegen schwerer Ischiasbeschwerden absagen müssen. Andere hatten unter allerlei Vorwänden, wie des Novemberwetters wegen und infolge eigener Unpässlichkeit Nachricht gegeben, nicht kommen zu können.

Selbst Rembert von Greven hatte angekündigt, schwieriger Finanzprobleme halber Hamm nicht vor dem Tage der heiligen Elisabeth – das wäre der 19. November – verlassen zu können. Viele dieser Entschuldigungen hatten jedoch einen ganz anderen Grund: Der Pesthauch ging wieder über das Land. In Essen,

Bochum und Dortmund waren innerhalb weniger Tage schon Hunderte von Menschen dem Schwarzen Tod zum Opfer gefallen.

Gräfin Elisabeth nahm die Absagen mit Gleichmut entgegen. Sie hatte noch nicht begriffen, wie Engelbert, ihr über alles geliebter Mann, so uneinsichtig und hartnäckig hatte darauf bestehen können, „den Kölner Erzbischof gebührend strafen zu müssen". Tagelang hatte Elisabeth geweint. Sie hatte grübelnd und unfähig, etwas Wichtiges zu tun, in ihrer kleinen Schreibstube gesessen, ohne einen Brief zustande zu bringen. Schon früher hatte sie ihrem Engelbert schreiben wollen, gleich nachdem sie die schrecklichen Nachrichten vom Verlauf seines Rachefeldzuges gegen den Erzbischof Friedrich von Saarwerden empfangen hatte. Vielen Einwohnern der Grafschaft Mark war es ergangen wie der Gräfin. Sie konnten und wollten nicht begreifen, dass ihr Graf Engelbert solche Untaten vollbracht haben sollte, von denen man sich zumeist nur hinter vorgehaltener Hand erzählte.

Engelberts Hass gegen Friedrich von Saarwerden traf ja gar nicht ihn, sondern Bauern und Händler und ihre Familien und Helfer. Sein rächendes Schwert traf nicht den Erzbischof, sondern eine riesige Anzahl kleiner Leute, die gar nicht wussten, warum ihnen das Schicksal so übel mitspielte, und Engelberts Krieger waren alles andere als zartfühlend.

Von Herzen erfreut war Elisabeth, als wenige Tage vor der geplanten Feier seines Namenstages auf der Burg Wetter ein Wagen des Grafen Philipp von Falkenstein auf dem Burghof hielt. Margareta von Falkenstein hatte in den letzten Jahren ein wirklich herzliches, ja sogar schwesterliches Verhältnis zu ihrer Stiefmutter unterhalten. Vor Jahresfrist hatten sie den Namenstag des Grafen Engelbert[400], der damals sechzig Jahre alt war, gemeinsam mit Freunden auf dem Schwarzenberg gefeiert.

„Euch zuliebe habe ich diesen Feierort gewählt", hatte Graf Engelbert damals gesagt. „Ich freue mich, euch auf dem Schwarzenberg an meinem Namenstag zu sehen, wo ich die glücklichsten Jahre meines Lebens verbracht habe. Nach dort habt ihr es weniger weit als nach Wetter", hatte Margaretas Vater den Gästen aus der Wetterau und den Ländern um Nahe, Rhein und Main bei seiner Einladung erklärt.

Elisabeth hatte vor einem Jahr ihre beiden Brüder, den noch gesunden Lender und den erst vor einigen Monaten verstorbenen Volker von Sponheim an ihrer Seite als Gäste begrüßt. Jetzt fehlten ihr beide!

Das diesjährige Treffen stand unter keinem guten Stern. Engelbert war unentwegt mit seinen Kriegern unterwegs. Nicht einen einzigen Boten hatte er zu ihr geschickt, um zu berichten, wie es ihm ergangen war. Offenbar hatte Elisabeth ihm mit ihren durchaus berechtigten Vorhaltungen Veranlassung zum Schweigen geliefert. Sie wusste nicht, was sie tun sollte. Die Nachrichten, die Philipp und Margareta mitbrachten, waren ebenso wenig erbaulich wie

---

400 Der Namenstag des Grafen Engelbert war der 7. November. Dieser Tag war von der Kurie festgelegt worden zur Erinnerung an den gewaltsamen Tod des Erzbischofs Engelbert von Köln im Jahre 1225.

Elisabeths Gemütslage. Sie rieten ihr, Wetter schleunigst zu verlassen und die Mark so lange zu meiden, bis die gefürchtete Pestseuche diese Region endgültig verlassen haben würde. Was sollte Elisabeth nun tun? Lange brannten Kerzen in ihrem Schreibzimmer in der Burg von Wetter.

Am nächsten Morgen verkündete sie Graf Philipp ihren Entschluss:
„Ich habe viel nachgedacht in der letzten Nacht und mich entschlossen, eure Einladung anzunehmen. Ihr sagtet, ihr würdet euren Wohnsitz von Falkenberg auf die Burg Münzenberg bei Butzbach verlegen, wo der neue Palas eurer Burg endlich bezugsbereit sei. Wenn ihr mich wirklich mitnehmen wollt, reise ich mit euch. An Engelbert habe ich einen Brief geschrieben, den er vorfinden wird, sobald er wieder hier ist."

Elisabeth hielt zögerlich das feine Schreibblatt in ihren Händen, als traue sie sich nicht zu sagen, was sie zu Papier gebracht hatte.

„Gib mir den Brief", bat Philipp, „ich werde lesen, was du geschrieben hast. Ich sage dir auch ehrlich, ob ich es gut finde oder nicht."

Elisabeth gab ihm den umschlaglosen Brief, und Philipp las vor, was sie mit zierlichen, aber gut leserlichen Schriftzügen verfasst hatte:

„Mein innigst geliebter Mann Engelbert!

> Vieles Schöne dieser Welt,
> das uns Menschen sehr gefällt,
> ist durch Krieg zu nichts zerronnen.
> Wer statt Streit den Frieden wählt,
> Liebe über alles stellt,
> hat das bess're Los gewonnen!

Du glaubtest, wieder in den Krieg ziehen zu müssen und ließest mich allein zurück. Jetzt folge ich dem Rat deines Schwiegersohnes und deiner Tochter. Wir fahren nach Münzenberg.[401] Dort warte ich, bis du mich abholen wirst.

Bedenke stets: Ich habe dich vom ersten Tage unserer Begegnung an geliebt! Ich liebe dich auch heute noch genauso wie damals!

Gott schütze dich! Lebe wohl, mein geliebter Engelbert! Komm bald gut heim und vergiss nie: Auf dich wartet deine dich liebende und sich nach dir sehnende

Elisabeth
Gräfin von der Mark"

---

401 Philipp VII., Sohn des 1373 verstorbenen Grafen Phillipp VI. von Falkenstein, lebte zunächst auf der gleichnamigen Burg in der Nähe von Königstein/Taunus, siedelte nach dem Tode seines Vaters um auf die Burg Münzenberg (damals Minzenberg geschrieben). Nach seinem Tode erbte sein Oheim, Werner von Trier (1388–1418) diese Burg in der Wetterau. Er war von 1407 bis 1448 Erzbischof von Trier.

„Da fehlt nur das Datum!", monierte Philipp, nachdem er den Brief gelesen hatte.

„Schreib es bitte dazu", bat Elisabeth. „Ich habe keine Kraft mehr. Lasst uns fahren! Den Brief lege ich auf den Esstisch!

Beruhigend ist für mich, dass wir die Fahrt gen Süden gemeinsam antreten können. Das Leben in der Gegend um Main und Nahe verspricht friedlicher und angenehmer zu sein, als es jetzt hierzulande ist."

Der Schwarze Tod

Wie ein riesiger dunkler Schatten hatte sich der Pesthauch erneut zu Beginn der neunziger Jahre des 14. Jahrhunderts über weite Teile Europas gelegt. Hatte es dieser Seuche nicht genügt, in den Jahren 1347 bis 1353 rund fünfundzwanzig Millionen Menschenopfer in Europa gefordert zu haben? Am schwersten hatte die Pest vor Jahren in Florenz gewütet, wo sie fünfzigtausend der damals dort wohnenden neunzigtausend Menschen innerhalb kürzester Zeit dahingerafft hatte. Besonders in den großen Städten, in denen die hygienischen Verhältnisse katastrophal waren, wusste man die Pest nicht wirksam zu bekämpfen. Zwar hatte man inzwischen erkannt, dass Nagetiere, insbesondere Ratten und die mit ihnen ziehenden Flöhe, die hauptsächlichen Überbringer dieser meist tödlich verlaufenden, hoch ansteckenden und akuten bakteriellen Infektionskrankheit waren. Den meisten Menschen war dies damals kaum bekannt.

In Italien glaubte man, dass gebrannter Wein gut wäre gegen Pestilenz und andere Schrecken. Dem „Wasser des Lebens" wurden auch in Deutschland unglaubliche Eigenschaften unterstellt, doch erfüllten sich die daran geknüpften Erwartungen selten. AQUA VITAE, das Lebenswasser, ließ die fragwürdige Hoffnung aufkeimen, durch den Genuss dieses gebrannten Weines ein langes Leben zu erreichen.[402]

Die Beulenpest machte sich zunächst durch Fieber, Kopf- und Gliederschmerzen sowie Benommenheit und schweres Krankheitsgefühl bemerkbar. Besonders im Leistenbereich der Kranken kam es schnell zu Lymphknotenentzündungen mit schmerzhaften Schwellungen, oft sogar mit schwarzen Blutkrusten.

Eine etwas andere, aber ebenso bösartige Spielart dieser Erkrankung war die Lungenpest. Sie wurde von Mund zu Mund übertragen, von Mensch zu Mensch. Atemnot, schwarz-blutiger Hustenauswurf und Lungenödeme führten bei den von der Lungenpest Befallenen innerhalb weniger Tage zum Tode, häufig beschleunigt durch einen Kreislaufkollaps.

In Ausnahmefällen waren auch andere Verlaufsformen möglich, die bei Überstehung der Krankheit sogar zu einer lebenslang andauernden Immunität

---

402 In einem medizinischen Werk heißt es: „Auch wer alle morgen trinckt des gepranten weins einen halben löffel vol, der wirt nymmer kranck."

führen konnten. Da nur wenige Ärzte erfolgreich zu helfen imstande waren, gelang es selten, die Krankheitsursachen genau zu diagnostizieren, denn andere Erkrankungen wie Mutterkorn und Malaria zeigten ähnliche Krankheitsfolgen. Die Pest, nach den schwarz-blutigen Ausscheidungen und Beulen an den Gliedmaßen allgemein „Schwarzer Tod" genannt, kam und ging scheinbar nach eigenen Gesetzen. Zwischen den Flüssen Elbe und Weichsel war sie nie aufgetreten.

In der Mark hatte sich die Pest ebenso wie im westlich davon liegenden kurkölnischen Gebiet als äußerst hartnäckig erwiesen.

Bestrebt, diese Seuche mit allen Mitteln an weiterer Ausbreitung zu hindern, hatte Graf Engelbert früher schon an der Brechtener Kirche St. Johannes besondere „Pestluken" anbringen lassen. Das waren hochgelegene Mauerdurchbrüche, die den außerhalb der Kirche versammelten Kranken ermöglichen sollten, den Verlauf der Messen mitzuhören, ohne dass die im Kirchschiff Versammelten fürchten mussten, von dieser Krankheit angesteckt zu werden.

*

Alkoholhaltige Getränke und verstärkt in den Kirchen verwandter Weihrauch galten im 14. Jahrhundert als probate Mittel gegen die Ansteckung. Die erwünschte Wirkung blieb aber leider aus.

Als Engelbert die ersten Beschwerden spürte, war er noch fest davon überzeugt, dass ihm die Pest nichts würde anhaben können. Er hatte schon so viele Menschen sterben sehen, doch hatten ihn Krankheiten bisher stets unangetastet gelassen. Selbst wenn die Pest ihn befallen würde, glaubte er, zu denen zu gehören, denen schnell starke Abwehrkräfte zuwachsen würden.

Im Gegensatz zu seiner die Pest wie nichts anderes fürchtenden Frau, lebte Engelbert in der Gewissheit, diese Krankheit überstehen zu können. Seine bisher so robuste Gesundheit hatte er aber diesmal überschätzt. Das Fieber stieg an, und die Krankheit streckte auch ihn nieder. An seinem Körper zeigten sich an vielen Stellen Schwellungen. Atemnot und Herzstillstand setzten seinem Leben am zweiten Weihnachtsfeiertag des Jahres 1391 ein unerwartetes Ende.

Was hatte ihm die für damalige Verhältnisse wunderschön herausgeputzte Burg Wetter genützt? Seine Frau hatte es wahrscheinlich aus Furcht vor der Pest vorgezogen, seinem Schwiegersohn und dessen Frau Margareta zur Burg Münzenberg in Hessen zu folgen.[403] Elisabeth war des Streitens mit ihrem Manne müde geworden. Immer wieder hatten Engelberts eigene Interessen vor dem von ihr erhofften harmonischen Leben an seiner Seite gestanden. Die letzten Wochen seines Lebens war er allein geblieben. Nur der Tod hatte zuletzt an seinem Sterbebett gestanden.

403 Die kinderlose Gräfin Elisabeth starb im Jahre 1395 auf der Münzenburg.

Unter den märkischen Grafen war Engelbert III. zweifellos der mächtigste, zugleich aber auch der streitbarste gewesen. Die weitaus größte Zeit seines Lebens hatte er auf dem Rücken eines Pferdes verbracht. Seine Untertanen verehrten ihn wie keinen seiner Vorfahren. Von ihm sagt die Überlieferung: „er sey ein schöner, kluger, gnädiger, freigebiger und tapferer Herr gewesen, der Gerechtigkeit und Tugend geliebt und im Glück und Unglück einerley blieben sey." So hatte es der tüchtige Geschichtsschreiber von Steinen in seiner „Westphälischen Geschichte" festgehalten.[404]

Engelbert III. galt schon zu Lebzeiten als Haudegen, der die größte Zeit seines Lebens in Rüstung und Sattel verbracht hatte. Schon 1353 hatte er eine Pilgerfahrt zum Heiligen Land unternommen. Anschließend hatte er sich an den Kämpfen des deutschen Ritterordens gegen die „Ungläubigen" in Livland beteiligt.

Schon von frühester Jugend an war ihm das Reiten zur selbstverständlichen Gewohnheit geworden. Ausnahmen bildeten die Hochzeitsreisen, sowohl mit seiner ersten Frau Richarda von Jülich als auch nach deren Tod mit der Engelbert angetrauten Elisabeth von Sponheim. Auch wenn er im häufig selbst gelenkten Jagdwagen gefahren war, hatte er den Wunsch gehabt, als leidenschaftlicher Reiter ständig zu spüren, wie er mit seinem geliebten Pferd eine unzertrennliche Einheit bildete.

Als er, durch die furchtbare Krankheit geschwächt, die Zügel eines Pferdes nicht mehr in der Hand halten konnte, fehlte ihm, was er in seinem bisherigen Leben für unersetzlich gehalten hatte, der innige Kontakt zu einem edlen Pferd.
Als er für immer die Augen geschlossen hatte, lagen hinter ihm vierundvierzig Jahre einer ereignisreichen, wechselvollen und zumeist turbulenten Regierung, die er im jungen Alter von nur siebzehn Jahren hatte antreten müssen.

*

Levold von Northof, sein Erzieher und später so treuer Gefolgsmann, hatte längst[405] das Zeitliche gesegnet, als sein Schützling verstarb. Die von Levold lateinisch verfasste Chronik der Grafen von der Mark vermittelte uns ein Bild jener Zeit, in der beide gelebt haben. Sie sollte nach seinem letzten Willen auf der Burg Altena unter der Aufsicht des Burghauptmanns und des Burgkaplans aufbewahrt und nie aus den Mauern dieses Gebäudes entfernt werden. Die letzten Sätze in Levolds Alterswerk künden

---

404 So schrieb es Johann Diederich von Steinen in seiner „Westphälischen Geschichte" auf Seite 297 im Jahre 1749 nieder.
405 Er starb nach einer handschriftlich zugefügten Notiz in seiner Chronik am 5. Februar 1358.
  Die weitere Lebensgeschichte des Grafen Engelbert III. hatte Levold somit nicht niederschreiben können.

von der tiefen Gläubigkeit dieses gottesfürchtigen Mannes. Er hatte darin niedergeschrieben:

„Denn da ich am letzt vergangenen Tage der seligen Jungfrau Agathe in mein 80. Lebensjahr[406] eingetreten bin, so will ich die geringe Zeitspanne, wenn mir eine solche überhaupt noch bleibt, nützlicher verwenden als bisher und den Tod umso gefasster erwarten, der, wie ich ahne, mir schon nahe bevorsteht."

Levold von Northof ging als erster Biograph der Grafen von der Mark in die Geschichte ein. Ihm verdanken wir ein leuchtendes Bild der märkischen Grafen aus einer dunklen Zeit.

„Noch im Tode gestritten"

Dramatisch vom Schicksal gestaltet, sollte auch der letzte Aufzug im kampfbetonten Leben „Engelberts des Streitbaren" werden. So hatte man ihn am Ende seines Lebens bezeichnet.

Als sein Leichnam unter dem bewaffneten Geleit seiner Freunde und Angehörigen entlang der Ruhr von Wetter zur Familiengruft der Grafen von der Mark in der Fröndenberger Stiftskirche übergeführt wurde, griffen Engelberts Feinde aus dem Kurkölnischen den Leichenzug beim Übergang über die Hönne bei Menden an, um Engelberts Leichnam zu rauben.

Selbst für diesen ungewöhnlichen Vorgang hatte der Verstorbene rechtzeitig Vorsorge getroffen. Er hatte angeordnet, bei seinem Begräbnis unter der Trauerkleidung die Kettenhemden zu tragen. Jeder solle auch die Waffen fest in der Hand behalten. Rund fünfhundert Gewappnete[407] sollen ihm so am 26. Dezember 1391 das letzte Geleit gegeben haben. Die Angreifer konnten bei „Vrydenbergh" (Fröndenberg) dank der Vorahnung des fast zweiundsechzigjährigen märkischen Kriegsmannes in die Flucht geschlagen werden.

„So hat", berichtet die Überlieferung, „der alte Held noch im Tode gestritten und gesiegt."

Seither ruht Engelbert III. unter den Steinplatten der Fröndenberger Stiftskirche neben dem Stifter dieser alten Klosterkirche der Zisterzienserinnen, dem Grafen Otto von Altena,[408] den vor Engelbert III. herrschenden märkischen Grafen Eberhard II. (1278–1308), Engelbert II. (1308–1328) und des Grafen Adolf II., seines Vaters und Vorgängers als Herrscher der Grafschaft Mark.

406 Levold von Northof: Die Chronik der Grafen von der Mark, übersetzt und erläutert von Hermann Flebbe, Münster/Köln 1955, S. 158
407 Angaben des Chronisten Gert van der Schuren in dessen Clevischer Chronik, die er ab 1417 verfasste. Siehe Ausgabe von Robert Scholten aus dem Jahre 1884, gedruckt in Cleve von Fr. Boß, S. 38
408 Er war jüngerer Bruder des Grafen Adolf I. von der Mark und im angestammten, einst den Grafen von Altena gehörenden südlichen Teil der Grafschaft Mark dessen Statthalter. Er war von Graf Adolf I. von 1249 bis 1262 eingesetzt worden. (Siehe E. Dossmann: Auf den Spuren der Grafen von der Mark, Iserlohn 1992, 3. Aufl. S. 35 f.)

Das Kloster Fröndenberg an der Ruhr im 19. Jh. nach einer Skizze eines unbekannten Zeichners.
Fröndenberg ist mit der Geschichte der Grafen von der Mark mehr verknüpft
als manche andere märkische Stadt – obwohl hier nie eine Burg gestanden hat oder
eine entscheidende Grenzposition zu verteidigen war.
Fröndenbergs Stiftskirche ist die Grablege des märkischen Grafengeschlechtes.

Siegel des Grafen Eberhard II. von der Mark (1277–1308)
Die Gebeine dieses märkischen Grafen und die seiner Gemahlin Irmgard von Berg
ruhen im künstlerisch gestalteten Hochgrab in der Fröndenberger Stiftskirche.

Was man sich so alles erzählt

Es ist nicht verwunderlich, dass ein so allgemein im Gespräch seiner Landsleute stehender Mann, wie es Graf Engelbert III. nun einmal seit seiner Regentschaftsübernahme in der Mark war, Anhänger besaß, die ihn schon zu Lebzeiten in den Himmel zu heben bereit waren. Es gab aber auch viele Neider, die ihm nicht einmal das Schwarze unter den Fingernägeln gönnten. Zustimmende und ablehnende Stellungnahmen sind da selbstverständlich.

Je mehr Zeit ins Land ging, umso zahlreicher schossen bei vielen Menschen seiner Grafschaft fantasievolle Erzählungen über sein Leben und Wirken, seine zahlreichen Reisen und seine Absichten ins Kraut. Auch führten ungenaue oder falsche Angaben jener, die über ihn berichteten, zu ungerechtfertigten Schlüssen. Auch Levold von Northof mag mit den Angaben über gräfliche Reisen und Reiseziele Anlass zu irreführenden Vermutungen gegeben haben.

In seiner Chronik behandelt er mit vielen Schilderungen bis ins Einzelne historische Vorgänge so gut und so eindeutig, wie es ihm nur möglich war. Stellenweise wirken seine Darstellungen jedoch recht pauschal. Das ist immer dann der Fall, wenn Levold bei wichtigen Ereignissen oder Vorgängen selbst nicht beteiligt oder auf Erzählungen anderer angewiesen war. So berichtet Levold, dass „Graf Engelbert von der Mark über das Meer wallfahrtete, ohne Erlaubnis vom päpstlichen Stuhl erlangt zu haben." Er verschweigt aber, über welches Meer Engelbert fuhr, und auch wohin seine Reise[409] gegangen ist.

Später berichtet er „Im Jahre 1354 kam der Graf von der Mark zu Petri Kettenfeier von seiner Seefahrt zurück." Auch hier fehlt eine Angabe, woher er zurückgekommen sei.

An anderer Stelle[410] hatte Levold mit fast gleichen Worten über den Vater des Grafen Engelbert berichtet: „Im Jahre 1331 fuhr Graf Adolf von der Mark über das Meer.[411]„ Hier ergänzte der Kommentator H. Flebbe in der Fußnote „nach dem Heiligen Lande". Auch hier hatte Levold selbst keine Angaben gemacht, wohin Graf Adolf hatte reisen wollen, als er „über das Meer" gefahren war.

Diese Zurückhaltung in Levolds Chronik ist keinesfalls zu beanstanden, sondern eher zu loben, da Levold offenbar Bedenken hatte, Angaben zu machen, die sich im Nachhinein als falsch hätten herausstellen können.

Umso erstaunlicher sind dann die Angaben unbekümmerter Biographen, die Zeitpunkte und Ziele des Grafen Engelbert ausführlich und konkret geschildert haben, obwohl sie viel später über Ereignisse berichteten als Levold, der zeitlich näher am Geschehen war. Verwunderlich bleibt jedoch ein Datum, das Levold für die Geburt des den Lesern inzwischen bekannt gewordenen Grafensohnes

---

409 H. Flebbe: Levold von Northof, die Chronik der Grafen von der Mark, Münster/Köln 1955
410 Ebenda, S. 146
411 Ebenda, S. 131

Engelbert mit 1333 angegeben hat.[412] Vielleicht handelte es sich dabei nur um einen Schreibfehler Levolds. Auch Flebbe unterstellte dies, wenn er anmerkte: „Freilich stand Engelbert nach Gert van der Schuren, S. 17[413] und nach der Klevischen Chronik bei Seibertz, Quellen II, S. 246, bei seiner Thronbesteigung im Jahre 1347 im 17. Lebensjahr."

Eine verständliche Verwechslung könnte an der damals beschränkten Kenntnis geografischer oder staatlicher Begriffe gelegen haben. Uns heute Lebenden ist eine falsche Zuordnung historischer Landschaften oder Herrschaftsgebiete in damaliger Zeit durchaus verständlich.

Flebbe gibt als Ziel der Reise Engelberts in den Ostseeraum „Preußen" an. Er bezieht sich dabei auf Gert van der Schuren.[414] Er mutmaßt Engelberts Rückkehr aus Livland mit Datumsangabe vom 1. August 1354, „doch wohl aus Preußen". Levold hatte in seiner Chronik nur geschrieben: „Im Jahre 1354 kam der Graf von der Mark zu Petri Kettenfeier von seiner Seefahrt zurück". Die Nennung des Staates „Preußen" hat über die Jahrhunderte hinweg unter den Berichterstattern über Engelberts wirklichen Einsatz in Livland dazu geführt, Preußen mit seiner späteren Hauptstadt Königsberg als Aufenthaltsort Engelberts anzugeben und seine dortige Tätigkeit auszuschmücken.

Andere Verfasser zweifeln an der im Jahre 1354 erfolgten Reise des Grafen Engelbert. Sie verlegen sie in wesentlich spätere Zeit.[415]

Märchenhaft ausgeschmückt finden wir einen Bericht von Lokalhistorikern, nach dem sich Graf Engelbert III. als siegreicher Wettkampfschütze mit der

412 Ebenda S. 124
413 Gert van der Schuren stammt aus Xanten (geb. etwa 1411) und trat nach Besuch der Kölner Universität 1450 als Sekretär Dienst in der klevischen Kanzlei unter Herzog Johann I. Im Auftrage seines Dienstherrn verfasste er ab 1471 die „Clevische Chronik" in niederdeutscher Sprache. Er starb 1496. Somit lebte er mehr als ein Jahrhundert später als Graf Engelbert III. von der Mark. In seiner „Clevischen Chronik" schildert er recht ausführlich das Leben und Wirken des märkischen Grafen Engelbert III. – vermutlich nach Erzählungen von Verwandten und Berichten der Vorfahren des Herzogs von Kleve.
In der von Robert Scholten 1884 in Kleve erschienenen „Clevischen Chronik" berichtet er auf S. 29 auch von Engelberts Taten in Livland. Er nennt mit „Plosko" jene Stadt Polozk, bei der Graf Engelbert „myt den duytschen Heren van Pruyssen ind van Lyfland" – wo Graf Engelbert siegreich siegreich gewesen ist – „die Heyden hadden wael dry man tegen eynen." Preußen wurde als Aufenthalt Engelberts von Gert van der Schuren nicht erwähnt, wohl „Herren aus Preußen und Livland". Zahlreiche Beiträge späterer Schreiber folgerten fälschlicherweise aus van der Schurens Bericht, Graf Engelbert sei in Preußen gewesen. In neuerem Schrifttum wird Gert van der Schuren mehrfach bezeichnet als Gert van Schüren, wohl in der unbegründeten Annahme, er stamme aus dem heutigen Stadtteil Schüren der Stadt Dortmund.
414 Auch der Autor dieses Buches unterlag zunächst dem Eindruck, dass Levold von Northofs Angaben für das Geburtsjahr 1333 zutreffen würden und gab in seinem 1981 erschienenen Buch „Auf den Spuren der Grafen von der Mark" und den beiden folgenden Auflagen noch den unzutreffenden Geburtstermin Engelbert III. mit 1333 an.
415 Vergl. die um 1450 entstandene Cronica Tremoniensium des einer Dortmunder Handwerkerfamilie entstammten Dortmunder Franziskaner-Mönchs Johann Nederhoff (geboren vor 1400, letztes Lebenszeichen aus 1456 gemäß dem Lektorenverzeichnis des Dortmunder Predigerklosters) und die sog. Westhoff'sche Chronik des Dortmunder Stadtschreibers Dietrich Westhoff, geboren im Jahre 1509, gestorben an der Pest, wahrscheinlich im Jahre 1557.

Armbrust bei einem Iserlohner Schützenfest ausgezeichnet habe. Historische Belege gibt es hierfür jedoch nicht. So sind wir gehalten, den Autoren[416] für eine fantasievolle Erzählung zu danken, deren Wert allenfalls in der literarischen Aufbereitung liegt.

Verständlicher erscheint es, dass nach den lobenden Worten, die der Geschichtsschreiber Johann Diederich von Steinen dem Grafen Engelbert III. in seiner Westphälischen Geschichte von 1749 gewidmet hat, in der märkischen Stadt Iserlohn die Erinnerung an den Grafen Engelbert nicht nur wach geblieben ist, sondern mit vielen Ideen ausstaffiert, zu einer überhöhten Wertschätzung geführt hat.

So ist es nicht verwunderlich, dass viele Iserlohner Bürger glauben, dass jene eindrucksvolle Ritterstatue, die an der Südwand ihrer Obersten Stadtkirche ihren Platz hat, ein Abbild des Grafen Engelbert III. sei. Es sollte aber zu denken geben, dass diese bemalte Holzfigur des stattlichen Ritters fast ein Jahrhundert nach dem Tode des hier sehr verehrten Grafen angefertigt wurde. Eine Porträt-Ähnlichkeit scheidet daher aus. In Wahrheit hatte dieses Ritterstandbild Iserlohns Stadtheiligen, den Heiligen Pankratius, darstellen sollen, der schon vor der ersten Jahrtausendwende das Patrozinium der uralten Pankratiuskirche, der heute im Iserlohner Sprachgebrauch als „Bauernkirche" bezeichneten ältesten Kirche im oberen Baartal, innegehabt haben soll.

Auch im Stadtwappen Iserlohns findet sich eine wehrhafte Rittergestalt, in der Iserlohner Bürger den sagenumwobenen Grafen Engelbert III. von der Mark erkennen wollen. In Wahrheit ist dort zwischen zwei Wehrtürmen – wie auch im ältesten Iserlohner Sekretsiegel aus dem Jahre 1391 – der Heilige Pankratius, Iserlohns Schutzpatron dargestellt.

Doch dürften diese zweifellos nicht ernst zu nehmenden Erklärungsversuche vom Nachruhm eines in seiner Grafschaft Mark bis zum heutigen Tage verehrten Regenten künden, dessen Wirken nun mehr als sechs Jahrhunderte zurückliegt. Sein Leben ist es zweifellos wert, auch künftig in Erinnerung gehalten zu werden.

Wunsch des Verfassers war es, den Lebensweg Engelbert III. von der Mark anhand erforschter und überlieferter Ereignisse so darzustellen, dass er den heute lebenden Menschen ein möglichst zutreffendes Bild jener Zeit vermittelt. Diese Zeit war keinesfalls leichter oder angenehmer als die unsere.

---

416 Wilhelm Uhlmann–Bixterheide und Carl Hülter, Iserlohn: Chronika von Iserliaun, Leipzig 1896

XIII. Anhang

Wie es weiterging mit der Grafschaft Mark

Ein verständlicher Wunsch mancher Leser dürfte es sein zu erfahren, wie sich die Grafschaft Mark nach dem Tode des Grafen Engelbert III. entwickelt hat, zumal Graf Engelbert III. keinen Sohn und auch keinen geeigneten Nachfolger für sich vorgeschlagen hatte.

Wie zu Beginn seiner Regierungszeit war im Jahre 1389 die märkische Ritterschaft zu einem entscheidenden Votum zusammengekommen. Angesichts der offensichtlich glücklichen Regentschaft des zunächst als Bischof von Münster, später als Erzbischof von Köln tätigen und zuletzt die Geschicke der benachbarten Grafschaft Kleve leitenden Grafen Adolf erschien ihnen dieser Regent auch für die Grafschaft Mark besonders geeignet. In Anbetracht des fortgeschrittenen Alters ihres regierenden Grafen hatten die märkischen Ritter beschlossen, bei einer zu erwartenden Vereinigung der Grafschaften Kleve und Mark stets geschlossen aufzutreten. Eine Regentschaft unter diesem Grafen, der den Frieden über alles zu lieben schien und der ein jüngerer Bruder des Grafen Engelbert war, wurde von der Ritterschaft ausdrücklich begrüßt. Mit dieser Entscheidung glaubte sie, der Grafschaft Mark, ihrem künftigen Landesherrn und nicht zuletzt sich selbst am besten nützen zu können.

Graf Adolf übernahm nach seines Bruders Tod neben der Leitung seiner klevischen Grafschaft auch die ihm angetragene Herrschaft über die Grafschaft Mark, und zwar als deren Graf Adolf III. Er war seit 1369 mit Margarete, der Erbin der Grafschaften Jülich-Berg und Ravensberg verheiratet, die ihm zwei Söhne geschenkt hatte.

Adolf III. übertrug die Regentschaft über die Grafschaft Mark seinem zweiten Sohn Dietrich. Der war schon früh vom Kölner Erzbischof zum Marschall von Westfalen berufen worden. Bei der Belagerung der Stadt Elberfeld traf ihn aber der Pfeil einer Armbrust tödlich. Graf Dietrich wurde in der Hörder Stiftskirche beigesetzt. Sein älterer Bruder Adolf, der schon seit seines Vaters Tod im Jahre 1393 die klevische Grafschaft geführt hatte, wurde danach uneingeschränkter Herrscher über die beiden Grafschaften Kleve und Mark. Auch Adolf bekleidete nun das Amt eines Marschalls von Westfalen.

Im Jahre 1417 verlieh ihm Kaiser Sigismund während des Konzils von Konstanz den Herzogtitel. Er war Regent eines Staatsgebildes geworden, das längst über den Rahmen einer üblichen Grafschaft hinausgewachsen war. Der Machteinfluss der Herzöge von Kleve-Mark wird deutlich durch das bald geflügelte Wort:

> „DUX CLIVIAE EST PAPA IN TERRIS SUIS" –
> Der Herzog von Kleve ist Papst in seinen Landen. –

Die Erhebung des Grafen Adolf II. von Kleve in den Herzogstand am 28. April 1417
während des Konzils zu Konstanz (1414–1418) durch König Sig(is)mund.
Diese Miniatur in der Chronik des Konstanzer Konzils, die von dem Konstanzer Bürger Ulrich
Richental zwischen 1424 und 1433 verfasst wurde, stellt bildhaft den Grafen von Kleve-Mark
mit der klevischen Fahne, vor dem Kaiser kniend, dar.
Die Chronik wird im Konstanzer Rosengartenmuseum aufbewahrt.

Eine wesentliche Gebietserweiterung seines Landes fand statt unter den auf Herzog Adolf folgenden Herzögen von Kleve. Zunächst erfolgte sie durch die angesehene Stadt Soest und seine Börde, nachdem Jungherzog Johann, der spätere Herzog Johann I. von Kleve, die Soester Fehde gegen den Kölner Erzbischof siegreich hatte beenden können. Nach dem Maastrichter Schiedsspruch vom 27. April 1449 kam Soest mitsamt seiner Börde zur Grafschaft Mark. Die bisher zur Mark gehörigen Ämter Bilstein und Fredeburg mussten jedoch an das Kölner Erzbistum[417] abgetreten werden.

Zu einer unerfreulichen Epoche hatte ein Streit zwischen Adolf IV. von Kleve-Mark und seinem jüngeren Bruder Gerhard in der Zeit zwischen 1411 und 1437 geführt. Graf Gerhard war zwischen 1425 und 1461 Statthalter eines Teiles der Mark gewesen, erhob aber weitergehende Ansprüche an Herzog Adolf IV.[418]

Nach Gerhards Tod nahm Herzog Johann I. die Geschicke von Kleve-Mark in seine starke Hand. Im Volksmund erhielt er den Beinamen „der Schöne". Die hinzugewonnenen Gebiete verdankten die klevischen Herzöge nicht etwa glänzenden Siegen oder glorreichen Waffengängen, sondern ausschließlich einer äußerst klugen Heiratspolitik. Dank seiner Gemahlin, der Erbin von Nevers, Eu und Arches vergrößerte zunächst Johann I. sein bisheriges Territorium.

Auch seine Nachfahren Herzog Johann II., gen. „der Fromme" oder „der Barmherzige", und Herzog Johann III., gen. „der Friedfertige", festigten ihr Herrschaftsgebiet. Johann III. fügte nach der Heirat mit Maria, der Herzogin von Jülich-Berg, seinem Herzogtum sogar zwei weitere, ehemals große Länder und die Grafschaft Ravensberg hinzu.

Wilhelm V., gen. „der Reiche", wurde schließlich als Schwiegersohn des deutschen Kaisers Ferdinand I. nach der Eheschließung mit Maria von Österreich ein mächtiger Herzog, dessen Stimme unter den Fürsten Europas viel Gewicht hatte.

Sein Sohn Johann-Wilhelm, der sich wie sein Vater „Herzog von Jülich, Kleve und Berg und Graf von der Mark und Ravensberg" nannte, gelangte schon früh von 1574 bis 1585 auf den Bischofsstuhl von Münster, bis er von 1592 bis 1609 dem vereinigten Herzogtum mit den Grafschaften Mark und Ravensberg als weltlicher Herrscher vorstand. Er verstarb geistesgestört im Jahre 1609 in Düsseldorf. Nach dem sich anschließenden Jülich-klevischen Erbfolgestreit fielen die Herzogtümer Jülich und Berg an den Pfalzgrafen Wolfgang Wilhelm

417 Dietrich von Moers war damals Erzbischof von Köln von 1414 bis 1463. Am Rande finanzieller und militärischer Erschöpfung musste er auch den Verzicht seines Bruders für das münstersche Bischofsamt und die Ausdehnung des klevischen Einflusses auf dieses bedeutende Bistum Westfalens hinnehmen.

418 Während der Regentschaft Gerhards von der Mark verfolgten Ritterschaft und Städte der Mark auch gegenüber dem Erzbischof von Köln eine geradezu ideal gesteuerte Landespolitik. Die Städte waren dabei zu erstaunlichen Opfern bereit gewesen. Ausgesprochene Landessteuern gab es noch nicht. Sie wurden erstmals 1470 bewilligt.

von Neuburg, Kleve-Mark an den brandenburgischen Kurfürsten Johann-Sigismund. Auch nachdem dessen Nachfahre, Kurfürst Friedrich III., am 18. Januar 1701 in Königsberg zum König gekrönt war, blieben die klevischen Lande ein beachtlicher Bestandteil des Königreiches Preußen.

Eine großartig gelungene Ausstellung der Landesregierung von Nordrhein-Westfalen bewies mit Unterstützung der Städte Düsseldorf und Kleve sowie zahlreicher Leihgeber mit dem Titel „Im Mittelpunkt der Mächte" in Düsseldorf 1984, dass Geschichte nichts endgültig Abgeschlossenes ist. Sie erbrachte den Beweis wieder wachsenden Geschichtsbewusstseins unserer Landsleute. Vieles, was heute das Wesen unseres Landes ausmacht, hat seine Wurzeln in der Geschichte jenes Landes, das einst durch das Streben und Wirken der Grafen aus märkischem Geschlecht erwuchs.

Wer bereit ist, von der Geschichte zu lernen, wird mit manchem spannenden Geschichtsstoff belohnt, der Einblick gibt in die Geschichte unserer Heimat und das Geschick ihrer Landesherren.

XVII

Gülch/Cleve/Bergen/Marck.

Diese Länder ligen alle um ein ander herum / Gülich gegen Abend / Cleve oben gegen Mitternacht / Bergen gegen Morgen / und die Graffschafft Marck gleich daran. Das erste bestehet auß XXIV Aemtern / und seyn die vornehmsten Städte darinnen Gülich Düren, &c.

Cleve bestehet auß X. Aemtern/ und hat von Städten/ Duysburg, gegen über die Graffschafft Mors, die Stadt Cleve, Rees, Emerik, Orsoy, u. a.

Das Hertzogtum Bergen zehlet XX. Aemter / neben folgenden Städten/ Düsseldorff/wo elbst eine Universität/ Siburg, wofelbst eine berühmte Abtey/ und Mülheim.

Die Graffschafft Marck hat XV. Zemter / und so viel Städt und Flecken / worunder Hamm, VVerden, und Lippstatt, neben etlichen Reichs-Städten.

Sie gehören meist Chur-Brandenburg/ und Chur-Pfalz/wegen Neuburg.

Auf den Ulmer Johann Ulrich Müller, der dort einen kleinen Atlas herausgab, geht eine Karte zurück, die in seinem Buch „curtz-bündige Abbild und Vorstellung der gantzen Welt" von 1692 enthalten ist. Sie wird mit danebenstehendem Text wiedergegeben.

(Quelle: Staatsbibliothek Preußischer Kulturbesitz, Berlin, Grafschaft Mark, Kart. N. 34 140)

Zeittafel

Aus dem Leben des Grafen Engelbert III. von der Mark

20. 02. 1330	Geboren als ältester Sohn des Grafen Adolf II. von der Mark und seiner Gemahlin Margarete von Kleve. Kindheit auf dem Schwarzenberg bei Plettenberg.
1340–1347	Besuch der Lütticher Domschule, betreut von seinem Lehrer Levold von Northof.
1347	Tod beider Eltern, die in der Stiftskirche von Fröndenberg beigesetzt wurden.
1347	Besuch Engelberts bei seiner Tante Katharina, der Äbtissin des Reichsklosters Essen.
1347	Volmarstein erhält Rechte einer Freiheit.
1347–1391	Graf Engelbert III. ist Regent der Grafschaft Mark.
1348	Schiedsspruch der märkischen Ritterschaft im Kloster Clarenberg: die Grafschaft Mark wird nicht geteilt.
1348	Hochzeit des Grafen Engelbert mit Richarda von Jülich.
1348	Hoffest in Hamm, der märkischen Hauptstadt.
1350	Graf Engelbert erhebt Hattingen zur Freiheit.
1352	Fredeburger Fehde gegen Graf Gottfried IV. von Arnsberg und die Stadt Dortmund. Annexion des Fredeburger Landes und der Burg Bilstein durch den märkische Grafen Engelbert III.
1353	Wallfahrt Engelberts ins Heilige Land und zum Sinai.
1353	Engelbert erfährt in Avignon von Kirchenbann, der gegen ihn ausgesprochen wurde, und trifft dort seine jüngeren Brüder Adolf, Dietrich und Eberhard.
1354	Fahrt nach Livland: Engelbert III. kämpft mit deutschen Ordensrittern gegen die Ungläubigen u. siegt im Gefecht von Polozk (heute Weißrussland).

1355	Das durch Gerhard von Plettenberg wiedererstandene Neuenrade erhält Stadtrechte von Engelbert III.
um 1356	Geburt von Engelberts Tochter Margareta.
1357	Hoftag in Werden. Dort vermählt sich Engelberts Schwester Margarete mit dem Grafen von Nassau-Dillenburg.
1358	Levold von Northof stirbt in Dresel/Lenne.
1359	Graf Engelbert erwirbt durch Kauf die Lehnsrechte der Sayner Grafen.
1363	Adolf von der Mark, Engelberts Bruder, wird Erzbischof von Köln.
1366	Arnsberger Fehde mit Zerstörung der Arnsberger Burg und Erwerb des Fredeburger Landes.
1367	„Freiheitsbrief" Engelbert III. für Altena.
1368	Bruder Adolf wird nach Laisierung Graf von Kleve.
1369	Bruder Adolf IV. Graf von Kleve heiratet die Gräfin Margarete von Jülich-Berg und Ravensberg.
1377	Ergebnislose Belagerung und Beschießung der Stadt Dortmund durch die Grafen von Berg und Kleve.
um 1380	Tod von Engelbert III. erster Ehefrau Richarda von Jülich.
um 1385	Hochzeit des Grafen Engelbert mit Elisabeth Gräfin von Sponheim.
1388/89	Große Dortmunder Fehde, dabei erstmals Einsatz von Feuerwaffen.
1389/90	Ausbau der märkischen Burgen Wetter und Villigst/Ruhr.
1389	Beschluss der märkischen Ritterschaft und der Vertreter märkischer Städte, die Grafschaften Kleve und Mark nach dem Ableben des Grafen Engelbert III. gemeinsam unter einem Regenten aus märkischem Geschlecht zu verwalten.
1390/91	Feldzug Engelbert III. gegen den Kölner Erzbischof Friedrich von Saarwerden im kölnischen Land.

26.12.1391	Graf Engelbert III. stirbt einsam auf seiner Burg Wetter/Ruhr an der Pest und wird in der Fröndenberger Stiftskirche beigesetzt.
1391	Engelberts Bruder Graf Adof IV. von Kleve übernimmt die Grafschaft Mark als deren Regent Adolf III. Er beauftragt seinen zweitältesten Sohn Dietrich, der inzwischen Marschall von Westfalen ist, mit der Statthalterschaft für die Grafschaft Mark.
1398	Graf Dietrich wird bei der Belagerung der Stadt Elberfeld durch einen Armbrustpfeil getötet und in der Hörder Stiftskirche bestattet.
1398	Adolf IV. vereinigt die Grafschaften Kleve und Mark unter seiner Regentschaft, wird 1412 Marschall von Westfalen und 1417 erster Herzog von Kleve.

Karte von Jansz Janszoon, Amsterdam, 1648
Sie zeigt die damaligen Herzogtümer Jülich, Kleve, Berg und die Grafschaften Mark
und Ravensberg am Ende des Dreißigjährigen Krieges.

Reihenfolge der Regenten der Grafschaft Mark 1226–1609

1. 1226–1249 **Adolf I. Graf von der Mark**
   Begründer der Grafschaft dieses Namens nach dem Tode des in Köln hingerichteten Grafen Friedrich von Isenburg, des Anführers einer Adelsrevolte gegen den bei einem Überfall im Jahre 1225 bei Gevelsberg getöteten Kölner Erzbischof und Reichsverweser Engelbert II. von Berg, der später „Engelbert der Heilige" genannt wird.
   Adolf I. von der Mark verwaltete den von seinem Vater Friedrich Graf von Altena erworbenen Oberhof Mark mit Wasserburg, und nennt sich ab 1226 „Graf von der Mark"

2. 1249–1277 **Engelbert I. Graf von der Mark**   Bruder:
   Otto Graf von Altena
   1249–1262

3. 1277–1308 **Eberhard II. Graf von der Mark**

4. 1308–1328 **Engelbert II. Graf von der Mark**   Bruder:
   Graf von Aremberg   Konrad von der Mark
   Edler Herr von Hörde
   1328–1352, Stifter des
   Klosters Clarenberg

5. 1328–1347 **Adolf II. Graf von der Mark**   Brüder:
   Engelbert, Bischof von
   Lüttich
   Erzbischof von Köln
   Eberhard Herr von Aremberg
   Schwestern:
   Mechthild, Katharina und
   Margarete

6. 1347–1391 **Engelbert III. Graf von der Mark**   Brüder:
   gen. „der Streitbare"   Adolf (7.), Dietrich und
   Eberhard
   Marschall von Westfalen   Schwestern:
   Mechthild, Katharina und
   Margarete

7. 1391–1393	**Adolf III. Graf von der Mark**	Brüder:
	1357-1363 Bischof von Münster	Engelbert III, Dietrich, Eberhard
	1363-1364 Erzbischof von Köln	Schwestern: Mechthild,
	1368 als Adolf I. Graf von Kleve	Katharina, Margarete
	1391 als Adolf III. Graf von der Mark	
8. 1393–1398	**Dietrich Graf von Kleve-Mark**	Bruder:
	Marschall von Westfalen	Gerhard Graf von der Mark
	† 1398 bei Elberfeld	entfachte als Statthalter seines
	2. Sohn von Adolf von der Mark (7.)	Bruders zweimal den mär kischen Bruderstreit (1411–1413 u. 1421–1437)
9. 1398-1448	**Adolf IV. Graf von Kleve-Mark**	1. Sohn von Adolf von der
	Marschall von Westfalen (1412)	Mark (7.)
	erwarb 1397 Ravenstein	
	Herzog von Kleve 1417	
10. 1448-1481	**Johann I. Herzog von Kleve und Graf von der Mark,**	Sohn von Adolf IV. von der Mark
	gen. „der Schöne"	
11. 1481–1521	**Johann II. Herzog von Kleve Graf von der Mark,**	Sohn von Johann I. (10.)
	gen. „der Fromme" oder auch „der Barmherzige"	
12. 1521–1539	**Johann III. Herzog von Kleve Graf von der Mark seit 1511 Herzog von Jülich-Berg**	Sohn von Johann II. (11.)
	gen. „der Friedfertige"	
13. 1539–1592	**Wilhelm V. Herzog von Jülich, Kleve u. Berg, Graf von der Mark und Ravensberg, Herzog von Geldern**	
	(1539–1543) gen. „der Reiche"	Sohn von Johann III. (12.)
14. 1592–1609	**Johann Wilhelm Herzog von Jülich, Kleve u. Berg Graf von der Mark und Ravensberg**	
	Bischof von Münster 1574–1585	
	† 1609 kinderlos zu Düsseldorf	Sohn von Wilhelm V. (13.)

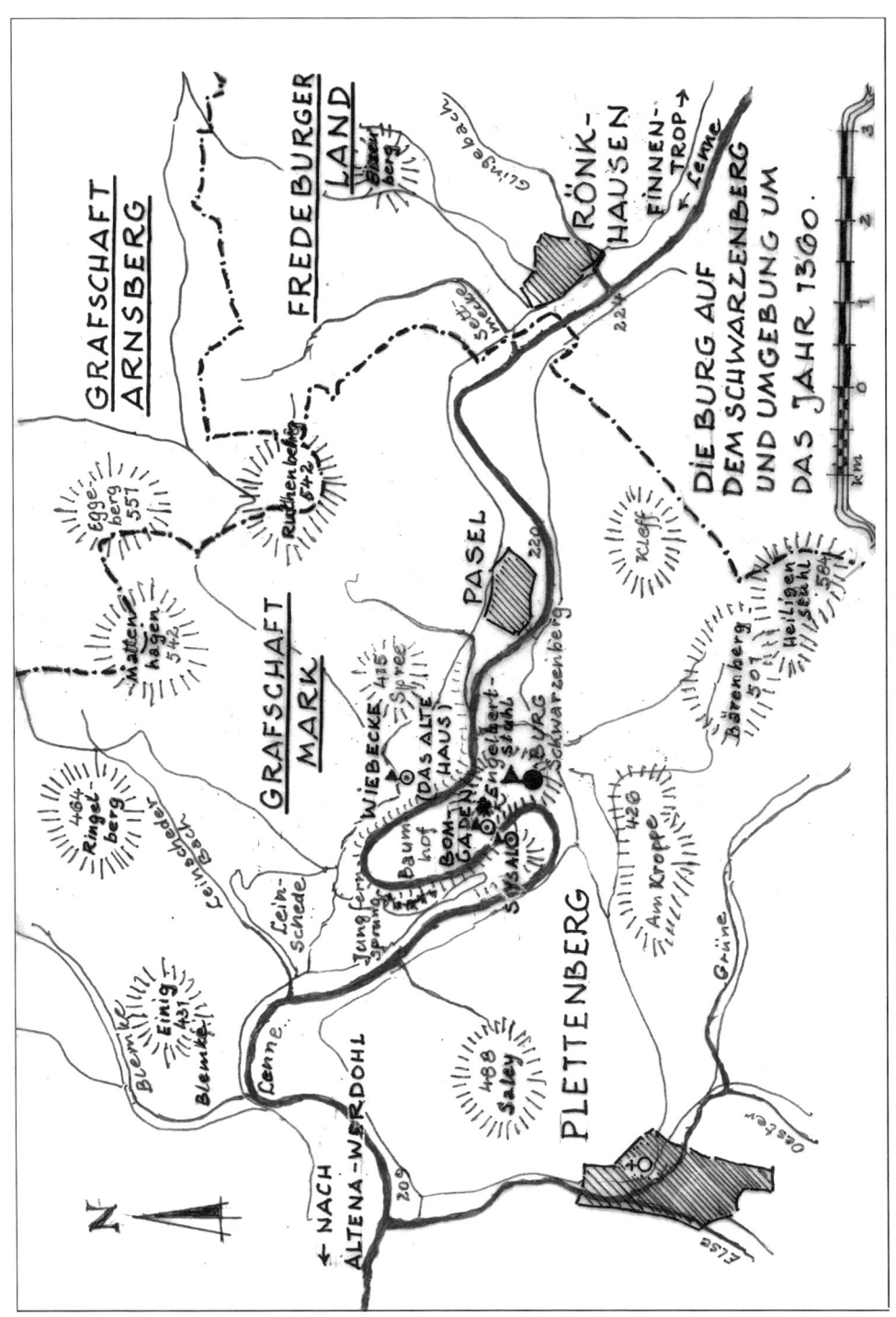

GRAFSCHAFT ARNSBERG

FREDEBURGER LAND

RÖNK-HAUSEN

← TROP

FINNEN-

Bismarck berg

Glingebach

Sorpe

PASEL

224

GRAFSCHAFT ARNSBERG

Ruthmecke berg 542

Egge-berg 551

Matten-hagen 542

220

Kleff

DIE BURG AUF DEM SCHWARZENBERG UND UMGEBUNG UM DAS JAHR 1360.

km

0 1 2 3

GRAFSCHAFT MARK

WIEBECKE 415

Spree

(DAS ALTE HAUS)

Engelbert-stuhl

BURG

Schwarzenberg

Bärenberg 501

Heiligen stuhl 591

Ringel-berg 464

Feinschede

Jung ferm Sprung

Baum hof

BOM-GADEN

Sylbach

420

Am Kropp

Blemke

Einig 431

Blemke

Lenne

Elm schede

PLETTENBERG

Saley 488

Grüne

Oester

← NACH ALTENA-WERDOHL

209

Else

N

NORDSEE

N
W · O
S

BREMEN

Weser

HANNOVER

AMSTERDAM
ROTTER-
DAM
Lek
UTRECHT
Waal
ISSELHOFEN
BORKEN
Lippe
HALTERN
HAMM
FRÖNDENBERG
Maas
BOCHH.
KLEVE
ESSEN
WETTI
MÜNDH.
HEIM
BURG
ALTENA
Ruhr
Lenne
PLETTENBERG
SCHWARZENBERG
ANTWERPEN
BOKRIJK
ROER-
MOND
LYNN
MECHELEN
MAAS-
TR.
JÜLICH
KÖLN
KORTRIJK
LÖWEN
BRUSSEL
KERPEN
YPERN
AALST
LÜTTICH
AACHEN
Sieg
MENEN
NAMUR
Huy
Ourthe
TOURNAI
MONS
DINANT
Mosel
Main
MAINZ
BOMAL
TRIER
Rhein
LUXEMBURG
Maas
REIMS
METZ
STUTTGART
PARIS
NANCY
FREIBURG
TROYES
LANGRES
SUR MARNE
AUXERRE
BASEL
AVALLON
DIJON
BESANÇON

DIE REISEN DES
JUNGEN GRAFEN
ENGELBERT V.D. MARK
ALS DOMSCHÜLER
VON LÜTTICH BIS 1347

AUTUN
BEAUNE
CHALONS
SUR SAONE
CLUNY
GENF
Rhône

KM
0   50   100   150   200

457

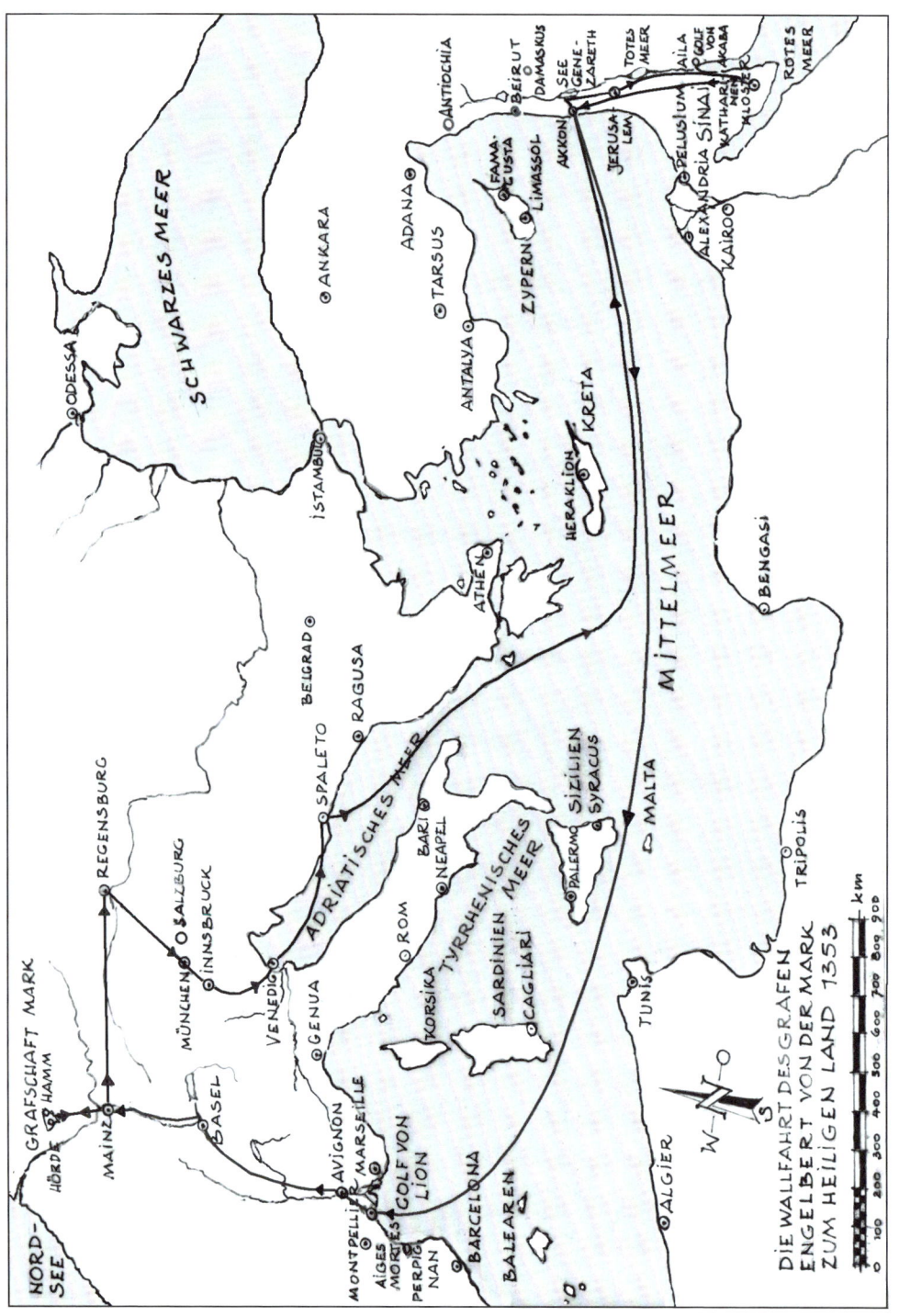

DIE WALLFAHRT DES GRAFEN
ENGELBERT VON DER MARK
ZUM HEILIGEN LAND 1353

458

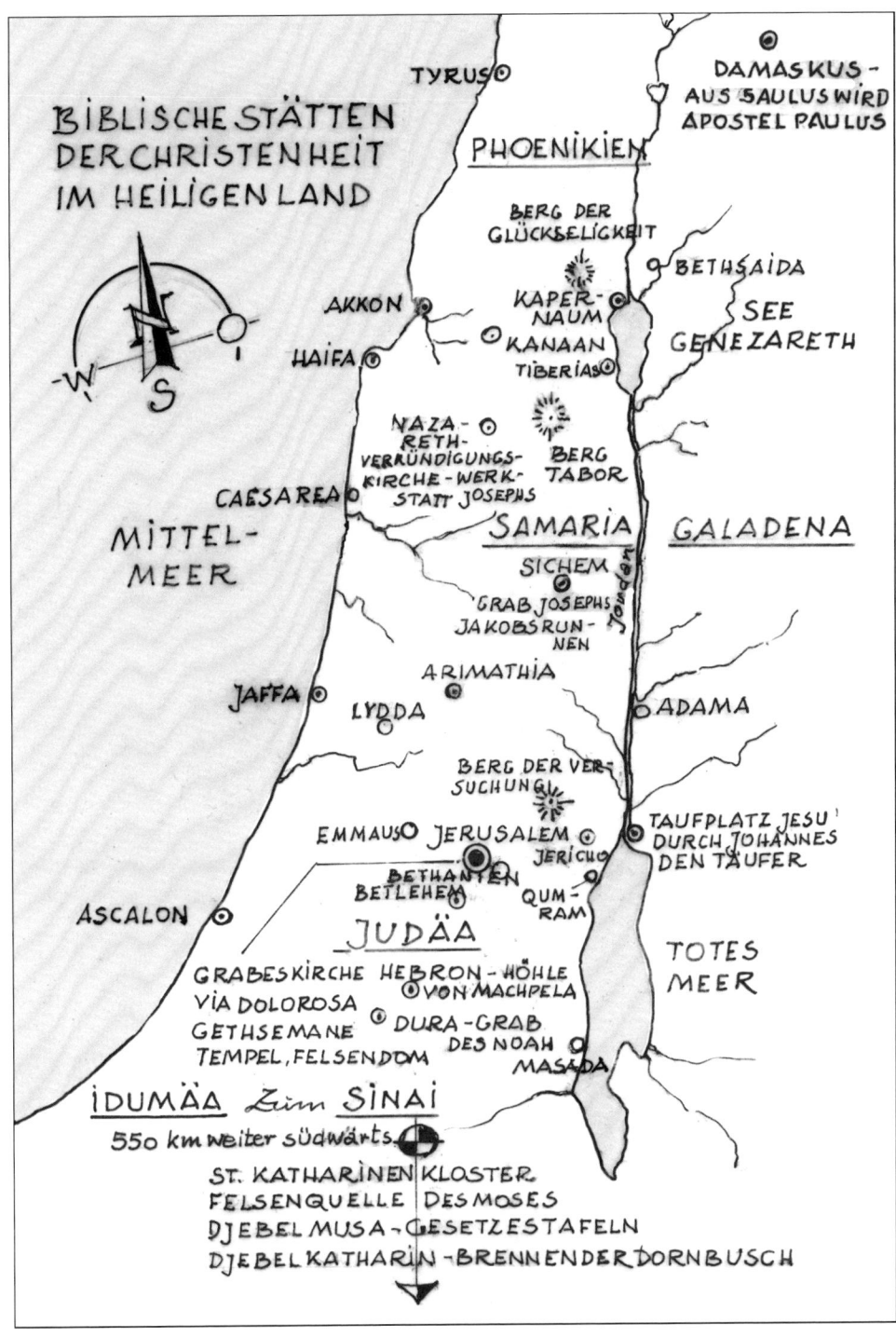

BIBLISCHE STÄTTEN
DER CHRISTENHEIT
IM HEILIGEN LAND

TYRUS
PHOENIKIEN
DAMASKUS -
AUS SAULUS WIRD
APOSTEL PAULUS

BERG DER
GLÜCKSELIGKEIT
BETHSAIDA
KAPER-
NAUM
SEE
GENEZARETH
AKKON
KANAAN
HAIFA
TIBERIAS

NAZA-
RETH-
VERKÜNDIGUNGS-
KIRCHE-WERK-
STATT JOSEPHS
BERG
TABOR

CAESAREA
SAMARIA
GALADENA

MITTEL-
MEER
SICHEM
GRAB JOSEPHS
JAKOBSRUN-
NEN

ARIMATHIA
JAFFA
LYDDA
ADAMA

BERG DER VER-
SUCHUNG

EMMAUS
JERUSALEM
TAUFPLATZ JESU
DURCH JOHANNES
DEN TÄUFER
JERICHO
BETHANIEN
BETLEHEM
QUM-
RAM

ASCALON
JUDÄA
TOTES
MEER

GRABESKIRCHE
VIA DOLOROSA
GETHSEMANE
TEMPEL, FELSENDOM
HEBRON - HÖHLE
VON MACHPELA
DURA - GRAB
DES NOAH
MASADA

IDUMÄA Zum SINAI
550 km weiter südwärts.
ST. KATHARINEN KLOSTER
FELSENQUELLE DES MOSES
DJEBEL MUSA - GESETZESTAFELN
DJEBEL KATHARIN - BRENNENDER DORNBUSCH

459

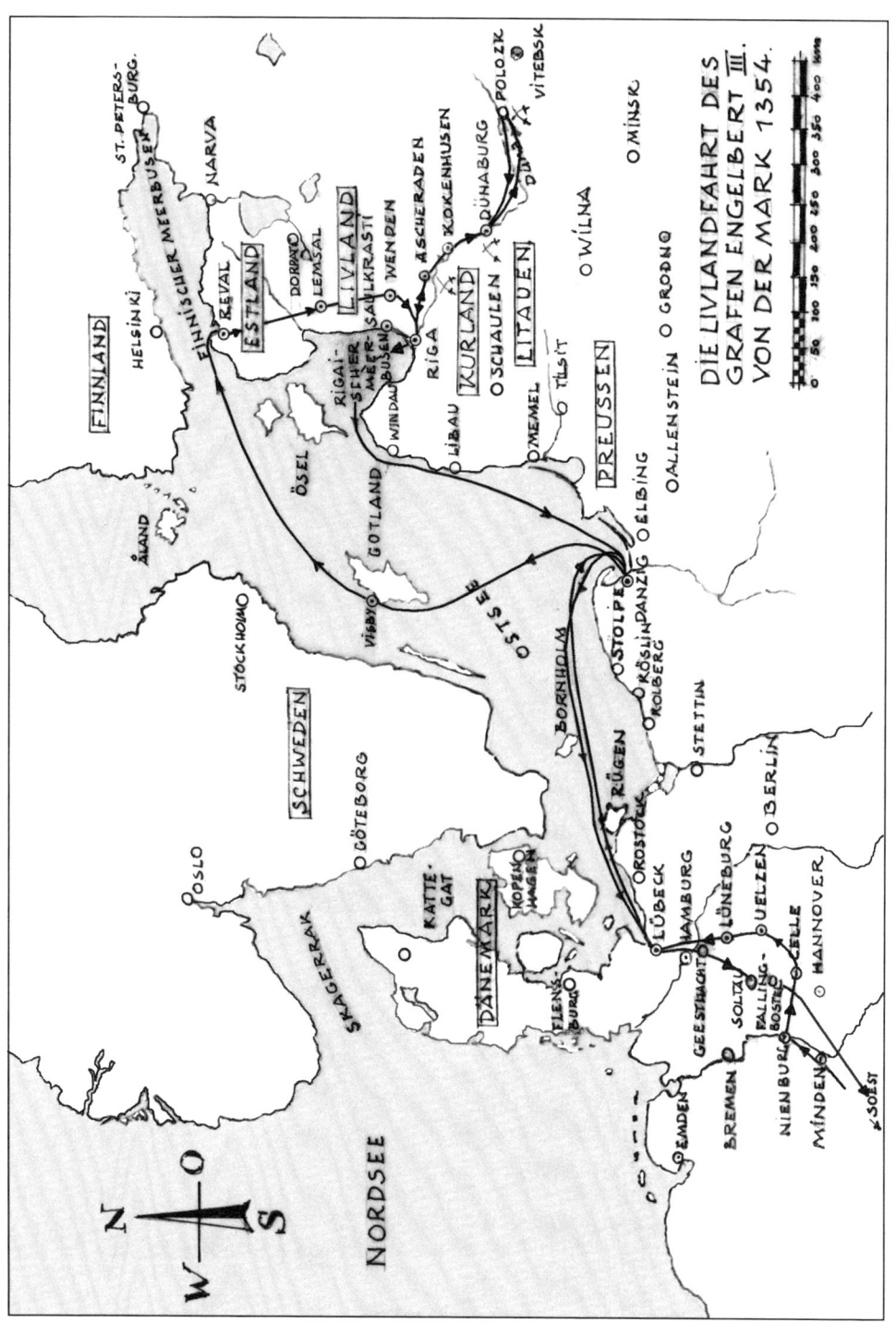

DIE LIVLANDFAHRT DES GRAFEN ENGELBERT III. VON DER MARK 1354.

0 50 100 150 200 250 300 350 400 km

FINNLAND

ST. PETERS-BURG.

NARVA

HELSINKI

FINNISCHER MEERBUSEN

REVAL

ESTLAND

DORPAT
LEMSAL

LIVLAND

WENDEN
SAULKRASTI
ASCHERADEN
KOKENHUSEN
DÜNABURG
POLOZK.
VITEBSK.
DÜNA

O MINSK

O WILNA

O WILNA

KURLAND

OSCHAULEN

LITAUEN

O TILSIT

O GRODNO

O ALLENSTEIN

PREUSSEN

RIGAI-SCHER MEER-BUSEN

RIGA

WINDAU
LIBAU

MEMEL

ÖSEL

GOTLAND

VISBY

BORNHOLM

OSTSEE

STOLPE
KÖSLIN
DANZIG
KOLBERG
STETTIN
ELBING
O KÖNIGSBERG
O BERLIN

ÅLAND

STOCKHOLM

SCHWEDEN

GÖTEBORG

OSLO

SKAGERRAK

KATTE-GAT

KOPEN-HAGEN

DÄNEMARK

FLENS-BURG

RÜGEN

ROSTOCK

LÜBECK
HAMBURG
GEESTHACHT
SOLTAU
FALLING-BOSTEL
NIENBURG
MINDEN
SOEST
LÜNEBURG
UELZEN
CELLE
HANNOVER

EMDEN
BREMEN

NORDSEE

N
W O
S

460

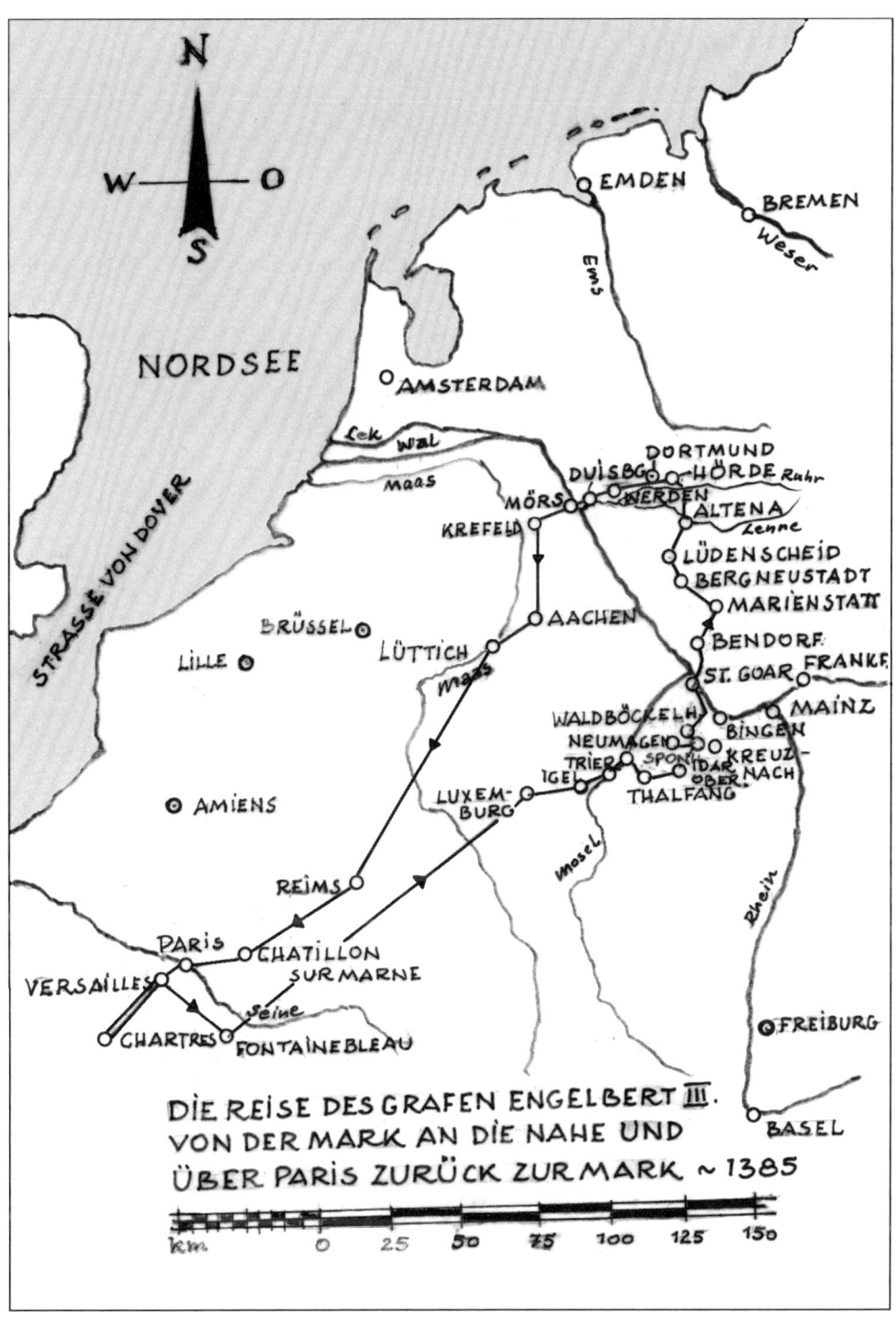

DIE REISE DES GRAFEN ENGELBERT III.
VON DER MARK AN DIE NAHE UND
ÜBER PARIS ZURÜCK ZUR MARK ~ 1385

461

Zum Buchtitel und zum Bucheinband,
gezeichnet von Rolf Fuhrmann, Wilhelmshaven:

Graf Engelbert III. von der Mark ist hier alltags- oder feldmäßig zum Kampf gerüstet. Er hat gerade den Schwarzenberg bei Plettenberg erreicht. Der rechts im Bild hochragende, von Moos und frischem Blattgrün überzogene Felsen ist der nach ihm benannte Engelbertstuhl, ein seit seiner Jugend von ihm geschätzter Felsausblick in das Lennetal des märkischen Sauerlandes, unweit seiner Burg auf dem Schwarzenberg. Die Rüstung besteht aus Kübelhelm, Ringelpanzerhemd („Kettenhemd"), Ringelhosen und Beinschienen. Auch Armschienen und Ellenbogenkacheln konnten getragen werden. Unter dem Waffenrock wurde als zusätzlicher Schutz gegen Armbrustbolzen – die ein Kettenhemd allein ohne weiteres durchschlagen konnten – ein sogenannter „Platenrock" getragen, eine Art ledernes Wams mit zahlreichen aufgenieteten Eisenplättchen.

- Sein Reiterschild hängt an einem verstellbaren Riemen, der „Schildfessel", über der rechten Schulter.

- Schulterkacheln waren kleine viereckige Platten mit dem Wappenbild ihres Trägers. Sie decken den Bereich zwischen dem unteren Rand des Helmes und dem Schulter-Halsbereich ab. Diese Platten über den Schultern entsprachen einer französischen Mode der Zeit.

- Sein Pferd ist hier ein Kriegsross, ein schwerer aber wendiger Pferdeschlag, der speziell zum Kampf gezüchtet und abgerichtet war. Solche Pferde waren sehr teuer. Auf gewöhnlichen Ritten oder während einer Reise benutzte der Ritter gewöhnlich ein kleineres Pferd.

- Sein Wappenbild, der „märkische Schachbrettbalken", findet sich, entsprechend den Gepflogenheiten der Zeit, auf Schild, Waffenrock, Schulterkacheln sowie – im Siegel zu sehen – auf der Pferdedecke (Kuvertüre), zuweilen auch als Helmkleinod.

- Das Siegel zeigt den Grafen in repräsentativer Haltung mit Schwert und Schild turniermäßig ausgestattet:
  Neben den bereits beschriebenen Attributen fällt vor allem die große Pferdedecke, hier ebenfalls aus gelbem Stoff, ins Auge, auf der sich das Wappenbild an Hals und Kruppe wiederholt. Kuvertüren wurden selten in einem kriegsmäßigen Gefecht getragen, sondern blieben der Repräsentation zum Beispiel während der Turniere vorbehalten. Des Weiteren ist in der Darstellung des Siegels eine Helmzierde zu sehen, darauf neben dem Wappenbild offensichtlich einige bündelartige Aufsätze, wie sie oft aus Pfauenfederbüscheln oder Reihenfedern bestanden. Sie waren als schmückendes Beiwerk populär, doch wurden sie im Feld für gewöhnlich nicht getragen. Ähnlichen Kopfschmuck trugen bei feierlichen Anlässen auch die Pferde des Grafen auf dem Kopf.

Bildverzeichnis

Nicht in allen Fällen war es möglich, die Rechteinhaber der Abbildungen ausfindig zu machen. Berechtigte Ansprüche werden selbstverständlich im Rahmen der üblichen Vereinbarungen abgegolten.

Ernst Dossmann, geboren in Iserlohn 1926, ist erfolgreicher Architekt, Maler und Dichter. Auch als Autor schätzt man ihn weit über seine Heimatstadt hinaus. Neben den mehr als 2000 entworfenen Bauten und Stadtplanungen schrieb er als Heimatforscher, Denkmalpfleger und Verfasser rund 20 technikgeschichtliche und heimatkundliche Bücher.

Er ist Mitglied des Autorenkreises Ruhr–Mark, Hagen, und der Christine-Koch-Gesellschaft, Schmallenberg. Der nordrhein-westfälische Ministerpräsident Dr. Jürgen Rüttgers nannte ihn einen „urwestfälischen Sauerländer und Märker". Er zeichnete den „aufrechten Streiter für das architektonische und kulturelle Erbe seiner Region" im Jahre 2007 mit dem Verdienstorden des Landes NRW aus. Dossmann ist Ehrenmitglied des Westfälischen Heimatbundes WHB in Münster, seit 1990 Träger des Bundesverdienstkreuzes Erster Klasse sowie des Ehrenringes der Stadt Iserlohn. Nach zahlreichen Sachbüchern und Beiträgen in Prosa und Lyrik ist „50 Jahre fest im Sattel" sein erster Roman. Er schildert darin das Leben des Grafen Engelbert III. von der Mark und dessen spätmittelalterliches Umfeld.

Weitere Veröffentlichungen des Autoren im Mönnig-Verlag und Veröffentlichungen des Heimatbundes Märkischer Kreis:

Ernst Dossmann
Auf den Spuren der Grafen von der Mark
(3. Auflage)
296 Seiten, Kunstdruck, Fadenheftung
ISBN 978-3-922885-14-6

E. Dossmann /
P.-H. Schieber
Stätten stillen Gedenkens – Friedhöfe und Mahnmale in Iserlohn
120 Seit., 226 farb. Abb.,
ISBN 978-3-933519-13-9

Ernst Dossmann
Papier aus der alten Grafschaft Mark
Papierherstell u. Verbreitung
288 Seiten, Kunstdruck, Fadenheftung
ISBN 978-3-922885-33-7

Die 5 Märkischen Jahrbücher:

Redaktion: Ernst Dossmann
Altes erhalten – Neues gestalten – von Baumeistern und ihren Aufgaben in Altena – Iserlohn – Hemer
180 Seiten, 208 Abb., Fadenh.
ISBN 978-3-922885-66-5

MK I   Mensch und Natur im märkischen Sauerland
        ISBN 978-3-922885-79-5
MK II Wald, Wasser, Wandern im märk. Sauerland
        ISBN 978-3-922885-96-2
MK III Wirtschaftsgeschichte u. Heimatpflege
        ISBN 978-3-933519-14-6
MK IV Kunst und Kultur im Märkischen Kreis
        ISBN: 978-3-933519-26-9
MK V Jugend im Wandel der Zeit
        ISBN: 978-3-933519-32-0

Horst Fischer, Ernst Dossmann, Eduard Grüber
Iserlohner Bürgerschützen 1237-2005
Redaktion: Ernst Dossmann
192 Seiten, 299 Abb.
ISBN 978-3-933519-35-1